Walter Wellenhofer

UNTERRICHT *heute*

Aufgaben - Möglichkeiten - Probleme

ein Studien- und Lehrbuch in Schaubildern

D1719804

Gesamtausgabe

2. erweiterte Auflage

Verlag Gruenstein

Dr. Walter Wellenhofer ist Erziehungswissenschaftler; er lehrt an der Universität Regensburg Allgemeine Didaktik und Mediendidaktik.

Die Deutsche Bibliothek - CIP Einheitsaufnahme

Wellenhofer, Walter:
Unterricht heute: Aufgaben - Möglichkeiten - Probleme;
ein Studien- und Lehrbuch in Schaubildern / Walter Wellenhofer.-
Ainring: Gruenstein.

Gesamtausgabe - 2. Aufl. - 1999
ISBN 3-931176-03-7

Gruenstein-Verlag
Postfach 1151
83404 Ainring
Fax 08654 / 6 17 16

ISBN 3-931176-03-7

für
Andie

Inhalt

TEIL ZWEI:

UNTERRICHTSPRINZIPIEN

TEIL DREI:

UNTERRICHTSMETHODEN

TEIL FÜNF:

UNTERRICHTSORGANISATION

TEIL SECHS:

UNTERRICHTSMEDIEN

11

20   bedeutet:
     Siehe dazu die entsprechende Darstellung im Schaubild auf Seite 20!

VORWORT

Zu den Gegenstandsfeldern. Die Unterrichtsarbeit wird mehr denn je einen professionell ausgebildeten, mit Fach- und Handlungskompetenz ausgestatteten Lehrer erfordern, der mit einem Höchstmaß an Sensitivität und Engagement Schulstunde für Schulstunde das Lernen seiner Schüler zielführend unterstützt. Daran ändern auch die strukturellen Überlegungen für eine eventuell notwendige Schulreform, die neuen Prioritäten im Rahmen der Bildungsaufgaben, der Einfluß der modernen Medien auf die Unterrichtspraxis oder die Akzentuierung offener Methodenkonzepte nichts.

Unterricht, d.h. schulisches Lehren und Lernen, bedeutet in erster Linie Schulung und Entwicklung des Denkens, jedoch nicht im Sinne von Wissensmaximierung, sondern als Entfaltung von Qualifikationen bzw. operativen Handlungsmöglichkeiten für ein eigenständig zu bewältigendes Problemlösen. Qualifikationen sind Lernleistungen, insbesondere in den Bereichen Arbeitsverhalten, Arbeitstechniken und Interaktionsstrategien, Bereiche also, die im Berufsleben immer mehr gefragt sind. Das erfordert ein neues Aufgabenbewußtsein, das neben dem Instruieren das Agieren als sich entwickelnde Selbststeuerungsfähigkeit beim Lernen zentral erfaßt.

Viele traditionelle Forderungen an die Gestaltung der Unterrichtsarbeit besitzen weiterhin einen hohen Stellenwert. Der Lehrer wird sich immer um ein lernanregendes Arbeitsklima bemühen. Damit schafft er eine solide Grundlage für ein angemessen aufmerksames und konzentriertes Lernverhalten, was wiederum allen Wahrnehmungsaktivitäten zugute kommt, mit denen erfolgreiches Lernen nicht nur eingeleitet wird.

Schon im 17. Jahrhundert wurden von Comenius Überlegungen nach allgemeinen Grundsätzen der Gestaltung von Unterricht angestellt. Im Laufe der Zeit wurden so in der Literatur weit über vierzig derartige inhaltsneutrale und schulstufenunabhängige Handlungsempfehlungen und -anweisungen beschrieben. Dabei fanden sie stets eine unterschiedliche Akzentuierung, meist beeinflußt durch den jeweils herrschenden Zeitgeist. Es handelt sich bei diesen didaktischen Grundsätzen bzw. Unterrichtsprinzipien um generelle Überlegungen „im Sinne allgemeiner Regeln" (Dolch 1963), die vorwiegend auf Auswahl und Anordnung der Inhalte, besonders aber auf Strategien der Vermittlung zielen. Eine der einzelnen Lernsituation angemessene Berücksichtigung möglicher zielführender Grundsätze garantiert nicht zwangsläufig und in jedem Falle den Unterrichtserfolg für alle; ihre professionelle Umsetzung bei Planung und Organisation unterrichtlicher Lernvorgänge erhöht jedoch zweifelsfrei die Chance für eine gesteigerte Lehr- und Lerneffektivität, was langjährige erfahrungswissenschaftliche Erkenntnisse und zahlreiche empirische Befunde bestätigen.

Für jeden Unterrichtsabschnitt bzw. für jede Lernphase wird zu überlegen sein, mit welchem methodischen Instrumentarium das Lernen als denkende und handelnde Auseinandersetzung seitens der Schüler gefördert werden kann. Hier stehen dem Lehrer eine Fülle unterschiedlich dimensionierter Strategien zur Verfügung. Unterrichtsmethoden erlauben dem mit Sachkenntnis ausgestatteten Fachmann die Aufgabe als Lehrer zu übernehmen. Mit ihnen werden Unterrichtsergebnisse erarbeitet, Erziehungsaufgaben bewältigt, die Lernatmosphäre beeinflußt, persönlichkeitsprägende Wirkungen beim Schüler erzielt.

Unterricht als 'Faktorenkomplexion', als vielschichtiges und facettenreiches zusammenwirkendes und zielführendes Handeln erfordert immer eine umfassende reflektierte Planung. In deren Mittelpunkt stehen das zu erschließende Unterrichtsthema, die momentane Lernleistungsfähigkeit der Schüler, Lernziele als Ausdruck der Lernleistungserwartungen, die beabsichtigten methodischen Maßnahmen und geeignete Medien als Lernhilfen.

Erst dann wird die Organisation des Unterrichtsgeschehens sinnvoll möglich. Die einzelne Unterrichtsstunde oder die umfassende methodische Großform erfahren die notwendige Verlaufsstruktur; die Eröffnungsphase stellt einen stimulierenden Kontakt der Schüler mit dem zu bewältigenden Problem her, die Phase der Erarbeitung sollte die neuen Einsichten, Fähigkeiten oder Einstellungen als Unterrichtsergebnis erbringen können, in der Sicherungsphase wird das gemeinsame Bemühen auf langfristiges Behalten und zuverlässige Anwendung gerichtet sein.

Von besonderem unterrichtlichen Wert ist für Schüler der Einsatz von Unterrichtsmedien. Als Lernhilfen tragen sie zu einer abwechslungsreichen Gestaltung schulischer Unterrichtsarbeit bei; dadurch können Lernmotivation, Lernfreude und Lerninteresse gesteigert werden. Im engen Zusammenhang mit der positiven Beeinflussung der emotionalen Befindlichkeit des Schülers stehen die lernfördernden kognitiven Effekte. Sie zeigen sich in der Intensivierung von Aufmerksamkeit und Konzentration und in einer zielführenden Steuerung der Wahrnehmungsvorgänge. Die Erarbeitung und Gewinnung neuer Einsichten werden unterstützt. Behaltens- und Reaktivierungsleistungen werden verbessert, die Schüler werden zu aktiven und kritischen Mediennutzern. Die Rolle des Lehrers wird sich dabei verändern. Er wird vom Akteur zum Arrangeur.

Die unterrichtlichen Aneignungs- bzw. Verarbeitungsprozesse mit dem Zweck des Aufbaus von Wissen und der Ausformung von Handlungskompetenz werden immer bei allen Planungs- und Organisationsaufgaben arbeitsintensiv bleiben und für die Schüler häufig anstrengend und mühsam sein. Damit diese beiderseitig komplexen und anspruchsvollen Anforderungen möglichst häufig zu positiven Ergebnissen führen, also effektives, erfolgreiches Lehren und Lernen gewährleisten, braucht es mehr als die bloße Sach- bzw. vertiefte Themenkenntnis des Lehrers.

Je deutlicher sich die Probleme um das Kind und den Jugendlichen zeigen, je akzentuierter sich die Frage nach einer angemessenen Bildungsorganisation für unsere Gesellschaft entwickelt, umso dringender werden unmißverständliche didaktische und unterrichtsmethodische Antworten, getragen von erziehungswissenschaftlicher Verantwortlichkeit.

Zur Darstellung. Die für eine Fachveröffentlichung unübliche, ein relativ geschlossenes Gegenstandsfeld erfassende Gestaltung inhaltlicher Teilaspekte bedarf einer etwas eingehenderen Begründung.

Unstrittig ist längst, daß Denken und damit Lernen ganz wesentlich auf das Phänomen des Strukturierens, Ordnens und Gliederns verwiesen ist. Kognitionspsychologische und unterrichtsmethodische Forderungen verlangen daher zu Recht das Freilegen inhaltsimmanenter Ordnungen. In diesem Zusammenhang finden sich in der Literatur Feststellungen wie 'Denken, das Ordnen des Tuns' (Aebli 1981), 'Skelett vor Detail' (Vester 1982), 'Blockbildung' (Miller 1971). Dies korrespondiert widerspruchsfrei mit der Vorstellung und den gedächtnispsychologischen Befunden (Ausubel 1974, Bredenkamp 1977) von der sogenannten kognitiven Struktur des Langzeitspeichers; das bedeutet, daß das Wissen als sinnlogisch geordnetes Netzwerk im Gedächtnis abgelegt wird; nur so hat es eine Chance, im Bedarfsfalle, also zur Lösung von Problemen und Bewältigung von Aufgaben, aktiviert und abgerufen werden zu können.

Die logische Folgerung daraus ist, Lernergebnisse oder kognitiv zu erfassende Phänomene entsprechend zu gestalten. Angemessen geordnete und ikonographisch gestaltete Inhalte sind in deutlich höherem Maße lerneffizient. Sie steuern stärker zielgerichtet den Wahrnehmungsvorgang, sie erleichtern, weil sie das Lernen durch Einsicht (einsehen!) unterstützen, die Erkenntnisgewinnung, sie intensivieren den langfristigen Abspeicherungsvorgang (Aspekt der Figur-Grund-Gliederung) und sie fördern die Reproduktion der neuen Erkenntnisse.

Derartige sprachlich nicht durchgearbeitete strukturgraphische Darstellungen werden bereits in der Literatur an einigen Stellen als concept map (Jüngst 1992), als kognitiv map (Weinert 1978), als organizer oder als Gedächtnis-Landkarte bzw. mind-map (Lozanow 1975) thematisiert. Sie lassen sich letztlich auf die Idee des sog. advance organizer (Ausubel 1967, 1974) zurückführen und wollen primär strukturell einfache Funktionen, konstituierende Elemente, komplexe Zusammenhänge, Vernetzungen, Relationen, Aussagekerne und Entwicklungen abbilden. Dazu sind neben den verschiedenartigen Blockordnungen noch weitere Gestaltungskriterien zu beachten, wie die Superzeichenbildung, das Einarbeiten figurativer Elemente, die Beachtung des Aspekts der dualen Kodierung (detaillierte Ausführungen dazu: Wellenhofer, W., Grundlagen einer modernen Arbeitsblatt-Praxis, München 1991, S.80 f.).

Die wesentliche Frage zielt also ab auf die Art der Gestaltung derartiger 'Schaubilder' im Sinne von 'Lernbildern'. Hilfreich beeinflußt wurde dieses Konzept durch die verschiedenen gestaltpsychologischen Gesetze (z.B. geschlossene Gestalt, gute Gestalt), vom Wissen, daß das Gedächtnis primär räumlich situativ bzw. im Sinne eines imagery-systems (Wippich 1984) abbildet. Und auch Erfahrungen der Alltagspraxis bestätigen dies wie z.B. die Berücksichtigung der Formauffassung des Wortbildes beim Leselernprozeß. Auch die Motivationspsychologie stützt diese Überlegungen mit der Forderung nach einer möglichst hohen Anmutungsqualität des gestalteten Lerninhalts; diese kann den rein sprachlich-textlichen Erfassungen nicht zugebilligt werden, selbst dann nicht, wenn sie durch Abschnitte hinreichend gegliedert sind und durch Hervorheben tragender Aussagen zusätzliche Akzentuierungen aufweisen. So stellen derartige Organizer, wie sie hier angeboten sind, ein didaktisches und unterrichtsmethodisches Instrument dar, das Lehre und Ausbildung effektivieren kann.

Schließlich ist noch auf die Probleme hinzuweisen, die derartige Schaubilder für den Rezipienten verursachen können. Die zwangsläufig sich ergebenden Verkürzungen von Gedankenentwicklungen bzw. die aufscheinenden Verdichtungen von Aussagen bedürfen zusätzlich eines ergänzenden Literaturstudiums und der eigenaktiven Versprachlichung. Aus diesem Grunde sind den einzelnen Abschnitten, wenn auch sehr knapp, interpretierende Formulierungen vorangestellt. Unter strikter Einbeziehung der Probleme und der Beachtung adäquater Gestaltungskriterien erbringen derartige 'Schau-bzw. Lernbilder' einen signifikant höheren Lerneffekt; das bestätigte sich immer wieder in meinen Lehrveranstaltungen. Und nun ein weiteres Problem soll an dieser Stelle eingegangen werden.

Selbst auf die Gefahr hin, in die Ecke der Rezeptologie gestellt zu werden, wurde versucht, neben den theoretischen Kriterien auch Möglichkeiten und Wege der unterrichtlichen Verwirklichung aufzuzeigen. Vorbeugend seien zu den gelegentlich zu lesenden kritischen bis ablehnenden Meinungen über Hinweise und Empfehlungen für unterrichtsmethodisches Handeln (zuletzt Aschersleben 1993) folgende Überlegungen angestellt: Auch und gerade ein so komplexes Handlungsfeld, wie es nun einmal das unterrichtliche Lehr-Lern-Geschehen darstellt, braucht für seine zielführende Realisierung empirisch und erfahrungswissenschaftlich abgesicherte Strategien. Dabei kann man jedem Lehrer das gleiche Maß an Fähigkeit und Bereitschaft zugestehen, wie man das bei jedem Arzt als selbstverständlich gegeben annimmt, Vorschläge zur Situationsbewältigung, in diesem Falle im unterrichtsmethodischen Bereich, stets angemessen und verantwortungsbewußt auf die Individualität, den Entwicklungsstand und die Leistungsfähigkeit der Schüler unter Einbeziehung der Vorgaben durch Lehrpläne und Lehrinhalte zu dosieren. Anregungen und Empfehlungen sollten von daher weder als Ratschläge oder Anweisungen noch gar als Vorschriften mißinterpretiert werden.

Zuletzt danke ich allen, die das Entstehen des Buches unterstützten, insbesondere meiner Frau für die Mühe und Geduld bei der Erstellung der Druckvorlagen, meinen Söhnen, Dr. Thomas Wellenhofer und Dr. Michael Wellenhofer, für ihre Bereitschaft zum Korrekturlesen und nicht zuletzt all jenen Studentinnen und Studenten für die nicht wenigen Anregungen.

Regensburg, 1999   Walter Wellenhofer

UNTERRICHTSBEDINGUNGEN

Effektive Unterrichtsarbeit hängt ab und wird beeinflußt von verschiedenen Gegebenheiten und Bedingungen. Das heißt zuallererst, daß durch jede Lehr- Lernfolge die Denkleistung der Schüler aktiviert und hoffentlich auch weiterentwickelt wird, daß Unterricht immer als dynamisches interpersonales Handlungsgeschehen und nicht als mechanisch ablaufendes Ereignis aufgefaßt werden muß, und daß die anfänglich zwingend erforderliche Steuerung durch den Lehrer schrittweise und behutsam durch selbständige und eigenaktive Lernbemühungen der Schüler abzulösen ist.

Lehren und Lernen können nur dann die Chance auf Erfolg haben, wenn u.a. auf die Gestaltung eines positiven, anregenden Lernklimas ebenso geachtet wird wie auf die notwendige Aufmerksamkeit und Konzentration, aber auch auf die einzelnen Aspekte und Probleme der Wahrnehmung.

24   **Das Gedächtnis, Instrument und Ort kognitiver Vorgänge.** Die tagtäglich, ja stündlich mehrfachen Appelle an die Schüler, sie mögen sich doch bemühen, anstrengen, darüber nachdenken, werden nur selten bewußt in engem Zusammenhang gebracht mit entsprechend zu aktivierenden Vorgängen im Gedächtnis. Es dient als Organ des Denkens und ist damit für das Lernen, also für die Informationsverarbeitung, permanent relevant. Das bedeutet, daß sowohl Wahrnehmungs- und Erkenntnisvorgänge, als auch Behaltens- und Reproduktionsleistungen auf seine optimale Funktionalität angewiesen sind.

Diese genannten vier Gedächtnisfunktionen sind in der Regel bei jedem Lernprozeß von Bedeutung. Das zeigt ein Vergleich mit den unterrichtlichen Grundakten einer Unterrichtsstunde. Im Mittelpunkt der Eröffnungsphase, aber natürlich nicht nur hier, stehen Wahrnehmungsvorgänge im Zusammenhang mit dem Ausgangsproblem. Strategien der Erkenntnisgewinnung sind insbesondere in der Erarbeitungsphase zu aktivieren, um neue Einsichten und Erkenntnisse zu erzielen. Schließlich werden in der Sicherungsphase zum Zwecke einer möglichst langfristigen Abspeicherung und zuverlässigen Wiedergabe spezifische Gedächtnisfunktionen berührt. Ungewöhnlich und für die Didaktik wenig geeignet ist die Unterscheidung der Lernpsychologie. Sie differenziert nach Lernen und meint damit Wahrnehmungs- und Erkenntnisakte und nach Gedächtnis und gebraucht diesen Begriff für die Vorgänge des Abspeicherns und Erinnerns.

25   **Lernen im Unterricht.** Der Lernbegriff wird in der pädagogischen, didaktischen und psychologischen Fachliteratur sehr eingehend reflektiert. Geht man von den Lernresultaten als den Zielen des Lernens aus, so lassen sich diese nach generellen und schulischen unterscheiden. Schulisches Lernen ist, um erfolgreich zu sein, von bestimmten endogenen, im Schüler liegenden Variablen und exogenen, in der äußeren Lernsituation gegebenen Zuständen abhängig. Einen tieferen Einblick in das Phänomen Lernen vermittelt die vierfache Sichtweise: Lernen muß unter dem Produkt- und Prozeßaspekt gesehen werden, aber auch als Vorgang der Erkenntnisgewinnung und Wissensbildung.

Das Phänomen Lernen gewinnt zusätzlich an Transparenz, wenn man die schulischen Ziele, den Gewichtungsaspekt und die typischen Wesensmerkmale erfaßt. Desweiteren sind für die Organisation der Lernvorgänge immer der augenblickliche Lernstand, mögliche Lernhemmnisse, wissenschaftlich bestätigte Faktoren der Lernoptimierung und schließlich die zur Verfügung stehenden didaktischen und methodischen Strategien zu bedenken. Nicht zuletzt muß Klarheit über die Qualität der Lern- bzw. Unterrichtsergebnisse als Ziel des Lernbemühens bestehen; besondere Bedeutung kommt dabei der Tatsache zu, daß neue Einsichten erst durch besondere Maßnahmen vom Kurzzeit- in den Langzeitspeicher gelangen, um schließlich dort als Wissen aufbewahrt werden zu können.

28   **Lernen als 'Denken am Gegenstand'.** Der Begriff Gegenstand ist in zweifacher Weise zu interpretieren. Einmal meint man damit den Lerninhalt, das Unterrichtsthema bzw. den Stoff oder die zu verarbeitende Information. Andererseits versteht man darunter - näher an der wörtlichen Bedeutung - das Lernen an der Wirklichkeit als Auseinandersetzung mit 'originalen Gegenständen'.

Entscheidend dabei ist stets das Bewußtsein, daß in jedem Falle Lernen immer Denkvorgänge auslöst, die als Aktivitäten bzw. Prozesse (deshalb das Verbum als Ausdrucksmittel!) und als Erkenntnisse bzw. Produkte zu Tage treten; das gilt für jede Lernsituation und jede einzelne Lernaufgabe.

Von diesem Grundverständnis aus entwickelte die Didaktik mehrere Unterrichtskonzepte, die Lernen als gezielt zu entfaltendes Aktivieren von Denkstrategien und nicht als bloßen Wissensempfang auffassen; zur Verwirklichung stehen besondere unterrichtsmethodische Maßnahmen zur Verfügung.

30   **Lernen als Vorgang der Kognition.** Noch akzentuierter verweist der Begriff Kognition auf die unterschiedlichen Prozesse und Akte des Denkens beim Lernen. Kognitives Lernen zielt insbesondere auf die Entwicklung kognitiver Strukturen ab, was vereinfacht ausgedrückt mit dem geordneten, abgespeicherten Wissen umschrieben werden kann; es geht hier um Lernergebnisse wie Einsichten, Verständnis, Kenntnisse. Die instrumental-pragmatischen, die sozialen und die affektiven Lernziele werden ausdrücklich nicht erfaßt.

Von besonderer Bedeutung für erfolgreiches kognitives Lernen sind der Einfluß des Willens (Lernbereitschaft) und die emotionale Gestimmtheit des Schülers (Lernklima).

31 **Unterricht als zusammenwirkendes, zielführendes Handeln.** Unterricht stellt die äußere Organisations-form für schulisches Lernen dar. Er konstituiert sich durch die Pole Schüler, Lehrer, Unterrichtsstoff, die je nach dem Stand der Lernentwicklung eine unterschiedliche Nähe zueinander aufweisen. Das vielzitierte didaktische Drei-eck wird von einem statischen zu einem der Realität entsprechenden dynamischen Phänomen (vgl. Lehren). Über die kurzfristig erreichbaren Unterrichtsziele versucht man die als langfristig zu verstehenden Bildungsaufgaben (Mündigkeit, Enkulturation, Sozialisation u.a.) zu bewältigen.

32 **Stile des Lehrens.** Häufig finden sich in der Fachliteratur dafür die Begriffe Unterrichtsstil oder Erzie-hungsstil; in der Regel werden dort drei aufgeführt, von denen die zwei verantwortbaren im Schaubild hinsichtlich ihrer typenbildenden Merkmale gekennzeichnet werden. Beachtung verdienen hier die nach rechts zulaufende ge-punktete Linie und die von links zunehmend durchgezogene Linie. Sie symbolisieren die im Laufe der Schulzeit notwendigerweise abnehmende Fremdsteuerung durch den Lehrer und die zwingend erforderliche verstärkte Hand-lungsaktivität und Eigenverantwortung der Schüler im Sinne einer Selbststeuerung. Grundgedanke und Absicht dieser unterschiedlichen Akzentuierung der Lehrstile werden aus der prinzipiellen pädagogischen Aufgabenstellung heraus erklärbar.

33 **Lehren, ein dynamisch-komplexer Wirkungsauftrag.** Lehren als Basisphänomen im Kontext von Un-terricht wird im Vergleich zum Lernbegriff relativ selten terminologisch aufgearbeitet. Die generelle Aufgabenstel-lung ändert sich im Laufe der Schulzeit der Kinder und Jugendlichen von einem dominant lehrergesteuerten Instru-ieren hin zu schülerdominanten Lernbemühungen; dabei spielen zwei Erscheinungen eine besondere Rolle: die be-reits erwähnte Instruktion im Sinne von in Kenntnis setzen, anleiten, anweisen, erklären und die zwischenmenschli-che Interaktion als Wechselbeziehung zwischen einander zugewandten Partnern. Die wesentlichen Lehrfunktionen zeigen sich in der professionellen Handhabung des gesamten, sehr umfangreichen Methodenrepertoires, durch an-gemessene Reaktionen auf die verschiedenen Dimensionen und durch die stets unterschiedliche Akzentuierung des Wechselbezugs zwischen Lehrer (= L), Schülerleistungsfähigkeit (= S) und Komplexität des Lerngegenstandes (= LG). In diesem Zusammenhang ist noch als Ergänzung unabdingbar erforderlich: Die pädagogische Wirkung des Lehrers zeigt sich in besonderem Maße durch sein Verständnis von Lehren.

34 **Der Lernprozeß, Grundstruktur und methodische Folgerungen.** Unterrichten zielt insbesondere auf das Planen, Organisieren und Durchführen von Lernprozessen und das für vier, fünf oder sechs Stunden Schulzeit täglich. Es handelt sich dabei um ein sich entwickelndes, auf Lernziele (und Erziehungsabsichten) hin ausgerichte-tes, nur in groben Zügen antizipierbares Geschehen.

Jeder Lernprozeß stellt in seiner Grundstruktur einen Implikationszusammenhang dar. Dieser entsteht durch den zeitlichen Ablauf des Lernvorganges durch aufeinanderfolgende Phasen, die durch methodische Variablen bewältigt werden sollen (vgl.: Die Prozeßplanung als Implikationszusammenhang).

Durch das im oberen Teil des Schaubildes dargestellte imaginäre Handlungsband wird das Ausmaß bzw. der Um-fang der Handlungsakte des Lehrers und der Schüler symbolisiert. Die gemeinsamen Bemühungen erbringen Lern-resultate (= LR) innerhalb der Erarbeitungsphase, was allerdings noch nicht den Abschluß eines Lernprozesses darstellen darf.

Dieser Grundstruktur, Eröffnung, Erarbeitung, Abschluß, lassen sich unschwer alle zwingend erforderlichen metho-dischen Variablen zuordnen: die Stufen als Artikulation bzw. sequentierter Ablauf, Lerninhalte, Lehr- und Lernakte, Sozialformen und Lernhilfen als Konkretisierungsinstrumente jedes einzelnen Lehrschrittes. Wird eine dieser Va-riablen nicht berücksichtigt, ist ein Lernprozeß in praxi nicht durchführbar.

35 **Das Lernklima.** Die nicht selten einseitige Ausrichtung des Unterrichts auf die kognitive Dimension des Lernens muß zwangsläufig zu unzureichender Lerneffektivität führen. Lernen ist immer ganzheitlich als Lernen mit allen Sinnen aufzufassen. Dabei kommt den Emotionen, der in der Lernsituation gegebenen gefühlsgetragenen Grundbefindlichkeit, eine außerordentlich wichtige Bedeutung zu, was im übrigen einen neurophysiologischen Hintergrund hat.

Gefühle können das Lernen ebenso aktivieren wie behindern. Es besteht eine enge, sich gegenseitig beeinflussende Wechselwirkung zwischen der aktuellen Gemütslage des Schülers und der gegebenen Lernsituation; dies muß das stete Bemühen des Lehrenden um ein positives, anregendes Lernklima zur Folge haben.

Es lassen sich zwei große unterrichtsrelevante lernklimatische Dimensionen unterscheiden. Da gilt es zunächst die endogenen Befindlichkeiten zu beachten. Sie zeigen sich in der emotionalen Qualität der zwischenmenschlichen

Kontakte; dabei handelt es sich um das freundliche, helfende, verständnisvolle, entspannte Interaktionsverhältnis zwischen Lehrer und Schüler und den Schülern untereinander. Weiterhin gilt das besondere Augenmerk den exogenen Gegebenheiten. Das Klassenzimmer vermittelt als Lernraum Wohlbefinden und Geborgenheit; das Unterrichtsthema beachtet die altersspezifischen Interessen und Motive. Die methodischen Verfahren sind auf die emotionalen Bedürfnisse der Schüler ausgerichtet. Der zu durchdenkende Lerninhalt und die zu behaltenden Unterrichtsergebnisse sind angemessen attraktiv gestaltet und besitzen dadurch eine hohe Anmutungsqualität.

Langeweile und Schulangst gehören zu den derzeit besonders stark in Erscheinung tretenden lernbelastenden Zuständen. Ursachen und Folgen sind unschwer zu eruieren. Zur Bewältigung dieser Probleme kann eine abwechslungsreiche, handlungsorientierte und angstreduzierte Unterrichtsgestaltung beitragen, sofern sie gezielt die einzelnen Bereiche des Lernklimas einbezieht. Von besonderer therapeutischer Bedeutung ist das bewußte Erfassen der emotionalen Qualität der Lernsituation. Dabei versucht man beim Schüler die Bereitschaft zur Versprachlichung der angenehmen wie unangenehmen Gefühle zu wecken. Ein einfaches Instrument, speziell als Grundlage für die dabei häufig erforderlichen Einzelgespräche, ist das sog. Affektmeter.

39 **Aufmerksamkeit und Konzentration.** Diese unverzichtbaren Bedingungen für erfolgreiches Lehren und Lernen werden in der Alltagspraxis immer mehr zum Problem. Verursacht werden die mangelnden Konzentrations- und Aufmerksamkeitsleistungen besonders durch die auf die Schüler einstürzende Medienflut, die zum oberflächlichen Erfassen der Eindrücke verführt. Als weitere Gründe können die Hektik des ereignisüberladenen Alltags und die abnehmende Fähigkeit, sich über längere Zeit mit einer Aufgabe konzentriert zu beschäftigen, genannt werden. Nicht zuletzt tragen auch Schule und Unterricht dazu bei, insbesondere durch den Zeitdruck und die mangelnde institutionelle und organisatorische Ruhe (z.B. verursacht durch die kurzlebigen didaktischen Moden).

Aufmerksamkeit und Konzentration werden oft synonym gebraucht; dennoch können beide Phänomene unterschieden werden.

Die in der Literatur häufig zitierten wissenschaftlichen Befunde hinsichtlich der Konzentrationsspannen wären für die Praxis eine wichtige Orientierungsgröße. Allerdings sind sie nur unter Einbeziehung der aufgeführten Abhängigkeits- und Einflußgrößen näherungsweise hilfreich.

Aufmerksamkeit und Konzentration sind immer unter dem Aspekt endogener und exogener Beeinflussungsvariablen zu sehen. Für Maßnahmen der Verbesserung ist zunächst die genaue Analyse der Aufmerksamkeitsstörung bzw. Konzentrationsschwierigkeit erforderlich; dabei sind auch mögliche Ursachen zu ermitteln bzw. freizulegen, die vornehmlich psychischer und situativer Natur sind. Probleme in diesen Bereichen können drei Intensitätsstufen zugeordnet werden. Man spricht dann von Konzentrationsmangel, Konzentrationsstörung und Konzentrationsschwäche.

Für die Unterrichtsarbeit sind neben den generellen Überlegungen besonders die Strategien der Aufmerksamkeitsförderung von besonderem Wert. Wirksamer als die „oft wenig wirksamen Appelle an die Einsicht" sind zielführende Maßnahmen aus den Bereichen Lehraktivitäten, pädagogisch-psychologische Aktivitäten, Lernraum und Lernklima.

43 **Der Wahrnehmungsvorgang.** Diese gedächtnispsychologische Funktion spielt nicht nur innerhalb der Eröffnungsphase zu Beginn eines Lernprozesses eine Rolle, wenn es um Ausgangsfragen, Planungsüberlegungen oder Problemstellungen geht. Wahrnehmungsvorgänge finden auf allen Stufen und in allen Lernsituationen statt, ob beim Einsatz von Unterrichtsmedien oder im Zusammenhang mit monologischen Lehrakten, bei Gruppenarbeiten oder der Gestaltung eines Arbeitsblattes. Sie zielen auf das Erfassen der Wahrnehmungsfelder (z.B. in Gestalt von Texten, Bildern, Sprache) ab, die durch mediale Träger transportiert werden. Das erfordert eine entsprechende Wahrnehmungsfähigkeit, die sich qualitativ von Schüler zu Schüler meist recht unterschiedlich zeigt. Ist ein Wahrnehmungsfeld zu erfassen, so sollten dem Lehrer vorweg die einzelnen vom Schüler zu erbringenden Wahrnehmungsaktivitäten bewußt sein. Wichtig ist auch zu wissen, daß endogene Faktoren die Wahrnehmung stark beeinflussen.

Beim Versuch, methodische Anregungen zu geben, ist es erforderlich, zunächst für einzelne Unterrichtsmedien spezifische Überlegungen anzustellen und hierfür entsprechende Feststellungen zu treffen. Darüberhinaus gibt es eine Reihe übergreifend relevanter Erfassungsfaktoren zur wahrnehmungsfördernden Gestaltung eines Wahrnehmungsfeldes (Leittext, Problemstellung, Grafik, Abbildung).

Als unterrichtspragmatische Folgerungen lassen sich zusammenfassend folgende Aspekte akzentuieren:

Wahrnehmungsfelder, für die Unterrichtsarbeit geeignet, zeichnen sich durch eine besondere Reizintensität aus. Aktivitäten und Vorgänge an Wahrnehmungsfeldern finden in der Regel während des gesamten Lernprozesses statt, wobei der lernprozessuale Weg über die äußere Wahrnehmung zur inneren Wahrnehmung als Vorgang der Ausbildung von Vorstellungen und abspeicherbaren Strukturen führt.

Wesen.

Schulpädagogik ist historisch gesehen eine relativ junge wissenschaftliche Disziplin (erste Erwähnung bei Barthel 1839, Simmel 1921), die sich im Laufe der sechziger Jahre aus der Allgemeinen Didaktik entwickelte. Die durchaus nicht abgeschlossene Diskussion um die Interpretation und Abgrenzung des Faches beweisen Umschreibungsversuche wie "Sammelbezeichnung für verschiedene Bemühungen im Raume der Schule" (Kramp) oder "Bündelung von Theorieansätzen" (Potthoff). Unbestritten ist die Orientierung des Faches an realen schulischen Problemfeldern im Gegensatz zur Pädagogik, die sich grundsätzlich mit Fragen der Erziehung beschäftigt, ohne institutionelle Bindung.

Eine interessante, für den einzelnen Vertreter des Faches jedoch nie zu bewältigende Beschreibung der Aufgaben liefert Steindorf: "Schulpädagogik ist die erziehungswissenschaftliche Disziplin, die sich die Erforschung sämtlicher mit dem Gesamtphänomen Schule zusammenhängender Fakten, Strukturen, Probleme und Zusammenhänge zur Aufgabe nimmt. Dabei unterwirft sie ihren Gegenstand historischer, systematischer und vergleichender Betrachtung und zwar unter dem Aspekt der doppelten Verwiesenheit auf Educandus und Gesellschaft." (1973²)

Diese überzogene Formulierung stilisiert die Schulpädagogik zu einem Superfach hoch, das andere wissenschaftliche Disziplinen der Lehrerbildung wie Pädagogik, Psychologie, Lernpsychologie, Diagnostik, Soziologie u.a. scheinbar problemlos kompensieren würde, wenn man nicht konkret ihre Gegenstandsfelder aufzeigt. Wir stellen in diesem Zusammenhang für die Schulpädagogik gerade eine entgegengesetzte Entwicklung fest! Alle universitären Fächer zeichnen sich aus durch Spezialisierung innerhalb des Fachspektrums, was gleichzeitig eine kapitale Begrenzung auf wenige oder gar nur einen Gegenstandsbereich bedeutet. Die Schulpädagogik wird ihre wissenschaftliche Glaubwürdigkeit aufs Spiel setzen, wenn ihre Vertreter weiterhin an dieser recht umfassenden Aufgabenbeschreibung festhalten, was auf die Dauer unzweifelhaft auf Kosten einer auslotenden Auseinandersetzung mit den gegebenen Problembereichen gehen wird.

Hauptziele des Faches.

Versucht man, die in der einschlägigen Literatur genannten Zielvorstellungen zu verdichten, so können als Hauptziele des Faches genannt werden:

– Die Schulpädagogik will ein berufsspezifisches Problembewußtsein im Sinne einer pädagogischen und didaktischen Sensibilisierung schaffen (= emotionale Zielkomponente).
– Die Schulpädagogik will eine breitspektrale, multiperspektivische Entscheidungsfähigkeit für die zu bewältigenden schulischen Aufgaben ausbilden (= kognitive Zielkomponente).
– Die Schulpädagogik will in ganz besonderem Maße den Studierenden in der Ausbildung und dem praktizierenden Lehrer in der Weiterbildung ein didaktisches Instrumentarium zur Bewältigung und Verbesserung des schulischen Wirklichkeitsbereiches an die Hand geben (= pragmatische Zielkomponente).

Gegenstandsfelder und Forschungsbereiche.

Sie lassen sich für die Schulpädagogik als mehr oder weniger umfangreiche Kataloge oder differenzierte Darstellungen erfassen (Klink, Kramp, Potthoff, Zöpfl, Steindorf, Dietrich, Nicklis u.a.).

Folgende Schwerpunktbereiche werden genannt:
– Theorie der Schule
– Theorie des Unterrichts
– Theorie des Lehrer - Schüler-Verhältnisses
– Theorie der Bildungsinhalte
– Geschichte der Schule und des Unterrichts
– Pädagogische und didaktische Probleme einzelner Schulstufen
– Fragen der Schulorganisation
– Schulrecht und Schulverwaltung

Je nach Vertreter werden einzelne dieser weiter auszudifferenzierenden Bereiche favorisiert, andere werden wiederum teilweise sogar gänzlich unberücksichtigt gelassen.

Kernprobleme.

Zwei aktuelle Kernprobleme warten auf definitive Bewältigung.

Problem 1: Abgrenzung zur Allgemeinen Pädagogik, insbesondere unter dem Aspekt der zu erfassenden Gegenstandsfelder.

Trotz Arrangement mit der Pädagogik bei dem Bemühen um Festlegung der Fachgrenzen werden inhaltliche Überlappungen (z.B. Erziehungsziele - Unterrichtsziele, Erziehungsstil - Unterrichtsstil, Fragen der Disziplin etc.) nicht zu vermeiden sein. Das gegenstandsbezogene Abgrenzungsproblem ließe sich aus dem existentiellen Verständnis der Pädagogik wohl am vernünftigsten lösen. Da sie als wissenschaftliche Disziplin in der Lehrerbildung auf den schulischen Bezugsraum nicht verzichten kann, sollten die dominant pädagogischen Gegenstandsfelder doch eher von der Allgemeinen Pädagogik als von einer überdimensionierten und deshalb überforderten Schulpädagogik reflektiert werden.

Problem 2: Interpretation des Faches Schulpädagogik als wissenschaftliche Disziplin in der Lehrerbildung im engeren und weiteren Sinne.
Während z.B. Kramp und Steindorf das Fach im engeren Sinn als Theorie der Schulerziehung verstehen, wird Schulpädagogik von den meisten Vertretern im weiteren Sinne als Theorie der Schulerziehung und des Unterrichts verstanden. Das Problem läßt sich auf folgende Frage reduzieren: In welchem Umfang haben Fragen der Didaktik und Methodik innerhalb der Schulpädagogik aufzuscheinen? Während z.B. Kramp, Steindorf, auch Dietrich eher dazu neigen, didaktische Aspekte nicht als Inhaltsfelder der Schulpädagogik anzusehen, sind die meisten Vertreter anderer Meinung (Klink: "Herzstück der Schulpädagogik" - Kopp: "Wesensbestandteil der Schulpädagogik" - Reble: "Schulpädagogik = Allg. Didaktik"). Der kategoriale Bereich Theorie des Unterrichts zählt zu den zentralen Gegenstandsfeldern der Schulpädagogik, da Erziehung in der Schule ohne Unterricht nicht denkbar ist. Jede unterrichtliche Maßnahme und Aktivität hat eo ipso pädagogische Auswirkungen. Die besondere Betonung dieses kategorialen Bereiches stellt darüber hinaus eine Möglichkeit dar, der durch die Fachdidaktiken immer stärker forcierten Inhaltsdominanz entgegenzuwirken, d.h. auftretende didaktische und methodische Defizite im gewissen Umfang kompensieren zu können.

Entwicklungstendenzen der Schulpädagogik als wissenschaftliche Disziplin. Wie die Literatur so sind auch die amtlichen Prüfungsordnungen mit Gegenstandsfeldern überladen. Diese wurden in einer Untersuchung über die Stellung der Schulpädagogik an den Universitäten und Gesamthochschulen (Schlösser in Potthoff S. 233 ff.) zu 12 Veranstaltungskategorien zusammengefaßt, die in einem zeitlichen Abstand von 5 Jahren (1969 und 1974) miteinander verglichen wurden. Aus den Veranstaltungsangeboten von 17 deutschen Hochschulen und Universitäten wurden, der Häufigkeit nach geordnet, folgende Veranstaltungskategorien ermittelt:

1969: Probleme verschiedener Schularten und Schulstufen - Einführungen - Wissenschaftstheorien und Unterrichtsforschung - Theorie des Unterrichts - Schülerverhalten - Theorie der Schule - Bildungsplanung und Bildungsreform - Lehrerverhaltenstraining - Messen und Beurteilen - Lehrerrolle - Curriculum - Schulrecht;

1974: Theorie des Unterrichts - Wissenschaftstheorie und Unterrichtsforschung - Lehrerverhaltenstraining - Theorie der Schule - Einführungen - Probleme verschiedener Schularten und Schulstufen - Curriculum - Bildungsplanung und Bildungsreform - Schülerverhalten - Lehrerrolle - Messen und Beurteilen - Schulrecht.

Zur Ergänzung und Aktualisierung dieser Untersuchung seien noch die schulpädagogischen Themenbereiche angeführt, wie sie akzentuiert an den bayerischen Landesuniversitäten 1994 angeboten wurden.

1994: Theorie der Schule - Theorie des Unterrichts - Lehrer-Schüler-Verhältnis - Fragen des Lehrplans; insbesondere: Unterrichtsplanung und -analyse - Unterrichtsmethoden bzw. Methodenkonzeptionen - Gestaltungsprinzipien - Lernen mit Medien - der Erziehungsauftrag - Schulentwicklung - Schulrecht; außerdem Sonderveranstaltungen, z.B. Drogenprävention, Gesundheitserziehung, Verkehrserziehung, Ausländerfeindlichkeit, Werterziehung, Gewalt an Schulen, Freizeiterziehung.

Bei der gebotenen Vorsicht (Fehlerquellen: Probleme der Interpretation der Veranstaltungsformulierungen und der subjektiven Zuordnung - Problem der Auswahl der untersuchten Universitäten und Hochschulen) dürfen als Entwicklungstendenzen für die Schulpädagogik innerhalb der Lehrerbildung abgeleitet werden:

– Zunahme der Gegenstandsfelder aus den Bereichen: Theorie des Unterrichts, Theorie der Schule, Lehrer-Schüler-Verhältnis;
– Abnahme der Gegenstandsfelder aus den Bereichen: Probleme verschiedener Schularten und Schulstufen, Lehrerverhaltenstraining, Bildungsplanung, Bildungsreformen;

Diese Entwicklungstendenzen zeigen unmißverständlich die notwendige enge Beziehung der Schulpädagogik zur Schulpraxis.

☐ **Perspektiven der Gegenwart.** Schulpädagogik als wissenschaftliche Disziplin zwingt zur Konzentration auf gezielt ausgewählte Gegenstandsfelder. Als Entscheidungsfaktoren für diese vorzunehmende Schwerpunktbildung können nur die Bedürfnisse des lernenden Schülers dienen: Er stellt Orientierungsgröße, Bezugsraster und Auswahlkriterium dar. Aus dieser Sicht müssen von der Schulpädagogik folgende Hauptaufgaben bewältigt werden:

– Die Schulpädagogik erforscht und lehrt jene Gegenstandsfelder primär, die der Lehrer braucht, um das Kind zur Existenzbewältigung als Individuum und als Mitglied einer sozialen Einheit zu befähigen (= Qualifikationsfunktion).
– Die Schulpädagogik besitzt gerade heutzutage die Funktion einer Kontrollinstanz gegen voreilige Innovationsversuche zum Schutze des Kindes (= Kontrollfunktion).
– Die Schulpädagogik greift jene Gegenstandsfelder in dominanter Weise auf, die Ausgleichsfunktion gegen fachwissenschaftliche Überforderungsversuche zum Wohle des Kindes bilden können (= Ausgleichsfunktion).

Wie berechtigt und dringend geboten eine derart ausgerichtete Neuorientierung des Faches ist, beweisen einerseits die immer häufiger auftretenden Disziplinkonflikte, die meist nur das Erscheinungsbild abgeben für eine insgesamt durch Überforderungen und zu hoch geschraubte Leistungserwartungen belastete Kinderpsyche (Ängste, Frustrationen, Verlogenheit, Brutalität, Verlust emotionaler Bezüge etc.). Andererseits können dafür die nur in Ausnahmefällen erfolgreichen Innovationsversuche (seit etwa 1960: Prinzip des Exemplarischen, Sexualerziehung, Mengenlehre, Unterrichtstechnologie, didaktischer Materialismus, Sachunterricht, das entdeckende Lernen, die antiautoritäre Erziehung, der lernzielorientierte Unterricht, das wissenschaftsorientierte Lernen, der curriculare Lehrplan, der Projektunterricht, die Freiarbeit u.a.) ein beredtes Zeugnis und ein unwiderlegbares Argument abgeben.

☐ **Resumee.** Die Schulpädagogik befindet sich derzeit in einer Phase der Konsolidierung, was Auswahl, Umfang und Anzahl der Reflexionsbereiche anbetrifft. Das Hauptproblem, die Überladenheit mit Gegenstandsfeldern, kann nur dann erfolgreich bewältigt werden, wenn sich das Fach primär an den Bedürfnissen der Schüler orientiert. Dabei gilt in gleichem Maße die Forderung Heinrich Roths nach einer 'originalen Begegnung' auch für die universitäre Ebene. Die Schulpädagogik muß mit entschiedenem Engagement den konkreten Studierenden mit dem konkreten Kind bzw. Jugendlichen zusammenbringen. Damit wird sie wesensgemäß ihre ursächliche Funktionalität in der richtigen Dosierung und Relativierung zuallererst zum Wohle der Schüler zu entfalten in der Lage sein.

Die sprachliche Bedeutung. Der Begriff Didaktik, aus dem griechischen didaskein (= lehren, belehren, unterrichten) abgeleitet, wird im Sinne von Unterrichtslehre, unterrichtlicher Kunst, Unterrichtskunst gebraucht. In der Fachsprache umschreibt man damit die Wissenschaft vom Lehren und Lernen und von den dabei anstehenden Inhalten. Didaktik als Begriff wird aber auch bereits in der Umgangssprache (z. B. das didaktische Spiel) gebraucht, wobei damit die fördernde Wirkung auf die Entwicklung des Lernens bzw. der intellektuellen Kräfte zum Ausdruck gebracht werden soll.

Didaktik im engeren und weiteren Sinne. Durch diese Unterscheidung kommt bereits das Zentralproblem in der Diskussion um das Phänomen der Didaktik zum Ausdruck. Didaktik im engeren Sinne greift dominant, bisweilen auch ausschließlich, die Theorie der Bildungsinhalte und des Lehrplans auf (Weniger, Klafki, Derbolav). Die Reflexionen konzentrieren sich dabei auf die Bildungsgüter (= Bildungsinhalte) und deren Bildungswert (= Bildungsgehalt), auf deren Auswahl, Strukturierung und Anordnung. Didaktik im weiteren Sinne erfaßt neben den inhaltstheoretischen Fragestellungen auch die Probleme der Unterrichtsorganisation, einschließlich der Position und Funktion der Lehr- und Lernmittel, also auch all jene Aspekte, die zu einer effektiven Umsetzung der Bildungsgegenstände erforderlich sind.

Aus dieser mitunter kontroversen Interpretation des Phänomens Didaktik hat sich wohl die Formulierung vom Primat der Didaktik (vor der Methodik) entwickelt, wobei aber weniger eine Abhängigkeit oder eine Gewichtung zum Ausdruck gebracht werden soll. Vielmehr versucht man zu verdeutlichen, daß zuerst die denkende Durchdringung der Lerngegenstände erfolgen muß, ehe man Überlegungen anstellen kann über Bedingungen und Maßnahmen zu deren unterrichtlichen Bewältigung.

Das entscheidende Kriterium dabei ist, Didaktik als erziehungswissenschaftliches Phänomen in omnivalenter Funktionalität zu betrachten.

Allgemeine Didaktik - spezielle Didaktik. Im Gegensatz zur speziellen Didaktik (= Fachdidaktik) beschäftigt sich die Allgemeine Didaktik mit Fragen und Gegenstandsfeldern von allgemeinem, d. h. übertragbarem Wert aus dem Bereich unterrichtlicher Aktivitäten. Die in diesem Zusammenhang gemachten Aussagen sind nicht an einen bestimmten Stoff gebunden. Im einzelnen handelt es sich dabei um Probleme der Bildungsziele, Planungs- und Gestaltungsprinzipien, schulische Lernprozesse, mediendidaktische Fragen und andere mehr.

Die spezielle Didaktik wendet nun die Kenntnisse an bzw. relativiert die Aussagen der Allgemeinen Didaktik auf das jeweilige Unterrichtsfach. Besondere Reflexionsschwerpunkte sind dabei Stoffauswahl und -anordnung und fachtypische Lehr- und Arbeitsformen. Da als Tendenz in der Fachdidaktik eine Verlagerung ihrer Arbeitsgebiete in Richtung Gegenstandsorientierung sichtbar wird, wird dem methodischen Ansatz der Allgemeinen Didaktik wieder erhöhte Bedeutung zukommen müssen, um mögliche Defizite ausgleichen zu können.

Unterschiedliche Bedeutungskomplexe. In der Literatur werden der Didaktik unterschiedlich komplexe Bedeutungen zugewiesen. Dolch und Hausmann interpretieren sie als Lehre vom Lehren und Lernen, Willmann, Weniger und Klafki fassen sie als Bildungslehre im eigentlichen Sinne mit dominanter Betrachtung der Ziele und Inhalte auf, für Heimann, Schulz und Becker ist Didaktik die Wissenschaft vom Unterricht mit besonderem Schwerpunkt auf Fragen der Unterrichtsplanung.

Insgesamt können die verschiedenen Ausrichtungen auf zwei verdichtet werden:

- Didaktik als Theorie der Bildungsinhalte:
  Reflexionskern dieser Ausrichtung ist das Bildungsgut. Ihre Vertreter betrachten die Lerngegenstände unter dem Aspekt ihrer Bildsamkeit, wobei ihr besonderes Interesse der Ermittlung der Bildungsgehalte der anstehenden Bildungsinhalte gilt. Desweiteren versucht man innerhalb dieser Theorie der Bildungskategorien die Strukturelemente (Aufbau, Hierarchie, Vernetzung) und die Gegenwarts- und Zukunftsbedeutung der Bildungsinhalte zu erfassen.

- Didaktik als Wissenschaftstheorie des Unterrichts:
  Zentraler Begriff dieser Orientierung der Didaktik ist Lehren bzw. Lernen, weshalb sie entsprechend auch mit Wissenschaft vom Lehren und Lernen (Dolch / Hausmann) umschrieben wird. Ziele sind insbesondere die Analyse lernprozessualer Vorgänge zum Zwecke der Optimierung der Lernabläufe unter Einbeziehung unterrichtspsychologischer Befunde. Außerdem werden die Lernvoraussetzungen (Motivation, anthropogene und soziokulturelle Gegebenheiten u. a.) immer schwerpunktmäßig in die Reflexionen einbezogen (siehe Lernen!).

Grundmodelle der Didaktik. Derzeit können innerhalb der Didaktik drei, mitunter auch vier Grundmodelle unterschieden werden, wobei auch hier die Begegnung mit adäquaten Gegenstandsfeldern von jeweils unterschiedlichen Standpunkten aus erfolgt.

- *Die lehr- bzw. lerntheoretische Didaktik* (Heimann, Schulz, Otto) wendet sich gegen die zentrale Position des Bildungsbegriffes. Anstelle des Begriffes Bildungsgut wird nun vom Lernpotential gesprochen; sie wenden sich gegen den normativen Charakter des Bildungsbegriffs und ersetzen ihn durch den Lernbegriff. Den Mittelpunkt ihrer Bemühungen bilden die konstituierenden Phänomene des Unterrichts (anthropogene und soziokulturelle Bedingungsfelder und die Entscheidungsfelder Intentionalität, Thematik, Methoden und Medien), die sie kategorial erfassen. Die Zentralposition des Schülers, Ausrichtung und Orientierung an ihm, ist dabei unbestritten.
- *Die bildungstheoretische Didaktik* (Weniger, Derbolav, Klafki) entwickelt ihre Aussagen aus einem historisch verwurzelten Bildungsbegriff, wobei sie sich bei ihren Auseinandersetzungen um Struktur, Auswahl, Anordnung, Gegenwarts- und Zukunftsbedeutung des Bildungsgutes bzw. seines Bildungsgehaltes bemüht.
- *Die kybernetische Didaktik* (Frank, F. v. Cube) entwickelte sich aus dem naturwissenschaftlichen Kybernetikbegriff. Ihr Hauptbemühen gilt der Informationsmaximierung und der Steuerung des Verhaltens. Lernen interpretieren ihre Vertreter als Aktivitäten, die neue Informationen aufnehmen, verarbeiten und speichern. Die unterrichtlichen Tätigkeiten sind auf die Steuerung der Lehr- und Lernvorgänge mit der Absicht einer optimalen Zielerreichung ausgerichtet.
- Gelegentlich findet man in der einschlägigen Literatur Hinweise auf ein viertes didaktisches Grundmodell. Es wird als *systemtheoretische Didaktik* (König/Riedel) bezeichnet und will die gesetzmäßigen Beziehungen der das Unterrichtsgeschehen konstituierenden Faktoren erforschen. Die definitive Etablierung wird wohl noch von weiteren Arbeiten, die der Abklärung und Sicherung der Aussagen dienen müssen, abhängen.

Der gegenwärtige Diskussionsstand. Die mitunter auch kontrovers vorgetragenen Argumente haben sich gegenwärtig zu einem ideologiefreien Kompromißlevel abgeklärt.

- Der Bildungsbegriff darf als zentrale Komponente der Didaktik nicht eliminiert werden.
- Grundsätzlich gelten alle fachimmanenten Bemühungen der Förderung und Entfaltung der individuellen Anlagen des jungen Menschen zur Bewältigung gegenwärtiger und zukünftiger Fragen aus den privaten und beruflichen Aktivitätsbereichen.
- Didaktik ist immer im weitesten Sinne zu definieren. Eine Rangfolge im Sinne einer Wertigkeit der Reflexionsfelder kann nicht erstellt werden. Vielmehr haben alle kategorialen Phänomene gleiche Bedeutung. Sie sind auf den Schüler auszurichten, wobei sinnlogisch zuerst die Lerngegenstände und dann die Probleme einer optimalen Umsetzung reflektiert werden.

- Absichten:

„Unterrichtswissenschaft ist eine Didaktik, welche die Unterrichtsforschung und die gesamte auf Unterricht bezogene Theorienbildung zusammenfassend behandeln will, insbesondere die Fragen nach den Zielen und nach den Verfahren des Unterrichts."
(Schulz, 1971)

" Auch die Unterrichtswissenschaft kann keinen Katalog von überprüften Unterrichtstechniken vorlegen. Es ist bisher nicht einmal gelungen, eine allgemeingültige Unterrichtstheorie zu entwickeln. Die Ergebnisse werden oft vorschnell und unzulässig generalisiert. In manchen Untersuchungen ist nicht mehr erkennbar, daß es um den lernenden Menschen geht."
(Einsiedler, 1982)

- Schwerpunkte:

UNTERRICHTS- WISSENSCHAFT

'Theorie des Unterrichts' - für die Praxis
- GEGENSTANDSFELDER -

Unterrichtsbedingungen	Unterrichtsprinzipien	Unterrichtsmethoden	Unterrichtsplanung	Unterrichtsorganisation	Unterrichtsmedien

RELEVANTE BASISPHÄNOMENE

UNTERRICHT - LEHREN - LERNEN - LERNPROZESS - METHODE - MEDIEN - DENKEN
KOGNITION - EMOTION - GEDÄCHTNIS - KONZENTRATION -AUFMERKSAMKEIT - WAHRNEHMUNG

Unterrichtsbedingungen
- das Gedächtnis, Instrument und Ort kognitiver Vorgänge -

■ die Lernpsychologie definiert:

> "Das menschliche Gedächtnis ist keine einfache eigenständige Einheit, sondern ein Verband von aufeinander einwirkenden Systemen, deren Gemeinsamkeit in der Aufgabe liegt, Informationen zu speichern und wieder hervorzurufen."
> (Baddeley, A. 1986)

> "Wenn wir von Gedächtnis sprechen, meinen wir damit vor allem zwei Prozesse: die Aufbewahrung oder Speicherung von etwas Gelerntem und den Abruf des im Gedächtnis Aufbewahrten ..."
> (Weinert, u.a. 1983)

■ die Didaktik formuliert:

> "Unter Gedächtnis versteht man die Fähigkeit höherer Lebewesen, Informationen durch bewußtes Lernen oder unterschwellig aufzunehmen, zu bewahren und auf gewisse auslösende Momente (Reize, Assoziationen) hin wiederzugeben." (Steindorf 1985)

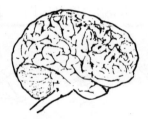

lernrelevante Grundfunktionen

die Wahrnehmungs-leistung ...

erfolgt mit Hilfe der Aufnahmekanäle (Sinne); sie wird ausgelöst durch Impulse, Signale, Sachverhalte;

die Erkenntnis-leistung ...

zeigt sich im denkenden Durchdringen des Wahrgenommenen, im Verstehen von z.B. Regeln, Begriffen; im Verbinden von Assoziationen; im Aktivieren der intellektuellen Operationen (= Denkakte);

die Speicher-leistung ...

ermöglicht das langfristige Einprägen bereits einmal erkannter Sachverhalte und verstandener Prozesse; Zweck ist die Verfügbarkeit des einmal Verstandenen für einen eventuellen Einsatz in konkreten Gebrauchssituationen;

die Reproduktions-leistung ...

erlaubt das Abrufen gespeicherter Lernergebnisse (= sich erinnern und anwenden in der Gebrauchssituation); Umsetzen der Gedanken in Sprache;

© by W.W

24

■ <u>der phänomenologische Umfang:</u>

Z I E L E

Erarbeitung
von

L E R N R E S U L T A T E N

generell:

zur Existenzsicherung, zur Lösung privater und beruflicher Probleme, zur verantwortbaren ethischen Bewältigung des Wechselwirkungsprozesses mit der Umwelt, zur Daseinserhellung, Daseinsbewältigung und Daseinserfüllung;

schulisch:

zur Entwicklung positiver und zum Abbau negativer Verhaltens- und Leistungsformen in kognitiven, psychomotorischen, emotionalen und sozialen Bereichen (Kenntnisse bzw. Wissen und Qualifikationen); zur Ausformung der individuellen Persönlichkeit (Begabungsentfaltung);

Charakteristik:

relativ dauerhaft - ständig verfügbar - zielführend anwendbar

B E D I N G U N G E N

endogene Faktoren:

im Lernenden selbst liegend:
z.B. Lernbereitschaft, Lernfähigkeit (Interessen, Motive), frühere Lernerfahrungen, der augenblickliche kognitive, instrumentale, soziale und emotionale Entwicklungsstand;

exogene Faktoren:

in der äußeren Lernsituation liegend:
z.B. das Lebensumfeld, die Lernziele, die Lernmaterialien und Lernhilfen, die Struktur des Lernablaufs, die methodischen Verfahren, die Beachtung von Lerngesetzen, die Gestaltung eines lernanregenden Unterrichtsklimas;

S I C H T W E I S E N

LERNEN als <u>Produkt</u>phänomen	*LERNEN* als <u>Prozeß</u>phänomen	*LERNEN* als <u>Erkenntnis</u>vorgang	*LERNEN* als <u>Einprägungs</u>vorgang
Mittelpunkt bildet das inhaltliche Lernresultat, das erreichte Lernziel; eine materielle Auffassung von Lernen; Lernen unter dem Aspekt einer Ansammlung von Lerninhalten bzw. Kenntnissen (als Abbau des Informationsdefizits); Kumulationseffekt dominant; gestattet nur Aussagen über den momentanen Umfang der zur Verfügung stehenden Lernresultate;	Mittelpunkt bildet der Lernvorgang, die Art des Lernens (trial and error, Beobachtungslernen, Problemlösen etc.); eine formale Auffassung des Lernens: Entfaltung von Lernstrategien als Ziel des Unterrichts; Absicht: das Lernen lernen; Übertragungseffekt dominant, gestattet Aussagen über die Effektivität des Lernverhaltens;	das neue Lernresultat wird in die kognitive Struktur übergeführt (entweder auf der Grundlage rezeptiver oder entdeckender Vorgehensweisen); der Schüler erkennt z. B. ein Naturgesetz, versteht eine Sprachlehreregel, erfaßt den Aussagegehalt eines Begriffs; das Lernergebnis ist relativ ungesichert, daher geringe Behaltensleistung;	durch geeignete didaktische Strategien erfolgt eine Überführung der Lernresultate in den Langzeitspeicher (= LZS); Sicherungsmaßnahmen (Wiederholung, Arbeitsrückschau, Vergleich, Anwendung u. a.) erhöhen die Behaltensleistung im Sinne einer langfristigen Verfügbarkeit des Lernresultats;

■ <u>lernprozessuale Bestimmungsglieder:</u>

Z I E L E
Faktenwissen / Inhalte **und** Lerntechniken / Strategien

Gewichtungsaspekt
d a s   L e r n e n   l e r n e n

W E S E N S M E R K M A L E
das schulische Lernen ist ...
geplant, intentional, phasisch gegliedert, medienorientiert, individualisierend, institutionalisiert, leistungsorientiert u.a.

Lernstand		**Lernhemmnisse**

z.B.

– die momentane Qualität der Lernbereitschaft und der Lernfähigkeit (= individuelles Lerntempo, -selbständigkeit, -
ausdauer, -präzision),
– die Fähigkeit im Gebrauch von Lern-
und Arbeitstechniken, auch im Umgang
mit Lernmaterialien;

Berücksich-
tigung von

z.B.

– geringe Transparenz des Gegenstandes;
– Denkblockaden durch Angstreaktionen;
– zu hohe Informationsdichte bei der
Konfrontation mit dem Problem bzw.
der Fragestellung;
– ungeeignete Lernhilfen;
– rezeptives Lernverhalten;

Faktoren der Lernoptimierung

z.B.

– Berücksichtigung der Lernmotivation (Antriebe, Interessen, Neigungen);
– Verwendung angemessenen Lernmaterials;
– Einschulung und Entfaltung von Arbeitstechniken (kognitive Operationen
und instrumentale Lerntechniken);
– Reduzierung des Faktenwissens;
– Beachtung lernpsychologischer Aspekte: warming up, Speicherleistung,
Lernplateau, Abwendungsreaktion, Visualisierung, Codierung, Strukturie-
rung, Überlernen, Lernübertragung, multisensorische Wahrnehmung u.a.

Umsetzung
durch

didaktische Strategien

z.B.

phasische Gliederung des Lernablaufs, Aktionsformen (= Lehrakte) des Lehrers, Aktionsformen (= Lernakte) des Schülers,
Sozialformen, Lernhilfen technischer und nichttechnischer Art, Lernarten (z.B. Begriffslernen, Regellernen), offene Unterrichtskonzepte (der handlungsorientierte Unterricht, der entdeckende Unterricht u.a.);

Unterrichtsbedingungen
- Lernen im Unterricht -

■ das Ziel des Lernbemühens:

Lernresultate / Lernergebnisse ...

... *stellen* die erreichten Ziele des Lernprozesses dar; sie können sowohl nach Umfang als auch nach Qualität von den geplanten Lernzielen abweichen;

... *sind* z.B. Einsichten in Sachverhalte, Kenntnisse über Vorgänge und Abläufe, Begriffe, Regeln, Grundbegriffe, Gesetze, Fertigkeiten motorischer Art, Beherrschen intellektueller Operationen (= Lerntechniken bzw. Problemlösestrategien) u.a.;

... *werden* entweder vorgegeben, mit den Schülern gemeinsam oder von den Schülern relativ selbständig erarbeitet;

... *müssen*, um gespeichert werden zu können, durch besondere Darstellungsformen erfaßt werden;

... *setzen* sich in der Regel aus unterschiedlich vielen Teilergebnissen (Teilelementen) einer größeren Informationseinheit zusammen, die für den Schüler Neuigkeitscharakter haben;

... *sollen* als Wahrnehmungsinhalte möglichst lange im Gedächtnis (Langzeitspeicher) behalten werden, um bei Bedarf (Bewältigung und Lösung von Aufgaben und Problemen) abgerufen werden zu können;

⬇ zu beachten ⬇

**kognitions-
psychologische
Ebene:**

**unterrichts-
pragmatische
Ebene:**

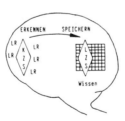

Umformung der Einsichten, Erkenntnisse, der Lernresultate in speicherbares Material; Überführung der Lernresultate (LR) vom Kurzzeitspeicher (KZS) in den Langzeitspeicher (LZS) durch Bilden von strukturierten, kodierten und generalisierten Phänomenen und geplante und angemessene Rekapitulation der Lernresultate;

Sicherungsstrategien wie: Teil- und Gesamtzusammenfassungen, verschiedene Wiederholungsformen, Wertung, Anwendung und Transfer; Bereitstellen von Organisationshilfen (advance organizer);

**didaktische
Ziele:**

einsichtig erfassen bzw. erkennen - abspeichern bzw. behalten - reproduzieren bzw. anwenden

■ <u>mögliche Interpretationen:</u>

D E N K E N

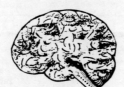

- *als* Verarbeitung von Informationen (= Nachrichten, Neuigkeiten; nach Informationstheorie);

- *als* Lösungsbemühung zur Problembewältigung;

- *als* nicht direkt beobachtbare Abläufe, die aus dem Verhalten (Sprache) des Menschen zu erschließen sind;

- *als* kognitive Handlungen (= Operationen n. Piaget, die zum Begreifen, Verstehen, zum 'Aha-Erlebnis' (K. Bühler) führen);

- *als* Bildungsvorgang von Begriffen und Regeln;

- *als* prozeßhafter, komplexer Vorgang, der an innere und äußere Sprachfähigkeit gebunden ist;

■ <u>Vollzugsweisen:</u>
(n. Bergius, 1973)

☐ in Form von kognitiven Prozessen: (Erfassen von Denkakten)

z.B
- vergleichen   - zusammenfassen
- schließen   - kategorisieren
- gliedern   - ableiten
- werten   - abstrahieren

☐ in Form von kognitiven Strukturen: (Erfassen von Denkprodukten)

z.B
- Vorstellungen   - Zusammenhänge
- Begriffe   - Regeln
- Urteile   - Einsichten
- Hierarchien   - Systeme

DENKEN

| erkennen | ＞ | PROZESSE | | Erkenntnisse | ＞ | PRODUKTE |

■ <u>Bedingungen:</u>

♦ äußere Wahrnehmungsfähigkeit mit Hilfe des sensorischen Apparats

♦ intakte physiologische Funktionalität des Gehirns

♦ innere Vorstellung über gespeicherte kognitive Schemata

♦ Sprachfähigkeit zur Bezeichnung realer und abstrakter Denkobjekte

■ <u>Denkarten:</u>

anschauliches Denken ＜＞ *abstraktes Denken*

gegenstands-(objekt-) gebundenes Denken

Denken ohne realen Gegenstand; Denken ist unabhängig von konkreten Wahrnehmungen möglich

reproduktives Denken ＜＞ *produktives Denken*

nachempfindendes Denken, Lernresultate werden rezeptiv erfaßt, teilweise Grundlage für produktives Denken

selbständiges Denken, Gewinnung der Lernresultate unter selbständiger und intensiver Schüleraktivität

konvergentes Denken ＜＞ *divergentes Denken*

nach Guilford: schablonenhaft, linear, in vorgegebenen Bahnen; Wechselspiel mit divergentem Denken

nach Guilford: flexibel, intuitiv, kreativ, originell

■ <u>Denkentwicklung:</u>
(n. Piaget, 1947)

| sensomotorische Intelligenz 1. - ca. 3. Lebensjahr | ⇨ | symbolisch-vorbegriffliches Denken 3. - ca. 6. Lebensjahr | ⇨ | anschauliches Denken 6. - ca. 8. Lebensjahr | ⇨ | konkrete Denkoperationen 8. - ca. 13. Lebensjahr | ⇨ | formales (abstraktes) Denken ab ca. 13. Lebensjahr |

■ die Lernpsychologie stellt fest:

➤ **lernen als 'Denken am Gegenstand'...**
ist ein differenziert-komplexes und prozeßhaftes Phänomen;

➤ **lernen als 'Denken am Gegenstand' ...**
heißt aktivieren kognitiver Strategien, z.B. verstehen, einsehen, begreifen, erkennen, analysieren, schließen, verbalisieren, abstrahieren, vergleichen, kombinieren, kategorisieren, ableiten, vermuten, zusammenfassen u.a.;

■ die Didaktik leitet ab:

L E R N E N
bedeutet
A K T I V I E R U N G v o n D E N K A K T E N

insbesondere
durch

♦ das instrumentale Lernen

♦ das kognitive Lernen

♦ das selbständige Lernen

♦ das Begriffslernen

♦ das einsichtige Lernen

♦ das entdeckende Lernen

♦ das aktive Lernen

♦ das Regellernen

♦ das problemlösende Lernen

zur

Gewinnung und Abspeicherung neuer Lernresultate
in Gestalt von Wissen und Qualifikationen

■ die Unterrichtspraxis berücksichtigt:

– das altersspezifisch ausentfaltete Problemverständnis;

– die Überschaubarkeit der Aufgabe (des gestellten Problems);

– die Erreichbarkeit der gestellten Aufgabe;

– das adäquate Lernmaterial (das didaktische Material: Unterrichtsmedien , Lernhilfen);

– die Rückmeldung (feedback) zur Erfolgsverstärkung;

– die Integration des neuen Lernresultats in einen gegebenen größeren Zusammenhang;

– die speicherbare Zubereitung des neuen Lernresultats;

– ein notwendiges Maß an Kreativität bei der Problemlösung;

– die Überführung der Lernresultate in den aktiven Sprachgebrauch;

– frühere Erfahrungen (z.B. Faktenwissen, Lösungsstrategien);

– ein konsequentes, zielführendes Arbeitsverhalten;

– die vorausgehende Verbalisierung (Erhellung, Analyse) des Problems, der gestellten Aufgabe;

– eine zurückhaltende, dosierte Steuerungsaktivität des Lehrers;

■ <u>Charakterisierung:</u>

„Unter Kognition wird die Gesamtheit der psychischen Erkenntnisfunktion verstanden, mit deren Hilfe der Lernende gegenständliche Strukturen (Informationsstrukturen) auffaßt, verarbeitet, bewertet, speichert und reaktiviert."
(Dietrich 1984)

„Kognition bedeutet Kenntnis, Erkenntnis. ... Logisch werden von der Kognition Leistungen des Willens und des Gefühls unterschieden, die in der Praxis der Erkenntnisgewinnung allerdings untrennbar und stark beeinflussend mit den kognitiven Leistungen verbunden sind."
(Köck/Ott 1976)

■ <u>existentielle Relevanz:</u>

Orientierung, Erfassung, Anpassung und Bewältigung von Umweltgegebenheiten

K O G N I T I O N

■ <u>lernpsychologische Relevanz:</u>

Wahrnehmung, Weiterleitung, Verständnis, Speicherung und Reproduktion von Informationen

■ Ziele:

– Entwicklung kognitiver Prozesse
– Bildung kognitiver Strukturen

Beeinflussungsfaktor
(hemmend - fördernd)

E M O T I O N E N
(z.B. Angst, Freude)

K O G N I T I O N

Aktivitäten des Gehirns:
komplexe Prozesse - psychische Vorgänge

Beeinflussungsfaktor
(hemmend - fördernd)

W I L L E
(Anstrengungsbereitschaft)

Aktivierung und Entwicklung kognitiver Prozesse:

verstehen, vergleichen, vorstellen, schließen, interpretieren, ableiten, kategorisieren, werten, Wissen reaktivieren, anwenden, ergänzen u.ä.

? Supplement

? CoRioliskraft

? CHNH2

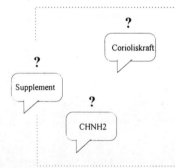

? Emser Depesche

? $a^2 + 2\,ab + b^2$

? Deklination des Partizips

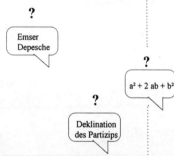

Folgerungen

■ unterrichtsmethodische Maßnahmen:

● Erfassen kognitiver Lernziele (Faktenwissen und intellektuelle Operationen);

● Stellen transparenter, strukturierter, motivationsintensiver Lernaufgaben (Überschaubarkeit);

● Berücksichtigen des aktiven Lernens (Selbsttätigkeit, Kooperation);

● Kenntnis und Beachtung der je nach Lernreifestand unterschiedlich ausgeprägten kognitiven Leistungsmöglichkeiten;

● Schaffen anregungsreicher Lernsituationen (n. Bloom);

● Ermöglichen häufiger Erfolgserlebnisse (Kurzziele, Erreichbarkeitsgrad der Aufgaben);

● Anbieten von pragmatischen Lernmaterialien (Zeitungsberichte, statistisches Material u.a.);

● Merkbare Gestaltung, Wiederholung und Übung des begriffenen (= verstandenen) neuen Lernresultats (Steigerung der Behaltensleistung);

Unterrichtsbedingungen
- Unterricht als zusammenwirkendes, zielführendes Handeln -

■ <u>Definitionsansätze in der Fachliteratur:</u>

● <u>nach Wolfgang Schulz:</u>

„Unterricht ist für uns eine Form des Lehrens, des absichtsvollen Einwirkens auf Lernprozesse. Es geht dabei um planmäßige Einflußnahme auf Lernende bezogen auf mehrgliedrige Lehrgehalte und in entsprechend voneinander getrennte Zeitabschnitte." (1975)

● <u>nach Wolfgang Einsiedler:</u>

„Unterricht ist eine Maßnahme, die in kultivierten Gesellschaften als notwendig für den Prozeß des Mündigwerdens der Individuen erachtet wird. Zu diesem Zweck, aber auch zur Vermittlung der gesellschaftlich notwendigen Kenntnisse und Fähigkeiten wird Unterricht systematisch geplant und durchgeführt." (1978)

● <u>nach Erich Weber:</u>

„Unterricht ist jene Form der Erziehung (im umfassenden Sinn der Enkulturationshilfe), bei der man sich um eine in Schulen (oder anderen Ausbildungseinrichtungen) organisierten Auslösung, Steuerung und Kontrolle von systematischen, methodisierten und ökonomisierten Lernprozessen bemüht." (1974)

■ <u>die lernprozessualen Pole:</u>

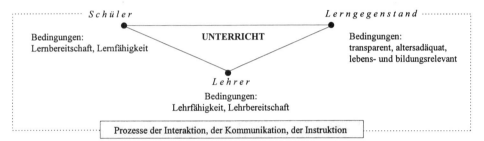

S c h ü l e r   *L e r n g e g e n s t a n d*

Bedingungen:
Lernbereitschaft, Lernfähigkeit

UNTERRICHT

Bedingungen:
transparent, altersadäquat,
lebens- und bildungsrelevant

L e h r e r
Bedingungen:
Lehrfähigkeit, Lehrbereitschaft

Prozesse der Interaktion, der Kommunikation, der Instruktion

■ <u>die Wesensmerkmale:</u>

UNTERRICHT
ist z.B.:

intentional - institutionalisiert - professionell - geplant - systematisch - prozessual - gestuft - mehrdimensional - dialogisch -
ökonomisch - kindgemäß - motivierend - problemorientiert - lebensnah - handlungsorientiert;

■ <u>die Absichten:</u>

UNTERRICHT
zielt ab:

―――――― *kurzfristig* ――――――
auf

● Präsentation von Lerninhalten;
● Motivierung des Arbeitsverhaltens;
● Initiierung, Steuerung und Kontrolle der Lernvorgänge;
● Bewertung der Lernleistung;
● Organisation und Führung der Lernaktivitäten;

● lernfördernde Gestaltung der Arbeitsatmosphäre;
● Erarbeitung von Lernergebnissen (Wissen und Qualifikationen = Lerntechniken bzw. Problemlösestrategien);
● Ausbildung von Werthaltungen;

―――――― *langfristig* ――――――
auf

► Enkulturation, Sozialisation, Personalisation, Qualifikation;

► Mündigkeit im Sinne zunehmender Selbständigkeit und Verantwortungsfähigkeit für sich und andere;

► Anpassung und Bewältigungsfähigkeit bei existentiellen Problemen und Aufgaben;

■ typenbildende Merkmale:

der lehrerzentrierte Unterrichtsstil

andere Bezeichnungen:

autokratischer..., autoritärer...,
dominativer...

allgemeine Merkmale:

- nur Lehrer kennt das Ziel der unterrichtlichen Aktivität;
- Lehrer steuert und bestimmt die Schüleraktivitäten;
- die Arbeitsdisziplin wird durch Befehle, Gebote, Verbote und Anordnungen aufrechterhalten;
- im Mittelpunkt die monologischen Lehrakte und das Erarbeitungsgespräch;
- das Verhalten des Schülers ist überwiegend rezeptiv und unselbständig;
- die Denkvorgänge beim Schüler sind stark gegängelt;
- hohe Bereitschaft zu Unaufmerksamkeit, geringere Konzentrationsleistung durch schnellere Ermüdung;
- Überbetonung der kognitiven Dimension;
- Behaltensleistung bisweilen geringer, da Lernresultate nur rezeptiv aufgenommen;

Gründe, die dafür sprechen:

- viele Lernresultate erfordern lehrerdominatives Verhalten;
- der Schüler ist aufgrund seines Reifestandes noch nicht zur selbständigen und konsequenten Arbeit am Lerngegenstand fähig;
- die curriculare Quantität der Lernziele wird zuverlässiger erfaßt;
- Führungsprobleme werden eher bewältigt;

"Unterrichtsstile sind prägnante Einzelmerkmale oder durch Merkmalskonfigurationen charakterisierte Grundformen des unterrichtlichen Verhaltens (...), die nach Art oder Ausprägungsgrad variieren." (Dietrich, 1976)

GRUNDGEDANKE

Quantitativ und qualitativ nimmt das Ausmaß der Lehrerdominanz mit der Dauer der Schulzeit ab, das der Schülerzentrierung in der gleichen Weise zu.

ABSICHT

Der mündige Jugendliche, der aufgrund seiner Lernfähigkeit in der Lage ist, sich den existentiellen Bedürfnissen flexibel anzupassen, aber auch, sie verantwortungsbewußt zu bewältigen;.

der schülerzentrierte Unterrichtsstil

andere Bezeichnungen:

sozial-integrativer..., demokratischer...,
emanzipativer...

allgemeine Merkmale:

- dosierte Selbständigkeit der Schüler bei der Gewinnung neuer Lernresultate;
- Mitplanung und Mitsteuerung der Lernprozesse durch die Schüler;
- die notwendigerweise vorhandene Arbeitsunruhe wird nicht als Disziplinproblem betrachtet;
- dominierende Lehrakte sind: Arbeitsaufträge, Gesprächsaufträge, Diskussion, das Verarbeitungsgespräch, Plan-, Rollen und Entscheidungsspiele;
- Lernhilfen und Medien geben nicht Lösungen vor; sie sind Informations- bzw. Arbeitsquellen;
- größere Behaltensleistung, da aktives Bemühen des Schülers an der Gewinnung der Lernresultate;
- Lerntechniken und Problemlösestrategien werden zielstrebig erlernt und bewußt angewendet;
- größerer Spielraum für selbständiges Handeln und Entscheiden;
- Berücksichtigung des schöpferisch-kreativen Denkens;
- Förderung der Kooperativität;

Gründe, die dagegen sprechen:

- das quantitative Erfüllen der curricularen Lehrplanforderungen wird erschwert;
- zu große Klassen und fehlendes Arbeitsmaterial;
- altersspezifische Betriebsamkeit und überdimensionierte Motorik;
- führungsspezifische Defizite beim Lehrer;

Fremdsteuerung ——————⟶ Selbststeuerung

Schulzeit

1. Schj.	2. Schj.	3. Schj.	4. Schj.	5. Schj.	6. Schj.	7. Schj.	8. Schj.	9. Schj.	10. Schj.	11. Schj.	12. Schj.	13. Schj.

Unterrichtsbedingungen
- Lehren, ein dynamisch-komplexer Wirkungsauftrag -

ABLEITUNG

- 'leren`(mhd.) und 'laisjan`(got.): jemand auf eine Spur (ein Geleise) setzen;
- 'lais`(got.): ich weiß, wissen machen; gehört zur Wortgruppe leisten;

INTERPRETATION

LEHREN

ist	:	... unterrichten (umgangssprachlich)
bedeutet	:	... "Lernenmachen" (Willmann 1957)
bezeichnet	:	... "ein Verhalten, das Erfahrungen vermittelt mit der Absicht, Lernen zu bewirken"(Schröder 1977)
heißt	:	... "absichtsvoll Lernprozesse einleiten, fördern oder korrigieren, um Einsichten, Erlebnisse, Verhaltensmuster schneller,lückenloser und sicherer, mithin ökonomischer lernen zu lassen, als das bloße Miterleben in Natur und Gesellschaft dies gestatten würde." (Schulz 1969)

ZIELPROJEKTION: kurzfristig

relative Steuerungsdominanz aufgrund von Verantwortlichkeit, Fachkompetenz, Persönlichkeit, Amtsautorität, Alter;

ZIELPROJEKTION: langfristig

Abbau der gegebenen Asymmetrie des Interaktionsablaufs: Reduzierung dominanter Lehraktivitäten bei gleichzeitiger bewußter Entwicklung einer eigenverantwortlichen Lernselbständigkeit;

INSTRUIEREN ⟸⟹ RE - AGIEREN
Lehrer **Schüler**

Bedingung: INTERAKTION

Bewältigung des kommunikativ - handelnden Geschehens zwischen Lehrer und Schüler, Schüler und Schüler, Lehrer und Lerngegenstand, Schüler und Lerngegenstand;

Bedingung: INSTRUKTION

Bewältigung der zielführenden Beeinflussung des Lernens (Kenntnis des Eingangsverhaltens, der Lernziele, der methodischen Strategien, der Lernleistungsdiagnose); Anleitung, Anweisung;

⟨ L E H R E N ⟩

Konkretisierungsansatz: AKTE DES LEHRENS

<u>allgemein:</u>
professionelle Handhabung zielführender Lehrakte (teaching skills); Qualitätsmerkmale: wissenschaftliche Begründbarkeit, Souveränität, Flexibilität, Präzision, Kontinuität bei der Anwendung;
<u>Absichten:</u>
Lernfähigkeit für bestimmte Inhalte analysieren; Kenntnisse und Einsichten vermitteln; zur selbständigen Auseinandersetzung mit Lerninhalten aktivieren; das Behalten neuer Lernresultate unterstützen; Erfolgsbestätigungen ermöglichen; Erkenntnisprozesse einsichtig machen; Methoden der Erkenntnisgewinnung vermitteln; Problembewußtsein und problemlösendes Denken schulen; Kreativität ermöglichen; zur Kooperation anleiten (nach Strukturplan, Dt. Bildungsrat 1970);

Konkretisierungsansatz: DIMENSIONEN DES LEHRENS

Zielfrage	wozu	:	Lernziele
Zielfrage	was	:	Lerninhalte
Zielfrage	wem	:	Schüler
Zielfrage	wie	:	Lehrakte - Lernakte
Zielfrage	wodurch	:	Sozialformen
Zielfrage	womit	:	Medien

Konkretisierungsansatz: DYNAMIK DES LEHRENS

Ausmaß der Lernsteuerung (y-Achse)
L ... L ... L ... L
S LG S LG S LG S LG
Schulzeit →
das 'did. Dreieck', ein dyn. Phänomen

„Jeder Lernprozeß

... stellt ein Lernen dar, das in seinem Ablauf, Erkennen, Entwickeln, Festhalten einbezieht... Der reine Wissenserwerb wird durch einen Erkenntnisprozeß ergänzt. Bei Kindern und Lernenden vor allem im Bereich der Schule, in der es sich grundsätzlich um organisierte und institutionalisierte Lernprozesse handelt, die durch Lernziele festgelegt sind, werden Lernprozesse unter Annahme bestimmter Normen solange gesteuert, bis die lernenden Personen aufgrund entsprechender Hilfen (...) in der Lage sind, selbständige, begründete Urteile über Normen entwickeln und eigene Entscheidungen treffen zu können.

Der Verlauf des Lernprozesses wird (...) für den Schüler wie folgt dargestellt:

Durch Wundern, Staunen, Fragen gelangt der Schüler zum Suchen. Durch Wahrnehmen, Anschauen, Untersuchen kommt er zum Kennen der Sache. Vergleichen, Beziehen, Denken bewirken das Verstehen. Sammeln, Ordnen, Darstellen bzw. Betätigen, Anwenden, Üben führen zum Können." (Köck/Ott 1978)

das bedingt

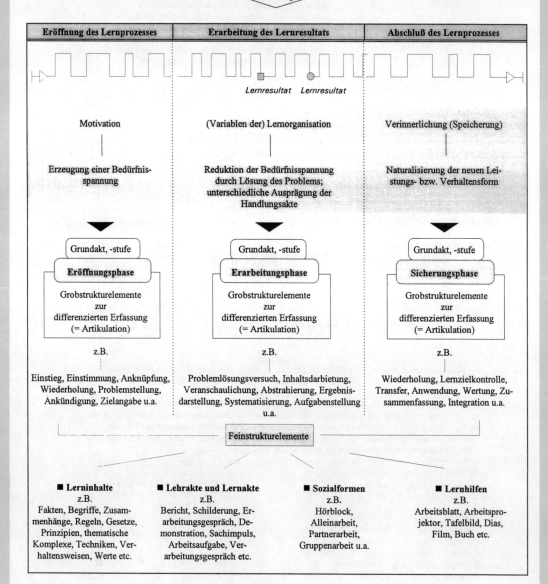

Eröffnung des Lernprozesses	Erarbeitung des Lernresultats	Abschluß des Lernprozesses

Lernresultat   Lernresultat

Motivation

Erzeugung einer Bedürfnisspannung

(Variablen der) Lernorganisation

Reduktion der Bedürfnisspannung
durch Lösung des Problems;
unterschiedliche Ausprägung der
Handlungsakte

Verinnerlichung (Speicherung)

Naturalisierung der neuen Lei-
stungs- bzw. Verhaltensform

Grundakt, -stufe
Eröffnungsphase

Grobstrukturelemente
zur
differenzierten Erfassung
(= Artikulation)

z.B.

Einstieg, Einstimmung, Anknüpfung,
Wiederholung, Problemstellung,
Ankündigung, Zielangabe u.a.

Grundakt, -stufe
Erarbeitungsphase

Grobstrukturelemente
zur
differenzierten Erfassung
(= Artikulation)

z.B.

Problemlösungsversuch, Inhaltsdarbietung,
Veranschaulichung, Abstrahierung, Ergebnis-
darstellung, Systematisierung, Aufgabenstellung
u.a.

Grundakt, -stufe
Sicherungsphase

Grobstrukturelemente
zur
differenzierten Erfassung
(= Artikulation)

z.B.

Wiederholung, Lernzielkontrolle,
Transfer, Anwendung, Wertung, Zusammenfassung, Integration u.a.

Feinstrukturelemente

■ **Lerninhalte**
z.B.
Fakten, Begriffe, Zusam-
menhänge, Regeln, Gesetze,
Prinzipien, thematische
Komplexe, Techniken, Ver-
haltensweisen, Werte etc.

■ **Lehrakte und Lernakte**
z.B.
Bericht, Schilderung, Er-
arbeitungsgespräch, De-
monstration, Sachimpuls,
Arbeitsaufgabe, Ver-
arbeitungsgespräch etc.

■ **Sozialformen**
z.B.
Hörblock,
Alleinarbeit,
Partnerarbeit,
Gruppenarbeit u.a.

■ **Lernhilfen**
z.B.
Arbeitsblatt, Arbeitspro-
jektor, Tafelbild, Dias,
Film, Buch etc.

■ **die verwendeten Begriffe:**

- Unterrichtsklima -
(Dreesmann 1982)

- Klassenklima -
(Weidenmann/Krapp 1986)

- pädagogische Atmosphäre -
(Bollnow 1964)

■ **die physiologisch-psychologische Verknüpfung:**

besteht darin

„In einem bestimmten Gebiet des Zwischenhirns, dem sog. Thalamus werden alle ankommenden Sinneswahrnehmungen mit Gefühlen wie Freude, Angst, Lust oder Schmerz ausgestattet. Von hier aus werden Lachen und Weinen dirigiert - alles Vorgänge, die auch großen Einfluß darauf ausüben, wie stark wir damit verbundene Sinneswahrnehmungen behalten." (Vester 1980)

Folgerungen

E M O T I O N E N

als aktuelle subjektive Befindlichkeit

steuern - beeinflussen - beherrschen - prägen - verändern

... den physiologischen Zustand
(Atmung, Herzfrequenz, Blutdruck)

und

... die kognitiven Vorgänge
(Wahrnehmung, Erkenntnisakte, Erinnern)

d.h.

angenehme, das Lernen aktivierende Gefühle:
Optimismus - Geborgenheit
Zuversicht - Zufriedenheit
Hoffnung - Stolz u.a.

„ ... die positive oder negative emotionale Besetzung des Lernens und der Schule, unabhängig von Effizienzüberlegungen, ist eine für sich wichtige Zielvariable des Unterrichts." (Helmke 1993)

belastende, das Lernen behindernde Gefühle:
Pessimismus - Enttäuschung
Angst - Hilflosigkeit
Langeweile u.a.

■ **die generelle unterrichtliche Konsequenz:**

induziert

die gegebene Lernsituation

W E C H S E L W I R K U N G

die aktuelle Gemütslage

beeinflußt

d.h.

es besteht
ein funktioneller Zusammenhang
zwischen

den kognitiven Auseinandersetzungen **und** den emotionalen Begleitumständen

„Beim Prozeß der Informationsverarbeitung handelt es sich eigentlich *immer* um ein Zusammenwirken kognitiver und emotionaler Prozesse." (Edelmann 1993[3])

erforderlich ist

das stete Bemühen um Gestaltung eines positiven anregenden Lernklimas

■ **die wissenschaftstheoretische Beschreibung:**

„Unterrichtsklima ist eine relativ überdauernde Qualität der Umwelt eines Unterrichts, die sich auf einen bestimmten Satz von Merkmalen bezieht, der von Schülern erlebt werden kann und ihr Verhalten potentiell beeinflußt."
(Dreesmann 1982)

für die Praxis relevant

DIMENSIONEN DES LERNKLIMAS

endogene Befindlichkeiten   exogene Zustände

■ **endogene Befindlichkeiten:**

die Basis

„Die Beziehungen zwischen den Menschen ... sind zuförderst emotionale Beziehungen und erst in zweiter Linie sachlich-kognitive Beziehungen." (Oerter 1974)

sie zeigen sich im Unterricht
als
emotionale Qualität zwischenmenschlicher Kontakte

LEHRER-SCHÜLER-INTERAKTION   SCHÜLER-SCHÜLER-INTERAKTION

Ansätze für ein positives Lernklima

- Pflege freundlicher Umgangsformen;

- Zeit und Interesse für Schüler mit emotionalen Problemen;

- Ermöglichen persönlicher Gespräche (Vorviertelstunde, Pausen);

- Selbstverständnis des Lehrers als helfender, beratender Lernpartner;

- Anerkennung erbrachter Lernleistungen und angemessener Verhaltensformen durch Bestätigung, Anerkennung, Lob, Ermunterung;

- Bereitschaft zur Gestaltung von Festen und Feiern;

- Stärkung des Selbstvertrauens durch das Ermöglichen häufiger Erfolgserlebnisse (erreichbare Aufgabenstellungen, Kurzziele);

- Vermittlung des Eindrucks der persönlichen Wertschätzung bei jedem einzelnen Schüler;

- Ermutigung zur Versprachlichung von Gefühlen;

- Hilfsbereitschaft fördern und unterstützen;

- Reduzieren des Konkurrenzdenkens;

- Verwirklichen eines ausgeglichenen, unterstützenden, fröhlichen, paidotropen Interaktionsstils;

- Zulassen von Gruppenbildungen durch Schülerentscheidungen (Arbeitsgruppen nach Sympathie);

- Beachten der gruppendynamischen bzw. sozialen Beziehungen zwischen den Lernpartnern;

- Ansprechen der Schüler mit ihren (Vor-) Namen;

- Vermeidung von Bloßstellungen schwächerer Schüler vor der Klasse;

- Dosierte, sukzessive Rücknahme der Fremdsteuerung seitens des Lehrers;

- Verantwortung übertragen und Eigenständigkeit gewähren durch Förderung von Mitsprache und Mitgestaltung;

- Verständnis und Geduld bei Unzulänglichkeiten und Fehlern;

Unterrichtsbedingungen
- das Lernklima -

■ exogene Gegebenheiten:

Bereich
RAUM - QUALITÄT

der Klassenraum
als
Lernwerkstatt und Wohnstube

„Mit Wohnstube wird ein Ort bezeichnet, in dem man sich heimisch fühlt ... an dem Geborgenheit als Grundlage positiver Stimmungslagen erfahren werden und Vertrauen als elementare Dynamik solcher positiven Stimmungslage sich ausbilden kann." (Geißler 1984)

z.B.

- gemeinsame wohnliche Ausstattung der Lernumgebung unter Mitgestaltung der Schüler (Ideen, Vorschläge);
- Stetes Bemühen um freundliches, gepflegtes, geordnetes Erscheinungsbild;
- gemeinsame Verantwortung der Schüler für alle Einrichtungen des Klassenraumes;
- physiologisch notwendige Licht-, Luft- und Temperaturverhältnisse;

- Vermeidung von Überladenheit mit Objekten (Pflanzen, Bilder, Informationen u.ä.);
- zeitlich angemessener Wechsel der Gestaltungselemente;
- Einrichtung von Arbeits- und Funktionsecken für gemeinsames und individuelles Lernen;
- anatomisch passende Arbeitsplatzbedingungen für eine entspannte Sitzposition;

„Emotionen werden nicht nur durch Gegenstände oder Inhalte des Lernprozesses, sondern ganz entscheidend auch durch Personen und Situationen ausgelöst. Deshalb genügt es nicht, in der Schule bei der Auswahl von Bildungsinhalten emotionale Aspekte zu berücksichtigen und affektive Ziele anzustreben. Auch die Methoden müssen auf das Faktum der Emotionalität der Schüler ausgerichtet werden." (Metz 1987)

Bereich INTERESSEN-QUALITÄT	Bereich PROZESS-QUALITÄT	Bereich ANMUTUNGS-QUALITÄT
z.B.	z.B.	z.B.
- Auswahl und Abstimmung des Unterrichtsthemas auf die alterstypischen Interessen und Motive; - Berücksichtigung der Aktualität und Erfahrungsnähe im Zusammenhang mit dem Lerninhalt; - Beachten der Komplexität und Schwierigkeit des Lerninhalts aus dem Aspekt der entwicklungsspezifischen Verständlichkeit; - Bewußtheit über die lernfördernde Bedeutung der Personidentifikation (Affinität mit Personen des Lerninhalts) und Sachidentifikation (Affinität mit dem erfaßten Sachinhalt);	- Wechsel der methodischen Strategien (kein Methodenmonismus); - Pflege des handelnd-aktiven Lernens; - Organisieren kooperativer Lernaktivitäten; - Flexibilität beim Einsatz von Unterrichtsmedien; - Dosieren und variieren des Lerntempos; - Durchführen kreativer, spielerischer Übungen; - Verwirklichen ganzheitlichen Lernens als Lernen mit allen Sinnen;	- Abstimmen der Repräsentationsmodi (Modell, Abbildung, Zahl, Sprache, Symbol) auf den Entwicklungsstand der Schüler; - transparente Strukturierung aller Informationen und des Unterrichtsergebnisses; - Anschauliche und veranschaulichende Erfassung der zu verarbeitenden Informationen; - Blockige und figurative Gestaltung des zu behaltenden Unterrichtsergebnisses (Tafelbild, Arbeitsblatt); - Reduzierung des Umfanges von Textinformationen; - Vermehrtes Lernen an der Wirklichkeit;

■ lernbelastende emotionale Zustände:

LANGEWEILE

„Langeweile, ein mit Unlust gekoppeltes, aversiv getöntes Gefühl, stellt ein Lernhindernis dar ... Langeweile kann die Aufnahme von Lernstoff behindern oder blockieren. Sie wirkt demotivierend, führt häufig zur Lustlosigkeit und Apathie und trägt - langfristig gesehen - zu einem generellen Desinteresse an Lerninhalten und zu Schulunlust bei." (Fichten 1993)

URSACHEN

uninteressantes Thema - zu schwieriger Lerninhalt - zu schnelles Lerntempo - zu hoher Gesprächsanteil des Lehrers - gleichförmige Lernaktivitäten - wenig wirklichkeitsnahe und lebenspraktische Handlungsfelder - mangelnde methodische Flexibilität u.a.

SCHULANGST

„Ein Klassenklima, das durch hohen Leistungsdruck in Form überzogener Anforderungen an die Schüler und unerwarteter Leistungskontrollen sowie durch ein hohes Maß an Reglementierungen und Unterdrückung von Selbständigkeit gekennzeichnet ist, zählt zu den stärksten Risikofaktoren für Schulangst." (Weidenmann/Krapp 1986)

URSACHEN

- Leistungsangst: zu starker Noten- bzw. Prüfungsdruck - Mißerfolgserlebnisse - zu hohes Anspruchsniveau - falsche persönliche Leistungseinschätzung;
- Soziale Angst: Angst vor Bloßstellungen - Angst vor Konflikten - Strafandrohungen - Angst vor Leistungsvergleichen;

FOLGEN

negative Auswirkungen auf Lernbereitschaft und Lernfähigkeit
Konzentrationsschwäche - Wahrnehmungsungenauigkeit - Denkblockaden - Mißtrauen - Unsicherheit - Aggressivität - Fluchtreaktionen u.a.

■ Erfassen der emotionalen Qualität der Lernsituation:

- der Grundgedanke -

„Wir wissen heute, daß die Äußerung der Gefühle für das körperlich-seelische Befinden, die Lernfähigkeit und den sozialen Kontakt von großer Bedeutung ist." (Lückert 1976)

- das Ziel -

bewußte Reflexion und gezielte Versprachlichung der Gefühle

- das Instrument -

„Das Affektmeter basiert auf schematischen Darstellungen von Gesichtern mit variierendem affektiven Gesichtsausdruck ... . Es besteht aus einer Holztafel, bei der das Kind einen beweglichen Zeiger auf eines von fünf Gesichtern richten kann ... .Diese Gesichter ... symbolisieren verschiedene Abstufungen der affektiven Tönung, von 'mag ich sehr gern' bis 'mag ich sehr un- gern'."

(Zitat und Abb.: Helmke 1993)

■ Unterscheidungsversuch:

Aufmerksamkeit und Konzentration werden oft synonym verwendet
(Juna / Schreck / Schwarzmann 1980)

dennoch

KONZENTRATION

|

bedeutet

„Immer aber hebt sich eine Konzentrationsleistung von der normalen Aufmerksamkeitsleistung ab durch die Intensität und Beharrlichkeit des Aufmerkens, durch das Entstehen energievoller Spannungsfelder der beteiligten Impulse ... .“ (Mierke 1957)

„Konzentration umfaßt den Aspekt der Sammlung, eine Bündelung, Einengung auf das Detail bei großer Intensität und gleichzeitig das Ausblenden von Störreizen, die Beschränkung auf wenige Sachverhalte.“ (Engelbrecht / Weigert 1991)

... sich bewußt und angespannt einer Aufgabe widmen;
... eine Steigerungs- bzw. Höchstleistungsform der Aufmerksamkeit;

... die Bewußtseinslage zielgerichtet bündeln;
... seine Aufmerksamkeit auf einen eng umgrenzten Wahrnehmungsbereich lenken;

KONZENTRATION

|

ist

gerichtet - willensgesteuert - angespannt - gebündelt - eingeengt

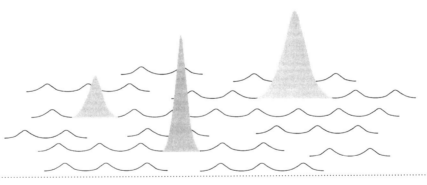

AUFMERKSAMKEIT

|

kann   *ist*   kann

☐ *... willkürlich*
sein, d.h. bewußt, willentlich und zielgerichtet; diese durch endogene Antriebe hervorgerufene Haltung zu einem Gegenstand oder einer Entscheidung ist gleichzusetzen mit Konzentration;

„ ... ein Prozeß der Auseinandersetzung mit realen oder vorgestellten Objekten, der durch externe Reizmerkmale (Neuigkeit, Überraschung) oder durch interne Prozesse (Einstellungen, willentliche Entscheidungen) ausgelöst wird und der die Funktion der Auswahl aus dem Reizangebot, der Intensivierung der realen und kognitiven Tätigkeiten und eine Verbesserung ihrer Produkte hat.“
(Rapp 1982)

☐ *... unwillkürlich*
sein, d.h. ungewollt, mit oder gegen den eigenen Willen hervorgerufen, durch exogene Reizfaktoren verursacht;

ist   *zeigt sich durch*   *ist*

☐ *... distributiv,*
wenn es sich um die gleichzeitige Aufnahme mehrerer Eindrücke und Informationen bzw. Sachverhalte handelt;

Fähigkeit der Hinwendung - Genauigkeit der Wahrnehmung - Stabilität des Arbeitsverlaufs - Präzision des Arbeitsprodukts;

☐ *... konzentrativ,*
wenn sie auf wenige Eindrücke, Informationen bzw. Sachverhalte eingeengt oder willkürlich ausgerichtet ist;

■ <u>wissenschaftliche Befunde:</u>
(nach Erhardt 1975, Heller/Nickel 1976)

Untersuchungen ergaben

K O N Z E N T R A T I O N S S P A N N E N

bei	bei	bei	bei
5 - 7 jährigen Schülern	8 - 10 jährigen Schülern	10 - 12jährigen Schülern	12 - 15 jährigen Schülern
ca.	ca.	ca.	ca.
10 - 15 Minuten	15 - 20 Minuten	20 - 25 Minuten	25 - 30 Minuten

Abhängigkeits- bzw. Einflußgrößen
z.B.

- die Tagesleistungskurve;
- das Entwicklungsalter (ist nicht gleich Lebensalter);
- die emotionale Zuwendung durch den Lehrer (Empfinden von Angst, von Sicherheit);
- die Kommunikation und die sprachliche Darstellungsfähigkeit des Lehrers;

- das Unterrichtsthema bzw. das Sachinteresse;
- die generelle Einstellung des Schülers (des Elternhauses) zu Schule, Unterricht und Lernen;
- äußere Gegebenheiten (Ordnung des Lernplatzes, Lärm, Wandschmuck, Lichtreflexe, Mitschüler);

- die Qualität der Aufgabenstellung (Erreichbarkeit);
- das allgemeine Lernklima;
- die Art der Lerntätigkeit (rein kognitiv, handelnd);
- die Art des Lernmaterials (originale Gegenstände, Bilder, Texte, Zahlenmaterial, technische Medien);

Kernaussage

Als einzig sichere Erkenntnis konnte festgestellt werden,
daß sich Aufmerksamkeit und Konzentrationsleistung mit
zunehmendem Lebensalter verbessern.

■ Bedingungsvariablen:

Aufmerksamkeit und Konzentration
werden
beeinflußt und bestimmt

von
endogenen Variablen
z.B.
sachliches Interesse - Bedürfnis nach Anerkennung - Angst - Leistungsstreben - Erfolgsaussicht - Handlungs-
bzw. Aktivitätsbedürfnis - Einstellung zur Schule - emotionale Gestimmtheit in der Lernsituation - Spiel- bzw.
Funktionslust - physiologische Belastungsfähigkeit;

und
exogenen Variablen
z.B.
Attraktivität und Auffälligkeiten des Lerngegenstandes (Elemente, die 'ins Auge springen') - Gestaltungskriterien
im Lernmaterial (Bewegung, Größe, Farbe, Gestalt, Ordnung, Symmetrie, Anschaulichkeit, Kontrast, Begrenzung,
Lage bzw. Position) - Organisation des Unterrichts (lehrer-, schülerzentrierte Phasen, Methoden- und Medienwechsel u.a.) - Gestaltung des Lernklimas (Reduzierung des Leistungsdrucks, der Lehrer als Lernhelfer) und des
Lernraums ('Wohnwerkstatt' nach Krieger 1994);

■ Auffälligkeiten:

Aufmerksamkeitsstörungen und Konzentrationsschwierigkeiten
zeigen sich

generell
|
die Schüler sind
unruhig - unaufmerksam - zappelig - verspielt - vorschnell - oberflächlich

und

speziell
|
die Schüler

- *... sind leicht ablenkbar*
- *... sind mit anderen Tätigkeiten beschäftigt*
- *... organisieren ihre Arbeiten wenig planvoll*
- *... fragen häufig unüberlegt*

- *... neigen zu Tagträumerei*
- *... brechen begonnene Arbeiten vorzeitig ab*
- *... verlassen ohne Grund ihren Platz*
- *... bitten ständig um Hilfe*

- *... hören nicht zu*
- *... unterbrechen durch sachfremde Äußerungen*
- *... zeigen Mängel bei der Selbstkontrolle*
- *... sind vergeßlich und ermüden schnell*

■ Ursachen:
|
für
Aufmerksamkeitsstörungen und Konzentrationsschwierigkeiten

- organische Ursachen -
z.B.
zerebrale und vegetative Regulationsstörungen

- psychische Ursachen -
z.B.

- *innere Spannungen (Ärger)*
- *mangelndes Selbstvertrauen*

- *Angst vor Mißerfolg*
- *ausgeprägte Impulsivität*

- *übersteigertes Geltungsbedürfnis*
- *Widerstand gegen Anforderungen*

- situative Ursachen -
z.B.

- Probleme im Elternhaus
- Bedürfnisunterdrückung
- zu hoher Lärmpegel
- zu lange rezeptive Lernphasen
- zu hohe Leistungsanforderungen
- außerschulische Reizüberflutung

- Konflikte mit Freunden
- ungeeigneter Lernplatz
- störende Mitschüler
- Nichtbeachtung der Tagesleistungskurve

- zu große Klassen
- optische Ablenkungen beim Lernen
- Monotonie und Reizarmut der Lernsituation
- fehlende oder zu kurze Entspannungsphasen

■ Arten:

Aufmerksamkeitsstörungen und Konzentrationsschwierigkeiten
Unterscheidung
hinsichtlich
Dauer und Intensität

- Stufe 1 - **Konzentrationsmangel**	- Stufe 2 - **Konzentrationsstörung**	- Stufe 3 - **Konzentrationsschwäche**
gelegentlich kurzzeitig aufscheinend, situativ bedingt, z.B. durch schlechte Arbeitsbedingungen verursacht (Lernplatz, Lernzeit, Lernorganisation, Lernmaterialien);	meist von längerer Dauer; häufig durch Konflikte mit Freunden, Erziehungsfehler im Elternhaus oder pubertäre Entwicklungsprobleme verursacht;	in der Regel langphasig und unabhängig von der spezifischen Lernsituation; mitunter chronische Defizite bei der Aufmerksamkeitszuwendung; bisweilen anlagebedingt;
vornehmlich: organisatorische Ursachen	vornehmlich: soziale Ursachen	vornehmlich: organische Ursachen

■ Strategien der Aufmerksamkeitsförderung:

sind z.B.

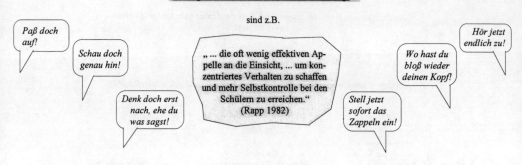

Paß doch auf!

Schau doch genau hin!

Denk doch erst nach, ehe du was sagst!

„ ... die oft wenig effektiven Appelle an die Einsicht, ... um konzentriertes Verhalten zu schaffen und mehr Selbstkontrolle bei den Schülern zu erreichen."
(Rapp 1982)

Stell jetzt sofort das Zappeln ein!

Wo hast du bloß wieder deinen Kopf!

Hör jetzt endlich zu!

zielführende Maßnahmen

☐ *Bereich: Lehraktivitäten*

- eine artikulierte, disziplinierte Lehrersprache (verständlich, zurückhaltend, betont);
- der Wechsel zwischen Phasen der Anspannung und Entspannung, zwischen lehrer- und schülerzentrierten Lernphasen;
- eine abwechslungsreiche Unterrichtsorganisation (Methodenwechsel, Medienwechsel);
- die Stellung von lösbaren, d.h. erreichbaren Arbeitsaufgaben;
- ein transparent gegliedertes Lern- und Informationsmaterial;
- das wirklichkeitsnahe, handelnde Lernen (ein Lernen mit allen Sinnen);
- das Informieren der Schüler über die beabsichtigten Etappen (zeitliche Gliederung) der Unterrichtsstunde;
- Übungen für bewußtes Hören und genaues, gezieltes Betrachten;
- das Aktivieren gespeicherter 'mentaler Modelle' (mentales Training, Vorstellung von Sachverhalten bei geschlossenen Augen);

☐ *Bereich: pädagogisch-psychologische Aktivitäten*

- das Bemühen um Geduld und Verständnis;
- die Reduzierung des Leistungsdrucks;
- das Ermöglichen von häufigen Erfolgserlebnissen und das Bekräftigen richtigen Verhaltens (Lob, Anerkennung, Ermutigung);
- das Vermitteln von Sicherheit und das Verringern von Lernangst;
- Berücksichtigung der entwicklungsbedingten Konzentrationsspanne bzw. Konzentrationsschwierigkeiten;
- das Bemühen um eine positive Lerneinstellung;
- Ermöglichen kooperativer Lernerlebnisse;
- verbalsuggestive Stärkung des Selbstvertrauens (Pygmalion-Effekt);
- Informationsgespräche mit den Eltern über Probleme konzentrierten Lernens (sinnvolle Zeiteinteilung, Ruhepausen, Musik beim Lernen);

☐ *Bereich Lernraum*

- Verringerung der Ausstellungsobjekte;
- Entfernen ablenkender Gegenstände (Bilder, Mobile, Aquarium) aus dem Blickfeld;
- Hinweise auf Ordnung des Arbeitsplatzes und der Arbeitsmaterialien der Schüler;
- Reduzierung der Vielzahl von Lernmaterialien und der damit verbundenen Faktenmenge;

☐ *Bereich: Lernklima*

- häufige Bewegungspausen als Gegenpol zum Kopflernen (Stretching, Übungen zur konzentrativen Selbstentspannung, Abbau von Erregungszuständen);
- das Beachten von gemeinsam entwickelten Verhaltensregeln zur Vermeidung von Störungen beim Lernen;
- ausreichende Frischluftzufuhr durch häufiges Lüften zur Verbesserung der Sauerstoffversorgung des Gehirns und der Muskulatur (Ermüdung);
- das Berücksichtigen der sog. Tagesleistungskurve (Leistungshoch: 9 - 11 und 16 - 18; Leistungstief: 13 - 15 und 2 - 5);

■ der lernprozessuale Zusammenhang:

„Ursprung und Ausgangspunkt aller geistigen
Prozesse ist die Wahrnehmung." (Oerter 1975)

WAHRNEHMUNGSVORGÄNGE

aktivieren

„Augen, Ohren und andere sensorische Vorposten senden pro Minute 100 Millionen verschlüsselte Botschaften zum Gehirn. Diese Botschaften sind das Rohmaterial des Bewußtseins, der noch unverarbeitete Input. Die Verarbeitung des Rohmaterials im Gehirn, bei der eine Interpretation aufgrund der jeweiligen Gefühlslage, der Erwartung und anderer Variablen stattfindet, nennt man Wahrnehmung."
(Bailey 1976)

• SINNESORGANE
insbesondere visuelle, auditive
und haptische Sensoren zur Aufnahme, zum Sammeln und Suchen
erkenntnisbringender Informationen

♦ EMOTIONEN
bestimmen die Qualität der Begegnung
mit dem Wahrnehmungsfeld, von aufgeschlossen bis ablehnend

♦ GEDÄCHTNIS
zum Gliedern und Ordnen des Wahrnehmungsfeldes, zum Herstellen von Zusammenhängen

„Unter einer Wahrnehmung ... versteht man das Endergebnis eines durch Umweltreize ... angeregten Informationsgewinnungsprozesses, an dem neben der objektiven Reizgrundlage auch emotionale, motivationale und kognitive Faktoren (Ordnungsprozesse, Gedächtniseffekte, Einstellungen) maßgeblich beteiligt sind. Jeder Wahrnehmungsakt inkludiert demnach Sinneserlebnisse (Empfindungen) und Auswirkungen subjektiver Erfahrungen." (Rohracher 1976)

zielen ab

auf schnelle und aktive Erfassung und Verarbeitung der Informationsmenge der Wahrnehmungsfelder;

WAHRNEHMUNGSFELDER

im unterrichtlichen Zusammenhang

können sein

außerschulische Objekte - originale Gegenstände - Gegebenheiten - Ereignisse -
Erscheinungen - Entwicklungen - Vorgänge - Zustände

werden transportiert durch ...

MEDIALE TRÄGER

die aufgesuchte Wirklichkeit - der bereitgestellte originale Gegenstand - das Präparat - das Modell - das Experiment -
die Vorführung - das Bild - der Text - der Vortrag - das Diagramm - die Tabelle - audiovisuelle Medien

zur

ERARBEITUNG NEUER KENNTNISSE UND EINSICHTEN

Unterrichtsbedingungen
- der Wahrnehmungsvorgang -

■ Aspekte der Wahrnehmungsleistung:

DAS WAHRNEHMUNGSVERHALTEN

ist allgemein

aktiv - gezielt - aufmerksam - planmäßig - selektiv
genau - rasch - ganzheitlich

bei

☐ impulsiven Schülern:

häufig spontan, unmittelbar, vorschnell, eher
fehlerhaft, oberflächlich, vorwiegend ganzheitlich;
das Abtasten des Wahrnehmungsfeldes (scanning) ist stärker reduziert;

☐ reflexiven Schülern:

meist distanziert, sachlich, detailbezogen,
gründlich, oft kritisch;
das Abtasten des Wahrnehmungsfeldes (scanning) ist erkennbar ausgeprägter;

DIE WAHRNEHMUNGSAKTIVITÄTEN

am

WAHRNEHMUNGSFELD

sind

intuitiv - spontan oder von außen gezielt ausgelöst

z.B.

suchen - elementarisieren - identifizieren - ausgliedern - ordnen - strukturieren - in Beziehung setzen- empfinden -
vermuten - erinnern - interpretieren - zusammenfassen - versprachlichen (benennen, bezeichnen, beschreiben, fragen)

ABSICHTEN
Schärfung der Sinne, Wissenserweiterung, Lernoptimierung, Lernerfolg

ENDOGENE BEEINFLUSSUNGSFAKTOREN

sachliche Vorkenntnisse - gemachte Erfahrungen - individuelle Erwartungen - subjektive Bedürfnisse - persönliche
Einstellungen - Qualität der gerichteten Aufmerksamkeit (Genauigkeit, Ausdauer, Selektivität, Vollständigkeit) - kognitive Verarbeitungskapazität (effektive Nutzung der Wahrnehmungszeit, intellektuelle Erfassung der Informationsmenge);

insgesamt

individuell unterschiedliche Ausprägung je nach Reife- bzw. Entwicklungsstand, subjektiver Bedürfnislage und Anspruch des Wahrnehmungsfeldes;

Tatsache ist

„... daß unsere Wahrnehmungen maßgeblich von individuellen
Bedürfnissen, Interessen, Einstellungen und Motiven beeinflußt sind."
(Kebeck 1994)

Unterrichtsbedingungen
- der Wahrnehmungsvorgang -

■ **methodische Anregungen:**

**Förderung der Wahrnehmungsvorgänge
durch
spezielle Strategien für die jeweiligen medialen Träger**

- bei originalen Wahrnehmungsfeldern
- bei grafischen Wahrnehmungsfeldern
- bei modellhaften Wahrnehmungsfeldern
- bei sprachlichen Wahrnehmungsfeldern
- bei bildhaften Wahrnehmungsfeldern
- bei audiovisuellen Wahrnehmungsfeldern

**Förderung der Wahrnehmungsvorgänge
durch
übergreifend-relevante Erfassungsfaktoren
zur
Gestaltung des Wahrnehmungsfeldes**

□ *Faktor: Wahrnehmungszeit*
Jüngere Schüler brauchen meist länger zum Abtasten (scanning) des Wahrnehmungsfeldes.

□ *Faktor: Informationsmenge*
Ein zu hoher Gehalt an Detailinformationen belastet die kognitive Erfassung, den emotionalen Zugang und die Lernzeit.

□ *Faktor: Bedürfnissteuerung*
Das Wahrnehmungsfeld sollte die alters- und geschlechtstypischen Erwartungen und Einstellungen befriedigen.

□ *Faktor: Lebendigkeit*
Der Mensch oder das Ergebnis seines Wirkens besitzen zentrale Bedeutung.

□ *Faktor: Geschehensphänomene*
Miteinander interagierende Informationselemente besitzen eine vergleichsweise höhere Wahrnehmungsstimulanz.

□ *Faktor: Zielitems*
Elemente, auf die sich die Wahrnehmung zentrieren soll, müssen auffallend und markant sein.

□ *Faktor: Struktur*
Die interne Ordnung und der Aufbau des Wahrnehmungsfeldes muß unschwer erkennbar sein und offengelegt werden können.

□ *Faktor: Prägnanz*
Die Information sollte prägnant organisiert sein, z.B. durch Beachtung von Gleichheit, Ähnlichkeit, Symmetrie, Ausgewogenheit, Sequenz, Rhythmus, Geradlinigkeit.

□ *Faktor: Nähe*
Zusammengehörende Informationselemente müssen räumlich möglichst unmittelbar gruppiert sein.

□ *Faktor: Geschlossenheit*
Die zu untersuchende Informationsmenge ist so zu begrenzen, daß die sog. Blickspanne nicht überfordert wird.

□ *Faktor: Wirklichkeitsnähe*
Originalität oder wirklichkeitsnahe Erfassung besitzen in der Regel aufgrund ihrer Authentizität einen stärkeren Wahrnehmungsreiz.

□ *Faktor: Identifikation*
Gleichaltrige Personen oder sachliche Phänomene aus dem Umfeld der Schüler unterstützen die Wahrnehmung der Information (Person- und Sachidentifikation).

□ *Faktor: duale Codierung*
Sie beachtet die miteinander verbundenen kognitiven Systeme, wenn Informationen bildhaft (ikonisch) und sprachlich (semantisch) erfaßt sind, so daß sich beide gegenseitig aktivieren.

□ *Faktor: Versprachlichung*
Wahrnehmungsfelder, gleich welcher Art, sind hinsichtlich der zu erfassenden Fakten und der subjektiven Empfindungen bei der Wahrnehmung aktiv zu versprachlichen (zu benennen, zu verbegrifflichen, zu beschreiben).

■ **Störfaktoren der Wahrnehmung:**

z.B.:

- Informationsüberangebot
- Konzentrationsschwäche
- Vorurteile
- Angst
- enttäuschte Erwartungen
- mangelnde Ordnung
- Deutungen
- unzureichende Motivationsqualität
- Behinderung bei der sensorischen Rezeption

■ unterrichtspragmatische Folgerungen:

der mehrfache Einfluß auf ...

WAHRNEHMEN - ERKENNEN - BEHALTEN

WAHRNEHMUNGSFELD - GESTALTUNG

Hauptaspekt

Beachtung der Reizintensität

● *bei den Darstellungselementen wie:*
Neuheit - Ordnung - Informationsmenge - Originalität
- Einfachheit - Farbe - Form - Größe - Raum - Zeit -
akzentuierende Bezugspunkte - Ästhetik;

● *bei der Erfassung von:*
Einzelfakten - Abhängigkeiten - Kausalitäten - Entwicklungen - Funktionalitäten - Strukturen - sachlichen Fragestellungen - menschlichen Problemen;

die lernprozessuale Integration:

Aktivitäten und Vorgänge an Wahrnehmungsfeldern finden
in der Regel während des gesamten Lernprozesses statt,
besonders aber:

□ *bei der Problemstellung*

durch Sprache bzw. Text, Bilder,
Zeichen, originale Gegenstände,
Szenen aus audiovisuellen Medien;

□ *bei der Kenntnisdarlegung*

durch Vorführung, Demonstration,
Experiment, Erzählung, Bericht, Beschreibung;

□ *bei der Ergebnisfixierung*

durch Hefteintrag, Tafelbild, als
Texte, Stichwortreihen, semantische
Netzwerke, Organizer;

der lernprozessuale Weg:

vom
äußeren Wahrnehmen...
ist das aktive Erfassen des Wahrnehmungsfeldes mit Hilfe gerichteter Aufmerksamkeit durch Aufnahme und Verarbeitung der gestalteten Information.

zur
inneren Wahrnehmung ...
ist das Ausbilden und Festhalten von Vorstellungen als im Gedächtnis abspei-
cherbare Strukturen bzw. mentale Modelle.

z.B.

♦ *durch semantische Netzwerke:*
(nach Norman 1976, Anderson 1983)

♦ *durch Organizer:*
(weiterentwickelt nach Ausubel 1973)

das sind hierarchisch organisierte, grafisch erfaßte Wissensstrukturen.
Personen, Objekte, Erscheinungen werden sprachlich
benannt, bestehende interne Verbindungen oder Funktionen untereinander durch Linien verdeutlicht und häufig
mit Hilfe von Verben ausgedrückt (vgl. dazu: mind map);

das sind strukturierte Darstellungen komplexer Sachverhalte, deren Organisationskerne zusammengehörende
Teilinhalte blockig erfassen, mit hochinklusiven Oberbegriffen bzw. Superzeichen etikettieren und interne Bezüge grafisch durch Linien, Pfeile u.ä. herausstellen. Figurative Elemente unterstützen das Verständnis im Sinne
der dualen Codierung und verbessern darüberhinaus die
Motivationsqualität (vgl. dazu das Darstellungskonzept
des vorliegenden Buches).

UNTERRICHTSPRINZIPIEN

Begriff und Charakteristik. Herzuleiten ist das Stammwort vom lateinischen 'principium', was mit Anfang, Ursprung, Grundlage zu übersetzen ist. Die Bezeichnungen didaktische Prinzipien, Lernprinzipien, Handlungsprinzipien oder Unterrichtsgrundsätze erfassen in der Regel den gleichen Sachverhalt; es handelt sich dabei um relativ formale und allgemeingültige Richtlinien und Empfehlungen, die häufig in verkürzter Form Aussagen bezüglich Stoffauswahl, -anordnung und -vermittlung machen. Prinzipien können dem unterrichtlichen Handeln Ausrichtung, aber auch Legitimation geben; das zeigt sich immer wieder in der lernprozessualen Praxis und bestätigte sich in vielen Studien und durch empirische Untersuchungen (z.B. zu den Prinzipien der Motivation, der Kooperation, der Differenzierung, der Veranschaulichung, der Sicherung). Durch deren reflektierte, angemessene Beachtung wird eine effektivere Unterrichtsarbeit wahrscheinlicher.

Zurecht wird vielfach die Relevanz von Unterrichtsprinzipien eingeschränkt, so bei Stöcker (1960), der ihnen "nur regulative, aber keine normative Bedeutung" einräumt, der weiter von "Richtlinien, nicht aber von Vorschriften" spricht. Kopp (1973) stößt mit seiner Äußerung in die gleiche Richtung, wenn er warnt, "Von vornherein muß man der Versuchung entgegentreten, Prinzipien der Unterrichtsgestaltung mit dem Anspruch dogmatischer Gültigkeit zu proklamieren." Und Glöckel (1990) mahnt die Praktiker, Unterrichtsprinzipien als "technologische Regeln, deren Anwendung den meßbaren Unterrichtserfolg garantiere", zu mißinterpretieren.

Terminologisch muß, was allerdings nicht immer geschieht, der Begriff Bildungsprinzipien vom bisherigen Definitionsansatz abgetrennt interpretiert werden. Bei diesem handelt es sich um Grundsätze, "die zumeist aus bestimmten Idealen deduziert sind und Umschreibungen intendierter letzter Ziele darstellen." (Scholz in Ipfling [Hg.], Grundbegriffe der pädagogischen Fachsprache, München 1975, S. 301). Gemeint sind allgemeine Leit- oder Richtziele, wie Toleranz, Kreativität, Weltoffenheit u.a.; zu finden sind diese meist in den allgemeinen Vorbemerkungen der verschiedenen Lehrpläne.

Zur Charakterisierung von Unterrichtsprinzipien lassen sich deren schulstufenunabhängige, fachübergreifende und inhaltsneutrale Relevanz anführen; sie stehen meist in sich beeinflussender, wechselseitiger Beziehung. Um ein Beispiel zu nennen, verweist das Prinzip der Motivation zwingend auf die Prinzipien der Anschaulichkeit, der Aktivität, der Kooperation. Sie scheinen in der konkreten Handlungssituation allerdings in jeweils unterschiedlicher Akzentuierung auf. Sie besitzen keine zeitlose Gültigkeit, da sie den sich wandelnden erziehungswissenschaftlichen Perspektiven unterworfen sind.

Didaktische Funktionen. Im Zusammenhang mit der Frage, was Unterrichtsprinzipien leisten können, worin ihr Wert liegt, wird in der einschlägigen Literatur häufig ihr Einfluß auf die pädagogische und methodische Gestaltung des Lehr-Lern-Geschehens genannt. Ihre besondere Bedeutung liegt in der positiven Wirkung auf die Unterrichtspraxis. Sie können "zur Verbesserung der praktischen Schularbeit " (Glöckel 1990) beitragen und helfen, "die Lernprozesse bestmöglich zu organisieren" (Strukturplan, Deutscher Bildungsrat 1970). Als Leitperspektiven und Orientierungshilfen beeinflussen sie die Planungsüberlegungen und die Gestaltung der Lernvorgänge bzw. die Art der Begegnung zwischen Schüler und Lerninhalt. Sie wirken auf viele methodische Maßnahmen bestimmend, z.B. auf Überlegungen über Auswahl und Einsatz von Medien (z.B. Prinzip der Anschauung, Prinzip der Selbsttätigkeit), auf die Sozialformen (z.B. Prinzip der Kooperation, Prinzip der Differenzierung), auf Entscheidungen über Unterrichtsverfahren (z.B. Prinzip der Motivation, Prinzip der Lebensnähe) oder auf die einzelnen Lehrakte (z.B. Prinzip der Kindgemäßheit, Prinzip der Angemessenheit). Umgekehrt lassen sich mit Hilfe von Unterrichtsprinzipien die einzelnen methodischen Überlegungen und Vorgehensweisen begründen und in der Regel rechtfertigen.

Generell "liegt das Wesen von Handlungsprinzipien in ihrem finalen Charakter. Der Lehrer läßt sich von ihnen leiten ..., um diejenigen Ziele zu erreichen, die durch das theoretische Bewußtsein vorgegeben sind ... " (Hoof, D., Didaktisches Denken und Handeln, Braunschweig 1992³, S. 198).

Historische Aspekte. Unterrichtsprinzipien als Orientierungs-, oft auch als Bestimmungsgrößen für methodisches Handeln im Unterricht spielen schon seit Jahrhunderten eine mehr oder minder zentrale Rolle. Ob bei Comenius (1592 - 1670) oder bei Ratke (1571 - 1635), ob bei Diesterweg (1790 - 1866) oder bei Wagenschein (1963), immer wieder finden sich Anweisungen oder zumindest Empfehlungen, unterrichtliches Vorgehen nach Gestaltungs- und Verhaltensgrundsätzen anstelle willkürlicher Aktivitäten auszurichten. Grundlage dafür bildete meist das Bewußtsein der Verantwortung für die Schüler und für die zu bewältigende Aufgabe; Lehren und Lernen könnten effektiver erfolgen, wenn dieses zwischenmenschliche Geschehen auf bestimmten Leitlinien beruhe.

In besonderem Maße hing es von der erziehungswissenschaftlichen Perspektive und Anschauung des einzelnen Vertreters ab, welche Unterrichtsprinzipien als besonders wichtig bewertet wurden. So stellten z.B. Georg Kerschensteiner (1927) die Aktivität und Individualität, Karl Stöcker (1960) die Anschaulichkeit, die Erfolgssicherung, die Lebensnähe und die Kindgemäßheit, Eduard Spranger (1963) die Bildsamkeit und Angemessenheit und Werner Correll (1973) die Lernverstärkung und Strukturierung heraus. In gewissem Maße kam und kommt auf diese Weise auch der jeweils herrschende pädagogische und didaktisch-methodische Zeitgeist zum Ausdruck. Das liefert weiterhin auch die Erklärung für den ständigen Bedeutungswandel, dem die Unterrichtsprinzipien unterworfen sind. Als gegenwartsnahes Beispiel läßt sich in diesem Zusammenhang der Bedeutungsrückgang anführen, den die in den siebziger und teilweise noch in den achtziger Jahren hochaktuellen Prinzipien der Wissenschaftsorientierung und Lernzielorientierung zugunsten des nun vorherrschenden Prinzips des erziehenden Unterrichts erfuhren.

Kataloge und Ordnungsmodelle. Bei der Suche nach überdauernden, von den jeweils herrschenden Entwicklungsströmungen unabhängigen Prinzipien ist ein Vergleich der von den einzelnen Pädagogen und Didaktikern reflektierten Grundsätze hilfreich. In seiner oft zitierten Publikation erstellte Paul Oswald (1964) eine Synopse; daraus geht hervor, daß in unserem Jahrhundert die schon als klassisch zu bezeichnenden Prinzipien der Anschauung, der Aktivität, der Wiederholung und Sicherung, der Individualisierung bzw. der Kindgemäßheit und der Kooperation besonders oft aufgearbeitet wurden. Dieser durchaus nicht vollständige Katalog bedarf zweifelsfrei der Ergänzung. Die Grundsätze der Motivierung, der Differenzierung, der Lernzielorientierung unter dem Aspekt der Denkerziehung und des erziehenden Unterrichts (als didaktisches Leitprinzip) müssen in diesem Zusammenhang genannt und im unterrichtlichen Handlungsgeschehen ihre angemessene Berücksichtigung erfahren.

In der Fachliteratur finden sich an manchen Stellen sogenannte Ordnungsmodelle, mit deren Hilfe man versucht, die verschiedenen Unterrichtsprinzipien zu kategorisieren bzw. sie in Gruppen einzuteilen. So unterscheiden Hans Glöckel (1990) nach fundierenden (z.B. Schülergemäßheit, Sachgemäßheit, Zielgemäßheit) und nach regulierenden (z.B. Planmäßigkeit, Situationsgemäßheit, Erfolgssicherung, Motivationshilfe, Anschauung u.a.) Unterrichtsgrundsätzen, Werner Correll (1973) nach Regeln für den Unterrichtsinhalt (z.B. Fachgerechtigkeit, Individualisierung, Sozialisierung), Regeln für den Unterrichtsverlauf (z.B. Motivierung, Definierung, Verarbeitung) und Regeln für die Unterrichtstechnik (z.B. Verstärkung, Anschauung, Aktivierung u.a.). Dieter Hoof (1992) gruppiert nach schülerbezogenen (z.B. Aufmerksamkeit, Aktivität, Selbsttätigkeit u.a.), inhaltsbezogenen (z.B. Konzentration, Fachlichkeit, Lebensnähe u.a.), lernprozeßbezogenen (z.B. Anschauung, Wiederholung, Erfolgssicherung u.a.), unterrichtszielbezogenen (z.B. Bedeutsamkeit, Wertigkeit, Innerlichkeit u.a.) und gesellschaftsbezogenen (z.B. Sozialität, Toleranz, Freiheit u.a.) Grundsätzen.

Durch derartige Ordnungsmodelle erfährt das Gegenstandsfeld 'Unterrichtsprinzipien' ein höheres Maß an Transparenz, was ihrer theoretischen Bewertung und ihrer konkreten Berücksichtigung zugute kommt. Die Diskussion des Problems um die eindeutige Einordnung der einzelnen Grundsätze in die verschiedenen Gruppen und Kategorien kann geführt werden; sie ist jedoch weniger zielführend als die durch derartige Ordnungsmodelle ableitbare Erkenntnis, daß Unterrichtsprinzipien von einer besonders vielschichtigen und weitgreifenden Relevanz sind.

Probleme und Grenzen. Bei der lernprozessualen Umsetzung von Unterrichtsprinzipien gilt, wie bei anderen schulpädagogischen Phänomenen auch, den Problemen und Gefahren die besondere Aufmerksamkeit. Unstrittig ist deren situativ unterschiedliche Relevanz im konkreten Lerngeschehen; das bedeutet, daß sie nicht umfassend und ausgewogen verwirklicht werden können. Es ist in diesem Zusammenhang auch weiter darauf hinzuweisen, daß es grundsätzlich unangemessen ist, Prinzipien der Unterrichtsgestaltung ohne jede Einschränkung und Dosierung generell zu fordern, da sie lediglich "Hinweischarakter haben, als daß sie dogmatische Normen darstellen" (Correll 1976). Bei ihrer Aktualisierung ist immer ihre Abhängigkeit von der Art der zu bewältigenden Lernaufgabe, vom kognitiven, emotionalen, instrumentalen und sozialen Entwicklungsstand der Schüler und von der generellen Unterrichtskonzeption und der pädagogischen und didaktischen Zielperspektive des Lehrers einzubeziehen.

Ebenso unrichtig wie der Versuch einer gleichzeitigen Verwirklichung möglichst vieler Unterrichtsprinzipien ist das häufig von außen herangetragene Bestreben (in Gestalt sog. didaktischer Modeerscheinungen) einer partiellen bzw. einseitigen Betonung des einen oder anderen Prinzips (vgl. dazu z.B. das Prinzip der Differenzierung und Lernzielorientierung in den beiden vergangenen Jahrzehnten). Die Gefahr einer zu einseitigen Dominanz ist immer zu beachten! Auch für Unterrichtsprinzipien gilt, sie in kritischer Distanz mit Sachverstand ständig hinsichtlich ihrer Lernförderung für den Schüler zu überprüfen und ihre Umsetzung aus der gegebenen Bildungsorientierung und Erziehungsverantwortung in jedem Einzelfall zu begründen.

Die Überschrift zu den anstehenden Überlegungen wurde mit Bedacht gewählt. Jeder Lehrende kennt die allgemeine und fachübergreifende Relevanz der Unterrichtsprinzipien, jeder weiß über deren regulative, aber nicht normative Wirkung (Kopp 1972). Wenn hier von einem didaktischen Leitprinzip gesprochen wird, so soll damit die vorrangige Bedeutung eines auf Erziehung hin angelegten Unterrichts bewußt herausgestellt werden. Die Frage nach der Berechtigung läßt sich unschwer mit den aufgeführten Fakten und Zahlen begründen.

Ein weiterer Gedanke schließt sich hier an. Wohl die meisten Unterrichtsgrundsätze wurden aktualisiert bzw. generiert aus einer unzulänglichen Situation im pädagogischen Raum. Dies gilt - wieder einmal - für einen erziehenden Unterricht.

Anlässe gab es mehrere. Die sogenannte kognitive Wende in der Psychologie forcierte eine dominant auf Kenntnis- und Fertigkeitsmaximierung ausgerichtete, wissenschaftsorientierte Auffassung von Schulunterricht. Die Reformen der Lehrpläne und deren Umwandlung in Curricula mit der in deren Gefolge entstehenden Lernzielforderungen müssen hier genannt werden, ebenso auch die zahlreichen und recht kurzlebigen didaktischen und erziehungswissenschaftlichen Modetrends: Sachunterricht statt Heimatkunde, Mengenlehre, Sexualkunde, der entdeckende Unterricht u.a..

Immer wurde in nicht zureichendem Maße die Existenz der kindlichen Psyche beachtet. Man bezog viel zu wenig den Bereich der Emotionen, Stimmungen und Affekte ein, man berücksichtigte nicht ausreichend die Bedeutung des Unterrichtsklimas, die verschiedenen Kriterien der Psychohygiene, das notwendige stimmige Verhältnis zwischen Schüler und Lehrer.

So wird es verständlich, wenn verantwortungsbewußte Pädagogen in den letzten Jahren wieder die von Herbart geprägte Forderung nach einem Unterricht aufgreifen, der den Erziehungsgedanken in den Mittelpunkt stellt. Und diese Überlegungen berechtigen, ja sie veranlassen zu der Forderung, den erziehenden Unterricht als Leitprinzip, dem alle anderen didaktischen Grundsätze nachgeordnet sind, zu proklamieren.

54 **Die Gegenwartsituation.** Die Frage gilt grundsätzlich, deshalb auch für den Bereich Schule! Ist alles, was machbar ist, auch wünschenswert? Oder präziser formuliert: Darf alles, was die Wissenschaft für Unterricht und Erziehung postuliert, aber auch was einschlägige Unternehmen dafür produzieren, unmittelbar, häufig mit wenig Skepsis und Vorbehalten, unkritisch die Türen der Klassenzimmer passieren?

Offensichtlich doch! Wie würden sich dann die nicht allzu langlebigen 'Innovationen' erklären, die von nicht wenigen begeistert aufgegriffen wurden! Schon die bloße Auflistung ist schlimm genug, man denke doch immer daran, daß die Zielgruppe ja Schüler waren und sind! Und was blieb davon? Allenfalls Kinder und Jugendliche, die unruhiger, empfindsamer, aggressiver, unkonzentrierter, inaktiver, kurz verhaltensauffälliger sind als früher. Dies bestätigen Lehrer, die auf eine drei oder vier Jahrzehnte während Berufserfahrung zurückblicken können. Da zeigte sich offensichtlich wenig Notwendigkeit, den Rat eines Erziehungsberaters oder Kinderpsychologen einzuholen. Und der Kinderarzt wurde aufgesucht, wenn Grippe oder Masern das Kind plagten und nicht um leistungssteigernde Pillen oder bewegungsdämpfende Säftchen verschrieben zu bekommen.

54 **Zahlen und Fakten.** Wie sie wiedergegeben sind, gelten die Daten für die Bundesrepublik Deutschland (1990). In der hier zum Ausdruck kommenden Dichte wirken sie noch dramatischer als sie ohnehin schon sind. Es gilt dabei zu bedenken, daß sich die feststellbaren Erscheinungsformen über größere Zeiträume und auf alle Schulen des Landes, wenn auch in den Ballungsräumen konzentrierter, erstrecken. Als Alarmsignale sollten sie alle, nicht nur jene, die unmittelbar mit Kindern konfrontiert sind, aufrütteln, zum Nachdenken veranlassen, zum notwendigen Handeln und zum angemessenen Verhalten auffordern. Von seiten der Schule ist der Erziehungsgedanke, wie dies nun schon einige Jahre bewußt geschieht, wieder zentral zu sehen. Es darf einfach nicht passieren, was leider teilweise gelang, daß kybernetische Systemtheoretiker und missionarisch eifernde Curriculumfanatiker mit Hilfe eines aufgeblasenen wissenschaftlichen Imponiervokabulars die Lehrer als didaktische Diplomingenieure und die Kinder als deren methodische Lustobjekte für ihre oft recht vordergründigen Motive mißbrauchen konnten. Eltern, alleinerziehende Mütter und Väter, Lehrer, Lehrerbildner und Verantwortliche der Schulbehörden müssen sich zuallererst als Anwalt des Kindes verstehen, denn: 'Kinderseelen sind zerbrechlich!'

54 **Gründe und Ursachen.** Die bisherige Argumentation könnte vielleicht den Eindruck erwecken, die Schule trage die alleinige Schuld, zumindest aber doch die Hauptschuld am bestehenden Problem. Dem ist aber nicht so! Die Schule hat hinsichtlich eines möglichen negativen Einflusses auf das Kind eine zu begrenzte Zeit zur Verfügung. Vielmehr wird die Situation um das Kind durch unsere Konsumgesellschaft, die Wegwerfmentalität und das materialistische Denken verursacht.

Mit einem auf Erziehung ausgerichteten Unterricht, in dem gerade das Einzelkind die bewußte Pflege des Gemeinschaftslebens erfahren kann, vermag die Schule unter Umständen das eine oder andere Problem zu verringern. Sicher aber kann sie ein Zeichen für die Öffentlichkeit setzen, daß Kinder mehr brauchen als ihnen eine produktorientierte Industriegesellschaft zubilligt.

55 **Zur Definition.** Die Formulierung, die wir von Herbart (1806) zum erziehenden Unterricht kennen, darf mit Recht als klassisches Zitat bezeichnet werden. Als hochinklusive Umschreibung erfaßt sie Unterricht und Erziehung in deren vernetzter Funktionalität.

Transparenter und für die Alltagspraxis erschließender präzisiert Weber (1977) die Grundforderung durch die Angabe zu erreichender konkreter pädagogischer Ziele. Diese vorgenommene nähere Bestimmung ist deshalb wertvoll, weil die vielschichtigen pädagogischen Aufgabenbereiche im Gegensatz zu den vorwiegend kognitiv geprägten Lehr- und Lernzielen in der Regel zu wenig differenziert herausgestellt werden.

55 **Die Verankerung.** Die nicht neue Grundforderung nach einem auf Erziehung ausgerichteten Unterricht finden wir außer in wissenschaftstheoretischen Publikationen insbesondere in dem einschlägigen Verfassungsartikel 131 durch die Vorgabe "oberster Bildungsziele" festgehalten. Diese werden in den Präambeln der Lehrpläne zunehmend konkretisiert, wobei eingangs immer auf den "Vorrang der Erziehungsarbeit" verwiesen wird. Es bleibt zu hoffen, daß dies in allen Lehrplänen aller Schularten Eingang gefunden hat!

55 **Strategien und Möglichkeiten der Realisierung.** Die zum Problem des erziehenden Unterrichts recht umfangreiche Literatur bietet in großer Fülle pädagogische Strategien im Kontext unterrichtlichen Handelns. Sie lassen sich verdichtet in vier größere Aktualisierungsbereiche fassen: Schulleben, Unterrichtsinhalte, Unterrichtsmethoden und das Lehrerverhalten im Sinne der Vorbildwirkung, wobei hier auch das Gegenstandsfeld des pädagogischen Bezugs berücksichtigt werden muß. Die Konkretisierung dieser Bereiche erfolgt durch unterschiedliche Einzelaktivitäten. Logisch zwingend müssen hier noch Aspekte der Psychohygiene und des Unterrichtsklimas als unverzichtbare Bedingungen für eine erfolgreiche Realisierung gedanklich und faktisch einbezogen werden.

56 **Erziehungsziele: Ordnungsversuch.** Die offene und in der Regel recht pauschale Erfassung der Zielkategorien bzw. einzelner wesentlicher Erziehungsansätze in den Vorbemerkungen der Lehrpläne, teilweise auch in einschlägigen wissenschaftlichen Werken, erleichtern dem einzelnen Lehrer nicht gerade die Umsetzung. Für einen bewußt auf Erziehung ausgerichteten Unterricht ist es aber unerläßlich, unmißverständliche und realisierbare Erziehungsvorgaben bereitzustellen, die dann jeder Lehrer je nach lernsituativen Gegebenheiten tatsächlich durch eine entsprechende Unterrichtsgestaltung umzusetzen versuchen kann.

Die vorgegebene Ordnung der Zielkategorien Mündigkeit, Personalisation, Enkulturation, Sozialisation und Qualifikation stellt einen Vorschlag dar. Die Teilaspekte, bei deren Zuordnung Überschneidungen sich nicht verhindern ließen, eignen sich für eine konkrete Umsetzung in der Alltagspraxis.

57 **Mindestkatalog von Erziehungszielen.** Die entsprechenden Aussagen dazu in manchen Lehrplänen sind nicht gerade ergiebig. Häufig werden sie zu pauschal beschrieben, was dem Unterrichtspraktiker die Umsetzung erschwert. Die von Geißler in die drei Bereiche "Arbeitstugenden, persönliche und soziale Qualitäten" zusammengefaßten bzw. geordneten Ziele zeichnen sich aus durch ihre klare und unmißverständliche Formulierung. Sie können einem auf Erziehung ausgerichteten Unterricht eine sichere Basis und eine sinnvolle und praxisgerechte Ausrichtung verleihen.

In diesem Zusammenhang kann und muß noch auf zahlreiche Untersuchungen und Verlautbarungen verschiedener Industrie- und Handelskammern verwiesen werden. Bei der Fragestellung, was Unternehmer, Handwerksmeister, Personalmanager von den Schulabgängern an Kenntnissen und Fähigkeiten erwarten, werden neben zuverlässigen Leistungen in den Fächern Deutsch und Mathematik in der Regel immer auch die hier als Erziehungsziele zutreffend bezeichneten (Schlüssel-)Qualifikationen genannt. Dies muß als ein Grund mehr angesehen werden, den Unterricht daraufhin auszurichten.

| 57 | **Prinzipielle Notwendigkeiten.** Kinder und Jugendliche brauchen beides: Führung und Fürsorge, individuell dosiert, durchwirkt von Liebe und Verständnis, getragen von Verantwortung und dem Bewußtsein einer notwendigen schrittweisen Verselbständigung hin zu einer kognitiv leistungsfähigen und psychisch ausgeglichenen, stabilen und belastbaren Persönlichkeit.

Es gibt im Vergleich zu heute in der Geschichte der Pädagogik kaum eine Periode, in der um die erzieherische Grundeinstellung zum Kind so kontrovers diskutiert wurde; dies verunsichert nun schon eine ganze Erziehergeneration, Eltern und Lehrer gleichermaßen. Deshalb wurde die griffige Formel von der "Wiedergewinnung des Erzieherischen" differenziert und verdeutlicht.

| 57 | **Erziehungsziele im Zielkatalog.** Wie an anderer Stelle bereits erwähnt, müssen Erziehungsansätze konkretisierbar beschrieben bzw. vorgegeben werden. Erst dann besteht durch entsprechende Ausrichtung und Gestaltung der unterrichtlichen Lernsituation die Chance einer im wahrsten Sinne des Wortes 'zielführenden' Umsetzung.

Deshalb sollten im Zusammenhang mit der Zielanalyse im Rahmen der Planung und Vorbereitung der Unterrichtsstunde neben den Lernzielen über einen oder auch mehrere mögliche Erziehungsansätze reflektiert und entschieden werden. Das Ergebnis dieser Überlegungen findet dann seinen Niederschlag als konkret beschriebenes Erziehungsziel in einer Form, wie dies durch den Formulierungsvorschlag zum Ausdruck gebracht wird.

| 58 | **Von besonderer pädagogischer Relevanz: der verhaltensauffällige Schüler.** Selbst Psychologen, die sich mit dem Erscheinungsbild des verhaltensauffälligen Schülers auseinandersetzen, haben mit einer genauen Abgrenzung ihre Schwierigkeiten. Wann ist das gezeigte Verhalten in der Schule, während und außerhalb des Unterrichts, wünschenswert, normal, auffällig oder gestört? Sicher hängt die jeweilige Feststellung zum Teil auch von individuellen Beurteilungskriterien, vom Alter des wertenden Lehrers, von seiner bisherigen Dienstzeit und den gemachten Erfahrungen, von seiner spezifischen Lebensgeschichte ab.

Unstrittig aber ist die Tatsache, daß Klagen über Probleme mit Schülern immer lauter werden. Lehrer äußern vermehrt, daß sie durch therapeutische Aufgaben in ihrer unterrichtlichen Tätigkeit behindert werden, daß das Bemühen um äußere Ordnung und die Sorge um die Sicherheit einen zu großen Teil ihrer Zeit und Kraft in Anspruch nehmen.

Das Problem um den verhaltensauffälligen Schüler, der - aber nicht nur der - durch Maßnahmen im Rahmen des erziehenden Unterrichts Gemeinschaftserleben und das individuelle Angenommensein erfahren soll, läßt sich zunächst allgemein nach zwei Richtungen hin charakterisieren. Einmal finden sich relativ häufig hochsensible und unselbständige, überbehütete und wenig belastbare Kinder, daneben zeigen sich nicht selten hochaggressive, brutale, häufig führungslose Schüler mit einer bedingungslosen Hau-Drauf-Philosophie. Doch diese Kategorisierung nach Seelchen und Brutalos wäre zu pauschal!

Zielführender lassen sich verhaltensauffällige Schüler erfassen bzw. charakterisieren, wenn man das Erscheinungsbild nach Lern-, Emotional- und Sozialbereich analysiert, eventuell ausgehend von aufscheinenden Konzentrations-, Steuerungs- oder Integrationsproblemen.

Unabdingbar wird dann die Überprüfung und gegebenenfalls die Veränderung des lernsituativen Milieus in der Klasse, um den Boden zu bereiten für das Empfinden und Erfahren einer "emotionalen Anteilnahme und Wertschätzung" (Metz 1987). So kann sich gerade auch der verhaltensauffällige Schüler (wenigstens) in der Schule wohlfühlen, er kann so einen Zustand erfahren, der sich durch Adjektiva wie z.B. angstfrei, angemessen, erfolgreich charakterisieren läßt.

| 58 | **Psychohygiene, Wohlbefinden der Seele.** Auf der Suche nach einer angemessenen Zustandsbeschreibung des endogenen Bereichs im Sinne einer harmonischen Grundgestimmtheit als Voraussetzung und gleichzeitig als Ziel eines erziehenden Unterrichts stößt man häufig auf die Forderung nach schulischer Psychohygiene. Nach ihr wird in korrigierender wie vorbeugender Absicht verlangt. Dies geschieht meist allgemein, mitunter auch plakativ, wie es teilweise die beiden Feststellungen (Lückert 1975 und Weltgesundheitsorganisation WHO) zum Ausdruck bringen.

Wertvoller für die bewußte Aktualisierung ist die faktoriale Darstellung nach Lill et al.. Hier werden konkrete Einzelerscheinungen aufgeführt, durch die sich seelische Gesundheit konstituiert.

Und wenn die administrativen Vorgaben und Bestimmungen für Schule und Unterricht trotz der Bereitstellung "pädagogischer Freiräume" nicht zu oft realitäts- und praxisfern wären, hätte kein verantwortungsbewußter Lehrer und Erzieher mit der Umsetzung des von Mierke (1967) geprägten Merksatzes vom 'Maßhalten und Zeitlassen' Probleme. Es wäre unschwer ein Angebot zielführender Aktivitäten zur Vermittlung seelischen Wohlbefindens als unabdingbare Voraussetzung für eine psychisch gesunde Entwicklung des Kindes zu konkretisieren. So begrenzt die Möglichkeiten der Schule sind, jeder Ansatz, jeder Versuch wird zum Wohle der Schüler sein!

59 **Das Unterrichtsklima in seinem funktionalen Zusammenhang.** Irgendwie weiß und spürt man, daß die Art des Arbeits- bzw. Unterrichtsklimas einen mehr oder weniger günstigen Einfluß auf das Lernverhalten und damit auch eventuell auf das Lernergebnis hat. Von Bollnow kennen wir den Zusammenhang zwischen Unterrichtsklima, Lernsituation, Emotion, Verhalten und Leistung.

Ein anregendes Lernklima als atmosphärische Grundgegebenheit einer zielführenden Lernsituation, als "relativ überdauernde Qualität" (Dressman 1986) und unverzichtbare Bedingung eines auf Erziehung ausgerichteten Unterrichts konstituiert sich durch eine Vielzahl von Einzelfaktoren. Diese sind von unterschiedlicher Relevanz und Wirksamkeit; sie reichen von Persönlichkeitsmerkmalen des Lehrers und dessen Erziehungsstil bis hin zu Fragen der äußeren Raumorganisation. Die aufgeführten lehrer- und schülerbezogenen unterrichtsklimatischen Dimensionen und deren Konkretisierung durch einige ausgewählte Erscheinungsformen stehen häufig in Wechselwirkung zueinander.

59 **Unterrichtsklimatische Bereiche.** Trotz Feste und Feiern, Pausenspiele und Projektmethode, das unterrichtliche Bemühen zielt dominant ab auf Lernen. So ist es dringend geboten, den Lernplatz unter unterrichtsklimatischen Aspekten entsprechend zu gestalten, damit effektives Lernen nicht beeinträchtigt, sondern gefördert wird. Medizinische Untersuchungen (Katzenberger 1976) erbrachten wichtige Erkenntnisse über Formen und Maße für körpergerechte Schulmöbel und über noch akzeptable Geräusch- und Lärmwerte. Wir haben auch Kenntnisse zur Verfügung zur Frage der Beleuchtung und der farblichen Gestaltung des Klassenraumes, aber auch über notwendige Temperatur- und Luftfeuchtigkeitsverhältnisse.

Interessant in diesem Zusammenhang ist auch ein Blick in Veröffentlichungen über die derzeit gelegentlich propagierte Suggestopädie bzw. das sogenannte Superlearning. Auch in diesen Lernkonzepten wird dem Arbeitsklima ein sehr hoher Stellenwert zugewiesen. Periphere Stimuli, ausgewählte Musik und entspannte Körperhaltung sind hier wichtige Bedingungen für ein effektives Lernen.

Neben der zureichenden Gestaltung des Lernplatzes ist auch dem Lernvorgang unter unterrichtsklimatischen Aspekten ein hohes Maß an Aufmerksamkeit zu widmen. Er kann besonders durch zwei Erscheinungen nicht unerheblich behindert werden.

Da gilt es einmal, die Angst vor der Schule und vor dem Leistungsversagen im besonderen zu beachten. Für deren Reduzierung ist die Kenntnis der Gründe nicht weniger wichtig als der individuell dosierte Gebrauch möglicher Strategien.

Ähnliches gilt auch für das zweite den Lernvorgang behindernde Phänomen. Gründe und Folgen der Ermüdung sind weitgehend bekannt; sie beeinträchtigen das Unterrichtsklima ganz erheblich und machen geplante und gezielte (z.B. Art der Pausengestaltung, Stundenplanerstellung), aber auch situative Strategien (z.B. Wechsel der Lerntätigkeit, Bewegungsspiele) erforderlich.

Ganz wesentlich ist von seiten des Lehrers für beide Phänomene ein hohes Maß an Sensibilität. Nur so können schon bei den ersten erkennbaren Anzeichen entsprechende gegensteuernde Maßnahmen ergriffen werden. Dies ist notwendig, damit das Lernen in all seinen Phasen und stets in einer "angemessenen pädagogischen Atmosphäre" stattfinden und jeder Schüler zu jeder Zeit "ausreichende Geborgenheitserfahrung" (Geißler 1984) machen kann.

60 **Mögliche Maßnahmen.** Die besten wissenschaftstheoretischen Überlegungen und Erkenntnisse sind wertlos, wenn sie ihre dem Menschen dienende Funktion mangels Umsetzbarkeit nicht erfüllen können. Die Forderungen nach Unterstützung psychohygienischer Bedürfnisse und der Gestaltung eines lernanregenden Unterrichtsklimas werden durch eine Reihe realisierbarer, das Kernanliegen fördernder Maßnahmen konkretisiert. Welche dann und auf welche Weise sie in der konkreten Unterrichtssituation aktualisiert werden, ist von zahlreichen Variablen abhängig. Immer aber sind die genannten Bereiche Motorik, Sensorik, Kognition, Emotion und

Klassenraum, Schulleben, soziales Zusammenleben, Unterrichtsorganisation bei allen lernprozessualen Bemühungen angemessen zu beachten.

| 60 | **Hauptproblem einer schulischen Prävention und Restitution.** Mit zwei sehr aussagestarken Zitaten und einer symbolhaften Abkapselung der drei Mitglieder dieser Kleinfamilie soll auf das Hauptproblem hingewiesen werden. Unsere offene Gesellschaft mit ihrer Pluralität und Mobilität, dem großen Angebot an Freiheit, Freizeit und Konsum, macht es den erziehenden Müttern und Vätern nicht leicht. Ihre Rolle innerhalb der Familie wird immer stärker außengesteuert, was nicht selten zur Folge hat, daß Familie nicht als Chance für erfülltes Erleben, sondern zum vollen Ausleben seiner eigenen Bedürfnisse und Wünsche interpretiert wird.

So bleibt dann auch nicht mehr allzuviel Zeit für das Kind. Die mangelnde personale Zuwendung versucht man durch Bereitstellung materieller Güter (das voll elektronifizierte Kinderzimmer!) zu kompensieren, ein besonders freizügiges, wenig einwirkendes Erzieherverhalten (was durchaus einfacher ist und weit weniger Kraft und Energie erfordert!) wird philosophisch legitimiert.

Verlierer dabei ist in jedem Falle das Kind, daß dann als Schüler im Unterricht mit steigender Tendenz Verhaltensprobleme verursacht, die Schule und Lehrer aufgrund der vergleichsweise geringen zeitlichen Möglichkeiten nicht in erforderlichem Maße bewältigen können. Solange aufgrund der veränderten Struktur (Ein-Kind-Familie, Scheidungswaisen, alleinerziehende Mütter) die Familie ihre Funktion als primäre Sozialisationsinstanz nicht mehr erfüllt und die Kinder die Familie nicht mehr als Ort des Schutzes, der Geborgenheit, der Liebe und Sicherheit, zu respektierender Grenzen, der Anerkennung und der Gemeinschaftserlebnisse erfahren können, hat gerade das Unterrichtsprinzip des erziehenden Unterrichts eine ganz wesentliche, alle anderen Grundsätze überragende Bedeutung.

| 60 | **Historische Ansätze.** Beim Studium einschlägiger Veröffentlichungen finden sich meist auch mehr oder weniger umfangreiche Abhandlungen zur historischen Genese der einzelnen Grundsätze von Unterricht und Lehre. Dies ist zwangsläufig, da die Forderungen nach einzelnen Prinzipien in der Regel auf Grund gegebener Unzulänglichkeiten der aktuellen Lern- und Erziehungssituation entstanden.

Beim erziehenden Unterricht müssen primär zwei Ursachen genannt werden: die dominant kognitive Ausrichtung schulischen Lernens auf der Grundlage des wissenschaftsorientierten Unterrichts und die dramatisch steigende Zahl verhaltensauffälliger Schüler, hervorgerufen insbesondere durch das veränderte Verständnis von Familie.

Die knappe Auflistung stellt einige der bekannten Pädagogen heraus, die in ihren Veröffentlichungen mit Nachdruck auf die Notwendigkeit eines erziehenden Unterrichts hingewiesen haben bzw. diesen durch praktisches Tun pflegten.

- Die Ausgangslage -

■ **die Gegenwartssituation:**

... der wissenschaftsorientierte unterricht ... das computergesteuerte lernen

...informationsmaximierung ... instruktionsoptimierung ... noten ... zensuren ... zeugnisse

... lernzielkontrollen ... qualifizierung ... selektion ... leistungstest ... zwischenprüfung

" ZU VIELE KINDER SIND SEELISCH KRANK "   " KINDERSEELEN SIND ZERBRECHLICH "   " GESTÖRT UND SEELISCH TOT "

ZAHLEN

- *ca. 25% der Schüler stören aggressiv*
- *ca. 22% sind unkonzentriert*
- *ca. 16% verweigern die Mitarbeit*
- *jeder zehnte Schüler kommt aus einer geschiedenen Ehe*

- *ca. 16 000 Std. Fernsehkonsum bis zum 15.Lebensjahr*
- *ca. 400 000 Schüler erreichen nicht das Klassenziel*
- *ca. 40 000 Schüler und Jugendliche flüchten von zuhause*
- *gegen ca. 70 000 Schüler als Tatverdächtige ermittelt die Polizei*

FAKTEN

URSACHEN	

FAKTEN

➤ feststellbare Erscheinungsformen

♦ **die Schule**

♦ **die Familie**

♦ **die Gesellschaft**

➤ feststellbare Erscheinungsformen

gehemmt - aggressiv - unruhig - lustlos - übermotorisch - unkonzentriert - leistungsverweigernd - mangelndes Integrationsvermögen - apathisch - ängstlich - suizidgefährdet - schreien ohne sichtbaren Grund - verlogen - ständige Unzufriedenheit - Leben in Traumwelt - Schule schwänzen - unzureichende Selbststeuerungsfähigkeit - gemeinschaftsunfähig - Verbalattaken gegen Erwachsene - Ablehnung jeglicher Fremdsteuerung - Isolation

- einseitige kognitive Orientierung
- kognitive Überforderung
- Leistungs- bzw. Notendruck
- mangelhafte pädagogische Durchdringung der unterrichtlichen Maßnahmen durch den logotropen Lehrer
- Autoritäts- und Ansehensverlust
- unzureichende positive Lernatmosphäre

- Wohlstandsverwahrlosung
- Berufstätigkeit beider Elternteile
- Erziehungsstil der Eltern
- falsches bzw. fehlendes Vorbild
- unzureichende Beachtung der emotionalen Bedürfnisse (Sicherheit, Liebe und Zuwendung, Erfolgserlebnisse, Freiräume)
- gestörte bzw. gescheiterte Ehe
- das Fernsehen als 'Babysitter, Kinderfrau' und Kommunikationspartner
- Gefährdung der wirtschaftlichen Basis durch Arbeitslosigkeit

- Konsumrausch und Wegwerfmentalität
- inflatorische Reizüberflutung durch Medien
- Kanalisierung des Denkens in Richtung Oberflächlichkeit und Vordergründigkeit
- Behinderung des Bewegungsdranges (durch Verkehr, gesperrte Rasenflächen)

allgemeines Desinteresse - Übersensibilität - Weinerlichkeit - Wutausbrüche - Haudrauf - Konfliktlösung - zwanghafte Wiederholung der gleichen Verhaltensform - Zerstörungswut - Tätlichkeiten und Schlägereien zwischen Schülern - Diebstähle als Mutprobe - Angriffe auf Lehrer - Arbeitsverweigerung - emotionale Stumpfheit - Alkohol-, Nikotin- und Drogenkonsum - Mißachtung organisatorischer Ordnungsvorgaben (Pünktlichkeit, Sauberkeit) - rüder Umgangston u.a.

A L A R M S I G N A L E

Unterrichtsprinzipien
- Erziehender Unterricht als didaktisches Leitprinzip -

- Möglichkeiten der Verwirklichung -

ERZIEHENDER UNTERRICHT

■ Vorgabe durch Verfassung:

§

"Die Schulen sollen nicht nur Wissen und Können vermitteln, sondern auch Herz und Charakter bilden.
Oberste Bildungsziele sind Ehrfurcht vor Gott, Achtung vor religiöser Überzeugung und vor der Würde des Menschen, Selbstbeherrschung , Verantwortungsgefühl und Verantwortungsfreudigkeit, Hilfsbereitschaft und Aufgeschlossenheit für alles Wahre, Gute und Schöne.
Die Schüler sind im Geiste der Demokratie, in der Liebe zur ... Heimat und zum deutschen Volke und im Sinne der Völkerverständigung zu erziehen."
(Art. 131, Verfassung des Freistaates Bayern)

■ Definitionen:

"Und ich gestehe gleich hier, keinen Begriff zu haben von Erziehung ohne Unterricht; sowie ich rückwärts keinen Unterricht anerkenne, der nicht erzieht." (Herbart 1806)

"Wo man betonen will, daß in der Schule neben dem Unterricht, der Wissen und Können zu vermitteln hat, auch moralische Erziehung erforderlich und möglich ist, spricht man von erziehendem Unterricht. Er will ... Lernhilfe beim Aufbau sittengemäßen und sittlichen Verhaltens sowie bei der Ausbildung von Wertüberzeugungen und moralischen Einstellungen bieten." (Weber 1977)

■ Auftrag durch Lehrplan:

§

" ... die Aufgabe, Unterricht und Schulleben aus ihrem Erziehungsauftrag zu gestalten. Der Lehrplan räumt deshalb dem Erzieherischen Vorrang ein.
Sinn- und Wertorientierung sind Grundlage und Ziel von Erziehung und Unterricht. Diese richten sich ... am christlichen Menschenbild aus."
(Lehrplan Grundschule)
" ... die Erziehungsarbeit hat Vorrang vor bloßer Vermittlung des Lehrstoffes. Erziehung erstreckt sich auf das gesamte Schulleben. Erziehung und Unterricht sind nicht voneinander zu trennen. ... den Schüler zu einem mündigen Bürger zu erziehen, ... der zur Mitgestaltung des Zusammenlebens bereit und fähig ist."
(Lehrplan Hauptschule)

■ Strategien:

Erziehender Unterricht
durch

♦ Pflege des Schullebens:
z.B.
- durch Ausstattung und Gestaltung des Klassenzimmers und Schulgebäudes (Pflanzen, Spielflächen, Leseecken);
- durch Ordnungsformen und Regelvorgaben (Umgangsformen, Haus- und Pausenordnung);
- durch Veranstaltungen, Feste und Feiern (Klassen- und Schulfeiern, Wanderungen, Spielfeste, Ausstellungen);
- durch aktive Einbeziehung der Eltern (Beratungsabend, Bastelnachmittage, Schulausflug);

♦ Unterrichtsinhalte:
z.B.
- im Mittelpunkt das menschliche Handeln und dessen Reflexion und Wertung;
- Freilegung der ethisch-moralischen Entscheidungsgrundlagen bei Erzählungen, Berichten, Romanen etc.;
- Akzentuierung der sozialen Dimension;
- rationale und emotionale Erfassung von Werten und deren Stabilisierung als Gesinnungen bzw. Haltungen;
- zureichende Beachtung der besonders relevanten Unterrichtsfächer (Geschichte, Sozialkunde, Religion, Deutsch);

♦ Unterrichtsvollzug:
z.B.
- angemessene methodische Strategien wie Gruppenarbeit, Entdeckungslernen, Projektverfahren, Spielformen;
- offene Unterrichtsgestaltung (Unterrichtsmitplanung);
- eine dem Lernen angemessene Arbeitshaltung (Sauberkeit, Genauigkeit, Gründlichkeit, Zuverlässigkeit, Ausdauer, Vollendungsbereitschaft, Hilfsbereitschaft, Kooperation);
- bewußte Aktualisierung der emotionalen Dimension (Lernklima, affektive Lernziele);
- Förderung der Sozialisationsprozesse (Gesprächsfähigkeit);

♦ Vorbild:
z.B.
- Stil und Reversibilität der Sprache;
- das äußere Erscheinungsbild;
- die Umgangsform, geprägt von Freundlichkeit, Offenheit, Rücksichtnahme und ehrlichem Bemühen;
- berufliches Engagement und Professionalität;
- partnerschaftliches Interaktionsverhalten;
- Ernsthaftigkeit der pädagogischen Aktivitäten;
- Bewußtheit und Pflege des sozialen Handelns;
- psychogene Kriterien wie Einfühlungsvermögen, Wertschätzung, Geduld, Vertrauen, Humor;

■ Erziehungsziele - Ordnungsversuch:

MÜNDIGKEIT

z.B.

Orientierungsfähigkeit in der Welt - Anerkennung der Menschenwürde und Grundrechte - Friedensbereitschaft - Selbständigkeit - Toleranz

"Mündigkeit bedeutete ursprünglich ein Freisein von fremdem Schutz verbunden mit der Fähigkeit zur Selbstgestaltung des Daseins ... . Mündigkeit meint also ähnlich wie Autonomie die freie Selbstbestimmung und Selbstverwirklichung ... . Während der Begriff Emanzipation hauptsächlich eine Loslösung ... meint, bezieht sich Mündigkeit weitergehend auch auf die positive Selbstbestimmung ... . So gesehen ist Emanzipation dem Begriff Mündigkeit zu subsumieren." (K.E.Maier 1978)

z.B.

Selbstbestimmung - Urteilsfähigkeit - Demokratieverständnis - Mitverantwortung und soziales Engagement - Autonomie vor Uniformierung und Nivellierung

➤ sittliche Kompetenz ◄

PERSONALISATION

z.B.

Freiheit - Ehrlichkeit - Selbstkontrolle - Realitätsbezug - Kritikfähigkeit - Selbstvertrauen - Verantwortungsbereitschaft - Leistungsbereitschaft - Unvoreingenommenheit - Sachlichkeit - Zuverlässigkeit - Eigenständigkeit - Aktivität - Kreativität - Vermittlungsbereitschaft und -fähigkeit - kontrollierter Umgang mit primären Bedürfnissen - Hilfsbereitschaft - Zivilcourage - Widerstandsfähigkeit gegen Gruppendruck

➤ Selbstkompetenz ◄

ENKULTURATION

z.B.

Verinnerlichung von Normen, Maßstäben, Symbolen (Sprache), Erfahrungen und Verhaltensweisen der Kultur des Lebenskreises bzw. des soziokulturellen Umfeldes; Tradierung der kulturellen Werte; Begegnung und aktive Einwirkung und Mitgestaltung in den kulturellen Bereichen: Wissenschaft, Kunst, Religion, Wirtschaft, Politik, Sport;

➤ Kulturkompetenz ◄

SOZIALISATION

z.B.

Aneignung von Regeln und Gesetzen des Zusammenlebens: Toleranz, Konfliktlösefähigkeit, Kommunikationsfähigkeit, Rücksichtnahme, Gleichberechtigung, Kompromißbereitschaft, Kooperationsbereitschaft, Vertrauen, Verständnis; Bereiche der Aktualisierung: Unterricht, Familie, peer group, Vereine;

➤ Sozialkompetenz ◄

QUALIFIKATION

z.B.

Entwicklung individueller Anlagen und Begabungen: Wissen, Fähigkeiten, insbesondere Methoden des Lernens (instrumentale Lernziele) im Sinne logisch rationaler Denkstrategien; Vorgang: planmäßig, systematisch unter Beachtung effektivierender Lerngesetze; Bedingungen: Leistungsfähigkeit, aber auch Leistungskontrolle und Bewertung; mitunter: Auslese und Selektion;

➤ Methoden- und Sachkompetenz ◄

nicht endende Entwicklungsprozesse - aktive Vorgänge

Anmerkung: Die phänomenologische Ordnung der Zielkategorien wird in der Fachliteratur unterschiedlich vorgenommen (vgl. Claessens 1962, Wurzbacher 1968, Weber 1976); andere Akzentuierungen sind so möglich.

Unterrichtsprinzipien
- Erziehender Unterricht als didaktisches Leitprinzip -

■ "Mindestkatalog von Erziehungszielen ...":

"**Arbeitstugenden:**

Fähigkeiten ...
– zum selbständigen Planen, Ausführen, Kontrollieren von Arbeiten;
– zur selbständigen Informationsbeschaffung, -verarbeitung, -kritik;
– der Person, in den jeweils dazu notwendigen Arbeitsprozessen sachlich, konzentriert und ausdauernd arbeiten zu können.

Persönliche Qualitäten:

Fähigkeit ...
– zur Frustrationstoleranz, Mißerfolge auffangen zu können;
– zur Ambiguitätstoleranz, aus komplexen Situationen nicht zu rasch einseitige Urteile zu ziehen;
– zur Feldunabhängigkeit, die situativ erregten eigenen Affekte unter Kontrolle zu halten;
– zur Selbstbestimmung ... als Selbstverpflichtung verstanden, seine Arbeitsprozesse, seine Urteile, seine Aussagen ... mit Qualitäten auszustatten, die wir

allgemein mit Zuverlässigkeit, Solidarität, Beständigkeit, Konsequenz u.a. beschreiben;

Soziale Qualitäten:

Fähigkeiten ...
– sich von Vorurteilen zu entfernen und neue Vorurteile kritisch abzuwenden;
– andere zu respektieren und sie unabhängig von ihrer sozialen Position und weltanschaulicher Richtung als Mitmenschen zu akzeptieren;
– für andere einzutreten ..."
(Geißler 1984)

■ prinzipielle Notwendigkeiten:

──── **FÜRSORGE** ──── (UND) ──── **FÜHRUNG** ────

durch

im Rahmen eines sich behutsam vergrößernden
Freiheitsspielraums

durch

Zuwendung, Verständnis, Geduld, Anerkennung, Vertrauen, Erfolgserlebnisse, Freiräume, Zeit;

Regeln, Richtlinien, Vorgaben, Begrenzung, Konsequenz;

insgesamt

▼

'Wiedergewinnung des Erzieherischen'
und mehr Mut zu einer von ethischen Werten getragenen Erziehung.

■ Erziehungsziele im Zielkatalog:

Ausgangsaspekt:

▼

Zur Bewältigung der pädagogischen Aufgaben eignen sich die in den Präambeln der Lehrpläne fixierten Erziehungsziele aufgrund ihrer oft sehr pauschalen und recht allgemeinen Beschreibung wenig.

Grundgedanke:

▼

Auch Erziehungsziele können und müssen bei der Unterrichtsplanung im Rahmen der Zielanalyse reflektiert und ermittelt werden. Sie werden als pädagogische Teilziele dann innerhalb des Zielkatalogs für ein Unterrichtsvorhaben, am besten vor den Lernzielen, durch folgenden Formulierungsvorschlag berücksichtigt:

'Im Zusammenhang mit den unterrichtlichen Bemühungen
wird besonders auf das Erziehungsziel .... geachtet.'

(An dieser Stelle scheinen relativ konkrete Erziehungsabsichten auf, wie Kritikfähigkeit, Toleranz, Kreativität u.a., die aufgrund des Themas, der Unterrichtskonzeption, des Entwicklungsstandes der Schüler zielführend und angemessen beachtet werden können.)

Unterrichtsprinzipien
- Erziehender Unterricht als didaktisches Leitprinzip -

- Psychohygienische Erfordernisse als Voraussetzung -

■ von besonderer pädagogischer Relevanz:

der verhaltensauffällige Schüler

das Erscheinungsbild

◆ im Lernbereich	◆ im Emotionalbereich	◆ im Sozialbereich
mangelhafte Konzentration - gestörte Aufmerksamkeit - Oberflächlichkeit und Flüchtigkeit - Arbeitsunlust - Antriebsschwäche und reduzierte Arbeitsaktivität - Übererregtheit - Unstetigkeit - Überängstlichkeit (Versagensangst)	Labilität - mangelndes Selbstvertrauen - unzureichende Gefühlskontrolle - Gehemmtheit - depressive Verstimmung - Weinerlichkeit - Wutausbrüche - Introjektion	oppositionelles Verhalten - offene und/oder verdeckte Aggression gegen Personen und/oder Sachen - mangelnde Kontaktfähigkeit - Teilnahmslosigkeit - Unansprechbarkeit - Sprachstörungen
insbesondere:	*insbesondere:*	*insbesondere:*
Konzentrationsprobleme	Steuerungsprobleme	Integrationsprobleme

deshalb

Bereitstellung eines lernsituativen Milieus, in dem Kinder sich wohlfühlen;
das bedeutet: angstfrei - sicher - beschützt - behaglich - angenommen - geborgen - erfolgreich

▼

"Schüler wünschen sich Lehrer, bei denen sie emotionale Anteilnahme, Wertschätzung ... erfahren, nicht nur weil das angenehmer ist, sondern weil sie Zuneigung und Offenheit brauchen, um interessiert, engagiert und angstfrei lernen zu können." (Metz 1987)

■ im unterrichtlichen Alltag unabdingbar:

Psychohygiene

▼

"Die schulische Psychohygiene hat es mit der Vermeidung ... von Erziehungs- und Lernschwierigkeiten im pädagogischen Feld zu tun. Wir sollten uns allerdings stets daran erinnern, daß Psychohygiene nicht erst beim Auftreten von Mißständen und Behinderungen aktuell ist, sondern sich in grundsätzlicher Weise um lebens- und lerngerechte Bedingungen bemüht." (Lückert 1975)

zielt ab auf

ein Optimum an "körperlichem, seelischem und sozialem Wohlbefinden, was die intellektuelle, emotionale und physische Entwicklung des Kindes fördert." (Weltgesundheitsorganisation)

Erziehender Unterricht achtet auf ...

Seelische Gesundheit
(nach Lill et al. 1981, in Becker 1982)

Eigenständiges Meistern von Schwierigkeiten: 'psychische Kompetenz'			Selbstaktualisierung		
Seltenheit negativer Gefühle	kein Ausweichen vor Schwierigkeiten infolge geringer Ängstlichkeit	soziale Durchsetzungsfähigkeit	Selbstkontrolle	Selbstakzeptanz	Häufigkeit positiver Gefühle
ausdauernde, eigenständige Problemlösefähigkeit sowie Bewältigung von Frustrationen		geringes Bedürfnis nach sozialer Billigung und sozialer Unterstützung	Freisein von Kontaktproblemen und von Feindseligkeit		Freisein von Perfektionismus und irrationalen Gedanken: kognitive Kompetenz

Grundsatz einer vorbeugenden und korrigierenden Psychohygiene

M A S S H A L T E N + Z E I T L A S S E N
(nach Mierke 1967)

- Unterrichtsklimatische Erfordernisse als Voraussetzung -

■ das Unterrichtsklima in seinem funktionalen Zusammenhang:

♦ der situative Status:

"Unterrichtsklima ist eine relativ überdauernde Qualität der Umwelt eines Unterrichts ... von seiten der Schüler erlebt, beeinflußt es potentiell ihr Verhalten." (Dreesmann 1986)

♦ das Unterrichtsklima direkt und indirekt beeinflussende Aspekte, z.B.:	*♦ der funktionale Zusammenhang*	**♦ das Unterrichtsklima direkt und indirekt beeinflussende Aspekte, z.B.:**

♦ das Unterrichtsklima direkt und indirekt beeinflussende Aspekte, z.B.:
Ausmaß und Dominanz der Lernsteuerung - Vorgabeart und Eindeutigkeit von Verhaltensregeln - verantwortungsvolle Planung und geordnete Organisation des Unterrichts - Förderung des Selbstvertrauens - Verständnis und Humor - Abbau von Spannungen - Offenheit und Zutrauen - Reduzierung des Leistungsdrucks - methodische Flexibilität;

♦ der funktionale Zusammenhang
|
das Unterrichtsklima prägt
▼
die Lernsituation - sie erzeugt
▼
Stimmungen - diese beeinflussen
▼
Verhalten und Leistung
(nach Bollnow)

♦ das Unterrichtsklima direkt und indirekt beeinflussende Aspekte, z.B.:
ein angemessenes Maß an Eigenständigkeit und Selbstbestimmung - individuell mögliche Entscheidungsfreiräume - Erfolgsaussichten - Gefühl der Akzeptanz und Wertschätzung auch in der Gruppe - Übernahme von Eigenverantwortung - Zusammenarbeit und Kameradschaft - Mitwirkungsfelder im Unterricht - stimmige klimatische Bereiche: Luft, Lärm, Licht, Lernplatz;

■ unterrichtsklimatische Bereiche:

insbesondere:
♦ der Lernplatz:

– *körpergerechte Schulmöbel:*
Körpergröße, Verhältnis von Bein- und Rumpflänge, Lage und Form der Rückenlehne, Verstellbarkeit der Tischfläche auf 16°;
– *wohnliche Raumgestaltung:*
bewegliches Gestühl, Blumen- und Bilderschmuck, Schaukästen, Leseecke und Bücherbord; keine Überladung, Mitgestaltung durch Schüler, zeitlich angemessene Veränderungen;
– *Geräusch- und Lärmpegel:*
empfohlener Wert: 30 dBA, zulässiger Maximalwert 40 dBA (nach Ockel 1973);

– *Farbgestaltung des Klassenraumes:*
anregend (orange, gelbe Tönung), beruhigend (grüne Tönung), aufheiternd und freundlich (helle Farbtöne); insgesamt: keine kräftigen Farbtöne (nach Grandjean 1963);
– *angemessene Lichtverhältnisse:*
beachten der Blendwirkung, unzureichende Helligkeit durch Körperschatten, natürliche Beleuchtung - künstliche Beleuchtung;
– *Temperatur und Luftfeuchtigkeit:*
Raumtemperatur: Fußboden etwa 22°, Behaglichkeitswert: zwischen 35 % und 65 % relative Raumluftfeuchte (nach VDI 1973)

♦ der Lernvorgang:

A N G S T	*wird behindert durch*	E R M Ü D U N G

A N G S T

Gründe:
Überforderung, Strenge, Zeitdruck, Sanktionen u.ä.;
nach Strittmatter 1977:
46 % haben Angst vor Klassenwiederholung
55% haben Angst vor dem Drankommen
43% haben Angst bei der Namensnennung
51% haben Angst vor falschen Antworten
63% haben Angst vor schlechten Zensuren

Folgerungen

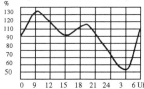

Leistungsbereitschaft und Tageszeit
(Durchschnittswerte nach O.Graf)
%
130
120
110
90
80
70
60
50
0 9 12 15 18 21 24 3 6 Uhr

E R M Ü D U N G

Gründe:
Überbeanspruchung des Seh- und Muskelapparates durch zu langes und falsches Sitzen; Bewegungsmangel, Monotonie der Tätigkeit, zu hohe kognitive Leistungsbeanspruchung; Nichtbeachtung der Konzentrationsfähigkeit; Unterschätzung der tageszeitlichen Leistungsschwankungen;

Folgen

angstreduzierte bzw. angstfreie Unterrichtsgestaltung durch Prüfungsbegrenzungen, Vorinformation über neue Lerninhalte, offene Unterrichtsgestaltung, sensibler Umgang mit Sanktionen und Repressionen, Abbau des Leistungs- und Zeitdrucks, Vermeidung von Überforderungen;

abnehmende Arbeitsfreude, Leistungsabfall, Einschränkung der Sinneswahrnehmung, Verlangsamung der Reizübermittlung, Störungen im Bereich der Aufmerksamkeit und des Denkens, herabgesetzte Reaktionsfähigkeit, Dämpfung der motorischen Funktionen, Unlustgefühle, Kopfschmerzen;

"Schule hat ... die entscheidende Aufgabe, durch Herstellung und Pflege einer angemessenen pädagogischen Atmosphäre ... für ausreichende Geborgenheitserfahrung beim Schüler Sorge zu tragen." (Geißler 1984)

- Kernbereiche der Förderung -

■ mögliche Maßnahmen zur:

Unterstützung psychohygienischer Disposition:

Bereiche:

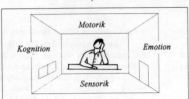

Gestaltung eines positiven Unterrichtsklimas:

Bereiche:

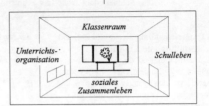

– individuelles Lernen ermöglichen (Aufgabenstellung, Lernzeit);
– Anerkennung erbrachter Leistungen bzw. positive Verstärkung;
– Möglichkeiten zu häufigen Erfolgserlebnissen;
– druckreduziertes bzw. angstfreies Lernen;
– Entgegenbringen von Vertrauen und Zutrauen;
– Bedürfnis nach körperlicher Bewegung und Spielaktivitäten befriedigen;
– begrenztes Gewähren emotionaler Reaktionen (Freude, Ärger);
– Organisieren aktiver Pausen (erholungseffektive Pausenspiele) und angemessener Bewegungszeiten zwischen den Unterrichtsstunden;
– Gewähren ausreichender Handlungsspielräume;
– Einzelgespräche bei Verhaltensproblemen (Verbalisierung der Konflikte und Emotionen);
– Bereitstellen von Möglichkeiten für musische Betätigungen und Gestaltung;
– Entgegenbringen von Verständnis für ausgeprägten Mitteilungsdrang und Neugierverhalten;
– Vermeiden von Verletzungen des Selbstwertgefühls;
– Akzeptieren des Schülers als eigenständige Persönlichkeit mit dem Recht individuell ausgeprägter Verhaltensweisen;

– Mitplanung und -organisation unterrichtlicher Vorhaben durch die Schüler (offener Unterricht, Projektunterricht, entdeckender Unterricht, Lernspiele, Rollenspiele, Informationsbeschaffung);
– Ermöglichen häufiger Gemeinschaftserlebnisse (Erfahren von Kooperation, Wir-Bewußtsein, Loyalität, sozialer Integration);
– verantwortungsbewußte Pflege des Schullebens;
– wohnliche Gestaltung des Klassenraumes;
– Verhindern bzw. Beseitigen von Störfaktoren bzw. Beachten notwendiger raumklimatischer Zustände (Beleuchtung, Temperatur, Geräuschdämpfung, Sauerstoffanreicherung der Atemluft);
– lernprozessuale Rhythmisierung und Phasenwechsel zwischen aktiver und rezeptiver, lehrerdominanter und schülerzentrierter Aufgabenbewältigung;
– Vermeiden jeglicher Bevorzugung oder Bloßstellung einzelner Schüler;
– gemeinsame Vereinbarung von Ordnungsstrukturen für das Zusammenleben in der Schule;
– Begrenzen des Konkurrenzdenkens;
– verstärkte Einbeziehung der Eltern in schulische Lern- und Erziehungsaufgaben;

■ Hauptprobleme einer schulischen Prävention und Restitution:

"Die beste Umgebung für ein Kind ist eine Familie, in der beide Eltern als reife Menschen in einer harmonischen Beziehung leben, sich über die Grundprinzipien ihrer Erziehung einig sind und Geschwister oder gleichaltrige Kinder als Spielgefährten vorhanden sind." (Lückert 1976)

"Achtzig Prozent aller Bauch- und Kopfschmerzen bei Kindern sind psychosomatisch bedingt. Diese Zahl wird weiter ansteigen. Als einer der Gründe ist die Zunahme der Ein-Kind-Familie zu sehen. Den Einzelkindern fehlt der Kontakt mit Geschwistern, der für die psychische Entwicklung wichtig ist."
(Berufsverband der Kinderärzte Deutschlands 1990)

■ historische Ansätze eines erziehenden Unterrichts:

– Pestalozzi (1802): Wohnstubenerziehung
– Herbart (1806): Der erziehende Unterricht
– Fröbel (1826): Orientierung der Schularbeit am Leben in der Familie
– Scheibert (1848): Schulleben durch gemeinsames aktives mitmenschliches Handeln

– Lietz (1898) : Landerziehungsheim
– Geheeb (1910) : Odenwaldschule
– Gaudig (1930) : Schule als Lebensgemeinschaft
– Petersen (1927) : Jena-Plan

DAS ZIELORIENTIERTE LERNEN

64 **Der Grundgedanke: Lernzielorientierung als Unterrichtsprinzip.** In allen Definitionsversuchen von Unterricht und Lehre findet sich als Wesensmerkmal (neben vielen anderen) das der Zielorientierung. Effektives Lehren und Lernen erfordert die Vorgabe bildungsrelevanter und eindeutiger Ziele; dies ist unabhängig vom Lehrinhalt, vom Unterrichtsfach, von der Schulstufe und der Schulart. Aus diesem Grunde wird zurecht die Lernzielorientierung als Unterrichtsprinzip verstanden und postuliert.

Dieses Prinzip verlangt nach Aussagen über Wesensart, Funktion und Leistung von für den Unterrichtsprozeß geeigneten Lernzielen. Zwei Faktoren sollen vorweg hervorgehoben werden. Zuerst verweist Lernzielorientierung darauf, daß Lernziele grundsätzlich als inhaltliche wie als formale Strukturelemente bei geplanten Lernabläufen anzusehen sind. Weiter, und das ist in der Tat Erkennungs- und Beurteilungskomponente eines Lernziels, sei besonders hervorgehoben, daß durch das Phänomen Lernziel das beabsichtigte Unterrichtsergebnis als Lernleistung (Denkleistung!) des Schülers beschrieben wird.

64 **Vergleich: Unterrichtsziel - Lernziel.** In einem Lernziel wird jene Leistung sichtbar, die der Schüler nach erfolgten Lernschritten am Ende des Unterrichtsprozesses zeigen soll; demnach bezeichnen "Lernziele Verhaltensqualitäten, die in gelenkten Lernprozessen erworben werden sollen" (Lichtenstein-Rother 1973).

Der Begriff Verhalten setzt die Lernziele deutlich von den sogenannten Unterrichtszielen früherer Zeit ab, da letztere nur fachspezifische Inhaltselemente aufweisen. Die bereits von Freud geäußerte, in der Gegenwart in besonders prägnanter Weise von der Lernpsychologie mit Nachdruck hervorgehobene Ansicht - Lernen = Verhaltensänderung - besagt für die Umsetzung des Prinzips der Lernzielorientierung: Lernziele sind durch Handlungsakte zu charakterisieren (wie z.B. interpretieren, analysieren, extrapolieren, vergleichen, begründen, beschreiben, unterscheiden, benennen, aufzählen, zuordnen u.a.m.). Diese Handlungsakte erfolgen auf der Grundlage von fachspezifischen signifikanten Inhalten.

Dieses Element fehlt bei den früheren Unterrichtszielen, wie der Vergleich deutlich zeigt. Der große Wert eines Lernziels liegt darin, daß in dieser Zielaussage auch der Schüler die unabdingbar notwendige Beachtung erfährt. Die Erfassung der Lernleistung der Schüler ist jene neue Erkenntnis, die in der Unterrichtspraxis keinesfalls mehr außer acht gelassen werden darf.

64 **Die Zweikomponenten-Beschreibung.** Feinziele weisen einen hohen Grad an Eindeutigkeit und Präzision auf, sind also relativ konkret. Sie müssen zumindest zwei Komponenten beinhalten, das Verhaltenselement im Sinne einer Endverhaltensbeschreibung und das fachspezifische Inhaltselement. Zur Verdeutlichung der Zweikomponentenbeschreibung eines Feinziels sind drei Beispiele eingearbeitet.

65 **Lernzielarten.** In der allgemeinen Diskussion über Lernziele scheinen diverse Begriffe für die einzelnen Arten von Lernzielen auf. Klafki unterscheidet nach Robinson ambivalente Lernziele, wie die Beherrschung von Kulturtechniken und emanzipatorische Lernziele, wie Anpassung und Kritikfähigkeit. Im Strukturplan des Deutschen Bildungsrates finden wir die Trennung nach allgemeinen und fachlichen Lernzielen, wobei letztere weiter unterteilt werden nach fachlich-inhaltlichen und fachlich-prozessualen Lernzielen. Am häufigsten werden in der umfangreichen Literatur die Begriffe Leit-, Richt-, Grob- und Feinziele angeführt, die teilweise auch in den Fachlehrplänen gebraucht werden.

Umsetzung und Verwirklichung des Prinzips der Lernzielorientierung erfordern die genaue Kenntnis über die verschiedenen Konkretionsstufen bzw. Abstraktionsgrade von Lernzielen. Dadurch wird jene Art unterrichtsrelevanter Lernziele sichtbar, die durch besondere Maßnahmen zu ermitteln und zu fixieren sind. Die einzelnen Arten von Lernzielen stehen in einem hierarchischen Abhängigkeitsgefüge zueinander und können durch eine Pyramidendarstellung veranschaulicht werden. Diese, von Möller (1970) übernommen, wurde durch zusätzliche Erläuterungen ergänzt und zu einem Funktionsschema ausgeweitet. Durch die Darstellung der Lernzielhierarchie wird bereits die teils fächerübergreifende, teils fachspezifische Ausrichtung angedeutet. Die fächerübergreifenden Richtziele mit ihrem hohen Abstraktionsniveau stellen allgemeine Erziehungs- und Bildungsziele dar, während auf der Stufe der Grobziele die fachspezifische Zuordnung unverkennbar ist, da die angeführten Beispiele in jedem Fall einer fachinhaltlichen Ergänzung bedürfen. Allerdings sind die hier aufscheinenden Lernziele immer noch recht abstrakt, weil die anzustrebenden Qualifikationen als nicht direkt beobachtbare Handlungsakte ausgedrückt werden (Bescheid wissen, Verständnis zeigen etc.). Auf der Stufe der Feinziele erfolgt sodann die notwendige unterrichtsadäquate Konkretisierung. Erst durch Feinziele läßt sich das Prinzip der Lernzielorientierung zureichend realisieren.

Dieses Beispiel für den hierarchischen Aufbau der einzelnen Lernzielarten zeigt bei genauerer Betrachtung auch das Kernproblem einer derart stufenmäßigen Abfolge auf. Gemeint ist hier das Problem der sinnlogischen Deduktion einer Lernzielart aus der vorausgehenden Lernzielart. Relativ einfach läßt sich aus einem gegebenen Groblernziel die Ableitung der Teillernziele vornehmen, die dieses abdecken können. Dagegen kann kein direkter Zusammenhang zwischen dem gegebenen Richtziel und dem Grobziel erkannt werden, was zur Feststellung veranlaßt, daß Grobziele nicht in direkter Linie zwingend aus einem Richtziel zu deduzieren sind. Vielmehr ist bei der Formulierung von Grobzielen jeweils von 'unten her' die Projektion auf das oder die Richtziele vorzunehmen, was im übrigen ein Interpretationsproblem für die Lehrplanersteller ist. Das bedeutet in jedem Fall, daß die hierarchische Struktur an dieser Stelle unterbrochen ist. Groblernziele haben Mittlerfunktion, da sie einerseits den Kriterien der gesellschaftlichen Adäquatheit, der basalen menschlichen Bedürfnisse und der verhaltensmäßigen Interpretation genügen. Andererseits geben sie dem Unterrichtspraktiker die Möglichkeit der Feinzielableitung.

65 Lernzieldimensionen. Zur Verdeutlichung seien folgende Beispiele aufgeführt:
- die Wirkung der Gezeiten an Hand zweier Beispiele beschreiben;
- die Entfernung zwischen der nordfriesischen Inselkette und dem Festland mit Hilfe von Maßstab und Lineal
  messen;
- der gefahrvollen Tätigkeit des Seenotrettungsdienstes Interesse entgegenbringen.
Diese drei Beispiele zeigen nicht nur die Zweikomponentenbeschreibung eines Feinziels. Sie verdeutlichen die horizontale Gruppierung in Lernzielbereiche. Beim ersten Beispiel wird die Fähigkeit 'beschreiben können' als Qualifikation erwartet. Diese Fähigkeit setzt 'beobachten können' voraus und erfordert wie diese intellektuelle Fähigkeit auf einem noch nicht allzu hohen Niveau; demnach muß dieses Feinziel dem kognitiven Lernzielbereich zugeordnet werden, in dem alle Lernziele einzureihen sind, die in dominanter Weise Wahrnehmungs- und Denkvorgänge erfordern.
Aufgrund der Lernleistungskomponente, dem eigentlichen Kernstück eines Feinziels, läßt sich auch das zweite angeführte Lernziel eindeutig einem Lernzielbereich zuordnen. Es geht hier um die Fähigkeit 'messen können', also primär um eine instrumentelle Fähigkeit, die, wie in anderen Fällen auch, kognitiver Energien als Voraussetzung bedarf. Dieses Lernziel gehört zum psychomotorischen Lernbereich, der mitunter auch als pragmatischer bzw. als instrumentaler Lernzielbereich bezeichnet wird. Hier sind solche Feinziele einzugliedern, die "auf den Erwerb von praktischen Fähigkeiten und Verhaltensmuster" (Dave 1968) gerichtet sind.
Die Qualifikation des dritten Lernziels 'Interesse entgegenbringen', einer Tatsache, einer Erscheinung aufge-schlossen gegenüberstehen, verweist durch seinen internalisierten Charakter auf den dritten Lernzielbereich, in dem die sogenannten emotionalen bzw. affektiven Lernziele einzuordnen sind. In diese Gruppe gehören alle Lernziele, die mehr oder minder stark emotionales Verhalten ansprechen. Die affektive Lernzieldimension beinhaltet alle Lernziele aus den Bereichen Einstellung, Haltung, Gesinnung, Interessen, Wertungen. Es werden demnach besonders Fähigkeiten aus dem Bereich der psychischen Kräfte, der Gefühle, des Willens und der Triebe angesprochen und ausentfaltet.

65 Lernzielstufen. Ein weiterer Unterscheidungsvorschlag, der in der Fachliteratur häufig zitiert wird, findet sich im bereits erwähnten Strukturplan. Die hier aufgeführten Stufen Reproduktion, Reorganisation, Transfer und Problemlösen stellen im gewissen Sinne eine taxonomische Reihung von kognitiven Lernleistungen dar; sie können auch als inhaltsunabhängige und fachübergreifende Qualifikationen interpretiert werden.

66 Lernzieltypen. Auf der Ebene der Teil- (bzw. Fein-) ziele, die ihren didaktischen Ort im unmittelbaren Unterrichtsgeschehen haben, lassen sich einmal die fachspezifischen von den fachübergreifenden Lernzielen un-terscheiden. Letztere haben ihren ebenso legitimen wie unverzichtbaren Platz innerhalb des Lernzielkanons für eine Unterrichtsstunde, wobei deren wiederholte Berücksichtigung eher die Regel sein sollte.
Beim operationalisierten Lernziel handelt es sich dagegen wohl um eine Forderung wenig praxisnaher Wissen-schaftler. Insbesondere ihre mathematisch-kybernetische Vorstellung, jeweils einen Beurteilungsmaßstab in das Lernziel aufzunehmen, ist weder sinnvoll noch realitätsnah.

66 Die Erfassung der Lernleistung durch Verben. Die Sprache stellt uns durch die Verben ein wirksames Instrument zur präzisen Erfassung der Lernleistung zur Verfügung. Das besondere Interesse gilt dabei den aussa-gekräftigen eindeutigen Verben und dem Aspekt des durch Verben erfaßbaren unterschiedlichen Lernleistungs-anspruchs.

67 Die Beachtung von Lernleistung und Lerninhalt. Beide Elemente eines unterrichtsrelevanten Lernziels, Lernleistung und Lerninhalt, sind immer hinsichtlich ihrer Aussagepräzision zu untersuchen bzw. zu beachten. Die erstrebenswerte Lernzielformulierung sollte demnach ein begrenztes Lerninhaltselement und eine präzise und relativ konkrete Erfassung der Lernleistung aufweisen. Im gewählten Formulierungsbeispiel kommt dies deutlich zum Aus-druck.

67 **Wünschenswerte Eigenschaften des Inhaltselements eines Lernziels.** Bisher galt die Aufmerksamkeit der Vielschichtigkeit der Leistungskomponente eines Lernziels. Umsetzung und Realisierung des Prinzips der Lernzielorientierung ist aber ohne zureichende Berücksichtigung des Inhaltselements nicht möglich, da jede Qualifikation eines fachspezifischen Hintergrundes bedarf, den man mit dem Begriff 'signifikanter Lerngegenstand' umschreibt.

Demgemäß (Hausmann/Brucker 1972) müssen Inhaltselemente eines Lernziels sieben Bedingungen genügen, wobei ein Lerninhalt natürlich nicht alle Voraussetzungen erfüllen kann.

Der signifikante Lerninhalt und die daran zu entfaltenden Qualifikationen müssen aufeinander bezogen werden, wobei allerdings der Ermittlung der Qualifikation Priorität einzuräumen ist.

68 **Taxonomien zur Erfassung des Lernleistungsanspruchs.** Die im Unterrichtsprozeß aufscheinenden Feinziele sind jeweils von unterschiedlichem Schwierigkeitsgrad. Das Aufzählen von Nebenflüssen, das Wissen von Berghöhen, das Nennen von Hauptstädten, um einige Beispiele anzuführen, erfordern eine geringere kognitive Leistung als das Erkennen der Zusammenhänge zwischen Flußbegradigung, Tiefenerosion, Absinken des Grundwasserspiegels und den daraus entstehenden landwirtschaftlichen Folgen. Vergleichen, analysieren, Zusammenhänge erkennen, ableiten, Vermutungen anstellen sind höhere Denkqualifikationen, die aber ihrerseits einer Basis bedürfen, die man mit Faktenwissen oder Kenntnisse umschreibt. Daher sind innerhalb der Lernzielbereiche die ausgewählten Feinziele nach Komplexitätsstufen, nach dem Grade ihrer Schwierigkeit, zu unterscheiden. Hier wurden für jeden Lernbereich Taxonomien, hierarchisch geordnete Klassifikationsgefüge, geschaffen, die eine relativ sichere Einordnung der Feinziele erleichtern sollen.

68 **Die ersten taxonomischen Einteilungsvorschläge.** Ordnungsgesichtspunkte für derartige Klassifikationsmodelle bilden für den kognitiven und psychomotorischen Lernbereich der Schwierigkeits- bzw. der Geläufigkeitsgrad, für die affektive Dimension der Bewußtheitsgrad bzw. das Ausmaß der Verinnerlichung eines Feinziels. Am häufigsten zitiert wird für kognitive Feinziele die Taxonomie von Bloom, die eine sehr starke Differenzierung aufweist. Er teilt zunächst diesen Bereich in zwei Hauptgruppen, in die des Wissens und in die der sogenannten intellektuellen Operationen ein. In die Basisgruppe Wissen gehören jene kognitiven Feinziele, die man mit Termini wie Kenntniswissen, begriffliches Wissen, Wissen von Kriterien, Prinzipien und Theorien erfaßt. Lernziele, die die Fähigkeit zu intellektuellen Operationen erfordern, liegen dann vor, wenn Qualifikationen wie übertragen, integrieren, Synthesen bilden u.ä. verlangt sind, kurz, wenn auf der Grundlage von Faktenwissen durch Neu- und Umordnung andere Denkergebnisse erzielt werden sollen. Im psychomotorischen Lernzielbereich, in dem es um die Entwicklung bestimmter fachspezifischer, aber auch fächerübergreifender Fertigkeiten und Arbeitsverfahren geht, differenziert man nach Stufen der Geläufigkeit und Präzision, wobei die zunächst erforderlichen kognitiven Energien mit Zunahme der Fertigkeit immer geringer werden bis schließlich die beabsichtigte Arbeitsweise zur Handlungsgewohnheit wird. Derartige Lernziele unterstützen in vortrefflicher Weise die eigentliche Absicht unseres Bildungsbemühens, dem Schüler die Fähigkeit zu übermitteln, sich selbständig mit einem Lerngegenstand auseinandersetzen zu können und selbsttätig zu Lernergebnissen zu gelangen. Die von Dave für den psychomotorischen Lernbereich geschaffene Taxonomie ist für die fachspezifische Unterrichtsarbeit nur dann geeignet, wenn sie auf die jeweils fachimmanenten Ansprüche relativiert wird. Er unterscheidet fünf verschiedene Klassifikationsstufen, die von der einfachsten Stufe der Imitation, was bloße Nachahmung vorgeführter Arbeitsweisen bedeutet, bis zur Stufe der Automatisierung dieser Arbeitsweisen aufgebaut ist. Dazwischen liegen die Fertigkeitsstufen der Manipulation, der Präzision und der Handlungsgliederung.

Auch innerhalb der affektiven Dimension sind die entsprechenden Feinziele bestimmten Stufen der Ausentfaltung zuzuordnen. Dabei bildet der Grad der Intensität und Stärke bei der Internalisierung eines affektiven Lernziels den entscheidenden Ordnungsgesichtspunkt. Die jeweilige Stufe der Verinnerlichung ist allerdings nur durch Rückschluß aus dem äußerlich sichtbaren Neigungs- und Interessensausdruck bedingt feststellbar. Krathwohl unterscheidet für diesen Bereich fünf Komplexitätsstufen, die ihrerseits wieder einer entsprechenden fachspezifischen Projektion bedürfen.

68 **Interpretationen und Vereinfachungsvorschläge.** Für die planerische und gestaltende Arbeit ist das Stufungsmodell von Heimann/Otto/Schulz (1970) schon durch seine größere Einfachheit geeigneter als die oben erwähnten faktentheoretischen Taxonomien. Anstelle mehrerer Taxonomiestufen werden hier für jeden Lernzielbereich nur drei Qualitätsstufen der Ausentfaltung eines Lernziels unterschieden, die mit den Begriffen Anbahnung, Entfaltung und Gestaltung umschrieben sind. Mit Hilfe dieses einfachen, leicht überschaubaren Ordnungsmodells können alle Lernziele innerhalb der Lernzielbereiche zufriedenstellend nach ihrer Schwierigkeit geordnet werden.

Die unterschiedlichen Lernleistungsansprüche im kognitiven Bereich wurden in transparenter und praxisdienlicher Weise von Hagmüller (1980) tabellarisch erfaßt. Damit lassen sich auch eventuelle Interpretationsprobleme bei den Lernleistungsstufen verhindern.

- Charakteristik und Wesensmerkmale -

■ <u>der Grundgedanke:</u>

"Zielgemäßheit als Übereinstimmung von Zielsetzungen und Maßnahmen ist ein wichtiges Prinzip unterrichtlichen Handelns. Zielklarheit als Wissen um Sinn und Zweck jedes einzelnen Unterrichtsschrittes wird vom Lehrer mit Recht gefordert. Die Bedeutung der Zielorientierung für den Schüler, von Ziller entdeckt, inzwischen psychologisch überzeugender begründet, steht ebenfalls außer Zweifel." (Glöckel 1975)

■ <u>Vergleich: Unterrichtsziel - Lernziel:</u>

Unterrichtsziele:	Lernziele:
– Die Fischgründe der deutschen Hochseefischerei	– Die Fischgründe der deutschen Hochseefischerei nennen, beschreiben, lokalisieren können.
– Die Klimazonen der Alpen	– Die Schüler sollen den Temperaturgradienten für jeweils 200 m Höhendifferenz mit Hilfe vorgegebener Zahlenwerte ermitteln können.
– Reis, Hauptnahrungsmittel in Asien	– Die klimatischen Grundlagen für den Reisanbau in China erläutern können.
– bis etwa 1970 –	– ab etwa 1970 –

Unterschiede

♦ Unterrichtsziele erfassen nur Lerninhalte, mehr oder weniger umfangreich bzw. weitgreifend;
♦ Lernziele sind sprachlich umfangreicher, von der Aussage her konkreter und präziser;
♦ Lernziele erfassen einen Lerninhalt und die erwartete Aktivität bzw. die beabsichtigte Lernleistung der Schüler;

"Im Gegensatz zu den Unterrichtszielen, die rein inhaltsorientiert einen geschlossenen Lerngegenstand oder einige seiner Sachstrukturelemente erfassen, sind Lernziele schon dadurch differenzierter, weil sie neben den inhaltlichen Faktoren einen sog. Verhaltensaspekt besitzen ... . Bei Lernzielen handelt es sich also um die Beschreibung einer bestimmten Leistungsfähigkeit an einem bestimmten Lerninhalt." (Taschenlexikon der Pädagogik 1978)

■ <u>die Zweikomponenten-Beschreibung des Lernziels:</u>

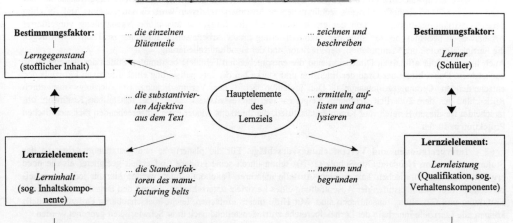

Lernziele erfassen Subjektseite (= Schüler) und Objektseite (= Stoff); sie bestehen demnach aus zwei Komponenten, dem fachlichen Teilinhaltselement und der daran zu aktivierenden Lernleistung; diese wird als Qualifikation bezeichnet und drückt die erforderliche Denkstrategie (= intellektuelle Operation) aus; Lernziele greifen also bewußt das 'Denken am Gegenstand' (Aebli) auf.

- Arten, Dimensionen, Stufen -

■ **Lernzielarten:**

(nach Pyramidendarstellung von Chr. Möller, 1970)

Lernzielarten		Abstraktionsgrad	Merkmale	Beispiele
	Leitziele Richtziele	hoch	geringer Grad an Eindeutigkeit und Präzision; allgemeine Ziele der Erziehung	Mündigkeit, Kreativität, Kritikfähigkeit, Kommunikations- und Kooperationsfähigkeit, Fähigkeit zum problemlösenden Denken, Toleranz u.a.
	Grobziele	mittel	fachinhaltliche Zuordnung, wenig präzise; recht allgemeine Fassung	Kenntnis haben von ... Bescheid wissen über ... Verständnis zeigen für ... u.a.
	Feinziele	niedrig	eindeutige und präzise Erfassung von Inhalt und Lernleistung	... nennen können, ... zuordnen können, ... vergleichen können, ... begründen können, ... experimentieren können, u.a.

■ **Lernzieldimensionen:**
(Bloom, Dave, Masia, Krathwohl)

der kognitive Bereich	der psychomotorische Bereich	der emotionale Bereich
...umfaßt alle Lernleistungen (Qualifikationen) des Wahrnehmens, Denkens und Erinnerns;	...(auch pragmatische oder instrumentale Dimension) erfaßt alle motorischen, praktischen Aktivitäten (Fähigkeiten und Fertigkeiten);	...(auch affektive Dimension) erfaßt jene Qualifikationen, die durch Einstellungen, Werte bzw. Gefühle geprägt sind;

■ **Lernzielstufen:**

(nach Strukturplan des Deutschen Bildungsrates)

- Stufe eins   :   Besitz und Wiedergabe von Wissen   ⇨   Reproduktion
(Reproduktion von Fakten)

- Stufe zwei   :   Selbständige Reorganisation des Gelernten   ⇨   Reorganisation
(individuelle Stoffverarbeitung und -anordnung)

- Stufe drei   :   Transfer als Anwendung und Gebrauch von Kenntnissen, Fähigkeiten und Einstellungen   ⇨   Transfer

- Stufe vier   :   Neuleistungen und Innovationen durch problemlösendes Denken   ⇨   Problemlösen

- Der Aspekt der Lernleistung -

■ Lernzieltypen:

☐ **das fachspezifische Lernziel:**

ein Fein- bzw. Teillernziel *mit* einem konkreten Lerninhaltselement.

Beispiel: *... mehrere Ursachen des Verkehrslärms nennen und beschreiben;*

☐ **das fachübergreifende Lernziel:**

ein Fein- bzw. Teillernziel *ohne* ein konkretes Lerninhaltselement.

Beispiel: *... in Kooperation arbeiten;*
... ein Arbeitsblatt selbständig bearbeiten;

☐ **das operationalisierte Lernziel:**
(nach Mager)

⇗   ⇩   ⇲

- erste Komponente: präzise Erfassung von Lernleistung und Lerninhalt	- zweite Komponente: genaue Angabe der gegebenen Lernbedingungen	- dritte Komponente: exakte Bestimmung des Beurteilungsmaßstabes
Beispiel: *... fünf verschiedene Ursachen des Verkehrslärms nennen und beschreiben ...*	Beispiel: *... mit Hilfe des Sachtextes aus dem Arbeitsbuch auf Seite sieben ...*	Beispiel *... innerhalb von fünfzehn Minuten;*

♦ eine relativ aufwendige Formulierung von Feinzielen, die immer auf Kontrolle, evtl. auch auf Bewertung der erbrachten Lernleistung abzielt;
♦ wenig realitätsnah, da sich nicht alle Ziele sinnvoll operationalisieren lassen (vgl. affektive Lernziele, pädagogische Ziele);
♦ für die tägliche Unterrichtspraxis ist die Berücksichtigung von Lernleistung und Lerninhalt absolut ausreichend;

■ die Erfassung der Lernleistung durch Verben:

● **Überlegung eins:**   ● **Überlegung zwei:**

eindeutige Verben	mehrdeutige Verben	einfachere Lernleistungen	anspruchsvollere Lernleistungen
▼	▼	▼	▼
Lernleistungen wie ...	Lernleistungen wie ...	durch Verben wie ...	durch Verben wie ...
nennen, aufzählen, beschreiben, lokalisieren, zeichnen, schildern, einordnen, zusammenstellen, ergänzen u.a.	Bescheid wissen, zu würdigen wissen, abschätzen, Einsicht gewinnen, Verständnis haben, betroffen sein u.a.	nennen, kennen, aufzählen, hersagen, wiederholen, wiedergeben, nachsprechen, erfahren, vertraut sein u.a. Ziel: Aufbau und Wiedergabe von (Fakten-) Wissen	vergleichen, erklären, begründen, interpretieren, ableiten, übertragen, zusammenfassen, schlußfolgern, konkretisieren u.a. Ziel: Aufgaben- und Problemlösung auf der Basis von Faktenwissen durch Denkstrategien

⬇

LERNLEISTUNG
möglichst genau, präzise und angemessen
anspruchsvoll formulieren

- Verknüpfung von Lernleistung und Lerninhalt -

■ die Beachtung von Lernleistung und Lerninhalt:

Teil- bzw. Feinziel

Komponente Lernleistung	Grundbezüge:	Komponente Lerninhalt

Stufe hoher Abstraktion: *Bescheid wissen*

Stufe relativer Konkretion: *erläutern*

komplexer Inhalt: *Wirtschaftsstruktur*

begrenzter Inhalt: *Hektarerträge der Landwirtschaft*

erstrebenswerte Erfassung unterrichtlicher Lernziele!

Formulierungsbeispiele:

1 *...über typische Merkmale der Wirtschaftsstruktur Japans Bescheid wissen.*   ⇨ Stufe hoher Abstraktion plus komplexer Inhalt

2 *...über die Ursachen der hohen Hektarerträge der japanischen Landwirtschaft Bescheid wissen.*   ⇨ Stufe hoher Abstraktion plus begrenzter Inhalt

3 *...die typischen Merkmale der Wirtschaftsstruktur Japans erläutern.*   ⇨ Stufe relativer Konkretion plus komplexer Inhalt

4 *...die Ursachen der hohen Hektarerträge der japanischen Landwirtschaft erläutern.*   ⇨ (!) Stufe relativer Konkretion plus begrenzter Inhalt

■ wünschenswerte Eigenschaften des Inhaltselements eines Lernziels:

Aufgaben des Inhaltselements:

- Einsicht in fachspezifische Sachstrukturen
- Gewinnung neuer Erkenntnisse
- Aufbau von Wissen
- Grundlage für auszuentfaltende Denkoperationen

deshalb

Beachtung folgender Auswahlkriterien:
(nach Hausmann/Brucker 1972)

die intelligible Eigenschaft, d.h. der Lerninhalt *sollte ...*	die psychologische Eigenschaft, d.h. der Lerninhalt *sollte ...*	die fachlich orientierte Eigenschaft, d.h. der Lerninhalt *sollte ...*	die exemplarische Eigenschaft, d.h. der Lerninhalt *sollte ...*	die Problemeigenschaft, d.h. der Lerninhalt *sollte ...*	die anthropologische Eigenschaft, d.h. der Lerninhalt *sollte ...*	die methodische Eigenschaft, d.h. der Lerninhalt *sollte ...*
vom Schüler der entsprechenden Altersstufe ohne größere Schwierigkeiten erfaßt werden können.	durch seine Aussagekraft (handlungsbetont, erlebnishaft, aktivierend) zum Lernen motivieren.	fachtypische Phänomene und Probleme aufgreifen.	beispielhaft für andere fachspezifische Lerninhalte sein.	wirkliche und aktuelle Probleme aufzeigen.	menschliche Aktivität und seine Auswirkungen herausstellen.	Einschulung und Entfaltung fachtypischer Arbeitsweisen ermöglichen.

! Das Inhaltselement eines Lernziels kann nur die eine oder andere Eigenschaft aufweisen !

- Zur Frage der Taxonomie -

■ <u>Taxonomien zur Erfassung des Lernleistungsanspruchs:</u>

T
A
X
O
N
O
M
I
E
N

"Während Lernzieldimensionen die Lernziele horizontal gruppieren (kognitiv, psychomotorisch, affektiv), stufen Taxonomien die Fein- bzw. die Teilziele vertikal aufgrund ihrer unterschiedlichen Komplexität."
(Taschenlexikon der Pädagogik 1978)

"Unter Lernzieltaxonomie versteht man die hierarchische Ordnung aller Lernziele innerhalb eines bestimmten Lernbereichs."
(Möller 1973)

└── sind Ordnungsinstrumente - hierarchisch gegliedert - erfassen unterschiedliche Leistungsanforderungen ──┘

■ <u>die ersten taxonomischen Einteilungsvorschläge:</u>

Anordnungsaspekt: Ausmaß der Komplexität	Anordnungsaspekt: Ausmaß der Automatisierung	Anordnungsaspekt: Ausmaß der Verinnerlichung

Beurteilung
Synthese
Analyse
Anwendung
Verständnis
Kenntnisse

Naturalisierung
Handlungsgliederung
Präzision
Manipulation
Imitation

Charakterisierung
Organisation
Werten
Reagieren
Aufmerksamkeit

Taxonomie des kognitiven Lernbereichs Lernziele aus dem Wahrnehmungs-, Denk- und Gedächtnisbereich; Ersteller: Bloom	**Taxonomie des psychomotorischen Lernbereichs** Lernziele, die motorisch-manuelle Fähigkeiten erfassen; Ersteller: Dave, Guilford	**Taxonomie des affektiven Lernbereichs** Lernziele, die Einstellungen, Werte, Interessen, Neigungen erfassen; Ersteller: Krathwohl, Masia

■ Interpretationen und Vereinfachungsvorschläge:

◆ nach HEIMANN/OTTO/SCHULZ
(Unterricht: Analyse und Planung, 1976)

		Ziel: Daseinserhellung	Ziel: Daseinsbewältigung	Ziel: Daseinserfüllung
Qualitäts-stufen	Gestaltung : Entfaltung : Anbahnung:	Überzeugung Erkenntnis Kenntnis	Gewohnheit Fertigkeit Fähigkeit	Gesinnung Erlebnis Anmutung
		kognitiver Lernbereich	**psychomot. Lernbereich**	**affektiver Lernbereich**

◆ nach HAGMÜLLER
(Einführung in die Unterrichtsvorbereitung, 1980)

── kognitive Lernleistungen innerhalb der Hauptgruppen: ──

Wissen	Verständnis	Anwendung	Analyse	Synthese	Bewertung
wiedergeben reproduzieren aufzählen nennen	*beschreiben, erläutern, erklären, interpretieren, übersetzen, erörtern, verdeutlichen*	*lösen durchführen gebrauchen berechnen anwenden*	*ableiten, analysieren, unterscheiden, ermitteln, aufdecken, gliedern, bestimmen, identifizieren, vergleichen, zuordnen*	*entwerfen, entwickeln, erfassen, kombinieren, konstruieren, vorschlagen, planen, erarbeiten*	*bewerten beurteilen bemessen entscheiden auswählen*

DAS AKTIVE bzw. SELBSTTÄTIGE LERNEN

Die Schüleraktivität als Grundsatz der Gestaltung von Unterrichtsabläufen zählt zu den klassischen Prinzipien; sie wird neben der Anschauung mit am häufigsten aufgearbeitet (vgl. Oswald, P.: Bildungsprinzipien im Unterricht, Ratingen 1964). In der Gegenwart zeigt sich seine weitgreifende Relevanz durch die Aktualität der Unterrichtskonzepte 'Handelndes Lernen', 'Offener Unterricht', 'Projektorientiertes Verfahren', 'Freiarbeit', bei denen der selbsttätig lernende Schüler in hohem Maße zur Gewinnung des Lernergebnisses, dem Erreichen der Planungsziele, beiträgt.

72 | Terminologische Ansätze. Aus der Literatur lassen sich viele mehr oder weniger präzise Charakterisierungen des Prinzips anbieten. Während früher schlagwortartig verkürzte Imperative zur Umschreibung zu genügen schienen ('schaffendes Lernen' - 'sich selbst ins Passivum, den Schüler ins Aktivum setzen' [Gaudig] - 'nichts sagen, was sich der Schüler sagen, nichts geben, was er finden kann' [Willmann]), sind die Definitionen nun durchwegs differenzierter. So enthalten sie in der Regel so entscheidende Wesensmerkmale wie Selbständigkeit und Selbstbestimmung als Ziel, fachlich wie inhaltlich weitgreifend, der entwicklungspsychologische Hintergrund, der lernpsychologische Aspekt, die Prozeß- versus Produktorientierung, Spontaneität und Kreativität, Problembewußtsein, wie planen, entwerfen des Arbeitsweges, kooperieren, diskutieren, abwägen, entscheiden, Kooperations- und Kommunikationskompetenz u.a.m..

72 | Das Aktivitätsprinzip und die Primärorientierung schulischen Lernens. Die Bildungsvorstellungen unserer freiheitlich-demokratischen Gesellschaft wenden sich bewußt gegen Fremdbestimmung, Manipulation und Konformismus. So wird es verständlich, wenn die aktuell diskutierten schülerorientierten Theorieentwürfe die Leitziele Selbständigkeit, Selbstbestimmungsfähigkeit als unumstrittene Orientierungsgrößen betrachten. "Das Erziehungsziel Emanzipation meint ... mit der Befreiung von ungerechten gesellschaftlichen Zwängen (...) zugleich Mitwirkung des mündigen Bürgers an wünschenswerter oder notwendiger Systemveränderung " (Rombach, H. in Vettiger 1979). Es sollte sich dabei ein Regelkreis ergeben, der das Individuum durch entsprechende Lernerfahrungen inklusive der Ausstattung mit notwendigen Einzel-Qualifikationen in die Lage versetzt, seine beruflichen und privaten Probleme angemessen zu lösen, aber auch zielführend mitwirken zu können, wenn es um zu bewältigende Aufgaben der Gesellschaft geht. Die planvolle, systematische und konsequente Beachtung der Selbsttätigkeit bzw. der eigenaktiven Lernbemühungen des Schülers schafft die Voraussetzungen für das Erreichen dieser Zielvorstellung.

73 | Didaktische Funktionen. Im Anschluß an die allgemeinen erziehungswissenschaftlichen Bildungsvorstellungen lassen sich zahlreiche wünschenswerte, die Unterrichtsarbeit effektivierende Leistungen des Aktivitätsprinzips aufführen. Dies setzt allerdings voraus, daß alle lernprozessualen Faktoren wie z.B. Aufgabenstellung, Medienwahl, Lehrerrolle, Schülerakzeptanz u.a.m. angemessene Beachtung finden.

73 | Voraussetzungen. Die Forderung nach zureichender Beachtung des Grundsatzes der Aktivität bzw. Selbsttätigkeit ist an bestimmte Voraussetzungen gebunden; erst dann kann es zur erfolgreichen selbsttätigen Begegnung des Schülers mit einer Lernaufgabe kommen. Die Unterscheidung nach den Voraussetzungen auf seiten des Schülers und des Lehrers lassen diesen Aspekt transparent erscheinen.

73 | Aktivitätsformen. Die zu entwickelnden und ständig zu übenden Schülertätigkeiten aus der Sicht eines eigenaktiven Lernens lassen sich faktentheoretisch in die dargestellten drei Hauptgruppen ordnen. Die wichtigste und entscheidende Feststellung dabei ist die Bezeichnung 'Akte des Denkens'; denn bei allen Aktivitäten geht es nicht um Betriebsamkeit und vordergründiges Handeln, nicht um Beschäftigtwerden und Geschäftigsein. Es geht immer und ausschließlich um die den äußerlich sichtbaren Handlungsvollzügen zugrundeliegenden Denkvorgänge!

| 73 | **Grenzen.** Bei den aufgeführten Grenzen handelt es sich um Erscheinungen, wie sie häufig in der Unterrichtspraxis beobachtet werden können. Mit Ausnahme der Lernzeit kann man als Lehrer, so man sich dieser Grenzen bewußt wird, durch entsprechende Maßnahmen gegensteuern und zumindest partiell das eine oder andere Problem reduzieren.

| 74 | **Mögliche lernprozessuale Zielbereiche.** Unstrittig ist, daß im Regelfall das unterrichtliche Bemühen ganz überwiegend der Auseinandersetzung mit meist verpflichtend zu erarbeitenden Lerninhalten gilt. Es geht also bei den Unterrichtseinheiten in den verschiedenen Unterrichtsfächern um die Gewinnung neuer Lernresultate in Gestalt von Einsichten bzw. Erkenntnissen und von Qualifikationen im Sinne von Denk- bzw. Handlungsstrategien. Solche Lernresultate können durch die angemessene und dosierte Umsetzung des Aktivitätsprinzips vorbereitet, erarbeitet und gesichert werden.

| 74 | **Realisierung.** Zur unterrichtlichen Verwirklichung des Gedankens der selbsttätigen Bemühung um neue Lernresultate sind vier Gestaltungselemente erforderlich. Arbeitsquellen, die für eigenständiges Lernen geeignet sind, Arbeitsaufgaben, die das Denken am Gegenstand initiieren, Lerntechniken als zielführende intellektuelle Akte und die Sozialformen, deren Verwendung von pädagogischen Förderungsaspekten und didaktischen Effektivitätskriterien her zu entscheiden ist.

| 75 | **Historische Ansätze.** Bereits vor den meist zitierten reformpädagogischen Bestrebungen finden sich bei herausragenden Persönlichkeiten wie Rousseau, Pestalozzi, Fichte und Fröbel Überlegungen und Forderungen, der Aktivität des Kindes im Erziehungs- und Lernprozeß ausreichend Beachtung zu schenken.
In neuerer Zeit werden mit Nachdruck Unterrichtskonzepte favorisiert, in deren Mittelpunkt der um die Ergebnisgewinnung (ob produkt- oder prozeßorientiert) aktiv tätige Schüler steht: das handelnde Lernen, das entdeckende Lernen, das kindgemäße Lernen, das kooperative Lernen, das projektorientierte Lernen, die Freiarbeit. Allen Vertretern, Bewegungen und Konzepten gemeinsam ist der als griffige Formel vielzitierte Satz: 'Alle Bildung ist Selbstbildung'.

| 76 | **Lerntechniken - Hauptgruppen.** Am meisten wurde bisher das für die Verwirklichung des Aktivitätsprinzips wichtigste Gestaltungselement, die Lerntechniken, auch Arbeitstechniken genannt, vernachlässigt. Die Begründung dafür ist vielschichtig. Auf der einen Seite wurde viel zu wenig beachtet, daß Lernen ja Denken am Gegenstand bedeutet und daß man dazu kognitive Strategien, also Denkakte, braucht. Andererseits war man sich nicht bewußt, daß es, abgesehen von der Erarbeitung einer notwendigen inhaltlichen Basis, die überragende Verpflichtung der schulischen Bildung ist, Denkfähigkeit zu entwickeln. Diese kapitale menschliche Qualifikation, unabhängig von Inhalt und Fach, ist übertragbar bzw. verwendbar, wenn es um die eigenaktive Aufgabenbewältigung geht.
Man kann kognitive Operationen und instrumentale Lerntechniken unterscheiden, die in jedem Einzelfall bewußt und behutsam eingeschult und immer wieder angewendet und geübt werden müssen.

| 76 | **Lerntechniken - Ziele.** Die Umsetzung des Aktivitätsprinzips verfolgt ein kurzfristiges und ein langfristiges Ziel. Bedacht werden sollte dabei immer, daß es in erster Linie um die Entwicklung der Lern-, genauer der Denkleistung geht. Erst dann ist das erarbeitete Produkt, das inhaltliche, eng fachbezogene Lernresultat, von Interesse.

| 76 | **Lerntechniken - Bedingungen.** Neben den aufgeführten methodischen Bedingungsvariablen gilt es natürlich, dem Grundsatz der Aktivität und Selbsttätigkeit in angemessener und konsequenter Form Beachtung zu schenken.

76 **Lerntechniken - Funktionen.** Mit Hilfe von Lerntechniken lassen sich Unterrichtsergebnisse (Fakten, Einsichten, Begriffe, Regeln, Zusammenhänge etc.) erzielen. Daneben, genauer davor, müssen die anderen Funktionen, wie sie aufgeführt sind, genannt werden, da sie von vorrangiger Bedeutung sind.

76 **Lerntechniken - Kategorien.** Geht man von der didaktischen Funktion aus, die Lerntechniken unter dem Aspekt der zu gewinnenden Unterrichtsergebnisse erfüllen können, so lassen sie sich in drei große Kategorien fassen. Zur Konkretisierung werden anschließend dann sowohl kognitive als auch instrumentale Lerntechniken aufgeführt.

77 **Kognitive Operationen als Lernakte.** Die erste große Gruppe umfaßt die sog. intellektuellen Operationen. Der Curriculumdiskussion der siebziger Jahre verdanken wir die Reflexionen und Ergebnisse im Zusammenhang mit den Lernzielen. Da Lernziele aufgrund ihrer Zweikomponentenbeschreibung neben dem Inhaltselement das Lernleistungselement aufweisen, lassen sich mit Hilfe der kognitiven Taxonomie (nach Bloom) Denkakte erfassen und gliedern. Bei diesen handelt es sich um kognitive Operationen, die nachfolgend für den Unterrichtsgebrauch (z.B. für die Formulierung von Arbeitsaufgaben) konkretisiert werden. Die besondere Aufmerksamkeit gilt dabei den Verben, durch die die jeweilige Lerntechnik sprachlich gefaßt wird. Eine gezielte Einschulung und stete Übung sind Forderungen, die nicht noch näher begründet werden müssen.

78 **Instrumentale Qualifikationen als Lernakte.** Die zweite große Kategorie umfaßt die instrumentalen Lerntechniken. Es handelt sich hier ebenfalls um intellektuelle Operationen, die aber eng an ein bestimmtes Unterrichtsmedium gebunden sind. Wer bereits einmal mit einem Wörterbuch oder Lexikon im Unterricht mit Schülern gearbeitet hat, weiß, wie viele Schüler schon alleine mit dem Alphabet als Voraussetzung für schnelles und zuverlässiges Auffinden eines Begriffes oder Artikels Schwierigkeiten haben. Damit soll ausgedrückt werden, daß die Fähigkeit im Umgang mit verschiedenen medialen Informationsträgern als Leistungsfähigkeit nicht einfach vorausgesetzt werden kann. Deshalb sind fünf Arbeitsquellen, die mit am häufigsten in der Alltagspraxis verwendet werden, hinsichtlich der dafür erforderlichen Lerntechniken herausgestellt. Wichtigstes Ziel dabei ist die Intensivierung der Verarbeitungstiefe, was immer eine Dosierung und Reduzierung der Menge an verwendeten Arbeitsmaterialien bedeutet.

Die im Zusammenhang mit dem Aspekt Lerntechniken als Gestaltungselement für die Umsetzung des Prinzips der Aktivität und Selbsttätigkeit vorhandene deutschsprachige Fachliteratur ist spärlich. Relativ eingehend beschäftigen sich mit den Lerntechniken: Vettiger et al., Lernziel Selbständigkeit und Wellenhofer, W., Theorie und Praxis psychomotorisch-instrumentaler Lernziele.

Unterrichtsprinzipien
- das aktive bzw. selbsttätige Lernen -

- Bedeutsamkeit im Bildungszusammenhang -

■ <u>terminologische Ansätze:</u>

„ ... daß der Schüler durch Selbsttätigkeit zu Selbständigkeit und Selbstbestimmung gelangt." (Jörg 1970)

„Selbsttätigkeit gilt als wesentliches Mittel zur Erreichung der Selbständigkeit." (Odenbach 1974)

„Alle Unterrichtsarbeit und alle Erziehungsprozesse müssen die Gewinnung von Selbständigkeit des Schülers als Basis für Selbstbestimmung ... im Auge haben. Diesem Ziel wird man am besten mit dem methodischen Mittel einer breit gefächerten Selbsttätigkeit gerecht werden können." (Geißler 1982)

„Aktivität ist ein Grundprinzip eines jeden Bildungsbemühens, da es zur Wesensart des Menschen gehört, mit allen Sinnen die gegenständliche Welt in sich aufzunehmen, sich aber auch gleichzeitig denkend und tätig handelnd mit ihr auseinanderzusetzen." (Jörg 1970)

„Unterrichtslust, Erlebnisdrang, die Freude am Hantieren und Probieren sind Ausdruck eines elementaren Triebs. ... So ist Aktivität der unmittelbare Ausdruck kindlicher Wesensart ..." (Horney 1960)

„In der Erziehungswissenschaft der Gegenwart erhalten die Phänomene Selbständigkeit und Selbsttätigkeit neue Aktualität durch die emanzipatorischen Theorieentwürfe." (Rombach in Vettiger 1979)

„Selbsttätigkeit drückt die Fähigkeit aus, aufgrund eigener Überlegungen Denkergebnisse zu finden ..." (Horney 1960)

■ <u>das Aktivitätsprinzip und die Primärorientierung schulischen Lernens:</u>

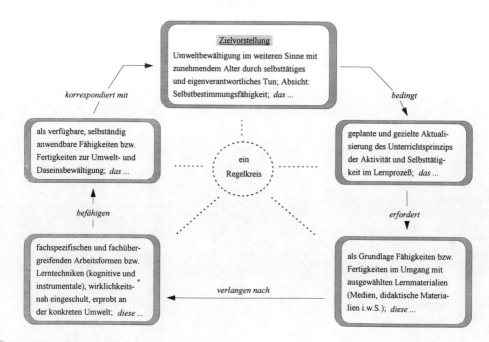

Unterrichtsprinzipien
- das aktive bzw. selbsttätige Lernen -

- Phänomenologische Aspekte -

■ <u>didaktische Funktionen:</u>

aktives Lernen ...

- *steigert* die Lernfreude;
- *fördert* die individuelle Lernleistungsfähigkeit;
- *unterstützt* die Behaltensleistung;
- *ermöglicht* kreatives Lernverhalten;
- *berücksichtigt* den natürlichen Tätigkeitsdrang;
- *gestaltet* den Lernprozeß abwechslungsreich und kurzweilig;

- *fördert* das Selbstvertrauen in die eigene Leistungsfähigkeit;
- *ermöglicht* die Entwicklung kooperativer Verhaltensweisen;
- *entwickelt* die Fähigkeit im Umgang mit Lernmaterialien;
- *fördert* die Verantwortungsbereitschaft;

■ <u>Voraussetzungen:</u>

● beim S c h ü l e r:

- ♦ Lernbereitschaft (Motivation, Interessen);
- ♦ Lernfähigkeit (vorhandene Lerntechniken);
- ♦ Lerndisziplin (Präzision, Ausdauer, Selbständigkeit bei der Arbeit am Lerngegenstand);

● beim L e h r e r:

- ♦ Bemühen um gezielte Umsetzung dieses Unterrichtsprinzips;
- ♦ Orientierung des Lernprozesses am Grundsatz des Lernen-lernens;
- ♦ Bereitstellung geeigneter Lernmaterialien (Zeitungsausschnitte, av-Medien, Zahlenmaterial, Bilder verschiedener Art, Gegenstände);
- ♦ gezielte Einschulung kognitiver und instrumentaler Lerntechniken;
- ♦ Auflösung der Hörblockkonstellation;
- ♦ Bereitschaft zu dosierter Unterstützung der Schüleraktivität;

■ <u>Aktivitätsformen:</u>
(Trennung nur faktentheoretisch möglich)

A k t e   d e s   D e n k e n s
Lernakte - Handlungsakte

➢ <u>verbal:</u>

- *fragen*
- *erzählen*
- *zusammenfassen*
- *vorlesen*
- *diskutieren*
  u.a.

➢ <u>non-verbal:</u>

- *zuhören*
- *aufschreiben*
- *unterscheiden*
- *verbinden*
- *zeichnen*
  u.a.

➢ <u>operativ-handelnd:</u>

- *konstruieren*
- *experimentieren*
- *sortieren*
- *messen*
- *imitieren*
  u.a.

■ <u>Grenzen:</u>

- ♦ die unzureichende Lernzeit (!!);
- ♦ ein zu schwieriger Lerngegenstand;
- ♦ mangelnde Arbeitsdisziplin;
- ♦ die Menge an Lernmaterialien;

- ♦ fehlende oder unzureichende kognitive und instrumentale Lerntechniken;
- ♦ vordergründige Betriebsamkeit am Lerngegenstand;

Unterrichtsprinzipien
- das aktive bzw. selbsttätige Lernen -

- Elemente der lernprozessualen Umsetzung -

mögliche
lernprozessuale
Zielbereiche

- Aktivität bzw. Selbsttätigkeit im Zusammenhang mit vorbereitenden Arbeiten für eine nachfolgende Lernarbeit

- Aktivität bzw. Selbsttätigkeit bei der unmittelbaren Gewinnung neuer Lernresultate

- Aktivität bzw. Selbsttätigkeit bei der Verarbeitung und Sicherung erarbeiteter Lernresultate

Realisierung
durch

ARBEITSAUFGABEN

bzw. Erschließungsfragen mobilisieren und steuern die Lern- (Denk-) akte

Qualitätsmerkmale:
präzise (Verb!), unmißverständlich, überschaubar, zielklar, lösbar, einfach im Satzbau;

LERNTECHNIKEN

- kognitive Operationen: (= Problemlösestrategien: Faktenwissen und intellektuelle Operationen - nach Bloom)

- instrumentale Lerntechniken: (für die Arbeit mit technischen und nichttechnischen Medien)

Qualitätsmerkmale:
in der Lernsituation mühelos reproduzier- und angemessen anwendbar;

ARBEITSQUELLEN

- unmittelbare Wirklichkeit (alle originalen Objekte)

- mittelbare Wirklichkeit (Bilder, Modelle, Karten, Zahlen, technische Medien)

- verbalisierte Wirklichkeit (mündl. und schriftl. Berichte, Beschreibungen, Schilderungen, Erzählungen)

Qualitätsmerkmale:
informativ, verständlich, strukturiert, anschaulich, motivierend, zielführend; insgesamt: für aktive Auseinandersetzung geeignet;

erforderliche
Gestaltungselemente

SOZIALFORMEN

Allein-, Partner-, Gruppenarbeit, Hörblock werden bestimmt von der Komplexität der Aufgabe und der Fähigkeit zur Kooperation

Qualitätsmerkmale:
Kommunikations- und Kooperationsfähigkeit entwickelnd, z.B.: Wir-Bewußtsein, Gesprächsbereitschaft, -toleranz

- Historische Ansätze -

- Grundgedanke -
Alle Bildung ist Selbstbildung

- **J.J. Rousseau**
  (1725-1778)

  : "Das Kind hat seine eigene Art zu sehen, zu denken und zu fühlen; nichts ist unsinniger, als ihm die unsere statt dessen aufzudrängen."
  "Bedenke zuerst, daß es in seltenen Fällen deine Sache ist, ihm (dem Schüler) vorzuführen, was er lernen soll; er selbst vielmehr soll es verlangen, suchen und finden: Deine Sache ist es, ihm die Dinge faßlich zu machen, jenes Verlangen geschickt in ihm zu wecken und ihm die Mittel in die Hand zu geben, es zu befriedigen." (Rousseau, zitiert nach Jörg, Unterrichtspraxis 1970, S. 126)

- **J.H.Pestalozzi**
  (1746-1827)

  : "... völlige Freiheit für die Entwicklung der Fähigkeiten oder angeborener Anlagen und für die Individualität eines jeden Schülers." (Pestalozzi, zitiert nach Jörg, a.a.O.)

- **J.G. Fichte**
  (1762-1814)

  : "... daß man dem Schüler seine spontane Aktivität lassen müsse und daß Sensibilität und Bewegungsmöglichkeit bei der Aneignung von Kenntnissen einen bedeutsamen Anteil erhalten müßten." (Fichte, zitiert nach Jörg, a.a.O.)

- **F. Fröbel**
  (1782-1852)

  : '... weist besonders auf die Bedeutung des Spiels zur Aktivierung der kindlichen Kräfte hin.'
  "... daß die Aktivität und Spontaneität des Schülers zur höchstmöglichen Entfaltung gelangen." (Jörg a.a.O.)

- **G. Kerschensteiner**
  (1854-1932)

  : Gründer der Arbeitsschulbewegung mit dem Ziel der selbständigen Auseinandersetzung des Schülers mit den Lerngegenständen im Sinne manueller und geistiger Tätigkeiten; Sinn der Arbeitsschule: "... mit einem Minimum von Wissenschaft ein Maximum von Fertigkeiten, Fähigkeiten und Arbeitsfreude ... auszulösen."

- **H. Gaudig**
  (1860-1923)

  : Vertreter einer freien geistigen Tätigkeit, entwickelt die Forderung nach "freiem Tun aus eigenem Antrieb, mit eigener Kraft und in eigener Arbeitsweise"; wichtig dabei: "Einschulung von Arbeitsformen (Technik der geistigen Arbeit, selbständiger Gebrauch und Anwendung auf neue Arbeitsgebiete)";

- **J. Dewey**
  (1859-1952)

  : Entwickelt zusammen mit Kilpatrik die sog. Projektmethode; Arbeitsvorhaben werden durch freie, selbstverantwortliche Tätigkeit des Schülers bewältigt; ihre Grundforderung: learning by doing; sein pädagogischer Theorieansatz: Priorität des Handelns vor dem Erkennen;

- **M. Montessori**
  (1870-1956)

  : Kinder besitzen die Kraft zur Selbsterziehung; sie haben das Bedürfnis nach Betätigung; dazu ist erforderlich: Bereitstellung angemessenen Arbeits- und Übungsmaterials und entsprechender Räumlichkeiten; sie fordert freie, dem kindlichen Bedürfnis entsprechende Tätigkeitsmöglichkeiten mit dem Ziel: Erwerb von Selbständigkeit, Konzentration auf die Aufgaben, Förderung der Sinne; Aufgabe des Erziehers ist die Bereitstellung, das Abwarten, das Beobachten;

- **H. Parkhurst**
  (1877-1959)

  : konzipierte im Daltonplan das selbständige Arbeiten der Schüler auf der Grundlage von monatlichen Arbeitsplänen; keine Klassen-, sondern Facharbeitsräume; jeder Schüler kann seine Arbeitsaufgaben nach individuellen Vorstellungen in beliebiger Abfolge bewältigen; Hauptaufgaben des Lehrers: beraten, kontrollieren der Aufgaben;

- **A. Makarenko**
  (1888-1939)

  : konzipiert die polytechnische Bildungsorientierung; Gründer der Industrie- und Produktionsschule: im Mittelpunkt die pragmatische Einzelaktivität des Schülers; seine unterrichtliche Tätigkeit dient dem Ziel wirtschaftlicher Produktion; erzieherisches Anliegen als willkommener Teilaspekt; Unterordnung des Individuums in die Gemeinschaft (weiterer Vertreter: P. Blonskij, 1884-1941);

- **P. Petersen**
  (1884-1952)

  : Sein Ziel ist die Entwicklung der individuellen Fähigkeiten und Fertigkeiten durch Arbeit, Gespräch, Spiel und Feier; besondere Pflege des Gemeinschaftsgedankens; sein Jena-Plan betont insbesondere die Gruppenaktivität; Erziehung ist Tätigkeit des einzelnen Schülers in der Gruppe; Schule wird als Lebensgemeinschaft interpretiert;

- **O. Decroly**
  (1871-1932)

  : Schule als Lebensraum für Arbeit in und für die Gemeinschaft ("Schule für das Leben durch das Leben"); die Unterrichtsräume sind hier Werkstätten, Labors, Ateliers; die Schüleraktivität dient dem Ziel, das eigene Tun zu verstehen;

Unterrichtsprinzipien
- das aktive bzw. selbsttätige Lernen -

- Unterrichtsrelevante Lerntechniken -

■ Hauptgruppen:

☐ kognitive Strategien (Operationen) ... ☐ instrumentale Strategien (Lerntechniken)...

zur Erschließung eines Lerngegenstandes bzw. zur Gewinnung und Sicherung von Lernresultaten

■ Ziele:

kurzfristig: langfristig:

eigenaktive Auseinandersetzung mit   Selbständigkeit,
unterrichtlichen Lerngegenständen   emanzipative Bildung

■ Bedingungen:

systematische und gezielte Entwicklung anhand von dafür besonders geeigneten Inhalten:
– Phase der Einschulung (Lehrerdominanz; Lehrakt: Demonstration) –
– Phase der Entfaltung (hohes Maß an Schülerselbsttätigkeit; Ziel: relative Mechanisierung und Anwendungssicherheit) –

■ Funktionen:

Lerntechniken ...	*Lerntechniken ...*	*Lerntechniken ...*
• *kommen* dem Handlungsbedürfnis der Schüler entgegen (operative Grundhaltung) • *beeinflussen* fördernd die Lernmotivation • *steigern* die Behaltensleistung	• *wirken* einem inhaltsorientierten Bildungsbestreben entgegen • *sind* ein wesentliches Instrument zur Realisierung einer emanzipativen Bildungsvorstellung (Lernfähigkeit) • *ermöglichen* nachhaltige Erfolgserlebnisse	• *bilden* mit die Grundlage für schülerorientiertes, entdeckendes, sozialintegratives Lernen • *ökonomisieren* durch ihre Übertragbarkeit den Bildungsprozeß • *sind* im echten Sinne Qualifikationen zur Existenzsicherung

■ Kategorien:

Lerntechniken, die der Beschaffung von Informationen und Arbeitsunterlagen dienen	Ziel	Bereitstellung geeigneter Rohmaterialien als Grundlage für die Gewinnung neuer Lernresultate;

♦ *Sammeln von Rohmaterial nach Auftrag: beobachten, beschreiben, skizzieren, protokollieren, befragen von Personen (Interview);*
♦ *Ordnen der Beobachtungsergebnisse nach Angabe der Ziele;*

Lerntechniken, die der unmittelbaren Erarbeitung von Lernresultaten dienen	Ziel	relativ selbständige Gewinnung neuer Lernresultate oder einzelner Teile davon;

♦ *Sinnlogischer Umgang mit Lernmaterialien (originaler Gegenstand, Karte, Bild, Text, Zahlen; außerdem: Film, Lichtbild, Tonband, Nachschlagewerk, Durchführung einfacher Versuche);*
♦ *Angemessener, präziser Einsatz von Problemlösestrategien (Denktechniken) wie z.B. kognitive Operationen: entwickeln, vergleichen, begründen, schlußfolgern, urteilen, beweisen, differenzieren, kategorisieren;*

Lerntechniken, die der Verarbeitung von Lernresultaten dienen	Ziel	Sicherung erarbeiteter Lernresultate; Steigerung der Behaltensleistung;

♦ *Darstellen der Lernresultate (sprachlich, bildhaft, szenisch) in Form von Tabellen, Schemata, Schaubildern, Diagrammen, Stichwortreihen, Kurzberichten; aber auch durch Spielformen;*
♦ *Verdichten, strukturieren, kategorisieren, systematisieren der Lernresultate;*
♦ *Werten, beurteilen, überprüfen, kritisieren der Lernresultate;*
♦ *Anwenden, übertragen der Lernresultate;*

■ kognitive Operationen als Lernakte:

als vorwiegend kognitiv sind zu interpretieren:

● Operationen zur Wahrnehmung bzw. Erfassung von Informationen
Beispiele: sammeln, beobachten, befragen, nachschlagen

● Operationen zur Gewinnung bzw. Erarbeitung von Lernergebnissen
Beispiele: gliedern, vergleichen, ableiten, schließen

● Operationen zur Sicherung bzw. Verarbeitung von Lernergebnissen
Beispiele: generalisieren, illustrieren, wiederholen, übertragen

DENKAKTE
INSTRUMENTE DER KOGNITION

- Erfassungsansatz: die kognitive Taxonomie (Bloom nach Hagmüller 1981) -

WISSEN	VERSTÄNDNIS	ANWENDUNG	ANALYSE	SYNTHESE	BEWERTUNG
wiedergeben	*beschreiben*	*lösen*	*ableiten*	*entwerfen*	*bewerten*
reproduzieren	*erläutern*	*durchführen*	*analysieren*	*entwickeln*	*beurteilen*
aufzählen	*erklären*	*gebrauchen*	*unterscheiden*	*erfassen*	*bemessen*
nennen	*interpretieren*	*berechnen*	*ermitteln*	*kombinieren*	*unterscheiden*
	übersetzen	*anwenden*	*aufdecken*	*konstruieren*	*auswählen*
	erörtern		*gliedern*	*vorschlagen*	
	verdeutlichen		*bestimmen*	*planen*	
			identifizieren	*erarbeiten*	
			vergleichen		
			zuordnen		
Faktenwissen	- kognitive bzw. intellektuelle Operationen/Problemlösestrategien -				

➢ Sachverhalte und Vorgänge kennen, nennen, verstehen:
z.B. *Zähle auf ...! Nenne ...! Wiederhole ...!*
➢ Sachverhalte und Vorgänge ordnen:
z.B. *Bilde Gruppen ...! Stelle gegenüber ...! Ordne zu ...!*
➢ Sachverhalte und Vorgänge beurteilen:
z.B. *Bewerte für ...! Bearbeite ...! Nenne Vor- und Nachteile ...!*
➢ Sachverhalte und Vorgänge verdichten:
z.B. *Fasse zusammen ...! Fertige eine Stichwortreihe...! Zeichne ein Symbol ..!*

➢ Sachverhalte und Vorgänge beschreiben:
z.B. *Bezeichne ...! Stelle dar ...! Schildere ...!*
➢ Sachverhalte und Vorgänge analysieren:
z.B. *Zerlege ...! Gliedere ...!*
➢ Sachverhalte und Vorgänge anwenden:
z.B. *Übertrage auf ...! Probiere bei ...! Überprüfe ...!*
➢ Sachverhalte und Vorgänge ableiten:
z.B. *Was schließt du daraus ...! Versuche zu ergänzen ...! Entwickle ...!*

natürlich auch:

● *Wesensmerkmale herausarbeiten*
● *Zusammenhänge erkennen*
● *Widersprüche feststellen*
● *Alternativen entwickeln*
● *Verknüpfungen vornehmen*

● *Analogien bilden*
● *Gesetzmäßigkeiten erkennen*
● *Prinzipien erfassen*
● *Hypothesen bilden*
● *Gespräche führen*

● *registrieren und beobachten*
● *sammeln und auflisten*
● *fragen und befragen*
● *diskutieren und argumentieren*
● *nachschlagen und suchen*

unverzichtbar

GEPLANTE EINSCHULUNG UND STÄNDIGE ÜBUNG

!

■ Die vorgenommene Trennung zwischen vorwiegend kognitiven Operationen und vorwiegend instrumentalen Lerntechniken erfolgte faktentheoretisch. Sie dient lediglich dem Zwecke der Transparenz und Aussagepräzision.
■ Die einzelnen kognitiven Strategien "treten in der Regel nicht isoliert, sondern als Komponenten komplexer Denkvorgänge auf." (Lompscher 1975)
In der konkreten Lernsituation scheinen verschiedene Lerntechniken aus der einen und anderen Kategorie je nach lerninhaltlicher Erfordernis meist gleichzeitig auf, z.B. das Analysieren von Sachtexten, das Ordnen von Zahlen, das Sammeln von originalen Objekten etc.

■ instrumentale Qualifikationen als Lernakte:

'Die folgenden Lerntechniken, im echten Sinn lebensrelevant, dienen der Ergebnisfindung. Sie repräsentieren die Aktualisierung von Problemlösestrategien und sind in jedem Falle übertragbar. Einen Text analysieren können ist als Instrument der Kognition z.B. in Biologie ebenso verwendbar wie in Geschichte, Deutsch, Erdkunde ...' (W 1982)

■ der originale Gegenstand als Arbeitsquelle:

> Lage und Ausrichtung des originalen Gegenstandes bestimmen,
> seine Größe und Erstreckung ungefähr schätzen, falls sinnvoll, mit Meßgeräten genau ermitteln,
> die Formenvielfalt erfassen und dominante Strukturen erkennen,
> sofern gegeben, die hier wirkenden Menschen zielgerichtet befragen bzw. die Bedeutung für den Menschen erfassen,
> die Beobachtungsergebnisse sachrichtig skizzieren,
> die Beobachtungsergebnisse mit Hilfe von Stichworten beschreiben,

> den originalen Gegenstand, falls sinnvoll, räumlich einordnen bzw. lagerichtig kartieren,
> anhand der Beobachtungsergebnisse Funktionen von Einzelerscheinungen erkennen,
> eventuell vorhandene Abhängigkeiten zwischen Einzelerscheinungen ermitteln,
> gegebene Kausalgefüge und/oder Entstehungsursachen vermuten oder auch erfassen,
> erzielte Ergebnisse bzw. Einsichten in den entsprechenden fachspezifischen Ordnungsrahmen einreihen, eventuell auf ähnliche Situationsbereiche übertragen.

■ der Text als Arbeitsquelle:

○ das Informationsmaterial in seiner Ganzheit verstehend lesen,
○ Einzelaussagen, soweit möglich, lokalisieren,
○ unbekannte Begriffe, nicht zu verstehende Formulierungen unter Verwendung von Hilfsmitteln erläutern,
○ den Text durch Teilüberschriften und/oder Einzelskizzen gliedern,
○ den Kerngedanken bzw. Aussageschwerpunkt erfassen und versprachlichen,
○ den Informationsgehalt durch eine Stichwortreihe oder eine Zusammenfassung oder eine Skizze verdichten,
○ wesentliche Aussagen durch dosierte, sinnlogische Unterstreichungen und/oder Randbemerkungen hervorheben,
○ Fragen an den Text stellen,
○ verschiedene sprachliche Darstellungsformen unterscheiden (z.B. Bericht, Beschreibung, Quellentext u.a.).

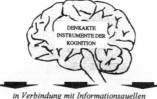

in Verbindung mit Informationsquellen

Ziel

INTENSIVIERUNG
DER
VERARBEITUNGSTIEFE

■ das Bild als Arbeitsquelle:

□ den Bildinhalt, sofern möglich, lokalisieren,
□ Tages- bzw. Jahreszeit, sofern möglich, ermitteln,
□ Einzelinhalte bzw. fachspezifische Aussagen erfassen und versprachlichen,
□ den Darstellungsschwerpunkt erkennen,
□ die Bildinhalte ordnen bzw. gliedern,
□ einzelne Bildaussagen in Beziehung setzen,
□ anhand der Bildaussagen Zusammenhänge erkennen und eventuell gegebene Entwicklungsprozesse ablesen,
□ aufgrund der Bildinhalte Vergleiche anstellen,
□ die mit Hilfe der Bildinhalte ermittelten Erkenntnisse oder gewonnenen Einsichten auf ähnliche Situationsfelder übertragen,
□ Fragen an das Bild stellen.

■ die Zahl als Arbeitsquelle:

♦ Zahlen, Statistiken, Tabellen, Diagramme als Informationsquellen erkennen,
♦ Zahlenmaterial räumlich ein- und/oder zeitlich zuordnen,
♦ Zahlenmaterial sinnvoll (tabellarisch) ordnen, es in einfache graphische Darstellungsformen übertragen (z.B. Kurven-, Kreis-, Stabdiagramme),
♦ Maximal-, Minimal-, Durchschnittswerte ermitteln,
♦ Entwicklungsprozesse erkennen und beschreiben,
♦ Funktionszusammenhänge ablesen und erklären,
♦ Darstellungsaussagen mit den Gegebenheiten des Zuordnungsraumes in Beziehung setzen und eventuell daraus Schlußfolgerungen ableiten,
♦ Einzel- und Schwerpunktaussagen mit bekannten Größen auch des näheren Raumbereiches vergleichen.

■ die Karte als Arbeitsquelle:

♦ den anstehenden physikalischen Karteninhalt mit Hilfe der Symbolik der Legende lesen bzw. versprachlichen,
♦ anhand der Maßstabsleiste Entfernungen messen,
♦ mit Hilfe landschaftsgliedernder Elemente, des Gradnetzes und des Registers sich orientieren,
♦ Geo- und Soziofaktoren lokalisieren bzw. unterscheiden,
♦ Karteninhalte in Raumvorstellungen übertragen bzw. eventuell dazu Modelle anfertigen,
♦ aus thematischen Karten sozioökonomische Aussagen entnehmen,
♦ sozioökonomische, geologische, historische, politische (u.a.) Aussagen thematischer Karten in Beziehung setzen mit jeweils vorhandenen topographischen Gegebenheiten anhand physikalischer Karten.

DAS ANSCHAULICHE UND VERANSCHAULICHENDE LERNEN

Die Anschauung als das Fundament aller Erkenntnis' war zumindest seit den Vorstellungen von Comenius, veröffentlicht in seinem Werk 'orbis sensualium pictus' (1658), von meist zentraler Bedeutung, wenn es um unterrichtliches Handeln ging. So war man der Ansicht, daß bloßes Betrachten und Wahrnehmen von Erscheinungen und Vorgängen zur Gewinnung neuer Einsichten ausreichen würden.

Forschungen der letzten beiden Jahrzehnte auf diesem Gebiet, vornehmlich in den Vereinigten Staaten (Paivio 1968, Levine 1969, Travers 1970, Nelsen 1970, Lesgold 1978, Brody 1982), aber auch in Deutschland (Hartwig 1976, Wippich 1979, Bock 1981, Hannemann 1983, Issing 1983, Bredenkamp 1984), gingen einen wesentlichen Schritt weiter. Die Befunde und wissenschaftlichen Ergebnisse zeigten, daß der anschauliche Unterricht hinsichtlich seiner Lerneffektivität bzw. seiner gedächtnispsychologischen Relevanz auf Veranschaulichungsvorgänge und damit verbunden auf sehr differenzierte Vorgaben (Art der Bilder, figurative Ankerelemente, Generalisierungsabläufe, mentale Modelle, kognitiv map) nicht verzichten darf.

Diese neuen Erkenntnisse, die in den nachfolgenden Darstellungen auch eingearbeitet sind, müssen heutzutage in der unterrichtlichen Alltagspraxis über die Anschauung hinaus stets in zureichendem Maße Beachtung finden.

81   **Zur Terminologie.** Wie der Blick in die Geschichte der Pädagogik zeigen wird, kann man ohne Zweifel den Grundsatz der Anschauung als das älteste und bis heute unumstrittenste Unterrichtsprinzip bezeichnen. Es sei allerdings darauf hingewiesen, daß zunächst und dann auch noch lange Zeit nur das bloße Anschauen des zu erfassenden Unterrichtsgegenstandes darunter verstanden wurde. Die Erkenntnis, daß diesem ersten Schritt durch Maßnahmen der Veranschaulichung noch notwendigerweise ein weiterer folgen muß, kam erst sehr viel später hinzu.

Die Anschauung als Phänomen scheint auch im alltäglichen Sprachgebrauch gegenwärtig. Viele umgangssprachliche Umschreibungen werden gebraucht, um die Bedeutung dieses Instruments der menschlichen Erkenntnistätigkeit zum Ausdruck zu bringen. Da bedarf es fast nicht mehr des Zitats von Kant (1724 - 1804), der auf die Verbindung von Anschauung und Sprache verweist, wenn er sagt "Begriffe ohne Anschauung sind leer, Anschauung ohne Begriffe sind blind". Kern dieser Feststellung ist die für die Unterrichtsarbeit unverzichtbare, immer zu beachtende Versprachlichung (Verbegrifflichung) von Wahrnehmungen.

Fachliterarische Äußerungen dazu finden sich bei fast allen Pädagogen, die sich mit Lehre und Unterrichtsarbeit beschäftigen. Die Feststellungen darüber reichen von einer pauschalen Forderung nach möglichst häufiger Anschauung bis hin zu differenzierten Aussagen über gedächtnispsychologische Vorgänge oder über die lernfördernde Beschaffenheit von einzelnen Bildelementen.

Festzuhalten bleibt nun zunächst, daß dem bloßen sensorischen Wahrnehmen und Erfassen (Perzeption) immer ein eingehendes Verarbeiten und Bilden von Vorstellungen (Apperzeption) folgen muß, soll es zu erfolgreichem Lernen im Sinne von Erkenntnisgewinnung und Wissenszunahme kommen.

82   **Das didaktische Ziel.** Die Umsetzung des Prinzips der Anschauung und Veranschaulichung zielt durchaus nicht auf Begleitung oder Illustration unterrichtlicher Maßnahmen. Vielmehr geht es beim Einsatz und bei der Verwendung von Anschauungsmaterialien der verschiedensten Art um das Auslösen kognitiver Prozesse, um über den Zwischenschritt von Veranschaulichungsstrategien, im wesentlichen handelt es sich um Generalisierungsvorgänge, Vorstellungen als mentale Modelle auszubilden.

Vorstellungen sind es also, die durch dieses Prinzip erreicht werden sollen; sie besitzen für die Wissensrepräsentation und für den Wissensgebrauch in Anwendungssituationen zielführende Bedeutung.

83   **Historische Wurzeln.** Auf der Suche nach Aussagen über die Bedeutung der Anschauung im Laufe der Geschichte läßt sich eine große Zahl bekannter Pädagogen, erziehungswissenschaftlicher und lernpsychologischer Forscher aufführen. Interessant ist dabei ein genauer Blick z.B. auf Comenius, der durch die konkreten Beispiele, sicher intuitiv, das zum Ausdruck bringt, was Paivio (1968) als sog. 'duale Codierung' von Informationen dreihundert Jahre später durch größere Untersuchungen bestätigen konnte. Aller Anliegen dabei ist die Erleichterung bzw. die Verbesserung im Sinne der Optimierung der Lehr- und Lernbemühungen; das schließt auch Lernmotivation und Lernfreude bewußt mit ein.

85   **Forschungsbemühungen.** Die erfahrungswissenschaftlichen Erkenntnisse der Unterrichtspraxis werden zum Teil bestätigt, zum Teil durch die Forschungen anderer Wissenschaftszweige, die sich um das Phänomen der Anschauung bemühen, erheblich vertieft. Zahlreiche Einzelerkenntnisse lieferten dabei die Wahrnehmungs- und Gedächtnispsychologie, die Unterrichtswissenschaft und die Pädagogik. Bewußte oder unbewußte Absicht ihrer

Bemühungen war die Optimierung des Lernens, was eindeutig umschrieben und mit Hilfe leistungsfähiger Anschauungshilfen realisiert werden kann.

86 Hauptphasen der kognitiven Verarbeitung von Wahrnehmungen.
Interessant ist die Tatsache, daß schon Pawlow, aber dann auch Piaget und Bruner zwei Ebenen bei der Verarbeitung von Wahrnehmungen unterscheiden. Der Wahrnehmung als die erste Stufe der Erkenntnis hat als zweite Stufe beim Anschauungsvorgang die Phase der Symbolverarbeitung zu folgen. Wenn auch die jeweiligen Umschreibungen unterschiedlich sind, deutlich wird immer, daß stets auf die Verknüpfung von Material und Sprache bei der Realisierung des Anschauungsprinzips zu achten ist, was im übrigen, wie Schröter (1985) zurecht feststellt, das zentrale Problem bei der Verwirklichung eines anschauungsgebundenen Unterrichts ist.

86 Psychische Vorgänge beim Ablauf medienunterstützter Lernprozesse.
Anschauen als Denken am Gegenstand (Aebli), eine geläufige Formulierung, hat das Ziel, neue Erkenntnisse (= Lernresultate) zu gewinnen. Diese sind in die kognitive Struktur (= Wissensspeicher, Gedächtnis) zu überführen, um eine möglichst lange Behaltensleistung (= Verweildauer) zu erreichen. Der gesamte Vorgang, bestehend aus Wahrnehmungs- und anschließender Verarbeitungsphase, wird durchwirkt durch Maßnahmen der Veranschaulichung, die erst das vertiefte Eindringen (= Verarbeitungstiefe) in den Lerninhalt ermöglichen. Die Aufschließung dieses vernetzten Vorganges nach ablaufenden psychischen Funktionen, den erforderlichen kognitiven Operationen und die Klarheit über die jeweiligen didaktischen Absichten und lernprozessualen Intentionen verschafft Einblick und Überblick in diesen Zusammenhang.

87 Kategorien und Stufen der Informationserfassung.
Repräsentationsebene nach Bruner (1966) und Piaget (1952). Das Prinzip der Anschauung und Veranschaulichung ist untrennbar auf den Einsatz von entsprechenden Hilfsmitteln, treffender Lernhilfen genannt, verwiesen. Dabei kann die Wirklichkeit durch unterschiedliche mediale Objekte repräsentiert werden. Dies gilt es unterrichtlich zu beachten, einmal hinsichtlich der entwicklungspsychologischen Relevanz, die je nach Lerngruppe nur bestimmte Repräsentationsebenen erlaubt. Andererseits haben diese unterrichtsmethodische Bedeutung, da zumindest handelndes und anschauliches Denken zweckmäßigerweise dem begrifflichen Denken vorausgehen wird.
Repräsentationsebenen nach Armbruster/Hertkorn (vgl. auch Staeck 1970, Boeckmann/Heymen 1978). Dieser Ordnungsversuch beschränkt sich auf die Reihung möglicher Anschauungsmaterialien, ohne die damit verbundenen bzw. abhängigen kognitiven Vorgänge einzubeziehen.
Repräsentationsebenen nach allgemein-didaktischen Vorstellungen. Der hier dargestellte Gliederungsvorschlag ist für die Unterrichtspraxis wohl am bedeutsamsten. Die logische Reihung der Anschauungshilfen wird konkretisiert durch zahlreiche für das schulische Lernen geeignete didaktische Medien. Auch hier bilden die Wirklichkeit und das Wort mit seinem Symbolcharakter die beiden markanten Eckpunkte dieser Taxonomie.
Repräsentationsebene nach Wäldle (in Loeser/Könings 1982). Die Sachnähe wird auch in diesem Ordnungsmodell als erste Stufe herausgestellt; daran schließen sich dann die bekannten Materialien zur Erfassung und Wiedergabe der Wirklichkeit an. Die Bedeutung der Realität (originale Begegnung nach H. Roth) für den Unterricht wurde im übrigen durch die häufig zitierte Untersuchung von Düker/Tausch (1971), aber auch bereits durch die von K. Mohr (1962) bestätigt. Wirklichkeitsnahes Lernen ist gerade für das langfristige Behalten von besonders hoher Bedeutung. Offensichtlich spielt hier auch der höhere Erlebniswert (Verknüpfung von Kognition und Emotion) eine entscheidende Rolle (Lernfreude!).

89 Wissenschaftliche Befunde.
Es ist keinesfalls machbar, alle in den letzten drei Jahrzehnten erbrachten Resultate und Vorhaben zu erfassen. Die hier aufgeführten sollten lediglich einen Einblick in die Bandbreite der einschlägigen Untersuchungen geben; sie sollten darauf hinweisen, daß mit einer wenig reflektierten Bereitstellung von Unterrichtsmedien dem Grundsatz der Anschauung und Veranschaulichung mit der Absicht, Lernförderung zu ermöglichen, nicht zureichend Rechnung getragen werden kann.

90 Methodische Aspekte. Generelle Strategien.
Die Karikatur zeigt auf, was für Schüler die größere Attraktivität hat; davon ist immer auszugehen. Bei der Wahl der in Frage kommenden Anschauungsmaterialien ist die Wirklichkeitsnähe in der Regel stets das primäre Entscheidungskriterium. Es gibt darüberhinaus noch eine ganze Reihe anderer Strategien und Maßnahmen, die bei der Verwirklichung des Anschauungsprinzips zu beachten sind. Insgesamt gilt: Medienvielfalt nutzen, Medienmenge dosieren, Verarbeitungstiefe intensivieren!

■ <u>zur Terminologie:</u>

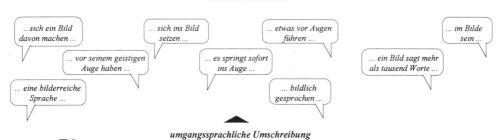

.. sich ein Bild davon machen ...

... sich ins Bild setzen ...

... etwas vor Augen führen ...

... im Bilde sein ...

... vor seinem geistigen Auge haben ...

... es springt sofort ins Auge ...

... ein Bild sagt mehr als tausend Worte ...

... eine bilderreiche Sprache ...

... bildlich gesprochen ...

▲

umgangssprachliche Umschreibung

 ANSCHAUUNG - VERANSCHAULICHUNG

P E R Z E P T I O N	A P P E R Z E P T I O N
wahrnehmen, erfassen	*verarbeiten, bilden von 'Vorstellungen'*

fachliterarische Definition

▼

"Es gelte die goldene Regel für die Lehrenden, daß alles soviel als möglich den Sinnen vergegenwärtigt werde." (Comenius 1657)

"Du sollst von der Anschauung ausgehen und von ihr zum Begriff gelangen! Vom Besonderen zum Allgemeinen, vom Konkreten zum Abstrakten und nicht umgekehrt." (Diesterweg 1835)

"Anschauung ist ein heuristisches Mittel zur Erkenntnisgewinnung." (Bruhn 1981)

"Von intensiver Anschauung kann nur dort gesprochen werden, wo dem Betrachter Gesichtspunkte, Begriffe, Kategorien zur Verfügung stehen, gleichsam Instrumente des Geistes, die den Apperzeptionsprozeß steuern und die Sinneseindrücke strukturieren." (Copei in Vierlinger 1975)

"Anschauung wird einmal als Vorgang und zum anderen als Ergebnis dieses Vorgangs aufgefaßt." (Horney 1960)

"Eine Anschauung entsteht nicht durch passives Hinnehmen; sie erfordert vielmehr gesteigerte Aktivität, ja gestaltendes Tun." (Huber 1975)

"Der Begriff 'Anschauung' läßt sich im pädagogischen Bereich im wesentlichen nach den Gesichtspunkten einer 'äußeren' und einer 'inneren' Anschauung gliedern." (Jörg 1970)

Beim "Begriff der Anschauung geht es um Prozesse, die die Bildung und Fundierung von Wissen betreffen." (Bruhn 1981)

"Anschauung, einer der wichtigsten didaktischen Grundbegriffe, der nicht etwa nur das bloße Anschauen, das Auffassen mit den Sinnen meint, sondern das Eindringen in den sinnvollen Zusammenhang der Wahrnehmungswelt, ein prüfendes Erfassen und Aneignen, das zur Begriffsbildung und zu den geistigen Inhalten führt." (Odenbach 1974)

"Unter Anschauung ist sowohl der Prozeß des Aufnehmens von Sinneseindrücken als auch das Ergebnis dieses Prozesses, klare Gedächtnisinhalte, zu verstehen." (Schröter 1985)

Unterrichtsprinzipien
- das anschauliche und veranschaulichende Lernen -

■ das didaktische Ziel:

Anschauungsmaterial

z.B.
originaler Gegenstand -
Bild - Modell - Diagramm

ANSCHAUUNG
zielt auf
die Auslösung kognitiver Prozesse

Anschauungsmaterial

z.B.
Präparat - Demonstration
Simulation - gestaltetes Wort

VERANSCHAULICHUNG
reduziert
einen Sachverhalt auf das Wesentliche, damit
Zusammenhänge transparent werden und damit
leichter einsichtig erfaßt werden können; es
handelt sich dabei um einen Vorgang des
Generalisierens; ergänzende Versprachlichung
der Darstellungselemente (z.B. durch Begriffe)
erforderlich;

VORSTELLUNG
bildet
*als sog. innere Anschauung, ein mentales
Modell eines Wirklichkeitsausschnittes*

"Das Ergebnis des Anschauens
sind klare und deutliche Vorstellungen." (Horney 1960)

Das Resultat sind "die aus dem Vorgang des Anschauens hervorgegan-
genen, klaren, bildhaften Vorstellungen ..." (Schröter 1985)

"Vorstellungen können aber
keineswegs als Photographien
oder Kopien von Bildern 'gedacht' werden."
(Wippich 1983)

"Mit Hilfe der Phantasie kann
ich mir sogar durch Kombination und Veränderung gewonnener Vorstellungen ... eine Anschauung von Dingen machen,
die ich in Wirklichkeit noch nie
gesehen habe." (Jörg 1970)

"Die Auffassung, daß Vorstellungsbilder der Wahrnehmung von realen Objekten äquivalent oder analog sind, wurde durch eine Reihe von Experimenten
von Kosslyn ... erhärtet."
(Arbinger 1984)

Folgerungen

VORSTELLUNGEN...

♦ ... *stellen* die näherungsweise Repräsentation von Wahrnehmungen dar.

♦ ... *repräsentieren* gewonnene Einsichten und Erkenntnisse, sind also "Wissensträger". (Paivio)

♦ ... *müssen* als innere Anschauungsbilder aktiv versprachlicht werden, eine wesentliche Bedingung für ihre
zuverlässige Wiedergabe.

♦ ... *fungieren* als 'Abbildungen' konkreter Erfahrungen
bzw. aufgenommener Informationen.

♦ ... *können* klar, detailliert, aber auch ungenau, fehlerhaft
sein (kognitive Relevanz).

♦ ... *können* aktivieren, lähmen, belasten, quälen, freudig
stimmen (emotionale Relevanz).

♦ Es kann häufig schon ein Hinweis auf eine individuell zu
bildende Vorstellung genügen (eine sog. Anschaulich-
keitsinstruktion nach Bower 1972), um das Behalten zu
steigern.

- Historische Wurzeln -

- **Aristoteles**
  (384 - 322 v.Chr.)
  : Das Lehren soll stets von den "Aistheta, den Sinnendingen ausgehen." (nach Jörg 1970) Erste Forderung nach Beachtung der Anschauung: "der denkenden Seele sind die Vorstellungen wie Wahrnehmungseindrücke gegeben" ... und "darum denkt die Seele niemals ohne ein Vorstellungsbild." (nach Bonne 1978)

- **Thomas v. Aquin**
  (1225 - 1274)
  : "Alles Lernen baue auf Erfahrung und Sinneswahrnehmung auf." (nach Hehlmann 1967) Die menschliche Erkenntnis hat "ihren Ursprung in der sinnlichen Anschauung." (nach Jörg 1970)

- **J.A.Comenius**
  (1592 - 1670)
  : "Alles soll, wo immer möglich, den Sinnen vorgeführt werden ...". (in: Orbis pictus) "Dinge und Worte sollen gleichzeitig dem Menschengeist dargeboten werden, vor allem die Dinge, da sie ebenso ein Gegenstand der Erkenntnis als der Sprache sind." (in: Didactica magna); 1658 erscheint sein Werk Orbis sensualium pictus, durch das der Schüler mit Hilfe von 150 Abbildungen Einblick in die Welt erhalten und das Leben lernen soll;

- **J.Locke**
  (1632 - 1704)
  : "Nichts ist im Verstand, was nicht zuvor in den Sinnen war." Der Weg zur Erkenntnis führt über die sinnliche Wahrnehmung, nicht über die verbalistische Unterweisung; die sinnlichen Wahrnehmungen hinterlassen im menschlichen Geist ihre 'Eindrücke'.

- **J.J.Rousseau**
  (1725 - 1778)
  : "Sachen, Sachen! Ich kann es nicht genug wiederholen. Wir legen den Worten zuviel Gewicht bei. Mit unserer geschwätzigen Erziehung erziehen wir nur den Schwätzer." (in: Emil III); "... die Welt sei das Buch, die Tatsachen der Lehrer." (in: Emil III)

- **J.B.Basedow**
  (1724 - 1790)
  : Kämpft gegen den Verbalismus: "Wenig Worte und viele Handlungen!"; "Sachen statt Worte!"; 1774 erscheint sein 'Elementarwerk' mit zahlreichen Einzelbildern auf Kupfertafeln; diese waren viergeteilt, daher war das einzelne Bild relativ klein;

- **I.Kant**
  (1724 - 1804)
  : "Begriffe ohne Anschauungen sind leer, Anschauungen ohne Begriffe sind blind."

- **Chr. Salzmann**
  (1744 - 1811)
  : Er wendet sich gegen die 'Wortgelehrsamkeit'; veröffentlicht 1784 sein 'Moralisches Elementarbuch', in dem Bild und Text, nebeneinanderstehend, sich ergänzen;

Abb.: Johann Amos Comenius: Orbis sensualium pictus 1658
aus: Nachdruck: Die bibliophilen Taschenbücher, Bd. 30, Dortmund 1978

Abb.:
Johann Berhard Basedow:
Elementarwerke
Berlin und Dessau 1774

Nachdruck,
Hg.: Theodor Fritsch 1972

Tab.XVI. Die Beschäftigungen in den vier Jahreszeiten. a) Das Pflügen, Säen, Eggen, die Blumenpflege und das Vergnügen an diesem allen im Frühjahr.- b) Die Heuernte und Kornernte im Sommer.- c) Die Fruchtsammlung, die Weinlese, das Vieh auf den Stoppeln und die Fischerei im Herbste.- d) Das Dreschen, das Holzfällen und die Jagd im Winter.

- **J.H. Pestalozzi** (1746 - 1827) : Er wird als Begründer des Anschauungsunterrichts angesehen; wendet sich gegen die "grundlosen Anmaßungen ... leeren Wortwissens", gegen die "Maularbeit" und stellt fest: "Ich habe den obersten Grundsatz in der Anerkennung der Anschauung als des absoluten Fundaments aller Erkenntnis festgesetzt." (in: Brief III, Wie Gertrud ihre Kinder lehrt);
1805 veröffentlicht Johannes Löhr das 'Erste Bilder- und Lehrbuch' mit Anschauungsmaterial zur Begriffsbildung;

- **J.F. Herbart** (1776 - 1841) : Die einschlägigen Gedanken des eben zitierten Pestalozzi greift er auf, indem er feststellt: "Übung im Anschauen ist also das allererste, allerhilfreichste, allernotwendigste ..." (nach Jörg 1970); er unterscheidet die "rohe Anschauung" (=Wahrnehmung ohne kognitive Erschließung) von der "reifen Anschauung" (= mit kognitiver Erschließung).
1838 erscheinen die Bildtafeln von Carl Zerrenner (Zur Anregung des Denkens, zur Wissensvermittlung, zur Beobachtungs- und Wahrnehmungsförderung und zur Begriffsentwicklung).

- **W.Rein** (1847 - 1929) : "... aus der lebendigen Anschauung muß der Schüler seine abstrakten Begriffe ableiten." (nach Bonne 1978)

- **K. Stöcker** : "Erst schauen, dann sprechen!"; "Anschaulich unterrichten heißt nicht, die Dinge nur zeigen, sie benennen, sondern heißt, sie aktiv, mit Anspannung aller Sinne, im Zustand gespannter Aufmerksamkeit ... fixierend betrachten, heißt also ... die innere Struktur und ihren Zusammenhang für das Ganze zu erkennen." (in: Neuzeitliche Unterrichtsgestaltung 1960)

- **K. Odenbach** : "Anschauung, einer der wichtigsten didaktischen Grundbegriffe, der nicht etwa nur das bloße Anschauen, das Auffassen mit den Sinnen meint, sondern ein Eindringen in den sinnvollen Zusammenhang der Wahrnehmungswelt ... das zur Begriffsbildung und zu den geistigen Inhalten führt." (in: Lexikon der Schulpädagogik 1974)

- **Metzig/Schuster** : Die bildliche Vorstellung ist "der Königsweg der Memorisierung." (in: Lernen zu lernen 1982)

- **W. Wippich** : "... daß ... Vorgänge der Informationsübermittlung und -speicherung wesentlich erleichtert werden, wenn bildhafte oder bildunterstützende Äußerungsformen oder 'Materialien' verwendet werden." (in: Lehrbuch der angewandten Gedächtnispsychologie, 1984)

◄ ABSICHT ►

- LERNOPTIMIERUNG -
d.h.
Erkenntnisgewinnung und Verbesserung des Behaltens durch Aktivierung der Sinne mit Hilfe verschiedenartiger Anschauungsobjekte

- Forschungsbemühungen -

■ Wissenschaftsbereiche:
(nach Weidenmann 1988)

♦ **die Wahrnehmungspsychologie ...**

untersucht 'elementare Prozesse des Bilderkennens', die Figur-Grund-Gliederung und stellt als Gestaltungsgrundsätze heraus: die Gesetze der guten Gestalt, der Ähnlichkeit, der räumlichen Nähe, der zeitlichen Nähe;

♦ **die Pädagogik ...**

bemüht sich mindestens seit Comenius (17. Jhd.) um eine Methodik der Anschauung mit Hilfe von Abbildungen und gewann die bekannten Erkenntnisse insbesondere aufgrund erfahrungswissenschaftlichen Vorgehens;

♦ **die Unterrichtswissenschaft ...**

beschäftigt sich im besonderen empirisch in der zweiten Hälfte des 20. Jhd. mit der 'Effektivität von Bildern in Lernprozessen' und mit der 'Identifikation der Merkmale "guter" Bilder' (Dwyer, Fleming u.a.);

♦ **die Gedächtnispsychologie ...**

erforscht die Bedeutung des Bildes vornehmlich unter dem Aspekt seiner Abspeicherung und Reproduktion und dies ausdrücklich auch in Verbindung mit sprachlichem Material (Paivio, Bransford u.a.);

Absicht

LERNOPTIMIERUNG

das heißt im einzelnen:

gezielte Wahrnehmungssteuerung - intensive Verarbeitungstiefe - langfristiges Behalten - zuverlässiges Reproduzieren - gesteigerte Lernfreude - Schärfung der Sinne

aber auch:

Kenntnisnahme von Welt - Wissenszunahme - Medienkompetenz

mit Hilfe:

angemessener und verschiedenartiger Anschauungshilfen

Unterrichtsprinzipien
- das anschauliche und veranschaulichende Lernen -

■ <u>Hauptphasen der kognitiven Verarbeitung von Wahrnehmungen:</u>

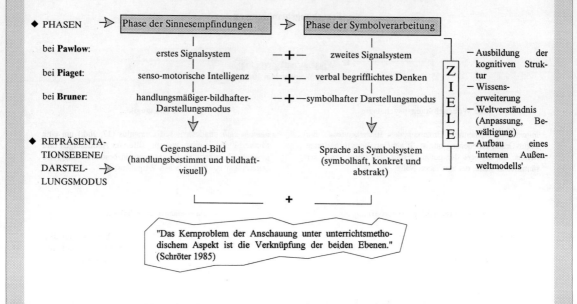

◆ PHASEN → Phase der Sinnesempfindungen → Phase der Symbolverarbeitung

bei **Pawlow**: erstes Signalsystem — + — zweites Signalsystem

bei **Piaget**: senso-motorische Intelligenz — + — verbal begrifflichtes Denken

bei **Bruner**: handlungsmäßiger-bildhafter- — + — symbolhafter Darstellungsmodus
Darstellungsmodus

ZIELE

◆ REPRÄSENTA-
TIONSEBENE/
DARSTEL- →
LUNGSMODUS

Gegenstand-Bild
(handlungsbestimmt und bildhaft-
visuell)

Sprache als Symbolsystem
(symbolhaft, konkret und
abstrakt)

— Ausbildung der kognitiven Struktur
— Wissens-erweiterung
— Weltverständnis (Anpassung, Bewältigung)
— Aufbau eines 'internen Außenweltmodells'

+

"Das Kernproblem der Anschauung unter unterrichtsmethodischem Aspekt ist die Verknüpfung der beiden Ebenen."
(Schröter 1985)

■ <u>psychische Vorgänge beim Ablauf medienunterstützter Lernprozesse:</u>

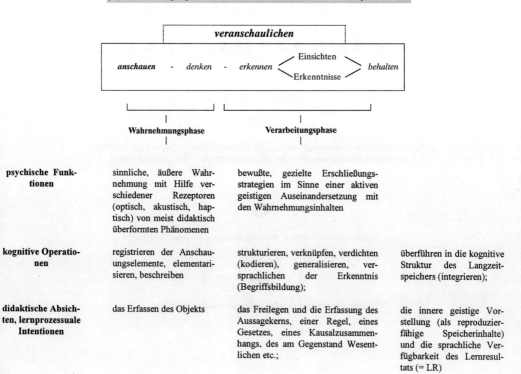

veranschaulichen

anschauen - denken - erkennen < Einsichten / Erkenntnisse > *behalten*

Wahrnehmungsphase   Verarbeitungsphase

	Wahrnehmungsphase	Verarbeitungsphase	
psychische Funktionen	sinnliche, äußere Wahrnehmung mit Hilfe verschiedener Rezeptoren (optisch, akustisch, haptisch) von meist didaktisch überformten Phänomenen	bewußte, gezielte Erschließungsstrategien im Sinne einer aktiven geistigen Auseinandersetzung mit den Wahrnehmungsinhalten	
kognitive Operationen	registrieren der Anschauungselemente, elementarisieren, beschreiben	strukturieren, verknüpfen, verdichten (kodieren), generalisieren, versprachlichen der Erkenntnis (Begriffsbildung);	überführen in die kognitive Struktur des Langzeitspeichers (integrieren);
didaktische Absichten, lernprozessuale Intentionen	das Erfassen des Objekts	das Freilegen und die Erfassung des Aussagekerns, einer Regel, eines Gesetzes, eines Kausalzusammenhangs, des am Gegenstand Wesentlichen etc.;	die innere geistige Vorstellung (als reproduzierfähige Speicherinhalte) und die sprachliche Verfügbarkeit des Lernresultats (= LR)

- Kategorien und Stufen der Informationserfassung -

● <u>Repräsentationsebenen nach Bruner und Piaget:</u>

◆ die enaktive Stufe:	◆ die ikonische Stufe:	◆ die symbolische Stufe:
Konkrete Objekte und Gegenstände führen über den handelnden Umgang mit ihnen zu Erfahrungen und zum "Be-greifen";	Bilder und andere Veranschaulichungsobjekte dienen als Informationsträger; sie ziehen die Aufmerksamkeit auf sich, lenken die Wahrnehmungen, tragen zur Ausbildung des visuellen Gedächtnisses bei; bildhafte Vorstellungen werden abgespeichert; Verständnis/Erkenntnis sind an Wahrnehmungen gebunden;	Das sich entwickelnde Symbolverständnis (Muttersprache, Mathematik) erlaubt die Verdichtung der Erfahrungen in Formeln, Sätzen und Regeln; die Fähigkeit zur Abstraktion und Verallgemeinerung nimmt zu;

handelndes Denken	anschauliches Denken	begriffliches Denken

Folgerungen

◆ die kognitive Entwicklung des Kindes durchläuft in der Regel diese drei Stufen (Bruner, Piaget);

◆ Anschauungsmaterialien lassen sich den Stufen der kognitiven Entwicklung zuordnen;

◆ diese drei Stufen der kognitiven Entwicklung erfordern die Berücksichtigung der ihnen jeweils angemessenen Repräsentationsebenen; sie haben außerdem Einfluß auf die Artikulation (= phasischer Ablauf) unterrichtlicher Ergebniserarbeitung;

◆ das unterrichtliche Bemühen im Zusammenhang mit Anschauung und Veranschaulichung erfordert in der Regel einerseits die handelnde aktive Auseinandersetzung, andererseits eine angemessene Versprachlichung des Lernmaterials u n d der damit gewonnenen Erkenntnis.

● <u>Repräsentationsebenen nach Armbruster/Hertkorn:</u>

◆ realbildliche Darstellungsformen:	◆ symbolische Darstellungsformen:	◆ verbale Darstellungsformen:	◆ schematische Darstellungsformen:
= ikonische Abbildungsart:	= analoge Abbildungsart:	= digitale Abbildungsart:	= graphisch-modellhafte Abbildungsart:
Fotos, Zeichnungen;	Zeichen, Piktogramme, physikalische Formeln;	Begriffe, Aussagesätze, Wörter, Beschreibungen;	Querschnitte, Modelle, Längsschnitte (merkmaltypisierend);

Folgerungen

◆ die Anschaulichkeit eines Lernmaterials kann von unterschiedlicher Qualität sein; für die Unterrichtsarbeit ist das in angemessener Weise zu beachten;

◆ die hier vorgelegte Reihung kann Überschneidungen nicht verhindern: so können verbale Darstellungsformen auch symbolisch sein (das Wort);

● Repräsentationsebenen nach allgemein-didaktischen Vorstellungen:

Anschauung durch originale Begegnung der Wirklichkeit = primäre Anschauung

♦ aufgesuchte Wirklichkeit:

- Exkursionen (Gelände, Museum, Zoo, sog. außerschulische Lernorte)
- Betriebserkundungen

bereitgestellte Wirklichkeit

- lebende und tote Natur (Tiere, Pflanzen, Gesteine)
- Sprachganze (Literatur, Urkunden, wissenschaftliche Berichte)
- Demonstration von Vorgängen (Technik, Physik, Chemie, Musik, Sport)

Anschauung durch Nach- und Abbildung der Wirklichkeit = sekundäre Anschauung

♦ Modell:

dreidimensional, relativ naturgetreu; u.U. veränderte Dimensionen (Verkleinerung, Vergrößerung);
- statisch (Pflanzen- und Tiermodelle, mathematische Modelle, Landschaftsreliefs)
- funktionell (Maschinen, Apparate, Modelle)

♦ Bild:

zweidimensionale Wirklichkeitsrepräsentation; Ausschnitt der Wirklichkeit;
- statisch (Photo, Dia)
- bewegt (Film, Fernsehen)

♦ Schema:

aufzeigen der typischen Strukturen und Merkmale; Arten: Umrißskizze, Querschnitt, Tabelle, Diagramm, Schaubild;

♦ Sprache:

verbale Wiedergabe von Informationen; Gefahr der Verfälschung durch individuelle Überzeichnung (Bedeutungsträger); Wiedergabearten: personell, auf Tonträger, gesprochen, geschrieben;
- darbietend (Erzählung, Bericht)
- szenisch (Rollen-, Planspiel);

Folgerungen

♦ eine Information kann in unterschiedlicher 'Verpackung' (Darstellungsform) angeboten werden;
♦ die Art der Informationserfassung und Weitergabe hängt von der Lernleistungsfähigkeit der Schüler ab (kognitive Dekodierleistung und angemessene affektiv-motivationale Sensibilität);
♦ der Vorgang der Erkenntnisgewinnung erfordert in der Regel die Einbeziehung von mehr als nur einer Repräsentationsebene (Wahrnehmungsvorgang, einsichtiges Erfassen, langfristiges Behalten, Reaktivierung der neuen Erkenntnis);
♦ beachtenswert: abnehmende Wirklichkeitsnähe bedeutet nicht immer zwangsläufig abnehmende Lernförderung (Dwyer 1979, Tvorsky und Baratz 1985);

● Repräsentationsebenen nach Wäldle:

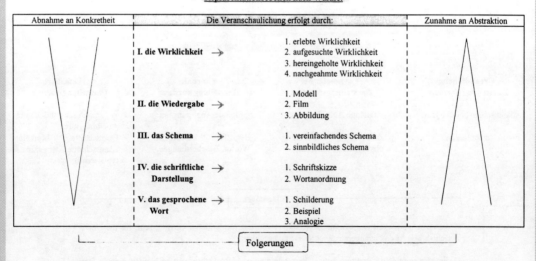

Abnahme an Konkretheit	Die Veranschaulichung erfolgt durch:	Zunahme an Abstraktion
	I. die Wirklichkeit → 1. erlebte Wirklichkeit / 2. aufgesuchte Wirklichkeit / 3. hereingeholte Wirklichkeit / 4. nachgeahmte Wirklichkeit	
	II. die Wiedergabe → 1. Modell / 2. Film / 3. Abbildung	
	III. das Schema → 1. vereinfachendes Schema / 2. sinnbildliches Schema	
	IV. die schriftliche Darstellung → 1. Schriftskizze / 2. Wortanordnung	
	V. das gesprochene Wort → 1. Schilderung / 2. Beispiel / 3. Analogie	

Folgerungen

♦ Anschauungshilfen können nach dem Maß ihrer Konkretheit bzw. Abstraktion näherungsweise hierarchisch geordnet werden, wobei die Sachnähe das Ordnungskriterium darstellt;
♦ Für die Lerneffektivität spielen jene Anschauungsmaterialien, wie Untersuchungen ergaben (Düker/Tausch 1971), eine zielführende Rolle, die ein besonders hohes Maß an Sachnähe besitzen.

Unterrichtsprinzipien
- das anschauliche und veranschaulichende Lernen -

■ **wissenschaftliche Befunde:**

Forschungsbemühungen und Forschungsergebnisse:
u.a.

Levin und Lesgold (1978):
Eine Steigerung der Behaltensleistung von über 40% kann erreicht werden, wenn im Gegensatz zur bloßen Textarbeit Bilder mündlich dargebotene Informationen illustrieren und das relativ unabhängig von Alter, Geschlecht, Intelligenz, Art der Bilder, Textlänge und -schwierigkeit;

Samuels (1970):
Bilder überlagern aufgrund ihrer größeren Wirkung (Anmutungsqualität) sprachlich gefaßte Informationen;

Kulhavy (1978):
Texte werden besser verstanden, wenn ihre Sprache 'lebendig' und bildhaft ist;

Dwyer (1975):
Eindeutiger Bildvorteil bei Schülern mit geringem Vorwissen;

Düker/Tausch (1971):
untersuchten die Langzeitwirkung verschiedener Anschauungshilfen;

Dwyer (1967, 1978):
Die verschiedenen Abbildungsarten haben unterschiedliche Effektivität;

Paivio/Csapo (1971):
Die Behaltensleistung ist auch eine Funktion des Konkretheitsgehaltes der dargebotenen Information;

Delin (1969), Bower (1972), Murray (1974):
Die Gedächtnisleistungen werden durch Verwendung lebhafter, aktiver Bildelemente verbessert;

Lorayne/Lucas (1974):
Behaltenssteigerung durch Visualisierung abstrakter Phänomene und Begriffe;

Nickerson/Adams (1979):
beschäftigten sich mit der Wirkung der Reduzierung von Bildinhalten bis zur Stufe abstrahierter Formmerkmale: Piktogramme;

Schallert (1980):
Bilder in Verbindung mit schriftlichem Lernmaterial unterstützen das Textverständnis und das Behalten dann, wenn die zentrale Information des Textes illustriert und die strukturalen Beziehungen abgebildet sind;

Dwyer (1978):
Für die Bildung von Vorstellungen ist eine bereinigte, auf das Wesentliche reduzierte schattierte Strichzeichnung im Vergleich zum Foto oder gar zur bloßen verbalen Darstellung effektiver;

nach Mandler (1976) in Wippich:
Insbesondere "räumliche Relationen werden bei organisierten Bildern besser behalten";

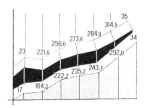

Bock (1983), Sequenzeffekt:
Verbesserung des Textverständnisses durch einen adäquaten Bildkontext (Bransford/Johnsen 1972) insbesondere, wenn das Bild dem Text vorausgehend angeboten wird;

Sadalla/Loftness (1972):
Verbesserung der Gedächtnisleistungen durch gefühlsgeladene Bilder;

Kee/White (1977):
untersuchten die Bedeutung interagierender Bildelemente für das Behalten und entdeckten positive Effekte;

Paivio (1978), Bildhaftigkeitseffekt:
Deutliche Überlegenheit bildhaft abgespeicherter Informationen im Vergleich zu bloß verbal kodierten Informationen;

Levie und Lentz (1982):
Text-Bild-Kombinationen erbrachten immer die besseren Lernergebnisse, da aufgrund der dual kodierten Information der Motivations- und Konzentrationseffekt am stärksten ist; der Bildvorteil wird größer, wenn Behaltenstests nach längeren Intervallen durchgeführt werden;

Berlyne (1968):
Wahrnehmung und Behalten werden positiv beeinflußt, wenn widersprüchliche, inkongruente Informationen als Elemente im Bild enthalten sind, da durch sie ein 'kognitiver Konflikt' geschaffen wird;

Dean und Enemot (1983), zit. in Weidenmann (1986):
Das Bild als vorangestellte Organisationshilfe verbessert dann die nachfolgende Informationsverarbeitung, wenn es eingehend wahrgenommen wurde und so gestaltet ist, daß das "Schlüsselkonzept" schnell und unmißverständlich aufgefaßt werden kann;

Reynolds (1968):
entdeckte, daß die Wiedergabe von Kenntnissen durch visuelle Superzeichen verbessert werden kann;

Glogauer (1972):
untersuchte die Bedeutung bewegter Bilder (Fernsehfilme) für das Lernen;

Peterson/Mc Gee (1974), Bower (1972), Kulhavy/Svensen (1975):
entdeckten einen positiven Effekt von Anschaulichkeitsinstruktionen auf das Behalten des Lernmaterials (stelle dir ein Bild vor!);

Campione/Brown (1977):
Bildvorgaben können generell die Erinnerungsleistung bei Kindern, älteren Menschen und kognitiv weniger leistungsfähigen Menschen verbessern;

Bobryk/Kurc (1980):
beschäftigten sich mit dem Erinnerungswert anschaulicher und unanschaulicher Sachverhalte und Worte;

praxisrelevant

☐ das Gedächtnis speichert primär bildhaft ab (imagery system - Bildspeicher);

☐ illustrierende Anschauungshilfen, so sie bestimmte Gestaltungsmerkmale aufweisen und am richtigen didaktischen Ort im lernprozessualen Geschehen erscheinen, verbessern das Lernen durch Einsicht, die Behaltens- und Reproduktionsleistung, mobilisieren Emotionen und schaffen Lernfreude;

☐ die Effektivität von Anschauungsmaterial steigt, wenn dazu noch gezielt die Sprache (Verbegrifflichung der Abbildung) und die aktive Auseinandersetzung des Schülers kommen;

☐ Bilder werden im Gedächtnis als Vorstellungen gespeichert; sie tragen die Funktion kognitiver Ankerelemente;

☐ eine reduzierte Bildaussage erhöht die Effektivität der Anschauungshilfe und unterstützt dadurch das Lernen und Behalten;

☐ Bilder als Anschauungshilfe sind Informationsträger; sie sind gedächtnispsychologisch den sprachlichen Informationsträgern überlegen;

■ methodische Aspekte:

generelle Strategien:

— Anschauungshilfen auf die Leistungsfähigkeit der Schüler abstimmen: Aspekt der kognitiven Entwicklungsphase und der verschiedenen Darstellungsebenen beachten;

— Anschauungshilfen dosiert verwenden: nicht die unverbindliche Illustration, die gezielte kognitive Auseinandersetzung ist das Ziel!

B.E. 1975/8, S.32

(aus Zs.: B.E. 1975/8, 5.32)

— In der Regel ist die Sachnähe eines Anschauungsmittels bei dessen Auswahl die Strategie der ersten Wahl;

— beim Wahrnehmungs- und beim Verarbeitungsvorgang den Einsatz der verschiedenen Sozialformen flexibel handhaben;

— Lernaktivität am Anschauungsmaterial unterstützen durch z.B. Beobachtungsaufträge, organisatorische Wahrnehmungshilfen und Hinweisreize (Rahmen, Verweispfeile, grafische Zeichen);

— auf Aktivität (in Alleinarbeit oder in Kooperation) bei der Analyse der Einzelelemente, der Ermittlung der Wesensmerkmale, der Freilegung der Struktur und des Aussagekerns des Unterrichtsthemas achten;

— die Wahrnehmungsbereitschaft (Lernmotivation) durch problemhaltige Anschauungshilfen (z.B. durch deren rationale oder emotionale Aussage oder der Art der Wiedergabe der Information) oder durch vorausgehende Problemstellung fördern (Erregung der Aufmerksamkeit);

— Fähigkeit im Umgang mit den unterschiedlichen Anschauungshilfen als Qualifikation (Lern-Sehen, visual literacy) entwickeln;

— Anschauungsinhalte in allen Phasen der Erschließung, aber auch bei der Sicherung der ermittelten Ergebnisse aktiv versprachlichen (überführen in den aktiven Sprachgebrauch);

— gezielte, begründete und flexible Verwendung lernrelevanter Anschauungshilfen: vom Foto bis zum audiovisuellen Medium; vom originalen Gegenstand bis zum Diagramm;

— auch selbsterstellte Anschauungshilfen (z.B. Lernplakate, Collagen, Tafelbilder, Modelle, Hafttafelelemente, Fotos) sind nach gedächtnispsychologischen Erkenntnissen zu konzipieren;

94 **Motiv und Motivation.** Die unablässige Forderung nach Motivation der Schüler bleibt plakativ, wenn sie nicht prinzipiell der Frage nach den Motiven nachgeht. Das wird dann sofort nachvollziehbar, übersetzt man diesen viel strapazierten Begriff mit Antriebskräfte, Beweggründe, Bedürfnisse. Legt man diese frei, dann findet man die zutreffenden Ansätze für die Motivation der Schüler im lernprozessualen Zusammenhang; dabei sind neben den allgemein altersspezifisch typischen Motiven immer auch jene zu eruieren, die im engen Bezug zum Lerninhalt und den beabsichtigten methodischen Vorgehensweisen in Betracht zu ziehen sind.
Die Literatur kann dabei nur prinzipielle Hinweise auf die organischen und psychischen Bedürfnisse der jeweiligen Altersstufe bieten. Die Motivation selbst ist dann jene zielgerichtete Aktivität, die den Lernablauf initiiert, in Gang hält und letztlich durch die Gewinnung des Unterrichtsergebnisses effektiviert. Aufgabe jeder Planung ist es, das Thema bzw. die Lernaufgaben in den Interessenbereich des Schülers zu bringen, um sie so lernaktiv und sachinteressiert zu machen (Sauer in Roth, L. Handlexikon zur Erziehungswissenschaft 1976).

94 **Funktionen.** Fast bei allen unterrichtsmethodischen Phänomenen ist es angezeigt, nach deren didaktischen Zielen, Absichten bzw. Leistungen zu fragen. Die Antwort darauf legitimiert ihre Anwendung in der Praxis. Als didaktische Funktionen der Motivation als grundsätzliche Forderung für die Unterrichtsgestaltung können u.a. emotionale, kognitive, instrumentale und soziale Gründe genannt werden.

94 **Ordnungsmodelle.** Maslow (1954) versucht mit Hilfe seiner häufig zitierten 'Bedürfnispyramide' Motiv-Kategorien nach ihrer entwicklungspsychologischen Relevanz hierarchisch zu ordnen. Die zunächst dominierenden organischen Bedürfnisse bilden die Basis. Darauf bauen sich dann weitere wesentliche Motivkategorien auf. Interessant dabei ist, daß bei Maslow intellektuelle Bedürfnisse nicht berücksichtigt werden. Diese fanden erst durch Root (1970) ihre Integration, und zwar nach der Stufe der Bedürfnisse nach Geltung. Die jeweils unterschiedliche Bedeutsamkeit der einzelnen Motive wird durch die Kurvendarstellung zum Ausdruck gebracht.
Der zweite Ordnungsvorschlag nach Murray (Gage/Berliner, Päd. Psychologie 1986, S. 396) zielt deutlicher auf das unterrichtliche Geschehen. Hier wird getrennt nach Bedürfnissen im Zusammenhang mit zu bewältigenden Lernaufgaben und solchen, die die soziale Interaktion beeinflussen. Dieser Grundgedanke, zum Lernen und zu einem sozialen Verhalten zu motivieren, wird später detailliert aufgegriffen, wenn es um die Überlegungen nach Motivationsstrategien geht.

95 **Kategorien.** Motive als endogene Bedürfnisse bilden das Antriebselement für die Motivationsvorgänge, die im Sinne von Erregungszuständen das Verhalten auf das geplante Lernresultat (= LR) hin steuern. Dabei spielen aktivierende Gegebenheiten und Zustände der Lernsituation (= exogene Faktoren) häufig eine nicht unwichtige Rolle, da Schüler meist eher aus sachfremden Motiven heraus lernen (= Fremdverstärkung im Vergleich zur Sachverstärkung, bei der das Interesse am Unterrichtsthema die Antriebskraft für das Lernen darstellt). Ob nun der eine oder andere Beweggrund das Verhalten stimuliert, letztlich geht es immer darum, den Schüler zum Lernen für eine konkret anstehende Lernsituation zu motivieren.
Auf die mit zwei großen Fragezeichen ausgestattete vielzitierte Formel für die Lernmotivation sei mit zwei Anmerkungen verwiesen: So wissenschaftlich sie auch aussieht, menschliches Verhalten ist nicht mit naturwissenschaftlich anmutenden Formeln im Sinne symbolgefaßter Sätze darstell- und erklärbar. Allerdings können wir durch diese formelhafte Verdichtung wesentliche Bedingungsvariablen für die Lernmotivation erfahren; deshalb die nun folgenden Erläuterungen zum besseren Verständnis:
MotI = Lernmotivation, LM = Leistungsmotivation, As = sachbereichsbezogener Anreiz, E = Erreichbarkeitsgrad, N = Neuigkeitsgehalt, Ae = Anreiz von Aufgaben, bIch = Bedürfnis nach Identifikation, bZst = Bedürfnis nach Zustimmung, bAbh = Bedürfnis nach Abhängigkeit, bGelt = Bedürfnis nach Geltung und Anerkennung, bStrafv = Bedürfnis nach Strafvermeidung.

95 **Die Arten.** In der einschlägigen Fachliteratur wird eine Vielzahl unterschiedlicher Motive aufgearbeitet. Da Motive als Grundbedürfnisse und Antriebskräfte des Menschen umschrieben werden, hängen der Grad ihrer Intensität, ihrer zeitlichen Dauer und ihrer Zielrichtung von individuellen Gegebenheiten des einzelnen ab.
Wichtig ist zu wissen, daß nach primären und sekundären Motiven zu unterscheiden ist. In die erste Gruppe gehören körperlich-physiologische Grundbedürfnisse (Hunger, Durst, Schlaf), deren Befriedigung die Voraussetzung für die

anderen Motive darstellt. Für den schulischen Raum sind die sekundären Motive, die als geistige Antriebe gesehen werden müssen, von besonderer Bedeutung. Hier unterscheidet man nach Aktivitäten, die durch die Sache, also die Lernaufgabe selbst, initiiert werden (= intrinsische bzw. sachimmanente Motivation), und solchen, die von außen, z.B. durch den Lehrer, durch die Angst vor Sanktionen und das Streben nach Belohnung stimuliert werden (= extrinsisch bzw. sachfremde Motivation).

Von wesentlicher Bedeutung für die Motivierung ist die zureichende Berücksichtigung der verschiedenen Motivarten, wie Sozial- und Individualmotiv, Interessen- und Neugiermotiv, Geltungs- und Vermeidungsmotiv und Macht- und Aggressionsmotiv; dies wird unschwer durch deren unterrichtsmethodische Bedeutung sichtbar.

96 | Aspekte der Leistungsmotivation. Definition.

Die hier aufgegriffene Formulierung von Heckhausen (1974) verweist auf die Eigenaktivität des Individuums beim Bestreben, Leistungen zu erbringen, wobei das eine von außen gesetzte objektive oder aber auch selbstgesetzte subjektive Größe sein kann. Für den Unterricht bedeutet das die Beachtung und Berücksichtigung der jeweils lerngegenstandsbezogenen Leistungsfähigkeit und der individuell gegebenen kognitiven Stile mit dem Ziel ihrer kontinuierlichen Entfaltung. Das Bedürfnis, Leistungen zu erbringen, zeigt sich schon in der Freude am Tätigsein, durch die Fragelust, das Neugierverhalten, durch den Drang, selbständig, also ohne fremde Hilfe, etwas auszuführen.

Schon das einfache Bedürfnis, Gegenstände irgendwelcher Art zu sammeln, drückt Leistungsmotivation aus (z.B. durch das aktive Bemühen, durch das sachliche Interesse, durch das Streben nach Geltung und Anerkennung). Die unterrichtliche Nutzung ist vielfältig und kann sich erstrecken vom Sammeln von Vorkenntnissen, originalen Gegenständen, Lernmaterialien in Form von Ergänzungsmedien, Anwendungsbeispielen, Anerkennung in Gestalt materieller Verstärker (token-system).

Ganz gewiß spielt für die Leistungsmotivation ein anregungsreiches Milieu im häuslichen Erziehungsbereich eine grundlegende Rolle (Erziehungspraktiken wie Modellmuster, Vorbild, Vertrauen, Liebe, positive Verstärkung, angemessene Zielvorgaben, Spielmaterial u.a.). Das Leistungsmotiv ist im Gegensatz zum rein inhaltsbezogenen Interessenmotiv zunächst eine prinzipielle Befindlichkeit und generelle Grundhaltung möglichen selbstveranlaßten oder von außen initiierten Aktivitäten gegenüber.

Zum Problem können in diesem Zusammenhang überzogene Erwartungen, übertriebener Ehrgeiz und insgesamt die Grenzziehung bei der Dosierung zu bewältigender Lernaufgaben werden. Lernen impliziert leisten. Es zählt zu den wichtigsten, aber auch zu den schwierigsten Aufgaben des Lehrers, Lernansprüche und Leistungserwartungen mit dem emotionalen und kognitiven Entwicklungsstand des einzelnen Schülers in Übereinstimmung zu bringen.

96 | Entwicklung des Leistungsmotivs.

Wir finden in der einschlägigen Literatur teilweise Ausführungen darüber, wie sich die Einstellung des Individuums zur Leistung im Laufe der physischen und psychischen Entwicklung zeigt. Die vorliegende Aufgliederung nahm Aschersleben (1974) vor, wobei er die entsprechenden Aussagen der drei wohl bekanntesten Motivationsforscher aufgreift und einarbeitet. Der wichtigste Abschnitt liegt demnach für die Entwicklung des Leistungsmotivs im Kindergarten- und Grundschulalter. Hier kommt es besonders auf die Erziehung zur Selbständigkeit, auf die Vorgabe realistischer Anspruchsniveaus in Gestalt erreichbarer Arbeitsziele und Lernaufgaben, auf die Akzeptanz und die positive, also Ver- und Zutrauen signalisierende Erziehereinstellung an.

96 | Anspruchsniveau und Gütemaßstab.

Durch die Abbildung einer Treppe ('Erfolgsleiter') sollte die Bedeutung von Mißerfolg und Erfolg auf das steigende oder fallende Anspruchsniveau symbolisiert werden. Es handelt sich hier um eine generelle, unspezifische, aber stets konkreten Lernanforderungen ausgesetzte Persönlichkeitsvariable. Gezielte unterrichtliche Maßnahmen, die häufige Erfolgserlebnisse gestatten, sind die logische Konsequenz für eine positive Entwicklung des Anspruchsniveaus.

Der Gütemaßstab erfaßt das Ergebnis der Lernleistung qualitativ und/oder quantitativ und drückt dessen spezifischen Wert aus. Relevanzkriterien sind Sach-, Sozial-, Selbst- und Autoritätsbezüge. Die Leistungsmotivation beinhaltet Anspruchsniveau und Gütemaßstab in je nach Lernanforderung individuell unterschiedlicher Ausprägung.

96 | Erfolgsmotivierte und mißerfolgsängstliche Schüler.

Wenn es um Überlegungen zur Lern- und Leistungsmotivation geht, werden häufig die durch Erfolg motivierten und die durch Mißerfolg frustrierten Schüler typisiert und gegenübergestellt.

Erfolgreiche setzen sich eher sachbezogene Gütemaßstäbe, schrecken nicht vor schwierigen Aufgaben zurück, zeigen mehr Ausdauer, überschätzen aber auch manchmal ihre Leistungsfähigkeit durch ein zu hohes Anspruchsniveau. Schüler, die häufig Mißerfolge erfahren haben, setzen sich meist ein sehr niedriges Anspruchsniveau, zeigen wenig Lernausdauer und Selbständigkeit. Sie sind eher sehr sensibel und erleiden nicht selten Denkblockaden aufgrund neurophysiologisch-hormoneller Vorgänge (Angst vor Versagen).

97 **Kriterien der Lernmotivation. Typisierung.** Das stete Bemühen in der unterrichtlichen Arbeit gilt auf allen Stufen des lernprozessualen Bemühens einer angemessenen Lernmotivation. Dies muß bedeuten, daß nicht nur innerhalb der Eröffnungsphase dieser Notwendigkeit Rechnung getragen wird, wie das durch die unglückliche Bezeichnung 'Motivationsphase' mißinterpretiert werden könnte. Jede Artikulationsstufe ist auch unter dem Kriterium einer zureichenden Motivierung durch den jeweils anstehenden Lerninhalt und den beabsichtigten methodischen Strategien zu planen (deshalb Motivation als Prinzip). Dabei weiß der Schulpraktiker, wie anspruchsvoll hinsichtlich ihrer motivationalen Wirkung gerade die einzelnen Stufen der Sicherung und Übung zu konzipieren sind. Jedes lernmotivierende Bemühen zielt auf eine ausreichende Annäherung des Schülers an den Lernstoff bzw. auf das Schaffen einer anregenden pädagogischen Situation. So kann generell das Maß an Aufmerksamkeit erhöht und die Wahrnehmung sicherer gesteuert werden; allerdings darf nicht die für jede Lernaufgabe jeweils spezifisch gegebene Wechselwirkung zwischen den zu akzeptierenden endogenen Dispositionen (Persönlichkeitsfaktoren) und den beeinflußbaren exogenen Gegebenheiten (Situationsfaktoren des Lernumfeldes) außer acht gelassen werden. Dabei werden im Kontext der Lernmotivation in der Literatur die entsprechenden Persönlichkeitsfaktoren als Produkt sozialer Lernprozesse (beeinflußt insbesondere durch Erzieherverhalten und Vorbildwirkung) betrachtet, die Situationsfaktoren mit den bekannten Motivationskriterien (Neuigkeit der Lernaufgabe, angstfreies Lernklima, Verständnis, Anerkennung u.a.) charakterisiert.

97 **Bedingungen.** Daß Schüler nach Art und Ausmaß nicht beliebig motivierbar sind, weiß jeder erfahrene Unterrichtspraktiker. Deshalb sind bei den Überlegungen nach Motivationsansätzen, die stets themen- und lernprozessbezogen anzustellen sind, immer Bedingungen und Voraussetzungen zu berücksichtigen, die vom Schüler, vom Lerngegenstand, vom Lehrer und seinen methodischen Maßnahmen in die Lernsituation eingebracht werden.

97 **Maßnahmen.** Die immer und von allen Schülern erwartete, das Lernen motivierende Grundgestimmtheit läßt sich durch Anwendung verschiedenartiger pädagogischer, psychologischer und unterrichtsmethodischer Strategien fördern bzw. stabilisieren. Auch hier gilt wieder die Forderung nach dosierter Abstimmung auf die individuellen Dispositionen, die jeder Schüler in die Lernsituation einbringt.
Die hier aufgeführten Maßnahmen verlangen nach einer detaillierten Konkretisierung; in der vorliegenden, notwendigerweise kompakten Darstellungsform sind sie als Imperative zu verstehen.

97 **Folgerungen.** Jegliches Bemühen zur Beeinflussung der Motivation, ob in der Schule, im Beruf, im Sport, verlangt nach der bewußten Einbeziehung menschlicher Motive wie sie z.B. im ersten Schaubild (-didaktische Grundlagen -) mehrfach aufgezeigt werden. Die zureichende Beachtung menschlicher Bedürfnisse kann gerade für die unentwegt geforderte und meist auch beklagte Lernmotivation problemlösend, zumindest aber problemverbessernd wirken.

97 **Probleme und Grenzen.** Die Aussicht auf die Chance des Gelingens, aber auch auf die des Mißlingens, ist wie bei den meisten pädagogischen und unterrichtlichen Bemühungen auch bei der Absicht, eine zielführende Motivation aufzubauen, immer gegeben. Hemmende und behindernde Einflüsse gehen dabei von der Schülerindividualität, in eher zu bewältigendem Maße auch von der Organisation und der Gestaltung der einzelnen Lernsituation aus.

98 **Möglichkeiten der Verwirklichung.** In den verschiedenen Publikationen finden wir leider sehr verstreut eine Fülle bewährter Motivationsstrategien bzw. methodischer Maßnahmen mit ausgeprägter motivationaler Valenz. Eine griffige, schlüssige und für die Praxis geeignete kategoriale Erfassung nehmen Gage/Berliner (1986/4) vor, die nach Sozial- und Lernverhalten im Zusammenhang mit Motivation im Unterricht unterscheiden. Sicher lassen sich hier noch eine ganze Reihe anderer motivationsstimulierender Maßnahmen ergänzen.

Unterrichtsprinzipien
- das motivierte Lernen -

- Motiv und Motivation -

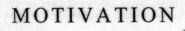

| ZWEIFEL | NEUGIERDE | FREUDE | **MOTIV** | ANGST | GELTUNGSBEDÜRFNIS |

lat.:
motivum = Antrieb, Beweggrund
movere = bewegen, antreiben

übertragen:
Beweggründe, Antriebskräfte,
Bedürfnisse

Motive sind:
Bezeichnungen für organische
und psychische Bedürfnisse

ZUVERSICHT   GESELLIGKEIT   DOMINANZ   AUTONOMIE   LEISTUNGSBEREITSCHAFT   SELBSTVERWIRKLICHUNG

= "ein Wirkungsgefüge vieler Faktoren, das das Verhalten steuernd ausrichtet" (Heckhausen)

= "Aufbau und Reduktion einer
Bedürfnisspannung" (Correll)

= "ein Zustand, der ein zielge-
richtetes Verhalten initiiert,
steuert und bis zur Zielsetzung
in Gang hält" (Rüdiger u.a.)

MOTIVATION

= "Aktivierung von Motiven"
(Schiefele)

= "ein Zustand des Angetrieben-
seins" (Kunert)

= Sammelbezeichnung, Oberbegriff
für alle seelischen und körperlichen
Zustände, von denen eine zielgerichtete Aktivität ausgehen kann.

"vom Interessantmachen des Themas ► *zum Interessiertmachen des Schülers" (Sauer)*

Funktionen

insbesondere:

➤ Steigerung der
Lernfreude

➤ Initiierung der
Lernaktivität

➤ Förderung der
Erkenntnisgewinnung

➤ Steuerung der
Lernaktivität

➤ Steigerung der
Behaltensleistung

➤ Aufbau bzw.
Änderung des
Sozialverhaltens

Ordnungsmodelle

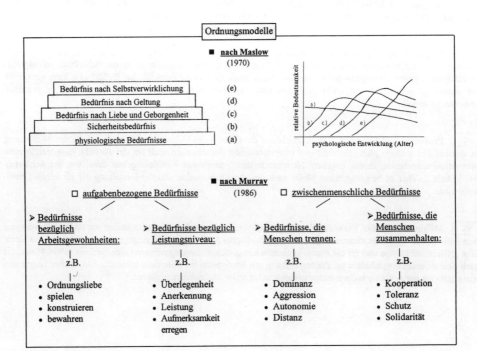

■ **nach Maslow**
(1970)

Bedürfnis nach Selbstverwirklichung	(e)
Bedürfnis nach Geltung	(d)
Bedürfnis nach Liebe und Geborgenheit	(c)
Sicherheitsbedürfnis	(b)
physiologische Bedürfnisse	(a)

relative Bedeutsamkeit

psychologische Entwicklung (Alter)

■ **nach Murray**   (1986)

□ aufgabenbezogene Bedürfnisse   □ zwischenmenschliche Bedürfnisse

➤ Bedürfnisse
bezüglich
Arbeitsgewohnheiten:

z.B.

- Ordnungsliebe
- spielen
- konstruieren
- bewahren

➤ Bedürfnisse bezüglich
Leistungsniveau:

z.B.

- Überlegenheit
- Anerkennung
- Leistung
- Aufmerksamkeit
erregen

➤ Bedürfnisse, die
Menschen trennen:

z.B.

- Dominanz
- Aggression
- Autonomie
- Distanz

➤ Bedürfnisse, die
Menschen
zusammenhalten:

z.B.

- Kooperation
- Toleranz
- Schutz
- Solidarität

- Kategorien und Arten -

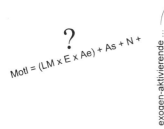

Gegebenheiten und Zustände ...

$$MotI = (LM \times E \times Ae) + As + N +$$

exogen-aktivierende ...

MOTIVE
relativ überdau-
ernde Bedürfnisse,
endogene Dispo-
sitionen

der Lernsituation

$$[b\,Id + b\,Zust + b\,Abh + b\,Gelt + b\,StrafV]$$

M O T I V A T I O N
gesteuertes, zielgerich-
tetes Verhalten mit
Verlaufscharakter

intrinsisch-sachbezogen:
Interesse, Neugier, Kompetenz, Identifikation
SELBSTVERSTÄRKUNG

extrinsisch-sachfremd:
Lob, Anerkennung, Geltung, Vorteile
FREMDVERSTÄRKUNG

Sozialmotiv	Individualmotiv	Interessenmotiv	Neugiermotiv
Kooperation, Solidarität, Toleranz, Kritikfähigkeit, Vorurteilsfreiheit; *deshalb:* partnerschaftlicher Unterrichtsstil, offener Unterricht, rationale Konfliktlösung, Beachtung der Gruppendynamik, Entwicklung des Wir-Bewußtseins, Förderung der Kommunikationsfähigkeit;	Selbsttätigkeit, Selbstständigkeit, Selbstbestimmung, Ich-Stärke, Mündigkeit; *deshalb:* eigene Zielsetzungen ermöglichen, Eigeninitiative zulassen, Mitbestimmung gestatten, individuelles Lerntempo beachten, auf Eigenkontrolle drängen, Gefühle artikulieren, Selbstvertrauen und Zuversicht unterstützen;	Sachinteresse, Wertorientierung (Basis und Auslöser für intrinsische Motivation); *deshalb:* an Sachinteresse anknüpfen, dazu Bezüge herstellen, dabei auf emotionale (z.B. Abwendung, Hinwendung) und operative (Handlungsbedürfnis) Komponenten achten;	Wissens- und Forscherdrang (epistemisches Bedürfnis); Fragebedürfnis; *deshalb:* Entdeckungslernen pflegen; kognitive Konflikte auslösen, geeignetes didaktisches Material bereitstellen;

⟨ L R ⟩

Geltungsmotiv	Vermeidungsmotiv	Machtmotiv	Aggressionsmotiv
Streben nach Anerkennung von Leistung, Akzeptanz, Zustimmung, Wertschätzung; *deshalb:* Anerkennung durch Lob und Herausstellung, Zuwendung und positive Verstärkung; besondere Beachtung des jeweils individuellen Fortschritts und nicht nur des Ergebnisses;	Vermeidung von Sanktionen, Strafen, Mißerfolg, Mißachtung, Ablehnung; *deshalb:* keine Überforderungen; kein Bloßstellen; Chancen für Erfolgserlebnisse einräumen; Fehlern mit Verständnis begegnen; zurückhaltende Kritik; sparsame, dosierte Bestrafung;	Streben nach Dominanz, Respekt, Anerkennung, Prestige, Einfluß; Macht über Fähigkeiten und Kenntnisse; *deshalb:* Gewährung von Mitbestimmung, Akzeptanz und Führungsaktivität; Übertragung von Verantwortung für Sachen (Beschaffung) und Personen (Patenschaften); einseitige Führungsdominanz verhindern; Forderung von Rücksichtnahme und Integrationsfähigkeit;	(Zer)störung von Person und/oder Sache; überschießende Reaktionen; Ursachen: Verärgerung, Ablehnung, Enttäuschung, Wut; *deshalb:* Verbalisierung der Gefühle; kognitive Verhaltensanalyse; Freilegung der Beweggründe, spüren der Konsequenzen; veranlassen zur Wiedergutmachung (Entschuldigung, sachlicher Ersatz); Beschäftigungs-, Spiel-, Gesprächstherapie; keine Typisierung;

- Aspekte der Leistungsmotivation -

■ Definition:

unter Leistungsmotivation versteht man ...

"das Bestreben, die eigene Tüchtigkeit in allen jenen Tätigkeiten zu steigern oder möglichst hoch zu halten, in denen man einen Gütemaßstab für verbindlich hält und deren Ausführung deshalb gelingen oder mißlingen kann." (Heckhausen 1974)

durch

kontinuierliche Entfaltung

des sachstrukturellen	*und*	*der kognitiven*
Entwicklungsstandes		*Stile*
(= lerngegenstandsbezogene Leistungsfähigkeit)		(= unterschiedliche Auffassungs- und Verarbeitungsarten)

■ Entwicklung des Leistungsmotivs:
(Aschersleben 1977, Heckhausen 1978)

Phase der Vorläufermotive 1. - 3. Lebensjahr	eigentliche Genese des Leistungsmotivs 3./4. - 5./6. Lebensjahr	Phase der Stabilisierung des Leistungsmotivs 6. - 14. Lebensjahr	weitere Entwicklung im Erwachsenenalter 14. - 40. Lebensjahr	Leistungsmotiv im Alter ab dem 40. Lebensjahr
Grundlage für die Entwicklung anderer Motive. Wichtigste Vorläufermotive: • Selbständigkeitsdrang • Ausdauer • Explorationstrieb • Funktionslust	wichtigste Phase: Kinder erleben das Gelingen oder Mißlingen einer Aufgabe als persönlichen Erfolg bzw. Mißerfolg. Abhängigkeitsfaktoren: • soziales Milieu • Erzieherverhalten • soziogene Faktorenbereiche	leichte Zunahme bzw. Abnahme des Leistungsmotivs möglich; situative Faktoren so gestalten, daß sie eine optimale Leistungsmotivation zulassen;	keine auffälligen Veränderungen des Leistungsmotivs mehr;	berufliche und familiäre Stabilisierung ist eingetreten: • motivationale Sättigung oder • Frustration

■ Anspruchsniveau und Gütemaßstab:

"Das Anspruchsniveau ist die Gesamtheit der mit jeder Leistung sich verschiebenden Zielsetzungen eines Probanden (Schüler) an seine zukünftige Leistung." (Hoppe/Aschersleben)

"Beim Begriff des Gütemaßstabs geht es ... um die Klassifizierung von leistungsthematischen Umweltbezügen in der jeweiligen Unterrichtssituation." (Aschersleben)

d.h.
(nach Aschersleben 1977)

Das Erreichen einer Leistung führt zu einer Erhöhung, das Nichterreichen einer Leistung zur Senkung des Anspruchsniveaus. Auch soziale Bezugsnormen sind von Bedeutung (Anerkennung, Rangordnung, Herzeigewert, Neid).

d.h.
(nach Gaedicke 1975)

• **der sachbezogene Maßstab:** ... ist der Vollkommenheitsgrad der erbrachten Leistung.
• **der sozialbezogene Maßstab:** ... ist der Vergleich mit den Leistungen anderer.

• **der personenbezogene Maßstab:** ... ist der Vergleich der momentanen Leistung mit früheren Leistungen.
• **der autoritätsbezogene Maßstab:** ... ist das von den Eltern/Lehrern gesetzte Anspruchsniveau.

formale Komponente
der Zielsetzungen eines Schülers

inhaltliche Komponente
der Zielsetzungen eines Schülers

■ erfolgsmotivierte und mißerfolgsängstliche Schüler:

- ☺ -

erfolgsmotivierte Schüler:
Leistungsverhalten bestimmt durch Hoffnung auf Erfolg.

Folgerungen

Erfolgsmotivierte Schüler sind in der Regel intrinsisch motiviert; sie brauchen wenig Anreize von außen;

- ☹ -

mißerfolgsängstliche Schüler:
Leistungsverhalten bestimmt durch Furcht vor Mißerfolg.

Folgerungen

• angstfreies Klima durch erreichbare Lernaufgaben schaffen;
• aufzeigen eines realistischen Anspruchsniveaus;

- Kriterien der Lernmotivation -

■ Typisierung:

Heckhausen: "Leistungsmotivation ist der bedeutendste Faktor der Lernmotivation"; - dominante Stimuli dabei sind: Hoffnung auf Erfolg und Angst vor Mißerfolg; - Lernmotivation wird getragen von relativ überdauernden Persönlichkeitsvariablen (Fachinteresse, Bedürfnis nach Geltung, Zustimmung und Strafvermeidung, Leistungsmotivation); sie bedürfen als endogene Dispositionen situativer Anregungsvariablen wie Neuigkeit, Anreiz und Erreichbarkeitsgrad der Aufgabe und einer positiven Lernatmosphäre (= exogene Gegebenheiten);

■ Bedingungen:

♦ Schüler:
sensitiv, neugierig, erlebnishungrig, erfolgsorientiert, aktiv, spielfreudig, sachinteressiert, leistungsbereit;
Vertrauen in die Situation;

♦ Lehrer:
sachkompetent, überzeugungsfähig, partnerschaftlich, didaktisch und methodisch professionell, verständnisvoll;
Vermittlung von Geborgenheit;

♦ Lerngegenstand:
altersspezifisch, transparent, gegliedert, aktuell, brauchbar, wirklichkeitsnah, aktivierend, erreichbar;

♦ Lehrstrategie:
aktivierend, veranschaulichend, flexibel, variativ, fordernd, kooperationsfördernd, entwicklungsgemäß (kindgemäß), differenzierend;

■ Maßnahmen:

kindgemäße Themenwahl und Problemstellungen - Methodenwechsel und Medienvariabilität - erreichbare Kurzziele setzen und handlungsgetragenes aktives Lernbemühen ermöglichen - Gefahr der Über- und Unterforderung beachten - Lernverstärkung durch häufige Erfolgserlebnisse - Vertrauen in die Leistungsfähigkeit signalisieren - individuelle Lernhilfe gewähren - schaffen eines positiven Lernklimas durch erziehenden Unterricht - Anstrengungen belohnen und bei Mißerfolgen ermutigen - angemessene Gütemaßstäbe aufzeigen als Anreiz und zur Selbstbewertung der eigenen Tüchtigkeit

■ Folgerungen:

Berücksichtigung der Bedürfnisse ...
Anerkennung, Kooperation, Fachinteresse, Geborgenheit, Erfolg, Leistung, Neugierde, Erlebnis, handelndes Tun;

■ Probleme und Grenzen:

... verursacht durch die Schülerindividualität:

- entwicklungsabhängige Schwankungen der Motivationsstärke;
- Prägung durch das soziokulturelle Umfeld;

- individuell gegebene Motivierbarkeit;
- Motivationsstörung durch Angst vor Strafe und Mißerfolg;

- Mangel an Motivationssensibilität;
- ausgeprägte Aggressions- und Machtmotive;
- unzureichende Leistungsbereitschaft;

... verursacht durch die Lernsituation:

➢ äußere Störungen der Lernsituation;
➢ Motivationsmangel bei mechanischen Lernvorgängen (Drill), während rezeptiver Lernphasen und bei medienlosem Gesprächsunterricht;
➢ Unzulänglichkeiten aufgrund eines medialen Überangebotes und einer Einseitigkeit bei der Wahl und Entscheidung für bestimmte methodische Verfahrensweisen (Methoden-monismus);
➢ fehlende bis unzureichende Erfolgsverstärkung;

➢ Über- und Unterforderung bei der Stellung der Lernaufgaben;
➢ angst- und stressverursachende Lernatmosphäre;
➢ Nichtbeachtung biologischer Grundbedürfnisse (körperliche Verfassung, Müdigkeit, Hunger, Bewegungsdrang);
➢ Unkenntnis einer vorliegenden Kausalattribuierung (der Erfolgsorientierte: Hoffnung auf Erfolg; der Mißerfolgsorientierte: Angst vor Mißerfolg);
➢ überzogener Leistungs- und Konkurrenzdruck;
➢ anregungsarme Lernaufgaben und -abläufe;

➢ fehlende individuelle Zuwendung und Unterstützung;
➢ Übertreibungen bei der Verwendung positiver und negativer Verstärker (Lob, Belohnung, Tadel, Strafe);
➢ der erforderliche, angemessen hohe Motivationsspegel während des gesamten Lernprozesses (nicht nur während der Eröffnungsphase);
➢ vage bis fehlende Leistungsvorgabe;
➢ Mangel an emotionaler Zuwendung und Geborgenheit;

- Möglichkeiten der Verwirklichung -

■ ... zu einem angemessenen Sozialverhalten motivieren:

- Lob und Belohnung zur Verstärkung positiven Verhaltens gezielt verwenden;
- Sicherheit und Geborgenheit vermitteln (Heckhausen);
- Verantwortung für die Gemeinschaft übertragen;
- Konkurrenzdruck weitgehend vermeiden;
- Leitfigur für die Lernsituation gewinnen (Gage/Berliner);
- zu Rücksichtnahme und Toleranz veranlassen;
- Eigeninitiative anregen;

- Bewußtsein der Integration bzw. der Gruppenzugehörigkeit schaffen;
- Gegenseitige Hilfe und Unterstützungsmaßnahmen aktivieren;
- Bestreben nach Autonomie angemessen gewähren;

- soziale Lernformen vorziehen (Gruppen- und Partnerarbeit, Diskussion, Projektunterricht, offener Unterricht);
- Positives, angstfreies pädagogisches Klima schaffen;
- aufscheinende aggressive Verhaltensweisen lenken (Diskussion);
- Rollenspiele und Simulationsspiele pflegen (Gage/Berliner);
- soziale Beziehungen zwischen den Schülern ermitteln und analysieren;
- Vertrauen und Verantwortung übergeben;

■ ... zu einem zielführenden Lernverhalten motivieren:

... den Lerngegenstand betreffend:

- konfliktträchtige Strukturelemente des Unterrichtsthemas herausstellen (Berlyne); z.B.: das Zweifelhafte, das Ungewisse, das Unklare, das Ungereimte, das Widersprüchliche;
- Kontrastdarstellungen anbieten;
- eine mögliche Sach- und/oder Personidentifikation herausstellen;
- einen eventuell möglichen aktuellen Bezug des Lernstoffes herstellen;

- die Struktur und Gliederung des Unterrichtsthemas ermitteln und offenlegen;
- die Grundstruktur des Lerninhalts durch ein Denkgerüst oder einen Wahrnehmungsraster erfassen (advance organizer);
- den Lerninhalt personalisieren (der Mensch im Mittelpunkt);
- eine kindgemäße (überschau- und erfaßbare) Problemstellung bzw. Problemfrage anbieten oder entwickeln;

... den Lernvorgang betreffend:

- das 'Primärmotiv des Machens' (Schiefele) berücksichtigen (sammeln, ordnen, konstruieren, spielen etc.);
- Anreiz, Neuigkeits- und Erreichbarkeitsgrad der Lernaufgaben beachten (Heckhausen);
- an Vorkenntnisse anknüpfen und brainstorming durchführen;
- die Überzeugungskraft eines Experten in Anspruch nehmen;
- die Schüler an der Lernplanung und -organisation beteiligen (offener Unterricht);
- den individuellen Lernfortschritt hervorheben;
- Erfolgserlebnisse ermöglichen, Mißerfolgserlebnisse vermeiden;
- das entdeckende Lernen pflegen (Bruner);

- variativ dosierten Wechsel von methodischen Verfahrensweisen (Lehrakte, Sozialformen, Medienverwendung) vornehmen;
- realisierbare Lernziele (mittlerer Schwierigkeitsgrad!) setzen und sie vor der Erarbeitung bekanntgeben;
- die 'originale Begegnung' (Roth) suchen;
- das Unterrichtsthema 'in-Wert-setzen';
- Leistungsnormen bzw. Gütemaßstäbe für die zu erbringende gegenstandsgebundene Leistung aufzeigen;
- das individuelle Lernbemühen gestatten (kreative Lösungswege, Lerntempo);
- Lob und Belohnung bzw. Tadel und Kritik reflektiert gebrauchen;
- Phasen des quaestiven Lernens einplanen;

DAS KOOPERATIVE LERNEN

101 **Zur Charakteristik des Phänomens. Definition.** Je differenzierter sich eine Gesellschaft und die sie prägende Arbeitswelt entwickelt, umso dringender ist die gezielte Einschulung und Entfaltung angemessener Qualifikationen (kognitive und instrumentale Techniken des Lernens). Die Reflexion des Unterrichtsprinzips der Kooperation zeigt hier ein großes Spektrum an Möglichkeiten, aber auch an Notwendigkeiten auf. Wesentlich sind in diesem Zusammenhang die Einzelphänomene: soziales Verhalten, Individuen mit spezifischen Fähigkeiten, gemeinsames Ziel, Koordination, gegenseitige Hilfe. Es gibt kaum ein Fach und selten ein Unterrichtsthema, in dem nicht Ansätze gegeben wären, der als Bildungsziel postulierten Sozialisation bzw. Sozialkompetenz durch entsprechende methodische Maßnahmen schritt- und phasenweise zu entsprechen.

101 **Ziele.** Die lernproduktorientierte Sichtweise kommt dem Anliegen kooperativer Lernaktivität weniger nahe. Vielmehr liegt deren primärer Wert im Vorgang des kooperativen Handelns selbst. Erst hierdurch können sich jene Teilqualifikationen entwickeln und verinnerlichen, die zur angemessenen und zielführenden Kooperation befähigen. Sie ist daher in erster Linie in pädagogischer und didaktischer Sichtweise zu aktualisieren (" ... wertvoll ist der Vollzug der Kooperation schon an sich!" Kopp 1973), damit das generelle Ziel des schulischen Bildungsbemühens, die Mündigkeit - und Sozialkompetenz ist ein wesentlicher Faktor davon - näherungsweise realisiert werden kann.

101 **Wesensmerkmale.** Einen tieferen Einblick in das Phänomen der Kooperation erlaubt die Freilegung der Wesensmerkmale, bei denen man nach primären (Zielorientierung, Interaktion, Kommunikation und Koordination) und nach sekundären unterscheidet. Sie sind bei der Planung entsprechender Lernphasen (als kurzphasige Montageteile eines Lernprozesses oder in Form langphasiger Konzepte, z.B. im Rahmen eines Unterrichtsprojektes) als endogene und exogene Bedingungen für ein erfolgreiches kooperatives Verhalten immer in die Überlegungen einzubeziehen.

102 **Kooperationspartner Schüler.** Die aufgeführten Einzelqualifikationen sind gleichzeitig Bedingungen und Zielvorstellungen im Rahmen kooperativer Aufgabenbewältigung. Für die Startphase, damit es überhaupt zu kooperativen Handlungen kommen kann, stellen sie als endogene Dispositionen notwendige Grundvoraussetzungen dar. Im Laufe der Schulzeit sind sie geplant und konsequent im Sinne von Zielqualifikationen weiter auszuentfalten.

103 **Kooperationspartner Lehrer.** Die beim Schüler aufgegriffenen und interpretierten Einzelqualifikationen sind in ausentfalteter und habitualisierter Form natürlich auch für den Lehrer unverzichtbar. Neben diesen psychogenen Bedingungen sind die Beachtung einer Reihe prinzipieller berufsspezifischer Notwendigkeiten und die Berücksichtigung bestimmter äußerer Gegebenheiten erforderlich; erst dann wird die unterrichtliche Verwirklichung des Prinzips des kooperativen Lernens effektiv und zielführend werden.

104 **Die lernprozessuale Relevanz. Funktionen und Wirkungen.** Kooperatives Lernen darf nicht nur inhaltliche Lernergebnisse erbringen. Vielmehr wirkt es auf das generelle Lernverhalten bzw. auf die allgemeine Einstellung zum Lernen motivierend, lernstimulierend, leistungssteigernd und sozial-integrierend ein. Untersuchungen erbrachten überdies noch weitere beachtenswerte und überzeugende Ergebnisse, die für die Kooperation sprechen bzw. bei ihrer Umsetzung besonders zu beachten sind.

104 **Strategien unterrichtlicher Realisierung.** Wesentlich ist, daß Kooperation als Zusammenarbeit und nicht als bloße Mitarbeit verstanden wird. Zur Umsetzung stehen mehrere methodische Maßnahmen und pädagogische Mittel zur Verfügung: Partner- und Gruppenarbeit, Projektverfahren und Spielformen, Feste und Feiern und in der engsten Form die Kooperation durch Helfer und Patenschaften.

[105] **Möglichkeiten und Grenzen. Ebenen.** Wenn von Kooperation im Unterricht gesprochen wird, denkt man meist sicher zuerst, aber auch häufig nur an Aufgabenbereiche, die Schüler durch Zusammenarbeit bewältigen sollen. Es gibt im schulischen Zusammenhang aber noch weitere Ebenen, in denen kooperative Aktivitäten bewußt durchgeführt werden können. So wird die Ebene Lehrer-Schüler durch das Konzept des sogenannten offenen Unterrichts und durch den sozial-integrativen bzw. partnerschaftlichen Unterrichtsstil berücksichtigt; die Zusammenarbeit der Lehrer zur Unterrichtseffektivierung ist eine weitere Möglichkeit, kooperative Verhaltensmodelle zu pflegen; eine intensive Einbeziehung der Eltern unter Beachtung der gegebenen schulgesetzlichen Bestimmungen signalisiert verantwortungsbewußtes pädagogisches Tun, und es beweist überdies die Einsicht, daß nur in enger Zusammenarbeit das einzelne Kind begabungsangemessen und leistungsgerecht gefördert werden kann.

[105] **Beurteilungskriterien kooperativen Verhaltens.** Neben einer Reihe anderer zählt auch die Bewertungs- und Beurteilungsverpflichtung zu den Kernaufgaben des Lehrers. Gemeint ist hier die zu verschiedenen Anlässen geforderte Erstellung von Gutachten, bei denen in der Regel auch auf das Sozialverhalten der Schüler einzugehen ist. Die hier vorgenommene Unterscheidung nach kooperationsfördernden und kooperationshemmenden Verhaltensweisen ist nur als Orientierungshilfe zu verstehen. Entscheidend für eine angemessene und zutreffende Charakterisierung ist die genaue, sich über einen größeren Zeitraum erstreckende Beobachtung des Schülers und die Verwendung möglichst präziser und eindeutiger Formulierungen.

[105] **Probleme und Grenzen.** Auch der Umsetzung dieses didaktischen Prinzips sind natürlich Grenzen gesetzt. Diese zu berücksichtigen kann unterrichtliche Mißerfolge verhindern, sie zu kennen aber auch Anlaß sein, methodische Absichten und pädagogische Vorhaben abzuändern bzw. zu korrigieren.

- Zur Charakteristik des Phänomens -

■ Definition:

"Kooperation ist eine soziale Verhaltensform, in der mehrere Individuen mit je spezifischen Fähigkeiten und Einstellungen sich an einem gemeinsamen Arbeits- und Lernziel orientieren, das sie durch Koordination ihrer Kräfte, Gesichtspunkte und Tätigkeiten und durch wechselseitige Hilfeleistungen realisieren wollen." (Dietrich 1974)

■ Ziele:

♦ aus pädagogischer Sicht:
z.B.
– Ermöglichung von Selbsterfahrung durch Selbsttätigkeit;
– Erfahren des Wertes der eigenen Leistung für die Gruppe;
– Übungsfeld zur Konfliktbewältigung;
– Entwicklung, Anwendung und Verinnerlichung sozialer Verhaltensformen;

"Erziehlich wertvoll ist der Vollzug der Kooperation schon an sich." (Kopp 1973)

nach Gaudig

♦ aus didaktischer Sicht:
z.B.
– Erarbeitung und Anwendung fachspezifischer inhaltlicher Lernresultate;
– Entwicklung und Förderung fachspezifischer und fachübergreifender Lerntechniken;
– Übung im Umgang mit Unterrichtsmedien;
– Einschulung und Entfaltung angemessener Interaktions- und Kommunikationsregeln;

MÜNDIGKEIT

unter dem Aspekt des kooperativen Lernens...

d.h.

• zielführende Leistungsbereitstellung
• Integration der eigenen Leistung in eine Lerngruppenaufgabe

• Akzeptanz des anderen
• Verantwortungsfähigkeit füreinander

• Identifikation mit den Gruppenaufgaben
• Ausgleich der Spannung zwischen Personalisation und Sozialisation

■ Wesensmerkmale:

Zielorientierung:
= die Ausrichtung des Handelns auf ein gemeinsames Ziel;

Interaktion und Kommunikation:
= das Handeln der einzelnen Mitglieder ist wechselseitig, beeinflußt sich gegenseitig;

Koordination:
= das Handeln des einzelnen Mitgliedes wird aufgrund vorher vereinbarter Kriterien aufeinander abgestimmt;

p r i m ä r e

Wirbewußtsein:
= das Zusammengehörigkeitsgefühl (fördert die Zusammenarbeit);

Arbeitsteilung:
= differenzierte Aufgabenbewältigung aufgrund individueller Qualifikationen;

Kontinuität:
= Beständigkeit und Ausdauer beim gemeinsamen Lernen;

Überschaubare Größe:
= notwendig zur Abwendung der Gefahr der Anonymität;

Produktivität:
= das gemeinsame Arbeitsergebnis stellt für jeden einzelnen einen Lerngewinn dar;

Kohäsion:
= das Vorhandensein zusammenhaltender Kräfte (wie Sympathie, gleiche Interessen, gemeinsame Aufgaben, der Gruppensprecher);

s e k u n d ä r e

Konformität:
= die Übereinstimmung der Handlungen des einzelnen mit den Zielen der Gruppe;

Soziale Integration:
= die Bereitschaft zur Einordnung und Rollenübernahme in einer Gruppe;

Arbeitsökonomie:
= zielstrebiges und effektives Arbeitsverhalten jedes Gruppenmitgliedes;

Regelakzeptanz:
= Anerkennung vereinbarter Handlungs- und Arbeitsregeln;

Konfliktreduzierung:
= die Verminderung von Konfliktfällen aufgrund des besseren gegenseitigen Verständnisses;

Wechselseitige Hilfe:
= Bereitschaft aller zur Unterstützung einzelner Mitglieder im Bedarfsfalle;

- Der Schüler als Kooperationspartner -

■ Bedingungen und Zielqualifikationen:

Frustrationstoleranz = psychische Stabilität partnerorientiert sachbezogen	z.B.	– auch ausführliche Arbeitsbeiträge anderer akzeptieren; – das eigene Handeln in ein Sozialgefüge einordnen; – Fähigkeit, Konflikte durchzustehen und zu lösen;	– Fähigkeit, Kontakte auch mit 'überlegenen' Schülern aufrecht zu erhalten; – Fähigkeit, Frustrationen realitätsgerecht zu bewältigen;
Ambiguitätstoleranz = Abwägungsfähigkeit partnerorientiert sachbezogen	z.B.	– Tolerieren der Meinung anderer; – bei widersprüchlichen Meinungen nicht voreilig für eine Meinung Partei ergreifen; – Verzicht auf Konformitätsdruck;	– Fähigkeit, mehrere Aspekte kritisch zu betrachten und zu ordnen; – Bereitschaft, Vorurteile abzubauen oder zu verhindern;
Innenkontrolle = Selbstdisziplin partnerorientiert sachbezogen	z.B.	– Fähigkeit, Konformitätsdruck widerstehen zu können; – eigene Verhaltensweisen analysieren und verstehen lernen; – unabhängig von den Vorurteilen anderer sein;	– diszipliniertes Verhalten anderen gegenüber zeigen; – Widerstandsfähigkeit, wenn Forderungen der Umwelt (Gruppe) den persönlichen Wertmaßstäben sich entgegenstellen;
Spannungsbogen = Lernausdauer partnerorientiert sachbezogen	z.B.	– komplexe Aufgaben und Problemstellungen bewältigen; – Fähigkeit, strukturierbare, sachliche Probleme nicht zu verkürzen; – kurzfristige Aufgaben ohne Belohnungen (z.B. Lob) lösen können;	– Einsicht, Zwischenlösungen nicht überzubewerten; – auf ein Endziel über längere Zeit hinweg hinarbeiten; – ein gemeinsames Ziel ansteuern können mit problemlösenden und kreativen Denkaktivitäten;
Interaktionsfähigkeit = Teamgeist partnerorientiert sachbezogen	z.B.	– Einstellen auf den anderen in der Gruppe; – Beachten von Arbeitsrhythmus und -tempo der Partner; – Kontaktfähigkeit;	– soziale Sensibilität; – Rationalität und Solidarität;
Kommunikationsfähigkeit = Gesprächsfähigkeit partnerorientiert sachbezogen	z.B.	– sich mitteilen können und zuhören können; – das Wesentliche herausstellen bzw. Darstellungsschwerpunkte erfassen können;	– einen Sachverhalt (Vorgang, Ablauf) beschreiben können; – Fragen stellen und Hypothesen formulieren können; – Informationen aufzählen, ordnen und bewerten können;
Sozialaktivität = Situationsbewältigung partnerorientiert sachbezogen	z.B.	– Aufträge entgegennehmen und/oder weiterleiten; – Auskünfte einholen; – Wünsche äußern; – sich entschuldigen;	– Partner ermuntern; – Sachverhalte bzw. Vorgänge erklären; – um Unterstützung nachsuchen;
kritisches Bewußtsein = Kritikfähigkeit partnerorientiert sachbezogen	z.B.	– Aufträge, Wünsche, Forderungen begründet ablehnen; – sachbezogene Kritik mit gleichzeitigen Verbesserungsvorschlägen; – für Partner eintreten;	– ein nicht 'angepaßtes' Verhalten begründen können; – Problemlösungen der Partner kritisch gegenüberstehen; – fehlerhafte Lösungen entdecken und sie begründend korrigieren;

(Bei der sinngemäßen Umschreibung der einzelnen Faktoren scheinen Überschneidungen bei der Zuordnung der Einzelqualifikationen zwangsläufig auf; vgl.: Gröschel, Halbfas, Liermann/Müller).

- Der Lehrer als Kooperationspartner -

Kooperationsfähigkeit seitens des Lehrers verlangt nach...

■ psychogene Bedingungen:

- Frustrations- und Ambiguitätstoleranz, Innenkontrolle und Spannungsbogen, Interaktions- und Kommunikationsfähigkeit;
- Solidarität, Teamgeist, soziales Einfühlungsvermögen;
- Bereitschaft, Führungs- und Lenkungsanspruch angemessen zu reduzieren, Selbstkontrolle;
- Fähigkeit zu persönlicher Zuwendung und Sensibilität für Gefühle (Ängste, Hemmungen), Wünsche und Ansprüche;
- positive emotionale Grundstimmung;

■ berufsspezifische Notwendigkeiten:

- ◆ bewußte Verwirklichung des Erziehungszieles Sozialkompetenz;
- ◆ ein auf Verständnis, Vertrauen und Förderung basierendes Lehrer-Schüler-Verhältnis (sozialintegrativer Unterrichtsstil; Schaffung einer positiven Arbeitsatmosphäre mit einem hohen Maß an emotionaler Sicherheit; angst- und stressreduzierte Unterrichtsgestaltung);
- ◆ offene Unterrichtsgestaltung; konsequente Beachtung der Prinzipien der Differenzierung und Selbsttätigkeit;
- ◆ Auswahl geeigneter Lerninhalte; Bereitstellung angemessener Lernaufgaben und Lernhilfen; Einschulung und Pflege notwendiger Interaktions- und Kommunikationsregeln; gezielter Einsatz von kognitiven und instrumentalen Lerntechniken; Kenntnis in der Umsetzung von Lehrakten des Arbeitsunterrichts;
- ◆ Kenntnis und stete Beachtung gruppendynamischer Vorgänge (Rollenerwartung, Rollenzuteilung); Korrektur unangemessener Verhaltensweisen (wie Dominanz, Unterdrückung, Ängste, Hemmungen; Abbau von Spannungen in der Gruppe);

■ äußere Gegebenheiten:

die der um Kooperation bemühte Lehrer beachtet...

Faktor: Lerninhalt

- für kooperatives Arbeiten müssen Unterrichtsthemen sein: aktuell, konkret, strukturiert, faktenbegrenzt, altersadäquat, erreichbar;
- besondere Bedeutung besitzt die Methodenrelevanz des Inhalts (Eignung zur Anwendung und Übung der verschiedenen Lerntechniken);
- unterschiedliche Eignung der verschiedenen Unterrichtsfächer (vgl. Werken, Physik, Musik, Religion, Fremdsprachen, Geometrie,etc.);

Faktor: Lernmaterial

in ausreichender Menge und in angemessener Qualität (als Repräsentationsform für den Schüler sprachlich und ikonisch decodierbar) vorhanden; Printmedien (Landkarten, Tabellen, Texte, Bilder, Grafiken), technische Medien (Film, Funk, Lichtbild), Modelle, originale Objekte (auch Vor-Ort-Objekte); wesentlich: durch Arbeitsaufträge gesteuerte inhaltliche Aufschließung;

Faktor: Lerngruppe

- Anlaß: Lerninhalt, Spiel, Feier;
- Gruppengröße;
- Maß an kognitiver Homogenität;
- Art der Gruppenbildung;
- Maß der Ausprägung der Gruppenstruktur (Rollenakzeptanz);
- Maß an Integration der einzelnen Gruppenmitglieder;
- Niveau und Qualität der erforderlichen Gruppenaktivitäten;
- Fähigkeit der Aktivitätsverteilung (-spezialisierung) in den verschiedenen Arbeitsphasen (sammeln, ordnen, zerlegen, verdichten, fixieren, aber auch darbieten, gestalten, organisieren, planen etc.);
- Arbeits- bzw. Gruppendisziplin;
- vgl. dazu auch: primäre und sekundäre Wesensmerkmale der Kooperation;

Faktor: Lernort

- ausreichende Größe, damit die einzelnen Gruppen ungestört arbeiten können;
- Neben- bzw. Fachraum, der dem Lehrer die Arbeitsüberwachung erlaubt;
- Großraum für gelegentliches Team-teaching;
- Flächen zur Fixierung der Arbeitsergebnisse bzw. entsprechende Geräte dafür (Arbeitsprojektor,Episkop);
- bewegliches Gestühl und Mobiliar zur Unterbringung von Arbeitsmaterial;

Faktor: Lernzeit

eine wesentliche Voraussetzung, die je nach Gegebenheit lernfördernd, aber auch lernbehindernd sein kann (vgl. auch Untersuchungsbefunde: Lernzeit als Hauptproblem der Unterrichtsdifferenzierung); Gewichtung: qualitative Aktualisierung der Lern- und Kooperationsstrategien vor Qualität der Lernprodukte;

- Die lernprozessuale Relevanz -

■ Funktionen und Wirkungen:

◆ allgemein:

kann kooperatives Lernen wirken ...

... motivierend:	... lernstimulierend:	... leistungssteigernd:	... sozial-integrierend:
weil das gemeinsame Lernen, das Miteinander ohne ein zu starkes Autoritätsgefälle, aber auch die Vielfalt an Lernaktivitäten und die Auseinandersetzung mit unterschiedlichen Medien mehr Spaß und Freude machen;	*weil* beim gemeinsamen Lernen Erfolgserlebnisse in der Regel häufiger, die Angst vor Versagen geringer und die Lernbarrieren für den einzelnen niedriger sind, aber auch die Gruppe ein höheres Maß an Sicherheit verleiht;	*weil* gegenseitige Hilfe und Unterstützung unter Ausschluß von Sanktionen möglich und notwendig sind, spezifische Lerntechniken durch Gebrauch geübt werden, aber auch ein dosierter Wettbewerb zwischen den Gruppen gelegentlich sinnvoll ist;	*weil* das gemeinsame Arbeitsziel durch das erforderliche Zusammenwirken aller Mitglieder erreicht werden kann, soziale Verhaltensweisen gepflegt werden müssen, die Einordnung des eigenen Handelns unabdingbar ist;

◆ speziell:

ergaben Untersuchungen, daß durch kooperatives Lernen ...

... die Lernergebnisse quantitativ umfangreicher sind, ... die Lernwege durchdachter und auch kreativer sind, ... Lerntechniken und Sozialverhalten verbessert werden, ... sich der Zeitdruck verstärkt (45-Min.-Stunde, Lehrplanerfüllung),	... mehr richtige Lernergebnisse erzielt werden, ... der einzelne mehr Lernaktivität und eine höhere Arbeitskonzentration zeigt, ... das Lernverhalten des Schülers kritischer wird, ... genauere Lernergebnisse erbracht werden,	... die Behaltens- und Reproduktionsleistung bezüglich Menge und Genauigkeit größer ist, ... die Schüler bis etwa zum 15. Lebensjahr eine deutlich höhere Lernakzeptanz zeigen, ... sich Geräuschpegel, soziale Drückebergerei und Konkurrenzorientierung vergrößern;

(vgl. Untersuchungen in: Dietrich u.a., Ulshöfer u.a., Huber u.a., Scholz/Bielefeldt)

■ Strategien unterrichtlicher Realisierung:

(?)   MITARBEIT   ←   *nicht*   ──   **K O O P E R A T I O N**   ──   *sondern*   →   ZUSAMMENARBEIT   (!)

⌐ durch ¬

Partnerarbeit:	Gruppenarbeit:	Projektarbeit:
Zweierverbindung, meist zur Ergebnissicherung, kurzphasig	die Teilleistungen des einzelnen sind erforderlich für das Gesamtergebnis, 3 - 6 Teilnehmer, arbeitsteilig, arbeitsgleich, kurzphasig	Erarbeitung eines umfangreicheren Themas, in der Unterrichtspraxis relativ selten, langphasig

Spielformen:	Helfer und Patenschaften:	Spiel und Feier:
Lernspiel, Rollenspiel, Planspiel, Entscheidungsspiel; wesentlich: Kommunikation, Regelhaftigkeit, Differenzierung	bei der Lernarbeit, aber auch vor und nach dem Unterricht und während der Pausen; Verwaltungsaufgaben, Blumen, Bücherei	emotionaler Anlaß und Grundstimmung; musische, kreative, soziale Aktivität im Mittelpunkt; Phantasie und Gestaltungsfreude gefordert

- Möglichkeiten und Grenzen -

■ **Ebenen der Verwirklichung:**

Lehrer - Schüler	**Schüler - Schüler**	**Lehrer - Lehrer**	**Eltern - Schule**
Unterrichtsplanung; Organisation und Durchführung des Arbeitsunterrichts (Partner-, Gruppen-, Projektarbeit); Medienbeschaffung; Fördergruppen;	Helfersystem; Patenschaften; Spiel und Feier; Partner- und Gruppenarbeit; Projektarbeit;	Konferenzen; gegenseitige Hilfe bei pädagogischen und unterrichtlichen Fragen; Großgruppenunterricht (Team-teaching); Organisation von Schulveranstaltungen; Stundenplanerstellung; Mediensammlung;	Beratungsgespräche; gestaltende Mitwirkung bei Schulfeiern und -festen; Teilnahme an Schulfahrten und Wanderungen;

■ **Beurteilungskriterien kooperativen Verhaltens:**

kooperationsförderndes Verhalten kann bezeichnet werden mit:

- initiiert von sich aus Kontakte
- kontaktfreudig
- geht auf andere zu
- kooperationsfähig
- wird von vielen angenommen
- rücksichtsvoll
- mitteilsam
- umgänglich
- offen
- anpassungsfähig
- verträglich
- kameradschaftlich
- hilfsbereit

- verantwortungsbewußt
- zuverlässig
- mitbestimmend
- kompromißbereit
- vermittelnd
- einsatzbereit
- aufrichtig
- rücksichtsvoll
- tolerant
- einordnungsbereit (leicht zu führen)
- kritikfähig
- einfügsam
- versöhnlich

kooperationshemmendes Verhalten kann bezeichnet werden mit:

- streitsüchtig
- empfindlich
- kontaktarm
- kontaktgehemmt
- wird von vielen abgelehnt
- scheu
- schüchtern
- verschlossen
- schweigsam
- schwierig
- störend
- vorlaut
- nicht anpassungsfähig
- nörglerisch
- ablehnend
- feindselig
- rüpelhaft
- rechthaberisch

- hinterhältig
- unkameradschaftlich
- überheblich
- unzuverlässig
- kompromißlos
- vertrauensselig
- unterordnend
- anlehnungsbedürftig
- argwöhnisch
- sich anbiedernd
- unsicher
- aufdringlich
- isoliert
- unverträglich
- unduldsam
- rücksichtslos
- nicht einordnungsbereit
- eigenbrödlerisch
- stur

■ **Probleme und Grenzen:**

⇒ Kommunikationshemmung aufgrund eines unterschiedlichen Sprachniveaus;

⇒ Mangel an Selbstvertrauen und latente Angst;

⇒ allgemeine Kontaktschwierigkeiten oft aufgrund mangelnder Sozialerfahrungen in vorausgehenden Entwicklungsphasen (Familiensituation);

⇒ soziale Spannungen innerhalb der Gruppe (Sympathie- und Antipathiebeziehungen, einseitiges Dominanzstreben);

⇒ durch Sanktionen belastetes bzw. bedrohtes Arbeitsklima;

⇒ zu große kognitive Leistungsunterschiede innerhalb der Lerngruppe;

⇒ überzogene Leistungserwartungen (in prozessualer und produktiver Hinsicht);

⇒ unzureichende Einschulung notwendiger Verhaltensweisen (Lerntechniken, soziale Verhaltensweisen);

⇒ Umfang und Schwierigkeitsgrad der zu bewältigenden Lerninhalte;

⇒ unzureichende äußere Bedingungen (Schülerzahl, Räumlichkeiten, Unterrichtsstil, Stoff- und Zeitdruck, Arbeitsmaterial);

109 **Die pädagogische Fragestellung. Das Problem.** Kaum ein anderes Unterrichtsprinzip erfuhr in der Fachliteratur bisher eine so breite und eingehende Darstellung wie das Prinzip der Differenzierung. Einhellig wurde dabei als Problem die "Verschiedenheit der Köpfe" (Herbart) erkannt. Hinsichtlich der Problembewältigung war auch schnell die Übereinkunft erzielt, daß mit der organisatorischen Zuordnung des einzelnen Schülers zu Jahrgangsklassen eine zureichende Förderung der individuellen Anlagen nicht möglich ist. Daraus leitete man die Forderung ab, durch "differentielle Behandlung explizit separierter Lerngruppen" (van Buer 1981) die individuell gegebenen Leistungsdispositionen und Interessen zu entfalten. Dieses pädagogische Ziel versuchte und versucht man durch verschiedene schul- und unterrichtsorganisatorische Maßnahmen (Winkeler 1976) zu erreichen.

So stellt sich nun die Absicht zu differenzieren als (näherungsweise gegebene) Möglichkeit der pragmatischen Bewältigung des Kernanliegens dar, die in der Regel breit streuenden psychischen und kognitiven Gegebenheiten, die der Schüler in jede (!) Lernsituation einbringt, zu fördern.

Die ungeordnet aufgeführten Einzelphänomene, in denen sich Schülerindividualität zeigen kann und die jeweils unterschiedlich ausgeprägt sind, werden in der Literatur durch vier Kategorien von Entwicklungsständen zusammengefaßt. Der kognitive Entwicklungsstand erfaßt "die Kenntnisse und Fertigkeiten eines Schülers ..., die er zu einem gegebenen Zeitpunkt seiner Entwicklung im Hinblick auf den relevanten Sachbereich der gegebenen Unterrichtssituation besitzt" (Heckhausen in Geppert/Preuß 1981); der emotionale Entwicklungsstand zeigt die innere Teilhabe am Lerngegenstand (Lernbereitschaft, -ausdauer, -freude, -angst, -motivation u.a.); der soziale Entwicklungsstand kennzeichnet die Einstellung des einzelnen Schülers zum Mitschüler (Kontaktbereitschaft, Rücksichtnahme, Kritikfähigkeit, Egozentrik, Ehrgeiz, Hilfsbereitschaft u.a.); der instrumentale Entwicklungsstand drückt die Leistungsfähigkeit aus, die der Schüler zeigt, wenn es um die Anwendung von Arbeitsmethoden und Lerntechniken geht (Arbeitsplanung, Informationsbeschaffung, Umgang mit didaktischen Materialien, wie Tabellen, Texte, Bilder u.a.).

109 **Die Notwendigkeit.** Bei dem eben dargelegten Problem geht es um die näherungsweise Kongruenz von Schüler (-leistungsfähigkeit) und (der gestellten) Lernaufgabe. Dieses Bemühen kann als optimale Passung, als Angemessenheit, als Entwicklungsgemäßheit oder auch als Individualisierung bezeichnet werden. Allgemein ist davon auszugehen, daß der Schüler ein Recht auf individuelle Lernförderung und Ausentfaltung seines je spezifischen Begabungspotentials hat; dabei gilt es zu beachten, daß eigenaktives Lernen nicht schon individualisierendes Lernen im Sinne von Individuation als dem zugrundeliegenden Erziehungsziel bedeutet. Entscheidend ist, daß bei der Planung entsprechender methodischer Maßnahmen immer der augenblickliche Lern- bzw. Entwicklungsstand des Schülers auf die konkret anstehende und von ihm zu bewältigende Lernaufgabe bezogen wird.

109 **Die Ziele.** Die Umschreibungen der Ziele sind häufig recht vielfältig und pauschal, aber doch so überzeugend, daß aus ihnen unmißverständlich die Verpflichtung hervorgeht, sie nach Maßgabe unterrichtsthematischer (Eignung des Themas) und unterrichtssituativer Möglichkeiten (Zeitfaktor, Klassengröße, Lernmaterial u.a.) bei der Planung und Organisation jeder einzelnen Unterrichtsstunde angemessen zu berücksichtigen.

109 **Die Verfahren.** Ehe differenzierende Maßnahmen durchgeführt werden können, ist die Erfassung bzw. die Kenntnis der individuellen Lernvoraussetzungen erforderlich. Da bietet sich die konsequente Notation der Beobachtungen (Lernverhalten des Schülers) an; eine weitere Möglichkeit dafür können häufige und direkte Gespräche mit den Schülern, teilweise auch mit deren Eltern sein; "Routine, Fingerspitzengefühl und langjährige Erfahrungen" als Ermittlungsinstrumente scheiden sicher für junge Lehrer aus, sind aber auch für den erfahrenen Praktiker von sehr zweifelhaftem Wert.

110 Das **Problem der Individualisierung. Die Situation.** Aus den bisherigen Überlegungen wurde deutlich, daß mit dem Jahrgangsklassensystem das Problem der individuellen Förderung und Entfaltung der Schülerpersönlichkeit nicht bewältigt werden kann, da es weder den Normal- noch den Durchschnittsschüler gibt. Aufgrund der überaus unterschiedlichen Entwicklungsstände kann durch Jahrgangsklassen nicht annähernd, durch

leistungshomogene Gruppen allenfalls näherungsweise die pädagogische Aufgabe der individuellen Förderung zielführend in Angriff genommen werden.

110 **Möglichkeiten und Maßnahmen.** Ohne Zweifel gibt es zahlreiche Ansätze für eine individualisierende Unterrichtsarbeit. Sie liegen insbesondere auf dem Gebiet der Eigen- und Selbsttätigkeit bei gestellten kognitiven und sozialen Aufgaben.

110 **Probleme und Grenzen.** Sie erstrecken sich von der begrenzten Lernzeit bis hin zum Problem der Leistungsbeurteilung auf der Grundlage eines für alle Schüler gleichen Maßstabes. Vielleicht vermag mitunter das zum Ausdruck gebrachte pädagogische Ethos das eine oder andere Problem zu reduzieren. Mühe, Verständnisbereitschaft, organisatorisches Geschick, lernpsychologisches Fachwissen und das immerwährende Bewußtsein der Notwendigkeit stellen wichtige Bedingungen auf seiten des Lehrers für eine individualisierende Unterrichtsarbeit dar.

110 **Versuche und Modelle.** Ein Blick in die Geschichte der Pädagogik vermittelt eine Anzahl von Konzepten mit dem Ziel der individuellen Lernförderung; vergleichsweise häufiger wurde aber dagegen mit Gruppenkonzepten experimentiert, wohl deshalb, weil dabei der organisatorische Aufwand leichter zu bewältigen war (siehe dazu: Arten der Differenzierung!).

111 **Allgemeine Aspekte. Absichten.** Bei der Frage nach den verschiedenen Arten der Differenzierung stößt man zwangsläufig auf das Problem der Chancengleichheit versus Chancengerechtigkeit. Das wird in eindrucksvoller Weise durch die Karikatur zum Ausdruck gebracht. Daneben findet man in etlichen Fachveröffentlichungen die zweifache Relevanz der Differenzierung aufgeführt: die Pädagogik will die Förderung der individuellen Anlagen, die Politik die Mobilisierung der Begabungsreserven.

111 **Gründe.** Aus dieser zweifachen Verwiesenheit des Prinzips der Differenzierung lassen sich einsichtig drei Begründungsansätze für differenzierende Maßnahmen im Bereich von Schule und Unterricht ableiten. Entscheidend dabei ist, daß das gesamte Bemühen in diesem Zusammenhang deutlich stärker auf Kompensation von Lerndefiziten statt auf Selektion ausgerichtet ist.

112 **Arten und Formen.** Man unterscheidet zunächst nach Arten der äußeren und inneren Differenzierung. Im ersten Fall wird der Klassenverband aufgelöst, im zweiten Fall wird er beibehalten. Es ist nicht zutreffend, nur bei der äußeren Differenzierung nach Interessen- und Leistungsdifferenzierung, wie es häufig geschieht, zu unterscheiden. Diese zwei Ordnungs- bzw. Zielrichtungen können und sollten durchaus auch bei der inneren Differenzierung berücksichtigt werden. In den vergangenen Jahren hat sich gezeigt, daß die Bedeutung der verschiedenen Spielformen der äußeren Differenzierung abnahm; Gründe dafür liegen im größeren organisatorischen Aufwand, in einer nicht überzeugend signifikanteren Leistungszunahme und in einer nicht angemessenen Einbindung des Schülers in ein für ihn überschaubares soziales Feld.

112 **Kategorien.** Es wurde oben bereits auf diese zwei Kategorien verwiesen. Differenzierungsbemühungen zielen nicht nur auf die Förderung des individuellen Lernleistungsstandes, sie greifen auch die vielfältigen Interessen der Schüler durch besondere Maßnahmen und Organisationsformen auf.

112 **Modelle - Versuche.** Wie bereits erwähnt, gibt es eine Fülle von Versuchen, durch entsprechende Gruppierungskonzepte die Lernleistungen der Schüler zu fördern. Dabei kann man z.B. neben den aufgeführten Modellen noch zitieren: das Fachklassensystem von August Hermann Franke, den Abteilungsunterricht von Dörpfeld, die Reifeklassen von Artur Kern.

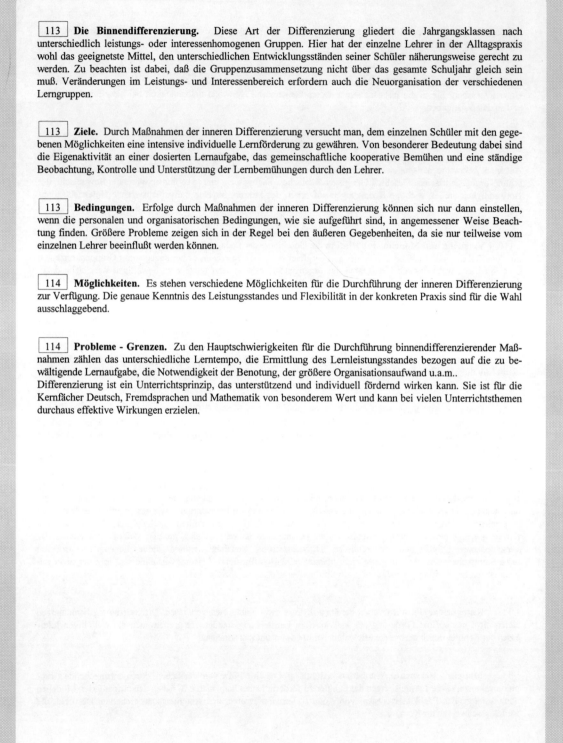

__113__ **Die Binnendifferenzierung.** Diese Art der Differenzierung gliedert die Jahrgangsklassen nach unterschiedlich leistungs- oder interessenhomogenen Gruppen. Hier hat der einzelne Lehrer in der Alltagspraxis wohl das geeignetste Mittel, den unterschiedlichen Entwicklungsständen seiner Schüler näherungsweise gerecht zu werden. Zu beachten ist dabei, daß die Gruppenzusammensetzung nicht über das gesamte Schuljahr gleich sein muß. Veränderungen im Leistungs- und Interessenbereich erfordern auch die Neuorganisation der verschiedenen Lerngruppen.

__113__ **Ziele.** Durch Maßnahmen der inneren Differenzierung versucht man, dem einzelnen Schüler mit den gegebenen Möglichkeiten eine intensive individuelle Lernförderung zu gewähren. Von besonderer Bedeutung dabei sind die Eigenaktivität an einer dosierten Lernaufgabe, das gemeinschaftliche kooperative Bemühen und eine ständige Beobachtung, Kontrolle und Unterstützung der Lernbemühungen durch den Lehrer.

__113__ **Bedingungen.** Erfolge durch Maßnahmen der inneren Differenzierung können sich nur dann einstellen, wenn die personalen und organisatorischen Bedingungen, wie sie aufgeführt sind, in angemessener Weise Beachtung finden. Größere Probleme zeigen sich in der Regel bei den äußeren Gegebenheiten, da sie nur teilweise vom einzelnen Lehrer beeinflußt werden können.

__114__ **Möglichkeiten.** Es stehen verschiedene Möglichkeiten für die Durchführung der inneren Differenzierung zur Verfügung. Die genaue Kenntnis des Leistungsstandes und Flexibilität in der konkreten Praxis sind für die Wahl ausschlaggebend.

__114__ **Probleme - Grenzen.** Zu den Hauptschwierigkeiten für die Durchführung binnendifferenzierender Maßnahmen zählen das unterschiedliche Lerntempo, die Ermittlung des Lernleistungsstandes bezogen auf die zu bewältigende Lernaufgabe, die Notwendigkeit der Benotung, der größere Organisationsaufwand u.a.m..
Differenzierung ist ein Unterrichtsprinzip, das unterstützend und individuell fördernd wirken kann. Sie ist für die Kernfächer Deutsch, Fremdsprachen und Mathematik von besonderem Wert und kann bei vielen Unterrichtsthemen durchaus effektive Wirkungen erzielen.

Unterrichtsprinzipien
- das differenzierte Lernen -

- Die pädagogische Fragestellung -

| "kognitiver Entwicklungsstand" | DAS PROBLEM | "sozialer Entwicklungsstand" |

die individuellen Unterschiede zeigen sich durch ...

Wortschatz - Interessen
Motivation - Ermüdung
Hemmungen - Ausdrucksfähig-
keit (Sprachmuster, Variabilität) -
Geltungsbedürfnis -
Vorkenntnisse - spezifische
Begabungen - Kooperationsfähigkeit -
Flexibilität und Kreativität im Denken -
Ehrgeiz - Eigenständigkeit - Gefühle

> "Die Verschiedenheit der Köpfe ist das große Hindernis aller Schulbildung. Darauf nicht zu achten, ist der Grundfehler aller Schulgesetze, die den Despotismus der Schulmänner begünstigen, und alles nach einer Schnur zu hobeln veranlassen." (Herbart 1807)

Konzentrationsfähigkeit -
Wahrnehmungspräzision -
Bekräftigungserwartung -
Abstraktionsfähigkeit -
Ausdauer - Lernbereitschaft -
Spontaneität - Selbstvertrauen -
Verantwortungsbewußtsein -
Einstellungen - Beherrschen
von Lerntechniken

PROBLEMLÖSUNG **?** *JAHRGANGSKLASSE*

| "emotionaler Entwicklungsstand" | | "instrumentaler Entwicklungsstand" |

daraus ergeben sich:

DIE NOTWENDIGKEIT

| optimale Passung |
| Angemessenheit |

"sachimmanente Entfaltungslogik"
(Heckhausen 1969)

LERNAUFGABE

d.h.

die gesamte prozessuale Lernsituation, Inhalte, Ziele, Methoden,
Medien, Lernklima, Lernzeit;

näherungsweise

Kongruenz

"sachstruktureller Entwicklungsstand"
(Heckhausen 1969)

SCHÜLER

d.h.

die vorfindlichen Eingangsvoraus-
setzungen aufgrund des aktuellen Entwicklungsstandes (Lernfähigkeit, -reife,
-bedürfnis, -einstellung, -interessen u.a.);

| Entwicklungsgemäßheit |
| Individualisierung |

Individualisierung (und Differenzierung):

"... das Bestreben, den Unterricht (die externen Bedingungen) an die internen Bedingungen eines Schülers oder einer Lerngruppe anzupassen." (Meyer-Willner 1979)

DIE ZIELE

das Recht des Schülers auf ...

- optimale Förderung
- Entfaltung seiner Persönlichkeit
- Chancengerechtigkeit

- Kompensation individueller Leistungsdefizite

- Hilfe zur Selbstverwirklichung
- Entwicklung der Selbständigkeit
- Identitätsfindung und Ich-Stärke

DIE VERFAHREN

zur Ermittlung der individuellen Lernvoraussetzungen:

➢ gewissenhafte, systematische Beobachtung und Notation (informell oder nach bestimmten Kriterien); Ermittlung lernaufgabenrelevanter Vorkenntnisse;

➢ gezielte Befragung, geeignete Tests (z.B. Soziogramm), erschließende Gespräche; Kenntnis des sozialen Umfeldes;

➢ "Routine, Fingerspitzengefühl, pädagogischer Takt, langjährige Erfahrung" (Oppolzer, Das Prinzip der Angemessenheit, in: Inn. Differenzierung (Drescher/Huyrich, Hg.) Regensburg 1976, S.86)

- Das Problem der Individualisierung -

DIE SITUATION

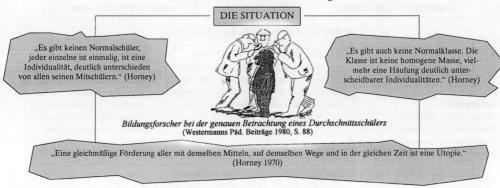

„Es gibt keinen Normalschüler, jeder einzelne ist einmalig, ist eine Individualität, deutlich unterschieden von allen seinen Mitschülern." (Horney)

„Es gibt auch keine Normalklasse. Die Klasse ist keine homogene Masse, vielmehr eine Häufung deutlich unterscheidbarer Individualitäten." (Horney)

Bildungsforscher bei der genauen Betrachtung eines Durchschnittsschülers
(Westermanns Päd. Beiträge 1980, S. 88)

„Eine gleichmäßige Förderung aller mit denselben Mitteln, auf demselben Wege und in der gleichen Zeit ist eine Utopie."
(Horney 1970)

MÖGLICHKEITEN UND MASSNAHMEN

einer individualisierenden Unterrichtsarbeit:

- Beachtung spezifischer Leistungsfähigkeiten und Interessen im Zusammenhang mit der Lernplanung und Lernorganisation;
- bewußte Pflege der Eigentätigkeit (Alleinarbeit, entdeckendes Lehrverfahren, angemessene Lernzeit, Förderstunden, Unterrichtsprogramme);
- Adaption und Variation der Lerninhalte, Lernziele, Lehrmethoden, Arbeitsmittel, Lernzeit (insbesondere: Einzelanalyse der jeweiligen Lernaufgabe(n));
- Übertragung individueller Lernverantwortlichkeit für die Klasse (z.B. in Form von individuellen Vorbereitungsaufgaben):
- Ermöglichung individueller Erfolgserlebnisse (positive Lernverstärkung, Pygmalioneffekt);
- Gewährung notwendiger individueller Hilfeleistung (Beratung, Betreuung, Kontrolle);
- Schaffung eines angstfreien, positiven, lernanregenden Umfeldes (Lernklima);
- gezielte Einschulung kognitiver und instrumentaler Lerntechniken (das Lernen lernen);
- Erstellung leistungs- bzw. fähigkeitsangemessener Lern- und Arbeitsmittel;
- verständnisvolle Berücksichtigung individueller Lerngewohnheiten;

PROBLEME UND GRENZEN

- die Realisierung der Individualisierung ohne Vernachlässigung der Sozialisation (Individualisierung = Isolierung!);
- die für alle Schüler gleiche und begrenzte Lernzeit;
- die anlagebedingten Gegebenheiten (Begrenzungen aufgrund von Gendetermination);
- die Prägung durch das soziale, familiäre Umfeld (Elternhaus, peer-group);
- die Beurteilung bzw. Benotung bei unterschiedlichen Lernanforderungen;

- der für alle Schüler die gleichen Lerninhalte und Lernziele für die gleiche Zeit vorgebende Lehrplan;
- die häufig intuitiven, informellen Eindrücke als Ersatz für diagnostische Verfahren;
- aufwendige, zeitlich belastende, oft wenig geeignete diagnostische Verfahren (Intelligenztests);
- die allgemeine und spezielle Lernunlust (Resignation, Frustration, Langeweile, Desinteresse, Leistungsverweigerung);
- die Überforderung des Lehrers aufgrund der Vielzahl notwendiger individualisierender Maßnahmen und des Zeitzwanges (45-Minuten-Takt);

VERSUCHE UND MODELLE

- Maria Montessori (1910)
  (Selbstbildungsmittel für Unterricht)
- Mastery Learning (1973)
  („Lernerfolg für alle" bei individueller Lernzeit)
- der programmierte Unterricht (1960)
  (Zerlegung einer Lernaufgabe in kleine Schritte für eine erfolgreiche Bewältigung in Alleinarbeit)

- Helen Parkhurst (1927)
  (Dalton-Plan, individualwork)
- ATI-Kozept (1975)
  (Schwarzer: aptitude-treatment-interaktion: Wechselwirkung zwischen Schülermerkmalen und Unterrichtsbedingungen)

- Modell Carrol (1970)
  (Aspekt der individuell benötigten Lernzeit)
- Adaptiver Unterricht (1975)
  (Schwarzer: Bereitstellung einer möglichst optimalen Lernumgebung für jeden Schüler)

Unterrichtsprinzipien
- das differenzierte Lernen -

- Allgemeine Aspekte -

ABSICHTEN

"Schulische Differenzierung als Ordnungsprinzip steht ... im Spannungsfeld von Politik und Pädagogik."

"... unter pädagogischem Aspekt sieht Differenzierung den Schüler vor allem in seiner Individualität und seinen sozialen Bezügen ..."

"... unter gesellschaftlich-politischem Aspekt ... im Dienste von Qualifizierung und Spezialisierung als Selektionsprinzip ..." (Zitate: Meyer-Willner 1979)

CHANCENGLEICHHEIT ——————— ? ——————— CHANCENGERECHTIGKEIT

"Zum Ziele einer gerechten Auslese lautet die Prüfungsaufgabe für sie alle gleich: Klettern sie auf den Baum!"

(Karikatur mehrfach veröffentlicht, z.B. in Meyer/Willner 1979, Hüholdt, J. Wunderland des Lernens, Bochum 1993)

GRÜNDE

■ der lernpsychologische Grund:

Den unterschiedlichen Eingangsgegebenheiten kann man mit dem traditionellen Frontalunterricht in Jahrgangsklassen, der auf das mittlere Anspruchsniveau des "Durchschnittsschülers" ausgerichtet ist, nicht gerecht werden (Über- und Unterforderung!).

■ der pädagogische Grund:

Chancengerechtigkeit (ist nicht gleich Chancengleichheit) verlangt nach einer gezielten Förderung der individuellen Anlagen durch kompensatorisch-adaptive Maßnahmen.

■ der gesellschaftspolitische Grund:

Die Industriegesellschaft erwartet die "Ausschöpfung der Begabungsreserven", Förderung von "Spezialbegabungen, allgemeine Leistungssteigerung" (Oblinger 1985).

Ausrichtung

mehr Kompensation - statt Selektion

Unterrichtsprinzipien
- das differenzierte Lernen -

- Arten und Formen -

FORMEN

äußere Differenzierung

- Interessen-differenzierung
- Leistungs-differenzierung

durch:

durch:

Fächerwahl - Themenwahl

setting (fach-spezi-fisch)

streaming (fächer-übergrei-fend)

starre Fachlei-stungs-kurse

flexible Fachlei-stungs-kurse

innere Differenzierung

- thematische Differen-zierung:
- methodische Differen-zierung:
- mediale Differen-zierung:
- soziale Differen-zierung:

durch

durch

durch

durch

Unterrichtsin-halte u. -ziele;

Verfahrens-weisen;

Medien und Lernhilfen;

Lerngrup-pen;

- sukzessive Differenzierung: Differenzierung nach einer gemeinsamen Einführung;
- progressive Differenzierung: Differenzierung von Anfang an neben einem "Kernunter-richt mit Minimalprogramm" für die gesamte Klasse;

CHARAKTERISTIK

Auflösung des Klassenverbandes - überwie-gend homogene Leistungsgruppen - inter-school- und interclassgrouping - starker Leistungsdruck - Aufbau und Stabilisierung sozialer Kontakte erschwert - sinkende Bedeutung;

CHARAKTERISTIK

Beibehaltung des Klassenverbandes (intraclassgrouping) - Auseinan-derentwicklung der Lerngruppen begrenzt - in der Regel nur zwei Ni-veaustufen und nur in Mathematik und Sprachen - Aufbau und Stabi-lisierung sozialer Kontakte möglich;

KATEGORIEN

■ Interessendifferenzierung:

- Zuteilung zu Gruppen gleichen Interesses (Wahlfächer, Wahlpflichtfächer zur freien oder ein-geschränkt freien Wahl);
- Interessendifferenzierung durch Themen- oder Fä-cherwahl;
- Hauptprobleme: Entsprechung zwischen Wahlangebot und Schülerinteressen und Wahlentscheidung nach ökonomischen Überlegungen (Anforderungen, Prüfungsrelevanz, sachfremde Aspekte);

■ Leistungsdifferenzierung:

- Zuteilung zu entsprechend homogenen Leistungs-gruppen aufgrund der Gesamtleistung (also fächer-übergreifend) oder der Leistung in entsprechenden Fächern (also fachspezifisch);
- relativ optimale Passung möglich;
- Gruppen über längere Zeit stabil;
- Hauptprobleme: Konkurrenzdenken, Etikettierung der Schüler, Angst vor Versagen, Auseinanderent-wicklung der einzelnen Leistungsgruppen;

MODELLE - VERSUCHE

u.a.

Mannheimer Schulsystem	Jena-Plan	Gesamtschule	FEGA-Modell
um 1895 konzipiert Anton Sickinger homogene Lei-stungsklassen für die Volksschule;	um 1924 organisiert Peter Petersen jahrgangsüber-greifende Stamm- und Niveaukurse;	seit etwa 1970: gemein-samer Kernunterricht aller Schüler eines Jahrgangs (z.B. Erdkunde, Geschich-te); Kursunterricht in Lei-stungsgruppen (A, B, C) in Mathematik und Sprachen;	Gropius Gesamtschule Berlin: Kurssystem: Fort-geschrittenen-, Erweiter-ter-, Grund-, Aufbaukurs; gleiches Fundamentum; F-und E-Kurs zusätzlich ein Additum;

- Die Binnendifferenzierung -

"... setzt dort ein, wo im Unterricht verschiedenen Schülern unterschiedliche, auf ihre individuelle Leistungsfähigkeit und Motivation abgestimmte Aufgaben gestellt werden.
(Strukturplan 1970)

"... zielt ab auf eine optimale individuelle Begabungsentfaltung unter schulischen Bedingungen. ... Zu diesem Zwecke bedient sie sich wechselnd der verschiedenen Methoden, Medien und sozialen Gruppierungen." (Schwartz in Preuß 1976)

BINNENDIFFERENZIERUNG

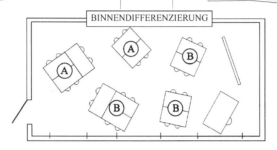

ZIELE

- Förderung individueller Leistungsfähigkeit und Interessen;

- subjektives Erfahren der eigenen Leistungsfähigkeit;

- zureichende Beachtung sozialer Notwendigkeiten und Bedürfnisse;

- Ermöglichung häufiger Erfolgserlebnisse aufgrund dosierter Lernaufgaben;

- Unterstützung der eigenaktiven bzw. eigenständigen Lernbemühungen;

- Entwicklung kooperativer Sensibilität und entsprechender Verhaltensformen;

- Kompensation individueller Lerndefizite;

- Auflösung des starren Systems des Klassenverbandes (Jahrgangsklassen);

BEDINGUNGEN

◁ *personale* ▷

➢ Disponibilität des Schülers:
ein der Lernaufgabe angemessener, kognitiver, sozialer, emotionaler und instrumentaler Entwicklungsstand; Beherrschen notwendiger Lerntechniken; Umgang mit Lernmaterialien; Fähigkeit zur selbständigen Arbeit; Lernausdauer; Integrationsbereitschaft;

➢ Disponibilität des Lehrers:
partnerschaftlicher Unterrichtsstil; Offenheit gegenüber dem Kind; Beachtung der individuellen Leistungsfähigkeit; offene und flexible Unterrichtsgestaltung; verantwortungsbewußte Erfassung der Eingangsgegebenheiten; Kenntnis der differenzierenden Maßnahmen; angemessene Aufgabenstellung (transparent, unmißverständlich, erreichbar, motivierend); Hilfsbereitschaft;

◁ *organisatorische* ▷

äußere Gegebenheiten:
genügend Lernzeit; Reduzierung des Notendrucks; Zusatzangebot durch Förderunterricht und Verfügungsstunden; begrenzte Schülerzahl; Raumgröße; variable Sitzordnung; Ausstattung mit Arbeitsmitteln;

➢ überlegte Gruppenbildung:
freie oder gebundene Gruppenbildung; Gruppengröße; Gruppendurchlässigkeit; Gruppendynamik durch Veränderung der internen Gegebenheiten;

Unterrichtsprinzipien
- das differenzierte Lernen -

BINNENDIFFERENZIERUNG   ——   bzw.   ——   INNERE DIFFERENZIERUNG

MÖGLICHKEITEN

■ sukzessive Differenzierung:

nach einer gemeinsamen Einführung für alle im Klassenverband erfolgt die selbständige Arbeit der Leistungsgruppen (oder -kurse);

■ progressive Differenzierung:

die Erarbeitung von Lernresultaten erfolgt von Anfang an durch Leistungsgruppen; diese arbeiten (neben dem inhaltlich begrenzten Kernunterricht für alle) unabhängig vom Klassenverband;

■ thematische Differenzierung:

- nach Aufgabenmenge (quantitativ);

- nach Aufgabenschwierigkeit (qualitativ);

- nach freier Aufgabenwahl (fakultativ);

■ methodische Differenzierung:

- durch unterschiedliche Lehrverfahren;

- durch variierte Artikulation;

- durch unterschiedliche Lehrformen und Lehrakte;

- durch verschiedene Sozialformen;

■ mediale Differenzierung:

- durch verschiedene Printmedien;

- durch ausgewählte av-Medien;

- durch unterschiedliche Repräsentationsformen (originale Gegenstände, ikonische, verbale, symbolische Formen);

■ 'soziale' Differenzierung:

- innerhalb des Hörblockunterrichts;

- durch Einzel-, Partner- und Gruppenarbeit;

- durch Förderstunden;

- durch den Vorgang und die Art der Gruppenbildung (Sympathie, Interesse, Leistung, Homogenität, Heterogenität);

PROBLEME UND GRENZEN

insbesondere...

- wenig geeignete, wissenschaftlich abgesicherte diagnostische Verfahren zur genauen Erfassung des Entwicklungsstandes;

- die Festlegung der für die Gruppenzugehörigkeit (Einstufung) maßgeblichen Leistung;

- der erhöhte Arbeitsaufwand und die äußeren Unzulänglichkeiten (Ausstattung, Stundenplan, diagnostische Verfahren, methodische Planung);

- die Gefahr der Stigmatisierung bei Zugehörigkeit in leistungsschwächeren Gruppen über längere Zeit;

- die Gruppendurchlässigkeit und insbesondere die Rückstufung in die leistungsniedrigere Gruppe;

- die Beeinträchtigung der Stabilisierung sozialer Kontakte aufgrund verschiedener Gruppenzugehörigkeit;

- die langfristige Vergrößerung des Leistungsunterschiedes zwischen den leistungsstärkeren und leistungsschwächeren Lerngruppen;

- die Schwierigkeit der Benotung der erbrachten Leistungen bei unterschiedlichen Lernanforderungen;

- der für jeden Schülerjahrgang, jeden Schüler, jeden Lehrer innerhalb der gleichen Zeit die gleichen Lerninhalte fordernde Lehrplan;

DAS ENTWICKLUNGSGEMÄSSE LERNEN

| 117 | **Pädagogische Grundlagen und Absichten. Der Grundgedanke.** Offensichtlich ist es doch nicht immer selbstverständlich, daß alle unterrichtlichen und erzieherischen Maßnahmen auf das Kind bzw. den Schüler ausgerichtet werden. Da es im Unterricht vorwiegend um die Auseinandersetzung mit Lerninhalten geht, wird Entwicklungsgemäßheit häufig als eine näherungsweise Übereinstimmung der Anforderungen durch die Lernaufgabe mit der momentanen Leistungsfähigkeit des Schülers interpretiert. In gewissem Sinne findet damit eine Annäherung an den Gedanken der Individualisierung statt (vgl. dazu: Differenzierung als Unterrichtsprinzip). Die Einengung des Gedankens der Entwicklungsgemäßheit auf den bloßen Leistungsaspekt würde wesentliche Aspekte der Entwicklungsförderung unberücksichtigt lassen. Die emotionale Befindlichkeit wie die soziale Integration sind weitere relevante Notwendigkeiten einer entwicklungsgemäßen Unterrichtsarbeit.

| 117 | **Gleiche oder ähnliche Termini.** Dieser Grundsatz pädagogischen und didaktischen Handelns wird gelegentlich auch mit anderen Begriffen bezeichnet; die Formulierungen 'Prinzip der Angemessenheit' und 'Prinzip der optimalen Passung' bringen die damit verbundenen Forderungen und Erwartungen am treffendsten zum Ausdruck.

| 117 | **Historische Ansätze.** Bei einem Blick in die Geschichte der Pädagogik wird man an vielen Stellen unmißverständlich darauf hingewiesen, daß Schulunterricht nicht in erster Linie oder sogar ausschließlich auf die Ansprüche der Wissenschaft oder auf die Forderungen der Gesellschaft oder des herrschenden Zeitgeistes ausgerichtet werden darf. Wenngleich die Vorstellungen einer entwicklungsgemäßen Erziehung aus heutiger Sicht mitunter zu einseitig und schablonenhaft (vgl. Comenius, didactica magna) oder zu optimistisch und überzogen (vgl. Rosseau, Emile) sind, müssen die verschiedenen Ansätze, den Schüler und seine Bedürfnisse als zentrale Orientierungsgröße zu verstehen, anerkannt werden. Die größten Verdienste haben freilich die verschiedenen Strömungen der Reformpädagogik und deren Vertreter; sie forderten vehement und unüberhörbar Ansprüche, Bedürfnisse und Rechte des Kindes ein (Ellen Key: Das Jahrhundert des Kindes!) und schufen damit eine Grundposition, die immer noch für die Pädagogik der Gegenwart richtungweisend ist.

| 117 | **Absichten und Ziele.** Die Überlegung, was man mit der konsequenten Beachtung des Prinzips der Entwicklungsgemäßheit unterhalb der generellen Entwicklungsförderung erreichen will, offenbart zwangsläufig das allgegenwärtige Bemühen um entwicklungsgerechte Themenerschließung und Fähigkeitsentwicklung; die Gestaltung von Lernprozessen in Form von Unterrichtsstunden steht dabei im Mittelpunkt der Betrachtung.

Eine angemessene Umsetzung dieses Grundsatzes kann die Motivation für das Lernen durch Freilegung und Anregung des eigentlich schülertypischen Fragebedürfnisses intensivieren; die Erkenntnisgewinnung kann unterstützt werden, wenn das einsichtige, also strukturierte Lernen gepflegt wird, insbesondere auch, wenn dabei die Prinzipien Wirklichkeits- und Lebensnähe bewußt miteinbezogen werden. Weiterhin bemüht sich entwicklungsgemäßes unterrichtliches Handeln um die Sicherung der Arbeitsergebnisse; dies setzt voraus, daß einerseits die auch in diesem Bereich unterschiedliche Leistungsfähigkeit (Sicherungsmotivation, Übungsbegabung, Speicherleistung) beachtet wird, andererseits, daß das vom Schüler zu behaltende Lernergebnis so gestaltet wird, daß er es möglichst lange nicht vergißt bzw. verlernt.

Schließlich will man mit diesem Prinzip auf das eigenaktive Lernbemühen verweisen, unterstützt und begleitet durch die Hilfe des Lehrers; zahlreiche methodische Groß- und Kleinstrategien stehen hierfür zur Verfügung wie das handlungsorientierte Lernen, das Projektverfahren, das praktische Lernen, der Gruppenunterricht, das entdeckende Lernen, die Einzel- und Partnerarbeit.

| 118 | **Bedingungen und Voraussetzungen.** Die dargestellten einzelnen Bereiche sind in der Realsituation natürlich miteinander verbunden und eng aufeinander bezogen; generell geht es dabei um verschiedenartige Merkmale der Gestaltung von Unterricht, um bestimmte Charakteristika von Unterrichtsthemen, um eine zureichende Disponibilität von Schüler und Lehrer.

Speziell hat sich der Lehrer um das Erfassen der altersspezifischen Interessen und Fähigkeiten zu bemühen, aber er muß auch die Eigenbedürfnisse der Kinder berücksichtigen, wenn Unterricht entwicklungsgemäß erfolgen soll.

Der Forderung nach einer Inbeziehungsetzung des Entwicklungsstandes des Schülers mit der zu bewältigenden Lernaufgabe kann allenfalls nur näherungsweise entsprochen werden. Wie die zahlreichen aufgeführten Beispiele (Wortschatz, Interessen, Motivation, Ermüdung etc.) zum Ausdruck bringen, stellt sich der jeweilige kognitive oder instrumentale oder soziale oder emotionale Entwicklungsstand des einzelnen Schülers als ein überaus facettenreiches, aus sehr vielen Einzelfaktoren bestehendes, sich stets veränderndes Phänomen dar.

119　**Pragmatische Aspekte. Unterrichtsmethodische Ansätze.**　Hinter den in der Literatur genannten einprägsamen Schlagworten die zu vermeidendes Lehr- und Erzieherverhalten aufgreifen, stehen durchaus basale erziehungsphilosophische Imperative mit einem breiten Wirkungsbereich bis hinein in die familiäre Erziehungskonzeption.

Entwicklungsgemäße Unterrichtsarbeit zu verwirklichen bedeutet, die exogenen (z.B. durch das Schulleben) wie die endogenen Lernbedingungen zu beachten, den Schülern die Angst vor der Schule, insbesondere durch Verringerung des Leistungsdruckes zu nehmen, die emotionale Dimension als immer zu berücksichtigende Komponente bei allen kognitiven Bemühungen einzubeziehen (vgl. z.B. die sog. Suggestopädie); weiterhin ist das Lernen möglichst oft handlungsorientiert zu organisieren, und die Aufgabenstellungen sind so zu dimensionieren, daß die Schüler häufig Erfolgserlebnisse erfahren können.

119　**Probleme und Grenzen.**　Die Forderung nach Berücksichtigung dieses Prinzips ist schnell gestellt, seine wissenschaftliche Begründung leicht nachvollzogen. Die pragmatische Umsetzung in ganz konkreten Lernsituationen wird allerdings mehrfach erschwert. Da muß zuerst auf die unentwegten, meist kurzlebigen Innovationen verwiesen werden; sie beeinträchtigen das Lernen (und Lehren), da dies nur ungestört und in ruhiger Atmosphäre erfolgreich und zielführend verlaufen kann. Weiter sind Umstände zu nennen, die den Lehrer immer öfter von seinen eigentlichen Unterrichts- und Erziehungsaufgaben (und -möglichkeiten) abhalten, ihn daran hindern, als ausgebildeter, fachmännischer Lern- und 'Entwicklungshelfer' individuelle Betreuungsfunktionen verantwortlich zu übernehmen.

Die Orientierung an überschaubaren Entwicklungsphasenmodellen (z.B. Busemann, 1953: Frühe Kindheit, Mittlere Kindheit, Reife Kindheit, Reifealter; oder Kroh, 1955: u.a. Phase des Phantastischen Realismus bis 7. Lebensjahr, Phase des Naiven Realismus bis 10. Lebensjahr, Phase des Kritischen Realismus bis 12. Lebensjahr) ist aufgrund der entwicklungspsychologischen Befunde nicht mehr hilfreich, da deren Aussagen viel zu wenig differenziert sind und sie die tatsächlichen psychischen Entwicklungsabläufe und -zustände auch zeitlich nicht zutreffend erfassen können. Richtig ist, einzelne Ausdrucksphänomene (Motivierbarkeit, Sprache, soziale Entwicklung, Wahrnehmung, Wille, Kreativität u.a.) für sich zu sehen, deren augenblickliche Erscheinung festzustellen und darauf das notwendige unterrichtliche Bemühen abzustimmen.

Entwicklungsgemäße Unterrichtsarbeit setzt also voraus, die unterschiedlichen Entwicklungsstände in den verschiedenen Bereichen und Ausdrucksformen differenziert zu erfassen. Die dafür vorhandenen diagnostischen Instrumente mögen wohl für psychologische Studien und Untersuchungen zielführend sein, für den Unterrichtsalltag sind sie teilweise recht aufwendig und zeitraubend.

- Pädagogische Grundlagen und Absichten -

■ der Grundgedanke:

"Kindgemäßheit und Entwicklungsgemäßheit sind Grundsätze, die jede auf Bildungswirkung bedachte erzieherische und unterrichtliche Maßnahme beachten muß." (Jörg 1970)

"Respektierung der sachstrukturellen Sequenz von Lernvorgängen, bezogen auf den jeweiligen Entwicklungsstand." (Wolf 1981)

" .. wendet sich vor allem der Tatsache zu, daß das Kind seiner Außenwelt grundsätzlich als 'Fremdwelt' gegenübersteht ... . Es bedarf der Anpassung. Erst wo 'Passung' zwischen Subjekt und Objekt besteht ..., ist die Voraussetzung für eine effektive Begegnung gegeben." (Maier 1978)

■ gleiche oder ähnliche Termini:

Kindertümlich-keit	Angemessen-heit	Altersgemäßheit	Kind-gemäßheit	Schülergemäßheit	Schülerorien-tierung

■ historische Ansätze:

Comenius (1592 - 1670)	Rousseau (1712 - 1805)	Pestalozzi (1746 - 1827)	Fröbel (1782 - 1852)	Reformpädagogik (Beginn 20. Jh.)
sechs Haupttypen von Schülerindividualitäten; Stufengemäßheit als Prinzip vom Leichten zum Schweren;	Stufenprinzip für die gesamte Erziehung, dabei freie Entfaltung des Kindes auf jeder Stufe;	praktische Anleitung zu einer kindgemäßen Erziehung ("Wie Gertrud ihre Kinder lehrt");	Beachtung des Eigenwertes des Kindes bzw. der menschlichen Entwicklungsstufen;	päd. Denken 'vom Kinde aus'; Individualisierung und Anerkennung der kindlichen Rechte auf seine Persönlichkeit; (Key, Montessori, Kerschensteiner)

Eigenrechte und entwicklungstypische Eigenbedürfnisse des Schülers im Mittelpunkt von Schule und Unterricht

■ Absichten und Ziele:

entwicklungsgemäßes Lernen...

- *durch* Motivation für das Lernen, insbesondere bei Beachtung der natürlichen Fragehaltung;

- *durch* Sicherung der Unterrichtsergebnisse, insbesondere dann, wenn das Lernziel auf die individuelle Leistungsfähigkeit und die Gestaltung des Lernresultats auf die Speicherleistung abgestimmt sind;

- *durch* Förderung der Erkenntnisgewinnung, insbesondere dann, wenn das 'einsichtige Lernen' und das Lernen an der Wirklichkeit angemessene Beachtung finden;

- *durch* Realisierung der individuellen Förderung, insbesondere dann, wenn Eigenaktivität möglich ist und die jeweils subjektiven Entwicklungsstände, bezogen auf die anstehende Lernaufgabe, berücksichtigt werden.

- Bedingungen und Voraussetzungen -

● Unterricht

überschaubare Schul- und angemessene Klassengrößen; störungsfreier Lernablauf; keine voreiligen päd. und did. Innovationen; Pflege des Schullebens;

● Inhalte

lebensnah, überschaubar, altersgemäß, strukturierbar, aktivierend, fakten-reduziert bzw. dosierbar;

● Schüler

neugierig, aufgeschlossen, aktiv, leistungsbereit, vertrauensvoll, inter-aktionsbereit;

● Lehrer

sachkompetent; päd. und did. professionell; selbst-kritisch und verantwor-tungsvoll; erkennen der 'optimalen Lernphasen'; emotionale Sicherheit ver-mittelnd;

generell

speziell

● Kenntnis der altersspezifischen Interessen und Fähigkeiten:

z.B. Auffassungsfähigkeit, Vorkenntnisse, Gedächtnislei-stungen, soziale Qualifikationen, Phantasie, Konzentra-tionsvermögen, Motivationsfähigkeit, Ausdrucks- und Ge-staltungsvermögen; physiologische Gegebenheiten;

● Beachtung der Eigenbedürfnisse des Kindes:

z.B. Einbindung des heimatlichen Erfahrungsraumes; Mo-torik, Selbsttätigkeit, Anschaulichkeit, Sozialaktivität, Er-folgsaussicht, Anerkennung, Tätigkeitswechsel, emotionale Sicherheit und Angstfreiheit;

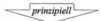

prinzipiell

jeweiliger

ENTWICKLUNGSSTAND

kognitiv - instrumental - sozial - emotional

ANGEMES SENHEIT

konkrete
LERNAUFGABE

"Die durch den Unterricht angeregten Lernprozesse müssen grundsätzlich mit dem erreichten Entwicklungsstand, d.h. mit dem Stand der bei einem Schüler gegebenen Lernerfahrungen und vorhandenen Lernbereitschaft korrespondieren." (Kopp 1970)

?

Wortschatz - Interessen - Motivation - Ermüdung - Konzentration - Sprachmuster - Geltungsbedürfnis -

spezifische Vorkenntnisse - Sozialverhalten - Kreativität - Motorik - Ehrgeiz - Eigenständigkeit - Ausdauer -

Gefühle - Wahrnehmung - Genauigkeit - Spontaneität - Lerntechniken - Verantwortungsbewußtsein -

Sensibilität - Selbstkontrolle - Zielstrebigkeit

u.a.

Unterrichtsprinzipien
- das entwicklungsgemäße Lernen -

- Pragmatische Aspekte -

■ <u>unterrichtsmethodische Ansätze:</u>

zu vermeiden

● **Verfrühung:**	● **Verspätung:**	● **Überforderung:**	● **Unterforderung:**
sonst ▼	sonst ▼	sonst ▼	sonst ▼
Entmutigung, Lernverweigerung	unzureichende Entwicklung der gegebenen Fähigkeiten und vorhandenen Anlagen	Aggressionen und Versagensängste Resignation	Unaufmerksamkeit, Langeweile Interesselosigkeit

zu berücksichtigen

● **exogene Lernbedingungen:**
Raumgröße, Raumklima, Raumausstattung; behagliche Atmosphäre, bewußte Umsetzung des Prinzips des 'erziehenden Unterrichts' unter dem Aspekt 'Schulleben';

● **endogene Lernbedingungen:**
biologisch bedingte Leistungskurve, Bewegung, frische Luft, Wechsel der Tätigkeiten, Kontinuität der Abläufe; Richtlinien für eine angemessene Interaktion; Spielformen (Lern-, Bewegungs-, Rollenspiele);

● **angstreduzierte Unterrichtsgestaltung:**
Erfolgserlebnisse durch erreichbare Lernaufgaben ermöglichen; kein Bloßstellen bei Leistungsdefiziten; Bemühen um Verständnis und Sicherung der Unterrichtsergebnisse; Verringerung der Zahl der Leistungsbeurteilungen;

● **emotionale Lerndimension:**
Beachten der Gefühle und Empfindungen in der Lernsituation; Lernfreude statt Lernangst; Pflege situativer Anlässe: Feste, Feiern, Ausstellungen; Bezugsgrößen aus dem heimatlichen Umfeld; anknüpfen an die sachliche und emotionale Erfahrungswelt;

● **handlungsorientiertes Lernen:**
kindgemäße Lernmaterialien, kooperative Lernaktivitäten, offene Unterrichtsgestaltung durch Schülermitwirkung bei Planung und Durchführung; Lernen an der unmittelbaren Wirklichkeit (originale Begegnung); forschend-entdeckendes Lernen ermöglichen; dem Frageverlangen entgegenkommen (quästives Lernen); dosiertes, anschauliches Lernmaterial zur eigenständigen Auseinandersetzung bereitstellen;

● **angemessene Aufgabenstellung:**
kindgemäße Problemstellung, Sach- und/oder Personidentifikation, Vorkenntnisermittlung, Projektion auf altersspezifische kognitive, instrumentale, emotionale, soziale Entwicklungsmerkmale; Maßnahmen zur Interessen- und Leistungsdifferenzierung; reduzieren der Faktenfülle; Beobachtungen, Tests, Gespräche als Ausgangsbasis;

entwicklungsgemäßes Lernen bzw. ...

"Kindgemäßheit beinhaltet Schonraum
und
schonungslose Zukunftsorientierung zugleich."
(Breslauer 1977)

■ <u>Probleme und Grenzen:</u>

➤ **aus schulorganisatorischer Sicht:**
voreilige Innovationen und kurzatmige didaktische Moden (vgl. z.B. Wissenschaftsorientierung, Mengenlehre);

➤ **aus psychologischer Sicht:**
Überbewertung bzw. pauschal-formale Projektion idealtypischer Entwicklungsphasenmodelle;

➤ **aus pädagogischer Sicht:**
Schulangst durch zu hohen Leistungsdruck; unzureichende individuelle Betreuung aufgrund einer großen Schülerzahl; Nichtbeachtung notwendiger Psychohygiene; steigende Zahl verhaltensauffälliger Kinder;

➤ **aus diagnostischer Sicht:**
unzureichendes Instrumentarium bzw. unfach-männische Handhabung von Beobachtungsbogen, Leistungstests, Gesprächen; Unmöglichkeit, alle in der augenblicklichen Lernsituation gegebenen unterschiedlichen Entwicklungsstände zu erfassen;

DAS SACHGEMÄSSE LERNEN

121 **Grundlage und Ausgangsüberlegungen.** Im Bereiche von Erziehung, Unterricht und Schule gab der Lerninhalt schon immer Anlaß zu eingehenden Überlegungen, insbesondere bezüglich seiner generellen Lebensrelevanz für die damit konfrontierten Schüler. Weithin bekannt wurden die Überlegungen nach dem Bildungsgehalt der ausgewählten Bildungsinhalte durch Klafki (Studien zur Bildungstheorie und Didaktik, Weinheim 1963²). Für den Lehrer setzt das die eingehende Beschäftigung mit dem Sachinhalt voraus, damit er über zureichende Kenntnisse verfügen kann. Die von ihm zu erwerbende Sachkompetenz sollte ihn in die Lage versetzen, jeden Unterrichtsstoff in Übereinstimmung mit dem Sachverhalt (deshalb auch das Verlangen nach Sachanspruch) nach entscheidenden Kriterien zu erfassen; hierzu zählen die Beachtung der Faktenfülle, der wesentlichen Elemente, der Schwerpunkte, der tragenden Begriffe und vor allem der inneren Ordnung.

Das Prinzip der Sachgemäßheit bzw. der Sachgerechtheit verlangt also unabhängig von Fach und Thema, von pädagogischer Zielsetzung und endogener Lernlage nach eingehender Auseinandersetzung mit der Sache in Gestalt des Unterrichtsthemas. Auf die latente Gefahr, sich nur noch auf die Inhalte zu konzentrieren und den Schüler aus dem Auge zu verlieren, muß hingewiesen werden. Auch in weiterführenden Schulen ist weniger der logotrope als vielmehr der paidotrope Lehrertyp gefragt (vgl. Caselmann, Chr.: Wesensformen des Lehrers, Stuttgart 1949).

121 **Das zu bewältigende Problem.** Lediglich mit zureichender Beachtung des Prinzips der Sachgemäßheit (im Sinne der gängigen Formulierung 'über der Sache stehen') könnte man den Lehraufgaben und -verpflichtungen nicht gerecht werden. Jeder Stoff ist immer auch unter der Vorgabe der Entwicklungs- und Kindgemäßheit zu sehen und aufzubereiten. Erst die Fähigkeit und die Bereitschaft zur Verknüpfung dieser Prämissen macht aus einem 'Sach'- (Fach-) mann einen Lehrer.

122 **Unterrichtsmethodische Ansätze. Die unterrichtliche Realsituation.** Tagtäglich, ja stündlich, sind neue Sachverhalte lernprozessual aufzuschließen, zu vermitteln bzw. zu erarbeiten; wesentliche Aufgabe dabei ist, die Wahrnehmungsvorgänge so zu steuern, daß die beabsichtigten Lernergebnisse als neue Erkenntnisse zur Verfügung stehen, um dann durch besondere Festigungsstrategien im Langzeitspeicher zum Wissen zu werden. Wichtigstes Organ dafür ist das Gedächtnis mit seiner je nach Entwicklungsstand unterschiedlichen Leistungsfähigkeit. So ergibt sich nicht selten ein Spannungsverhältnis zwischen den stofflichen Forderungen aufgrund des Prinzips der Sachgerechtheit und der individuellen Bedürfnis- und Bedarfslage der Schüler. Dieser doppelten Anforderung ist unter besonderer Beachtung der Verhältnismäßigkeit zu entsprechen. Konkretisiert und materialisiert wird die Aufgabe der Vermittlung zwischen sachlichem und personalem Anspruch z.B. durch die Zweikomponenten-Beschreibung der Teilziele (Feinziele); hier werden Lerninhalt (Stoffausschnitt) und Lernleistung (Qualifikation) der Schüler interdependent erfaßt.

122 **Methodische Strategien.** Mit Hilfe von zwei Instrumenten kann die prinzipielle Forderung nach Sachgemäßheit erfüllt werden. Wenn für einen Wissenschaftler die fundierte und umfassende Sachkenntnis die Ausgangsbedingung für seine Forschungsarbeit darstellt, muß der Lehrer in einem unmittelbaren weiteren Schritt die momentanen Entwicklungsstände der zu unterrichtenden Schüler miteinbeziehen.

Im Zuge jeder eingehenden Planung von Lernabläufen erfolgt als erste Phase die sog. Sachanalyse, treffender als Sachstrukturanalyse bezeichnet, in der die intensive Begegnung mit dem Stoff stattfindet. Die hierzu aufgeführten Maßnahmen stellen keine Rang- oder Reihenfolge dar; unverzichtbar ist allerdings stets die Freilegung der internen Ordnungsstruktur, am besten mit Hilfe einer Strukturskizze. Noch stärker und bewußter beachtet die Strategie der 'Elementarisierung' (nach Glöckel) den Schüler im Zusammenhang mit der Forderung nach gründlicher Sachkenntnis; die hier aufgeführten Maßnahmen (" ... in eine grobe Ordnung gebracht", Glöckel 1990) dienen der pragmatischen Umsetzung dieser Strategie.

- Grundlage und Ausgangsüberlegungen -

... der Stoff ... das Unterrichtsthema ... der Lehrinhalt ... der Lerngegenstand ... das Lehrgut ... der Unterrichtsgegenstand

■ die zu beachtende Grundlage:

" ... das Prinzip der Sachgemäßheit (bedeutet) die Orientierung des Lerngegenstandes (dessen, was von der Sache gelernt werden soll) und des Lernprozesses an der Sache selbst und ihrer immanenten Gesetzlichkeit." (Wolf in Twellmann 1981)

"Die erste Forderung an den Lehrstoff richtet sich auf die Übereinstimmung des zu Lehrenden mit dem wirklichen Sachverhalt. Was gelehrt wird, muß sachlich richtig sein, es muß wahr sein."
(Kopp 1970)

das verlangt nach

S A C H K O M P E T E N Z

♦ *diese wird verfehlt:*

" ... wenn vorschnelle erzieherische Absichten oder Tendenzen die Wahrheit verstellen. ... Eine besondere Beeinträchtigung der Wahrheit tritt ein, wenn ein schwieriger Sachverhalt vereinfacht dargestellt wird. Es gibt eine sogenannte populäre Darstellung wissenschaftlicher Erkenntnisse, die durch verhängnisvolle Kürzung der Tatsachen und Verlagerung der Akzente einer Verfälschung gleichkommt. Ähnlich können Verniedlichung und vermeintliche Verkindlichung etwa von geschichtlichen oder naturwissenschaftlichen Erkenntnissen zu völliger Verzerrung der Wahrheit führen." (Kopp 1970)

♦ *heißt also nicht:*

Vereinfachung, Verniedlichung, individuelle Akzentverschiebung, Kindertümelei, willkürliche Stoffauswahl, subjektive inhaltliche Strukturierung, ungenaue Darstellung, politisch-ideologische Verfärbung, einseitige Gewichtung, fachwissenschaftlich überholte Darstellung, uneingeschränkte Anpassung des Lerngegenstandes an die Bedürfnisse der Schüler, bedenkenlose emotional-subjektive Färbung des Unterrichtsthemas;

♦ *bedeutet demnach:*

Übereinstimmung des Lehrstoffes mit dem Sachverhalt; gründliche Sachkenntnis des jeweiligen Unterrichtsthemas hinsichtlich seiner Faktenfülle, seiner Schwerpunktaussage(n), seiner binnenstrukturellen Gliederung, der wesentlichen Elemente, der inhaltlichen Vernetzung, der gegenstandtragenden Begriffe, der sachimmanenten Funktionalitäten;

■ das zu bewältigende Problem:

die Beachtung der Sachgemäßheit erfordert darüber hinaus die Bewältigung ...

" ... der zentralen Aufgabe der zweiseitigen Orientierung, nämlich an dem wissenschaftlich fundierten Gegenstand und am Lernprozeß im Kind." (Kopp 1970)

| Sachgemäßheit | | Kindgemäßheit |

daraus ergibt sich

! **nicht die bloße gründliche Sachkenntnis macht bereits einen Fachmann zum Lehrer** **!**

Unterrichtsprinzipien
- das sachgemäße Lernen -

■ die unterrichtliche Realsituation:

Unterrichtsthema	Unterrichtsthema
Neutralisation von Säuren	*Lärmschutz für unser Wohnviertel*

Unterrichtsthema	Unterrichtsthema
Veränderte Standortfaktoren - veränderter Raum	*Die Bevölkerungsexplosion*

Unterrichtsthema	Unterrichtsthema
Die Problematik von Monokulturen	*Meinungsforschung - Meinungsmache?*

daraus folgt:

Forderungen der Thematik   **Fähigkeiten und Bedürfnisse des Schülers**

sachliche Richtigkeit der Bildungsgegenstände aus dem Bereich der Natur, der Technik, der Wirtschaft, der Sprache, anerkannter aktueller Stand an den wissenschaftlichen Erkenntnissen orientiert, Struktur und innere Ordnung, inhaltliche Vernetzung, Tiefenstruktur, Systematik;

sachliches Interesse, Konzentrationsvermögen, Wahrnehmungsgenauigkeit, Fassungskraft, Abstraktionsfähigkeit, Behaltensleistung, Wortschatz, Motivierbarkeit, Problemsensibilität, allgemeine und situationsspezifische Lernbefindlichkeit;

der sachliche Anspruch	—	*Ausgleich und Ver-mittlung als Problem und Aufgabe*	—	der personale Anspruch

■ methodische Strategien:

▪ die Sachstrukturanalyse: ▪ didaktische Reduktion durch Elementarisierung:

"Jeder Lerngegenstand ist seinen Fakten, seiner Bedeutung und seiner Faktorenkonstellation nach eine Besonderheit, die es im Unterricht zu erfassen gilt. Voraussetzung dafür ist, daß man den Unterrichtsgegenstand seiner Sachstruktur gemäß und sachlich einwandfrei behandelt. Um die den Gegenstand bestimmenden Fakten und das Gefüge aufzudecken, muß man ... eine Faktorenanalyse am Unterrichtsgegenstand (Sachanalyse) machen." (König/Schier/Vohland 1980)

"Elementarisierung ist überall dort notwendig, wo ... Anfänger in ein Fachgebiet eingeführt werden sollen. ... Sie verlangt die Unterscheidung von Wesentlichem und Unwesentlichem als eine Abstraktionsleistung, die nur bei fundierter Sachkenntnis gelingen kann ... ."
(Glöckel 1990)

Maßnahmen:

– *Herausstellen* thementragender Elemente und Bestandteile
– *Ermitteln* einer möglichen Schichtung der Elemente
– *Freilegen* der Ordnungsstruktur
– *Suchen* nach funktionalen Abhängigkeiten
– *Herausarbeiten* gegebener Verknüpfungen mit anderen Stoffelementen
– *Kennzeichnen* des Verwendungszweckes bzw. der Eignung
– *Erfassen* der ermittelten Aspekte in Form einer transparenten Strukturskizze

Maßnahmen(nach Glöckel) z.B.:

– "Beschränkung auf den einfachen Fall
– Vergröberung durch Weglassen von Elementen
– Darstellung am konkreten Fall
– Strukturierung und Schematisierung
– Darstellung am Modell als 'anschauliche Schematisierung'
– Modellhaftes Handeln
– Rückführung in die Ursprungssituation
– Sprachliche Einfachheit"

aber:

"Manche Sachverhalte entziehen sich von vorne-herein der Elementarisierung." (Kopp 1970)

z.B. Quantentheorie, Relativitätstheorie, Unschärferelation;

DAS SICHERNDE UND ÜBENDE LERNEN

Die mitunter von Vertretern reformpädagogischer Strömungen geäußerte Forderung, daß 'Erlebnisse zählen und nicht Ergebnisse', ist zweifelsohne ebenso einseitig wie die umgekehrte Akzentuierung, wie sie durch den wissenschaftsorientierten Unterricht und die Curriculum-Bewegung der siebziger und achtziger Jahre unseres Jahrhunderts nicht selten zum Ausdruck gebracht wurde. Richtig dagegen ist sicher die Ausgewogenheit dieser beiden Zielrichtungen unterrichtlichen Bemühens, wobei Ausgewogenheit nicht als mathematisch-quantitative Größe gesehen werden darf. Lernförderung und Lernerfolg können nur zustandekommen, wenn die kognitiven Ansprüche mit den emotionalen Befindlichkeiten und Bedürfnissen des Schülers im Einklang sind.

Die Forderung nach Sicherung neuer Erkenntnisse bzw. Fähigkeiten zielt zunächst und vordergründig betrachtet nach kognitiven Ansprüchen und Belastungen, weil durch bestimmte Maßnahmen die Behaltensleistung gesteigert werden soll. Doch auch ein gerüttelt Maß an positiven Erlebniseffekten kann durch die Beachtung des Prinzips der Sicherung und Übung erreicht werden, wenn der Schüler damit die Steigerung seiner Leistungsfähigkeit und so auch Erfolg erfährt. Die häufig geschmähte Leistungsorientierung erhält durch diese Sichtweise eine durchaus positive Wendung. Und Schüler wollen Leistungen erbringen, ganz ohne Zweifel! Sie brauchen dabei aber den verständnisvollen, zur individuellen Hilfe fähigen und bereiten pädagogischen und didaktisch-methodischen Fachmann.

| 125 | **Das Gehirn als Organ. Die Grundstruktur.** Bei jedem Facharzt, z.B. für Orthopädie oder Neurologie, nimmt man es als selbstverständlich gegebene Voraussetzung an, daß er profunde Kenntnisse über basale physiologische Grundtatsachen, wie Herz- und Kreislauffunktion, hat. Von daher gesehen ist es wohl nicht übertrieben, wenn man auch von jedem Lehrer erwartet, daß er wenigstens näherungsweise über die neurophysiologischen Gegebenheiten soweit Bescheid weiß, daß die ständig den Schülern übermittelten Appelle, sie mögen doch endlich eingehender nachdenken, mitdenken, durchdenken, nicht bloße Sprechblasen bleiben.Dieses Mindestmaß an Grundkenntnis für den Lehrer ist allerdings nicht leicht abzugrenzen, zu unterschiedlich sind je nach Sichtweise die Präferenzen. Schließlich ist noch auf die kaum faßbare Komplexität und interne gigantische Organisation dieses Organs zu verweisen.

| 125 | **Die Regionen.** Wenngleich Denk- und Speicherleistung des Menschen sich über das gesamte Gehirn erstrecken, können einzelne Teile, genauer Regionen, mit verschiedener Spezialisierung unterschieden werden. Nicht übersehen werden sollte gerade die für das Lernen so wichtige Struktur der Limbischen Region; sie ist für die Aktivierung von Emotionen verantwortlich; ihre Beachtung ist für jeden Lernerfolg eine unverzichtbare Bedingung.

| 126 | **Die Wahrnehmungsfelder.** Durch neurologische Forschungen, insbesondere bei Schädigungen aufgrund von Unfällen, konnten deutlich abgrenzbare Auftreffbereiche ermittelt werden, die für die Ausübung bestimmter sensitiver und motorischer Abläufe notwendig sind. Die Querschnittdarstellung kann die Lage dieser Areale nur unzureichend wiedergeben; das wäre nur durch eine dreidimensionale Abbildung möglich.

| 126 | **Die Gedankenverbindung.** Zunächst muß festgestellt werden, daß der Eindruck täuschen würde, wenn man glaubte, daß das hochkomplexe elektrochemische Geschehen auf der Basis verschiedener differenzierter hormoneller Aktivatoren geklärt und erforscht wäre. Ganz im Gegenteil! Denken und Behalten sind allenfalls nur in einigen Teilbereichen geklärt. Derzeit gehen z.B. japanische und amerikanische Forscher der Frage nach der Bedeutung von Duftstoffen und deren Einfluß auf die Lern- und Arbeitsleistung nach mit ersten interessanten, weil positiven Ergebnissen.

Die im Block Gedankenverbindungen als Vorgang des Zusammenspiels von Gehirnzellen aufgeführten Aspekte sollen zum Grundwissen eines Lehrers zählen; ihre Kenntnis wird Staunen und Wertschätzung über die Leistungsfähigkeit des Gehirns als Organ für die Gewinnung und Speicherung von Lernergebnissen hervorrufen.

| 127 | **Das Problem der Speicherung. Der Lernvorgang.** Die Lernpsychologie differenziert beim Lernvorgang in die Phase des Lernens und die des Gedächtnisses mit jeweils zu beachtenden Einzelprozessen. Die Unterscheidung ist klar und eindeutig und eignet sich gut für die unterrichtliche Verwendung. Die Gedächtnisleistung zielt also auf die Abspeicherung von neuen Kenntnissen und Fähigkeiten, die zunächst mit Hilfe des sog. Kurzzeitspeichers gewonnen bzw. erarbeitet werden; sie sind dann durch besondere Maßnahmen in den Langzeitspeicher zu überführen, um dort möglichst lange für den Anwendungsfall aufbewahrt zu werden. Das Unterrichtsprinzip der Sicherung und Übung bemüht sich also speziell um die Verweildauer der Lernresultate, aber auch um ihre zielführende Anwendung (Reaktivierung bzw. Reproduktion).

| 127 | **Vereinfachte Modelldarstellung des Behaltensvorganges.** Zunächst sind Lernen und Behalten von der Leistung der Eingangskanäle (visuell, auditiv, haptisch u.a.), die der Informationsaufnahme dienen, abhängig. Die Wahrnehmungen werden dann als elektrische Schwingungen weitergeleitet, wobei erst im Kurzzeit-Speicher eine be-

wußte Informationsverarbeitung durch den Einsatz kognitiver Akte und besonders auch emotionaler Vorgänge stattfindet. Durch bewußtes Denken kann es hier zur Gewinnung einer neuen Einsicht, nicht nur umgangssprachlich als 'Aha-Erlebnis' bezeichnet, kommen. Damit die erarbeitete neue Erkenntnis als Resultat des Lernens zum Wissen werden kann, muß sie durch besondere methodische (Sicherungs-) Maßnahmen in den Langzeit-Speicher überführt werden; hier bleibt sie dann unterschiedlich lange für den Anwendungsfall archiviert.

128 **Gedächtnispsychologische und didaktische Grundlagen. Das Gedächtnis, Instrument des Denkens und Speicherns.** Das Gehirn, Ort des Gedächtnisses, erfüllt nun für das schulische Lernen vier ganz wesentliche Aufgaben, die immer und bei jedem Lernvorgang unterrichtsmethodische Bedeutung haben. Wahrnehmungs-, Erkenntnis-, Speicher- und Reproduktionsfunktion sind fördernden wie hemmenden Einflußfaktoren, deren Kenntnis und Beachtung unverzichtbar sind, ausgesetzt.

128 **Zur Phänomenologie der Sicherung von Unterrichtsergebnissen.** Das oft beklagenswerte unterschiedliche Begriffsverständnis in den Erziehungswissenschaften ist wenigstens in diesem kleinen Bereich, der sich mit Sichern und Üben beschäftigt, eindeutig. Sichern und Festigen sind die Oberbegriffe, das Einprägen erfolgt bei kognitiven Lernresultaten, das Einüben bei instrumentalen bzw. psychomotorischen; dazu gibt es grundlegende Strategien bzw. Lernakte, deren Verwendung einerseits von Bestimmungsfaktoren her zu entscheiden ist, andererseits von weiterer Prinzipien überlagert wird.

129 **Voraussetzungen und Bedingungen. Faktoren der Übungs- bzw. Sicherungsbereitschaft.** Wenn es im Unterricht um die Sicherung von erarbeiteten Lernergebnissen geht, liegt meist die Motivation der Schüler dazu brach. Übungsstunden stellen an den Lehrer große Anforderungen hinsichtlich ihrer methodisch-kreativen Gestaltung, sollen sie nicht langweilig und langatmig werden. Kennt man die aufgeführten Ursachen, so gelingt die Organisation zielführender Sicherungsprozesse leichter. Ebenso ist die Kenntnis um die bewußte Einbeziehung einzelner Variablen der Sicherungsbereitschaft bzw. -motivation unerläßlich; es handelt sich hierbei um personale und methodische Faktoren, von denen aus Impulse für ein verbessertes Lernverhalten beim Einprägen und Einüben gehen können.

129 **Allgemeine methodische Grundsätze der Sicherung.** Es gibt eine Reihe verschiedener Gesichtspunkte und allgemeiner, d.h. generell zu beachtender Aspekte, die zunächst unabhängig von Fach, Unterrichtsthema und Schülerleistungsfähigkeit das Bemühen um langfristiges Abspeichern von Lernresultaten fördern. Zu beachten sind in diesem Zusammenhang unter anderem die Eindruckswirkung der Inhalte auf die Schüler, Formen der Wiedergabe des Unterrichtsergebnisses, überschrieben als Ausdrucksgestaltung, seine Integration in den größeren stofflichen Rahmen, der Zeitfaktor, das individuelle und aktive Bemühen, das seinerseits auch von der individuellen Sicherungsbegabung abhängig ist. In der Regel sind diese methodischen Bedingungsvariablen mehr oder weniger miteinander vernetzt.

130 **Der Lernprozeß unter dem Aspekt der Sicherungsbemühungen.** Von einer Übungsstufe zu sprechen ist ebenso irreführend, wie von einer Motivationsphase. Die entscheidende Feststellung ist, daß bei der Konzeption einer Unterrichtsstunde bei allen Stufen auch Überlegungen nach möglichen Sicherungseffekten einfließen sollten. Wie die Darstellung zeigt, gibt es durchaus eine große Zahl von Maßnahmen, die das Bemühen um Langzeitspeicherung schon vom ersten Unterrichtsschritt an unterstützen und intensivieren.

131 **Lerngesetze, Maßnahmen und Empfehlungen.** Es gibt eine Fülle von Hinweisen, die, durch Erfahrungen nachgewiesen und durch Untersuchungen ermittelt, als übergeordnete Gesichtspunkte das Sichern und Üben von Unterrichtsergebnissen fördern. Leider sind viele von ihnen in den verschiedensten Publikationen, in denen sie aufgearbeitet werden, verstreut und sind deshalb für die Unterrichtspraxis nicht verfügbar. Die am häufigsten zitierten sind in der nachfolgenden Darstellung aufgeführt.

135 **Behaltensunterstützende Ergebnisfixierung: Analysebeispiel.** Von besonderer Bedeutung für die Sicherung von Lernergebnissen ist deren visuell erfaßbare Fixierung. Didaktisch-theoretische Empfehlungen werden durch das aufgeführte Beispiel konkretisiert.. Die Gedankenentwicklung und die Argumentationsüberlegungen gehen von einer kaum lernfördernden Vorlage aus und münden ein in das durchgearbeitete Beispiel. Strukturiert durch Blöcke in horizontaler und vertikaler Anordnung, etikettiert durch kognitive Erschließungsakte im Sinne von Superzeichen und ausgestattet mit figurativen Elementen wird der Erinnerungswert (Behaltensdauer) dieses Unterrichtsergebnisses sicher deutlich höher sein.

Es besteht kein Anlaß, über eine nachlassende kognitive Leistungsfähigkeit der Schüler zu klagen; eher handelt es sich bei wenig befriedigenden Lernleistungen um vorhandene Defizite bei der Beachtung und Umsetzung des Prinzips der Sicherung und Übung mit seinen zahlreichen Möglichkeiten, Maßnahmen und Strategien.

- Das Gehirn, Organ für die Gewinnung und Speicherung von Kenntnissen -

■ die Grundstruktur:

13 Mrd. Nervenzellen (Neuronen); jede Nervenzelle besteht aus einem Zellkörper (= Soma), einem Axon (= Neurit) und den Dendriten; Gesamtlänge des Fasernetzes etwa 500 000 km; mit Hilfe der Axonfaser, die sich in zahlreiche Verzweigungen aufteilt, sind die Zellkörper verbunden; Kontaktstelle ist in jedem Falle eine Synapse; mit bis zu 1 000 anderen Zellen kann ein Neuron so verbunden sein;

■ die Regionen:

Limbische Region:

Vermittlerrolle zwischen Denken und Fühlen; nach neuesten Ergebnissen (Labor: Max-Plank-Gesellschaft Tübingen) ist der Hippocampus, eine Struktur dieser Region, an der langfristigen Speicherung von Gedächtnisinhalten wesentlich beteiligt; da hier Motivation und Emotion verankert sind, funktioniert er im Sinn eines vorgeschalteten Filters bei den Lernresultaten, die nicht durch mehrmaliges Wiederholen dauerhaft eingespeichert werden, sondern nur einmalig aufgenommen wurden; durch die emotionale Färbung erhält die Information einen erhöhten Erinnerungswert!

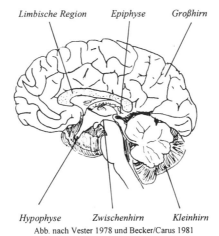

Limbische Region   Epiphyse   Großhirn

Hypophyse   Zwischenhirn   Kleinhirn
Abb. nach Vester 1978 und Becker/Carus 1981

Zwischenhirn:

(umfaßt Thalamus und Hypothalamus) ist die zentrale Schaltstelle für sämtliche Sinneswahrnehmungen; der Thalamus ist Umschaltstelle zwischen Sinnesorganen und der Hirnrinde, der Hypothalamus steuert das vegetative Nervensystem (auch Gefühle für Hunger, Durst, Freude, Blutdruck, Atmung)

Großhirn:

besteht aus zwei stark gefalteten Großhirnlappen, die der sensorischen Verarbeitung, dem Erkennen, dem Speichern dienen; zuständig für den gesamten Bereich des Denkens, Lernens, Erinnerns, Vergessens;

Kleinhirn:

koordiniert alle automatischen und gewollten Muskelbewegungen; leitet alle Wahrnehmungen der Sinnesorgane an die Muskeln weiter;

Hypophyse:
(Hirnanhangdrüse)

regelt den Hormonhaushalt (z.B. Sexualverhalten, Verdauungsvorgänge)

Epiphyse:
(Zirbeldrüse)

dient der Steuerung bestimmter rhythmischer Funktionen;

■ die Wahrnehmungsfelder:

- durch die Eingangskanäle (visuell, akustisch, haptisch) werden die wahrgenommenen Informationen weitergeleitet;

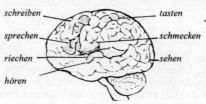

schreiben   tasten

sprechen   schmecken

riechen   sehen

hören

- die Verarbeitung (= das denkende Durchdringen), der Einprägungsvorgang bzw. die Speicherung erfolgen über die ganze Großhirnrinde verteilt, allerdings auch wieder bei unterschiedlicher Mobilisierung verschiedener Zonen;

- im Gehirn befinden sich bestimmte Areale, die als Wahrnehmungsfelder für eintreffende Informationen spezialisiert sind;

■ die Gedankenverbindung...

als Vorgang des Zusammenspiels von Gehirnzellen mit Hilfe ihrer Nervenfasern

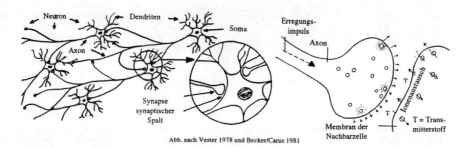

Abb. nach Vester 1978 und Becker/Carus 1981

- Wahrnehmungen werden als elektrische Erregungen durch die Nervenfasern weitergeleitet;

- am Ende der Nervenfasern (Axone) befinden sich gleichsam als Schaltstelle zur nächsten Gehirnzelle die knopfartigen Synapsen, von denen nur wenige 'fest verschmolzen' sind; die meisten funktionieren am sogenannten synaptischen Spalt als 'elektro-chemische Schalter';

- der Abstand zwischen Synapse und Gehirnzelle beträgt 1/100 000 mm;

- in den knopfartigen Synapsen befinden sich Bläschen, in denen chemische Überträgersubstanzen gespeichert sind (z.B. Acetylcholin, Noradrenalin);

- der durch das Axon laufende elektrische Reiz setzt die in den Bläschen gespeicherte chemische Überträgersubstanz (Transmitter) frei und ermöglicht dadurch, infolge der Ionenwanderung zur benachbarten Nervenzelle, die Verbindung mit dem Neuron; mit Hilfe dieser 'Brücke' werden Erregungsimpulse zur angrenzenden Gehirnzelle weitergeleitet und diese so aktiviert;

- durch etwa 500 Billionen Synapsen ist so das gezielte Denken und Erinnern möglich; diese Zahl ist gleichzusetzen mit der wahrscheinlichen Anzahl von Gedankenverbindungen;

- Das Problem der Speicherung mit Hilfe 'verschiedener Gedächtnisse' -

■ der Lernvorgang aus der Sicht der Lernpsychologie:

▷ erste Hauptphase · ▷ zweite Hauptphase

| LERNEN | Prozesse der Aufmerksamkeit
Prozesse der Wahrnehmung
Prozesse der Unterscheidung
Prozesse der Aneignung | GEDÄCHTNIS | Prozesse der Kurzzeitspeicherung
Prozesse der Langzeitspeicherung
Prozesse der Erinnerung
Prozesse des Abrufens |

■ vereinfachte Modelldarstellung des Behaltensvorganges:

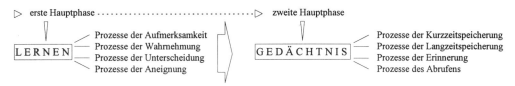

"Wenn wir von Gedächtnis sprechen, meinen wir vor allem damit zwei Prozesse: die Aufbewahrung oder Speicherung von etwas Gelerntem und den Abruf des ... Aufbewahrten." (Weinert u.a. 1983)

einlaufende Reize

ULTRAKURZZEIT - SPEICHER

alle Sinneswahrnehmungen (durch Auge, Ohr, Tastsinn) kreisen als elektrische Ströme und Schwingungen im Gehirn; Speichervorgang findet nicht statt; die Wahrnehmungen klingen nach 10 - 20 Sekunden wieder ab; UKZ ist von elektrischer Art; dient der Sofortreaktion, der augenblicklichen Verhaltensänderung (z.B. im Straßenverkehr);

Sinneswahrnehmungen

Problemkonfrontation

kann beeinflußt werden:
z.B. durch
- Vorkenntnisse
- Vorerfahrungen
- Bedürfnisse
- Erwartungen
- Konzentrationsfähigkeit

KURZZEIT - SPEICHER

alle Sinneswahrnehmungen werden nun stofflich verankert; er dient dem bewußten Durchdringen (durch Verstehen, Verknüpfen, Einordnen etc.) und Festhalten der Wahrnehmungen über den Augenblick hinaus; diese 'Eindrücke' verblassen oder verlöschen ohne besondere Sicherungsmaßnahmen nach wenigen Minuten; die Wahrnehmungen werden hier 'verstofflicht' unter besonderer Mitwirkung von Nukleinsäuren; diese Nukleinsäureketten zerfallen aber wieder, wenn Strategien des Festigens ausbleiben;

Einsichtgewinnung

Wissen und Fähigkeiten

LANGZEIT - SPEICHER

alle Wahrnehmungen werden hier aufgrund besonderer Sicherungsmaßnahmen als Gedächtnisinhalte langfristig abgespeichert (Stunden, Tage, Jahre); dieser Vorgang ist vergleichbar mit einem 'Eingravieren' oder 'Einprägen' (z.B. durch mehrmalige Wiederholung, Anknüpfung an bereits bekannte Gedächtnisinhalte, Kodierung, Strukturierung, Blockbildung, emotionale Einkleidung u.a.); die langfristige Speicherung durch Engramme bzw. Gedächtnisspuren erfolgt durch Bildung und Ablagerung von Proteinen (die Proteinsynthese nimmt mit dem Alter ab, nachlassende Speicherfähigkeit);

"Die Inhalte des Langzeitspeichers nennen wir das Wissen. Es ist der dauernde Niederschlag ... des Wahrnehmens und der kognitiven Prozesse, die das Handeln und Wahrnehmen ordnen."
(Aebli 1981)

Unterrichtsprinzipien
- das sichernde und übende Lernen -

- Gedächtnispsychologische und didaktische Grundlagen -

■ das Gedächtnis, Instrument des Denkens und Speicherns:

das Gehirn, Ort menschlicher Denkstrategien

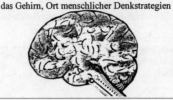

wichtigster Teil des zentralen Nervensystems;
Ort des Gedächtnisses;
Steuerzentrale für das hochdifferenzierte menschliche Verhalten;

Hauptaufgabe:
Lernen zum Zwecke einer je sinnvoll angemessenen Anpassung oder Bewältigung anstehender Aufgaben und Probleme; Sicherung der menschlichen Existenz;

Funktionen

Wahrnehmungsleistung	Erkenntnisleistung	Speicherleistung	Reproduktionsleistung
mit Hilfe der Aufnahmekanäle (Sinne) erfolgen Wahrnehmungen in Form von Impulsen, Signalen, Sachverhalten, Prozessen;	das denkende Durchdringen des Wahrgenommenen, das Verstehen von z.B. Regeln, Begriffen; das Verbinden von Assoziationen, insg. der Bereich der intellektuellen Operationen;	das möglichst langfristige Einprägen bereits einmal erkannter Sachverhalte und vorhandener Qualifikationen; Zweck: das einmal Verstandene für einen eventuellen Einsatz in konkreten Gebrauchssituationen speichern;	die Abruffähigkeit für gespeicherte Lernergebnisse (sich erinnern in der Gebrauchssituation); Umsetzen der Gedanken in Sprache;
didaktische Aspekte: Problem des Konzentrationsvermögens; physiologische Leistungsfähigkeit der Aufnahmekanäle; Ziel: der multisensorische Wahrnehmungsvorgang;	didaktische Aspekte: Berücksichtigung der verschiedenen Lernarten, insb. der höheren Lernarten; Ziel: rezeptive und aktive Erkenntnisleistung; Aktivierung des Kurzzeitspeichers;	didaktische Aspekte: erfaßte Lernergebnisse werden durch bestimmte didaktische Strategien in den Langzeitspeicher überführt; Ziel: Erweiterung der Speicherkapazität, dem Vergessensvorgang entgegenwirken;	didaktische Aspekte: Voraussetzung: geordnete systematisierte Archivierung der eingeprägten Lernergebnisse;

fördernd **Einflußfaktoren** hemmend	
- pos. emotionale Gestimmtheit - inhaltliches Interesse - Aussicht auf Erfolg - Brauchbarkeit des Lernergebnisses	- neg. emotionale Gestimmtheit (Angstreaktionen verursachen Denkblockaden) - mangelnde Konzentration und Ausdauer - unzureichendes Interesse - Überforderung

■ zur Phänomenologie der Sicherung von Unterrichtsergebnissen:

Basis: Lernergebnisse/Lernresultate
Sichern - Festigen

kognitiver Bereich:
einprägen - vergessen

psychomotorischer Bereich:
einüben - verlernen

Grundlegende Lernakte
zur
Lernergebnissicherung

Bestimmungsfaktoren
Gegenstandsfeld - Lernziel;
Leistungsfähigkeit des Schülers - Beherrschen der vorhandenen Sicherungsstrategien;

Eindruckswirkung
Ausdrucksgestaltung
Wiederholung
Anwendung
Transfer
Kontrolle
Wertung

Überlagerung durch Lernprinzipien
Strukturierung - Rhythmisierung;
Veranschaulichung - Aktivierung;
Individualisierung - Erfolgsverstärkung u.a.

- Voraussetzungen und Bedingungen -

■ Faktoren der Übungs- bzw. Sicherungsbereitschaft:

● **Ursachen mangelnder Übungs- bzw. Sicherungsbereitschaft:**

- zu geringer Pragmatismus der schulischen Lernresultate
- Übersättigung mit kognitiven Inhalten
- die Lernresultate liegen außerhalb der Interessenbereiche der Schüler
- Lernziele tragen zu oft den Charakter von Fernzielen
- allgemein ausgeprägte Abwendungsreaktion schulischen Aktivitäten gegenüber aufgrund des vorherrschenden Leistungszwanges in Verbindung mit einer wenig freudvollen Lernatmosphäre

● **Faktoren zur Steigerung der Übungs- bzw. Sicherungsbereitschaft:**

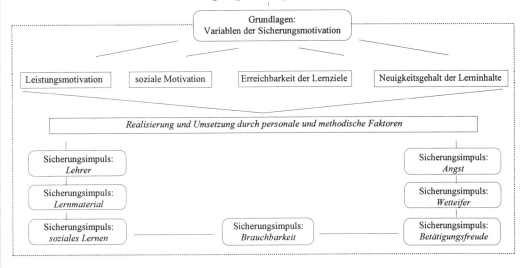

■ allgemeine methodische Grundsätze der Sicherung:

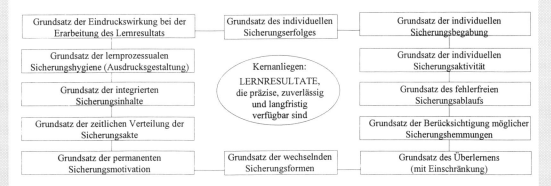

Anmerkung: Die aufgeführten methodischen Grundsätze, die bei geplanter Umsetzung von Sicherungsstrategien zu beachten sind, erfassen jeweils mehrere Lerngesetze.
Beispiele: Der Grundsatz der Eindruckswirkung, der insbesondere bei der Fixierung des Lernresultats zum Ausdruck kommt, erfaßt die Gesetze des Strukturierens, Kodierens, Visualisierens.
Der Grundsatz der Sicherungshemmung erfaßt die Lerngesetze der pro- und retroaktiven Hemmung, der Ähnlichkeitshemmung, der affektiven Hemmung.

- Der Lernprozeß unter dem Aspekt der Sicherungsbemühungen -

Phase der Wahrnehmung

didaktische Absichten	methodische Strategien
— Aufmerksamkeit und Interesse erregen — assoziative Verknüpfungen ermöglichen — Beeinflussungsfaktoren der Wahrnehmung beachten — selektive Wahrnehmung steuern	Eindruckswirkung durch • Veranschaulichung • originale Begegnung • Individualisierung und Kooperation • Brainstorming • Hypothesenbildung

Phase der Erschließung

didaktische Absichten	methodische Strategien
— aktive und möglichst selbsttätige Auseinandersetzung mit den Lerninhalten — denkendes Durchdringen der Lerninhalte — Einsichten und Erkenntnisse gewinnen bzw. erarbeiten	Ausdrucksgestaltung durch • aktive schriftliche und/oder mündliche Verbalisierung • bildhafte Erfassung • szenische Darstellung der neuen Einsichten und Erkenntnisse

Phase der Sicherung

didaktische Absichten	methodische Strategien
— Steigerung der Behaltensleistung — dem Vergessen und Verlernen entgegenwirken — Sicherstellen der Reproduktionsfähigkeit	• verschiedene Wiederholungsformen berücksichtigen • verschiedene Transferformen beachten • verschiedene Sicherungsgesetze einbeziehen

Phase der Wiedergabe

didaktische Absichten	methodische Strategien
— Lernerfolgskontrolle — feed-back — Steigerung der Anwendungssicherheit — wiedererkennen — Abruf des gespeicherten Materials	• mündliche oder schriftliche Kontrollen • Beurteilung und Bewertung der Lernresultate

ZIEL

langfristiges Behalten der Lernresultate zur zuverlässigen Anwendung in konkreten Bedarfssituationen

verlangt nach

Berücksichtigung von Sicherungsmaßnahmen auf allen Stufen des Lernprozesses

- Lerngesetze, Maßnahmen, Empfehlungen -

● das Gesetz der individuellen Übungsbegabung

... besagt, daß es unterschiedliche Übungsleistungsniveaus gibt, die von der individuellen Disposition abhängig sind und insbesonders durch willentliche Komponenten zum Ausdruck kommen (Zielstrebigkeit, Ausdauer, Konsequenz, Selbstdisziplin, Gründlichkeit); bei der Beurteilung der Sicherungsleistung ist diesem Aspekt besondere Beachtung zu schenken;
außerdem besteht ein gewisser Zusammenhang mit der jeweiligen Entwicklungs- und Reifungsphase des Schülers (autogenetisches Übungsgesetz nach Bönsch);

● der Aufbau von Sicherungsmotivation

... erfordert das ständige Bemühen um so verschiedene Aspekte wie das Übungsziel vorgeben, die Sicherungsbemühungen des Schülers anerkennen, behutsam die Sicherungsarbeit intensivieren (z.B. durch individuelle und/oder kooperative Wettbewerbsformen), die Sicherungsaufträge so dosieren, daß sie erfolgreich bewältigt werden können (Erfolgserlebnis als positiver Verstärker); Sicherungsergebnisse unmittelbar nach ihrer Erzielung vergleichen, korrigieren; auch das spornt an, erhöht die Motivation; Wechsel bei der Verwendung von Medien und beim Gebrauch der methodischen Maßnahmen; insgesamt: gezielte, konsequente Beachtung des Motivationsaspektes fördert die Sicherungsleistung (Genauigkeit, Schnelligkeit, Vollständigkeit); das Erinnern, die Reproduktion wird so unterstützt durch die sog. affektive Lernförderung (= positive persönliche Erlebnisse im sachinhaltlichen Übungszusammenhang fördern das Überführen in den Langzeitspeicher); Beachten der verschiedenen Sicherungsimpulse: das Lernmaterial, das kooperative Lernen, die Brauchbarkeit des Lernresultats, die Betätigungsfreude, der Wetteifer, die Angst, das altersspezifische Interesse am Lernresultat, das Spiel, die Lernfreude;

● das multisensorische Lernen

... besagt, daß Lernresultate durch möglichst viele Wahrnehmungskanäle (akustisch, optisch, haptisch) aufgenommen werden sollen, um mehrere Auftreffbereiche im Gehirn zu beteiligen; die Langzeitspeicherung läßt sich bis über 30 % vergleichsweise steigern; dadurch kann man auch eher den unterschiedlichen Lerntypen entsprechen;

● Maßnahmen der Eindruckswirkung

- Herstellen von Assoziationen mit bekanntem Material; dies reduziert die Angst vor dem neuen Lernresultat; Strategien: Vorkenntnisermittlung, brainstorming. Herstellen von Bezügen zu Größen aus dem Erfahrungsraum der Schüler (insbesondere Maße, Sachverhalte, Vorgänge);
- das Gesetz der Reinhaltung (nach Bönsch): Sicherungsaufgaben so stellen, daß keine Fehler eingeübt werden; zuerst also einfachere Aufgaben, dann schrittweise schwierigere;
- ein dem Lerngegenstand und dem Leistungsvermögen angemessenes Maß an Schüleraktivität bei der Gewinnung der Lernresultate ermöglichen; aktiv Erarbeitetes wird länger behalten als bloß Aufgenommenes; learning by doing!
- Lernergebnisse bereits in der Phase der Erarbeitung strukturieren, in eine (z.B. in Tafelbildern, Teilzusammenfassungen) gegliederte Form integrieren;
- der Motivationsintensität der Problembegegnung hohe Beachtung schenken; je näher der Wirklichkeit (z.B. originale Begegnung), umso erstrebenswerter und effektiver; vielfach wird das Lernresultat in Verbindung mit einer derartigen Problembegegnung besser erinnert (siehe z.B. Untersuchung von Düker/Tausch, 1971);
- das Gesetz der Superierung: Lernergebnisse, insbesondere wenn sie recht differenziert sind, müssen durch Superzeichen (Oberbegriffe, Symbole, erschließende Denkakte, generalisierte ikonische Elemente) verdichtet und etikettiert werden; dies dient der Ökonomisierung des Lernens und hat seinen besonderen Wert für das Erinnern und Reproduzieren (Ankerelemente, kognitive Katalysatoren); mit Hilfe solcher Superzeichen können ganze Gedankenketten abgerufen werden;
- Lernergebnisse visualisieren: Abbildungen verschiedenster Art besitzen höheren Erinnerungswert als sprachlich gefaßte Informationen, wobei nicht die Realitätsgenauigkeit von Bedeutung ist, sondern die generalisierte Erfassung der Wesensmerkmale der Erscheinung (z.B. durch Schaubilder, Diagramme, Längs- und Querschnitte etc.); besonders zu beachten: derartige Abbildungen verbegrifflichen und in den aktiven Wortschatz (beschreiben, erklären lassen) überführen; außerdem: dosiert-reflektierter Gebrauch, keine Überflutung;

● Strategien der Ausdrucksgestaltung

... ermöglichen die Wiedergabe des erarbeiteten Lernresultats; es handelt sich dabei um Vorgänge, bei denen das neue Unterrichtsergebnis durch eigenständige Bemühungen aktiviert wird (input-output-Modell); als Strategien können bildhafte Erfassung, sprachliche Wiedergabe und szenische Darstellung unterschieden werden;

● die Vorgabe von Blockstrukturen

... fordern z.B. Vester, 1982 (Skelett vor Detail); Miller, 1971 (Theorie der Blockbildung durch Bedeutungseinheiten, chunks); in gewissem Sinne auch Ausubel, 1969 (advance organizer); bei differenzierten Lernresultaten wird die Verankerung der Teilresultate dann zuverlässiger vollzogen, wenn strukturierte Denkgerüste vorgegeben werden, in die dann die erarbeiteten Einzelheiten leichter ergänzt und damit überschaubarer werden und bei der Reproduktion durch die sog. assoziative Verknüpfung sicherer erinnert werden können;

● der Positionseffekt

... besagt, daß häufig die ersten und letzten Elemente einer Reihe (der Anfang , das Ende) länger behalten werden (auch "primacy-recency-effekt");

● Ganzheitsmethode

... andere Bezeichnungen dafür lauten G-Methode, whole-method; es handelt sich dabei um einen Einprägungsvorgang, bei dem das Lernresultat als Ganzheit und nicht stückweise gesichert wird; günstig bei umfangreicheren Lernresultaten, deren Teile enge Beziehungen zueinander haben; Aebli: "... in viele Fällen rationeller als die T-Methode"; ... "im Ganzen ökonomischer als das Lernen in Teilen"; Ausubel: "... der T-Methode überlegen, wenn die Menge des Lernmaterials nicht die Größe der Übungseinheit überschreitet, die der Lernende bequem handhaben kann" (Psychologie des Unterrichts, Band I, S. 338); Begründung für die höhere Effektivität der G-Methode: "Wird das Ganze durchlaufen, so vergeht immer eine gewisse Zeit, bis der einzelne Teil wieder drankommt. Sättigungsvorgänge, die bei gehäufter Rezitation des Teils auftreten, sind daher von geringerer Bedeutung. Wenn immer das Ganze durchlaufen wird, geht der Lernende frischer an den Teil heran, als wenn er diesen hintereinander immer wieder durchläuft" (Aebli, Grundformen des Lernens, Stuttgart 1972, S. 168);
Beispiel: Auswendiglernen eines Gedichts;

● Teil-Methode

... andere Bezeichnungen dafür lauten: T-Methode, part-method; hier handelt es sich um einen Einprägungsvorgang, bei dem ein umfangreicheres Lernergebnis stückweise, elementhaft gefestigt wird; jeder Teil wird zunächst solange geübt, bis er zuverlässig abgespeichert ist bzw. angewendet werden kann; dann erst geschieht dies für den nächsten Teil usf.; geeignet für Lernresultate, deren Teile oder Elemente wenig bis keine Beziehung zueinander haben, da Assoziationen und Verknüpfungen nicht oder kaum möglich sind;

● das Memorieren

... wird als Synonym für das Auswendiglernen gebraucht; ohne auswendig zur Verfügung stehende Lernresultate kein problemlösendes Denken; dazu zählen: Faktenwissen, Regeln, Grundbegriffe, naturwissenschaftliche Gesetze, Vokabeln, Gedichte und Liedtexte, Formeln, Namen; wesentlich dabei: die auswendig zu lernenden Unterrichtsergebnisse müssen vorher einsichtig erarbeitet und verstanden worden sein; Ziel: die präzise, buchstabengenaue Reproduktion; unzulässig: die individuell gefärbte Wiedergabe; methodische Maßnahmen: dem Lernresultat eine Struktur geben (z.B. Tel.-Nr.: 717 121 - 71 71 21), das Lernresultat rhythmisieren (z.B. Iller, Lech, Isar, Inn fließen rechts zur Donau hin), das Lernresultat durch reale oder konstruierte Superzeichen verdichten (z.B. Ziele, Ursachen, Folgen oder z.B. Herbarts Stufenfolge = KASM: Klarheit, Assoziation, System, Methode), umfangreiche Lernresultate durch Diagrammstruktur gliedern (z.B. Fluß-, Funktions-, Strukturdiagramme); insgesamt: das Auswendiglernen durch assoziative Hilfen, sog. Gedächtniskrücken, unterstützen; der Vorgang des Auswendiglernens kann durch Drill zusätzlich verstärkt werden;

- <u>Drill</u>

... ist eine spezifische Form des Festigungsprozesses in Verbindung mit einer besonderen Art von Lernresultaten, z.B. Vokabeln, das Einmaleins, das Alphabet, unregelmäßige Verben, Abläufe im Sport und in der Musik; zielt ab auf Automatisierung von Fähigkeiten im manuell-instrumentalen, aber auch im kognitiven Bereich; Voraussetzung dafür ist immer das zuvor einsichtig erarbeitete Lernresultat; Odenbach: ... "Der Drill unterscheidet sich von der Dressur durch anfängliche Beteiligung der Einsicht" (Die Übung im Unterricht, 1981); Ähnlichkeit mit overlearning; Hauptproblem: die ausreichende Motivation der Schüler; deshalb: Flexibilität bei den methodischen Maßnahmen, z.B.: Wechsel der Sozialformen, der verwendeten Medien, der Abfolge, der Tätigkeit der Schüler;

- <u>das Übungsplateau</u>

... ist der Ausdruck für eine eingetretene physisch-psychische Ermüdungsreaktion; während dieser Phase erfolgt selbst durch noch so intensive Sicherungsbemühungen keine effektive Sicherungszunahme im Zusammenhang mit der abzuspeichernden Lernleistung; während dieser Zeit, so die Theorie, bildet das Gedächtnis eine neue Struktur; im Anschluß daran ist wieder eine beschleunigte bis sprunghafte Zunahme der Übungsleistung möglich;

- <u>overlearning</u>

... meint als Überlernen ein "Lernen und Üben über die Fähigkeit zur unmittelbaren Reproduktion hinaus mit dem Zweck eines längeren oder dauernden Behaltens" (Odenbach, 1976 a.a.O.); Sicherungsbemühungen werden fortgesetzt, obwohl das Lernresultat als Leistung in qualitativer und quantitativer Effizienz zur Verfügung steht; überlerntes Material zeigt einen höheren Behaltenseffekt; Hauptproblem: immer wieder neu motivieren; bei kognitiven Lernresultaten bringt Überlernen keinen zusätzlichen Speichergewinn (Foppa 1975);

- <u>warming-up</u>

... zu beachten als Aufwärmstufe zu Beginn jeder Übungsphase, insbesondere bei motorisch-instrumentalen, pragmatischen Lernresultaten (z.B. Üben der Buchstabenformen, gymnastische Bewegungsabläufe, Anwendung von Gestaltungstechniken in Werken und Zeichnen, Schreibablauf nach längeren Pausen, Gebrauch von Lerntechniken); es handelt sich dabei stets um ein allmähliches 'Warmlaufen' der physiologischen und kognitiven Kräfte;

- <u>Übungsverteilung</u>

... beachtet die Tatsache, daß Vergessen in der Regel unmittelbar nach der Erkenntniserarbeitung einsetzt; deshalb sollten direkt daran anschließend Sicherungsmaßnahmen stattfinden; weitere Festigungsaktivitäten können dann mit einem jeweils wachsenden zeitlichen Abstand vom Zeitpunkt der Verständnisgewinnung ab erfolgen; günstige Behaltenseffekte, wenn die Sicherungsakte über mehrere Tage verteilt werden;

- <u>verteiltes Üben</u>

... empfiehlt sich vor allem bei anspruchsvollen, schwierigen Aufgaben, wo zwischengeschaltete schöpferische Pausen die Freude bzw. Motivation für die weitere Beschäftigung damit wieder aufbauen können;
... kann aber auch bei eintönigen Übungsinhalten (z.B. Einmaleins, Vokabeln) aus psychohygienischen Gründen erforderlich sein;

- <u>das Jostsche Verteilungsgesetz</u>

... berücksichtigt Ermüdungserscheinungen und physische Sättigung beim Schüler; kurze, verteilte Sicherungsakte sind deshalb effektiver als gehäufte;

● <u>massiertes Üben</u>

... ist geboten vor Prüfungssituationen, wobei zu beachten ist, daß nur noch in Ausnahmefällen ein Neu- bzw. Zulernen stattfindet; in der Regel handelt es sich bei solchen Übungsvorgängen nur noch um ein Auffrischen und Aktualisieren bereits zuverlässig abgespeicherter Lernresultate; wesentlich ist dabei auch das aktive Verbalisieren, z.B. durch ein Gespräch, durch lautes Formulieren, durch Wachrufen der inneren Vorstellungsbilder zum Speichermaterial;

● <u>das Gesetz der emotionalen Verknüpfung</u>

... weist darauf hin, daß Erfolgserlebnisse bzw. die freudvolle Betätigung am Lerngegenstand die Behaltensleistung der so erzielten Lernresultate fördern; (neuere Forschungsergebnisse: Abhängigkeit von der Mobilisierung des Hypothalamus);

● <u>integrierte Sicherungsakte</u>

... bemühen sich um Festigung neuer Einsichten und Fähigkeiten unter dem Aspekt, daß sichernde Maßnahmen einen höheren Effekt haben, wenn das Lernresultat nicht isoliert, sondern in sinnvollen Zusammenhängen wiederholt und geübt wird;

● <u>die Metakognition</u>

... will als Sicherungsstrategie den Schülern Kenntnisse über Funktion und Wirksamkeit des Gedächtnisses vermitteln; dies sollte die Fähigkeit zum eigenständigen Lernen fördern und verweist gezielt auf Wahrnehmungs-, Problemlöse- und Merkstrategien;

● <u>das Gesetz der affektiven Hemmung</u>

... wird mitunter auch als Wiedergabehemmung bezeichnet. Man umschreibt damit ein Problem bei der Reproduktion von Lernresultaten, das oft dann auftritt, wenn äußere Erscheinungen wie eine bevorstehende Prüfung, ein Mißerfolgserlebnis, ein zu erwartendes positiv-emotionales Ereignis (Schulfeier) die quantitative und/oder qualitative Wiedergabe eines verstandenen und abgespeicherten Lernergebnisses stören bzw. hindern.

● <u>das Gesetz der retroaktiven Hemmung</u>

... fordert nach intensiven Übungsbemühungen eine entsprechende Pause und anschließend die Begegnung mit anderen als während der Übung aufgegriffenen Lerninhalten (z.B. richtig: mathematische Übung - Pause - sprachliche Lerninhalte);

● <u>das Gesetz der Ähnlichkeitshemmung</u>

... greift die Tatsache auf, daß ähnliche oder gleichartige Lerninhalte unmittelbar hintereinander oder nebeneinander den Einprägungsvorgang und damit das Behalten erschweren (Ranschburgsche Hemmung); nicht gleichzeitig erarbeiten bzw. sichern: z.B. Sprachfälle wie end- und ent-, das und daß, ie und ieh; Gefahr der Verwechslung gegeben; je ähnlicher die Lernresultate sind, umso stärker behindern (hemmen) sie den Einprägungsvorgang;

- Behaltensunterstützende Ergebnisfixierung -

Ausgangsbeispiel.
Es handelt sich hier dem Wesen nach um entsprechend verpacktes Lernmaterial, das aufgrund seiner besonderen Gestaltung lernunterstützend wirken soll. Die hier aufgeschlossenen Inhalte können je nach gewählter Konzeption entweder als 'Tafelbild' oder als Arbeitsblatt/Merkblatt typisiert werden. Meist jedoch unterscheiden sie sich nur durch das jeweilige mediale Trägermaterial (beschichtete Tafel, Folie, Papier).
Problematisch werden die sogenannten 'Tafelbilder' insbesondere durch die nicht selten lernbehindernde Qualität ihrer Konzeption. Bei der Analyse derartiger Produkte muß man manchmal den Eindruck gewinnen, mit einer oft oberflächlich zusammengezimmerten, auf der Grundlage eines reichlich nebulosen lern- und gedächtnispsychologischen Kenntnisstandes erstellten medialen 'Hilfe' konfrontiert zu sein.
Als Beweis für diese Feststellung - und es ließen sich eine Fülle solcher negativer Beispiele aufführen - sei das nachfolgende 'Tafelbild', das zur Behandlung des Gedichts "Reklame" von Ingeborg Bachmann vorgeschlagen wurde, zunächst ohne Kommentar aufgezeigt:

Tafelbild

Reklame
(INGEBORG BACHMANN)

Fragen   Antworten
↓   ↓
Gewissen   Reklame

Montagegedicht

Bei der unterrichtlichen Arbeit mit Gedichten sind neben emotional-affektiven Absichten (sprachästhetische Komponenten) kognitive Ziele (Offenlegung des Aussagegehalts, Analyse des sprachlichen Instrumentariums) von wesentlicher Bedeutung. Dazu ist es unabdingbar, da es sich im Gegensatz zum sogenannten mechanischen Lernen um einen Vorgang des Lernens durch Einsicht handelt, die oft sehr unterschiedlich komplexe Inhaltsstruktur freizulegen.
Dies schafft Transparenz, erleichtert dadurch dem Schüler in der Regel das Eindringen und unterstützt die Gewinnung geplanter Einsichten (Erkenntnisgewinnung). Gleichzeitig ist dabei auch darauf zu achten, daß mit Hilfe besonderer Gestaltungsmaßnahmen das Interesse für das zur Behandlung anstehende Thema geweckt und die Wahrnehmungsaktivitäten gezielt ausgerichtet werden (Wahrnehmungssteuerung). Außerdem gilt das besondere Bemühen auch der Sicherung der erworbenen Erkenntnisse. Das bedeutet, daß derartig strukturierte Konzepte so gestaltet sein müssen, daß sie der Schüler auch möglichst lange behalten kann (Behaltensleistung). Damit soll die Abspeicherung, aber auch das Reaktivieren der Erkenntnis unterstützt werden (Reproduktionsleistung). Projizieren wir nun diese Bedingungen auf das vorliegende, vermeintlich lernfördernde 'Tafelbildkonzept', so stellen sich zwangsläufig folgende Fragen:
Kann das 'Tafelbild' aufgrund seiner Gestaltung ...
- das Interesse für den Lerngegenstand wecken?
- den Wahrnehmungsvorgang gezielt steuern?
- das Eindringen in die Gegenstandsstruktur gewährleisten und damit die Erkenntnisgewinnung unterstützen?
- das Behalten der neuen Einsichten fördern und deren Wiedergabe sicherstellen?

Grundfragen zur Gestaltung.
Konzipiert man 'Tafelbilder', so sollte man immer bedenken, daß die Gedächtnisleistungen der Schüler am vorliegenden Lernmaterial nicht schon dann in wünschenswerter Weise stimuliert und aktiviert werden, wenn man mehr oder weniger zahlreiche, unterschiedlich konkrete Begriffe, mit verschiedenen Pfeilverbindungen ausgestattete Konfigurationen zur beabsichtigten Lernerleichterung anbietet. Welche Faktoren sind nun zu beachten, will man derartige kognitive Organisationshilfen erstellen?
Forschungsaktivitäten, insbesondere in den Vereinigten Staaten, verstärkt durchgeführt seit den 70er Jahren, erbrachten Ergebnisse, die bei der Konzeption von 'Tafelbildern' und Arbeitsblättern mit der Funktion von Merkblättern heute nicht mehr außer acht gelassen werden dürfen.
Grundsätzlich abgelehnt werden müssen demnach alle noch so schön formulierten Merktexte, da ihnen in der Regel die transparente Struktur und die sogenannte ikonische Kodierung fehlen.
Außerdem können sie ja nur auswendig gelernt werden, was erwiesenermaßen keine Denkleistung im engeren Sinne erfordert, sondern lediglich einen mechanischen Vorgang darstellt, letztlich einen physiologischen Beweis für eine gut funktionierende Proteinsynthese erbringt. Und mit den graphisch akzentuierten Regeln, Merksätzen, Gesetzen bei der Gestaltung unterrichtlicher Lernergebnisse ist das Problem auch noch nicht gelöst, da diese oft zu punktuell, ohne Einbindung in ihre kognitive Netzstruktur erfaßt bzw. angeboten werden.

Meist greift der Lehrer, wenn er eine zuverlässige Erkenntnisgewinnung und eine dauerhafte Merkleistung erreichen will, zum sogenannten 'Tafelbild'. Dabei macht es hinsichtlich der Absicht keinen Unterschied, ob der gestaltete Inhalt (das 'verpackte' Lernmaterial) im engeren Sinne des Wortes als Bild an der Tafel bezeichnet werden kann bzw. ob der Inhalt auf Folie oder auf Papier als medialem Träger dargestellt wird. 'Tafelbilder', so sie sachgemäß konzipiert sind, sind durchaus in der Lage, den Lerngegenstand transparent offenzulegen und ihn merkbar zu machen. Doch muß an dieser Stelle gleich dem Eindruck und der weitverbreiteten Meinung begegnet werden, daß Gebilde, ob auf Tafel, Folie oder Papier, die irgendwie strukturiert, durch verschiedenartige und unterschiedlich große Flächen erfaßt und eingerahmt, mit Pfeilen ausgestattet und unsystematisch mit Begriffen verschiedener Abstraktionsstufen versehen, automatisch und zwangsläufig lernfördernd sind.

Im Zusammenhang mit der Erfassung und Gestaltung unterrichtlicher Lernergebnisse sind folgende Bereiche zu reflektieren:

Ihre didaktische Funktion:

Gestaltete und fixierte Lernergebnisse sollen die Wahrnehmung zielführend steuern und die Erkenntnisgewinnung zuverlässig unterstützen. Sie haben insbesondere der relativ sicheren und langfristigen Speicherung der Lernresultate zu dienen, damit diese bei Bedarf abgerufen werden können. Man wirkt mit ihrer Hilfe dem Vergessensprozeß entgegen. Da sie nicht nur die generalisierte Erkenntnis beinhalten, sondern auch deren Werdensprozeß, veranschaulichen sie dem Schüler die internen Zusammenhänge des Lerninhalts; sie zwingen ihn aber auch gleichzeitig - durch Vergleichen, Analysieren, Verbinden, Ableiten, Schließen, Verdichten u.a. - während des Lernprozesses und bei den Einprägungsbemühungen in aktiver Weise Denkstrategien zu mobilisieren.

Ihr didaktischer Ort:

Diese spezifisch gestalteten Lernergebnisse sind als Lernhilfen sogenannte Begleitmedien (im Gegensatz zu den Leit- und Ergänzungsmedien). Sie begleiten also den Lernprozeß über eine längere Verlaufsstrecke. Bereits in der Eröffnungsphase verwendet, wirken sie als advance-organizer. Das sind strukturierte Organisationshilfen, Denkgerüste oder Wahrnehmungsraster, die dem Schüler vor der Erarbeitung des Lernresultats präsentiert werden, damit er leichter die Teilergebnisse subsumieren kann. Oft beinhalten sie notwendigerweise auch eine Problemstellung, etwa in Form eines Ausgangstextes, der die Grundlage darstellt zum Beispiel für die Analyse eines Gesetzes im Sprachunterricht oder für die Freilegung und Bewältigung eines inhaltlichen Teilproblems. Auch hier haben sie bereits in der Eröffnungsphase ihren didaktischen Ort. In den verschiedenen Stufen der Erarbeitungsphase können sie einzelne Schritte initiieren, zur Hypothesenbildung anregen, Teilresultate entwickeln und generalisierend fixieren. Für die Sicherungsphase stellt dies die Basis zur rekapitulativen, aktiven Verbalisierung der erfaßten Erkenntnisse dar.

Ihre didaktische Konzeption:

Sie beinhalten als Denkgerüste und Organisationshilfen keine Aufgabenstellungen im üblichen Sinne, und sie können nur selten bei wenigen Abschnitten in selbsttätiger Schüleraktivität bearbeitet werden. In der Regel bedarf es des lenkenden Einflusses des Lehrers.

Da das Gedächtnis primär bildhaft abspeichert und das einsichtig erarbeitete Lernresultat als sogenanntes inneres Vorstellungsbild aufbewahrt, sind sie insbesondere auch nach dem 'Prinzip der geschlossenen Gestalt' zu konzipieren. Dies bedeutet, daß Verständnis und Behaltensfähigkeit eines Lerninhalts und Lernresultats beeinträchtigt werden würden, wenn sie z.B. auf eineinhalb oder auf zwei nicht nebeneinanderliegende räumliche Abschnitte verteilt werden.

Der bildhaften Abspeicherung von Lerninhalten dient weiterhin die dosierte Aufnahme aussagekräftiger figurativer Formen, die als Ankerelemente dienen. Von diesen aus erschließt der Schüler die damit verknüpften Details. Neben der reflektierten Plazierung ist auch auf eine vereinfachte zeichnerische Darstellung zu achten, die nur wesentliche Aspekte des Phänomens erfaßt (die sogenannte abstrakt-lineare Darstellung nach Dwyer).

Es muß in diesem Zusammenhang außerdem noch auf die erhöhte Anmutungsqualität verwiesen werden; bildhafte Elemente haben für die Schüler starke Wahrnehmungsreize und dadurch eine besonders hohe Motivationskraft.

Da so gestaltete Lernergebnisse im noch nicht bearbeiteten Zustand sogenannte Denkgerüste bzw. Wahrnehmungsraster darstellen, lassen sie sich nach Ausubel als advance-organizer interpretieren und sinnvoll verwenden. Das bedeutet, daß sie, wie bereits innerhalb des didaktischen Ortes angedeutet, in der Eröffnungsphase, also noch vor der kognitiven Erschließungsarbeit des Lerninhalts, zur Aufnahme vorgegeben werden. Sie geben dem Schüler damit die Möglichkeit, die im folgenden Lernprozeß zu reflektierenden inhaltlichen Aspekte leichter zuordnen zu können.

Denken am Gegenstand heißt zuallererst ordnen, gliedern, strukturieren. Aus diesem Grunde ist der sachlogischen, sinnerschließenden, für den Schüler überschaubaren Struktur besondere Beachtung zu schenken. Wesentliche Aspekte eines Themas werden dabei durch Blöcke erfaßt, die zueinander in bestimmten Beziehungen stehen.

Neben den visuellen Elementen dienen auch semantische als Ankerelemente. Es handelt sich dabei im weiteren Sinne um Superzeichen, um Oberbegriffe und kategoriale Formulierungen, aber auch um sogenannte kognitive Erschließungsakte. Die notwendigen Details und Einzelfakten können damit zusammengefaßt, gebündelt, verdichtet werden. Dies kommt dem Gedächtnis insofern zugute, als durch diese semantischen Formulierungen weniger 'Speicherplätze' besetzt werden.

Wesentlich ist immer die aktive Versprachlichung der gestalteten und fixierten Teilergebnisse und des Gesamtresultats. Ob dies in Einzel- oder Gruppenarbeit erfolgt, ob noch innerhalb des Lernprozesses oder als Hausaufgabe, ob in mündlicher oder in schriftlicher Form, wird von verschiedenen methodischen Überlegungen und Entscheidungen, aber auch von den zeitlichen Gegebenheiten abhängen.

In der Regel ist die Verwendung einer Folie arbeitsökonomischer (Gründe: Archivierung, wiederholte Verwendung, zeitsparende Präsentation, Kopie inhaltsgleicher Arbeitsblätter für Schüler), einmal bei der Entwicklung der Ergebnisse selbst, aber auch bei deren Kontrolle. Aufgrund der bisher bekannten Forschungsergebnisse weiß man heute, daß folgende Gestaltungsvorschläge zu beachten sind:

- *strukturieren:* erfordert das Gliedern, Ordnen und Zusammenfassen der Einzelergebnisse zu Blöcken, die in der Regel ihrerseits mit anderen Blöcken in funktioneller, struktureller oder prozessualer Beziehung stehen;
- *superieren:* bedeutet im Sinne von Kodieren ein Umformen und Verdichten der Einzelinformationen in generalisierte, auf das Wesentliche vereinfachte semantische Formen in Gestalt von Superzeichen, Oberbegriffen und kognitiven Denkakten;
- *figurieren:* verlangt nach der Einarbeitung bildhafter Elemente; als sogenannte Abrufsignale besitzen sie die Funktion eines didaktischen Katalysators, der den Assoziationsmechanismus bei der Wiedergabe des Lernresultats auslöst; unter diesen Ankerelementen wird in der Regel das gelernte Material im Langzeitspeicher abgelegt bzw. archiviert;
- *akzentuieren:* greift die Hierarchie des Lerninhalts auf und gewichtet nach weniger wesentlichen und zentralen Aussagen;
- *integrieren:* versucht Bezüge herzustellen, die Elemente oder Blöcke in den Gesamtzusammenhang einzugliedern, die Vernetzung des Lerninhalts darzulegen.

Anwendungsbeispiel:
Diese Erkenntnisse wurden nun inhaltsangemessen zur unterrichtsthematischen Bewältigung des Gedichts "Reklame" berücksichtigt: Durch zwei Blöcke wird der Lernvorgang gleichsam in zwei Phasen zerlegt, wobei als kognitive Erschließungsakte zunächst das sinnerfassende Lesen und das Zerlegen unter dem Aspekt des Unterscheidens zu aktualisieren sind; anschließend verlangt diese Gedichtarbeit das Vergleichen der beiden Teilblöcke, um daraus dann eine direkt inhaltsbezogene Einsicht und eine formale fachspezifische Erkenntnis abzuleiten.
Wahrnehmungsvorgang und Behaltensleistung werden durch mehrere Gestaltungsfaktoren unterstützt:

- durch das Gliedern in zwei Hauptblöcke (siehe 1 und 2),
- durch die Etikettierung der Blöcke mit Superzeichen (hier als kognitive Erschließungsakte: wir lesen und zerlegen, wir vergleichen und erkennen),
- durch die Einarbeitung figurativer Elemente (das Foto und das Gedicht im Sinne einer originalen Begegnung zur Unterstützung der Sachidentifikation und Sicherstellung einer angemessenen Authentizität, die Reklamesäule als sogenanntes motivationsstimulierendes, interagierendes Phänomen),
- durch die Situierung von ins Auge springenden Flächen und deren Akzentuierung (Hervorhebung durch auffallende graphische Formen und bestimmte Aussagen betonende Raster).

Zum Schluß dieser Gestaltungsüberlegungen sei - um Mißverständnissen vorzubeugen - festgestellt, daß es für jedes Unterrichtsthema durchaus unterschiedliche Gestaltungskonzepte geben kann. Diese sind dann lernfördernd, wenn sie sachentsprechend und altersgemäß die aufgezeigten Aspekte (strukturieren, superieren, figurieren, akzentuieren und integrieren) widerspiegeln, da diese aufgrund der bisher vorliegenden Erkenntnisse die Leistungsfähigkeit des Gedächtnisses gezielt und angemessen unterstützen.

REKLAME
von Ingeborg Bachmann

1. wir lesen und zerlegen ...

* 1926 Klagenfurt + 1973 Rom

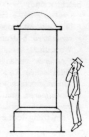

> Wohin aber gehen wir
> *ohne sorge sei ohne sorge*
> wenn es dunkel und wenn es kalt wird
> *sei ohne sorge*
> aber
> *mit musik*
> was sollen wir tun
> *heiter und mit musik*
> und denken
> *heiter*
> angesichts eines Endes
> *mit musik*
> und wohin tragen wir
> *am besten*
> unsre Fragen und den Schauer aller Jahre
> *in die traumwäscherei ohne sorge sei ohne sorge*
> was aber geschieht
> *am besten*
> wenn Totenstille
>
> eintritt

- **in Textband eins:**

Wohin aber gehen wir
wenn es dunkel und wenn es kalt wird
aber
was sollen wir tun
und denken
angesichts eines Endes
und wohin tragen wir
unsre Fragen und den Schauer aller Jahre
was aber geschieht
wenn Totenstille
eintritt

- **in Textband zwei:**

ohne Sorge sei ohne Sorge
sei ohne Sorge
mit Musik
heiter und mit Musik
heiter
mit Musik
am besten
in die Traumwäscherei ohne sorge sei ohne sorge
am besten

2. wir vergleichen und erkennen:

keine Reime; Dunkelheit, Kälte, Un-
sicherheit, Lebensangst; pessimi-
stisch, beunruhigende Aussagen;

alles ist klein geschrieben; keine
Reime; viele Wiederholungen; optimi-
stisch, beruhigende Aussagen;

| *Wirklichkeit* | — | *Fragen (!)* | ⟸ | *Reklame* | *Antworten (?)* |

M O N T A G E
dieses   Gedicht
will

auf die stets oberflächlich-heitere Reklame hinweisen

und damit zum kritischen Nachdenken darüber anregen

DAS LEBENS- UND WIRKLICHKEITSNAHE LERNEN

Die immerwährende Diskussion um die rechte, zukunftsrelevante Auswahl wirklichkeitsnaher Unterrichtsstoffe und entsprechender Lern- bzw. Arbeitsqualifikationen wird wohl ständig zu führen sein. Unstrittig war, ist und bleibt als Grundeinstellung von Schule und Unterricht die immense Verantwortung für die ihr anvertrauten Schüler, wenn es darum geht, den notwendigen Beitrag zur Lebenstüchtigkeit der jungen Menschen zu leisten.

Das Problem liegt im Verständnis von Lebenstüchtigkeit und in den durch Unsicherheit geprägten Mutmaßungen, was das 'Leben' von den immer in der Gegenwart lernenden Schülern in naher und ferner Zukunft an Leistungen und Bereitschaften, beruflich wie privat, verlangen wird.

| 141 | **Zielvorstellungen.** Schulen und Unterricht sind nicht exterritorial, sie sind jeweils Produkte der Gesellschaft und in gewissem Sinne dieser auch verpflichtet. So muß sich die Schule als zeitlich begrenzte Lebensstätte des Schülers mit ihren Zielen und Vorgehensweisen an der lebendigen Wirklichkeit orientieren und ausrichten. Das erfordert zunächst das bewußte Einbeziehen des sozialen Bereichs, dessen qualitativer Ausprägungsgrad die Basis für jedes weitere Bemühen um lebensnahes Lernen bildet. Für- und Miteinander anstelle von Neben- und Gegeneinander sind ganz wesentliche wirklichkeitsnahe Werte. Um deren Entwicklung, Pflege und Verinnerlichung hat sich jeder Unterricht stets zu kümmern, einschließlich der unverzichtbaren Qualifikationen wie Solidarität, Hilfsbereitschaft, Verständnis, Toleranz, Achtung, Verantwortungsbewußtsein u.a..

Ein zweiter Schwerpunkt wirklichkeitsnaher Unterrichtsgestaltung findet seinen Ausdruck in der Beachtung der Dimensionen der Lebensnähe, die durch vier einprägsame Formulierungen erfaßt werden können: das zeitlich, räumlich, pragmatisch und psychologisch Nahe. Sie sind bei allen unterrichtlichen Überlegungen und Vollzügen als zu aktualisierende Forderungen in Erwägung zu ziehen. Die schon von Seneca artikulierte Absicht ist unstrittig, das von Spranger beschriebene Problem einsichtig, die Problemlösung nicht einfach, aber in den aufgezeigten Bereichen näherungsweise realisierbar.

| 142 | **Ansätze.** Der Grundsatz der Lebensnähe zielt im Rahmen von Schule und Unterricht auf die soziale Dimension und auf vier lernprozeßbeeinflussende Schwerpunktbereiche.

Das räumlich Nahe meint das unmittelbare räumliche Umfeld des Schülers, konkretisiert in der Regel durch den Heimatkundeunterricht, in höheren Klassen durch das ständige Bemühen, neue Kenntnisse mit bekannten Begebenheiten, Werten oder Größen des Lebensraumes zu vergleichen bzw. in Verbindung zu bringen.

Das zeitlich Nahe erfaßt aktuelle Geschehnisse, allerdings nicht reduziert auf das Maß journalistischer Tagesereignisse. Im sog. Gelegenheitsunterricht werden derartige Inhalte spontan thematisiert, bei periodischem Auftreten (z.B. besondere Gedenktage) geplant unterrichtlich erschlossen.

Das pragmatisch Nahe bemüht sich um das Brauchbare, Inhalte wie Arbeitsmethoden betreffend, wobei gerade die Auswahl lebensnaher Inhalte unter dem Aspekt der Nützlichkeit nie ohne Probleme zu bewältigen sein wird.

Schließlich beachtet ein auf lebensnahes Lernen ausgerichteter Unterricht das psychologisch Nahe; damit meint man die angemessene Berücksichtigung des jeweils momentanen Lernreifestandes der Schüler. Dieser hochkomplexe und dadurch kaum zu erfassende psychologische Zustand wäre sinnvollerweise immer auf die zu bewältigende Lernaufgabe zu projizieren.

Lebens- und Wirklichkeitsnähe wirkt also insgesamt auf die Auswahl der Lerninhalte und auf die Vorgänge der Vermittlung.

| 143 | **Die Rolle des Lehrers.** Ein Unterricht, der sich um lebensnahes Lernen bemüht, bedingt seitens des Lehrers ein entsprechendes Rollenverständnis, das sich unter anderem durch eine weltoffene, aufgeschlossene und interessierte Grundhaltung auszeichnet. Überdies ist ein gerüttelt Maß an Verständnis für alterstypische Lebensformen der Schüler angezeigt; diese durchaus verständliche Erwartung ist allerdings mit steigendem Lebensalter des Lehrers teilweise nicht immer leicht umzusetzen bzw. zu realisieren.

| 143 | **Zu beachtende Probleme.** Wie bei vielen anderen Anforderungen steht bei der Verwirklichung in der Alltagspraxis den schlüssigen theoretischen Überlegungen das eine oder andere Problem gegenüber. Größere

Schwierigkeiten liegen sicher bei der Nichtvorhersehbarkeit lebensbedeutsamer Unterrichtsstoffe für das spätere Leben der Schüler, in der noch immer gegebenen inhaltlichen Überfrachtung der Lehrpläne und in einer einseitig utilitaristischen Interpretation von Lebensnähe. Das Hauptproblem zeigt sich aber in der nicht selten formulierten Forderung nach Anpassung der Schule an die gesellschaftlichen Bedürfnisse. Mündigkeit, das Ziel von Unterricht und Schule, ist weit mehr als Anpassungsfähigkeit! Deshalb verlangt auch der Grundsatz der Lebensnähe die Ausbildung von Qualifikationen wie kritische Distanz, ethisches Bewußtsein und Bereitschaft für angemessene und dosierte Veränderung unzulänglicher Zustände.

| 144 | **Die 'originale Begegnung' - der Grundgedanke.** Immer wieder wird die Forderung nach unmittelbaren Lernaktivitäten an Ausschnitten der Wirklichkeit gestellt. Die bekannteste Äußerung dazu stammt von Heinrich Roth (1967), der 'das originale Kind mit dem originalen Gegenstand' im Sinne einer direkten Auseinandersetzung bzw. eines Denkens am Gegenstand (Aebli 1978) in Verbindung bringen will.

| 144 | **Die didaktischen Absichten.** Überzeugender und einsichtiger als die generelle Forderung nach 'originaler Begegnung' ist eine differenzierte Erfassung durch unterrichtspragmatische Aspekte. Der besondere Lerneffekt einer unmittelbaren Begegnung mit der Wirklichkeit liegt in dem Zusammenwirken von kognitiven und emotionalen Elementen.

| 144 | **Die Lernziele.** Die Absichten eines Lernens an der Wirklichkeit sind vielfältig; besonders zu beachten sind dabei immer Aktivitäten und Leistungen des Menschen; sie sind freizulegen, zu analysieren, in ihrer Vernetzung zu reflektieren, zu begründen, aber auch umsichtig und weitblickend zu beurteilen.

| 145 | **Drei mögliche Lernsituationen.** Drei Formen der 'originalen Begegnung' stehen für eine flexible und möglichst häufige Umsetzung zur Verfügung: Die aufgegriffene Wirklichkeit ist in gewissem Sinne identisch mit der bereits beschriebenen Dimension der zeitlichen Nähe, die bereitgestellte Wirklichkeit als Objekt des Lernens im Klassenzimmer und die aufgesuchte Wirklichkeit als das Aufsuchen außerschulischer Lernorte.

| 145 | **Die Lernphasen.** Die 'originale Begegnung' als Realisierungsmöglichkeit des Grundsatzes der Lebens- und Wirklichkeitsnähe folgt bei ihrer unterrichtlichen Umsetzung einem bestimmten phasischen Ablauf. Durchgängiges Merkmal bildet die besonders deutlich in Erscheinung tretende Selbsttätigkeit und Aktivität der Schüler.

| 145 | **Die erforderlichen Lernakte.** Jedes unterrichtliche Bemühen und alle methodischen Maßnahmen und so auch die 'originale Begegnung' sind der Entwicklung des Denkens verpflichtet. Bei der Lernarbeit mit originalen Gegenständen und Objekten können eine ganze Reihe sogenannter Denkstrategien entwickelt und in übendem Gebrauch angewendet werden; sie sind bewußt und absichtsvoll abzurufen!

| 145 | **Probleme und Grenzen.** Die Erfahrungen vieler Lehrer, die die 'originale Begegnung' als Realisierungsmöglichkeit für lebensnahes Lernen verwirklichen (wollen), sind über weite Strecken deckungsgleich mit wissenschaftlichen Untersuchungsergebnissen (vgl. Burk / Claussen 1981). Probleme bei der Durchführung dürfen nicht verkannt werden, sollten aber nicht entmutigen, den erlebnisträchtigen, handlungsgeprägten Grundsatz der Lebensnähe möglichst häufig in die Tat umzusetzen.

■ <u>Zielvorstellungen:</u>

„Die Schule trägt ihren Sinn nicht in sich selbst und ist nicht
für sich selbst da, sie ist weltabhängig und muß deshalb auch
weltoffen sein" (Horney 1960)

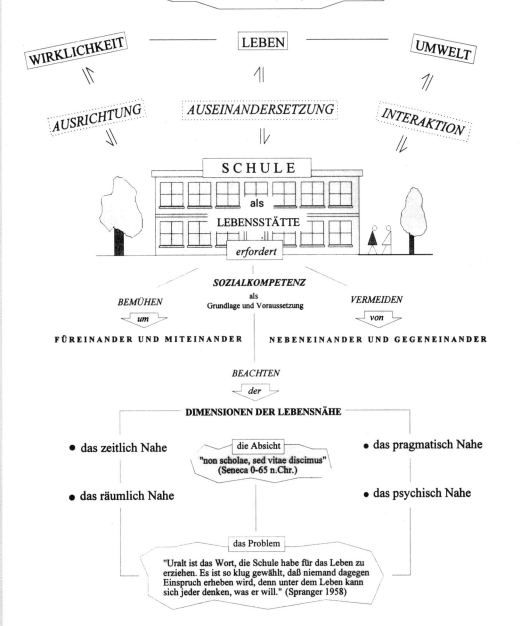

WIRKLICHKEIT — LEBEN — UMWELT

AUSRICHTUNG — AUSEINANDERSETZUNG — INTERAKTION

S C H U L E
als
LEBENSSTÄTTE
erfordert

SOZIALKOMPETENZ
als
Grundlage und Voraussetzung

BEMÜHEN um — VERMEIDEN von

FÜREINANDER UND MITEINANDER   NEBENEINANDER UND GEGENEINANDER

BEACHTEN der

DIMENSIONEN DER LEBENSNÄHE

● das zeitlich Nahe

die Absicht
"non scholae, sed vitae discimus"
(Seneca 0-65 n.Chr.)

● das pragmatisch Nahe

● das räumlich Nahe

● das psychisch Nahe

das Problem
"Uralt ist das Wort, die Schule habe für das Leben zu
erziehen. Es ist so klug gewählt, daß niemand dagegen
Einspruch erheben wird, denn unter dem Leben kann
sich jeder denken, was er will." (Spranger 1958)

■ Ansätze:

LEBENSNAHES LERNEN

beachtet

● das räumlich Nahe:

- *Aufgaben:*

Beachtung des heimatlichen Umfeldes; Entwicklung einer lebendigen Beziehung zur Wirklichkeit; Entwicklung von Verantwortung für Mensch und Umwelt; Erfahren und Gewinnen von Kenntnissen, Werten und Größen; Vermittlung von Erlebnistiefe, Geborgenheit und Vertrautheit;

- *Merkmale:*

das räumlich Nahe ist: überschaubar, erlebbar, anschaulich, aktuell, unmittelbar, aktivierend, motivierend, vertraut;

● das zeitlich Nahe:

- *Aufgaben:*

Aufgreifen des gegenwärtig Aktuellen und Bedeutsamen; Beachten momentaner lernrelevanter Ereignisse des Tagesgeschehens; Verknüpfung aktueller Geschehnisse stets mit Bildungs- und Lernzielen zur Sicherung einer langfristigen pädagogischen Relevanz; Durchführung des sog. Gelegenheitsunterrichts;

- *Merkmale:*

das zeitlich Nahe ist: aktuell, lernrelevant, kognitiv und emotional zugänglich, motivierend, einmalig oder auch periodisch wiederkehrend;

● das pragmatisch Nahe:

- *Aufgaben:*

Ausbilden von Lebenstüchtigkeit; Erarbeiten nützlicher, also anwendbarer Lerninhalte und Einschulung brauchbarer Lerntechniken bzw. Arbeitsmethoden; unmittelbare Auseinandersetzung mit späteren Aufgabengebieten beruflicher wie privater Art; Sammeln von individuellen Erfahrungen; Entwicklung von Sozialkompetenz und Schlüsselqualifikationen wie pragmatisches Denken, Kreativität, Flexibilität, Arbeitsverhalten, Verantwortlichkeit;

- *Merkmale:*

das pragmatisch Nahe ist: überzeugend, motivierend, authentisch, nützlich, unverzichtbar;

● das psychologisch Nahe:

- *Aufgaben:*

Beachten der gegebenen Lernmöglichkeiten aufgrund des momentanen körperlichen und geistig-seelischen Reifestandes des Schülers (kognitiv, instrumental, sozial, emotional); Umsetzung des lernprozessualen Gestaltungsgrundsatzes der Kind- bzw. Entwicklungs-gemäßheit; Bemühen um optimale Passung von Anforderungen und gegebenen Leistungsmöglich-keiten;

- *Merkmale:*

das psychologisch Nahe bedingt das ganzheitliche, das eigenaktive, das anschauliche Lernen auf der Grundlage der Kenntnis der individuellen Entwicklungsstände;

LEBENSNAHES LERNEN

wirkt auf

☐ die Stoffauswahl
unter Beachtung der gegenwärtigen und zukünftigen gesellschaftlichen Bedingungen im Sinne von Heraus-forderungen für den einzelnen;

- und -

☐ die Stoffvermittlung
bei besonderer Berücksichtigung direkter Erfahrungen im Sinne eigenaktiver Aus-einandersetzungen mit lebensnahen Lern-gegenständen seitens der Schüler;

Unterrichtsprinzipien
- das lebens- und wirklichkeitsnahe Lernen -

■ die Rolle des Lehrers:

„Weltfremde und weltabgewandte Lehrer können keine lebensnahe Schule schaffen." (Horney 1960)

daher erforderlich:

- Aufgeschlossenheit für gesellschaftliche Ereignisse;
- Interesse und Aktivität am kulturellen, sozialen, wirtschaftlichen und politischen Zeitgeschehen;
- Offenheit für die Lebensformen, -wünsche und -vorstellungen der Jugend;

der Lehrer sollte dabei ...

„...einerseits professionell (Didaktiker) wie andererseits unprofessionell (Laie) sein, der neugierig sein, staunen, sich wundern, begeistert sein und emotional reagieren - kurz: der nicht nur lehren, sondern auch mit Kindern lernen kann." (Burk/Claussen 1981)

■ zu beachtende Probleme:

- Überfrachtung der Lehrpläne mit lebensfernen Inhalten;
- unreflektierte Weiterführung überholter traditioneller Stoffe;
- einseitige utilitaristische Ausrichtung nach Brauchbarkeit;

- Prognostizierbarkeit zukünftiger lebensnaher Inhalte;
- Schnellebigkeit der Veränderungen in der Berufswelt;
- unzureichende Entwicklung des abstrakt-begrifflichen Denkens;

 deshalb

„Die Forderung nach Lebensnähe schließt auch ein Ausbilden des jungen Menschen an anderen, nicht nützlichen, wirtschaftlichen Wertgebieten mit ein: Die 'umfassende' Bildung zur 'Humanität', zur 'Universalität' (= 'materielle Bildung') und zur 'Totalität' (= 'formale Bildung') der Kräfte (W. v. Humboldt), bei der auch die sittliche, soziale und musische Seite nicht fehlen darf." (Chott 1988)

 daher

Lebens- und Wirklichkeitsnähe

- darf nicht bedeuten -

ausschließliche Anpassung von Schule und Unterricht an die gesellschaflichen Anforderungen!

!

- verlangt auch nach -

kritischer Distanz und Reflexion, nach Bereitschaft zu dosierter Veränderung, nach Entwicklung eines ethischen Bewußtseins!

- Die originale Begegnung -

■ der Grundgedanke:

> „Kein anderes Buch gibt es als die Welt, und keinen anderen Unterricht als die Tatsachen. Aus ihnen wird durch Beobachtung alles und jedes gewonnen." (Rousseau 1762)

LEBENSNÄHE
DURCH
ORIGINALE
BEGEGNUNG

> „Welt und Leben kindlich-ganzheitlich aufzuschließen und ohne isolierte Beanspruchung des verbalen Gedächtnisses die Umwelt anschaulich-tätig erfassen zu lassen." (Dt. Ausschuß für das Erziehungs- und Bildungswesen 1959)

zielt ab auf:

> „...die Herbeiführung einer fruchtbaren Begegnung zwischen Kind oder Jugendlichem und einem ausgewählten Ausschnitt der geistig erkannten oder gestalteten Welt..."
> „...das originale Kind, wie es von sich aus in die Welt hineinlebt, mit dem originalen Gegenstand, wie er seinem eigentlichen Wesen nach ist, so in Verbindung zu bringen, daß das Kind fragt, weil ihm der Gegenstand Fragen stellt, und der Gegenstand Fragen aufgibt, weil er eine Antwort für das Kind hat." (Roth, H. 1967)

■ die didaktischen Absichten:

unter generellem Aspekt:

- unmittelbare, bewußte Begegnung mit Ausschnitten der Lebenswirklichkeit -

unter unterrichtspragmatischen Aspekten:

- Intensivierung des Umweltbezugs;
- Sensitivierung der Schüler (Verbesserung der Wahrnehmung: zielgerichteter, genauer, intensiver, ausdauernder, kritischer, multisensorisch);

- Erhöhung des Erlebnischarakters des Lernens;
- Vermitteln von sinnlichen Erfahrungen;
- Nutzung der größeren Authentizität und Überzeugungskraft der Wirklichkeit;

- Zusammenwirken von Kognition (selbst erarbeiten) und Emotion (selbst erleben);

■ die Lernziele:

Information - Einblick - Erleben
ermöglichen *vermitteln* *intensivieren*

von

technischen - berufskundlichen - sozialen - ökologischen - physiologischen
Gegebenheiten und Anforderungen

im
Mittelpunkt

Aktivität und Leistung des Menschen

- **drei mögliche Lernsituationen:**

● aufgegriffene Wirklichkeit:

das aktuelle, politische, soziale, wirtschaftliche, naturkundliche, ökologische Ereignis als Gegenstand unterrichtlicher Reflexionen;

● bereitgestellte Wirklichkeit:

das originale Objekt im Unterricht, z.B. die Pflanze, das Tier, eine Urkunde, der Experte;

● aufgesuchte Wirklichkeit:

der außerschulische Lernort in Zusammenhang mit einer Erkundung, Besichtigung, Lehrwanderung, Exkursion (Kiesgrube, Bach, Museum, Betrieb, Redaktion u.ä.);

'ORIGINALE BEGEGNUNG'

- **die Lernphasen:**

① Vorwissen bzw. Vorerfahrungen einholen und abklären;

② größere Beobachtungsfelder anbieten (damit die Schüler nicht zu stark eingeengt werden);

③ Beobachtungsfragen, Arbeitsaufträge bzw. Handlungsziele entwickeln und formulieren;

④ organisatorische Vereinbarungen treffen (z.B. Treffpunkte, Zeitabläufe);

⑤ über Dokumentationsmaterial entscheiden (z.B. Skizzen entwerfen, Pläne zeichnen, Protokolle erstellen, fotografieren);

⑥ Konfrontation mit der Realität, Durchführung der 'originalen Begegnung';

⑦ Ergebnisse vortragen, vorstellen, auswerten, beurteilen bezüglich der Inhalte und der Lern- bzw. Arbeitstechniken (bewußtmachen, bewerten);

- **die erforderlichen Lernakte:**

sind

► bei der Vorbereitung:
z.B.

erinnern - planen - zuordnen - besprechen - entscheiden - Hilfsmittel beschaffen;

► bei der Durchführung:
z.B.

beobachten - befragen - vermessen - skizzieren - fotografieren - ermitteln - zusammentragen - zweifeln - protokollieren;

► bei der Auswertung:
z.B.

vergleichen - zusammenfassen - zusammenstellen - versprachlichen - schlußfolgern - ableiten - bezeichnen - verknüpfen - gestalten - rekonstruieren;

→ *D E N K A K T E* ←

- **Probleme und Grenzen:**

z.B.

unzureichendes Sachinteresse - Hemmungen und Kontaktschwierigkeiten
mangelnde Lernbereitschaft - Zeit- und Beschaffensaufwand - Stundenplanstruktur
Lehrplandruck - umfangreiche Vorbereitungsarbeiten - Arbeitsdisziplin vor Ort
Detailfülle - Komplexität der Wirklichkeit;

UNTERRICHTSMETHODEN

Der Methodenbereich zählt zu den Schwerpunkten allgemein-didaktischer Reflexionen. Unterrichtsmethoden bilden die Brückenfunktion zwischen den lernenden Schülern und den zu erarbeitenden Unterrichtsthemen. Sie erlauben dem mit Sachkenntnissen ausgestatteten Fachmann die Aufgaben als Lehrer zu übernehmen. Mit Hilfe der verschiedenen Unterrichtsmethoden werden Unterrichtsergebnisse erarbeitet, Erziehungsaufgaben bewältigt, die Atmosphäre des Lernens beeinflußt, persönlichkeitsprägende Wirkungen beim Schüler erzielt.

150 **Terminologisch relevante Kriterien.** Der Methodenbegriff zählt zu den Schlüsseltermini im Zusammenhang mit Lehren und Lernen. Angemessene Methoden bzw. geeignete Verfahren sind als Instrumente zur Erarbeitung von neuen Lernresultaten für eine effektive Unterrichtsarbeit unerläßlich. Es gibt weder die Methoden, noch gar den methodischen Königsweg, sondern eine Vielzahl unterschiedlicher Strategien, die sich einzelnen Bereichen oder Ebenen zuordnen lassen.
Unterrichtsmethoden besitzen eine Subjekt- und Objektkomponente, d.h. eine schüler- und sachbezogene Ausrichtung von wechselseitigem Bezug.
Einzelne Vertreter beschreiben das Methodenphänomen teilweise unterschiedlich, dennoch gehen diese Interpretationsversuche in die gleiche Richtung. Methoden sind Maßnahmen zur Aufschließung von Sachinhalten, zur Gewinnung und Sicherung neuer Einsichten, zur Entwicklung der Denkfähigkeit, zur Mobilisierung von Lernaktivitäten und zum Aufbau einer zureichenden Lernmotivation.

151 **Der Beziehungszusammenhang unterrichtsmethodischer Bereiche.** Es sind mehrere methodische Bereiche zu unterscheiden, die von unterschiedlicher Reichweite sind und mehr oder weniger eng miteinander in Beziehung stehen. So stehen die Unterrichtsmedien mit der jeweiligen didaktischen Funktion einer Artikulationsstufe in Verbindung (z.B. Problembegegnung durch ein Folienbild). Ein Blick auf die Lehrverfahren bzw. Unterrichtskonzepte zeigt, daß auch sie auf gewisse Ablaufphasen im Sinne einer Artikulation angewiesen sind. Der Zusammenhang bei den Lehrformen mit ihren je typischen Aktionsformen (= Lehrakte) in Verbindung mit bestimmten Sozialformen ist zwingend und auch unschwer erkennbar.

152 **Funktionsbezüge und Vernetzung.** Neben der schüler- und inhaltsbezogenen Funktion der Unterrichtsmethoden, auf die bereits verwiesen wurde, gibt es noch weitere zu beachtende Auswirkungen. Entscheidend für die Wahl der methodischen Verfahren für den unterrichtlichen Einsatz ist die Freilegung und das Bewußtsein ihrer Funktionalität.
Die lernprozessuale Vernetzung der Unterrichtsmethoden zeigt sich mehrfach. Durch sie wird der gesamte Lernablauf, von der Wahrnehmungssteuerung über die Einsichtgewinnung und Ergebnissicherung bis zur Reaktivierung der Erkenntnisse beeinflußt. Sie wirken auf das Lernklima, auf die Gestaltung der pädagogischen Atmosphäre (fördernd, manchmal auch belastend). Ihre Verwendung im unterrichtlichen Handlungszusammenhang wird mitentschieden von den verschiedenen Lerngesetzen und den vorgegebenen Erziehungszielen.

153 **Lehrverfahren bzw. Unterrichtskonzepte.** Bei dieser sehr weitgreifenden und umfassenden methodischen Ebene handelt es sich um ein Arrangement verschiedener methodischer Elemente und Strategien. Man kann zwei Basiskonzepte unterscheiden. Bei den geschlossenen Konzepten handelt es sich um die traditionell-klassische Form methodischen Handelns mit dominanter Lehrersteuerung und relativ passiver bzw. rezeptiv-aufnehmender Schülertätigkeit. Die offenen Konzepte versuchen den Gedanken des eigenaktiven Lernens der Schüler zu verwirklichen.

154 **Geschlossene Lehrverfahren bzw. Unterrichtskonzepte im Überblick.** Das rezeptive Lernen kann als übergreifendes Methodenkonzept dieser Methodenkategorie bezeichnet werden. Der Grundgedanke, die überwiegend aufnehmende und nachvollziehende Lernhaltung der Schüler ist das typische Merkmal, auch für alle anderen geschlossenen Verfahren. Für verschiedene unterrichtliche Ziele (Leselernprozeß, Entwicklung mathematischer Regeln u.ä.) stellen sie geeignete methodische Vorgehensweisen dar.

155 **Offene Lehrverfahren bzw. Unterrichtskonzepte im Überblick.** Als übergreifende Methoden-konzepte sind hier das offene und handlungsorientierte Lernen zu verstehen. Sie zeichnen sich durch eine in-tensive und umfassende Mitwirkung der Schüler bei der Planung und Durchführung des Unterrichts aus. Die-ses Merkmal findet sich bei allen hier aufgeführten Verfahren. Didaktischer Hintergrund sind die Entwicklung der allgemeinen Lernfähigkeit, aber auch die Grundlegung und Entfaltung von Qualifikationen und der Ge-danke der Individualisierung.

156 **Ergebnisse und Befunde empirischer Untersuchungen.** Das hier wiedergegebene Datenmaterial erstreckt sich über einen Zeitraum von zwei Jahrzehnten. Es zeigt sich, daß sich bei der Methodenverwen-dung in diesem Zeitraum fast nichts verändert hat. Trotz aller Hinweise und Empfehlungen in den fachliterari-schen Publikationen prägen lehrerzentrierte Verfahren nach wie vor das aktuelle Lehr-Lerngeschehen.

158 **Das rezeptive Lernen.** Dieses Unterrichtskonzept nimmt die Monopolstellung in der Alltagspraxis ein. In Gestalt des Vortrags-, Gesprächs- oder Demonstrationsunterrichts erfolgt schulisches Lernen stark ko-gnitiv ausgerichtet bzw. produktorientiert. Kenntnisse und Wissenserwerb überlagern instrumentale, soziale und emotionale Ziele und Aufgaben. Interessant sind die häufig zu lesenden distanzierenden Äußerungen die-sem Konzept gegenüber, obwohl sich im Zusammenhang mit der Frage nach der Lernwirksamkeit empirisch und erfahrungswissenschaftlich durchaus wünschenswerte Effekte zeigen. Sie bestehen insbesondere darin, daß hier Lernabläufe weniger Zeit erfordern und die Behaltensleistung bei rezeptiv erarbeitetem Wissen in der Regel größer ist. Das rezeptive Verfahren besitzt also durchaus, sofern die erwähnten Kriterien und Be-dingungen Beachtung finden, Wert und Bedeutung für schulisches Lernen.

162 **Der offene Unterricht als übergreifendes Methodenkonzept.** Dieses Verfahren versucht den Ge-danken der verantwortlichen Mitwirkung der Schüler im Unterrichtsgeschehen weitestgehend zu verwirkli-chen, was sowohl die Lerninhalte (inhaltliche Öffnung), die Methoden (methodische Öffnung) als auch den gesamten unterrichtsorganisatorischen Bereich (institutionelle Öffnung) umfaßt.
Aus den Merkmalen lassen sich unschwer die generellen pädagogischen Absichten dieses Konzepts ableiten. Es zielt auf die Entfaltung von Eigen- und Mitverantwortung und auf die Entwicklung der Methodenkompe-tenz. Qualität und Ausmaß der Offenheit sind beim Bemühen um Verwirklichung von verschiedenen perso-nen- und sachbezogenen Bedingungen und Voraussetzungen abhängig. Ihre Kenntnis und Berücksichtigung ist für eine erfolgreiche Umsetzung unerläßlich.
Die Frage der Effektivität stellt sich hier deshalb besonders, weil der organisatorische Aufwand nicht uner-heblich ist. Die vornehmlich durch amerikanische Forschungen ermittelten Untersuchungsergebnisse erlauben durchaus die Kernfrage nach der Wertigkeit dieses Konzepts zu stellen. Eine positive Antwort läßt sich dann geben, wenn die Handlungsaktivitäten im Sinne von Qualifikationen als primäre Ziele im Mittelpunkt der Bemühungen stehen.

166 **Handlungsorientierung als übergreifendes Methodenkonzept.** Dieses Verfahren wurde im Zuge der reformpädagogischen Bestrebungen zu Beginn dieses Jahrhunderts als Alternative zum vorherrschenden Buch- und Belehrungsunterricht nachdrücklich gefordert. Lernen wird als Verknüpfung von Denken, Han-deln, Erleben und Interagieren verstanden; dabei ist der Schüler mit seiner Individualität von zentraler Be-deutung und nicht der Stoff bzw. das Unterrichtsthema. Handlungsakte und die Handlungsfähigkeit in Gestalt von Methoden-, Sozial- und Fachkompetenz sind als Bestimmungsgrößen dieses Verfahrens anzusehen. Der enge Zusammenhang zwischen Handeln und Denken zeigt sich in den zu durchlaufenden Phasen, die sich vom gegenstandsbezogenen-praktischen Handeln zum abstrakt-formalen Denken entwickeln, begleitet von der immer erforderlichen aktiven Versprachlichung aller Handlungsvorgänge und Handlungsprodukte.
Die Grundbausteine sind lebensnahe Handlungsfelder, die unter Verwendung entsprechender Handlungsaktivi-täten Ergebnisse mit Gebrauchswert und Nutzen liefern; es handelt sich hier einmal um Produkte und dann um geeignete Schlüsselqualifikationen aus den Bereichen Arbeitsverhalten, Arbeitstechniken und Interakti-onsstrategien. Durch die gezielte Entfaltung der verschiedenen Einzelqualifikationen erfährt dieses Unter-richtskonzept seine Legitimation.
Auch offene Lehrverfahren kommen nicht ohne eine geordnete Abfolge aufeinander bezogener Arbeitsphasen aus. So wird hier in der Regel das Lehr-Lerngeschehen durch eine Planungs-, Erarbeitungs- und Auswer-tungsphase organisiert. In der Unterrichtswirklichkeit kann Handlungsorientierung durch sog. Großkonzepte, was seltener der Fall ist, und durch einfache Vorhaben realisiert werden.

172 **Der Projektunterricht.** Dieses Verfahren wird zurecht als „die Idealform des handlungsorientierten Unterrichts" bezeichnet, was durch die aufgezeigten Bestimmungsgrößen und durch die Darstellung der didaktischen Ziele deutlich zum Ausdruck kommt. Zur Klarstellung der Begrifflichkeit kann der vorgenommene Abgrenzungsvorschlag hilfreich sein. Ein Blick in die Geschichte zeigt, daß dieses Konzept während der Zeit der Reformpädagogik bereits einen hohen Stellenwert besaß, was sich durch mehrere konkrete Verwirklichungsansätze zeigt. In der Gegenwart scheint sich der Projektunterricht in der Alltagspraxis auch der öffentlichen Schulen zu etablieren. Damit dieses Verfahren mehr erbringt als bloßes vordergründiges Handeln, ist absolute Zielklarheit, ausgedrückt insbesondere durch die bei jedem Projekt beabsichtigte Entfaltung von Handlungszielen in Gestalt von Qualifikationen unerläßlich.

Die Beachtung einer bestimmten Abfolge von Arbeitsphasen ist auch hier geboten. Vielfältig sind die Aufgaben der Handlungspartner Lehrer und Schüler im Rahmen einer Projektbewältigung. Sie erstrecken sich auf seiten des Lehrers insbesondere auf organisatorische und methodische Aspekte, auf seiten der Schüler auf Qualifikationen aus den Bereichen Arbeitstechniken und Arbeitsverhalten. Wie bei allen methodischen Verfahren sind auch hier Grenzen und Probleme zu beachten, die inhaltlicher, organisatorischer und personeller Natur sein können.

179 **Das entdeckende Lernen.** Die Bezeichnung 'nachentdeckendes Lernen' würde den Charakter dieses methodischen Verfahrens genauer treffen, da es sich hier ja um keine Entdeckungen durch die Schüler im wörtlichen Sinne handeln kann. Sie sollen hier nach den Vorstellungen der Denkerziehung kreativ und problemlösend an eine gestellte Aufgabe herangehen und sie unter reduzierter Unterstützung oder ohne Hilfe des Lehrers bewältigen. Wichtiger als die neuen Erkenntnisse und Einsichten sind die Vorgehensweise bzw. der Erarbeitungsprozeß, das Entdecken von Lösungswegen und die Entwicklung eines zielführenden Arbeitsverhaltens.

Die Einbeziehung von Inhalts-, Situations- und Persönlichkeitsfaktoren ist für eine erfolgreiche Durchführung zwingend erforderlich. Während sich die typischen Aktivitätsformen beim Lehrer vornehmlich auf organisatorische Aufgaben beschränken, beziehen sich die der Schüler auf die Entwicklung, Entfaltung und Anwendung von Denkakten. Bei der Realisierung dieses Verfahrens darf es sich deshalb nicht um ein planloses Versuchen und Probieren, sondern um ein überlegtes Vorgehen handeln. Fachliterarische Aussagen zu Fragen der Lernwirksamkeit stimmen wenig positiv. Neben günstigen Effekten werden auch etliche weniger wünschenswerte aufgeführt.

183 **Freie Arbeit - Freiarbeit.** Noch stärker als bei den bisher aufgeführten Verfahren reduziert bei der Freiarbeit der Lehrer seine Einflußnahme auf die Lerntätigkeit der Schüler. Sie entscheiden in diesen Stunden selbst über die zu erledigenden Inhalte, über Vorgehensweisen, Hilfsmittel und Lernpartner. Dafür müssen natürlich bestimmte Bedingungen gegeben sein, wie ein angemessenes Arbeitsverhalten der Schüler, geeignete Lernmaterialien und ein Klassenraum mit verschiedenen Funktionsecken für die individuelle selbständige Lernarbeit. Die zum Teil recht optimistischen Äußerungen in der Literatur werden durch eine empirische Studie nicht bestätigt.

187 **Praktisches Lernen.** Auch dieses Konzept wendet sich in besonderem Maße gegen die vornehmliche bis ausschließliche Beschränkung schulischen Lernens auf überwiegend kognitiv-verbale Vorgänge. Im Mittelpunkt steht hier das handelnde Tun im Sinne eines aktiven, lebensnahen, ganzheitlichen, motivierten und pragmatischen Lernens. Das Ziel ist die Verknüpfung von Handeln und Denken, um über das konkretpraktische Tun Denkvorgänge zu aktivieren und Denkstrukturen aufzubauen.

Es gibt mehrere Dimensionen bzw. Felder, in denen praktisches Lernen erfolgen kann. Entscheidend dabei ist, daß ein nützliches Ergebnis zustande kommt, das als 'Hand'werk durch Zusammenwirkung, Verantwortung, Begreifen und Selbsttätigkeit entsteht.

190 **Die darbietend-gebende Lehrform.** Als weitere methodische Ebene stehen im Rahmen des Methodenrepertoires die drei Lehrformen zur Verfügung. Sie unterscheiden sich durch das Ausmaß an Handlungsanteilen bei den Lehr-Lernabläufen. Die hier angesprochene Lehrform ist stark bis ausschließlich lehrerzentriert; er stellt dar, bietet an, gibt vor, berichtet. Der Schüler verhält sich rezeptiv, er denkt mit und nimmt auf.

191 **Die erarbeitend-entwickelnde Lehrform.** Im sehr seltenen Idealfall ist die personale Verhaltensgewichtung (also die jeweiligen Handlungsanteile) ausgewogen. Lehrer und Schüler bemühen sich gemeinsam um Gedankenentwicklung und Gewinnung der Unterrichtsergebnisse. Früher sprach man in diesem Zusammenhang von Gesprächsunterricht. Bis heute hat sich der Stellenwert dieser Lehrform kaum verändert. Nach wie vor hat sie mit über siebzig Prozent Anteil die Monopolstellung bei den Unterrichtsmethoden inne.

| 192 | **Die motivierend-aufgebende Lehrform.** Bei dieser methodischen Strategie verändert sich die Rolle des Lehrers in Richtung 'Arrangeur von Lernvorgängen'. Der Schüler bemüht sich eigenaktiv oder kooperativ um die zu erarbeitenden Unterrichtsergebnisse. Der Lehrer steht als Berater und Lernhelfer bei Bedarf zur Verfügung.

Die drei Lehrformen können als kurzphasige Abläufe durchaus sinnvoll innerhalb einer Unterrichteinheit das Lerngeschehen bestimmen.

| 193 | **Lehrakte bzw. Aktionsformen des Lehrens.** Mit diesen methodischen Steuerungsakten wirkt der Lehrer direkt auf die Denkvorgänge seiner Schüler ein. Es handelt sich um lernprozeßsteuernde Maßnahmen, die mit den Lehrformen (vgl.: Der Beziehungsaspekt unterrichtsmethodischer Bereiche), denen sie zugeordnet werden können, in engem Zusammenhang gesehen werden müssen, aber auch mit den Sozialformen, die sie zur Umsetzung brauchen.

Sie können in fünf Gruppen gefaßt werden. Die kurzphasig-verbalen Darstellungsformen sind allerdings ihrerseits als Montageteile für die dialogischen und monologischen Lehrakte und für die Spiel- und Demonstrationsformen zu betrachten.

Mehrfach wurden in der Fachliteratur Modelle zur Ordnung dieser methodischen Instrumente angeboten (z.B. nach vier-, drei- und zweipoliger Interaktion zwischen Lehrer, Schüler, Mitschüler und Lerninhalt oder nach Lehrakten mit Publikums-, Koaktions- oder Interaktionsfunktion). Die Kenntnis dieser Gruppierungsvorschläge ist für die Unterrichtsarbeit weniger von Bedeutung als die professionelle Handhabung der Lehrakte als Voraussetzung für ein erfolgbringendes Lehren.

| 194 | **Monologische Lehrakte.** Diese Aktionsformen (im übrigen ein Begriff der sog. Berliner Schule von Heimann, Otto und Schulz) werden vom Lehrer getragen. Im Sinne eines Lehrervortrags lassen sich dabei aufgrund der unterschiedlichen didaktischen Zielsetzung Erzählung, Schilderung, Bericht und Beschreibung unterscheiden.

| 195 | **Dialogische Lehrakte.** Die verschiedenen Gesprächsformen werden nach ihren didaktischen Absichten (Er- und Verarbeitungsgespräch) und nach Art und Charakter der Interaktion bezeichnet. Die besondere pädagogische Aufgabe dieser Lehraktgruppe liegt in der Entwicklung der Kommunikationskompetenz.

| 196 | **Demonstrationsformen als Lehrakte.** Das Vorführen, Vormachen und Vorzeigen stellt die Hauptaufgabe dieser Methodengruppe dar. In der Regel werden die Lehrakte zur Unterstützung des Verständnisses durch sprachliche Hinweise und Erläuterungen ergänzt.

| 197 | **Kurzphasige verbale Darbietungsformen als Lehrakte.** Diese Aktionsformen sind fast immer Elemente anderer Lehrakte (z.B. für die Gesprächsformen). Von besonderer historischer Bedeutung war der durchaus überflüssige Streit über den Wert der Unterrichtsfrage im Vergleich zum Unterrichtsimpuls.

| 199 | **Spielformen als Lehrakte.** Eine abwechslungsreiche, kreative Möglichkeit schulisches Lernen kindgemäß zu gestalten, ist die Durchführung von Spielen. Besonders die verschiedenartigen Lernspiele und das Rollenspiel sind bei jüngeren Schülern beliebt und aktivieren relativ unbeschwert das Denken am Lerninhalt.

Unterrichtsmethoden
- terminologisch relevante Kriterien -

Ableitung ── **Synonyme**

griechisch:
meta = mittels, durch
hodos = Weg

ein Weg zu einem Ziel

Verfahren, Vorgehensweise, Mittel und Wege, Übermittlungsverfahren, Vermittlungsmethode, Lehrmethode, Lehrweise, Lehrstrategie, Lehrgriffe, Unterrichtstechnik, Unterrichtsstrategie, Unterrichtsverfahren;
insgesamt: unterschiedlich historische Wertigkeit, zahlreiche Schattierungen, verwirrende Begriffsvielfalt;

Merkmale ── **Funktionen**

Unterrichtsmethoden können sein:
zielstrebig, systematisch, geplant, planmäßig, situativ, folgerichtig, regelhaft, zielgerichtet, professionell, vielfältig, effektiv, erprobt, zweckentsprechend, fachübergreifend und fachspezifisch, kindgemäß und sachgemäß, institutionell eingebunden;

Unterrichtsmethoden können dienen:
– zur Aufschließung des Unterrichtsthemas,
– zur Gewinnung von Lernresultaten,
– zur Sicherung von Lernresultaten,
– zur Steuerung von Denkstrategien,
– zum Aufbau von Lernmotivation,
– zur Mobilisierung von Lerntätigkeit;

UNTERRICHTS-METHODE

Bereiche bzw. Ebenen

☐ Artikulations- bzw. Formalstufen
☐ Dramaturgie des Lernprozesses
☐ Lehrverfahren (z.B. gruppenunterrichtliches Verfahren, Projektverfahren, ganzheitlich-analytisches Verfahren, induktive und deduktive Methode, Ganzwort- und Ganzsatzmethode u.a.)

☐ Lehrformen (darbietend-gebend, entwickelnd-erarbeitend, motivierend-aufgebend)
☐ Lehrakte (monologische, dialogische, kurzphasig-verbale Darstellungsformen, Demonstrations- und Spielformen)
☐ Sozialformen (Allein-, Partner-, Gruppenarbeit, Hörblock, Kreis- und Halbkreisformation, Großgruppenunterricht)

Einflußgrößen

wechselseitiger Bezug
zwischen

Subjektkomponente ⇌ **Objektkomponente**

individuell-subjektive Variable
z.B.:
Leistungsstand, Leistungsvermögen, soziale Bedürfnisse der Schüler, didaktische Zielperspektive des Lehrers, lernpsychologische Gesetzmäßigkeiten und Vorschriften;

objektiv-sachbezogene Variable
z.B.:
Lerngegenstand, Lernziele, Bildungs- bzw. Erziehungsziele, Motivationsstärke des Themas, Angemessenheit der einbezogenen Medien;

unterschiedliche Interpretationen

z.B.

Odenbach: ➢ Unterrichtsmethoden sind "alle didaktischen Maßnahmen, die ein Unterrichtsthema... verständlich, erlernbar, nachlernbar machen."(1974)

v. Cube: ➢ Unterrichtsmethoden sind "Lehrstrategien im Sinne einer festgelegten Abfolge von Steuermaßnahmen." (Kybernetisch-informationstheoretische Didaktik, 1982)

Klafki: ➢ Unterrichtsmethoden sind "Organisations- und Vollzugsformen des Lehrens und Lernens." (1971)

Steindorf: ➢ Unterrichtsmethoden sind "Verfahrensweisen, die der planmäßigen Gestaltung von Lernvorgängen dienen." (1981)

Einsiedler: ➢ Unterrichtsmethode ist "die globalste Bezeichnung für Wege, Mittel, Verfahren, um unterrichtliche Ziele zu erreichen und Inhalte zu vermitteln bzw. zu erwerben." (1976)

Unterrichtsmethoden
- der Beziehungszusammenhang unterrichtsmethodischer Bereiche -

ARTIKULATION

Phasen- bzw. Stufenfolge
= Formalstufen
(z.B. bei Herbart, Roth, Correll u.a.);
Problem der zeitlichen Gliederung
des Lernprozesses bzw. der
Sequenz der Schritte;

▽

LEHRVERFAHREN bzw. UNTERRICHTSKONZEPTE

▽

- induktives Verfahren
- elementhaft-synthetisches Verfahren
- gruppenunterrichtliches Verfahren
- forschend-entdeckendes Lernen
- handlungsorientierter Unterricht
- historisch-genetisches Verfahren
- der Lehrgang

- deduktives Verfahren
- ganzheitlich-analytisches Verfahren
- Projektverfahren
- rezeptives Lernen
- praktisches Lernen
- offener Unterricht
- die Freiarbeit

▽

LEHRFORMEN

darbietend-gebend	**entwickelnd-erarbeitend**	**motivierend-aufgebend**
durch	*durch*	*durch*
Aktionsformen	**Aktionsformen**	**Aktionsformen**
hier: monologische Lehrakte und Demonstrationsformen; zur Darbietung von Lernresultaten als Endprodukt (Erzählung, Bericht, Vorführung, Experiment);	hier: dialogische Lehrakte zur gesprächsweisen Erarbeitung von Unterrichtsergebnissen (Erarbeitungs-, Verarbeitungsgespräch, Frage, Impuls, Beispiel, Definition, Vergleich u.a.);	hier: aufgebende Lehrakte zur Aktivierung des selbsttätigen Bemühens der Schüler um neue Kenntnisse und Fähigkeiten (z.B. Arten von Arbeitsaufgaben, Diskussion, Spielformen wie Rollenspiel, Entscheidungsspiel, Lernspiel);
in Verbindung mit	*in Verbindung mit*	*in Verbindung mit*
Sozialformen	**Sozialformen**	**Sozialformen**
Hörblock (Hb) - Halbkreisformation (Hkf) - Großgruppenunterricht	Hörblock (Hb) - Halbkreisformation (Hkf)	Alleinarbeit (Aa) - Partnerarbeit (Pa) - Gruppenarbeit (Ga) - Hörblock (Hb) - Kreisformation (Kf)

△

MEDIEN

ihre Relevanz für die effektive Bewältigung der einzelnen Unterrichtsstufen im
Zusammenhang mit der Erarbeitung und
Sicherung von Lernergebnissen (= neue
Einsichten und Fähigkeiten)

Unterrichtsmethoden
- Funktionsbezüge und Vernetzung -

■ <u>Funktionsbezüge und Einflußgrößen:</u>

UNTERRICHTSMETHODEN HABEN ...

Lehr-/ Lernfunktion

Unterrichtsmethoden dienen der Aktivierung der Wahrnehmungs-, Erkenntnis-, Speicher und Reproduktionsvorgänge; sie haben also lernprozeßsteuernde Funktion;

Objekt-/ Subjektfunktion

Unterrichtsmethoden sind in der Anwendungssituation abzustimmen auf die unterschiedlichen Entwicklungsstände der Schüler (= Subjektfunktion); die Entscheidung über ihre Verwendung wird gleichzeitig auch von der Komplexität des Lerninhalts beeinflußt (Objektfunktion);

Bildungsfunktion

Unterrichtsmethoden beeinflussen indirekt auch das Erreichen von Bildungs- und Erziehungszielen (wie Kritikfähigkeit, Toleranz, Kreativität, Sozialkompetenz, Qualifikation, Selbständigkeit, Enkulturation u.a.);

Schulstufenfunktion

Schulstufe wie Unterrichtsfach stellen Einflußgrößen für die Wahl der Unterrichtsmethoden dar: z.B. Erzählung in der Primarstufe, Diskussion in der Sekundarstufe, Experiment im Physikunterricht, Fallstudie in der Arbeitslehre etc.;

Gruppenfunktion

Unterrichtsmethoden richten sich an das Lernverhalten: individuelles oder kooperatives Lernen; mit ihrer Hilfe erfolgt die Realisierung der verschiedenen Sozialformen (Erarbeitungsgespräch - Hörblock; Arbeitsauftrag - Partnerarbeit) bzw. die Sozialformen stellen selbst eine Ebene der Unterrichtsmethoden dar;

„Ein großer Teil der erziehungswissenschaftlichen Beiträge zu Unterrichtsmethoden betrachtet die Methoden als objektive Formen ..., unter denen man auswählen und die man benutzen kann, als rein instrumentelle ... Elemente, über die der Lehrer beliebig verfügt. Diese Sichtweise führt jedoch vielfach zu unzulässigen Generalisierungen, zu einer Vernachlässigung des Handlungszusammenhangs."
(Vohland 1982)

Medienfunktion

Unterrichtsmethoden werden häufig erst mit Medien realisiert (Experiment, Arbeitsauftrag, Gespräch, Geräte, Modelle, Anschauungsbilder) bzw. die Arbeit mit Medien selbst stellt eine spezifische Dimension der Unterrichtsmethoden dar;

■ <u>die lernprozeßrelevante Vernetzung:</u>

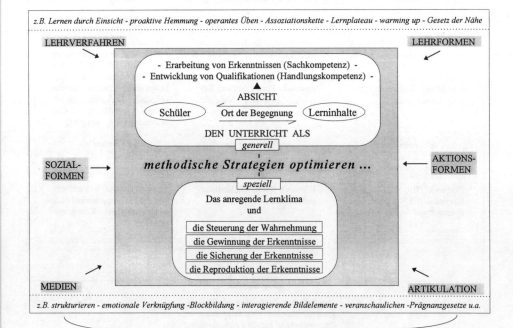

z.B. Lernen durch Einsicht - proaktive Hemmung - operantes Üben - Assoziationskette - Lernplateau - warming up - Gesetz der Nähe

LEHRVERFAHREN   LEHRFORMEN

- Erarbeitung von Erkenntnissen (Sachkompetenz) -
- Entwicklung von Qualifikationen (Handlungskompetenz) -
▲
ABSICHT

Schüler   Ort der Begegnung   Lerninhalte

DEN UNTERRICHT ALS
generell

methodische Strategien optimieren ...

SOZIAL-FORMEN   AKTIONS-FORMEN

speziell

Das anregende Lernklima
und

die Steuerung der Wahrnehmung
die Gewinnung der Erkenntnisse
die Sicherung der Erkenntnisse
die Reproduktion der Erkenntnisse

MEDIEN   ARTIKULATION

z.B. strukturieren - emotionale Verknüpfung -Blockbildung - interagierende Bildelemente - veranschaulichen -Prägnanzgesetze u.a.

LERNGESETZE UND ERZIEHUNGSABSICHTEN
als Einflußgrößen

■ <u>gleiche oder ähnliche Termini:</u>

L E H R V E R F A H R E N

oder

☐ Unterrichtskonzepte   ☐ methodische Großformen   ☐ Unterrichtsverfahren
(Oblinger 1985)   (Meyer 1987)   (Apel/Grünfeld 1980)

☐ Großgliederung des Unterrichts   ☐ Methodenkonzeption
(Klafki 1970)   (Schulz 1980)

■ <u>Definition:</u>

Bei Unterrichtskonzepten bzw. Lehrverfahren handelt es sich um ein Arrangement verschiedener methodischer Elemente und Strategien mit einer je typischen Verlaufsabfolge
über in der Regel längere Zeit, also langphasig, unter einer bestimmten pädagogischen
oder didaktischen Zielsetzung (z.B. Offenheit, Handlungsorientierung, Fähigkeitsentfal-
tung, Kenntniserarbeitung).

B A S I S K O N Z E P T E

- das geschlossene Konzept -

Charakteristisches Merkmal für diese Art
Unterricht zu gestalten ist eine dominante
bis ausschließliche Lenkung aller Lernvorgänge durch den Lehrer. Die zu erzielen-
den Unterrichtsergebnisse werden entweder durch ein Gespräch in fragend-
entwickelnder Form erarbeitet oder durch
monologische bzw. demonstrierende
Lehrakte vorgetragen bzw. aufgezeigt. Die
Lernhaltung der Schüler ist überwiegend
rezeptiv-aufnehmend; die ausgeprägte
Lehrerzentrierung läßt selten Raum für
Initiativen seitens der Schüler.

- das offene Konzept -

Kennzeichnend für diese Art der Gestaltung
von schulischem Lernen ist eine intensive
Aktivierung bzw. eine dominante Mitwirkung der Schüler bei der organisatorischen
Planung und Durchführung von Unterricht.
Beabsichtigte Lernergebnisse werden nicht
vorgegeben, sondern durch selbsttätiges und
kooperatives Bemühen der Schüler unter
dosierter Hilfestellung des Lehrers erarbeitet. Wesentliche Bedingungen dabei sind
geeignete Themen und Aufgabenstellungen,
zielführende Arbeitsmittel und eine angemessene Fähigkeit, Lern- bzw. Arbeitstechniken anzuwenden.

─ G E S C H L O S S E N E   L E H R V E R F A H R E N ─

● das induktive Verfahren ...

ist ein Konzept, bei dem mit Hilfe gezielter methodischer Strategien, von konkreten Beispielen ausgehend, sukzessive eine allgemeine Einsicht oder eine generelle Gesetzlichkeit gewonnen wird.

Beispiele: Erarbeitung eines physikalischen Gesetzes
Gewinnung einer Sprachregel

● das ganzheitlich analytische Verfahren ...

ist ein Konzept, das zunächst eine Erscheinung ungegliedert in ihrem Gesamteindruck zu Wahrnehmung vorgibt und dann in einer mehrschrittigen Analyse einzelne wesentliche Merkmale ausgliedert.

Beispiele: die Ganzwortmethode im Leselernprozeß
die Interpretation eines Gedichts

● das historisch-genetische Verfahren ...

ist ein Konzept, das den Lerninhalt in seinem historischen Entstehungszusammenhang betrachtet, von den Ursprüngen bis zum aktuellen Zustand. Dieses Verfahren entwickelt logisch-systematisch den Werdensprozeß des Lerngegenstands als Abfolge einzelner Geschehnisse.

Beispiele: Informationsaustausch mit Hilfe moderner Nachrichtentechnik
Roboter in der industriellen Produktion

das übergreifende Methodenkonzept

■ das rezeptive Lernen ...

ist das im Unterrichtsalltag vorherrschende Konzept. Der Lerninhalt und das Lernergebnis werden dem Schüler relativ systematisch und vollständig zur Aufnahme dargeboten. Wichtigstes Hilfsmittel dabei ist das gesprochene oder geschriebene Wort. Dieses auch als Erklärungsmethode bezeichnete lehrerzentrierte Verfahren erfordert weniger Zeit für die Vermittlung neuen Wissens. Es verlangt vom Schüler den verstehenden Nachvollzug bzw. die Aneignung der neuen Einsicht und deren Integration in den Wissensspeicher. Das sachliche Interesse und die Motivation für das Lernen sind vergleichsweise niedrig. Unabdingbare Voraussetzung für eine erfolgreiche Anwendung ist eine angemessene Bereitschaft der Schüler zur Aufnahme der neuen Erkenntnis.

● das deduktive Verfahren ...

ist ein Konzept, bei dem mit Hilfe gezielter methodischer Strategien von einer allgemeinen Einsicht bzw. von einem generellen Gesetz oder einer Regel ausgehend, diese auf konkrete Beispiele oder Einzelfälle übertragen werden.

Beispiele: die Interpretation der Menschenrechte
die Begegnung mit einem Musikstück

● das elementhaft-synthetische Verfahren ...

ist ein Konzept, bei dem von Einzelelementen ausgehend mit Hilfe verschiedener methodischer Maßnahmen schrittweise und systematisch die komplexe Ganzeit eines Sachverhalts auf der Grundlage des Anordnungsprinzips vom Elementaren zum Komplexen gewonnen wird.
Beispiel: die Erarbeitung einer Reckübung im Sportunterricht

● der Lehrgang ...

ist ein Konzept, das mögliche methodische Erschließungsabläufe von der sachlogisch-linearen Stoffstruktur oder durch eine konzentrisch bzw. spiralig angeordnete Stofferarbeitung her organisiert. Im ersten Falle werden Teilergebnisse als unverzichtbar erforderliche Elemente für das umfassende Gesamtverständnis erarbeitet. Entscheidend für das lückenlose Vorhandensein der Einzelerkenntnisse ist eine stringent-systematische Stufung der Lernfolge, klare Zielvorgaben und eine ständige Verständniskontrolle (relevant für Fächer wie Mathematik, Physik, Fremdsprachen). Im zweiten Falle werden von der augenblicklich vorhandenen Verständnisebene der Schüler Themenkomplexe über mehrere Jahre immer wieder und aufgrund der sich weiterentwickelnden Leistungsfähigkeit zunehmend vertiefend ausgelotet (z.B. in Fächern wie Geographie, Sozialkunde, Gesundheitslehre).
Beispiele: vom Einfachen zum Schweren
vom Nahen zum Fernen
vom Teil zum Ganzen

O F F E N E   L E H R V E R F A H R E N

das übergreifende Methodenkonzept

■ das offene Verfahren ...

ist ein Konzept, bei dem die Schüler bereits in der Planungsphase über die inhaltliche und methodische Gestaltung des Unterrichts mitbestimmen. Dies bedeutet eine Abkehr von den traditionell vorgegebenen engen Lernabläufen zugunsten einer dominanten aktiven Mitwirkung der Schüler unter besonderer Einbeziehung ihrer Interessen und Erfahrungen, ihrer Bedürfnisse und Wünsche, ihrer unterschiedlichen Leistungsfähigkeit. Wesentlich dabei ist die Bereitschaft des Lehrers für Alternativen und Variationen der Inhalte, der Methoden, der Lernakte, der Sozialformen und der Arbeitsmittel. Die Rolle des Schülers verändert sich augenscheinlich durch einen bedeutend höheren Anteil an Mitsprache und Mitwirkung bei der Gestaltung des Unterrichts.

durch

■ handlungsorientiertes Lernen ...

ist ein Konzept, das das Lernen ganzheitlich interpretiert; es verfolgt demgemäß ein Lernen mit allen Sinnen; einbezogen sind dabei Emotionen, kognitive und instrumentale Lerntechniken, Kreativität und Sponaneität, Kommunikation und Kooperation, Spiel und Bewegung. Das erfordert eine Abkehr vom lehrerzentrierten Unterricht. Wann immer es möglich ist, sind den Schülern Situationen bereitzustellen, wo sie sich in aktiver Auseinandersetzung um die Gewinnung und Aneignung von Unterrichtsergebnissen bemühen können. Dabei sind sowohl die angewandte Arbeitsmethode wie das erzielte Handlungsprodukt von Bedeutung. Dieses Konzept bezieht die Grundgedanken des Arbeitsunterrichtes, des offenen Unterrichts, des Projektverfahrens, des praktischen, selbsttätigen und entdeckenden Lernens ein.

● das gruppenunterrichtliche Verfahren ...

ist ein Konzept, bei dem vom Gedanken der Arbeitsschule ausgehend umfangreiche Unterrichtsinhalte durch Gruppentätigkeit erschlossen werden, wobei die einzelnen Gruppen arbeitsgleich oder arbeitsteilig sich um die Ergebnisgewinnung bemühen. Der zeitlich relativ langphasige Ablauf ist strukturiert durch eine gemeinsame Arbeitsplanung, der gruppenweisen Arbeitsdurchführung und einer abschließenden gemeinsamen Arbeitsvereinigung.

Beispiel: Ursachen und Entwicklungen des Dreißigjährigen Krieges

● das entdeckende Verfahren ...

ist ein Konzept, das bewußt auf die aktive kognitive Auseinandersetzung des Schülers mit dem Lerngegenstand abzielt, wobei durch Nachdenken, Untersuchen und Probieren mit Hilfe möglichst originaler Gegenstände unter Einbeziehung kreativer Lösungsansätze ein Lernprodukt gewonnen werden kann; primäres Ziel ist die Förderung der Denkentwicklung; es wird unterschieden nach selbstentdeckendem Lernen und geführt-entdeckendem Lernen, bei dem der Lehrer Hinweise und Hilfen bei aufscheinenden Lernbarrieren geben kann.

Beispiel: die unterschiedliche Brechung der Lichtstrahlen durch verschiedene Linsen

● die Freiarbeit ...

ist ein Konzept, bei dem der Schüler Lerninhalt, Vorgehensweise, Lernmaterial und Arbeitspartner, aber auch das Lerntempo selbst bestimmt. Es geschieht spontanes, kreatives und selbstverantwortetes Lernen, das in der Regel ohne Einflußnahme des Lehrers erfolgt. Unabdingbare Voraussetzungen sind die Umgestaltung des Klassenzimmers unter Mitwirkung der Schüler zu einer 'Wohnwerkstatt' mit verschiedenen Lernecken und die Einhaltung von gemeinsam entwickelten Verhaltensregeln.

Beispiel: ein Bild zu einem Lesestück zeichnen

● Praktisches Lernen ...

ist ein Konzept, das von der Überlegung ausgeht, daß das Tätigsein, das 'handgreifliche' Tun ein wesentliches Element für intellektuelles Lernen ist. Es richtet sich gegen das lehrergesteuerte Instruktionslernen, bemüht sich vielmehr im Gegensatz dazu um ein schüleraktives handlungsgeleitetes Produktionslernen. Praktisches Lernen ist immer aktives, lebensnahes, pragmatisches, ganzheitliches und motiviertes Lernen mit Ernstcharakter und Nutzen für den einzelnen oder die Gemeinschaft.

Beispiel: Ausbau eines Jugendtreffs

● das projektorientierte Verfahren ...

ist ein Konzept, das getragen wird von den Grundprinzipien Lebensnähe, Aktualität, Ganzheitlichkeit, Kooperation und häufig fachübergreifend ein größeres Arbeitsvorhaben in arbeitsteiliger Form verwirklicht. Als wünschenswerte Bedingungen und Ziele sind anzuführen: Intuition, Ausdauer, Zielstrebigkeit, Eigenständigkeit, Verantwortlichkeit, erforderliche Arbeitstechniken, wobei insbesondere äußere Probleme (Zeit, finanzielle Gegebenheiten, innerschulische Koordinationsschwierigkeiten) die Verwirklichungsmöglichkeiten einschränken.

■ Untersuchung: Spanhel:

(Umfang: 20 Unterrichtsprotokolle)

♦ **Einzelergebnisse:**

Sprachformen	*Häufigkeitsverteilung*	
	absolut	in Prozent
Feststellung	122	33
Bezeichnung	23	6
Definition	7	2
Bericht	–	–
Beschreibung	–	–
Erzählung	17	4,5
Schilderung	–	–
Erklärung	33	9
Begründung	33	9
Vergleich	16	4,5
Beispiel	10	3
Vermutung	2	0,5
Erläuterung	56	15
Ergänzung	50	13,5

♦ **Hauptergebnisse:**
- nur wenige verbale Lehrakte treten dominant als Steuerungsinstrumente hervor;
- mehr als 50 % der Lehreräußerungen zielten auf das Schülerverhalten; (zur Steuerung des Denkens, der Aufmerksamkeit);
- über 25 % der Sprachformen dienten der Bereitstellung von Rückmeldungen durch die Schüler;

Literatur: Spanhel, D.: Die Sprache des Lehrers, Düsseldorf 1971

■ Untersuchung: Tausch / Tausch:

(Umfang: 10 Unterrichtsprotokolle)

♦ **Einzelergebnisse:**

	Mittelwert gesprochener Wörter		*Prozentanteil gesprochener Wörter*	
	1 Lehrer	32 Schüler	1 Lehrer	32 Schüler
Objekt phonographisch registriert	3120	2180	59 %	41 %
Selbsteinschätzung der beteiligten Lehrer	260	390	40 %	60 %

♦ **Hauptergebnisse:**
- Übermaß an sprachlicher Kommunikationsdominanz seitens der Lehrer;
- große individuelle Unterschiede bei den einzelnen Lehrern: Extremwerte zwischen 5464 und 1008 Wörter je Unterrichtsstunde;
- Verbalverhalten primär endogen bestimmt, erst sekundär von den äußeren Situationsbedingungen abhängig;

Literatur: Tausch / Tausch: Erziehungspsychologie, Göttingen 1973/7

■ Untersuchung: Hage et al.:

- ◆ **Zielbereich:** 7./8. Schulj.; 2 Gesamtschulen, 3 Gymnasien, 5 Hauptschulen
  (Fächer: Deutsch, Geschichte, Erdkunde, Sozialkunde, Biologie, Physik, Chemie);
- ◆ **Umfang:** 181 Unterrichtsstunden (Jahr 1982/83)

- ◆ **Untersuchungsergebnisse:** prozentuale Verteilung der verschiedenen methodischen Strategien

Methodische Grundform		Didaktische Funktion		Schülertätigkeit	
Lehrervortrag	8,3 %	Aneignung	62,9 %		
katechet. Gespräch	7,0 %	Einführung	8,3 %	aufnehmen	25,8%
entwick. Gespräch	48,9 %	Wiederholung	12,1 %	wiedergeben	22,5 %
Diskussion	2,0 %	Kontrolle	6,4 %	produzieren	47,8 %
Schülervortrag	5,6 %	Erfahrung	2,7 %	psychomot. Tätigkeit	3,9 %
Demonstration	3,8 %	Systematisierung	1,1 %		
betreute Schülertätigkeit	10,7 %	Anwendung	3,7 %		
unbetreute Schülertätigkeit	4,4 %	Übung	2,8 %		

Sozialform		Qualifikation	
Klassenunterricht	76,9 %	Kenntniserwerb	45,0 %
Klassenkooperation	2,6 %	intellekt. Fähigkeiten	47,3 %
Gruppenarbeit	7,4 %	psychomot. Fähigkeiten	2,7 %
Partnerarbeit	2,9 %	Werthaltungen	3,3 %
Stillarbeit	10,2 %	soziale Verhaltensweisen	1,6 %

– Frontalunterricht mit Lehrerdominanz überwiegt mit etwa 77%;

– mit Hilfe der untersuchten Unterrichtsmethoden werden mit über 90% kognitive Ziele angesteuert (zu etwa gleichen Teilen Faktenwissen und intellektuelle Fähigkeiten);

– die am häufigsten verwendete Strategie ist das entwickelnde Unterrichtsgespräch mit etwa 50%;

– mit einem Anteil von über 70% beherrschen Gesprächs- und Vortragsformen den Unterrichtsalltag;

– die Lehreraktivitäten haben einen Anteil von 42 % an der gesamten Lehrer-Schüler-Interaktion;

– die Lehrer-Schüler-Interaktion erfolgt überwiegend über sachliche Inhalte, weniger über emotionale oder personale Kommunikation;

– die methodische Kombination entwickelndes Gespräch, Frontalunterricht mit dem Ziel der Erkenntnisgewinnung durch reproduzierende Schülertätigkeit ist mit Abstand am häufigsten;

– insgesamt kam eine relativ eingeschränkte Flexibilität bei der Methodenverwendung zum Ausdruck;

– hinsichtlich des Einsatzes des methodischen Instrumentariums hat sich in den vergangenen zwei bis drei Jahrzehnten wenig geändert.

- ◆ **notwendige Folgerungen:**

"Eine größere Flexibilität würde erreicht, wenn im Unterricht den Schülern mehr Raum für selbständige Tätigkeit gegeben würde. ... Es ist zu vermuten, daß ein Teil der Disziplinprobleme und Konflikte in der Schule auch auf die methodische Monostruktur des alltäglichen Unterrichts zurückzuführen ist."(Dichanz/Schwittmann 1986)

Literatur: Hage et al.: Das Methodenrepertoire von Lehrern, Leverkusen 1985

■ Untersuchung: Krapf:

- ◆ **Zielbereich:** 344 Unterrichtsstunden / Gymnasium: 3096 beobachtete Sequenzen zu je 5 Min. Dauer

- ◆ **Untersuchungsergebnisse:**

	Sequenzenzahl	%-Wert		Sequenzenzahl	%-Wert
Frage-Antwort-Verfahren	1609	54,0	Demonstration	91	3,1
Lehrervortrag	563	18,9	Gruppenarbeit	77	2,6
Einzelarbeit	419	14,1	Schülervortrag	39	1,3
andere Formen	179	6,0	kein Unterricht	119	-

- ◆ **Schlußfolgerung:** " Mit einem Anteil von über 70 % beanspruchen das fragend-entwickelnde Verfahren und der Lehrervortrag fast 3/4 der Unterrichtszeit und prägen damit das Bild des gymnasialen Unterrichts." (Krapf 1992)

Literatur: Krapf, B.: Aufbruch zu einer neuen Lernkultur,
Erhebungen, Experimente, Analysen und Berichte zu pädagogischen Denkfiguren, Wien 1992

■ terminologische Abgrenzung:

R
E
Z
E
P
T
I
V
E
S

L
E
R
N
E
N

In Gestalt des rezeptiven Lernens „ ... stellt sich der herkömmliche Unterricht als 'geschlossene' Veranstaltung dar, in der allein die Zweckrationalität herrscht. Denn in ihr werden sämtliche Aktivitäten im voraus festgelegt. Der Lehrer bestimmt nach Maßgabe der Lehrpläne wie gelernt wird, was gelernt wird und in welchen Zeiten und Räumen gelernt wird. Eine solche methodische, thematische und organisatorische Fremdbestimmung der Schüler hat unweigerlich ein Konfliktpotential zur Folge."
(Hintz / Pöppel / Rekus 1993)

„Beim rezeptiven Lernen ... wird dem Schüler der vollständige Inhalt von dem, was gelernt werden soll, in seiner fertigen Form übermittelt. Die Lernaufgabe verlangt von ihm keinerlei selbständige Entdeckung. Von ihm wird nur gefordert, daß er sich den Stoff, der ihm gegeben wird ... so einprägt oder einverleibt, daß er zu einem späteren Zeitpunkt zur Verfügung steht oder reproduziert werden kann."
(Ausubel / Novak / Hanesion 1980)

BEZEICHNUNGEN

Erklärungsmethode - Darbietungsunterricht - Verbales Lernen
(das traditionell klassische Methodenkonzept)

ERSCHEINUNGSFORMEN

Vortragsunterricht

z.B. im Fach Geschichte
die Lehrererzählung

Gesprächsunterricht

z.B. im Fach Geographie
das Erarbeitungsgespräch

Demonstrationsunterricht

z.B. im Fach Physik
das Experiment

Häufigkeit
innerhalb des Methodenrepertoires

Anteil
von
ca 75%

Monopolstellung
in der
Alltagspraxis

♦ starke kognitive Ausrichtung des Lernens durch Übermittlungsdominanz (von Sachwissen) seitens des Lehrers;

♦ reduzierte Beachtung motorischer, pragmatischer, emotionaler und sozialer Notwendigkeiten und Bedürfnisse der Schüler;

■ charakteristische Merkmale:

die Art unterrichtlicher Interaktion

LEHREN → LERNEN

als als

Prozeß der Vermittlung von Ergebnissen		Vorgang der Übernahme von Ergebnissen

Die Lehrtätigkeit des Lehrers ist aktiv und dominant steuernd.

Die Lerntätigkeit des Schülers ist rezeptiv-aufnehmend.

von

Informationen, Fakten, Problemen, Begriffen, Regeln, Sachzusammenhängen, Widersprüchen, Strukturen, Entwicklungen, Lösungswegen, Prinzipien, Abhängigkeiten, Konsequenzen
u.ä.

**Unterrichtsergebnisse
Lernresultate**

LEHRAKTE

- *schildern*
- *berichten*
- *vortragen*
- *vorführen*
- *aufbauen*
- *fragen*

- *beschreiben*
- *erzählen*
- *vorzeigen*
- *experimentieren*
- *erklären*
- *Gespräche führen*

u.ä.

I n t e n t i o n e n
*vorgeben - informieren - entwickeln
instruieren - erarbeiten*

LERNAKTE

- *zuschauen*
- *zuhören*
- *mitdenken*
- *nachdenken*
- *nachahmen*
- *ergänzen*

- *antworten*
- *ausführen*
- *abschreiben*
- *nachzeichnen*
- *mitrechnen*
- *wiederholen*

u.ä.

I n t e n t i o n e n
übernehmen - verstehen - wissen

zeigt sich durch

- ... eine relativ straffe, dirigierende und reglementierende Lehrtätigkeit;

- ... den gezielten Gebrauch motivierender Elemente zur Mobilisierung kognitiver Interessen und zur Schärfung der Wahrnehmungen;

- ... die Darbietung der zu verstehenden Kenntnisse und Einsichten als Endprodukt;

- ... den Einsatz gedächtnisunterstützender Instrumente (Lerngesetze, Unterrichtsmedien);

- ... die Vorgabe erkenntnisleitender Problemstellungen;

- ... die stringente Planung und Organisation aller Stufen, methodischer Strategien und Arbeitsformen durch den Lehrer;

- ... eine vorwiegend an Fachkenntnissen ausgerichtete Leistungskontrolle und Leistungsbewertung;

- ... eine starke Abhängigkeit der Lerntätigkeiten des Schülers von der Lenkung des Lehrers;

- .. eine möglichst exakte Aufnahme und Abspeicherung der dargebotenen Ergebnisse;

- ... eine möglichst genaue Reproduktion des vermittelten Wissens im Bedarfsfall des Gebrauchs bzw. der Anwendung;

- ... eine häufig eher extrinsische, also sachfremde Lernmotivation;

- ... auftretende Konzentrationsstörungen aufgrund vergleichsweise langer und inhaltsdichter Wahrnehmungsphasen;

- ... den verstehenden, wünschenswert einsichtigen Nachvollzug der dargelegten Lernergebnisse;

- ... die meist unmittelbar gegebene Verstärkung (Bestätigung) zutreffender Antworten bzw. erwarteten Reaktionen;

„ ... Schüler erleben eine rezeptive Lernhaltung
als repräsentativ für Lernen überhaupt."
(Edelmann 1979)

■ die Frage der Lernwirksamkeit:

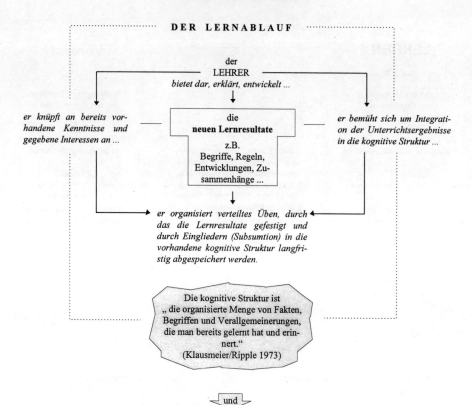

DER LERNABLAUF

der
LEHRER
bietet dar, erklärt, entwickelt ...

er knüpft an bereits vor-
handene Kenntnisse und
gegebene Interessen an ...

die
neuen Lernresultate
z.B.
Begriffe, Regeln,
Entwicklungen, Zu-
sammenhänge ...

er bemüht sich um Integrati-
on der Unterrichtsergebnisse
in die kognitive Struktur ...

er organisiert verteiltes Üben, durch
das die Lernresultate gefestigt und
durch Eingliedern (Subsumtion) in die
vorhandene kognitive Struktur langfri-
stig abgespeichert werden.

Die kognitive Struktur ist
„ die organisierte Menge von Fakten,
Begriffen und Verallgemeinerungen,
die man bereits gelernt hat und erinnert."
(Klausmeier/Ripple 1973)

und

DIE LERNEFFEKTE

durch
Darbietungs- und Gesprächsunterricht

„Die Erfahrung zeigt, daß expositorische (rezeptive)
Ansätze am ehesten schnelles Lernen und Behalten
fördern. - Craig 1956, Haslerud und Meyers 1958,
Wittrock 1963" (Lefrancois 1976)

„Die empirischen Untersuchungen haben ausnahmslos gezeigt, daß sinnvolles Darbieten und Erklären
von Regeln, Konzepten usw. weitaus weniger Zeit
erfordert als selbständiges Entdecken."
(Bredenkamp/Weinert 1976)

„Besteht das Lernziel primär in der Aneignung inhaltlicher Kenntnisse, so ist rezeptives Lernen dem Entdek-
kungslernen weitaus überlegen: Die Methode ist effizi-
enter und negative Auswirkungen wie z.B. Frustrations-
und Mißerfolgserlebnisse werden vermieden."
(Bredenkamp/Weinert 1976)

■ <u>Bedingungen:</u>

bei der Anwendung dieses Unterrichtskonzepts

größere Effekte ...

♦ ... wenn bereits vorhandenes Wissen bzw. Kenntnisse einbezogen werden,

♦ ... wenn der Schüler eine positive Lerneinstellung, Bereitschaft, Freude und Willen hat, die neuen Inhalte aufzunehmen,

♦ ... wenn der Schüler über die für das einsichtige Erfassen des konkreten Lerninhalts notwendigen Denkakte als kognitive Voraussetzung verfügt,

♦ ... wenn zusammengehörende Inhalte des Lernstoffes durch Oberbegriffe (= Ankerelemente) als hochinklusive, organisierende Elemente den Schülern vorgegeben werden,

♦ ... wenn der zu erfassende (zu lernende) Inhalt geordnet und übersichtlich strukturiert angeboten wird,

♦ ... wenn wahrnehmungsunterstützende und erkenntnisleitende Unterrichtsmedien verwendet werden,

♦ ... wenn die neuen Erkenntnisse bzw. Lernresultate inhaltlich verstanden, also einsichtig erfaßt und nicht mechanisch wortwörtlich gelernt werden,

♦ ... wenn der Lehrer im Laufe der Darbietung oder der Erarbeitung immer wieder zur Verständniskontrolle (und unmittelbaren Fehlerkorrektur) Rückmeldungen einholt bzw. dazu veranlaßt,

♦ ... wenn der Lehrer die neuen Kenntnisse anwenden und gebrauchen läßt, um eine zuverlässige Verfügbarkeit der Lernresultate sicherzustellen.

■ <u>Probleme und Gefahren:</u>

bei der Anwendung dieses Unterrichtskonzepts

bedenkliche Erscheinungen ...

* ... wenn die Gedächtnisleistungen, insbesondere punktuelles Faktenwissen, überbetont werden,

* ... wenn kreative Lernaktivitäten und selbsttätige Problemlösebemühungen vernachlässigt werden,

* ... wenn Konzentration und Aufmerksamkeit durch zu lange Passagen der Wahrnehmung von zu verstehenden Inhalten überfordert werden,

* ... wenn Schülerinteressen und Vorkenntnisse nicht angemessen einbezogen werden,

* ... wenn der Lernablauf ausschließlich produktorientiert ist und nicht auch auf die Entwicklung von Fähigkeiten und Qualifikationen geachtet wird,

* ... wenn die Motivation zum Lernen überwiegend von sachfremden Faktoren (Lob, Strafe, Angst, Noten) bestimmt wird,

* ... wenn die Lernleistung nur von der Quantität zutreffend produzierten Faktenwissens her bewertet wird,

* ... wenn soziale Kontakte unter den Schülern als störend für den Lernablauf betrachtet werden.

Unterrichtsmethoden
- der offene Unterricht als übergreifendes Methodenkonzept -

■ <u>die Grundidee:</u>

"Im offenen Unterricht ist der Schüler nicht einfach Objekt
der Planung des Lehrers, sondern wird in die Planung und
Gestaltung des Unterrichts aktiv eingebunden und an den
Unterrichtsentscheidungen so weit wie möglich beteiligt."
(Ramseger/Skedzuhn 1978)

■ <u>Dimensionen der Öffnung:</u>

(z.T. nach Ramseger)

inhaltliche Öffnung

z.B.
Berücksichtigung von aktuellen Themen der Gegenwart, auch aus dem
unmittelbaren Lebensumfeld der Schüler (das zeitlich und das räumlich
Nahe); Einbeziehung der themenspezifischen Schülerinteressen; Angebot
von Lerninhalten, aus denen die Schüler frei wählen können; Aufhebung
der Fächergrenzen durch fachübergreifende Themenerschließung;

methodische Öffnung

z.B.
Gemeinsame Zeitplanung mit den Schülern; Berücksichtigung der Schülerwünsche hin-
sichtlich Arbeitsziele, Arbeitsmaterialien, Arbeitswege, Arbeitspartner; Aktivierung der
Schüler bei der Beschaffung von Arbeitsquellen und Lernmaterialien; Flexibilität der
Unterrichtsplanung durch Bereitstellen methodischer Alternativen (methodische Wege,
Unterrichtsmedien) und Bereitschaft zur situativen Abänderung der beabsichtigten
Lehr-Lern-Strategie bei Bedarf bzw. auf Wunsch der Schüler; Informationen der Schü-
ler über die wichtigsten Planungsüberlegungen und Gestaltungsabsichten; Entwurf und
Vorgabe eines Planungsrahmens, in dem die Schüler ihre Interessen und Vorstellungen
einbringen können;

institutionelle Öffnung

Gestaltung des Klassenzimmers als Lebensraum und 'Wohnwerkstatt' der Schüler; Einbeziehung der
außerschulischen Wirklichkeit (außerschulische Lernorte) aus den Bereichen Natur, Kultur, Dienstlei-
stungen, Handwerk und Industrie; Beteiligung der Eltern an Schulveranstaltungen; Gestaltung schulischer Veranstaltungen für die Öffentlichkeit (Schulfeste, Vorführungen, Ausstellungen); Einflußnahme der Schüler durch Bewältigungsvorschläge in Zusammenhang mit öffentlichen Gegebenheiten
bzw. Problemen (z.B. Sicherung von Fußgängerüberwegen, Umweltschutzfragen);

Unterrichtsmethoden
- der offene Unterricht als übergreifendes Methodenkonzept -

■ Wesensmerkmale:

"Offener Unterricht ist als ein Unterricht zu verstehen..., der... dem Lehrer und den Schülern eine Mitwirkung bei der Gestaltung der Unterrichtssituation und bei der Bestimmung der Ziele/Inhalte gestattet. Offener Unterricht ist durch vier Merkmale gekennzeichnet:
1. durch die Beteiligung der Schüler an den unterrichtlichen Entscheidungen,
2. durch die Einbeziehung der Erfahrungen, Fragen und Anliegen der Schüler,
3. durch die Berücksichtigung der unterschiedlichen Ausgangslage der Schüler,
4. durch die Förderung der sozialen Beziehungen und des kooperativen Verhaltens." (Schittko in Peterßen 1992 [4])

OFFENHEIT — heißt

☐ ...Mitbestimmung und aktive Mitwirkung der Schüler bei der Erstellung der Wochenpläne, der zu bewältigenden Unterrichtsaufgaben, der Gestaltung von Schulfesten und Klassenfeiern, bei Unterrichtsgängen und Schulausflügen;

☐ ...offen sein für die Interessen, Fragen, Wünsche der Schüler;

☐ ...bereit zu sein, lehrergelenkte und lehrerbestimmte Ziele, Inhalte, Methoden und Arbeitsmaterialien auch zurückzunehmen;

☐ ...gemeinsame Reflexion über die erfolgte Unterrichtsarbeit, über die subjektiv erfahrene Effektivität (Wiedergabe von Eindrücken und Meinungen);

☐ ...Offenlegung der Pläne und Bereitschaft der Schüler zur kritisch-unterstützenden Partizipation an Unterrichtsverläufen;

☐ ...fähig zu sein, die Vorstellungen der Handlungspartner in seine Vorstellungen zu integrieren;

☐ ...die Struktur der geplanten Lernabläufe so darzustellen, daß alle Schüler sie durchschauen können (z.B. durch Vorgabe eines Organizers bzw. Denkgerüsts);

☐ ...begründen der Absichten (Ziele) und erläutern der Lernwege;

☐ ...bemüht sein um Ausentfaltung des sozialintegrativen Unterrichtsstils;

OFFENHEIT — erfaßt

alle personalen, inhaltlichen, methodischen, medialen und organisatorischen Dimensionen des Unterrichts

OFFENHEIT — zielt auf

H A N D L U N G S K O M P E T E N Z

■ <u>pädagogische Ziele, didaktische Absichten:</u>

- Steigerung der Affinität zur Lernsituation, weil individuelle Bedürfnisse, Erwartungen, Interessen und Wünsche von den Schülern eingebracht werden dürfen und in der Regel beachtet werden;

- Erweiterung der Handlungs- bzw. Methodenkompetenz durch die notwendige Entfaltung von Schlüssel-qualifikationen aus den Bereichen Arbeitsverhalten, Arbeitstechniken, Kommunikation und Kooperation;

- Transparenz und Nachvollziehbarkeit geplanter lernprozessualer Vorhaben durch die Offenlegung der Absichten und methodischen Vorgehensweisen;

INTENTIONEN

- Entfaltung der individuellen Persönlichkeit durch die Möglichkeit zu Eigenerfahrungen und Übernahme von Verantwortung aufgrund bereitgestellter Handlungs-felder;

- Vorbereitung der Jugendlichen auf die offene demokratische Gesellschaft, in der Eigeninitiative im Sinne einer verantwortungsbewußten Mitbestim-mungs- und Handlungsfähigkeit gefordert wird;

- Veränderung des Lehrer-Schüler-Verhältnisses einer-seits durch Abbau vorhandener Lehrerdominanz und dadurch Reduzierung der Schulangst, andererseits durch gezielte Aktualisierung von Mitbestimmung und Mitverantwortung;

■ <u>Bedingungen bei der Umsetzung:</u>

Qualität und Ausmaß der Offenheit

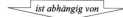

ist abhängig von

personbezogenen Bedingungen:

> Revision des traditionellen Rollenverständnisses durch Bemühen um partnerschaftliche Unterrichtsarbeit;

> Einsicht des Lehrers in die Notwendigkeit der Entwicklung und Entfaltung der Lernfähigkeit (Methodenkompetenz);

> Bewußtheit und Bemühen um die Erziehungsziele Sozialkompetenz und Selbstkompetenz;

> Bereitstellen von anregenden und vom Schüler eigenständig zu bewältigenden Lern- und Hand-lungsfeldern;

> Risikobereitschaft, Zutrauen und Engagement;

> Angemessene Lernmotivation und zureichendes Arbeitsverhalten seitens der Schüler;

sachbezogenen Voraussetzungen:

– Umgestaltung des Unterrichtsraumes als Lernwerkstatt (Aktivitätszentren bzw. Funktionsbereiche und flexible Sitzordnung);

– Ausstattung der Klassen mit anregenden Lern-materialien (Aufbau einer Klassenbibliothek, Klassen-mediothek z.B. mit Audio- und Video-kassetten);

– Bereitstellen von Arbeitsmaterialien, Lernspielen und Geräten;

– Akzentuierung des Lernens vor Ort und von Lernergebnissen mit aktuellem Gebrauchswert und Öffentlichkeitsrelevanz;

■ <u>Erscheinungsformen:</u>

"... Formen 'offenen Unterrichts' beziehen die Herausforderungen der außerschulischen Lebenswelt der Lernenden in den Unterricht ein oder sind darauf bezogen, wobei die Auseinandersetzung selbsttätig und handlungsorientiert erfolgen soll.
Bezeichnungen wie 'Praktisches Lernen', 'Erfahrungsorientiertes Lernen', 'Projektorientiertes Lernen', 'Handlungsorientiertes Lernen', 'Freies Arbeiten', usw. signalisieren bestimmte Formen der Unterrichtsöffnung." (Hintz, Pöppel, Rekus 1993)

Unterrichtsmethoden
- der offene Unterricht als übergreifendes Methodenkonzept -

■ <u>zur Frage der Effektivität:</u>

KOMPONENTEN   *Grundsätzlich gilt für offenen Unterricht...*   KOMPONENTEN

• freie Wahl der   "daß er auf der Grundlage seiner inneren Komponenten und   • gegenseitige Achtung von
  Tätigkeiten   Kombinationen beurteilt wird und nicht als einziges, in sich   Lehrern und Schülern
                          geschlossenes Gebilde." (Marshall 1981 in Gage/Berliner 1986[4])
• flexible Raum-   • altersübergreifende Grup-
  aufteilung   pierung der Schüler

• reichhaltige   • Arbeit in Kleingruppen
  Lernmaterialien   • Lehrer als Initiator von   • Eigenverantwortung der Schüler beim   oder in Einzelaktivitäten
                             Lernaktivitäten   Lernen

VERGLEICHSUNTERSUCHUNG
zwischen
offenem und traditionellem Unterricht
> leistungsbezogene Untersuchungsbereiche <
Sprache – Rechnen – Lesen
> nichtleistungsbezogene Untersuchungsbereiche <
Leistungmotivation – Anpassung – Angst – Einstellung zur Schule und zum Lehrer – Kooperativität – Kreativität –
Neugier – Selbständigkeit – geistige Fähigkeit

ERGEBNISSE
(Basis: 150 amerikanische Untersuchungen)
OFFENER UNTERRICHT

☐ führt gewöhnlich zu niedrigeren sprachlichen   ☐ verbessert gewöhnlich die Lernmotivation,
  Leistungen, allerdings in einem fast unbedeutendem   Kooperativität, Kreativität und Selbständigkeit in
  Ausmaß;   einem bescheidenen Ausmaß;

☐ hat fast keine zusammenhängende Auswirkung auf   ☐ hat fast keine zusammenhängende Auswirkung auf
  Rechnen, Lesen und andere Arten schulischer   Anpassung, Angst und Selbstwertgefühl;
  Leistung;

☐ verbessert gewöhnlich, wenn auch nur geringfügig, die Einstellungen des Schülers zur
  Schule und zum Lehrer sowie seine Neugier und generelle Leistungsfähigkeit;

(Giaconia und Hedges 1982 in Gage/Berliner 1986[4])

KERNFRAGE
? Rechtfertigen der personale, sachliche und organisatorische Aufwand diese Effekte **?**

■ <u>Probleme und Grenzen:</u>
zeigen sich ...

✧ *wenn* fälschlicherweise dieses Methodenkonzept als   ✧ *wenn* die Schüler mangelnde Lernbereitschaft an den
  formlos, ziellos, planlos und unstrukturiert verstanden   Tag legen wie sachliches Desinteresse, negatives
  wird;   Arbeitsverhalten, allgemeine Lernaversion, aber auch
                                                             Ideenlosigkeit und ausgeprägte Unselbständigkeit;

✧ *wenn* die Schüler hinsichtlich der Mitverantwortung   ✧ *wenn* die notwendigen äußeren Voraussetzungen nicht
  überfordert werden und dann Reaktionen zeigen wie   gegeben sind (zu kleine Klassenräume, eine zu große
  Angst vor Blamage, Schüchternheit, Unsicherheit und   Schülerzahl, zu geringe finanzielle Mittel für
  Hemmungen;   Arbeitsmaterialien);

✧ *wenn* durch kommunikative Aktivitäten die sonstigen   ✧ *wenn* Methoden bzw. Arbeitstechniken nicht gezielt
  Handlungsziele bzw. geplanten oder beabsichtigten   lehrgangsorientiert eingeschult und kognitive Unter-
  Handlungsprodukte aus dem Auge verloren werden;   richtsergebnisse nicht durch Sicherungsbemühungen
                                                             ausreichend gefestigt werden;

Unterrichtsmethoden
- Handlungsorientierung als übergreifendes Methodenkonzept -

■ Ansichten und Feststellungen:

"Der naturgemäße Weg der Bildung ist der Weg des praktischen Handelns." (Kerschensteiner 1919)

"Denken und Tun, Tun und Denken, das ist die Summe aller Weisheit." (Goethe)

"Mündigkeit, d.h. Selbständigkeit, Selbstbestimmung und Selbstverantwortung kann nicht gelehrt, sondern muß im praktischen Handlungsvollzug konkret gelernt werden." (Klipper 1991)

"Erkennen ist grundsätzlich ein Tätigsein, ein Umgehen mit der Realität." (Dietrich 1984)

"Denken geht aus dem Handeln hervor... und kehrt zu ihm zurück." (Aebli 1980)

"Denken, das Ordnen des Tuns." (Aebli 1980)

■ Absichten und Ziele:

der handlungsorientierte Unterricht wendet sich...

– eine verbal-abstrakte Erschließung des Unterrichtsthemas,
– einen Belehrungsunterricht,
– die sog. Buchschule,
– eine überwiegend lehrerzentrierte Unterrichtsgestaltung,
– das 'Langeweile-Syndrom' des Gesprächsunterrichts aufgrund des geringen Erlebniswertes (Meyer 1991),

gegen

– die Papier-Bleistift-Methode,
– das Tafel-Kreide-Verfahren,
– die Stoffhuberei,
– einen verkopften Unterricht,
– den Rückgang der Primärerfahrungen und Informationen durch sekundäre Anschauungen (Erfahrungen aus 'zweiter Hand');

der handlungsorientierte Unterricht steht...

• praktisch konkrete Handlungsvollzüge,

• das ganzheitliche Lernen, ein Lernen mit allen Sinnen,

• ein selbständiges, selbstbestimmtes, selbstkontrolliertes, selbstverantwortliches Lernen,

• den unmittelbaren Anwendungsbezug der Handlungsprodukte,

für

• größere Lebensnähe durch direkte aktive Auseinandersetzung mit Situationsfeldern aus dem unmittelbaren Umfeld der Schüler,

• mehr Spaß, mehr Eigenerfahrungen, mehr Sozialkontakte und Methodenkompetenz durch Anwendungsfähigkeit von Lerntechniken und Entwicklung von Schlüsselqualifikationen;

generell
gilt

die stete Beachtung der Verknüpfung und Wechselwirkung
der subjektbezogenen Elemente des Lernens

Unterrichtsmethoden
- Handlungsorientierung als übergreifendes Methodenkonzept -

■ Begriff und Bestimmungsgrößen:

HANDLUNGSAKTE   *beim handlungsorientierten Unterricht ...*   HANDLUNGSAKTE

– Initiativen ergreifen –

– Verantwortung über-
nehmen –

– Selbssteuerungs-
fähigkeit erwerben –

– Erfahrungen sammeln –

– Zielstrebigkeit zeigen –

– rationell-umsichtiges
Vorgehen pflegen –

„ ... kommt es insbesondere darauf an, Lehr- und Lern-
arrangements so zu gestalten, daß die Schüler die Möglichkeit
erhalten, durch weitgehend selbstgesteuertes Lernen
theoretisches Wissen im Zusammenhang mit praktischen
Problemstellungen und Handlungsvollzügen aufzubauen.
Handlungsorientiertes Lernen enthält ... die Komponenten
Zielorientierung, Interaktion, situative Distanz und kritische
Reflexion. Entscheidend ist, daß nicht nur Handlungen
ausgeführt werden, sondern diese begleitet werden von
kommunikativer Reflexion." (Kaiser/Kaminski 1994)

– integratives Verhalten
entwickeln –

– Kreativität und Flexibilität zeigen –

– zur Selbstkontrolle und
-kritik fähig sein –

– um Wirklichkeitsbezug
und Gebrauchswert des
Handlungsprodukts
bemüht sein –

– Ideen, Absichten, Gedanken, Erkenntnissse versprachlichen –

– Handlungsfähigkeit erlangen –
in Gestalt von

Methodenkompetenz
z.B.
Material sammeln, In-
formationen verarbeiten,
Ergebnisse dokumentie-
ren

Sozialkompetenz
z.B.
Kommunikations- und
Kooperationsfähigkeit

Fachkompetenz
z.B.
Einsichten gewinnen,
Wissensstrukturen aus-
bilden

Eine Handlung im unterrichtlichen Kontext

zielt ab auf

„ ... eine sinnbestimmte, für die Beteiligten relevante Bearbeitung einer Thematik,
die in Idee, Planung, Durchführung, Ergebnis und Auswertung von einer Gruppe
getragen wird, die immer kognitive Elemente (Überlegen, Erörtern, Planen ,
Steuerung der Durchführung, Bewertung der Ergebnisse) enthält, mit der man sich
identifiziert (es ist „unsere Sache"), die Gebrauchswert hat (damit fangen wir etwas
an) und die häufig praktische Tätigkeiten (Herstellen, Bauen, Zeichnen,
Durchführen) und Ergebnisse (Bilder, Collagen, Modelle, Videos, Ausstellungen,
Schulfeste, Bücher, Filme, Aktionen u.a.m.) beinhaltet." (Bönsch 1993)

■ die Akzente:

der enge Zusammenhang von Handeln und Denken

VOM

gegenstandsbezogenem-praktischen Handeln

absichtsvolles, strukturerfassendes Tun auf der Grundlage sinnlicher Wahrnehmungen; anschaulich-konkretes Denken; ein äußeres Handeln unter Aktivierung aller Sinne;

AKTION

Verbalisierung der Handlungsvorgänge

„Auf jede praktische Handlung muß eine Phase der Reflexion erfolgen." (Aebli 1983)

ZUM

abstrakt-formalen Denken

Reflexion der Handlungsvollzüge, Bewußtmachen der Handlungs-etappen, Entwicklung von Handlungsvorstellungen ohne konkret vorhandene Objekte, ein abstraktes, verinnerlichtes Handeln mit Hilfe geistiger Operationen (Begriffsbildung, Vorstellungen, Analogien, Kombinationen, Schlußfolgerungen, Ableitungen, kognitive Strukturen, u.a.)

REFLEXION

Verbalisierung der Handlungsvollzüge
und der Handlungsprodukte

„Piaget beschreibt nämlich, wie sich das Denken im Laufe der Jahre zunehmend wieder von der Bindung an Handeln (und die sinnliche Wahrnehmung) löst, so daß das ältere Kind schließlich in der Lage ist, formale Operationen mit abstrakten Symbolen auszuführen... Handeln wird zunehmend intern, d.h. konzeptuell durch kognitive Strukturen und Prozesse gesteuert. Wichtig ist die Erkenntnis, daß diese Entwicklungen, besonders im Übergangsstadium etwa von 7-12 Jahren durch pädagogische Maßnahmen beeinflußt werden können. Man muß davon ausgehen, daß die meisten Schüler spätestens ab der Grundschule sehr wohl in der Lage sind, auch ohne praktisches Handeln zu denken und Wissensstrukturen zu verändern, also dazuzulernen." (Weidenmann 1990)

Unterrichtsmethoden
- Handlungsorientierung als übergreifendes Methodenkonzept -

■ die Grundbausteine:

Ausgang:
lebensnahe Bereiche als Handlungsfelder

- Umgestaltung des Pausenhofes mit Spielflächen,
- Planung eines Schullandheimaufenthalts,
- Gespräche mit verschiedenen Gruppen ausländischer Mitbürger,
- Restaurierung eines Kinderspielplatzes,

- Erstellen eines Videofilms über das Schulfest,
- Verbesserung des Verkehrsablaufs vor der Schule,
- Gestaltung eines Erlebnisnachmittags im Altenheim,

- Mülltrennung im Haushalt;

Durchführung:
Verwendung und Einsatz von Handlungsaktivitäten:

messen – planen – bebildern – ordnen – exzerpieren – skizzieren – konstruieren – befragen – diskutieren
delegieren – protokollieren – nachschlagen – experimentieren – interpretieren – vortragen
elementarisieren – reflektieren – zusammenfassen – begründen – entscheiden

Ziele:
Handlungsergebnisse mit Gebrauchswert

in Form von

Handlungsprodukten

Neue Einsichten und Kenntnisse in Gestalt von Zeichnungen – Collagen – Wandzeitungen – Modellen –
Vorträgen – Videofilmen – Leserbriefen – Lichtbildvorträgen – Schaubildern – Diagrammen –
Lageplänen – Ton-Bild-Projektionen u.a.

in Form von

Handlungsfähigkeiten
im Sinne von

Schlüsselqualifikationen

BEREICH ARBEITSVERHALTEN	**BEREICH LERN-, ARBEITSTECHNIKEN**	**BEREICH INTERAKTION**
Zielstrebigkeit, Sorgfalt, Ausdauer, Genauigkeit, Selbststeuerung, Selbstbewertung, systematisches u. rationelles Vorgehen, Organisations- und Koordinationsfähigkeit, Aufmerksamkeit und Beobachtungsschärfe, Konzentrationsfähigkeit, Aufgeschlossenheit, umsichtiges Handeln, Initiative, Disziplin, Zuverlässigkeit, Kreativität, Leistungsbewußtsein u.a.m.	☐ kognitive Operationen: Urteilsfähigkeit, Mitdenken, Analogieschlüsse ziehen, Abstrahieren, Transferfähigkeit, Entscheidungsfähigkeit entwickeln, Prinzipien erfassen, Alternativen erkennen u.a.m. ☐ instrumentale Lerntechniken: spezifische Fähigkeiten zur Arbeit mit originalen Objekten, Bildern, Texten, Zahlen, Landkarten, audio-visuellen Medien;	Mündliche Darstellungsfähigkeit, schriftliche Ausdrucksfähigkeit, Kooperationsfähigkeit, Einfühlungsvermögen, Integrationsfähigkeit, soziale Verantwortung, Frustrationstoleranz, Ambiguitätstoleranz, Selbstdisziplin, Teamgeist, Kritikfähigkeit, Gesprächsfähigkeit, Diskussionsfähigkeit, Sachlichkeit in der Argumentation, Fähigkeit zur Vertretung eigener Meinung, Solidarität, Fairneß u.a.m.
korrespondierendes Bildungsziel **Selbst- und Sachkompetenz**	korrespondierendes Bildungsziel **Methodenkompetenz**	korrespondierendes Bildungsziel **Sozialkompetenz**

Handlungskompetenz

„Wohl aber geht es darum, die unterrichtlichen Lerngegenstände und Verfahren so zu akzentuieren, daß alltags- und zukunftsbedeutsame Handlungs - und Entscheidungssituationen thematisiert und entsprechende Handlungskompetenzen bei den Schülern aufgebaut werden." (Klippert 1991)

Unterrichtsmethoden
- Handlungsorientierung als übergreifendes Methodenkonzept -

■ Hauptphasen:

Planungsphase

Ermittlung möglicher Handlungsfelder; Studium und Analyse der Handlungsfelder (Sach-, Schulbücher, Wirklichkeitsbegegnungen): Aufbau, Struktur, Probleme; Reflexion der Lernvoraussetzungen der Schüler (Vorkenntnisse, Interessen, Arbeitstechniken); motivierende und stimulierende Problemstellung; Entwicklung der Handlungsziele gemeinsam mit den Schülern;

Erarbeitungsphase

Freilegen besonderer Interessen am Arbeitsgebiet; Übereinkunft über das zu erarbeitende Handlungsprodukt; gemeinsame Arbeitsplanung; meist gruppenweise organisierte Materialbeschaffung und Handlungsfeldarbeit; eventuell erforderliche Einführung und Information über erforderliche Arbeitsmethoden; Gewinnung von Ergebnissen bzw. Handlungsprodukten;

Auswertungsphase

Präsentation der Arbeitsergebnisse; gemeinsame Analyse-, Ergänzungs-, Korrekturvorschläge; Überarbeitung der Ergebnisse; Dokumentation der Handlungsprodukte (Spiel, Wandzeitung, Collage, Videofilm, Lichtbildervortrag, Ton-Bild-Schau, Ausstellung, etc.);

Aktivitäten des Lehrers	Tätigkeiten der Schüler
– *Handlungsimpulse durch motivierende und stimulierende Problemstellungen geben;*	• *das Handlungsgeschehen überblicken;*
– *handlungsleitende Materialien, Objekte, Informationsquellen anbieten oder darauf verweisen;*	• *die Handlungsabfolge verstehen;*
	• *Lösungsstrategien ermitteln und Handlungsschritte festlegen;*
– *den Zeitbedarf kalkulieren;*	• *Arbeitsmaterialien besorgen, Recherchen durchführen;*
– *wirklichkeitsnahe Handlungsfelder vorschlagen oder mit den Schülern ermitteln;*	• *über Arbeitsverteilung entscheiden;*
– *Handlungsziele vereinbaren;*	• *Handlungsergebnisse festhalten, präsentieren, begründen, anwenden, schulintern, gelegentlich auch außerhalb der Schule, veröffentlichen;*
– *Handlungsspielräume zugestehen;*	
– *eventuell erforderliche Arbeitsmethoden einschulen;*	• *Arbeitsmethoden, Lerntechniken, Schlüsselqualifikationen erwerben, anwenden, verinnerlichen;*
– *beraten, beobachten, bereitstellen, helfen, arrangieren, bestätigen;*	

Unterrichtsmethoden
- Handlungsorientierung als übergreifendes Methodenkonzept -

■ Formen der Umsetzung:

– Handlungsorientierung durch Großkonzepte –
relativ langphasig – große Reichweite

□ Projektarbeit □ Freiarbeit □ Offener Unterricht □ Entdeckender Unterricht □ Gruppenunterricht □ Praktisches Lernen

– Handlungsorientierung durch einfache Vorhaben –
relativ kurzphasig – reduzierte Reichweite

● Deutsch (Entwurf eines Leserbriefs) ● Arbeitslehre (Plakat zur Sicherheit am Arbeitsplatz) ● Geographie (Bau eines Vulkanmodells) ● Physik (Schülerversuche) ● Biologie (Langzeituntersuchung: Pflanzenentwicklung)

■ der besondere Lerneffekt:

durch
das aktiv-produktive, ganzheitliche Lernen im Handlungszusammenhang:

„Genau darauf zielt der Handlungsbegriff... Bloße 'Tätigkeiten', das Ausführen vorgegebener Anweisungen oder das sinnlich-anschauliche Erfahren und Erleben allein genügen nicht, weil ihnen die kohärente Struktur einer Handlung fehlt..., ...der übergreifende Handlungszusammenhang, in dem Einzelelemente wie Ziel, Handlungsplan, Lösungsversuche, Teilhandlungen, Ergebnis, Produkt, Reflexion usw. ein beziehungsreiches Ganzes bilden."
(Gudjons 1992)

■ Probleme und Gefahren:

– zielloser Aktionismus statt zielstrebigem Bemühen –
– vordergründige Betriebsamkeit statt produktivem Handeln –

insbesondere:
◇ die starre Stundenplanstruktur,   ◇ fehlende Lerntechniken,
◇ die organisatorischen Anforderungen,   ◇ schleppendes Arbeitstempo,
◇ ein unzureichendes Arbeitsverhalten,   ◇ Leistungsbewertung bei kooperativen
                                             Handlungsprodukten;

Probleme zeigen sich weiter darin:

„... daß viele Lehrer sich nur schwer von einem traditionellen Verständnis ihrer Lehrerrolle befreien können und deshalb ihre Schüler von vornherein für relativ unselbständig und allzu schnell überfordert halten. Hier müssen die Lehrer bereit sein, ihre verständlichen Unsicherheiten zu überwinden, ihre Angst vor Disziplinproblemen abzulegen, das Risiko eines nur noch begrenzt planbaren Unterrichts bewußt einzugehen..." (Hintz, Pöppel, Rekus 1993)

■ <u>Wesensmerkmale und Bestimmungsgrößen:</u>

„Das Projekt repräsentiert die Idealform von handlungsorientiertem Unterricht mit den vier Schritten Projektinitiative, Projektplan, Projektdurchführung, Produkt." (Bönsch 1991)

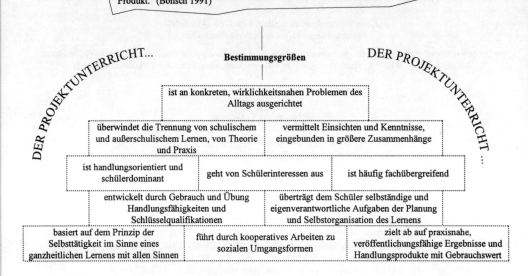

Bestimmungsgrößen

ist an konkreten, wirklichkeitsnahen Problemen des Alltags ausgerichtet

überwindet die Trennung von schulischem und außerschulischem Lernen, von Theorie und Praxis

vermittelt Einsichten und Kenntnisse, eingebunden in größere Zusammenhänge

ist handlungsorientiert und schülerdominant

geht von Schülerinteressen aus

ist häufig fachübergreifend

entwickelt durch Gebrauch und Übung Handlungsfähigkeiten und Schlüsselqualifikationen

überträgt dem Schüler selbständige und eigenverantwortliche Aufgaben der Planung und Selbstorganisation des Lernens

basiert auf dem Prinzip der Selbsttätigkeit im Sinne eines ganzheitlichen Lernens mit allen Sinnen

führt durch kooperatives Arbeiten zu sozialen Umgangsformen

zielt ab auf praxisnahe, veröffentlichungsfähige Ergebnisse und Handlungsprodukte mit Gebrauchswert

■ <u>didaktische Ziele:</u>

beim Projektunterricht kommt es darauf an:

„,... daß sich die Lernenden ein Betätigungsgebiet vornehmen, sich darin über die geplanten Betätigungen verständigen, das Betätigungsgebiet entwickeln und die dann folgenden verstärkten Aktivitäten im Betätigungsgebiet zu einem sinnvollen Ende führen. Oft entsteht ein vorzeigbares Produkt." (Frey 1990[3])

... er wendet sich

gegen

➤ ... den lehrerzentrierten Gesprächs- und Frontalunterricht,

➤ ... einen überwiegend einseitig kognitiv ausgerichteten Unterricht,

➤ ... mangelnde Gelegenheiten für soziale Lern- und Arbeitstechniken,

➤ ... wirklichkeitsferne Lerninhalte,

➤ ... die Raumbegrenzung (durch Klassenzimmerunterricht), die Personbegrenzung (durch Klassenlehrer), die Zeitbegrenzung (durch 45-Minuten-Takt);

... er steht

für

⊙ ... Verringerung der Distanz zwischen Schule und Lebenswelt der Schüler,

⊙ ... eigenständiges, selbstorganisiertes Lernen an aktuellen Problemen der Wirklichkeit,

⊙ ... bewußte Entwicklung der Methodenkompetenz (Techniken der Informationsbeschaffung, der Erarbeitung und der Dokumentation),

⊙ ... Ausentfaltung von Sozialkompetenz und gemeinsames Handeln, Erleben, Verantworten, Ergebnisgewinnung,

⊙ ... das Sammeln von Erfahrungen bei der praktischen Bewältigung einer konkreten Aufgabe,

⊙ ... darstellbare Ergebnisse und realisierbare Problemlösungen;

■ Die aktuelle Bandbreite:

PROJEKTUNTERRICHT
ist

„... eine motivgeladene Handlungssituation."
(Hausmann 1959)

„... eine methodische Grund-
figur."
(Otto 1977)

„... eine Grundrichtung pädagogischen Handelns."
(Moser 1977)

BEGRIFFSVIELFALT
führt

zu ungenauem Gebrauch und stellenweise zu synonymer Verwendung

– Projektunterrricht –
(z.B. Gudjons 1984)

– Projektmethode –
(z.B. Frey 1982)

– Lernprojekt –
(z.B. Flechsig 1975)

– Unterrichtsprojekt –
(z.B. Kretschmann 1932)

– Projektorientierter Unterricht –
(z.B. Michaelis 1987)

– Vorhaben –
(z.B. Pütt 1978)

ABGRENZUNGSVORSCHLAG
für

Projektunterricht	**Projektmethode**	**Projektorientierter Unterricht**	**Projektwoche**
Oberbegriff, fächerübergreifende Konzeption, im Rahmen des regulären Stundenplans, manchmal über mehrere Wochen;	Schwerpunkt sind hier methodische Abläufe und Verfahren, eher fachspezifisch;	traditioneller Unterricht mit Elementen des Projektunterrichts, besonders selbstgesteuerte Gruppenarbeit, fachbezogen;	Nach Aufhebung des regulären Stundenplans wird oft jahrgangsübergreifend innerhalb einer Woche ein Thema bearbeitet und zum Abschluß gebracht;

Kleinprojekt	**Mittelprojekt**	**Großprojekt**
Durchführung innerhalb einer Klasse, meist auf ein Unterrichtsfach begrenzt, Dauer 2-6 Unterrichtsstunden, auch in der Alltagspraxis realisierbar (nach Frey 1990[3]);	greift ein komplexes Thema auf (z.B. biologische, chemische, soziale, wirtschaftliche Aspekte davon), tangiert mehrere Unterrichtsfächer, erstreckt sich über mehrere Unterrichtswochen, bis 40 Stunden Gesamtdauer (nach Frey 1990[3]);	ein Thema mit Öffentlichkeitsrelevanz und Gebrauchswert wird umfassend, fächerübergreifend, oft unter Mitwirkung mehrerer Klassen erschlossen; aufwendige und umfangreiche Aktivitäten bei Planung, Durchführung und Dokumentation; (nach Frey 1990[3]);

■ Der historische Hintergrund:

● in den USA:

der Pragmatismus

● in Deutschland:

die Reformpädagogik

● in Rußland:

die Arbeitsschulerziehung

John Dewey

1859 - 1952
Aufgaben aus dem täglichen
Leben veranlassen zu aktiver,
planvoller und selbstorganisier-
ter Arbeit.

Bertold Otto

1859 - 1953
Gesamtunterricht in seiner
Schule in Lichterfelde.

Pavel Blonskij

1884 - 1941
Seine Arbeitsschule zielt auf
Arbeitserziehung mit
zweckgerichteten Tätigkeiten
von Gebrauchswert.

Georg Kerschensteiner

1854 - 1932
Arbeitsschulunterricht als
konstruktive Betätigung in
Münchner Berufsschulen.

„Wir brauchen mehr wirklichen
Stoff, mehr greifbare
Gegenstände, mehr Gerät und
Werkzeug, mehr Gelegenheit
zum wirklichen Tun." (Dewey
1930)

„Die Arbeitserziehung...
besteht darin, daß sich das Kind
planmäßig und organisiert in
einer zweckmäßigen Tätigkeit
übt, durch welche... nützliche
Gegenstände geschaffen
werden,... die einen
Gebrauchswert besitzen."
(Blonskij 1919)

Hugo Gaudig

1860 - 1923
Freie geistige Tätigkeit als
praktiziertes Selbsttun in
Leipzig.

William Kilpatrick

1871 - 1965
In fächerübergreifender
Kooperation werden durch die
Projekt-Methode reale
Lebenssituationen aufgegriffen.

Hermann Lietz

1868 - 1919
In den von ihm gegründeten
Landerziehungsheimen
geschieht das Lernen durch
manuelle Tätigkeiten.

Anton Makarenko

1888 - 1939
Seine eher sozialtherapeutische
'Gorki-Kolonie' will
gemeinschaftliches Handeln
und nützliches, handwerkliches
Arbeiten.

Peter Petersen

1884 - 1952
Projektarbeit, Gruppenarbeit
sind zentrale Aufgaben seines
'Jenaplans'.

gegen vordergründigen Aktionismus   ■ die unabdingbare Bedingung: *gegen blinde Betriebsamkeit*

ZIELBEWUSSTSEIN   und   **ZIELKLARHEIT**

| der Lehrplan |

...mit seinen vorgegebenen Bildungs- und Erziehungszielen,
z.B. Verantwortungsbewußtsein, Hilfsbereitschaft, Selbständigkeit, Zuverlässigkeit

| am LEHRPLAN |

orientiert sich

DAS GEWÄHLTE PROJEKTTHEMA
z.B.
Gestaltung des Pausenhofes – Bewirtschaftung einer Gartenfläche – Planung und Bau eines Gewächshauses –
Veröffentlichung eines Wanderführers für die Gemeinde – Organisation eines Stadtteilfestes

beachtet

der besondere pädagogische Wert   *die spezifisch didaktische Bedeutung*

| EMOTIONEN |

Spaß - Freude - Erlebnis - Eindrücke

und erfaßt

LERN- UND HANDLUNGSZIELE

Absicht
| Erweiterung von WISSEN |

Verständnis themenspezifischer Aspekte, Erfahren neuer
Fakten und Zusammenhänge, Gewinnen von Kenntnissen und
Einsichten

Absicht
| Entwicklung von QUALIFIKATIONEN |

Arbeitsverhalten	-	*Arbeitstechniken*	-	*Kommunikation/Kooperation*
z.B.		z.B.		z.B.
entscheidungsfähig werden:		*einen Text analysieren:*		*Teamfähigkeit entwickeln:*
d.h.		d.h.		d.h.

• *eine Entscheidungssituation unvor-
eingenommen analysieren,*
• *Erfahrungen heranziehen, Informationen einholen,*
• *Gesichtspunkte für Reaktionsmöglich-
keiten sammeln,*
• *handlungsleitende Überlegungen
herausstellen (z.B. Effektivität),*
• *Handlungsmöglichkeiten vergleichen,
abwägen (Folgen, Probleme, Vor- und
Nachteile, Realisierbarkeit),*
• *Handlungsabsicht begründen und bewerten (sachlich, moralisch, ökonomisch);*

*lesen, registrieren,
gliedern, verglei-
chen, verknüpfen,
nachfragen, erklä-
ren, schlußfolgern,
verdichten, bebil-
dern u.a.;*

– *Arbeitsbeiträge anderer akzeptieren,*
– *das eigene Handeln einordnen,*
– *mehrere Aspekte kritisch betrachten,*
– *eigene Verhaltensweisen analysieren,*
– *beachten des Arbeitstempos des
Partners,*
– *sachbezogene Kritik mit gleichzeitigen Verbesserungsvorschlägen;*

■ das Organisationsraster:

Initialphase

- Lehrer und Schüler bringen Ideen ein, initiiert durch Sachinteresse oder Betroffenheit;
- die Vorschläge werden in einem Gespräch analysiert, Befürwortungen und Ablehnungen verglichen; eine Entscheidung für ein Projektthema aus der konkret erfahrbaren Wirklichkeit wird gemeinsam getroffen;
- das Projektthema wird formuliert und festgehalten;

Planungsphase

- gemeinsame Überlegungen über mögliche Vorgehensweisen; Skizzierung des Arbeitsvorhabens; Übereinkunft über den Arbeitsrahmen; Eingrenzung des Themas;
- Ermittlung der einzelnen Aufgaben durch klare Arbeitsschwerpunkte und unmißverständliche Zielformulierungen;
- Zusammensetzung der Gruppen unter Einbeziehung der Verteilung der Arbeitsaufgaben;
- Festlegung der Arbeitsschritte und der Zeitplanung durch die Gruppen; Kalkulation des Zeitaufwandes;
- Entscheidung über die Art der Dokumentation der Projektergebnisse;

Durchführungsphase

Aufgabenbewältigung seitens der Arbeitsgruppen durch aktiv-produktive Handlungsvollzüge innerhalb und außerhalb der Schule (außerschulische Lernorte) im Rahmen der Informationsbeschaffung, der Analyse der eingeholten Informationen; Fixierung der gewonnenen Einsichten;

REFLEXION

Bestandsaufnahme im Sinne einer Zwischenbilanz; Möglichkeit zur Abänderung der einzelnen Arbeitsvorhaben aufgrund auftauchender Probleme und Schwierigkeiten; Zusatzinformationen, neue Lösungsschritte;

REFLEXION

Nachdenken und Bewerten der Effektivität der Arbeitsschritte und -methoden; Stellungnahme zur Ergiebigkeit der erzielten Ergebnisse (Metainteraktion); Vergleich von Projektzielen und Projektergebnissen;

Auswertungsphase

☐ Vortrag bzw. Vorstellung der ermittelten Arbeitsergebnisse oder Handlungsvorschläge vor der Klasse oder dem Plenum;
☐ Diskussion bzw. Verarbeitungsgespräch mit der Absicht der Abklärung, Korrektur, Ergänzung, Zusammenfassung der Arbeitsergebnisse;
☐ endgültige Fassung der Arbeitsergebnisse mit Hilfe verschiedener medialer Träger;

Anwendungsphase

Dokumentation bzw. Anwendung oder Gebrauch der Projektergebnisse
z.B.
- Aufbau einer Ausstellung
- Vorführung eines Videofilms oder einer Tonbildschau
- Durchführung eines Spielfestes
- Veröffentlichung eines Zeitungsberichtes
- Verteilung der Ergebnisplakate

■ Aufgaben der Handlungspartner:

im Rahmen einer Projektbewältigung

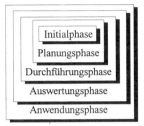

EINSTELLUNGEN-AKTIVITÄTEN   EINSTELLUNGEN-AKTIVITÄTEN

LEHRER   SCHÜLER

Initialphase
Planungsphase
Durchführungsphase
Auswertungsphase
Anwendungsphase

z.B. organisatorische Aspekte:

- Eltern über Stundenplanänderungen informieren
- bei außerschulischen Arbeiten Erlaubnis der Schulleitung einholen
- Kollegen benachrichtigen
- Transportmöglichkeiten und Kostenfrage abklären
- Klärung des Versicherungsschutzes und der Aufsichtspflicht
- Vorinformation der Kontaktpersonen (Fachleute, Behörden)
- Erkundung der außerschulischen Lernorte nach Ergiebigkeit und möglichen Gefahrenquellen
- Sicherstellung der erforderlichen Geräte

z.B. aus dem Bereich der Arbeitstechniken:

- Einbringen von geeigneten Vorschlägen für Projektthemen
- Setzen von Arbeitszielen
- Planen und Organisieren von Arbeitsabläufen
- Auskünfte und Informationen einholen
- zielführendes Informationsmaterial beschaffen
- Dokumentation der Ergebnisse (durch Collagen, Schautafeln, Tabellen, Bilder, etc.)
- Aufstellen eines Fragenkataloges, Durchführen einer Befragung
- in der Gruppe diskutieren
- Thesenpapiere erstellen

z.B. methodische Aspekte:

- Erfassen der Interessen, Bedürfnisse, Fähigkeiten und des Problembewußtseins der Schüler, auch der themenspezifischen Vorkenntnisse und des Arbeitsverhaltens
- Einführen der notwendigen Lerntechniken
- Vorschlagen von Projektthemen
- Aufzeigen gegebener sachlicher Zusammenhänge mit anderen verwandten Themenkreisen
- Mithilfe bei der Entscheidung über einen zu verwirklichenden Plan
- Beobachten von Schülertätigkeiten
- Klären von Konfliktsituationen
- Beraten bei Problemstellen und Schwierigkeiten
- Gewähren angemessener Freiräume bei der Erledigung der Aufgaben
- Beachten der Zeitprobleme (Dauer, Abstimmung)
- Zurücknehmen der Steuerungsdominanz
- Bereitschaft zu kritischer Innovation

z.B. aus dem Bereich des Arbeitsverhaltens:

- nach Aufforderung gegenseitige Hilfe und Unterstützung gewähren
- Zielstrebigkeit und Ausdauer bei der Ergebniserarbeitung zeigen
- Entwicklung der Kooperations- bzw. Teamfähigkeit (Rücksichtnahme, Mitsprache, Einordnung)
- Anerkennung der notwendigen gemeinsamen Aufgabenbewältigung
- Aufgeschlossenheit und Engagement für gesellschaftliche Probleme
- überlegte, systematische Handlungsplanung
- Sorgfalt und Kreativität bei der Dokumentation der Arbeitsergebnisse
- sachgerechtes und umsichtiges Handeln
- Verläßlichkeit bei der Aufgabenübernahme
- Sachlichkeit in der Argumentation

generell:

"Den Schüler ins Aktivum und den Lehrer ins Passivum setzen."
(Gaudig 1922)

"Letztendlich wird der verantwortliche Erzieher als 'Hintergrundlehrer' bzw. als 'Problemlöser im Hintergrund' (Frey 1982) tätig werden müssen und die Schüler nicht sich allein überlassen." (Pütt 1992)

■ Schwierigkeiten und Grenzen:

... insbesondere, weil Projektunterricht eine methodische Großform ist,
ergeben sich:

☐ organisatorische Probleme:

durch ...

– einen erhöhten Bedarf an Lernzeit,

– die starre Stundenplanstruktur,

– das Fachlehrerprinzip,

– die räumlichen Beschränkungen,

– den finanziellen Aufwand (für Fahrtkosten, Dokumentationsmaterial);

☐ inhaltliche Probleme:

durch ...

– die Einbeziehung mehrerer Fächer,

– die Lerninhalte, die aufgrund ihres systematischen Aufbaus (z.B. Grammatik, Orthographie, Mathematik, Physik, verschiedene Lerntechniken) eine lehrgangsmäßige und damit lehrerzentrierte Erarbeitung erfordern;

☐ personelle Probleme:

durch ...

● die Betreuungsverantwortung und Aufsichtspflicht des Lehrers insbesondere bei außerschulischen Lernorten,

● die zeitaufwendigen umfangreichen Vor- und Nachbereitungsaufgaben,

● methodische Defizite und Bedenken gegen nichtlehrerzentrierte Arbeitsformen,

➤ unzureichend entwickelte bzw. nicht vorhandene Arbeitstechniken bei den Schülern,

➤ ein unangemessenes, d.h. wenig geordnetes Arbeitsverhalten,

➤ ein sachliches Desinteresse,

➤ ängstliche und gehemmte Schüler;

"Darüber hinaus muß grundsätzlich bezweifelt werden, ob alles, was in der Schule gelernt werden soll, in Projekten vermittelbar ist. Dies wird besonders in Fächern wie Mathematik oder Fremdsprachen deutlich, die u.a. durch ihren systematischen Aufbau und die Notwendigkeit von Übung und Fertigkeitstraining gekennzeichnet sind. Es wäre illusionär, hier alles auf dem Erfahrungshorizont der Schüler und ihrem unmittelbaren Interesse aufbauen zu wollen." (Gudjons 1989)

■ Charakteristik:

"Das wesentlichste Merkmal des entdeckenden Lernens ist... die Tatsache, daß der Hauptinhalt dessen, was gelernt werden soll, nicht gegeben ist, sondern vom Schüler entdeckt werden muß." (Ausubel 1980)

das Erreichen des Unterrichtsziels ohne Führung des Lehrers;

das Lernen ist prozeßhaft-problemlösend;

d.h.

das Lernen als Vorgang eigenaktiver, forschender Bemühungen;

das Lernen ist motivationsintensiv, kreativ;

"Das entdeckende Lernen als Ansatz einer Didaktik der Denkerziehung läßt sich... als ein Lehrverfahren kennzeichnen, das zu einem Erkennen wissenschaftlich reflektierter Sachzusammenhänge anleitet und dabei die Förderung kognitiver und affektiv motivationaler Leistungsdispositionen eines problemlösenden Verhaltens intendiert." (Riedel 1973)

das entdeckende Lernen

 ist

ein methodisches Konzept **und** *ein didaktisches Ziel*
(Wittrock 1966)

■ Formen:

□ das rezeptive Lernen	□ das entdeckende Lernen	
= directed learning (die traditionell klassische Form des Lernens)	= guided discovery learning (das geführt entdeckende Lernen)	= self-discovery learning (das selbstentdeckende Lernen)
• der Lehrer erklärt, bietet dar, steuert den Lernablauf, gibt Strukturierungshilfen;	• der Lehrer wählt eine Fragestellung oder ein Problem aus, gibt Arbeitsziele vor, stellt Hilfsmittel bereit, steht für dosierte Lenkung und Unterstützung zur Verfügung;	• der Lehrer stellt ein zu lösendes Problem vor und gibt keinerlei Hilfen zur Lösungsfindung;
• die Schüler nehmen auf (hören zu, beobachten), denken mit, fragen nach, geben Antworten, wiederholen, speichern ab.	• die Schüler versuchen einzeln oder kooperativ durch Einsatz kognitiver und instrumentaler Lerntechniken und ihres Vorwissens, einen Lösungsweg zu finden, die Problemlösung zu entdecken (nachzuentdecken!).	• die Schüler versuchen formal-logisch, systematisch oder durch Probieren, Schritt für Schritt oder sprunghaft spontan die Problemlösung zu entdecken (nachzuentdecken!).
Das Lernen wird erfahren und hingenommen.	*Das Lernen wird erfahren und erlebt.*	*Das Lernen wird erfahren und oft erduldet.*

■ Absichten und Ziele:

dieses Lehrverfahren
muß im Sinne folgenden Grundverständnisses

"... als ein vom Lehrenden gelenktes Lernen definiert werden, wobei der Grad zuzumutender Selbständigkeit im Lernprozeß von den jeweiligen allgemeinen und problemspezifischen Lernvoraussetzungen des Lernenden abhängen und im Laufe eines planmäßigen Lehrprozesses zunehmen sollte. (Riedel 1973)

dieses Lehrverfahren

⊙ ... *zielt ab* auf die Entwicklung des Denkens (analytisches, formal-logisches Denken und intuitives, kreativ-spontanes Denken) bzw. von Problemlösestrategien (heuristische Methoden des Entdeckens, Methoden des Erkenntnis- und Wissenserwerbs) durch selbsttätiges Handeln mit Objekten der Umwelt.

⊙ ... *schafft* die Erfahrung neuer Lösungswege, die dann für die weitere Erarbeitung neuer Einsichten zur Verfügung stehen (Transfereffekt).

⊙ ... *erbringt* Kenntnis und Verständnis von Aufbau- und Entwicklungsprinzipien (Gesetze, Begriffe, Beziehungen, Strukturen), Einsichten in Regelhaftigkeit (bei naturwissenschaftlichen Inhalten).

⊙ ... *ermöglicht* die Schulung eines angemessenen Arbeitsverhaltens (Zielstrebigkeit, Ausdauer, Genauigkeit, Kooperativität).

⊙ ... *gibt* Chancen zu Erfolgserlebnissen, entwickelt Selbstvertrauen, Kompetenzempfinden, Methodenbewußtsein.

⊙ ... *ist* nicht auf Häufung von Wissen, sondern auf den selbständigen Erwerb von Einsichten und die Aneignung von Qualifikationen (Einstellungen, Verfahrensweisen, Arbeitstechniken) ausgerichtet.

> KNOWING IS A PROCESS, NOT A PRODUCT
> (Bruner 1970)

■ Bedingungen und Abhängigkeiten:

Inhalts- und Situationsfaktoren:

☐ lernstimulierende Problemstellungen und aktivitätsauslösende Situationsfelder mit z.B. überraschenden, verblüffenden, zweifelhaften, widersprüchlichen Inhaltsaspekten;

☐ lösungsunterstützende Lernmedien (Geräte wie Lupe, Mikroskop, PC, Schreibmaschine, Zeichenbrett, Kopierer und Materialien wie Bücher, Lexika, Bilder, Diagramme, Tabellen, Zeitungsberichte, Quellenmaterial u.a.);

☐ angstfreie Lernatmosphäre und ausreichende und flexible Lernzeiten;

Persönlichkeitsfaktoren:

☐ sachliches Interesse, Explorationsbedürfnis, epistemische Neugier;

☐ Kooperations- und Kommunikationsfähigkeit (Hilfe gewähren, Anweisungen geben, Denkanstöße liefern, gegenseitige Ergebniskontrolle, erbrachte Leistung verstärken);

☐ angemessen geordnetes Arbeitsverhalten, auch Mitschülern gegenüber;

☐ zureichend entwickelte Lerntechniken (z.B. Akzentuierung der zu lösenden Schwierigkeit, Anstellen von Lösungsvermutungen, Entwickeln von Fragen, Entwerfen von Beobachtungsbögen, Erstellen eines Arbeitsplans, Reflexion und Überprüfung der durchgeführten Lernschritte);

■ <u>typische Aktivitätsformen:</u>

☐ *seitens des Lehrers:*

- Bereitstellen von Situations- bzw. Problemfeldern, die beim Schüler Prozesse des Induzierens auslösen können (vom Ausgangsfall zur Regel) bzw. die Schüler vermutlich mit ihren Vorkenntnissen und Vorerfahrungen bewältigen können.

- Beschaffung lösungsunterstützender Arbeitsmaterialien und -geräte;

- Einführung von Arbeitstechniken und Problemlösestrategien;

insgesamt:
arrangieren – bereitstellen – anregen – beraten – helfen – kontrollieren – korrigieren – strukturieren

☐ *seitens der Schüler:*

➢ Sammeln und ordnen adäquater Informationen;
➢ Analysieren der Ausgangslage bzw. des Problemfalls;
➢ Anstellen von Vermutungen und Überprüfung der Hypothesen;
➢ Diskussion von Problemen, Untersuchung von Rohmaterial (originale Objekte, Texte, Bilder u.a.);
➢ Durchführung von Experimenten;

➢ Gegenüberstellung und kritischer Vergleich mehrerer Lösungen;
➢ Formulierung von Thesen, Erkenntnissen, Zusammenfassungen;
➢ Rekonstruktion der Arbeitsschritte und Denkakte;
➢ Reflexionen über den Effekt der Denkbemühungen;

insgesamt:

suchen – sammeln – informieren – recherchieren – fragen – beobachten – analysieren – planen – probieren – untersuchen –
vergleichen – interpretieren – kombinieren – protokollieren – beschreiben – überprüfen – bewerten – anwenden

■ <u>Aspekte der Realisierung:</u>

Entdeckungslernen

- durch Alleinarbeit   - durch Kooperation

nicht planloses Versuchen, sondern überlegtes Vorgehen

Schritte

VERSPRACHLICHUNG ALLER WAHRNEHMUNGEN UND HANDLUNGEN	– ERKUNDUNGSPHASE – – EXPERIMENTIERPHASE – – ERGEBNISDARSTELLUNGSPHASE – – REFLEXIONSPHASE – (gemeinsame Überprüfung des methodischen Weges und der Ergebnisse) – ANWENDUNGSPHASE – (Gebrauch der Ergebnisse)	VERSPRACHLICHUNG ALLER WAHRNEHMUNGEN UND HANDLUNGEN

enge Beziehung zwischen entdeckenden Lernakten und der aktiven Versprachlichung der Absichten, Wege, Erfahrungen, Ergebnisse hinsichtlich der sachinhaltlichen und methodischen Aspekte und der sozialen und emotionalen Vorgänge;

■ zur Frage der Lernwirksamkeit:

wissenschaftliche Befunde zeigten bei einer Anwendung des entdeckenden Verfahrens ...

positive Effekte:

❖ ... eine Verbesserung der Übertragbarkeit der Denkstrategien, Lösungsmethoden, Arbeitsorganisation und Lernerfahrungen auf neue Aufgabenstellungen (Bruner 1966);

❖ ... eine Steigerung des Behaltens aufgrund der größeren Lernanstrengungen und dem meist stärkeren emotionalen Bezug aufgrund von intellektueller Befriedigung, Freude, Enttäuschung (Dietrich 1973, Nuthall/Snook 1973);

❖ ... eine Intensivierung der generellen Motivation für das Lernen aufgrund der direkter erfahrenen positiven Erfolgserlebnisse (Kendler 1966);

❖ ... eine Förderung der Entwicklung der Einsicht in die Notwendigkeit und auch Möglichkeit eigenaktiven Lernens;

❖ ... eine Steigerung des Selbstvertrauens in die eigene Tüchtigkeit;

❖ ... eine Entfaltung kognitiver Fähigkeiten wie Begriffsbildung, Regellernen, Erfassen von Prinzipien, Problemlösen (Bruner 1965);

❖ ... eine Erhöhung der Aufmerksamkeit aufgrund der meist erfahrenen größeren Anstrengung;

negative Effekte:

❖ ... eine Zunahme der Fehlerquote und Mißerfolge generell (Glaser 1966);

❖ ... eine Zunahme der Fehlerquote und der Negativerlebnisse bei impulsiven Schülern (Kagan 1973);

❖ ... eine Steigerung des Empfindens der Unsicherheit bei Schülern mit geringerem Selbstvertrauen und starkem Abhängigkeitsbedürfnis;

❖ ... eine Reduzierung der allgemeinen unterrichtlichen Effektivität aufgrund des höheren Zeitaufwandes für die Erarbeitung neuer Lernresultate;

❖ ... eine Überlagerung der kognitiven Bemühungen durch übersteigerten Ehrgeiz und überzogenes Konkurrenzdenken der Schüler untereinander;

❖ ... ein Mangel an geordneter Organisation des Wissens, verursacht durch unstrukturierte Arbeitsmittel, Lernsituationen und Arbeitsergebnisse;

FAZIT

"Es besteht eine Diskrepanz zwischen den optimistischen Theorien zum entdeckenden Lernen und dem empirisch gesicherten Erkenntnisstand der Lernwirksamkeit dieses Lern- und Lehrverfahrens." (Riedel 1973)

"Fast alle Untersuchungen zwischen directed learning, guided discovery learning und self-discovery learning zeigten eine mehr oder weniger ausgeprägte Überlegenheit des geführt entdeckenden Lernens. Es gibt allerdings auch zahlreiche Untersuchungen, welche die größere Effektivität des geführten Lernens herausgestellt haben." (Dietrich 1973)

deshalb

"... ist seitens des Lehrers ein steuernder und organisierender Rahmen für den Ablauf kognitiver Prozesse der Schüler zu schaffen, bestehend aus einer eindeutigen Lernzielangabe, der Sicherstellung, daß die Schüler über Grundbegriffe und Prinzipien eines Gegenstandsbereiches verfügen, der Beherrschung der wesentlichen Lern-. und Arbeitstechniken und... konkreten Lernhilfen." (Dietrich 1973)

■ <u>Ausgangsüberlegungen:</u>

"Stunden für Freie Arbeiten lassen sich in den Stundenplan aufnehmen. Jedes Kind soll Erlebnisse aus dem Schulleben, aber auch aus seiner Umwelt außerhalb der Schule in seiner Art, in seinem Tempo und in Ausdrucksformen, die ihm besonders liegen, nachgestalten und seine Eindrücke dadurch klären. Es kann aber auch Fertigkeiten, speziell Kulturtechniken, durch zusätzliche Übungen festigen, ebenso Arbeiten, die es im Lernprogramm Schule nicht beenden konnte.

Kinder, die im Unterricht so geführt werden, gewinnen nicht nur an Selbständigkeit, sie werden auch sicherer, ruhiger und ausgeglichener. Diese Arbeitsform ist ein wichtiges psychotherapeutisches Mittel, um Kindern zu helfen, die infolge zu hoher Leistungsanforderungen resignieren.

Die Zahl der Stunden der Freien Arbeit sollte den Verhältnissen der einzelnen Schule angepaßt werden..." (Kultusministerkonferenz 1970)

■ <u>Ziele und Absichten:</u>

In Phasen und Stunden der Freiarbeit, Hochform des offenen Unterrichts,
können Schüler ...

– über Inhalte und Aufgaben, die sie bewältigen wollen, selbst entscheiden;

– die zur Verfügung stehenden Lern- und Arbeitsmaterialien selbst aussuchen;

– den Arbeitspartner oder die Arbeitsgruppe selbst wählen;

– Arbeitsformen bzw. Handlungtätigkeiten und das Arbeitstempo selbst bestimmen;

――― *der pädagogische und didaktische Wert* ―――

☐ Das Lernen wird selbst organisiert, selbst gesteuert, selbst verantwortet, häufig auch selbst kontrolliert.

☐ Kreativität, Spontaneität, Initiative, das Bedürfnis nach schöpferischem Gestalten werden geweckt.

☐ Das Lernen macht mehr Spaß und Freude, weil es frei von Zwang und damit angstfrei geschehen kann.

☐ Der sorgfältige, verantwortungsvolle Umgang mit Lernmaterialien wird entwickelt, Rücksichtnahme den anderen gegenüber geübt.

☐ Das Lernen erfolgt engagierter, ausdauernder und konzentrierter aufgrund des größeren Interesses durch die selbstgestellte Lernaufgabe.

☐ Die Handlungskompetenz wird ausgeweitet, da das Arbeitsverhalten entwickelt, Arbeitstechniken und Sozialverhalten geübt werden.

☐ Das Lernen erfolgt ganzheitlich, mit allen Sinnen, nicht nur einseitig kognitiv.

☐ Im Gegensatz zum traditionellen Unterricht ist das Lernen nicht lehrergeleitet, verläuft also ohne direkte Einflußnahme des Lehrers.

Freiarbeit als integrierte Phase
unterstützt die Verwirklichung des Gedankens der

I N D I V I D U A L I S I E R U N G

■ <u>unterrichtsmethodische Basiskriterien:</u>

"In der Freiarbeit bestimmen Schülerinnen und Schüler selbst über die Ziele und Gegenstände ihres Lernens. Damit verbunden entscheiden sie über ihr Lerntempo, ihre Arbeitspartner und Sozialformen. Freies Arbeiten ist als Einzeltätigkeit oder in Gruppen möglich. Die Lehrerin oder der Lehrer wendet sich in diesen Arbeitsphasen in besonderer Weise einzelnen Kindern zu." (Schulze 1992)

■ <u>Bedingungen:</u>

auf seiten des Lehrers:	auf seiten des Schülers:
• Bereitschaft für offene Lehr-Lern-Strategien; • Einsicht in die Notwendigkeit der kontinuierlichen Entwicklung eigenständigen Handelns; • Bereitstellung, Überwachung, Ergänzung, Anpassung, Herstellung geeigneter Arbeitsmaterialien; • Aufklärung der Eltern und Information der Schulleitung und der Fachlehrer;	• Bereitschaft zur Beachtung der gemeinsam erarbeiteten Verhaltensregeln (geräuscharm arbeiten, Lern- und Spielmaterial pfleglich behandeln, sorgfältige Bedienung der Geräte wie Kassettenrekorder, Mikroskop u.a.); • Bereitschaft zu Kommunikation und Kooperation (um Unterstützung bitten, Hilfsbereitschaft zeigen, aufgabenbezogene Gespräche führen u.a.);

■ <u>Verlauf:</u>

erste Stufe:
Gedankenaustausch

Gedankenaustausch bzw. Besprechung der Absichten und Aufgaben, die die Schüler erledigen wollen (im Gesprächskreis, Hörblock); Darlegung des jeweils aktuellen Arbeitsstandes, der Probleme und Schwierigkeiten bei noch nicht zum Abschluß gebrachten Arbeiten;

zweite Stufe:
Freie Arbeit

die Schüler suchen die jeweilige Lernecke auf; sie führen ihre selbstgeplanten Arbeiten und Spiele durch (z.B. sie entnehmen Informationen, bereiten ein Rollenspiel vor, lesen in der Leseecke, spielen ein Lernquartett, üben einen Rechtschreibfall in unterschiedlichen Formen, zeichnen ein Verkehrszeichen zu einer Verkehrsregel); sie achten auf ein zielstrebiges Handeln, flüstern und bewegen sich möglichst geräuscharm; sie erarbeiten ein darstellbares Ergebnis; auf ein vereinbartes Zeichen beenden sie ihre Tätigkeit; es folgt eine kurze Phase der Entspannung, während der die Schüler still die Ruhe im Klassenzimmer empfinden;

dritte Stufe:
Ergebnisreflexion:

die Schüler berichten über Arbeitsinhalte, Arbeitsziele, Arbeitswege, Arbeitsstand und Arbeitserfahrungen (im Hörblock, Gesprächskreis); Kontrolle der Ergebnisse durch das Plenum, durch den Lehrer oder durch die Kooperationspartner; evtl. Korrektur, Ergänzung erforderlich;

Empfehlungen zum zeitlichen Umfang der Phasen Freien Arbeitens:
bei der Einführung: 10-20 Minuten täglich, dann: 1-2 Stunden wöchentlich, schließlich: 1-2 Stunden täglich.

■ <u>der Lernplatz:</u>

– ... eine 'Wohnwerkstatt' –

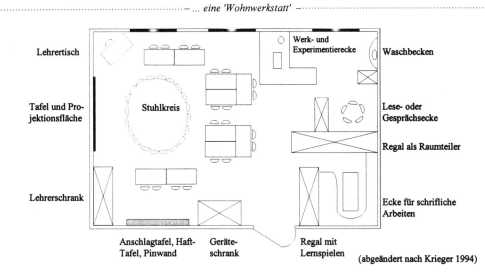

Lehrertisch

Tafel und Pro-
jektionsfläche

Stuhlkreis

Lehrerschrank

Werk- und
Experimentierecke

Waschbecken

Lese- oder
Gesprächsecke

Regal als Raumteiler

Ecke für schrifliche
Arbeiten

Anschlagtafel, Haft-
Tafel, Pinwand

Geräte-
schrank

Regal mit
Lernspielen

(abgeändert nach Krieger 1994)

● unter Mitwirkung der Schüler gestaltet;
● angemessene Größe für ungehinderte Bewegungsfreiheit;
● bewegliches Mobiliar;
● Anschlagtafeln, Bücherregale halbhoch, Raumteiler, Grünpflanzen;

● Funktions- bzw. Lernecken (zum Lesen, Werken, Diskutieren, Arbeiten);
● bereitliegendes Arbeits- und Spielmaterial (Nachschlagewerke, Sachbücher, Zeichen- und Werkmaterialien, Brettspiele, Domino, Puzzle, Rechenkartei u.a.) geordnet und gut sichtbar untergebracht;

■ <u>die Lernsituation:</u>

... *ist* vertrauensvoll und angstfrei,
... *ist* geprägt durch ein hohes Maß an Offenheit,
... *ist* ausgerichtet auf die Entwicklung von Eigenständigkeit beim Lernen,

... *zeichnet* sich aus durch einen angemessenen Wechsel zwischen geführter und freier Lernarbeit,
... *bedarf* initiierender, beobachtender, beratender, helfender Lehreraktivitäten.

■ <u>die Lernregeln:</u>

... *werden gemeinsam entwickelt, ermöglichen störungsfreie und effektive Lernarbeit*
z.B.

□ *Verhalte dich so, daß du niemand störst!*
□ *Führe die begonnene Arbeit auch zu Ende!*
□ *Stelle alle verwendeten Arbeitsmaterialien wieder an ihren Ort zurück!*
□ *Bitte um Hilfe, wenn du Schwierigkeiten hast!*

Unterrichtsmethoden
- Freie Arbeit – Freiarbeit -

■ historische Wurzeln:

Peter Petersen
(1881-1952)

In seinem Jenaplan berücksichtigt er durch gruppenunterrichtliche Verfahren die besonderen unterschiedlichen Interessen und Fähigkeiten der Kinder; er stellt Phasen für 'Freie Arbeit' zum Zwecke selbständiger 'forschender' Lernaktivitäten für die Erschließung größerer Bildungsbereiche zur Verfügung.

Maria Montessori
(1870-1952)

Das von ihr entwickelte Lernmaterial (z.B. Zylinder, Würfel, Stäbe) steht den Schülern zum 'freien Gebrauch' ohne besondere Vorgaben zur Verfügung, um Selbständigkeit und Konzentration, Denk- und Urteilsfähigkeit zu erwerben.

Celestin Freinet
(1896-1966)

Der von allen Schülern gemeinsam erstellte Wochenplan enthält auch Zeiten für freies selbständiges Tun, wobei die Arbeit selbstorganisiert, selbstkontrolliert, kooperativ in einem umgestalteten Klassenraum, aber auch außerhalb der Schule stattfindet.

■ Probleme und Schwierigkeiten:

- störende Geräuschentwicklung,
- Verweigerungshaltung,
- unspezifische inadäquate Funktionslust,
- Unsicherheit und Unentschlossenheit,
- Überforderung durch ein zu hohes Maß an übertragener Eigenverantwortung,
- störende und ablenkende Sozialkontakte,
- mangelnde Ausdauer bei der Arbeitsausführung,

- einseitige Lerntätigkeiten aufgrund besonderer Vorlieben,
- Minimierung der Lerntätigkeit aufgrund mangelnder Lernbereitschaft,
- Kontrolle der Lernintensität einzelner Schüler über einen längeren Zeitraum,
- Kontrolle der Vielzahl der Lernergebnisse durch den Lehrer,
- Bewertung bzw. Benotung der Arbeitsergebnisse;

33%	50%	17%
... der Schüler treffen eine selbständige Aufgabenentscheidung	... der Schüler treffen keine selbständige Tätigkeitsentscheidung, 20% davon werden vom Lehrer aktiviert, 30% davon von den Mitschülern	... der Schüler trödeln vor sich hin

(Ergebnisse einer Untersuchung an 19 Grundschulen, Günther 1988)

"Wenn man unter Selbständigkeit das individuelle Wählen von Inhalten, Methoden, Medien oder gar das Erfinden von Problemen und Lösungswegen versteht, dann wollen die Schüler (etwa 80%) solche Art von Selbständigkeit nicht." (Günther 1988)

■ Fazit:

"Freiarbeit ist eine schülerorientierte Organisationsform von Unterricht, die durch innere Differenzierungsmaßnahmen zur Individualisierung der Lernprozesse beiträgt und größtmögliche Freiheit zu selbständigem Lernen gibt." (Krieger 1994)

■ **der lernpsychologische Hintergrund:**

"DIE HAND ALS WERKZEUG DES DENKENS"
(Karl Jasper)

"Die handelnde Auseinandersetzung mit der Welt bildet anthropologisch und stammesgeschichtlich die Basis auch der intellektuellen Leistungen, des Denkens." (Fauser 1983)

FOLGERUNG

das Tätigsein ist ein wesentliches Element
für
intellektuelles Lernen

METHODISCHE KONSEQUENZ

"Praktisches Lernen ist ein Gegenentwurf zu der für schulisches Lernen typischen Beschränkung auf die vorwiegend kognitive Auseinandersetzung mit Worten, Symbolen und Modellen der Wirklichkeit. Projekte praktischen Lernens verbinden konkretes, handgreifliches Tun in der Lebenswirklichkeit mit Prozessen der Abstraktion und der gedanklichen Verarbeitung." (Ramseger 1981)

d.h .

PRAKTISCHES LERNEN

richtet sich gegen:

... eine überwiegend bis ausschließlich sprachliche bzw. symbolische Interaktion,

... ein in der Regel häufig bloß theoretisches Erfahren von Wissen,

... ein auf rein kognitive Auseinandersetzung begrenztes Lernverständnis,

... eine lehrergesteuerte Instruktionsmethodik;

steht für:

... eine aktive Auseinandersetzung mit lebensnahen Aufgabenstellungen bzw. Inhalten,

... pragmatische Erfahrungen und manuelle Bewältigung lebensbedeutsamer Problemfragen,

... die enge Verzahnung von Handeln und Denken,

... eine schülerzentrierte, handlungsgeleitete Produktionsmethodik;

■ Charakteristik:

"Praktisches Lernen will Möglichkeiten und Wege klären helfen, wie... Bildung und Lernen als eine Aufgabe der Gegenwart erfahren werden können, die durch leibhaftiges eigenes Tun alle Sinne anspricht, fördert und bilden läßt." (Fauser 1983)

WESENSELEMENTE

PRAKTISCHES LERNEN IST AKTIVES LERNEN

... ein Lernen, das das selbsttätige Bemühen um Aufgabenbewältigung in den Mittelpunkt stellt;

... ein Lernen, das Interaktionsfähigkeit, Kooperation und Kommunikation fördert;

... ein Lernen, das das motorische Bedürfnis der Schüler angemessen beachtet;

... ein Lernen, das die Persönlichkeitsentwicklung unter dem Aspekt der Selbständigkeit unterstützt;

PRAKTISCHES LERNEN IST GANZHEITLICHES LERNEN

... ein Lernen mit 'Kopf, Herz und Hand';

... ein Lernen mit allen Sinnen;

... ein manuelles und handwerkliches Lernen;

"Kopf und Hand, Denken und Handeln, die körperliche, geistige und seelische Entwicklung gehören zusammen." (Fauser 1983)

PRAKTISCHES LERNEN IST MOTIVIERTES LERNEN

... ein Lernen mit hoher Erlebnisintensität;

... kein mediengetragenes Lernen aus zweiter Hand;

... ein Lernen, das im echten Sinne intrinsisch ist;

... ein Lernen, das durch das geplante Produkt gesteuert wird;

... ein Lernen, das vom geschaffenen Werk her seine Anerkennung oder Kritik erfährt;

PRAKTISCHES LERNEN IST LEBENSNAHES LERNEN

... ein Lernen, das die Begegnung mit der unmittelbaren und auch außerschulischen Wirklichkeit sucht;

... ein Lernen, das Realitätserfahrung an konkreten Objekten ermöglicht;

... ein Lernen, das aktuelle Aufgaben und Probleme der Gegenwart aufgreift;

... ein Lernen, das nach (für Menschen, Natur und Kultur) konkreten und nützlichen Lösungen sucht;

ZIEL

Verknüpfung

von

HANDELN

UND

DENKEN

PRAKTISCHES LERNEN IST PRAGMATISCHES LERNEN

... ein Lernen, das praktische Kompetenz entfaltet z.B.: Planungsfähigkeit – methodische Fähigkeit – instrumentale Fähigkeit – handwerkliche Fähigkeit – Versprachlichungsfähigkeit (bei Planung, Durchführung, Ergebnisbeurteilung, Reflexion des eigenen Tuns);

... ein Lernen, das zur Entwicklung sittlicher Kompetenz beiträgt z.B.: Verantwortungsbewußtsein – Fürsorge – Disziplin – Entscheidungskraft – Ernsthaftigkeit – Selbstkritik – Selbstbewußtsein;

"... nicht die Vermittlung von fertigem, unverbundenem Fachwissen ist sinnvoll, sondern der Aufbau von Denkstrukturen in Verbindung mit Handlungsprozessen: Handeln und Denken, Theorie und Praxis, Schule und Leben, Erfahrung und Methode, Verstand und Sinnlichkeit gehören zusammen." (Gudjons 1984)

■ <u>Lernbereiche und Lerntätigkeiten:</u>

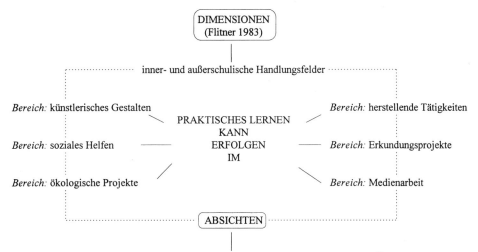

DIMENSIONEN
(Flitner 1983)

inner- und außerschulische Handlungsfelder

Bereich: künstlerisches Gestalten

Bereich: soziales Helfen

Bereich: ökologische Projekte

PRAKTISCHES LERNEN
KANN
ERFOLGEN
IM

Bereich: herstellende Tätigkeiten

Bereich: Erkundungsprojekte

Bereich: Medienarbeit

ABSICHTEN

Aufgreifen aktueller Bedarfslagen – Erfüllung lebensnotwendiger Bedürfnisse – Änderung bzw. Verbesserung gegebener unzureichender Lebensverhältnisse (z.B.: Planung und Einrichtung eines verkehrssicheren Schulwegs, Anlage eines Schulgartens, Ausbau eines Jugendtreffs, Einrichtung einer Fahrradwerkstatt, Bau eines Windkraftwerks)

 durch

PRAKTISCHES HANDELN
MIT
ERNSTCHARAKTER UND NUTZEN

ERGEBNIS

ein

'HAND'-WERK

durch ZUSAMMEN-WIRKEN
... ist mehr als bloße Mitarbeit; das Arbeitsprodukt wird durch sinnvoll aufeinander abgestimmtes Handeln aller Beteiligten erzielt;

durch VER-ANTWORT-UNG
... erfährt der Schüler den Wert seiner Arbeit und ein hohes Maß an Identifikation mit dem Werk, das Bedeutung für den einzelnen und die Gemeinschaft besitzt;

"Es sind... mehr haus- und landwirtschaftliche, handwerkliche und technisch-industrielle Tätigkeiten, um die es hier geht und die verstärkt in das Lernangebot der Schule einbezogen werden sollen." (Fauser 1983)

durch BE-GREIFEN
... meint das Erkennen und Verstehen der Zusammenhänge, der Struktur, der Folgen aufgrund des handelnden Tuns (greifen – begreifen);

durch SELBST-TÄTIGKEIT
... werden alle Sinne aktiviert, zielstrebig, planvoll und effektiv mobilisiert; die erbrachte Leistung schafft Erfolgserlebnisse und verstärkt das Handeln für weitere Aufgaben;

☐ **didaktische Leistungen bzw. Funktionen**	• zur Darstellung von Lerngegenständen (Stoffen) mit geringer Intelligibilität oder einem hohen Komplexitätsniveau; • zur Darlegung substanzieller Elemente und der optimalen Erscheinungsform des Lernresultats (Buchstabenformen, gymnastische Abläufe, musikalische Darbietungen); • zur Vorstellung und Elementarisierung von Realobjekten; • zur Darbietung u.U. gefährlicher naturwissenschaftlicher Experimente; • zur Vermittlung eines notwendigen Gesamteindrucks (Musikstück, Gedicht); • zur Schaffung einer erforderlichen Informationsbasis als Grundlage für nachfolgendes schülerorientiertes Lernen; • zur Weckung des Problemverständnisses;
☐ **personale Verhaltens- gewichtung**	– dominante Lehrer-Aktivität: darbietend, vorgebend, vorzeigend, vorführend; – ausgeprägtes, rezeptives Schülerverhalten: äußere Handlungsabstinenz, innerer geistiger Nachvollzug in Form von aufnehmend, nachempfindend;
☐ **Voraussetzungen - Bedingungen**	Lehrer: ♦ Beachtung der altersspezifischen Auffassungsfähigkeit und des Konzentrationsvermögens der Schüler; ♦ Gebrauch einer angemessenen sprachlichen Darstellungsweise: sprachliche Artikulation, Dynamik, Pausen, Modulation, Tempo, Redundanz; aber auch strukturieren, personifizieren, lokalisieren, zusammenfassen; ♦ Einbeziehung anschaulicher und veranschaulichender Darbietungshilfen in Form unterstützender Ergänzungsmedien; Schüler: ♦ Interesse und Hinwendungsbereitschaft; ♦ ausreichendes Konzentrationsvermögen: Näherungswerte: 1./2.Schuljahr etwa 5 - 10 Min., 3./4. Schuljahr: 10 - 15 Min., 5./6. Schuljahr: 15 - 20 Min., 7./9. Schuljahr: 25 - 30 Min.; weitere Abhängigkeitsfaktoren: Motivationsstärke des Lerngegenstandes, Verständlichkeit der Lehrersprache bzw. die Dekodierungsfähigkeit der Schüler; ♦ angemessene Sensibilität der auditiven und visuellen Wahrnehmungskanäle (Rezeptoren); Lerngegenstand: ♦ im Interessenbereich der Schüler liegend mit einer ausreichenden Motivationsausstrahlung (Möglichkeiten zur Sach- bzw. Personidentifikation); ♦ transparente Struktur, übersichtliche Gliederung evtl. durch sog. Denkraster oder sog. organizer;
☐ **Lehrakte zur Umsetzung**	* monologische Lehrakte: Erzählung, Schilderung, Bericht, Beschreibung; * Lehrakte zur Demonstration: Gegenstandsdemonstration, Demonstration von Fertigkeiten, Demonstration durch Sachimpuls, Demonstration von Vorgängen (Experiment), Demonstrationen durch skizzenhafte Darstellungen; * kurzphasige verbale Lehrakte: z.B. Definition, Erklärung, Erläuterung, Vergleich, Begründung, Feststellung u.a.;
☐ **Sozialformen**	○ Hörblock - Frontalformation (= Hb) ○ Halbkreisformation (= Hkf)
☐ **Vorzüge, Probleme, Grenzen**	⊕ taktische Möglichkeit für abwechslungsreiche Unterrichtsorganisation; ⊕ Darlegung von Lernergebnissen mit einem relativ geringen Zeitaufwand; ⊕ Intensivierung der Wahrnehmungs- und Konzentrationsleistung möglich; ⊖ keine Interaktion zwischen den Schülern während derartiger Lernphasen; ⊖ schnelle Überforderung der Schüler durch Nichtbeachtung der altersspezifisch determinierten Wahrnehmungsleistungsfähigkeit, aber auch ihres Sprachniveaus, ihres Denk- und Lerntempos; ⊖ berücksichtigt nicht das handlungsorientierte und selbständig-aktive Lernen am Lerngegenstand;

□ **didaktische Leistungen bzw. Funktionen**	• zur Steuerung der logischen Gedankenentwicklung beim lernenden Schüler auf ein geplantes Lernresultat hin (erfassen von Beziehungen, erkennen von Ursachen, herstellen von Vergleichen); • zur Steuerung der interpersonalen Kommunikation; • zur Gewinnung von Unterrichtsergebnissen unter dosierter Mithilfe der Schüler (gemeinsame Erarbeitung); • zur Aktivierung einer bereits vorhandenen Kenntnisgrundlage (zielführende Beiträge aus dem Erfahrungsbereich der Schüler);
□ **personale Verhaltens-gewichtung**	– Lehrer entwickelt, erarbeitet, er leitet und steuert die Phasen des Lernprozesses zügig auf die geplanten Ziele hin; – Schüler sind bei der Gewinnung der Lernergebnisse aktiv mitbeteiligt, soweit von ihnen zielführende Reaktionen einfließen (können);
□ **Voraussetzungen - Bedingungen**	Lehrer: ♦ Gesprächsführung durch Frage- und Impulsarten, alle kurzphasigen verbalen Lehrakte, Einbeziehung der Schülerreaktion in die Gedankenentwicklung; ♦ Auswahl geeigneter Lerngegenstände (Stoffelemente); Schüler: ♦ Fähigkeit zum gedanklichen Mitvollzug (wahrnehmen, ableiten, verbinden, schlußfolgern etc.); ♦ Fähigkeiten zur zielgerichteten sprachlichen Formulierung bzw. zu angemessenen Gesprächsbeiträgen; Lerngegenstand: ♦ aufgrund seiner gegliederten und transparenten Struktur dem Verständnis der Schüler zugänglich; ♦ Möglichkeit der Verknüpfung mit bereits gespeicherten Vorstellungen bzw. mit vorhandenen Erfahrungen aus dem Bezugsraum und der Umwelt des Schülers;

□ **Lehrakte zur Umsetzung**	* dialogische Lehrakte: das Erarbeitungsgespräch,
	                      das Verarbeitungsgespräch,
	                      das Rundgespräch
	
	* kurzphasige verbale Lehrakte: Frage und Impuls (deshalb auch Frage- und Impuls-unterricht), Erklärung, Vergleich, Beispiel, Vermu-tung, Feststellung u.a.; alle diese Lehrakte sind Elemente des Gesprächs;

□ **Sozialformen**	○ Hörblock - Frontalformation (= Hb) ○ Kreisformation (= Kf) ○ Halbkreisformation (= Hkf)
□ **Vorzüge, Probleme, Grenzen**	⊕ straffe Steuerung des Lernablaufes auf der Grundlage einer intensiven Planung möglich; ⊕ Schüler können aus ihren Erfahrungsbereichen Beiträge einbringen und dadurch zu Erfolgserlebnissen gelangen; ⊕ Möglichkeit zur Entwicklung der Fähigkeit zu einer angemessenen und zielführenden Gesprächsteilnahme; ⊖ Gefahr des Methodenmonismus besonders groß (die mit Abstand am häufigsten verwendete Lehrform als sog. Makrostrategie); ⊖ dominante Berücksichtigung der verbal aktiven Schüler; ⊖ oftmals lediglich nur eine verbale Gewinnung und Erfassung der Lernergebnisse; ⊖ mangelnde Interaktion zwischen den Schülern; ⊖ unzureichende Beachtung des aktiv-operationalen Lernens der Schüler mit Hilfe geeigneter Lernmaterialien; ⊖ verbale Lernakte oft zu eng oder zu suggestiv formuliert;

Unterrichtsmethoden
- die motivierend-aufgebende Lehrform -

☐ **didaktische Leistungen bzw. Funktionen**	• zur 'schülerorientierten Gestaltung' des Lernprozesses; • zur relativ selbstständigen Gewinnung von Lernresultaten durch Schüler; • zur Individualisierung der Lernabläufe; • zur unmittelbaren Konfrontation der Schüler mit verschiedenartigen Unterrichtsmaterialien, Lerngegenständen, Teilaufgaben, Teilproblemen; • zur Einschulung und Entfaltung von Problemlösestrategien (Lerntechniken im kognitiven und instrumentalen Bereich); • zur Einübung des kooperativen Lernens; • zur Überwindung des sog. rezeptiven Lernens;
☐ **personale Verhaltens-gewichtung**	– starke Reduzierung der äußerlich sichtbaren Handlungsaktivität des Lehrers; – Schüler sind bei der Gewinnung des Lernresultats produktiv tätig;
☐ **Voraussetzungen - Bedingungen**	Lehrer: ♦ Aufgaben des Lehrers: motivieren - delegieren - regulieren (der Lernvorgänge) kontrollieren - generalisieren - integrieren (der Lernergebnisse); Schüler: ♦ Fähigkeit, angemessene Lerntechniken (Problemlösestrategien) anwenden zu können; ♦ Fähigkeit im Umgang mit Arbeitsmaterialien (Texte, Bilder, Zahlenmaterial, Karten, originale Gegenstände); Lerngegenstand: ♦ dem kognitiven Entwicklungsstand der Schüler zugänglich (transparent strukturiert); ♦ motivationsintensiv, durch Kurzziele erfaßbar; ♦ durch angemessene Lernhilfen bzw. didaktische Mittler darstellbar;
☐ **Lehrakte zur Umsetzung**	* Arbeitsaufträge, Erkundungshinweise, Erschließungsfragen; * Sachimpuls (gegenständlich, sprachlich, bildhaft); * Partner- und Gruppengespräch; * Diskussion; * Lern-, Plan-, Rollen-, Entscheidungsspiel; * Verarbeitungsgespräch;
☐ **Sozialformen**	O Alleinarbeit (= Aa) O Partnerarbeit (= Pa) O Gruppenarbeit (= Ga) O Kreisformation (= Kf)
☐ **Vorzüge, Probleme, Grenzen**	⊕ Möglichkeit zur Verwirklichung einer emanzipativen Bildungsorientierung; ⊕ Realisierung der Absicht des Lernen-lernens; ⊗ fehlende Arbeitszeit; ⊗ hoher Beschaffensaufwand für Arbeitsmaterialien; ⊗ konzentrationsschwache und übermotorische Schüler; ⊗ curriculare Stoff-Fülle; ⊖ ungeeignete bzw. fehlende Arbeitsmaterialien (didaktisches Material); ⊖ unzureichende bzw. nicht vorhandene Lerntechniken; ⊖ zu umfangreich dimensionierte bzw. zu komplexe Aufgabenstellungen; ⊖ mangelnde Nachbereitung der Arbeitsergebnisse (Kontrolle, Verdichtung, Integration); ⊖ Lenkungsdefizite beim Lehrer; ⊖ unzureichende bis fehlende Arbeitsdisziplin;

Unterrichtsmethoden
- Lehrakte bzw. Aktionsformen des Lehrens -

LEHRAKTE - KATEGORIEN

dialogische Lehrakte

- Erarbeitungsgespräch (früher Lehrgespräch)
- Verarbeitungsgespräch (früher Klassengespräch)
- Partnergespräch
- Gruppengespräch (früher Unterrichtsgespräch)
- Rundgespräch
- Diskussion
- Debatte

monologische Lehrakte

- Erzählung
- Schilderung
- Bericht
- Beschreibung

Spielformen

- Lernspiel
- Planspiel
- Rollenspiel
- Entscheidungsspiel

Demonstrationsformen

- Gegenstandsdemonstration
- Demonstration von Fertigkeiten
- Demonstration von Vorgängen
- Demonstration von skizzenhaften Darstellungen
- Sachimpuls

Bei den Lehrakten bzw. den Aktionsformen des Lehrens handelt es sich um jene methodischen Steuerungsstrategien, mit denen der Lehrer unmittelbar auf die Denkvorgänge der Schüler bei der Erschließung eines Unterrichtsthemas einwirkt. Ihre professionelle Handhabung ist eine wesentliche Voraussetzung für erfolgreiches Lehren und eine unverzichtbare Bedingung für die Entwicklung der Methodenkompetenz.

kurzphasige verbale Darbietungsformen

– Erklärung	– Beispiel	– Feststellung	– Definition
– Bezeichnung	– Unterrichtsfrage – Vermutung	– Arbeitsaufgabe	– Begründung
– Erläuterung	– Impuls – Ergänzung	– Arbeitsanweisung	– Vergleich

ausgewählte didaktische Funktionen in unterschiedlicher Ausprägung

insbesondere

zur Informationsdarbietung	zur Lernergebniskontrolle	zur Motivierung	zur Entwicklung des Sozialverhaltens	zum Transfer von Kenntnissen
	zur Individualisierung des Lernens	zur Ausdrucksgestaltung	zur Denkorientierung	
zur Steuerung des Lernvorganges	zur Ausentfaltung von Lernaktivitäten	zur Initiierung von Lernaktivitäten	zur Wahrnehmungsintensivierung	zur Sachstrukturerhellung

Kurzbeschreibung der Lehrakte

Zur Erleichterung der Interpretation und für eine zutreffende Handhabung der Lehrakte werden diese nachfolgend kurz erläutert. Die Beschreibung der kurzphasigen Aktivitätsformen (Beispiel, Vermutung, Ergänzung, Definition, Feststellung, Bezeichnung, Erläuterung, Begründung, Vergleich) basiert auf einer Untersuchung von D. Spanhel, Die Sprache des Lehrers, Düsseldorf 1973.

Der besseren Übersicht wegen werden die Lehrakte nach Grundkategorien zusammengefaßt und durch ergänzende Hinweise über didaktische Intentionen und Gestaltungsaspekte charakterisiert.

Unterrichtsmethoden
- monologische Lehrakte - der sog. Lehrervortrag -

Lehrakt	didaktische Ziele	Gestaltungsaspekte
Erzählung:	Darstellung eines Ereignisses: beim Schüler Einstellungen hervorrufen, Problembewußtsein schaffen, die Schüler psychisch mobilisieren, Spannungen erzeugen; Darstellen eines zeitlichen Nacheinanders (Ablaufs);	persönlich-emotional gefärbt, spannend, konkret, lebendig, farbig; im Mittelpunkt ein besonderes Erlebnis oder ein interessanter Vorgang; auf ausdrucksstarke Verben achten; evtl. zusätzliche Veranschaulichungshilfen notwendig (Bilder, Gegenstände, akustische Materialien); auf Spannungsbogen achten; Erzähldauer auf die Aufmerksamkeitsleistung der Schüler abstimmen; steter Blickkontakt erforderlich; Stör- und Ablenkungsfaktoren vermeiden;
Schilderung:	Ansprechen der Phantasie; Zielen auf psychische Stimmungslage; beim Schüler zu den darzustellenden Sachverhalten bestimmte Einstellungen hervorrufen; Darbietung eines Zustandes (räumliches Nebeneinander);	Aufbau durch Aussagesätze; Sachverhalt als räumliches Nebeneinander darstellen; geringerer subjektiver Charakter als bei der Erzählung, emotionale Färbung vorhanden; auf genaue Gliederung des Sachverhaltes achten; bei Möglichkeit Zielangabe vorschalten;
Bericht:	Sachlich nüchterne Darstellung eines Sachverhaltes, eines Vorganges, eines Ereignisses oder menschlicher Verhaltensformen; für sachunterrichtliche Lerngegenstände etwa ab 10. Lebensjahr; bildet oft Ausgangspunkt für Problemerörterungen; als Ergebnisfindungshilfe; primär das zeitliche Nacheinander;	sachlich, nüchtern, objektiv; nicht Interpretation, sondern genaue Wiedergabe von Einzelheiten; enthält keine persönliche Stellungnahme; exakte Angaben über Ort und Zeit; kurze, prägnante Gliederung durch Stichpunkte; Symbole oder einfache Bildreihe vorgeben (Tafelbild); nicht länger als 10 Minuten;
Beschreibung:	Darstellung von Zuständen und Gegebenheiten, von Versuchsabläufen und -ergebnissen; für Bildanalysen, zum Herausstellen von lokalen Merkmalen eines Lebensbereiches; primär das räumliche Nebeneinander;	wirklichkeitsgetreu, sachlich, nüchtern; knappe Darlegung eines Sachverhalts; Aussagesätze; Veranschaulichungshilfen (Bild, Modell, Lagezeichnung) unterstützen die Beschreibung;

Unterrichtsmethoden
- dialogische Lehrakte - Gesprächsformen -

Lehrakt	didaktische Ziele	Gestaltungsaspekte
Erarbeitungs-gespräch:	zur Entwicklung eines Gedankenganges auf ein vorher geplantes Ziel hin; zur gesprächsweisen Erarbeitung neuer kognitiver Lerninhalte; zur Kontrolle der Schülerleistungen; zur schnelleren Bewältigung umfangreicher Lerngegenstände;	diese Aktgruppe wird durch Lehrakte gebildet: Unterrichtsfragen verschiedener Art, Unterrichtsimpulse bzw. Denkanstöße, Aufforderungen, Beispiele u.a.; kann kurz- oder langphasig sein; den Schülerreaktionen breiten Raum geben, Lehrer ist Initiator und Lenker des Gesprächsablaufes; nur er kennt das Gesprächsziel; besonders zu beachten: Teil- und Gesamtzusammenfassungen bei langphasigen Gesprächen (evtl. als visualisierte und strukturierte Tafelbildelemente);
Verarbeitungs-gespräch:	zur Korrektur, Ergänzung, Erklärung von Arbeitsergebnissen, die durch Allein-, Partner- oder Gruppenaktivitäten zustande kamen;	Lehrer initiiert die Lernarbeit; die Arbeitsergebnisse werden durch die Klassengemeinschaft besprochen; Arbeitsergebnisse visualisiert vorgestellt intensivieren das Gespräch; Lehrer lenkt, ergänzt, korrigiert, koordiniert, faßt zusammen, integriert;
Partner- bzw. Gruppen-gespräch:	dient der gesprächsweisen Erschließung eines zielorientierten Sachverhalts innerhalb und durch Kleingruppen; auch zur Einschulung der Qualifikation kritische 'Kommunikationskompetenz';	Gesprächsanlässe schaffen, zur gesprächsweisen Auseinandersetzung motivieren; Gesprächsaufträge schriftlich vorgeben, Gesprächsergebnisse schriftlich fixieren lassen (als Stichwortreihe, Satz, Bild, Symbol); Voraussetzungen: vorhandene Sacherfahrungen, Beherrschen angemessener Gesprächstechniken; Gesprächsunterlagen (z.B. orig. Gegenstand, Bild, Text, Zahl) bereitstellen; Aufgaben des Lehrers: unterstützen, überwachen;
Rundgespräch:	eine einfache methodische Möglichkeit zur Einführung in die Gesprächsteilnahme; zur sprachlichen Fassung von Gedanken veranlassen, zur aktiven Gesprächsteilnahme führen; zur inhaltlichen Erschließung einfacher Lerngegenstände;	Gesprächsteilnahme ist obligatorisch; Gesprächsbeiträge der Reihe nach; Einbringen neuer Gedanken oder Stellungnahme zu bereits geäußerten Gedanken; spätere Zwischenmeldungen werden vom Gesprächsleiter (Lehrer oder Schüler) gestattet;
Diskussion:	ein Problemfeld wird von verschiedenen Standpunkten aus erschlossen; für problemorientierte Lerngegenstände (geschichtliche, politische, sozialkundliche Themen); zur Einschulung diskussionsangemessener Verhaltensformen;	Themen, die Sach- und/oder Personidentifikation erlauben; frühzeitige Bekanntgabe des Diskussionsthemas zur ausreichenden Sachinformation; Diskussionsleiter (Lehrer oder Schüler) gestattet Gesprächsteilnahme, hält Hauptargumente fest, lenkt abschweifende Beiträge wieder auf das Thema zurück, faßt zusammen, zieht Resümee; keine Diskussion ohne abschließendes Diskussionsergebnis; evtl. Auftrag an Schüler zur Protokollführung; Diskussion kann einen kompletten geschlossenen Lernprozeß tragen (langphasiger Einsatz) oder als Montageteil dienen (kurzphasiger Einsatz); nur in kleinen Klassen sinnvoll einsetzbar;
Debatte:	sachliche, emotionsfreie Bewältigung stark problemhaltiger Lerngegenstände (sozialkundliche, politische, historische Themen); Hinführung zum Verständnis der parlamentarischen Diskussionsform;	Debattenthema frühzeitig bekanntgeben zur Sicherung der Informationsgrundlage; genau festgelegter Gesprächsablauf; Debattenvorsitzender (Lehrer oder Schüler) formuliert Antrag; eine Schülergruppe (maximal 3 Teilnehmer) als Befürworter, eine andere Schülergruppe (maximal 3 Teilnehmer) als Antragsgegner; je Teilnehmer festgelegte Redezeit (3-5 Minuten); Beiträge der Befürworter und Gegner erfolgen im Wechsel; nach Austausch der Argumente Wortmeldungen aus der Klasse; Abstimmung über den Antrag nach Zusammenfassung der Pro- und Contra- Argumente durch alle Teilnehmer; nur in höheren Klassen;

Lehrakt	didaktische Ziele	Gestaltungsaspekte
Gegenstands-demonstration:	ein Stück Wirklichkeit dient als Anschauungsobjekt (Modell, Präparat, originales Material); "Beweisführung aus der Anschauung heraus"; zum Aufbau von Motivationen; zur Ermittlung von Teilergebnissen; zur Verifikation, zur Ergebnissicherung;	angemessene Größe, relativ einfache Strukturen, evtl. mehrere Exemplare, ausreichend Zeit zum Beobachten und Betrachten geben, kurze und präzise Beobachtungshinweise erforderlich; Schüler zum Gegenstand sprechen lassen; sprachliche Lehreräußerungen dosieren; besser: Realobjekte den Schülern übergeben; denkendes Betrachten und handelndes Tun (evtl. in Kleingruppen) veranlassen;
Demonstration von Fertigkeiten:	Einschulung und Ausentfaltung psychomotorischer Qualifikationen (Musik, Zeichnen, Sport, Schreiben); Automatisierung der Handlungsmuster; Lehrerdemonstrationen als Vorbild für den Nachvollzug;	vorbildliche Lehreraktivität (korrekt, präzise); zuerst: Vorführen der Fertigkeit als geschlossene Einheit; dann: Zerlegen in einzelne Teilabläufe; dosierte verbale Hinweise erforderlich; häufiges Üben notwendig; Einkleiden in Spiel- und Wettkampfformen;
Demonstration durch Sachimpuls:	nonverbale Demonstration von Gegenständen, Abbildungen oder Textausschnitten; Ziel: Provokation, Denkmobilisierung, Aktivierung, zu Äußerungen veranlassen; Sachverhalte, Problemgebiete veranschaulichen;	Inhalt muß gut strukturiert sein, damit der Schüler den Aussageschwerpunkt schnell erfassen kann; die Provokation geht entweder vom Inhalt oder von der Art ihrer Darstellung (äußere Form) aus; keine sprachliche Lehreraktivität zur Erläuterung erforderlich; Arten: sprachlicher Sachimpuls, bildhafter Sachimpuls, gegenständlicher Sachimpuls;
Demonstration von Vorgängen (Experiment):	den Ablauf eines Naturvorganges planmäßig und systematisch demonstrieren; beliebig oft wiederholbar; Funktionszusammenhänge aufdecken und erläutern; Veranschaulichung naturwissenschaftlicher Erkenntnisse; Überprüfen ermittelter Erkenntnisse; Überprüfen von Hypothesen; in Physik, Chemie, Biologie, Geographie;	organischer und folgerichtiger Einbau in den Lernprozeß; Problemstellung - Problemlösungsvermutung - Experiment (= Lösungsfunktion); oder: Problemstellung - Ergebnisdarlegung - Experiment (= Beweisfunktion); Versuchsreihe vor Schülern aufbauen, Versuchselemente beschreiben (lassen); Beobachtungen festhalten (in gemeinsamer Arbeit oder auch individuell); Verbalisieren des Versuchsergebnisses; Vergleiche zwischen Problemstellung und Versuchsergebnis; Anwendung und Tauglichkeitsprüfung des Versuchsergebnisses;
Demonstration durch skizzenhafte Darstellung:	Visualisierung der Strukturen des Lerngegenstandes; Freilegen von Funktionszusammenhängen; wird mehr oder weniger stark durch das Lehrerwort unterstützt; zur Veranschaulichung und Klärung von Sachverhalten; auf Wandtafel, Folie, Zeichenkarton u.ä.;	je jünger die Schüler, umso konkreter, realer die Elemente der Skizze (hohe Abstraktion erschwert den Wahrnehmungs- und Durchdringungsvorgang); verschiedene Arten: Flußdiagramm (erläutert Prozesse, Entwicklungen, Abläufe); begriffliche Schemaskizzen (keine naturgetreue, sondern schematische Darstellung der Informationselemente); anschauliche Schemaskizze (hohes Maß an realer Erscheinung, jedoch Tendenz zur Typisierung der Formgliederung, flächenhafte Darstellungsweise); räumliche Skizze (räumlich-perspektivische Darstellung, relativ natürliche Gegenstandswiedergabe);

Unterrichtsmethoden
- kurzphasige verbale Darbietungsformen als Lehrakte -

Lehrakt	didaktische Ziele	Gestaltungsaspekte
Unterrichts-frage:	ist ein Element des Gesprächs: weist auf einen Probleminhalt hin; will den Schüler auf einen Betrachtungsgesichtspunkt des Probleminhalts aufmerksam machen, eine falsche Denkrichtung korrigieren, ein Lerngegenstandselement problematisieren, das Leistungsniveau (Wissen, Kenntnisse) der Schüler ermitteln;	die Unterrichtsfrage als didaktische Frage ist eine berechtigte und geeignete Aktionsform; ungeeignete Fragen: Ergänzungs-, Suggestiv-, Entscheidungs- und Kettenfragen; geeignete Fragen: Prüfungs-, Wiederholungs-, entwickelnde Fragen, Begründungsfragen; grundsätzlich: Fragewort an den Anfang, nicht zu eng formulieren, wenn möglich, nach Begründung der Antwort verlangen; dem Schüler Zeit zum Beantworten geben; Antwort in ganzen Sätzen nur dann, wenn dies sinn-notwendig ist;
Unterrichts-impulse:	ist ein Element des Gesprächs, mobilisiert die Denkbewegung, dient der Steuerung des Lernprozesses, richtet sich auf die Wahrnehmung, Vorstellung und Handlungsantriebe; zur Auseinandersetzung des Schülers mit dem Stoff; zur Beeinflussung der Arbeitshaltung;	eine gleichwertige Aktionsform; Arten: inhaltlicher Denkanstoß und allgemeine Aufforderung ohne inhaltliches Element (z.B. Erkläre! Fasse zusammen! etc.); stummer Impuls: Gebärde, Geste, Kopfschütteln; siehe auch Demonstration durch Sachimpuls!
Arbeits-aufgabe:	veranlaßt die Schüler zum selbständigen Erwerb kognitiver Qualifikationen; unterstützt die Konfrontation und die direkte Auseinandersetzung mit einem Lerngegenstand;	in jeder Lernphase einsetzbar; Voraussetzungen: Beherrschen von Arbeitstechniken, relativ einfache Lerninhalte, Vorhandensein von Arbeitsmaterialien; Arbeitsaufgaben visuell erfaßbar vorgegeben; einfacher Satzbau; Schwierigkeiten (z.B. unbekannte Begriffe) vorher erläutern; Elemente der Arbeitsaufgabe: zuerst eine Feststellung, die den Sachverhalt zur gedanklichen Eingrenzung erfaßt, dann der Auftrag in unmißverständlicher Form (eindeutige Verben verwenden), wenn möglich Ergänzung durch Lösungshilfen; Arten: Sammelaufgaben, Beobachtungsaufgaben, Versuchsaufgaben; für differenzierende Unterrichtsarbeit: verschiedene Arbeitsaufgaben mit unterschiedlichen Anforderungsschwierigkeiten stellen;
Arbeits-anweisung:	didaktische Intentionen wie bei der Arbeitsaufgabe; besonders zur selbständigen Erschließung komplexer Lerngegenstände; bildet Ausgangspunkt für relativ geschlossene und langphasige Schüleraktivitäten an einem Problemgegenstand;	differenzierter als Arbeitsaufgabe, in jeder Lernphase einsetzbar; besteht aus mehreren Aufbauelementen: eine Feststellung über den Sachverhalt zur gedanklichen Eingrenzung, Hinweise bezüglich Lernhilfen und Arbeitsschritten, evtl. einen Vermerk über Problemstellen; unmißverständlicher Arbeitsauftrag mit eindeutigem Verbum, ggf. auch Lösungshilfen;
Feststellung:	Vorgabe von Regeln, Begriffen, Urteilen, von Inhaltselementen, die die Schüler kennen müssen, um dem weiteren Ablauf des Lernprozesses folgen zu können; auch für Zielangabe der Unterrichtsstunde; soll Schüler motivieren, zum Mit- und Weiterdenken anhalten;	Aussagesätze mit enger inhaltlicher Zusammengehörigkeit; kurz, transparent, einprägsam;
Definition:	dient dem Begriffslernen; zur Abgrenzung eines neuen Inhalts nach Erscheinungsform, Umfang und Funktion;	mehrere Aussagesätze; effektiv die gleichzeitige bildhafte Veranschaulichung; Aufzeigen der typischen Merkmale; bereits bekannte Begriffe werden als Verständniselemente herangezogen; zur Erleichterung der Einordnung auf dazu-gehörende Oberbegriffe verweisen;

Lehrakt	didaktische Ziele	Gestaltungsaspekte
Bezeichnung:	zur Klassifizierung eines Gegenstandes oder Sachverhaltes; dient der Zuordnung oder Benennung vornehmlich bei der Erarbeitung von Begriffen;	meist nur ein Aussagesatz; dieser hat Bezeichnungsfunktion; häufige Formulierungsformen: das ist..., das gehört zu..., das heißt...;
Erklärung:	zur Erhellung von Sachverhalten oder Sinnzusammenhängen, die optisch erfaßbar sind (Text, Zahlenmaterial, Versuch, Modell, Bild); das entsprechende Gegenstandselement wird gedeutet und interpretiert; über das äußerlich Erfaßbare zur Struktur, dem Funktionszusammenhang, dem Aussagegehalt vordringen; notwendig dann, wenn selbständige Auseinandersetzung der Schüler mit dem Sachverhalt nicht mehr möglich ist;	Zeit zum Wahrnehmen lassen; sprachlich transparent strukturieren; Aussagesätze, Kausalsätze; Arten: Sacherklärung (der Aussagegehalt eines Gegenstandes wird interpretiert, die dem Gegenstand innewohnenden Strukturen und Funktionszusammenhänge werden herausgestellt); nicht zu verwechseln mit Gegenstandsdemonstration! Texterklärung (bei Quellenmaterial, Freilegen der Gedanken); Bilderklärung (Beobachtungsimpulse; Erhellen der Zusammenhänge der Bildelemente, der Wirkung menschlicher Aktivitäten; Ziel: das vollständige Erfassen des Aussagegehaltes des Bildes);
Beispiel:	zur Erleichterung von Auffassungs- und Verständnisvorgängen; als ergiebiger Einzelfall zur Intensivierung der Anschauung; insgesamt zur Optimierung der Wissensvermittlung;	auf hohen Anschaulichkeitsgehalt achten; Aussagesätze; Hervorheben von Eigenschaften; zwei Formen: das belegende Beispiel, Grundlage für die Erarbeitung eines Lernergebnisses, auch Ausgangsbeispiel genannt; das illustrierende Beispiel zur Befestigung und Differenzierung bereits erarbeiteter Ergebnisse oder schon vorhandener Anschauungen;
Ergänzung:	zur Optimierung der vom Schüler erarbeiteten Unterrichtsergebnisse hinsichtlich Präzision und Umfang; zur Vervollständigung von Schüleraussagen; immer einzuplanen bei dominanter schülerzentrierter Unterrichtsarbeit;	den Kern der Schüleraussage nochmals aufgreifen; Aussagesätze kurz und ausdrucksstark;
Vergleich:	zur Herausarbeitung der Eigenart von Personen oder Gegenständen durch direktes Nebeneinanderstellen der einzelnen charakteristischen Elemente;	Bekanntgabe des Vergleichsziels; gleichzeitiges Nebeneinander ist effektiver als zeitversetztes Nacheinander; Beschreibung der Wesensmerkmale durch Gebrauch ausdrucksstarker Eigenschaftswörter; häufige Formulierungen: dagegen, anders, aber, während;
Begründung:	zur verbalen Verifizierung oder Bestätigung vorausgehender Aussagen über kognitive Sachverhalte oder Handlungsabläufe;	Kausal- und Aussagesätze; häufige Verwendung von: denn, weil, infolge, darum, deshalb, daher;
Vermutung:	zur Denkorientierung; den Schüler bei einer Problemlösung in die richtige Richtung verweisen; ein Fall, ein Inhaltsaspekt, ein Sachverhalt wird als möglich, als wahrscheinlich hingestellt;	Aussagesätze, Verwendung des Konjunktivs erforderlich; Ausdrücke wie wahrscheinlich, vermutlich, vielleicht, es könnte sein, daß etc.;

Anmerkung:
- Nur in seltenen Fällen (Schlüsselfunktion) ist innerhalb der Unterrichtsplanung die wörtliche Formulierung von kurzphasigen verbalen Darbietungsformen angebracht.
  Ausnahmen sind: gelegentliche Impulse und Fragen, die Feststellung bei der Zielangabe, alle Arbeitsaufgaben und Arbeitsanweisungen.

- Bei diesen Lehrakten handelt es sich überwiegend um Elemente anderer Lehrakte bzw. Lehraktgruppen (vgl.z.B. dialogische Lehrakte).

Lehrakt	didaktische Ziele	Gestaltungsaspekte
Lernspiel:	spielerisch-handelnder Umgang mit bereits erarbeiteten Lernresultaten; Ziele: Steigerung der Behaltensleistung bzw. Anwendungssicherheit und Berücksichtigung des Bewegungsbedürfnisses (Aspekt der Psychohygiene); vornehmlich für den Grundschulbereich;	Voraussetzung: angstfreie Lern- und Arbeitsatmosphäre und ein notwendiges Maß an Disziplin; auf Beteiligung möglichst vieler Schüler achten; unterstützende Arbeitsmaterialien bereitstellen (Wortkarten, Satzstreifen, Karten mit Namen, Symbolen etc. zur leichteren Identifizierung); vielfältige Formen: Bewegungsspiele, Ordnungsspiele, Schreibspiele, Karten- und Würfelspiele etc.;
Planspiel:	dient der Ausdrucksgestaltung aufgenommener Eindrücke; nach Vollzug eines Probleminhalts; zur spielerischen Anwendung kognitiver Strategien; zur Entfaltung von ausgewählten Verhaltensmustern;	eine gestellte Aufgabe, eine imaginäre Situation ist planmäßig (nach überlegten Schritten) zu lösen; Voraussetzung: ausreichende Sachkenntnis; auf Erkennen und Bewerten der Aussage durch den Spielpartner achten; am Ende wird die zuhörende Klassse nach Korrekturmöglichkeiten der vorgeschlagenen Problemlösung aufgerufen; im Mittelpunkt immer ein vom Menschen (soziale Gruppen) zu bewältigendes Problemfeld; Schüler versuchen durch Sich-Hineinversetzen, durch logische Schlußfolgerungen, durch ihren Erfahrungsschatz die gestellte Aufgabe zu lösen; auf die Begründung der vorgeschlagenen Lösungsschritte achten;
Entscheidungs-spiel:	dient der Offenlegung eines Falls bzw. einer Entscheidung hinsichtlich der daraus entstehenden Konsequenzen; zur bewußten Erfassung von Wenn-Dann-Beziehungen;	im Mittelpunkt: Neuleistung durch Problemlösungsversuche; das Lernresultat, das Lernziel wird erst durch das Ergebnis, das dieser Lehrakt erbringt, erreicht; im vorausgehenden Unterricht wird das Problemfeld erläutert, abgegrenzt; zwei Schülergruppen spielen das Problem durch und führen es jeweils einer Lösung zu; Klasse stimmt über die bessere Lösung, über die brauchbareren Argumente ab;
Rollenspiel:	zur Erhellung der natürlichen sozialen Umwelt; zum Erlernen von angemessenen Verhaltensweisen (in Konfliktsituationen) mit menschlichen Problemen;	erforderliche Voraussetzungen: präzise Erläuterung und kognitives Erfassen der Problemsituation; das Stegreifspiel (kreativ, spontan) versucht den Nachvollzug einer menschlichen Verhaltensform; Schüler versetzt sich in die Situation eines anderen Menschen; Lösung der Konfliktsituation nicht erforderlich;

Planung und Vorbereitung des Unterrichts zählen zwar zu den Dienstpflichten eines Lehrers, sie verstehen sich aber eigentlich aus der übernommenen pädagogischen Verantwortung von selbst. Das Problem um dieses Gegenstandsfeld verdichtet sich in der Frage, was im Grunde am Lehr- Lerngeschehen planbar ist und welche Erscheinungen sich einer Planung entziehen. Die überaus umfangreiche Fachliteratur bietet eine Fülle von Überlegungen und Anregungen an, von manchmal praxisfernen wissenschaftstheoretischen Ausführungen bis hin zu oft falsch interpretierten, weil bedingungslos übernommenen Stundenvorschlägen.

202 **Vergleich zwischen Unterrichtsplanung und Unterrichtsvorbereitung.** Ein durchdachtes, auf die Schülerleistungsfähigkeit ausgerichtetes Konzept für anstehendes unterrichtliches Handeln erhöht sicher die Chance für eine größere Effektivität. Das heißt, daß die Schüler motivierter lernen, schneller und zuverlässiger die neuen Erkenntnisse verstehen, sie länger behalten und sie im Bedarfsfalle angemessen anwenden können. In der Vorbereitung und Planung von Unterricht müssen daher neben den methodischen und organisatorischen Überlegungen auch entsprechende Lerngesetze einbezogen werden; das gelingt kaum aus dem Stehgreif.
Zwei kategoriale Aufgabenfelder können in diesem Zusammenhang unterschieden werden. Die Planungsebenen bzw. Planungsphasen erfassen zeitlich aufeinanderfolgende Aufgaben; bei den Planungsbereichen bzw. Planungsdimensionen handelt es sich um die für die konkrete Unterrichtsarbeit unmittelbar zu bewältigenden didaktischmethodischen Überlegungen.
Auch die Fachliteratur unterscheidet nicht immer eindeutig und unmißverständlich zwischen Unterrichtsplanung und Unterrichtsvorbereitung. Ein nachvollziehbarer Vorschlag verwendet den Begriff Unterrichtsplanung für die zu Beginn eines Schuljahres notwendige Jahresstoffverteilung mit allen zusätzlich zu bewältigenden Aufgaben; die Bezeichnung Unterrichtsvorbereitung wird gebraucht, wenn es sich um die bevorstehende direkte Unterrichtsarbeit handelt.

203 **Arbeitsstufen und Phasen.** Der Lehrplan bietet für jegliches unterrichtliche Tun Bezugsgröße und Ausgangsbasis. Die Jahresplanung, also die Verteilung des Unterrichtsstoffes und die über das gesamte Schuljahr zu bewältigenden Aufgaben, geht davon aus. Die Wochenplanung erfaßt die Planungsvorhaben noch eingehender für eine Unterrichtswoche, die Tagesplanung bezieht sich auf die Unterrichtsstunden eines Tages; schließlich erfolgt dann die Stundenplanung, die das beabsichtigte Lehr- Lerngeschehen mehr oder weniger detailliert für eine Unterrichtsstunde oder eine Unterrichtseinheit aufgreift. Es gibt zahlreiche Vorschläge für die Erstellung von Stundenentwürfen. Beispiele für die Planungsnotiz, die Beschreibungsform und die Strukturplanung werden im Kapitel Unterrichtsorganisation angeboten.

204 **Übergeordnete Planungsprinzipien.** In der Fachliteratur werden einige zur Bewältigung der Planungsaufgaben generell gültige Grundsätze beschrieben; sie sind bei allen pädagogischen, didaktischen und methodischen Entscheidungen zu beachten und sind für alle Stufen der Planung von Unterricht von Bedeutung.

205 **Problemaspekte.** Will man das komplexe Unterrichtsgeschehen erfassen, so ist auf eine Reihe von Problemen zu achten. Nicht zuletzt geht es dabei auch um die Frage, wie detailliert das Lehr- Lerngeschehen sinnlogisch dargestellt werden sollte. Es ist daher geboten, die Argumente für eine eingehende und eine begrenzte Prozeßplanung genau abzuwägen; das läßt sich zur grundsätzlichen Aussage verdichten: Festlegung, soweit wie nötig, Offenheit, soweit wie möglich.

206 **Sachstrukturanalyse.** Bei dieser Analysenaufgabe setzt sich der Lehrer mit dem Unterrichtsstoff auseinander. Im Rahmen einer vorpädagogischen bzw. fachwissenschaftlichen Sachanalyse geht es nun um die auslotende Beschäftigung mit dem Thema; bei der unterrichtsnahen Sachstruktur(!)analyse geschieht die vertiefte Auseinandersetzung mit dem Inhalt bereits unter pädagogischen Überlegungen. Mit der Sachstrukturanalyse erwirbt der Lehrer zureichende Sachkompetenz, sofern er anhand der nutzbaren Unterlagen mögliche Betrachtungsaspekte des Lerngegenstandes eruiert hat.
Im Vergleich zur Textform bringt die Erstellung einer Sachstrukturanalyse in Diagrammform mehr Transparenz.

208 | **Die Zielgruppenanalyse.** Im Mittelpunkt dieser zu bewältigenden Aufgabe steht der Schüler mit seiner momentanen Lernleistungsfähigkeit bezogen auf die speziell anstehenden Lernaufgaben. Der Begriff Bedingungsanalyse weist darauf hin, daß die Eingangsvoraussetzungen für die Planungsüberlegungen zu beachtende Vorgaben darstellen; dabei handelt es sich um endogene Lernbedingungen unter dem Aspekt eines themenrelevanten Lernverhaltens und um exogene Lerngegebenheiten als themenrelevante Rahmenbedingungen. Die kognitive Lernleistungsfähigkeit ist, wie Vergleiche zeigen, mit der Schwierigkeit der zu bewältigenden Lernaufgabe zu verbinden.

212 | **Die 'Didaktische Analyse'.** Dieses Analyseinstrument entwickelte W. Klafki, der vorschlägt, mit Hilfe von mehreren Grund- und Ausgangsfragen den Bildungsgehalt (-wert) der zu unterrichtenden Lerninhalte zu ermitteln. Diese Analysekategorie erfuhr später noch eine Erweiterung durch die betonte Einbeziehung methodischer Aspekte.

215 | **Die Lernzielanalyse.** Erfolgreiches Lehren und Lernen setzt eindeutige und klare Zielvorstellungen voraus. Es handelt sich einerseits um Erziehungsziele, die im unterrichtsthematischen Zusammenhang aufgegriffen werden können. Andererseits geht es um die Ermittlung der Lernziele, wobei deren hervorragender Wert in der Erfassung der Denkakte (sprachlich durch das Verbum ausgedrückt) der Schüler am Lerninhalt liegt.

217 | **Die Methodenanalyse.** Die Überlegungen, mit welchen methodischen Mitteln das Unterrichtsthema bewältigt und die Lernergebnisse erarbeitet werden sollen, sind für den Lernerfolg von ausschlaggebender Bedeutung. Hierfür steht dem Lehrer ein umfangreiches Repertoire zur Verfügung, wobei der Einsatz der verschiedenen methodischen Maßnahmen von mehreren Beeinflussungsfaktoren her zu entscheiden ist.
Mit Hilfe der einzelnen Unterrichtsmethoden will und kann man beim Schüler verschiedene Wirkungen erzielen. Als Hauptziel ist neben der allgemein bekannten Wissenserarbeitung die für zukünftige Aufgabenbewältigung seitens der Schüler dringend erforderliche Handlungskompetenz zu betrachten. Für eine abwechslungsreiche Unterrichtsarbeit und besonders für die Entwicklung der eigenaktiven Lernfähigkeit ist bei der Wahl der Methoden die Überlegung nach einem angemessenen und dosierten Wechsel zwischen lehrerzentrierten und schülerdominanten Phasen vorrangig.
Insgesamt gilt es vor einem Methodenkult zu warnen und für ein vernünftiges Maß an Flexibilität beim Methodeneinsatz zu plädieren.

219 | **Die Medienanalyse.** Schließlich steht für die Planung und Vorbereitung von Lernprozessen noch die Entscheidung über mögliche, lernfördernde Unterrichtsmedien an. Als Beurteilungsansätze ist neben dem personalen Aspekt, der das Lernverhalten der Schüler in Verbindung mit den Unterrichtsmedien erfaßt, der sachinhaltliche Aspekt zu reflektieren, der sich auf den medial transportierten Lerninhalt bezieht; außerdem gilt der widerspruchsfreien Wechselwirkung der ins Auge gefaßten Unterrichtsmedien mit den anderen lernprozessualen Variablen (didaktische Funktion der Stufe, Lehr- Lernakte, Sozialformen) die besondere Aufmerksamkeit.
Für einen erfolgreichen unterrichtlichen Medieneinsatz ist schließlich eine ganze Reihe lernpsychologischer, lernklimatischer, organisatorischer und technischer Bedingungen und Maßnahmen zu berücksichtigen. Hinsichtlich der medial getragenen Informationen bzw. Lerninhalte sind für eine erfolgreiche Unterrichtsarbeit die Qualitätskriterien Gliederungs-, Informations-, Emotions- und Erfassungsaspekt von besonderer Bedeutung. Die dosiert ausgewählten Unterrichtsmedien können dann allgemein den Lernprozeß bereichern und das Lernen der Schüler fördern und unterstützen.

Unterrichtsplanung
Vergleich zwischen Unterrichtsplanung und Unterrichtsvorbereitung -

■ die generelle Bedeutung:

"Planung und Vorbereitung von Unterricht gehören zu den bedeutendsten Aufgaben des Lehrers; denn von einer sorgfältigen Vorbereitung hängt letztlich der dauerhafte Erfolg der beruflichen Tätigkeit ab." (Kochansky/Schmid 1981)

Planung und Vorbereitung

– *zählen* zu den Dienstpflichten des Lehrers;
– *erhöhen* die Chance für eine effektive Unterrichtsarbeit;
– *gestatten* die reflektierte und angemessene Beachtung lernfördernder Gesetzlichkeiten z.B. aus den Bereichen Wahrnehmungssteuerung, Verständniserleichterung, Behaltensverbesserung;

– *erlauben* den kritischen Vergleich (Evaluation) zwischen Gestaltungsabsichten und der erfolgten Realisierung durch Unterricht;
– *gewähren* ein höheres Maß an Souveränität in der konkreten Unterrichtssituation;
– *schützen* vor zufälligen und unbedachten Handlungen;

insgesamt

"Die Unterrichtsplanung ist der gedankliche Vorentwurf zukünftigen unterrichtlichen Handelns." (Steindorf 1981)

■ Planungs- und Vorbereitungsaufgaben:

die Planungsebenen bzw. Planungsphasen

der Lehrplan als Bezugsgröße

Jahresplan → Wochenplan → Tages- bzw. Stundenplan
als langfristige Aufgabe als mittelfristige Aufgabe als kurzfristige Aufgabe

die Planungsbereiche bzw. Planungsdimensionen

| Sachstrukturanalyse (der Inhalt) | Zielgruppenanalyse (die Zielgruppe) | 'Didaktische Analyse' (Bezug Inhalt - Schüler) | Lernzielanalyse (die Lernziele) | Methodenanalyse (meth. Maßnahmen) | Medienanalyse (die Unterrichtsmedien) |

"Unterrichtsplanung und Unterrichtsvorbereitung überschneiden sich zwar, sind sich aber nicht völlig identisch. Unterrichtsvorbereitung umfaßt mehr als Unterrichtsplanung, ist daher der allgemeinere Begriff. Neben der Planung des Unterrichts betrifft die Unterrichtsvorbereitung auch alle praktischen Maßnahmen (Informationsbeschaffung, Bereitstellung von Medien, Überprüfung ihrer Funktionsfähigkeit), welche notwendig sind, um Unterricht zu ermöglichen. Die Unterrichtsplanung ist somit Bestandteil der Unterrichtsvorbereitung."
(Schröder 1985)

"Unterrichtsplanung bedeutet längerfristiges Verteilen bzw. Bereitstellen des Lehrstoffes, z.B. über einen Monat, ... ein Schuljahr." (Schorch in Roth, L. 1991)

Vorschlag zur Unterscheidung

"Unterrichtsvorbereitung bezieht sich als kurzfristige Maßnahme auf bevorstehende Unterrichtseinheiten, z.B. Unterrichtsstunde, Doppelstunde, Wocheneinheit." (Schorch in Roth, L. 1991)

Unterrichtsplanung
-Arbeitsstufen und Phasen -

Ausgangsbasis bzw. Grundlage der Planungsarbeit

LEHRPLAN

mit seinen allgemeinen, verpflichtenden Erziehungs- und Bildungszielen und den fachspezifischen Groblern-zielen; im Sinne eines indikativen Rahmenplans werden hier die zu erarbeitenden Unterrichtsthemen bzw. Lerninhalte obligatorisch , teilweise auch fakultativ aufgeführt.

langfristige Planung bzw. Perspektivplanung

JAHRESPLANUNG

systematische Berücksichtigung der Erziehungsziele; vorläufige Verteilung der Lernziele und Lerninhalte nach Unterrichtsmonaten oder der Gesamtstundenzahl des Faches; An-passung der Lehrplanaussagen an die besondere Klassensituation; ungefähre Terminie-rung der Leistungsbewertungen; thematische Zuordnung möglicher Unterrichtsmedien;

mittelfristige Planung bzw. Umrißplanung

WOCHENPLANUNG

Festlegung der einzelnen Unterrichtsthemen unter Einbeziehung der Lernziele und der Unterrichtsmedien über die Unterrichtswoche; Einplanung von Prüfungsarbeiten und außerunterrichtlichen Ereignissen;

kurzfristige Planung bzw. Prozeßplanung

TAGESPLANUNG

Erfassung der Planungsüberlegungen für einen Schultag bzw. der konkreten Unterrichts-stunden; Festlegung der methodischen Handlungsstrategien;

---

die Tagesplanung

im Sinne einer groben stichpunktartigen Er-fassung der methodischen Planungsvorha-ben für die Unterrichtsstunden eines Schul-tages unter Einbeziehung der Lernziele, der Arbeitsmedien und des visuell erfaßbaren Unterrichtsergebnisses;

die Stundenplanung

im Sinne einer methodischen Verlaufspla-nung für die einzelne Unterrichtsstunde; drei mögliche Ansätze mit vielen möglichen Zwischenstufen:

---

als Planungsnotiz

ist die *Minimalform* einer methodischen Verlaufsplanung; da-bei werden berück-sichtigt: Aufgaben im Zusammenhang mit dem erziehenden Un-terricht, die Unter-richtsstufen, Lehrakte mit Schlüsselfunktion, der didaktische Ort der Unterrichts-medien, das Tafelbild, die beabsichtigte Hausaufgabe;

als Beschreibungsform

ist die *Normalform* einer methodischen Verlaufs-planung; es handelt sich um eine stichwortartige Erfassung der Lehrschrittabfolge; dabei werden beachtet: die unterrichtlichen Grundakte (Eröffnung, Erarbeitung, Sicherung), die inhaltli-chen Betrachtungsschwerpunkte in enger Verbin-dung mit den dazu beabsichtigten methodischen Vermittlungsmaßnahmen (Lehrakte, Sozialfor-men, Medien) und dem geplanten Lernergebnis; wünschenswert wäre die Angabe der didaktischen Absicht für jede Unterrichtsstufe (z.B. Problem-stellung, Versprachlichung, Rekapitulation); in jedem Falle unverzichtbar: die präzise Erfas-sung der Lernziele und die strukturierte Fixierung des Unterrichtsergebnisses;

als Strukturplanung

ist die *Optimalform* einer methodi-schen Verlaufsplanung; sie erfaßt in Form eines Strukturgitters den Im-plikationszusammenhang des Lern-ablaufs als Sequenz der Unterrichts-stufen und als Interdependenz der methodischen Umsetzungsstrategien (Lehrform, Lehr-,Lernakte, Sozial-formen, Medien); unverzichtbar auch hier das visuell erfaßbare, gestaltete Unterrichtsergebnis; außerdem ent-halten Vorüberlegungen noch päd-agogische Ziele, organisatorische Aufgaben u.ä.;

PLANUNGSPRINZIPIEN

zu beachten

☐ bei allen pädagogischen, didaktischen und methodischen Entscheidungen ...

☐ und auf allen Stufen der Planung von Unterricht

nach

PETERSSEN

nach

SCHULZ

- **Kontinuität**
  d.h. eine einmal getroffene Entscheidung ist durchgängig weiterzuverfolgen, aber bei Notwendigkeit zu revidieren;

- **Reversibilität,**
  d.h. die gefällten Entscheidungen müssen reversibel, also veränderbar angelegt sein;

- **Eindeutigkeit**
  d.h. die geplanten Maßnahmen müssen sprachlich unmißverständlich ausgedrückt sein;

- **Widerspruchsfreiheit**
  d.h. die einzelnen Absichten müssen in einem in sich stimmigen wechselseitigen Verhältnis stehen;

- **Angemessenheit**
  d.h. die Erstellung einer Unterrichtsplanung muß den zeitlich gegebenen Vorbereitungsmöglichkeiten realistisch angemessen sein, außerdem so offen angelegt werden, daß unvorhergesehene Ereignisse zureichend beachtet werden können;

- **Interaktion**
  d.h. die bewußte und direkte Mitwirkung der Schüler bereits in den Planungsphasen (im Sinne einer gemeinsamen Aufgabe von Lehrern und Schülern);

- **Variabilität**
  d.h. die absichtliche Bereitstellung von methodischen Handlungsalternativen;

- **Interdependenz**
  d.h. die Beachtung der widerspruchsfreien Verknüpfung der Planungsfaktoren, der anthropogenen und soziokulturellen Bedingungsbereiche, aber auch der einzelnen lernprozessualen Variablen;

- **Kontrollierbarkeit**
  d.h. die permanente Überprüfung der Lernabläufe unter besonderer Beachtung des Vergleichs von Unterrichtszielen und Unterrichtsergebnissen (Erfolgskontrolle);

■ Prozeßplanung als Aufgabenstellung:

Unterrichtsplanung geschieht ...

"Offensichtlich, um sich auf komplexe zukünftige Unterrichtshandlungen vorzubereiten, die ohne diese Vorbereitung ... wohl plan- und ziellos ablaufen würden. Darum antizipiert man diese Handlungen, denkt sie vorweg, versucht sie ... zu ordnen, mögliche Reaktionen von ... Schülern ... einzuschätzen, damit man in der zukünftigen Unterrichtssituation in bezug auf verantwortete Zielsetzungen handlungsmächtig wird und sich eröffnende Handlungsspielräume nutzen kann." (Girmes/Steffens in Gründer/Konrad 1980)

■ Argumente für eine eingehende Prozeßplanung:

- ♦ der Unterricht läuft zielstrebig und konsequent ab;
- ♦ die Chance für qualitativ und quantitativ bessere Unterrichtsergebnisse ist größer;
- ♦ der Lehrer erhält mehr Sicherheit in der Lernsituation;
- ♦ effektivierende Lerngesetze können bewußt berücksichtigt werden;

- ♦ die getroffenen Entscheidungen können zureichend begründet und so das Handeln legitimiert werden;
- ♦ die Sequenz der Unterrichtsphasen kann zeitlich genau geordnet werden;
- ♦ eine eingehende Selbst- und Fremdkontrolle ist möglich;

- ♦ zufällige und willkürliche Maßnahmen werden weniger häufig;
- ♦ die Lernleistungsfähigkeit der Schüler kann reflektiert einbezogen werden;
- ♦ Ordnungs- und Lernverhaltens-(Disziplin-) probleme sind weniger wahrscheinlich;

■ Argumente für eine begrenzte Prozeßplanung:

- – das wechselseitige Geschehen der Interaktionspartner läßt sich allenfalls nur sehr grob vorweg erfassen;
- – die Kommunikationsabläufe der Dialogteilnehmer sind nicht vorhersehbar;
- – Schüler als individuelle Lernpersönlichkeiten bringen Spontaneität und Kreativität (Einfälle, unerwartete Reaktionen) in die Lernsituation;

- – plötzlich auftretende soziale Konflikte können Planungsvorgaben beeinträchtigen;
- – die zeitliche Dauer der einzelnen Unterrichtsstufen läßt sich nicht durch Angabe von Minuten begrenzen;
- – detaillierte Planung führt oft zu starren und formalen Abläufen und veranlaßt zu verkrampftem Nachvollzug;

■ das Fazit:

"Planung von Unterricht ist ein sehr komplexes Geschehen, bei dem sich planbare, logisch ableitbare und wissenschaftlich begründete Gedanken mit spontanen, unsystematischen, nicht vorhersehbaren und nicht planbaren, logischer Ordnung zunächst nicht zugänglichen Einfällen und Ideen vermischen."
(Poschardt in Hacker/Poschardt 1977)

deshalb

FESTLEGUNG - SOWEIT WIE NÖTIG ——— OFFENHEIT - SOWEIT WIE MÖGLICH

■ das generelle Ziel:

Die intensive Beschäftigung und eingehende Auseinandersetzung mit
dem Unterrichtsthema unter fachlich-sachlichen Aspekten; dies bedeutet
mehr als das bloße Vertrautsein mit dem Stoff.

■ die eine Position:

das Unterrichtsthema
aus der Sicht einer

vorpädagogischen Sachanalyse
(nach H. Roth, 1973)

fachwissenschaftlichen Sachanalyse
(nach Aschersleben, 1993)

"Es ist völlig verkehrt ... bei diesen ersten Bemühungen
schon an das Kind und den Jugendlichen zu denken. Es
geht zunächst nur um die Sache ..." ... "die eigentliche
und wahre innere Beziehung eines Lehrers zu dem tief-
sten sachlichen Gehalt des zu behandelnden Gegenstandes ... "

"Eine Vermengung von fachlich/fachwissenschaftlichen mit
didaktischen Überlegungen verleitet dazu, daß vorzeitig und ohne
rationale Orientierung legitimiert und reduziert wird, also Bestandteile der didaktischen Transformation ohne zwingenden Grund vor-
weggenommen werden. Vielmehr sollte sich die Lehrkraft mit dem
... Unterrichtsgegenstand so unbeeinflußt wie möglich auseinandersetzen."

■ die andere Position:

das Unterrichtsthema aus der Sicht einer

unterrichtsnahen Sachstrukturanalyse
(nach Klafki, 1976)

" ... von vorneherein ein unter pädagogischem Aspekt
gesehener 'Gegenstand', der einem jungen Menschen
zum 'geistigen Eigentum' werden soll ... "

■ die Wertung:

♦ **vorpädagogische bzw. fachwissenschaftliche**
Sachanalyse:

– intellektuell sehr anspruchsvoll und weitgreifend,
zeitlich aufwendig; führt eher vom Unterricht
weg;

– ein Aufgabenfeld für Studium und Weiterbildung;

♦ **unterrichtsnahe Sachstrukturanalyse:**

– situationsspezifisch und arbeitsökonomisch, da der
Schüler bereits einbezogen wird; führt zur Unterrichtsarbeit hin;
– ein Aufgabenfeld der Unterrichtsplanung bzw. -
vorbereitung;

■ Bedeutung einer Sachstrukturanalyse:

- ♦ sie ermöglicht ein vertieftes Eindringen in das Thema;
- ♦ sie befähigt zum Erkennen und Offenlegen der Inhaltsstruktur;
- ♦ sie bildet die Grundlage für eine passende Zeitplanung;

- ♦ sie vermittelt sachbezogene Souveränität und damit Flexibilität für die Lernsituation;
- ♦ sie schafft die Ausgangsgegebenheiten für mögliche methodische Maßnahmen;

insgesamt

Sachkompetenz durch Sachstrukturanalyse

■ nutzbare Unterlagen ...

von unterschiedlichem Anspruchs- und Qualitätsniveau
z.B.

Lehrerhandbücher - Schülerarbeitsbücher - Lexika - Quellenmaterial - Fachliteratur - Fachzeitschriften - audiovisuelle Medien - originale Objekte - Experten

■ mögliche Betrachtungsaspekte des Lerngegenstands:

Das Studium und die Analyse des Stoffes
erfolgen unter bewußter Einbeziehung des Schülers

A N S Ä T Z E

- die Inhaltselemente?
- der Zusammenhang bzw. die Struktur der Inhaltselemente (Abfolge, Hierarchie bzw. Schichtung, Funktion, Vernetzung)?
- die Schwerpunkte bzw. die Kernaussage?
- die Problemstellen?
- die inhaltsbezogenen Schlüssel-(Fach-)begriffe?
- die Vernetzung des Inhalts (vorausgehende und nachfolgende Themen)?
- die Zuordnung des Themas zum Lehrplan (Grobziel)?

der STOFF

der LERNGE-GENSTAND

das THEMA

der LERN-INHALT

- die Eignung des Themas für mögliche Erziehungsansätze?
- die Art des Themas (wissenschaftlich, politisch-ideologisch, sachlich-informativ, historisch, sprachlich-analysierend, sprachlich-interpretierend u.a.)?

- mögliche Verbindungen zu anderen Unterrichtsfächern (Unterrichtsthemen)?
- besonders motivierende Stellen?
- zu vereinfachende Inhaltselemente?
- wegzulassende Inhaltselemente?
- die Verteilung der Elemente auf die Unterrichtszeit?
- notwendige Vorkenntnisse als Voraussetzung?
- der Wert des Themas für den einzelnen, für Gesellschaft, für Kultur?
- die persönliche Einstellung zum Thema?

■ Formen der Konkretisierung:

♦ **die Textform:**

das Unterrichtsthema wird beschrieben; unterrichtsbedeutsame Aspekte werden herausgearbeitet und mehr oder weniger umfangreich dargestellt oder aber durch "erkenntnisleitende Fragestellungen" (Hagmüller 1980) erfaßt;

♦ **die Diagrammform:**

das Unterrichtsthema wird diagrammartig hinsichtlich der unterrichtsbedeutsamen Aspekte erfaßt; das Strukturdiagramm zeigt vorwiegend den Aufbau, das Funktionsdiagramm die verschiedenartigen Bezüge, das Flußdiagramm einen gegebenen Verlauf;

■ der Begriff:

pädagogische Vorbesinnung (Kramp) - Zielgruppenanalyse - Situationsanalyse - Bedingungsanalyse (Heimann/Schulz)

"Die Bedingungsanalyse ist ein Teil der Unterrichtsplanung. In ihr versucht der Lehrer, die Klassen-situation zu beschreiben und zu berücksichtigen, er ermittelt Lernvoraussetzungen und Lernbarrieren, er geht auf die individuellen Gegebenheiten der einzelnen Schüler ein und versucht auffällige Schüler einzukalkulieren. Mit Hilfe der Bedingungsanalyse versucht also der Lehrer zu ermitteln, von welchen Voraussetzungen er bei seiner Unterrichtsvorbereitung und Unterrichtsgestaltung ausgehen kann. Somit ist Gegenstand der Bedingungsanalyse die Bestimmung der Handlungsspielräume ebenso wie die der Restriktionen, welche sich für einen Unterricht ergeben können." (Schröder 1992)

■ die Analysebereiche:

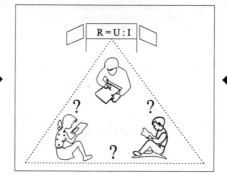

$$R = U : I$$

**endogene
Lerngegebenheiten**

themenrelevante Aspekte des
Lernverhaltens

**exogene
Lerngegebenheiten**

themenrelevante Rahmen-
bedingungen

■ Ziele dieses Analysebereichs:

„ ... positive seelische Anknüpfungspunkte für Unterricht und Erziehung entdecken."
(Roth, H. 1968/1971)

z.B.

♦ effektive individuelle Förderung
ermöglichen
♦ Lernproblemen vorbeugen

♦ eingehendes Erfassen der Lernleistungsfähigkeit
♦ Grundlage für die Verbesserung der
äußeren Gegebenheiten

♦ differenziertere und treffendere
Beurteilung der Schüler
♦ Kalkulation des Bedarfs an Lern-
zeit

generell

" ... in der Bedingungsanalyse einer Unterrichtsstunde (sollten A.d.V.) nur diejenigen Probleme thematisiert werden, aus deren Bearbeitung dann auch Konsequenzen für die Planung der Unter-richtseinheit gezogen werden können." (Meyer 1980)

■ endogene Lernbedingungen

unter dem Aspekt
eines themenrelevanten Lernverhaltens

"Unterricht kann seinen eigentlichen Auftrag nur erfüllen, wenn er sich in all seinen Details an seinem Adressaten, dem Schüler, orientiert." (Poschard 1977)

das bedeutet →

" ... Lernfähigkeit und Lernbereitschaft ... konstituieren das Lernverhalten eines Schülers; Bereitschaft zum Lernen muß durch Fähigkeit zum Lernen ergänzt werden, wenn es tatsächlich zu einem Lernprozeß kommen soll ..." (Peterßen 1983)

L E R N V E R H A L T E N
L E R N K O M P E T E N Z
L E R N R E I F E

L E R N B E R E I T S C H A F T ——— ——— *L E R N F Ä H I G K E I T*

---

nach Ausubel:

" ... Lernbereitschaft (=Readiness) bezieht sich auf die Adäquatheit kognitiver Ausstattung oder Fähigkeit für die Bewältigung der Anforderung einer spezifizierten kognitiven Lernaufgabe." (Ausubel in Keil 1977)

nach Correll:

"Lernbereitschaft können wir definieren als die körperliche und geistige Fähigkeit zu lernen, soweit sie mit dem Verlangen und den notwendigen Fertigkeiten zu lernen verbunden ist." (Correll 1973)

allgemein:

ein Zustand, beeinflußt und bestimmt durch die Art der Erwartungen, das Maß der Hinwendung zur Lernsituation, das Erkenntnisstreben, der Freude an der Leistung und der Bereitschaft zu Lernaktivitäten (Lernmotivation);

---

nach Peterßen:

"ein ganzes Bündel von einzelnen Komponenten" (Peterßen 1983)

ihr Ausprägungsgrad unterstützt oder behindert den Lernablauf;
Lernstand (= aktueller Stand an Wissen und Können) - Lernstil - Lerntempo;
aber auch:
Lerngenauigkeit - Lernausdauer - Lernselbständigkeit - Konzentrationsfähigkeit - Lernbedürfnis (sog. kognitives Verantwortungsbewußtsein);

Bereiche
– kognitiver Entwicklungsstand, z.B.:
Auffassung, Wahrnehmung, Aufmerksamkeit, Denkvermögen (Denkakte), Vorkenntnisse, Wissen, sprachliche Qualifikation (z.B. Verständnis, Wortschatz, Abstraktionsfähigkeit);
– emotionaler Entwicklungsstand, z.B.:
Einstellungen, Neigungen, Gefühle, Interessen, Wertschätzung; Lernfreude, Lernangst, Gleichgültigkeit, Ausgeglichenheit;
– instrumentaler Entwicklungsstand, z.B.:
Beherrschen von Verfahrensweisen, Arbeits- und Lerntechniken, Umgang mit Medien und Lernmitteln; Arbeitsbereitschaft bzw. -haltung, Lerntempo, Arbeitsausführung;
– sozialer Entwicklungsstand, z.B.:
Kooperationsfähigkeit, Kommunikationsfähigkeit, Gruppenverhalten, Toleranz, Hilfsbereitschaft, Stellung bzw. Position in der Gruppe;

Das Erscheinungsbild des Lernverhaltens ist sehr differenziert und komplex; es ist einer ständigen Veränderung und Entwicklung unterworfen, von Schüler zu Schüler unterschiedlich ausgeprägt und wird stark vom jeweiligen Unterrichtsthema bestimmt.

■ <u>exogene Lerngegebenheiten:</u>

*unter dem Aspekt
themenrelevanter Rahmenbedingungen*

" ... werden zum einen durch den organisatorisch vorgegebenen Rahmen des Schulwesens bestimmt, zum anderen ergeben sie sich aus den unterschiedlichen Einstellungen und Haltungen der Schüler, ihrem Erfahrungshorizont, aus ihrem Grad an Soziabilität, ihrer Zugehörigkeit zu bestimmten sozialen Kategorien oder Gruppen (...). All diese Bedingungsvariablen können fördernd oder hemmend auf Lehr- und Lernprozesse einwirken." (Poschard 1977)

◆ **Vorschlag Peterßen** (1974, 1983):

– *sozioökonomische Faktoren:*
wirtschaftliche, finanzielle Situation an der Schule (Klassenausstattung) und des Elternhauses;

– *sozioökologische Faktoren:*
Einflüsse auf den Unterricht aus der räumlichen Umgebung der Schule (Einzugsbereich); Aspekt der schichtspezifischen Zugehörigkeit der Schüler;

– *soziokulturelle Faktoren:*
Einflüsse auf den Unterricht durch die augenblicklich vorherrschende Lebenseinstellung (Reizüberflutung, Umweltsensibilität, Kommunikationsweisen, Sprech- und Sprachkultur);

– *ideologisch-normbildende Faktoren:*
Einflüsse auf den Unterricht durch einzelne gesellschaftliche Gruppen (Parteien, Kirchen, Berufsverbände, Eltern etc.);

◆ **Vorschlag Kramp** (1964, 1969):

– *Vorgeschichte und Zusammensetzung der Klasse (Schulstufe):*
Lehrerwechsel, Klassenzusammenlegung ..., Alters- und Bildungsgefälle;
– *geistiges und soziales Klima der Klasse:*
Klassengeist ... Umgangsstil, Gruppenbildungen und Freundschaften ... ; Einstellungen zur Schule im allgemeinen;
– *Haltung und Arbeitsweise der Klasse:*
Grundhaltung ..., Disziplin ..., Arbeitshaltung ...; Beherrschung selbständiger Arbeitsweisen ... ;
– *Leistungsstand und Ansprechbarkeit der Klasse:*
Leistungsstand ... ; besondere Interessen und Vorlieben für bestimmte Themenbereiche und Arbeitsweisen ...; Sonderfälle ...;
– *Arbeitsbedingungen in der Klasse und Schule:*
Ausstattung des Klassenraumes ... und der Schule ...;
– *häusliche Verhältnisse und Erfahrungsbereiche der Schüler:*
häusliche Verhältnisse ...; Freizeitgewohnheiten...;

◆ **Vorschlag Becker** (1978[2]):

– *Schulart:*
allgemeine Zielsetzungen, inhaltliche Vorgaben;

– *Größe der Institution:*
Anzahl der Schüler, Anzahl der Kollegen;

– *Lage der Schule:*
Einzugsgebiet, Schulwege; Schulgelände, Schulhof; Spiel- und Sportplätze;

– *Lernort:*
Art des Gebäudes, Raumgröße, Raumausstattung, Sitzordnung, akustische, klimatische und optische Verhältnisse;

– *Lernzeit:*
im Leistungsoptimum, im Leistungstiefpunkt, Stundenplan und Fächerfolge;

– *Lerngruppe:*
Größe und Zusammensetzung, Art und Dauer der Sozialbeziehungen, Fach- oder Klassenlehrer-System;

DER KOGNITIVE ENTWICKLUNGSSTAND IST

das individualspezifische Qualifikationsniveau bezüglich

- intellektueller Leistung - motorischer Leistung - sensitiver Leistung (Motivierbarkeit) - sozialer Leistung (Hinwendungsbereitschaft) ; Strategien: auffassen, denken, speichern, sprechen u.a.

bestimmende Faktoren

Reifungsprozesse ———— Lernvorgänge

mögliche Indikatoren

für den

kognitiven Entwicklungsstand

Lebensalter	**Intelligenzalter**	**spezielle Vorkenntnisse**	**Entwicklungsstadien**
wenig geeignet, da große Streubreite zwischen Lebensalter (=Klassenverband) und kognitivem Entwicklungsniveau; in Grundschulen bis zu 4 Klassenstufen;	das Leistungsniveau eines Kindes im Vergleich zum Leistungsdurchschnitt seiner Altersstufe; wenig geeignet, da der Wert aus vielen unterschiedlichen Einzelleistungen gebildet wird (z.B: Zahlverständnis, Begriffsbildung, Generalisierungsfähigkeit etc.);	der kognitive Entwicklungsstand wird in Bezug auf einen bestimmten Lerninhalt überprüft; die vorhandenen Vorkenntnisse bzw. die Defizite bilden sodann die Grundlagen für die didaktischen Strategien; bedingt geeignet, da einseitig orientiert (Wissen);	Typisierung der Entwicklungsstadien durch bestimmte Denk- und Lernstrategien; ungeeignet, da Orientierung auf vereinheitlichende, pauschalierende Merkmale basiert (z.B. Piaget, Kroh);

Schwierigkeit der Lernaufgabe

Grundlage: Schwierigkeitsanalyse des Lerngegenstandes
(nach Weinert 1977)

der kognitive Entwicklungsstand wird projiziert auf den zu bewältigenden Lerngegenstand; Anpassung bzw. Ausrichtung der didaktischen Strategien nach:

a. Leistungsfähigkeit bei der Informationsverarbeitung (gibt es Probleme bei der Auffassung von Teilelementen des neuen Lerngegenstandes? Anschaulichkeit? notwendige Lernhilfen? etc.);

b. Ausmaß und Niveau der vorhandenen Lernmotivation;

c. Vorhandensein notwendiger Lern- und Gedächtnisstrategien;

d. Aufgabenrelevante Vorkenntnisse;

e. Vorhandensein relevanter Begriffe (nach der erforderlichen Zahl, Klarheit, Stabilität, Organisiertheit);

ergibt

näherungsweise den Stand

der

L E R N R E I F E

nach Ausubel   nach Cronbach

„Lernreife kann generell sein in dem Sinn, daß ein Individuum ein bestimmtes Niveau kognitiven Funktionierens manifestiert, das für eine ganze Reihe intellektueller Aktivitäten erforderlich ist. Andererseits kann sie aber auch begrenzt sein auf hochspezifizierte kognitive Fähigkeiten, die für das Lernen eines beschränkten Segments eines neuen Stoffgebietes nötig sind, und sogar auf die bestimmte Lehrmethode, die beim Erwerb dieses Wissens benutzt wurde." (Ausubel 1974)

„Die Reife wird von allen Eigenschaften eines Schülers einschließlich der biologischen Voraussetzungen, die er mitbringt, seiner Ideen und Fertigkeiten, seiner Gewohnheiten, seiner Einstellungen und Werthaltungen beeinflußt. Manchmal sprechen wir von Reife als sei sie entweder da oder nicht da. ... Das ist aber eine zu stark vereinfachende Aussage. Reife ist nicht nur Reife für einen bestimmten Stoff. Jemand ist reif oder nicht reif für die gesamte Lernsituation, die ebenso den Lehrstoff wie auch die Lehrmethode und die angebotenen Befriedigungen umfaßt." (Cronbach 1971/1974)

Unterrichtsplanung
- die 'Didaktische Analyse' -

■ Herkunft und Absicht:

„Der Begriff der didaktischen Analyse stammt in seiner ursprünglichen Bedeutung von
Klafki (1958), der sie als 'Kern der Unterrichtsvorbereitung' bezeichnet." (Schröder 1985)

die didaktische Analyse
untersucht

den Lehrstoff

♦ nach seinem Bildungswert   ♦ nach seinem Nutzen   ♦ nach seiner Lernergiebigkeit

mit Blick auf den Schüler

d.h.

dem Lehrer „ ... Auskunft darüber zu geben, inwiefern ein Gegenstand als
ein zu lehrender Sachverhalt zu rechtfertigen ist." (Steindorf 1981)

■ Analysefragen bzw. Untersuchungskriterien:

Voraussetzungen:

eingehende Kenntnis des Lehrstoffes - eingehende Kenntnis des Lernleistungsstandes

Aspekte:

● *die Gegenwartsbedeutung*
des Lehrstoffes für den Schüler

● *die Zukunftsbedeutung*
des Lehrstoffes für den Schüler

● *die Exemplarität*
d.h. die beispielhafte Bedeutung des
Lehrstoffes

● *die Struktur*
des Lehrstoffes hinsichtlich
Aufbau, Gliederung und Schichtung

● *die Überprüfbarkeit*
der anhand des Lehrstoffes erarbeiteten Lernleistungen

● *die Zugänglichkeit*
des Lehrstoffes in Bezug auf seine
Transparenz, Lebensnähe, Kindgemäßheit

● *die methodischen Möglichkeiten*
die sich vom Lehrstoff aus anbieten
bzw. sinnvoll sind

Bedingungen:

➢ flexible Handhabung   ➢ Reihenfolge nicht bindend   ➢ Vollständigkeit nicht zwingend

Kernfrage:

„Warum sollen diese Schülerinnen und Schüler mit diesen vermuteten Interessen, Erfahrungen und Handlungszielen aus-
gerechnet an diesem Unterrichtsinhalt und mit diesen Methoden zu den angestrebten Lernergebnissen kommen."
(Meyer, H.1980)

■ Probleme und Grenzen:

● Gefahr der Überschneidung mit dem
Planungsbereich Sachstrukturanalyse

● Überbetonung des Lerngegenstandes bzw. des Lerninhalts

● eine für die Alltagspraxis relativ
aufwendige Planungsaufgabe

■ <u>Grundfragen an den Lerngegenstand:</u>
(der Ansatz von W. Klafki)

1. Frage: **Exemplarität**	"Welchen größeren bzw. welchen allgemeinen Sinn- oder Sachzusammenhang vertritt und erschließt dieser Inhalt? Welches Urphänomen oder Grundprinzip, welches Gesetz, Kriterium, Problem, welche Methode, Technik oder Haltung läßt sich in der Auseinandersetzung mit ihm 'exemplarisch' erfassen?"
2. Frage: **Gegenwartsbezug**	"Welche Bedeutung hat der betreffende Inhalt bzw. die an diesem Thema zu gewinnende Erfahrung, Erkenntnis, Fähigkeit oder Fertigkeit bereits im geistigen Leben der Kinder meiner Klasse, welche Bedeutung sollte er - vom pädagogischen Gesichtspunkt aus gesehen - darin haben?"
3. Frage: **Zukunftsbedeutung**	"Worin liegt die Bedeutung des Themas für die Zukunft der Kinder?"
4. Frage: **Analyse der Gegenstandsstruktur**	"Welches ist die Struktur des (durch die Fragen 1, 2 und 3 in die spezifisch pädagogische Sicht gerückten) Inhalts?"
5. Frage: **Zugänglichkeit**	"Welche sind die besonderen Fälle, Phänomene, Situationen, Versuche, in oder an denen die Struktur des jeweiligen Inhalts den Kindern dieser Bildungsstufe, dieser Klasse interessant, fragwürdig, zugänglich, begreiflich, 'anschaulich' werden kann?"

„Die didaktische Analyse soll ermitteln, worin der allgemeine Bildungsgehalt des jeweils besonderen Bildungsinhaltes liegt." (Klafki 1964)

Wesensmerkmale

- eine Anweisung zum unterrichtspraktischen Handeln;
- Freilegung der Gegenstandsstruktur; eine Didaktik im engeren Sinne, auf den Lerninhalt bezogen;
- eine Theorie für die Praxis, Lösungen zu begründen, Entscheidungshilfen anzubieten;
- kein Instrument zur vollständigen Unterrichtsvorbereitung; bildet aber den „Kern der Unterrichtsvorbereitung";
- das nach der 'Berliner Didaktik' weitverbreitetste Modell zur Unterrichtsplanung;

bildungstheoretischer Hintergrund

- Bildung findet durch die Begegnung des Menschen mit der kulturellen Wirklichkeit statt;
- Primat der Inhalte (vor der Methode); eine Theorie der sog. 'kategorialen Bildung' (Klafki);
- Bildung besteht aus der materialen (Objektseite, Inhalte, Wissensbesitz) und der formalen Komponente (Ausbildung der Kräfte, des Könnens); der Bildungsvorgang basiert auf der Beachtung dieser Doppelseitigkeit;

Konsequenzen

- Beschränkung auf den inhaltlichen Bereich des Lernens;
- bezieht den Schüler in die Überlegungen über die Inhalte ein (Schüler ist Bezugsgröße); Ziel: der gebildete Laie, Vorwegnahme der zukünftigen Existenz;
- in der Praxis teilweise zu spezifisch gebraucht, Gefahr der formalen Verwendung des Frage-rasters;
- Vernachlässigung des prozessualen Charakters des Lernens;

■ das weiterentwickelte Modell:

(Vorläufiges) Perspektivenschema zur Unterrichtsplanung (Klafki, 1980):

Bedingungsanalyse: Analyse der konkreten, sozio-kulturell vermittelten Ausgangsbedingungen einer Lerngruppe (Klasse), des/der Lehrenden sowie der unterrichtsrelevanten (kurzfristig änderbaren oder nicht änderbaren) institutionellen Bedingungen, einschließlich möglicher oder wahrscheinlicher Schwierigkeiten bzw. "Störungen":

↓	↓	↓	↓
(Begründungs-zusammenhang)	(themat. Strukturierung)	(Bestimmung von Zugangs- und Darstellungsmöglichkeiten)	(method. Strukturierung)

1 Gegenwartsbedeutung

2 Zukunftsbedeutung

3 exemplarische Bedeutung, ausgedrückt in den allgemeinen Zielsetzungen der U-Einheit, des Projekts oder der Lehrgangssequenz

4 thematische Struktur (einschl. Teillernziele) und soziale Lernziele

5 Erweisbarkeit und Überprüfbarkeit

6 Zugänglichkeit bzw. Darstellbarkeit (u.a. durch bzw. in Medien)

7 Lehr-Lern-Prozeß-struktur verstanden als variables Konzept notwendiger oder möglicher Organisations- und Vollzugsformen des Lernens (einschl. sukzessiver Abfolgen) und entspr. Lehrhilfen, zugleich als Interaktionsstruktur und Medium sozialer Lernprozesse

der didaktische Hintergrund

■ das Anliegen:

- als Planungsinstrument dem Erkenntnisfortschritt anpassen:
  - für die Erfassung lernzielorientierter Lehrpläne (früher waren es inhaltsorientierte)
  - Einbeziehung anderer relevanter didaktischer Theorien (nicht nur der bildungstheoretischen);
- Entwicklung eines Alternativkonzepts zur lerntheoretischen Didaktik;
- die ursprüngliche Didaktische Analyse weiterfassen (Klafki: "Did.- meth. Analyse und Konstruktion");
- ein allg. Instrument zur Unterrichtsplanung schaffen;
- soll als Instrument geeignet sein, Entscheidungen über alle Dimensionen des Unterrichts treffen zu können.;

■ die Änderungen:

- nun 7 Fragen statt bisher 5;
- nun Beachtung der Eingangsbedingungen (Bedingungsanalyse), insbesondere des soziokulturellen Aspekts;
- nun Primat der Zielsetzung (vorher Primat des Inhalts);
- nun Emanzipation (vorher: der gebildete Laie); Schritte: über Lernziele der U-fächer und Erziehungsziele (z.B. Kritik-/ Kommunikationsfähigkeit) zur Emanzipation;
- nun Überprüfbarkeit des Lernens (Leistungskontrolle);
- nun Frage nach der Prozeßstruktur des Lernablaufs;
- nun Unterricht als Interaktionsprozeß (vorher: Bildungsprozeß);

■ die Einflüsse:

- lerntheoretische Didaktik: Übernahme der Bedingungsanalyse, der Prozeßstruktur des Unterrichts; Didaktik kann nur im weiteren Sinne interpretiert werden; Übernahme des Lernbegriffs;

- kommunikative Didaktik: Übernahme der gesellschaftspolitischen Aspekte; Unterricht ist ein Prozeß der Interaktion, der Zielgedanke ist die Emanzipation;

- curriculare Didaktik: Übernahme der Zielorientierung, der Überprüfbarkeit, der Lernzielhierarchisierung;

die Absichten

die aktuellen Strömungen der Didaktik einzubeziehen und zu einem Ausgleich zu bringen, sie als einander ergänzend aufzufassen; ein pragmatisches Instrument für die Planung von Unterricht zu schaffen.

■ Phasen bzw. Schritte zur Ermittlung der Lernziele:

Erster Schritt:	→	Spontanermittlung mit Hilfe der angebotenen Lerngegenstände (Lerninhalt bzw. Stoff bzw. Unterrichtsthema);	→ *mögliche fachbezogene Lernziele* ergibt: z.B. 15 Teillernziele;
↓			
Zweiter Schritt:	→	Projektion der Teilziele bzw. der Feinziele auf das im Lehrplan verbindlich vorgegebene Groblernziel; anschließend Formulierung des Hauptlernziels der Unterrichtsstunde;	→ *erster Filter* ergibt: z.B. 15 Teillernziele minus 5 Teillernziele, da diese das Groblernziel nicht abdecken können;
↓			
Dritter Schritt:	→	Projektion der Teillernziele auf den "sachstrukturellen Entwicklungsstand" (= lernaufgabenbezogene Leistungsfähigkeit des Schülers);	→ *zweiter Filter* ergibt: 10 Teillernziele minus 4 Teillernziele, da diese die Leistungsfähigkeit der Schüler überfordern;
↓			
Vierter Schritt:	→	Projektion der Teillernziele auf die Lernzieldimensionen (kognitiv, affektiv, psychomotorisch-instrumental); Überprüfung dieser;	→ *dritter Filter* ergibt: 6 Teillernziele plus 1 affektives Teillernziel, das im inhaltlichen Zusammenhang z.B. übersehen wurde;
↓			
Fünfter Schritt:	→	Ermittlung sinnvoll umsetzbarer fachübergreifender Lernziele; Ergänzung durch diese;	→ *vierter Filter* ergibt: 7 Teillernziele plus 1 fachübergreifendes Teillernziel (z.B. in Kooperation arbeiten);
↓			
Sechster Schritt:	→	Anordnung der ermittelten Teillernziele für die Unterrichtsstunde; primärer Anordnungsgesichtspunkt ist die Motivationsstärke des Inhaltselements des Lernziels;	→ *definitive Lernziele* 8 Teillernziele werden durch reflektiert geplante methodische Strategien zu erreichen versucht;

■ praxisrelevante Hierarchisierung der Lernziele:

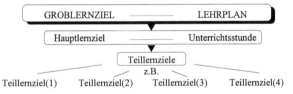

GROBLERNZIEL ———— LEHRPLAN

Hauptlernziel ———— Unterrichtsstunde

Teillernziele
z.B.

Teillernziel(1)　　Teillernziel(2)　　Teillernziel(3)　　Teillernziel(4)

■ Regeln für die Formulierung von Lernzielen:

♦ Beachte den Lernleistungsanspruch, der durch das verwendete Verbum zum Ausdruck gebracht wird; er erfaßt einfache und anspruchsvolle Denkakte (Problemlösestrategien)!

♦ Beachte die verschiedenen Lernzielbereiche: die kognitive, die emotional-affektive, die psychomotorisch-instrumentale Dimension!

♦ Beachte neben den themenspezifischen auch fachübergreifende Lernziele!

♦ Beachte die Abdeckung (Passung) des Hauptlernziels der Unterrichtsstunde durch die Teillernziele!

♦ Beachte die Abdeckung (Passung) des Groblernziels durch die (oder das) Hauptlernziel(e)!

♦ Vermeide unnötige Formulierungen, wie 'die Schüler sollen ...können'!

♦ Vermeide die Operationalisierung der Lernziele, da dieser Vorgang für die Praxis wesensfremd ist!

♦ Verwende möglichst unmißverständliche, aussagekräftige Verben zur Erfassung der Lernleistung (Qualifikationen)!

♦ Beachte das Inhaltselement unter dem Gesichtspunkt seiner präzisen, begrenzten und möglichst konkreten Erfassung!

♦ Vermeide wenig aussagekräftige Verben wie kennen, erkennen, einsehen, machen, vertraut sein, Gefallen finden u.ä.!

♦ Beachte, daß für die konkrete Unterrichtsstunde das Erreichen nur eines Lernziels ebenso angemessen sein kann wie das von fünf oder neun!

♦ Vermeide die Typisierung der einzelnen Lernziele! Dies kann häufig nicht eindeutig vorgenommen werden und wird mitunter aus der individuellen Sichtweise und Schwerpunktsetzung durchaus unterschiedlich erfolgen.

WERT UND BEDEUTUNG DER LERNZIELE

- Die Erfassung der Denkakte der Schüler am Lerninhalt -

■ Richtziele:

... Toleranz, ... Kreativität, ... Verantwortungsbewußtsein, ... Urteilsvermögen, ... Kooperationsfähigkeit, ... Mündigkeit, ... Sozialkompetenz, ... Selbständigkeit, ... Ehrfurcht vor Gott,
...Achtung vor der Würde des Menschen u.a.

■ Grobziele:

... Sicherheit bei der Zeichensetzung, ... Überblick über die Ursachen des Investiturstreits, ... Fähigkeit, mit
Bruchzahlen zu rechnen, ... Verständnis der Anpassungsmechanismen verschiedener Säugetiere an den Lebensraum, ... Einsicht in die Sozialstruktur der Entwicklungsländer in Zentralafrika, ... Kenntnis der Standortfaktoren
des mittelenglischen Industriereviers, ... Einblick in die Auseinandersetzung der Küstenbewohner mit den Naturgegebenheiten u.a.

■ fachübergreifende Teilziele:

... in Kooperation arbeiten, ... zielführend diskutieren, ... Aufgaben eines Arbeitsblattes selbständig bearbeiten, ... Unterrichtsergebnisse mit Hilfe einer Stichwortreihe erfassen, ... Strukturskizzen verschiedener Art mit eigenen Worten interpretieren, ...
aktiv an einem Gespräch teilnehmen, ... aus Nachschlagewerken Informationen entnehmen, ... den Stundenverlauf protokollieren, ... Problemfragen formulieren, ... Informationen zusammenfassen, ... Hypothesen aufstellen, ... zwei Erscheinungen vergleï-
chen, ... Sachverhalte nach Ordnungsgesichtspunkten gruppieren, ... ein Schlagwortverzeichnis zielführend gebrauchen, ... einen
Experten befragen u.a.

■ kognitive Teilziele:

... die Rodung des tropischen Regenwaldes kritisch beurteilen, ... eine
direkte Rede in eine indirekte Rede
umformen, ... die grundlegenden Regeln für die äquivalente Umformung
von Gleichungen nennen, ... die Sinnlo-
sigkeit militärischer Auseinandersetzungen begründen, ... soziale Folgen
für Alkoholgefährdete ermitteln und
beurteilen, ... Ursachen der Schadstoff-
belastung unserer Nahrungsmittel nennen, ... Vor- und Nachteile einer Tra-
bantensiedlung gegenüberstellen, ...
Beispiele von Mutationen nennen und
beschreiben u.a.

■ instrumentale Teilziele:

... sozial-geographische Informationen
aus einer Tabelle entnehmen, ... eine
historische Szene durch Rollenspiel
darstellen, ... die unterschiedliche Aus-
dehnung verschiedener Metalle durch
Versuche überprüfen, ... ein Getreide-
korn mit der Lupe untersuchen, ... mit
Hilfe der Maßstabsleiste die Entfernung
der Ostfriesischen Inseln vom Festland
ermitteln, ... das Lesestück "Der Deich-
bruch" in Hauptabschnitte gliedern, ...
im Sandkasten einen Kratervulkan
modellieren, ... Sätze im Lesekasten
setzen u.a.

■ emotionale Teilziele:

... aus der Kenntnis der Preisbil-
dungsfaktoren zu einem kritischen
Verbraucherverhalten kommen, ...
Betroffensein über die Ernährungslage
in Äthiopien, ... Aufgeschlossenheit
für den Schutz der Natur, ... Freude am
rhythmischen Gestalten empfinden, ...
Überzeugtsein von der Notwendigkeit
des sparsamen Umgangs mit Energie
und Rohstoffen, ... auf Probleme der
Übertechnisierung aufmerksam werden
u.a.

■ Lernzielerfassung für die konkrete Unterrichtsstunde:

(vgl. dazu: Handbuch der Unterrichtsgestaltung, Wellenhofer W.(Hg.), Band 2, S.176 und Band 8, S.232)

z.B.
Unterrichtsthema:
Das Geheimnis der Kastanienknospe
Hauptlernziel:
Erkennen, daß in der Knospe Blatt- und Blütenanlagen über-
wintern, um rechtzeitiges Blühen und Reifen zu ermöglichen;
Teilziele:
... die Teile der Kastanienknospe unterscheiden,
... die Begriffe Knospe, Hüllschuppen, Blatt und Blütenanlagen zuordnen,
... die Schutzfunktion der Hüllschuppen ableiten,
... die Knospe untersuchen und ihren Aufbau zeichnen,
... eine Langzeitbeobachtung durchführen, um den Wachs-
tumsprozeß der Knospe zu verfolgen,
... durch die Beschäftigung mit der Natur Aufgeschlossenheit und Freude empfinden;

z.B.
Unterrichtsthema:
Warum liegt das größte Industriegebiet der USA im Bereich
der Großen Seen?
Hauptlernziel:
Kenntnis der geographischen und ökonomischen Bedingungen
für das Entstehen eines großen Industrieraums;
Teilziele:
... mit Hilfe verschiedener Medien die natürlichen Voraussetzungen für das Entstehen des Manufacturing Belt ermitteln,
... die Bedeutung des Sankt-Lorenz-Stroms begründen,
... eine inhaltsspezifische Problemfrage formulieren und
sachangemessene Hypothesen aufstellen,
... den Industrieraum unter dem Aspekt des großen Bedarfs
an Arbeitskräften analysieren und beurteilen,
... Nachteile einer engen wirtschaftlichen Verflechtung in
Krisenzeiten offenlegen und diskutieren;

das entdeckende Verfahren - das Projektverfahren - das induktive Verfahren - das deduktive Verfahren - das gruppen-unterrichtliche Verfahren - der handlungsorientierte Unterricht - das historisch-genetische Verfahren - der Lehrgang

■ Unterrichtsmethoden als Entscheidungsfeld:

Unterrichtsmethoden sind „die Organisations- und Vollzugsformen des Lehrens und Ler-nens" (Klafki 1976), sie dienen dazu, „dem Lehrer erfolgreiches Lehren und dem Schüler erfolgreiches Lernen zu ermöglichen". (Klafki 1970)

Nach Festlegung der pädagogischen Absichten und der Unterrichtsziele ist unter Einbeziehung verschie-dener Beeinflussungskriterien über das oder die Verfahren (Schritte, Strategien) zu entscheiden.

■ das Methodenrepertoire:

dazu zählen: ...

die **Artikulation**
zur phasischen Strukturierung des lernprozessualen Ablaufs

die **Lehrverfahren**
(oder Unterrichtskonzepte) als methodische Großformen mit
umfassender Reichweite (z.B. das Projektverfahren)

die drei **Lehrformen**
(darbietend, entwickelnd, aufgebend)
und die sie konkretisierenden monologischen, dialogischen und aufgebenden
Lehrakte

die **Sozialformen**
(Allein-, Partner-, Gruppen- und Hörblockarbeit; Kreis- und Halbkreisformation);
darüber ist bei jedem Lehrakt zu entscheiden

die **Unterrichtsmedien**,
die für alle methodischen Maßnahmen eine
effektvolle Unterstützung bieten können

■ Beeinflussungskriterien für methodische Entscheidungen:

... von der Art des Lerninhalts

... von der Handlungsfähigkeit seitens des Lehrers

... von der generellen di-daktischen Zielperspektive

... von der Leistungs-fähigkeit der Schüler

methodische Maßnahmen werden beeinflußt

... von der beabsichtigten Unterrichtsdramaturgie

... von organisatorischen, räumlichen und technischen Gegebenheiten

... von den Erziehungs- bzw. Bildungszielen

das rezeptive Verfahren - das praktische Lernen - die darbietend-gebende Lehrform - die erarbeitend-entwickelnde Lehrform - der offene Unterricht - das ganzheitlich-analytische Verfahren - die motivierend-aufgebende Lehrform

Erklärung - Diskussion - Erzählung - Bericht - Schilderung - Beschreibung - Demonstration von Gegenständen, Fertigkeiten, Vorgängen, skizzenhaften Darstellungen - gegenständlicher, verbaler, bildhafter Sachimpuls

■ mögliche und zu beabsichtigende Wirkungen:

- *Kategorie:*
  konzentriertes Zuhören
  und Mitdenken

- *Kategorie:*
  aufmerksames Beobachten

- *Kategorie:*
  zielführendes Denken

- *Kategorie:*
  kooperatives Arbeiten

**Unterrichtsmethoden
können und sollen
wirken auf die ...**

- *Kategorie:*
  angemessenes Versprachlichen

- *Kategorie:*
  folgerichtiges Anwenden

- *Kategorie:*
  kreatives Gestalten

- *Kategorie:*
  Lernförderung im
  kognitiven, instrumentalen
  und emotionalen Bereich

- *Kategorie:*
  seelisches Wohlbefinden
  (Psychohygiene, Lernklima)

**ABSICHT UND ZIEL
Handlungskompetenz des Schülers**

■ didaktische Zielperspektiven bzw. Entscheidungstendenzen:

Ausgangsüberlegung:
personale Handlungsgewichtung

bedeutet

angemessener und dosierter Wechsel zwischen

**Phasen der
Lehrerzentriertheit**   und   **Phasen der
Schülerdominanz**

ein dialektisches Spannungsverhältnis

„ ... von didaktischer Führung (Führung des Unterrichtsprozesses durch den Lehrer) und der im Unterrichtsprozeß notwendigen Selbsttätigkeit der Schüler." (Klingberg in Apel/Grünfeld 1982)

■ Fazit:

gegen
Methodenmonismus und Methodenkult

für
METHODISCHEN PLURALISMUS und FLEXIBILITÄT

Hauptaspekt
Führung: wo unbedingt nötig —————— **Selbsttätigkeit:** wo immer möglich

■ Probleme und Grenzen:

Übermaß an Sprachdominanz	←	auf seiten des Lehrers	→	mangelnde Souveränität in der Handhabung
Beschränkung auf rezeptives Lernverhalten	←	auf seiten des Schülers	→	fehlende oder unzureichende Lerntechniken
die (!) optimale Methode	←	Fehlannahmen	→	der (!) methodische Königsweg

Lern-, Plan-, Rollen-, Entscheidungsspiel - Unterrichtsfrage - Arbeitsaufgabe - Allein-, Partner-, Gruppenarbeit - Hörblock - Erarbeitungsgespräch - Verarbeitungsgespräch - Partnergespräch - Gruppengespräch

Unterrichtsplanung
- die Medienanalyse -

Arbeitsblatt - Prozentkreis - Schulfernsehen - Lichtbild - Diagramm - Sandkasten

■ Medienanalyse als lernprozessualer Planungsbereich:

„ Es gibt keinen Unterricht, in dem nicht bestimmte Medien eingesetzt werden, so daß für den Lehrer ein wesentliches Problem seiner Vorbereitung des Unterrichts die Frage ist, für welches Medium er sich jeweils entscheiden soll." (Peterßen 1982)

Medienanalyse

nach

| Sachstrukturanalyse | Didaktische Analyse | Zielgruppenanalyse | Lernzielanalyse | Methodenanalyse |

■ die Entscheidungsperspektiven:

Beurteilungsansätze für die zum
Einsatz geplanten Unterrichtsmedien

☐ **der personale Aspekt**
als
Entscheidungsperspektive

hier
wirken Unterrichtsmedien auf das
Lernverhalten

d.h.
sie können die Aufmerksamkeit steuern, die Konzentration stabilisieren, die Motivation stimulieren, das Interesse wecken, die Einschulung spezifischer Lerntechniken unterstützen ...

U N T E R R I C H T S M E D I E N

☐ **der sachinhaltliche Aspekt**
als
Entscheidungsperspektive

hier
erfassen Unterrichtsmedien den
Lerninhalt

d.h.
sie können das Unterrichtsthema bzw. einen Ausschnitt davon repräsentieren, veranschaulichen, zerlegen, betonen, ergänzen, begrenzen, vereinfachen, verlebendigen, problematisieren ...

Z I E L

Entwicklung von Lernleistungsfähigkeit bzw. von Qualifikationen

Z I E L

Gewinnen von Kenntnissen und Einsichten, Aufbau und Erweiterung von Wissen

A B S I C H T

Ermittlung der Wahrscheinlichkeit eines Lernzuwachses bzw. einer Lernförderung zum Zwecke der Steigerung der Lernkompetenz mit Hilfe der ausgewählten Unterrichtsmedien.

☐ **der Wechselwirkungsaspekt**
als
Entscheidungsperspektive

hier

„ ... die Entscheidung des Lehrers für den Einsatz eines Mediums ist nicht nur von Bedingungen sozialer und individueller Art sowie von Vorentscheidungen für Intentionen, Inhalte und Methoden abhängig, sondern sie wirkt auch auf diese zurück und macht unter Umständen veränderte Entscheidungen in allen anderen Dimensionen notwendig." (Peterßen 1982)

Zahlen - Landkarte - Schulfunk - außerschulischer Lernort - Experimentiergerät

Arbeitsbuch - Unterrichtsfilm - Folie - Tafelbild - originaler Gegenstand - Text

■ zu beachtende Bedingungen:

insbesondere

- das immer erforderliche konzentrierte Lern- bzw, Arbeitsverhalten;

- die emotionale Einstellung der Schüler zum Unterrichtsmedium (Anreizcharakter, Neuheitseffekt, mediale Schwellenangst);

- die Projektion des Unterrichtsmediums auf den Lernleistungsstand der Schüler (inhaltliche Vorkenntnisse, Motivierbarkeit, sprachliches Erfassungsvermögen, Begriffsverständnis, vorhandene Lerntechniken);

- die vermutlich ablenkenden, also nicht lernfördernden Darstellungselemente im Unterrichtsmedium;

- die notwendigen medienspezifischen Lern- (Erschließungs-) techniken;

- die gezielte Ausrichtung der Denkaktivitäten durch unmißverständliche, präzise und lösbare Arbeitsaufträge;

- die Berücksichtigung des Repräsentationsmodus der Information (Sprache, Bild, Symbol) in Bezug auf den kognitiven und instrumentalen Entwicklungsstand;

- die Ermittlung medialer Elemente, die eine Chance zur Person- und/oder Sachidentifikation für die Schüler bieten;

- die Zuordnung der Unterrichtsmedien zu den mit ihnen zu erarbeitenden Lernzielen;

- die technisch-organisatorischen Bedingungen (einwandfreie Funktion, Sicht- und Hörverhältnisse, ausreichende Zahl der Medien);

- die Erfassung und Festlegung der Teilinhalte des Unterrichtsthemas, die durch eine mediale Lernhilfe bewältigt werden können und sollen;

- die zu kalkulierende Lern- bzw. Bearbeitungszeit;

■ zu berücksichtigende Maßnahmen:

vor allem

- ◆ der originale Gegenstand bzw. die Realbegegnung als Strategie der ersten Wahl;

- ◆ die für die Erschließung des medialen Inhalts erforderlichen methodischen Maßnahmen und Strategien (Erarbeitungsgespräch, Arbeitsaufträge, Einzel-, Partner-, Gruppenaktivitäten, notwendige Ergänzungsmedien);

- ◆ die Entscheidung über den didaktischen Einsatzort (= Zeitpunkt der Verwendung);

- ◆ die häufig notwendige Reduzierung der durch das Unterrichtsmedium erfaßten Informationsmenge;

- ◆ das mögliche schüleraktive Engagement bei der Beschaffung, Herstellung und Gestaltung themenerschließender Unterrichtsmedien;

- ◆ die Nutzung der Vielfalt und die Reduzierung der Menge der Unterrichtsmedien (flexibler, dosierter Gebrauch);

- ◆ die Ermittlung der didaktischen Leistung (= Funktion) des jeweiligen Unterrichtsmediums (z.B. zur Problemstellung, Veranschaulichung, Elementarisierung, Zusammenfassung, Aktivierung, Lösungsfindung u.a.);

- ◆ die Festlegung der lehrerzentrierten und schülerdominanten Erschließungsphasen;

- ◆ die in der Regel immer erforderliche aktive sprachliche Auseinandersetzung mit dem medialen Inhalt (fragen, beschreiben, interpretieren, wiederholen, analysieren, diskutieren, darstellen);

- ◆ die visuelle Erfassung und merkbare Gestaltung der durch die Medienarbeit erzielten Lernergebnisse;

Nachschlagewerk - Zeichenschablone - Tabelle - Experte - Tonbandkassette

■ Qualitätskriterien bei der Medienwahl:

- Der Gliederungsaspekt -
Als wichtigstes Kriterium ist Aufbau und Struktur zu nennen:
übersichtlich und transparent, logisch und hierarchisch,
vernetzt und folgerichtig;

- Der Informationsaspekt -
Qualitätskriterien der Informationsmenge:
überschaubar, gebündelt und blockig erfaßt; begrenzt und
redundant, identifikationstauglich (Person- und/oder Sachidentifikation auslösend);

- Der Emotionsaspekt -
Emotionen, Gefühle, Einstellungen und Neigungen werden
mobilisiert, wenn die Inhalte interessant und attraktiv gestaltet sind; insgesamt: hohe Anmutungsqualität übt Lern-
reize aus, steigert die Aufmerksamkeit; der Lernerfolg mit
Medien wird durch positive Gefühle gefördert;

- Der Erfassungsaspekt -
Hier handelt es sich um die Frage der Übereinstimmung
(oder Interferenz) zwischen Bild und Wort bzw. zwischen
optischer und akustischer Informationserfassung; Berücksichtigung von Anschauung u n d Veranschaulichung der
erfaßten Erscheinungen;

■ Handlungsempfehlungen in der Fachliteratur:

• *bei Becker, G.:*
(Durchführung von Unterricht, Bd. II, Weinheim 1984)

1. "Rahmenbedingungen verbessern"
   (z.B. Sitzordnung, Gruppenbildung, Arbeitsbedingungen)
2. "Einsatzbereitschaft des Medienträgers prüfen"
   (Verfügbarkeit, Funktionstüchtigkeit, sachgerechte Be-
   dienung)
3. "Einsatz flexibel gestalten"
   (Offenheit für situativ erforderliche Umstellungen und Ab-
   änderungen der Einsatzplanung)
4. "Schüler auf Einsatz vorbereiten"
   (Vorkenntnisse ermitteln, Hinweise, Erklärungen geben,
   Begriffe erläutern)
5. "Beobachtungsaufträge erteilen"
   (Aufträge zur Wahrnehmungssteuerung bei nicht ganz-
   heitlicher Erfassung)
6. "Das Medium präsentieren"
   (fast immer erforderlich: vorausgehende, verständnisun-
   terstützende Hinweise)

7. "Den Präsentationsablauf strukturieren"
   (den Darbietungsvorgang gliedern, das Darbietungstempo
   auf die Schülerleistungen abstimmen, evtl. Einzelpassagen
   wiederholen)
8. "Den Präsentationsablauf unterbrechen"
   (für Schülerreaktionen, bei Wahrnehmungsschwierigkei-
   ten, zur Verständniskontrolle)
9. "Den Präsentationsablauf ganzheitlich gestalten"
   (zu Beginn des Lernablaufs oder am Ende das Medium
   geschlossen anbieten)
10. "Beobachtungen verbalisieren lassen"
    (Eindrücke, Überlegungen nach der Darbietung des Me-
    diums gesteuert oder ungesteuert versprachlichen)
11. "Gelegenheit zur Aussprache bieten"
    (Gespräch zur Informationsverarbeitung im Sinne der
    Verständnisgewinnung)
12. "Pannen gelassen hinnehmen"
    (mögliche Alternativen bei der Planung miteinbeziehen)

• *bei Glöckel u.a.:*
(Vorbereitung des Unterrichts, Bad Heilbrunn 1989)

„Die verfügbaren Medien sind zu sichten; sie sind auf ihre Leistungsfähigkeit und Aussagekraft, ihren Grad an Anschaulichkeit
oder Abstraktheit, ihre wechselseitige Ergänzungsfähigkeit oder Ersetzbarkeit zu prüfen und dementsprechend auszuwählen. ...
Der 'didaktische Ort', der Zeitpunkt und die Art des Einsatzes sind zu klären. Wo immer möglich und sinnvoll, sind die primäre
Erfahrung, die Realbegegnung, der unmittelbare Gegenstandsbezug zu bevorzugen. Der ergänzende Einsatz von Medien (z.B.
Modellen, Schaubildern) kann dabei wichtig sein. Gründlich vertiefende Arbeit von wenigen, gut ausgewählten Medien ... ist
erfolgreicher als rascher, oberflächlicher Wechsel vieler Medien."

■ Grundsätzliche Einstellung zur Medienverwendung:

Unterrichtsmedien dienen dem Lernen

(nicht der unverbindlichen Unterhaltung)

deshalb

MEDIENVIELFALT NUTZEN - MEDIENMENGE DOSIEREN - VERARBEITUNGSVORGANG INTENSIVIEREN

UNTERRICHTSORGANISATION

Betrachtet man mit etwas Abstand und wenig Fachkenntnis die derzeit aktuellen offenen Unterrichtskonzepte in der Praxis, so könnte man den Eindruck gewinnen, daß es sich um reine Organisationsaufgaben handelt und nicht um ein methodisch durchdachtes unterrichtspsychologisch begründetes Vorgehen. Die häufig zitierte Formel vom 'Lehrer als Organisator von Lernprozessen' ist solange nicht zu akzeptieren, bis man umfänglich ergänzt, daß alle organisatorischen Maßnahmen zureichende methodische Überlegungen und pädagogische Legitimation voraussetzen, daß sie von eindeutigen Zielvorgaben bestimmt und von lernfördernden psychologischen Gesetzlichkeiten getragen werden. Unterrichtliche Organisationsformen sind immer nur das äußere sichtbare Erscheinungsbild eingehender didaktischer, methodischer, unterrichtspsychologischer Überlegungen aus der übernommenen pädagogischen Verantwortung heraus.

225   **Die Artikulation.** Diese Frage zielt auf die notwendige und mögliche Gliederung des Unterrichtsverlaufs nach Zeitphasen oder Schritten. Als ein sich dynamisch entwickelnder Prozeß ist das Unterrichtsgeschehen nach seiner zeitlichen Abfolge zu strukturieren. Dafür gibt es Artikulationsmodelle, allgemeine, also vermeintlich generell verwendbare und differenzierende, die auf die Art des Lernprozesses, des Lerninhalts oder Unterrichtsfaches abgestimmt sind. Letztlich lassen sich alle Artikulationsvorschläge auf drei sog. unterrichtliche Grundakte reduzieren, die bei allen erarbeitenden Lernprozessen zu beachten sind. Fast immer ist eine differenzierte Erfassung dieser Grundakte durch eine sie konkretisierende Schrittabfolge notwendig. Die Bezeichnung jeder Stufe drückt dann die didaktische Absicht des einzelnen Unterrichtsschrittes in Verbindung mit einem bestimmten Lerninhaltsausschnitt aus.

Einen allgemein gültigen Ablauf kann es nicht geben, da zu viele Abhängigkeitsfaktoren zu beachten sind, der Unterrichtsstoff selbst, die generelle didaktische Zielperspektive, der jeweilige Entwicklungsstand der Schüler, lernpsychologische Gesetzmäßigkeiten, äußere Gegebenheiten und nicht zuletzt die methodische Handlungskompetenz des Lehrers.

Die momentane wissenschaftstheoretische Position läßt sich durch zwei wesentliche Annahmen umschreiben. Unterricht, gleich ob als traditionelle Unterrichtsstunde geplant oder in Gestalt eines methodischen Großkonzepts organisiert, ist ohne die Beachtung einer bestimmten Zeitabfolge gestaltlos und uneffektiv. Diese sequentierte Strukturierung ist von der Art des Lernprozesses abhängig; dafür bietet die Fachliteratur eine Reihe wertvoller Überlegungen an.

228   **Die Eröffnungsphase.** Für sie gibt es eine große Zahl unterschiedlicher Bezeichnungen. Man muß dabei unterscheiden, ob es sich um einen diese Kernphase treffenden Begriff oder um Bezeichnungen für mögliche Artikulationsstufen handelt. Mißverständlich und unzutreffend ist der Terminus Motivationsphase. Einmal könnte damit der Eindruck erweckt werden, daß nur in dieser Stufe auf eine ausreichende Lernmotivation geachtet werden muß. Außerdem würde diese Bezeichnung nicht die mehrfache Funktion der Eröffnungsphase wie Prozeßinitiierung, Interaktionsoptimierung und Zielökonomisierung ausdrücken.

Die beiden lernpsychologischen Kernfunktionen dieser Phase sind das Begrenzen des Denkfeldes (z.B. durch eine Problembegegnung) und die Ausrichtung der Denkaktivitäten (z.B. durch die Formulierung einer Problemfrage). Zwei Grundtypen können unterschieden werden: der Einstieg im Sinne eines sachlich-linearen Gegenstandsbezugs und die Einstimmung, die auf eine die Ausgangslage beeinflussende emotionale Betroffenheit abzielt.

Bei der Gestaltung gibt es eine Vielzahl konzeptioneller Bedingungsvariablen zu beachten. Gleich, ob die Eröffnungsphase lehrer- oder schülerzentriert organisiert wird, ob sie verbaldominant oder medienakzentuiert gestaltet ist, es stehen zahlreiche Maßnahmen in enger Verbindung mit sachbezogenen Motivationselementen zur Verfügung, die durch die aufgeführten Lehrakte umgesetzt werden können.

232   **Die Erarbeitungsphase.** Es ist im Grunde nicht möglich, für diese Kernphase spezifische Gestaltungsüberlegungen anzustellen, zu vielfältig ist ihr Erscheinungsbild. Es gibt Lernprozesse, wo die Gewinnung neuer Einsichten im Mittelpunkt steht, wo es um die Entwicklung von Qualifikationen oder um die Ausbildung von Einstellungen geht; kognitive Leistungen sind dabei immer erforderlich. Das bedingt, daß die unterrichtlichen Aktivitäten stets auf die Offenlegung der Struktur des anstehenden Themas gerichtet sind. Die zentrale Aufgabe dieser Phase ist demnach das einsichtige Lernen, das ein Hineinsehen (können) in das Thema ermöglichen soll, was eine Herausarbeitung oder Darstellung von Aufbau, Gliederung und Ordnung der das Thema konstituierenden Elemente bedingt. Alle einschlägigen Publikationen betonen Bedeutung und Wert von Transparenz und Überschaubarkeit für die Erarbeitung und Gewinnung von Unterrichtsergebnissen jeglicher Art. Das Verstehen, das Zur-Einsicht-Gelangen verlangt nach Beachtung der Strategie des Strukturierens.

234   **Das Begriffslernen.** Begriffe, als sprachliches Instrument, werden oft als Bausteine des Denkens bezeichnet. Sie sind in jedem Unterrichtsfach von Lernrelevanz und müssen demnach im Rahmen der Gewinnung neuer Einsichten methodisch erarbeitet werden. Die Frage, um welche Begriffe es sich bei einem Lerngegenstand handelt, wird auch von den spezifischen Vorkenntnissen der jeweiligen Lerngruppe her zu entscheiden sein.

Die für das Verständnis und die Anwendung der Unterrichtsergebnisse erforderlichen Begriffe sind als Lernziele bei der Planung des Unterrichts zu erfassen. Durch lehrerdominante oder schüleraktive Bemühungen sind sie hinsichtlich ihrer begriffsrelevanten Merkmale und ihrer Vernetzung mit dem Begriffsumfeld zu erarbeiten. Dazu stehen mehrere methodische Maßnahmen zur Verfügung, über deren Einsatz insbesondere vom kognitiven Entwicklungsstand her zu entscheiden sein wird. Besonderen Wert besitzt für die klare Ausbildung einer Begriffsstruktur eine visuell erfaßbare ikonische Begriffsaufbereitung.

236 **Das Regellernen.** Regelkenntnis setzt die Schüler in die Lage, Aufgaben, Fragen und Probleme zu lösen. Bei der Erarbeitung von sprachlichen Regeln, naturwissenschaftlichen Gesetzen oder mathematischen Formeln ist es angebracht, von möglichst lebensnahen Fällen auszugehen und sie dann an konkreten Beispielen zu verifizieren. Es hängt insbesondere von der Komplexität der Regel und der Lernleistungsfähigkeit der Schüler ab, für welche der möglichen Handlungsstrategien man sich entscheidet. In vielen Fällen ist das induktive Verfahren die zweckmäßigere Vorgehensweise, weil während des gesamten Entwicklungsprozesses die Wirklichkeitsnähe gegeben ist.

238 **Das Problemlösen.** Diese anspruchsvollste Lernart ist für die Entwicklung der Lernfähigkeit deshalb unverzichtbar, weil sie auf die Entfaltung der Denkfähigkeit und Kreativität zielt. Durch das problemlösende Lernen werden neue Einsichten und Erkenntnisse erarbeitet und Lösungsstrategien, Lösungswege und instrumentale Lernleistungen entwickelt. Hinsichtlich der zu beachtenden Stufenfolge sind die Phasen Problemstellung, Problemerhellung, Problembewältigung und Lösungsevaluation zu unterscheiden. Spezifische methodische Maßnahmen helfen auftauchende Probleme zu minimieren.

240 **Die Sicherungsphase.** Aus Gründen der pädagogischen Verantwortung wird sich jeder Lehrer nach der Erarbeitung der Unterrichtsergebnisse durch besondere Maßnahmen um die langfristige Abspeicherung und die zuverlässige Anwendungssicherheit der neuen Kenntnisse oder Fähigkeiten bemühen. Sicherung oder Festigung ist dafür die treffendere Bezeichnung, wobei es bei kognitiven Lernresultaten um das Einprägen, bei psychomotorisch-instrumentalen um das Einüben geht. Für die Bewältigung dieser Kernphase gibt es zahlreiche Strategien aus den Bereichen Eindruckswirkung, Ausdrucksgestaltung, Wiederholungs- und Anwendungsformen. Die Zusammenstellung der methodischen Maßnahmen zeigt die große Zahl von Möglichkeiten, die Unterrichtsarbeit an dieser Stelle zu effektivieren; daneben muß noch die besondere Aufmerksamkeit auf die merkbare Gestaltung des Unterrichtsergebnisses gerichtet sein.
Bezüglich des didaktischen Ortes von Sicherungsstrategien gibt es prinzipiell zwei Möglichkeiten. Am häufigsten werden Bemühungen dieser Art als geschlossener dritter unterrichtlicher Grundakt organisiert. Bei differenzierteren bzw. faktenreichen Lernergebnissen empfiehlt sich, Sicherungsmaßnahmen als integrierte Lehrschritte innerhalb der Erarbeitungsphase durchzuführen.
Gerade für die Sicherungsphase ist die Beachtung einschlägiger Lerngesetze unabdingbar.

245 **Die Sozialformen.** Durch sie wird die personale Konstellation der das Lehr-Lerngeschehen tragenden Partner sichtbar. Sie besitzen neben der organisatorischen Bedeutung besonderen Wert als Mittel zur Erreichung pädagogischer Zielsetzungen. Bei der Planung des Unterrichts ist über die Sozialformen in engem Zusammenhang mit den Lehrakten zu entscheiden, kann doch ein Auftrag, ein Bild auszuwerten, gemeinsam durch Frontalunterricht, in Partnergruppen oder in Einzelarbeit bewältigt werden. Allgemein kann gesagt werden, daß die zu vermutende erhöhte Chance auf ein richtiges Lernergebnis die Sozialform bestimmt. Je schwieriger eine Aufgabenstellung ist, umso notwendiger wird das gemeinsame Bemühen aller Lernpartner sein.

246 **Der Frontalunterricht.** Diese Sozialform, auch als Hörblock bezeichnet, ist nach wie vor die in der Alltagspraxis am häufigsten verwendete Arbeitsform. Sie hat für bestimmte didaktische Zielsetzungen durchaus ihre Berechtigung, sollte aber schrittweise durch andere Sozialformen ergänzt bzw. abgelöst werden.

247 **Die Alleinarbeit.** Durch individuelle Lernbemühungen kann der Schüler sein Lernverhalten und Arbeitstempo selbst steuern, außerdem wird ihm unmittelbar der Stand seiner Leistungsfähigkeit bewußt. Die zu bewältigenden Aufträge müssen Lösbarkeit signalisieren, um Lernängsten und Frustrationen vorzubeugen. Bei den ersten Bemühungen werden wohl Sicherungs- und Übungsaufgaben im Mittelpunkt stehen, später dann die Erarbeitung neuer begrenzter Erkenntnisse.

248 **Die Partnerarbeit.** Dem Grundbedürfnis nach sozialen Kontakten beim Lernen kann durch die Zusammenarbeit mit einem Lernpartner entsprochen werden. Sie können sich gemeinsam mit einer Aufgabe auseinandersetzen, sich unterstützen oder kontrollieren. Bedingung für ein erfolgreiches Lernen in Partnerarbeit ist ein notwendiges Maß an gegenseitiger Wertschätzung und kein zu großer Leistungsunterschied.

249 **Die Gruppenarbeit.** Diese Sozialform ist vor allem für die offenen Unterrichtskonzepte von besonderem Wert; sie ist für den Projektunterricht ebenso als Organisationsform des Lernens erforderlich wie für das entdeckende oder praktische Lernen. Aber auch für die geschlossenen Verfahren bietet sich die Gruppenarbeit aus pädagogischen Gründen und für didaktische Zielsetzungen an.

Die Entscheidung für diese Sozialform sollte in erster Linie von der Möglichkeit zur Entwicklung und Anwendung von Qualifikationen aus den Bereichen Arbeitsverhalten, Arbeitstechniken und Interaktionsstrategien geleitet werden.

Aufgrund ihrer zeitlichen Umfänge sollten Gruppenarbeit als Sozialform und Gruppenunterricht als Unterrichtskonzept unterschieden werden.

250 **Die Halbkreis- und Kreisformation.** Gerade zur Entwicklung der Kommunikationsfähigkeit im Rahmen einer größeren Gesprächsrunde eignet sich diese Sozialform. Der Gesprächsinhalt oder -gegenstand muß durch seine Art zur Stellungnahme herausfordern. Die visuell erfaßbare Fixierung wesentlicher Beiträge unterstützt die Konzentration auf den Gesprächsinhalt und den Gesprächsverlauf.

251 **Die methodische Verlaufsplanung, der Stundenentwurf.** Die geplante Organisation von unterrichtlichen Lernprozessen kann damit fixiert werden. Die daran zu stellenden konzeptionellen Forderungen betreffen einerseits die äußere Form, andererseits die methodische Gestaltung. Wesentlich erscheinende Überlegungen werden herausgestellt; dabei ist darauf zu achten, daß die erfaßten methodischen und organisatorischen Aspekte logisch und plausibel sind. Außerdem muß man sich immer bewußt sein, daß es sich bei jeder Organisationsplanung nur um „ein Konstrukt auf Widerruf" handeln kann. Die subjektiven Eingangsgegebenheiten und die individuellen Aktionen und Reaktionen der Schüler in der konkreten Lernsituation sind nur begrenzt antizipierbar.

252 **Die Prozeßplanung als Implikationszusammenhang.** Jeder Lernprozeß besteht aus zwei Dimensionen. Die Sequenz erfaßt die phasische, stufige Abfolge, die Interdependenz den wechselseitigen, widerspruchsfreien Bezug zwischen der didaktischen Absicht der einzelnen Unterrichtsstufe, den Lerninhaltsausschnitt, den Lehr- und Lernakten, den Sozialformen und den Unterrichtsmedien.

Der stimmige Bezug zwischen Sequenz und Interdependenz wird als Implikationszusammenhang bezeichnet, der das Grundgerüst für Unterrichtsentwürfe jeglicher Art und Ausprägung bilden muß.

253 **Der Stundenentwurf mit Hilfe der Strukturgitterform.** Eine der zentralen Aussagen der Fachliteratur im Zusammenhang mit der Erstellung von Stundenentwürfen verweist auf die Tatsache, daß es „ein tragendes Strukturgefüge" geben muß, das dem Lehrer ein ausreichend hohes Maß für eine inhaltlich wie methodisch flexible Gestaltung seines Unterrichtsvorhabens erlaubt. Das hat nichts mit dem Begriff Schema zu tun, sofern es sich um ein Raster handelt, das alle lernprozessualen Gestaltungsabsichten, enge und offene, lehrer- und schülerzentrierte, logisch-stringente oder kreativ-spontane zuläßt. Die Umsetzung dieser leitenden wissenschaftstheoretischen Grundlage geschieht also durch die Beachtung der Stufenfolge (= Sequenz) in Verbindung mit den methodischen Konkretisierungsvariablen (= Interdependenz).

254 **Formen und Vorschläge für Stundenentwürfe.** In den einschlägigen Publikationen findet sich ein breites Angebot dafür, das sich in zwei große Kategorien fassen läßt. Die Strukturgitterform ist wohl die präziseste Art lernprozessuale Organisationsvorhaben zu fixieren. Die aufgeführten Beispiele sind an einigen Stellen nicht immer logisch (z.B. zuerst das erwartete Schülerverhalten und dann das geplante Lehrerverhalten). Außerdem fehlen häufig Hinweise zur Stufenfolge und die Verknüpfung der methodischen Variablen.

255 **Grundraster der Strukturgitterform.** Das hier wiedergegebene Strukturgefüge erfaßt alle erforderlichen Faktoren, ohne die ein Lernprozeß nicht geplant und durchgeführt werden kann. Wie die folgenden Unterrichtsbeispiele zeigen, kann dieses Raster für verschiedene Lerninhalte individuell, variativ und kreativ verwendet werden.

256 **Die Planungsnotiz als Konzept für Unterrichtsentwürfe.** Bei Beachtung der aufgeführten Bedingungen ist diese Form der Erfassung von lernprozessualen Organisationsvorhaben für die Alltagspraxis ein geeignetes Instrument.

257 **Die Beschreibungsform als Konzept für Unterrichtsentwürfe.** Diese Textform beachtet die bisher mehrfach erwähnten Strukturelemente. Probleme ergeben sich, wenn die Transparenz nicht zureichend Beachtung findet und die sprachliche Darstellung zu umfangreich gerät.

263 **Die Strukturgitterform als Konzept für Unterrichtsentwürfe.** Das am weitesten entwickelte Instrument zur Erfassung des Lehr-Lerngeschehens ist die Strukturgitterform, sofern Sequenz und Interdependenz angemessene Beachtung finden. Hervorzuheben sind unter anderem die Vermeidung von Gesprächsformulierungen und die Darstellung der Lernvorgänge der Schüler als Lern- und Denkakte. Eingehende Ausführungen dazu finden sich in der Publikation Wellenhofer, W., Handbuch der Unterrichtsgestaltung. Hier werden zu verschiedenen Unterrichtsfächern für die Primar- und Sekundarstufe I Unterrichtsentwürfe mit Hilfe der Strukturgitterform dargestellt.

Unterrichtsorganisation
- die Artikulation -

■ die terminologische Interpretation:

„Der Begriff der Artikulation ... bezieht sich auf die Einteilung des Unterrichts in verschiedene, voneinander unterscheidbare Abschnitte. Für diesen Sachverhalt werden in der Literatur Bezeichnungen verwendet, die zum Teil inhaltlich kongruent sind, zum Teil auch unterschiedliche Perspektiven akzentuieren: Artikulationsstufen, Unterrichtsphasen, Unterrichtsstufen, ... Formalstufen, ... Lehrstufen, Lehrschritte, Arbeitsstufen, Lernschritte, Lernphasen u.a. „
(Wiederhold in Twellmann 1981)

■ der phänomenologische Begründungszusammenhang:

unterrichtliches Lernen ist ...

- ... geplant und systematisch
- ... kontinuierlich entwickelnd und zielorientiert
- ... lernpsychologischen Gesetzmäßigkeiten unterworfen

- ... auf Gliederung des Lerninhalts (Stoffstruktur) verwiesen

daher

- ... ein prozessualer Vorgang

nach seiner zeitlichen Abfolge strukturiert bzw. phasisch gegliedert

durch

A R T I K U L A T I O N

z.B.	z.B.	z.B.	z.B.
mit Hilfe allgemeiner, schematisierender Stufenmodelle	mit Hilfe verfahrensorientierter Stufenmodelle	mit Hilfe fachorientierter Stufenmodelle	mit Hilfe lernpsychologisch orientierter Stufenmodelle

Reduzierung auf Grundakte

- Stufen der Eröffnung
ERÖFFNUNGSPHASE
- Stufen der Erarbeitung
ERARBEITUNGSPHASE
- Stufen der Sicherung
SICHERUNGSPHASE

■ das Verhältnis von unterrichtlichen Grundakten und Unterrichtsstufen:

... aufgezeigt am Beispiel eines imaginären Unterrichtsprozesses

unterrichtliche Grundakte ↓	schrittweise Abfolge ↓	didaktische Absicht ↓	
ERÖFFNUNG	erste Stufe: zweite Stufe: dritte Stufe:	Anknüpfung Problemstellung Zielangabe	
ERARBEITUNG	vierte Stufe: fünfte Stufe: sechste Stufe: siebte Stufe: achte Stufe:	Problemanalyse Lösungsvermutung Ergebniserarbeitung Ergebnisgewinnung Ergebnisfixierung	methodische Handlungsakte zur Realisierung: Lerninhalte, Lehr- und Lernakte, Sozialformen, Unterrichtsmedien
SICHERUNG	neunte Stufe zehnte Stufe: elfte Stufe: zwölfte Stufe:	Vergleich Rekapitulation Anwendung Erfolgskontrolle	

Funktionen der Artikulation

▷ generelle, thematisch unabhängige Berücksichtigung von *drei* unterrichtlichen Grundakten bei Erarbeitungsprozessen und *zwei* (Eröffnung und Sicherung) bei sog. Übungs- und Wiederholungsstunden;

▷ Beachtung der schrittweisen, sequentierten Abfolge des Lernvorganges in aufeinander bezogene Stufen zur zielführenden Umsetzung der Grundakte;

▷ genaue Angabe der jeweiligen geplanten didaktischen Absicht bzw. des didaktischen Ziels jeder Unterrichtsstufe;

■ das Kernproblem:

? *kann es ein allgemeingültiges Stufenschema geben* **?**

geeignet

... für jedes Unterrichtsthema ... für alle Unterrichtsfächer ... für jede Altersstufe ... für jede didaktische Zielvorstellung ...

■ die vermeintliche Problemlösung:

durch

F O R M A L S T U F E N

z.B.

J. Herbart	T. Ziller	F. Dörpfeld	O. Scheibner	F. Huber	H. Bach	W.Correll	H. Roth
Klarheit Assoziation System Methode	Analyse Synthese Assoziation System Methode	Anschauung Denken Anwendung	Arbeitsziel setzen, Arbeitsweg planen, Arbeitsmittel bereitstellen, Arbeitsschritte durchführen, Arbeitsergebnis prüfen, bewerten, einordnen	Hinführung Darstellung Besinnung Verwertung	Hinwendung Vorbereitung Erarbeitung Vertiefung Befestigung Gestaltung Ablösung Entspannung	Motivierung Definierung spontane Verarbeitung logische Verarbeitung Verifizierung	Motivation Schwierigkeit Lösungsversuche Tun und Ausführen Behalten und Einüben Übertragung und Integration

Folgen ▷

schablonenhafter Gebrauch für alle Unterrichtsfächer bzw. für alle Unterrichtsthemen ohne Beachtung der unterschiedlichen kognitiven, instrumentalen, sozialen und emotionalen Entwicklungsstände der Schüler und der möglichen didaktischen Zielperspektiven;

denn

- *Problem:* schematisch-schablonenhafter Gebrauch
- *Problem:* Allgemeingültigkeitsanspruch
- *Problem:* einseitige Orientierung auf kognitive Prozesse
- *Problem:* mangelnde situative Flexibilität

„Die Annahme, daß jeder Unterricht nach einem bestimmten Schema ablaufen könne, muß als Fehlannahme bezeichnet werden (...). Es (gibt) kein Schema und (es) darf keines geben, das verbindlich gemacht werden könnte. Statt dessen wird empfohlen, die jeweiligen Lernvoraussetzungen, den Lerninhalt und mögliche Lernziele in den Blick zu nehmen, das Lernvermögen der Schüler und die zur Verfügung stehende Zeit zu berücksichtigen, um dann eigenständig eine Lehr-Lern-Folge zu konzipieren." (Becker, 1987[2])

- *Problem:* einseitige Berücksichtigung des zeitlichen Ablaufs (der Stufen) unter Mißachtung der zusätzlichen notwendigen Handlungsakte (Variablen der Interdependenz)
- *Problem:* Gleichschaltung aller Lerninhalte (Lyrik, Physik, Fremdsprachen etc.)

■ die Abhängigkeitsfaktoren der Artikulation:

- lernpsychologische Gesetzmäßigkeiten (Wahrnehmungs-, Erkenntnis-, Speichervorgänge)

- Art des Lerninhalts (Lyrik, Fremdsprachen, biologische Einsicht, physikalische Regel etc.)

- Methodenrepertoire des Lehrers (Lehrverfahren, Lehrformen, Lehrakte, Mediengebrauch etc.)

Phase der Eröffnung	1.Stufe: ....
	2.Stufe: ....
	3.Stufe: ....
	4.Stufe: ....
	5.Stufe: ....
Phase der Erarbeitung	6.Stufe: ....
	7.Stufe: ....
	8.Stufe: ....
	9.Stufe: ....
	10.Stufe: ....
	11.Stufe: ....
	12.Stufe: ....
Phase der Sicherung	13.Stufe: ....
	14.Stufe: ....

- spezielle und generelle didaktische Zielperspektiven (rezeptives Lernen, aktives Lernen, Projektverfahren etc.)

- individuelle, altersspezifische Entwicklungsstände (aufgabenbezogene Lernleistungsfähigkeit, Konzentration, Abstraktion, Eigenständigkeit etc.)

- materielle, organisatorische Gegebenheiten (Räumlichkeiten, Mobiliar, Medien, Unterrichtszeit etc.)

■ <u>Ansätze für eine angemessene Artikulation:</u>

Stufen-Gliederung nach der...

A R T   D E S   L E R N P R O Z E S S E S

(empfehlenswerte Artikulationsvorschläge siehe Literatur Glöckel)

♦ **nach Parreren** (1974):

- einsichtsförderndes Lernen (problemlösendes Verfahren)
- Festigung von Erkenntnissen (Sicherungsprozesse: mechanisieren, automatisieren, Anwendungssicherheit)

- Erwerb von Tatsachenkenntnis (Schritte der Kenntnisvermittlung)
- dynamisches Lernen (Ausbildung und Entwicklung von Einstellungen und Haltungen)

♦ **nach Prange** (1983):

☐ das Lektionsmodell
(Wissenserarbeitung)

☐ das pragmatische Modell
(Arbeitsunterricht)

☐ das Erlebnismodell
(Auseinandersetzung mit emotionalen Inhalten)

♦ **nach Glöckel** (1990)

➢ Einschulung von Fähigkeiten und isolierbaren Arbeitstechniken
➢ Lernen eines vorgegebenen Handlungsvollzuges, Erstellung eines eindeutig definierten Werkes
➢ Gestaltungsaufgaben mit offener Zielsetzung

➢ Lernen von Einzelkenntnissen, Informationen und Daten
➢ Vermittlung von Erlebniseindrücken bzw. Betroffenheit, Förderung der Wertempfänglichkeit
➢ Bewältigung komplexer Handlungsprobleme, Vorhaben, Projekte
➢ Handeln in offenen Strukturen, Lernen im Spiel

➢ Erwerb von begrifflich geordnetem Wissen, Regeln u.ä. in verständnisvoller Übernahme
➢ Einübung gedanklicher Vollzüge, "denkendes Üben"
➢ Auseinandersetzung mit konkurrierenden Sinndeutungen und Wertkonflikten, begründete Stellungnahme

➢ *Gewinnung selbstvollzogener Einsichten, Problemlösungsverfahren*

|

Artikulationsvorschlag:
- "Einstieg" mit einem konkreten, problematischen Phänomen
- ausführliche Entfaltung des Problems
- ausgedehnte Phase eigener Lösungsversuche in selbständiger Auseinandersetzung
- Akt der Einsicht (unverfügbar)
- Überprüfung des Ergebnisses, seine Rückführung aus dem verwickelten "Entdeckungszusammenhang" auf den klarlinigen "Begründungszusammenhang"
- Anwendung auf neue Fälle und Probleme

|

Unterrichtsthemen, z.B.:
Erarbeitung einer Problemlösung in Algebra, eines geometrischen Beweises, Nachentdecken eines physikalischen, ... biologischen, geographischen, historischen Zusammenhanges

➢ *Erfassen von Sinngebungen, Interpretationen*

|

Artikulationsvorschlag:
- (Einstimmung, oft hilfreich, nicht immer nötig)
- Begegnung mit dem Sachverhalt als Ganzem
- Deutungsversuche in selbständiger Auseinandersetzung, Klärung von Einzelheiten und Zusammenhängen, Besinnung auf die Zentralaussage in offener Reihenfolge
- persönliche Stellungnahme, Wertung, Kritik
- Fassung des Ergebnisses, Ausdruck

|

Unterrichtsthemen, z.B.:
Werkbetrachtung in Musik oder Kunst, Lesen von Literatur, Interpretieren historischer Quellen oder geographischer Karten; ... Analyse und Kritik von Aufsätzen ...

■ terminologische Abgrenzung:

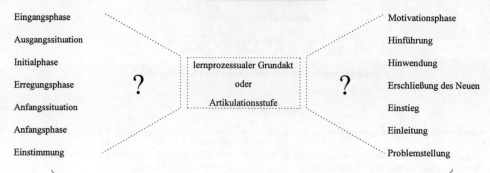

Eingangsphase	Motivationsphase
Ausgangssituation	Hinführung
Initialphase	Hinwendung
Erregungsphase	Erschließung des Neuen
Anfangssituation	Einstieg
Anfangsphase	Einleitung
Einstimmung	Problemstellung

lernprozessualer Grundakt
oder
Artikulationsstufe

Bezeichnungen für den lernprozessualen Grundakt:

Eingangsphase - Anfangsphase - Ausgangsphase - Anfangssituation - Initialphase u.ä.

Bezeichnungen für mögliche Artikulationsstufen:

Anknüpfung - Problemstellung - Zielangabe - Vorkenntnisermittlung - Einstieg

■ Ableitung:

Die Eröffnungsphase als erster unterrichtlicher Grundakt eines
Lernprozesses besteht aus verschiedenen, aufeinanderbezogenen
Artikulationsstufen (meist zwei bis vier).
Sie stellt kein isoliertes strukturelles Phänomen dar; vielmehr steht sie
in einem sachlich - inhaltlichen Begründungszusammenhang mit dem
gesamten Lernprozeß.

■ didaktische Absichten:

die Eröffnungsphase

zielt ab

auf die sachbezogene Ausrichtung der unterrichtlichen Bemühungen unter besonderer Beachtung der altersspezifischen
Interessen und der notwendigen auf Sacherschließung ausgerichteten Denkakte;

die Eröffnungsphase

dient der

PROZEßINITIIERUNG	INTERAKTIONSOPTIMIERUNG	ZIELÖKONOMISIERUNG
d.h.	d.h.	d.h.
Ingangsetzen eines Lernablaufs; Aufbau einer sachangemessenen Bedürfnisspannung;	Aktivieren einer engagierten und interessierten Mitarbeit;	Förderung der Ergebniserarbeitung im Sinne einer schnelleren und zuverlässigeren Gewinnung;

Unterrichtsorganisation
- die Eröffnungsphase -

■ die lernpsychologischen Kernfunktionen:

	Eröffnungsphase	
sachbezogen motivieren	– Initiierung sachbezogener Motivation: Aufbau einer Bedürfnisspannung; Weckung des Interesses für ein Problem; – Abgrenzung des Denkbereichs; – Mobilisierung lerngegenstandsbezogener Problemlösestrategien: kreatives Lösungsverhalten auslösen, Wahrnehmungs- und Handlungsaktivitäten ausrichten;	*begrenzen* *orientieren*

■ der binnenstrukturelle Aufbau:

Grundtyp	Begrenzung	Zielung
Funktionen	Abgrenzung des Denkbereichs, Eingrenzung des Emotionsbereichs, implicit: motivieren	Steuerung der Denkaktivitäten, Orientierung der Emotionalaktivitäten

Einstieg	Einstimmung
– enger sachlicher Bezug; einsteigen an einer bestimmten Stelle des Lerngegenstandes; – entscheidend: das Ausmaß der Intellegibilität und die Motivationsstärke des Inhaltselements;	zielt ab auf die subjektive Betroffenheit, auf die innere Teilhabe; Schaffung einer stimmungshaften Ausgangslage; Mobilisierung habitueller Einstellungen;

■ die konzeptionellen Bedingungsvariablen:

die lerngegenständlichen Variablen

Berücksichtigung der Art des Lerngegenstandes: z.B. ob dominant kognitiv (Kenntnisse), ob dominant psychomotorisch (Fertigkeiten), ob dominant emotional (Erlebnisse)

die Eröffnungsphase beachtet ...

die lernpsychologischen Variablen

Berücksichtigung von:
– Interessenlage (Wißbegierde)
– Motivationssensibilität
– Leistungsfähigkeit oder Leistungsbedürfnisse (Wahrnehmungs- und Konzentrationsleistung)
– Erfahrungsbereich (sachinhaltliche Kenntnisbasis, Vorkenntnisse)
– praktischem Gebrauchswert

die sachinhaltlichen Variablen

– dynamisch linearer Sachbezug
– anschaulich und wirklichkeitsnah
– zu Aktivitäten auffordernd
– fragenswert und problemhaltig

die didaktisch-konzeptionellen Variablen

Beeinflussung durch die Art der didaktischen Grundkonzeption:
– lehrerdominant: häufiger verbalorientiert
– schülerzentriert: häufiger medialorientiert

die lernprozessualen Variablen

Berücksichtigung des lernprozessualen Wesens der Unterrichtseinheit:
– Anfangs- bzw. Einführungsstunden
– Übungs- bzw. Sicherungsstunden

mögliche Umsetzung durch:

das Andersartige - das Überraschende - das Fragwürdige - das Unvollständige - das Rätselhafte
das Ungewöhnliche - das Unglaubwürdige - das Problematische - das Provozierende

Unterrichtsorganisation
- die Eröffnungsphase -

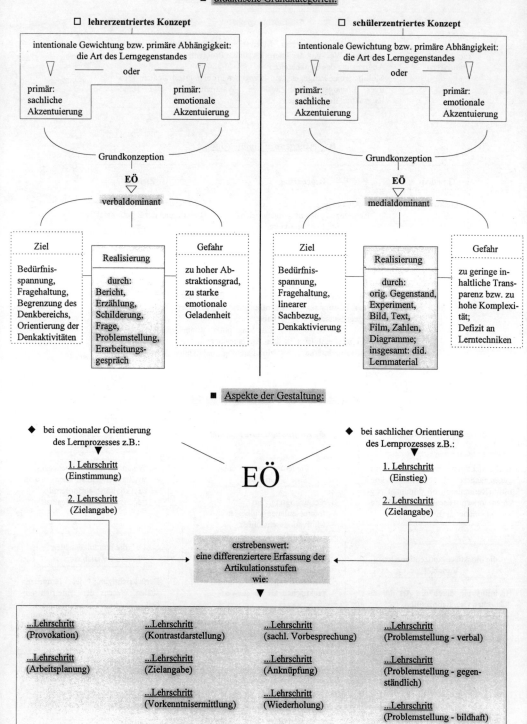

■ didaktische Grundkategorien:

☐ lehrerzentriertes Konzept

intentionale Gewichtung bzw. primäre Abhängigkeit:
die Art des Lerngegenstandes
oder

primär:
sachliche
Akzentuierung

primär:
emotionale
Akzentuierung

Grundkonzeption

EÖ
verbaldominant

Ziel

Bedürfnis-
spannung,
Fragehaltung,
Begrenzung des
Denkbereichs,
Orientierung der
Denkaktivitäten

Realisierung

durch:
Bericht,
Erzählung,
Schilderung,
Frage,
Problemstellung,
Erarbeitungs-
gespräch

Gefahr

zu hoher Ab-
straktionsgrad,
zu starke
emotionale
Geladenheit

☐ schülerzentriertes Konzept

intentionale Gewichtung bzw. primäre Abhängigkeit:
die Art des Lerngegenstandes
oder

primär:
sachliche
Akzentuierung

primär:
emotionale
Akzentuierung

Grundkonzeption

EÖ
medialdominant

Ziel

Bedürfnis-
spannung,
Fragehaltung,
linearer
Sachbezug,
Denkaktivierung

Realisierung

durch:
orig. Gegenstand,
Experiment,
Bild, Text,
Film, Zahlen,
Diagramme;
insgesamt: did.
Lernmaterial

Gefahr

zu geringe in-
haltliche Trans-
parenz bzw. zu
hohe Komplexi-
tät;
Defizit an
Lerntechniken

■ Aspekte der Gestaltung:

◆ bei emotionaler Orientierung
des Lernprozesses z.B.:

▼
1. Lehrschritt
(Einstimmung)

2. Lehrschritt
(Zielangabe)

EÖ

◆ bei sachlicher Orientierung
des Lernprozesses z.B.:

▼
1. Lehrschritt
(Einstieg)

2. Lehrschritt
(Zielangabe)

erstrebenswert:
eine differenziertere Erfassung der
Artikulationsstufen
wie:

▼

...Lehrschritt
(Provokation)

...Lehrschritt
(Kontrastdarstellung)

...Lehrschritt
(sachl. Vorbesprechung)

...Lehrschritt
(Problemstellung - verbal)

...Lehrschritt
(Arbeitsplanung)

...Lehrschritt
(Zielangabe)

...Lehrschritt
(Anknüpfung)

...Lehrschritt
(Problemstellung - gegen-
ständlich)

...Lehrschritt
(Vorkenntnisermittlung)

...Lehrschritt
(Wiederholung)

...Lehrschritt
(Problemstellung - bildhaft)

■ <u>mögliche Artikulationsziele:</u>

Kontrastdarstellung
Gegenüberstellung unterschiedlicher Vorgänge, Prozesse, Sachverhalte, Zustände; Voraussetzung: Fähigkeit des Ordnens und Vergleichens; Gefahr: Vergleichsinhalte zu wenig intelligibel, zu zahlreich; Erzeugung von Emotionen;

Provokation
Stiften einer "produktiven Verwirrung"; Erschütterung der Erfahrungen bzw. der Kenntnisse der Schüler; Schaffen eines kognitiven Konflikts; Darstellen einer Entscheidungssituation; Widerspruch hervorrufen;

Sachliche Vorbesprechung
unmittelbare Ankündigung und Konfrontation mit dem neuen Lerngegenstand; Nennung der sachstrukturellen Elemente bzw. der Lernziele, außerdem der neuralgischen Stellen; da meist nüchtern, nur für ältere Schüler;

Einstimmung
Aufbau einer subjektiven Betroffenheit; Schaffen einer inneren Teilhabe, einer stimmungshaften Ausgangslage; Mobilisierung habitueller Einstellungen; für emotional geprägte Lerngegenstände;

Arbeitsplanung
bei dominant schülerzentrierter Lernprozeßgestaltung; gemeinsame Besprechung des Arbeitsweges, der Arbeitsmittel, der Arbeitsverteilung;

Zielangabe
präzise, schriftliche Fixierung des Hauptzieles; wenn sinnvoll möglich, durch Schüler formulieren lassen (finden der Problemfrage); Themenangabe als Statement;

Pre-Test
umfangreiche Überprüfung der Kenntnisgrundlagen über ein größeres Gegenstandsfeld in schriftlicher Form; durchzuführen in der ersten Unterrichtseinheit einer Lernsequenz (Epoche); Ziel: ökonomische Lerngegenstandserarbeitung durch Weglassen bzw. schwerpunktmäßige Erfassung bestimmter Elemente;

Wiederholung
Wiederholung unmittelbar vorher erarbeiteter Lernergebnisse in Form einer Rekapitulation; das Beherrschen dieser Lernergebnisse bildet die unerläßliche Voraussetzung für die neu zu erarbeitenden Qualifikationen;

Anknüpfung
Erwähnung des letzten Lernergebnisses als Anknüpfungspunkt (assoziative Stütze) für die neu zu erarbeitenden Lernresultate; dient der zuverlässigen Einordnung bzw. Orientierung;

Problemstellung - verbal
aussagegleiche Begriffe: Problemdarstellung, Problembegrenzung; Problemkonfrontation; ein Lerngegenstandselement wird als Problem (Teilproblem) verbal dargeboten; Aussageträger ist das Wort (meist des Lehrers) oder ein Text;

Problemstellung - gegenständlich
aussagegleiche Begriffe: originale Begegnung, Problemkonfrontation, Problemdarstellung (-begrenzung); ein Lerninhaltsausschnitt wird als Problem (Teilproblem) dargestellt (aufgesuchte oder bereitgestellte Wirklichkeit);

Problemstellung - bildhaft
ein Lerngegenstandselement (Ausschnitt aus dem Unterrichtsthema) wird mit Hilfe einer Abbildung (Foto, Zeichnung, Grafik, Diagramm, Schaubild) erfaßt und zum denkenden Durchdringen präsentiert; wesentlich ist, daß die angebotene Information ein für die Schüler erkennbares Problem darstellt;

Vorkenntnisermittlung
Einholen der Vorkenntnisse zum anstehenden Problemgegenstand; Entgegennahme der Ergebnisse zu einem vorweg gestellten Arbeitsauftrag (Sammel-, Erkundungs-, Beobachtungsaufgaben); Aufgreifen von Schülerfragen;

■ Ansätze für eine sachbezogene Motivation:

- das Rätselhafte - das Problematische - das Fehlerhafte - das Andersartige - das Brauchbare - das Provozierende - das Fragwürdige - das Erschütternde - das Unvollständige - das Unglaubwürdige - das Unbekannte - das Überraschende - das Ungewöhnliche

■ <u>mögliche Lehrakte:</u>

- Erarbeitungsgespräch
- Verarbeitungsgespräch
- Kurzbericht
- Kurzerzählung
- Kurzbeschreibung
- Kurzschilderung
- Unterrichtsfrage
- Unterrichtsimpuls
- Demonstration didaktischen Materials
- Experiment
- Vorführung
- Sachimpuls

■ Definition des Kernanliegens:

ERARBEITUNG VON UNTERRICHTSERGEBNISSEN
DURCH
EINSICHTIGES LERNEN

„Einsichtiges Lernen ist die zusammenfassende Bezeichnung für
verschiedene Arten von Lernen, bei denen menschliche Einsicht,
Denken, Verstehen und damit auch Sprache beteiligt sind."
(Steindorf 1981)

■ Interpretation:

unter Lernen durch Einsicht versteht man:

▽

☐ ... den Augenblick der Einsichtgewinnung (Aha - Erlebnis n. K. Bühler 1906);

☐ ... eine Phase des Lernprozessses, die unmittelbar die Problemlösung, die Erkenntnis bringt;

☐ ... "eine Um- und Durchorganisation des Wahrnehmungsfeldes" (Schröder 1978);

☐ ... das unmittelbare Erkennen von Sinn-, Bedeutungs- und Beziehungszusammenhängen, das Verstehen einer Erscheinung, eines Sachverhalts, eines Prozesses, das Erfassen von Ursache -Wirkungsverhältnissen, das wirkliche Verstehen (Verständnis eines Lernresultats);

☐ ... die vielfältigen Vorgänge des kognitiven Lernens, nicht aber die Aufnahme und das Einprägen von Fakten, bei denen analysierendes, erschließendes Denken nicht zielführend ist, wie z.B. das Erlernen fremdsprachlicher Vokabeln, Eigennamen, Benennungen, bestimmte topographische Größen;

☐ ... das für alle höheren Lernarten (Begriffslernen, Regellernen, Problemlösen) bestimmende und unverzichtbare lernpsychologische Ziel;

☐ ... was man in der Umgangssprache bezeichnet als: 'ein Licht aufgehen', 'es kapiert haben', 'den Durchblick haben', 'der Groschen ist gefallen';

■ unterrichtsmethodische Aspekte:

- L E R N E N   D U R C H   E I N S I C H T   -

besondere Beachtung verdienen dabei:

♦ die Transparenz und Überschaubarkeit des Lerninhalts bzw. des sachlichen Problembereichs, des Wahrnehmungsfeldes;

♦ das Maß an Anschaulichkeit der verwendeten Unterrichtsmedien und der erklärenden, hinweisenden Lehrakte;

♦ die Zubilligung ausreichender Zeit für den Eintritt der Einsichtgewinnung (des sog. Aha - Erlebnisses);

♦ die Strukturierung des Lerninhaltes durch Selektierung und Hierarchisierung der konstituierenden Elemente und die Herausstellung der internen Bezüge;

| zur Einsicht gelangen = verstehen |

durch dominant lehrergesteuerte Akte

durch dominant schülergesteuerte Akte

⇩

⇩

erklären, erläutern, ableiten, demonstrieren, offenlegen etc.

selbst entdecken, selbst ergründen, selbst analysieren

⇩

unter Beachtung der Strategie

| *s t r u k t u r i e r e n* |

d.h.
- Freilegen und Aufzeigen der sachimmanenten Struktur bzw. des Grundgerüstes des Problembereichs und
- abschließende Generalisierung des Aussagekerns (z.B. der Regel, des Gesetzes, des Kausalgefüges);

außerdem

♦ die Wiedergabe des Verstandenen mit eigenen Worten (Zwang zu intellektueller Präzision und Kontrolle des Verständnisses);

♦ die Anwendung des Verstandenen bei geänderten Bedingungen (Transfer) unter bewußter Verhinderung eines schablonenhaften Umgangs;

■ Folgerungen:

Feststellung:

Auch einsichtig Gelerntes muß als Speichermaterial (= verfügbares Wissen) nach Abruf zuverlässig und genau zur Anwendung zur Verfügung stehen.

Konsequenzen:

♦ Einsichtig Gelerntes muß ausreichend gesichert (geübt) werden;

♦ Einsichtig Gelerntes muß als Faktenwissen dann auswendig zur Verfügung stehen, wenn es auf wörtliche Genauigkeit ankommt (z.B. Regeln, Gesetze, Vokabeln);

♦ Aber nicht jedes notwendigerweise auswendig zur Verfügung stehende Faktenwissen muß einsichtig verstanden werden; bei Vokabeln, Eigennamen, Benennungen, bestimmten topographischen Zahlen genügt die einfache Aufnahme ("Sachverhalte bei denen es nichts zu verstehen gibt." Schiefele, 1969).

■ Integration im Feld der Lernarten und Lernzielstufen:

◆ Lernarten:
(nach Gagne)

BEGRIFFSLERNEN

◆ Lernzielstufen:
(nach Strukturplan, Dt. Bildungsrat)

Niedere Lernarten
1. Signallernen
2. Reiz-Reaktionslernen
3. Kettenbildung
4. Sprachliche Assoziation
5. Multiple Diskrimination

Höhere Lernarten
6. Begriffslernen
7. Regellernen
8. Problemlösen

„Beim Begriffslernen geht es um den Aufbau eines Begriffs-inhalts ... Begriffslernen ist Aufbau von Beziehungen zwischen Elementen, Merkma-len und Eigenschaften, deren (spezielle) Verknüpfung den Begriffsinhalt ausmachen."
(Gasser/Singer 1979)

– Reproduktion (Verfügen über Wissen, Fakten, Theorien, Kenntnis von Begriffen)
– Reorganisation (selbständige Verarbeitung, Anordnung des Gelernten)
– Transfer (Übertragung auf und Anwendung in neuen Zusam-menhängen)
– Problemlösen (Neuleistung, entdeckendes Lernen, Gebrauch von Begriffen und Regeln)

■ Wesensmerkmale:

Osmose

◆ Begriffe erfassen die Vielfalt einer Erscheinung durch Kategorisierung bzw.Klassifikation

Lippenblüte

◆ Begriffe bilden Basis und Voraussetzung des Regellernens und des Problemlösens

Infrastruktur

◆ Begriffe erlauben, Wahrnehmungen bzw. Speicherinhalte zu ordnen

Drittelparität

◆ Begriffe sind als Superzeichen Instrumente der Kognition; erst durch sie wird der Mensch fähig, Denkprodukte mitzuteilen

Neutralisation

◆ Begriffe erfordern beim Erlernen als Denkakte das Elementarisieren, Unterscheiden, Werten, Generalisieren von Phänomenen

Meridian

■ Ziele:

- Bewältigung von Denkvorgängen zur Lösung von Aufgaben und Problemen;

- Bündeln und Kodieren der Vielfalt einer Er-scheinung;

- Verständnis eines neuen Sachverhalts (das 'Be-greifen' - 'Begriff') unterstützen oder überhaupt ermöglichen;

- Entwicklung der aktiven Sprachkompetenz;

- Förderung der Sozialfähigkeit (über den Weg der Sprache als Übermittlungsmedium);

- Speicherung der Lernresultate als kodierte Phä-nomene im Langzeitgedächtnis zum Zwecke der langfristigen Behaltenssteigerung;

■ Abhängigkeitsfaktoren:

endogene Bedingungen
– der Intelligenzquotient
– bisherige Lernerfahrungen (Sachwissen)
– Alter (zunehmende Abstrakti-onsfähigkeit und Differenzie-rungsfähigkeit: zuerst böse - später aggressiv, verlogen, hinterhältig etc.)

– Niveau des aktiven Sprachwissens
– Fähigkeit des Elementari-sierens, Vergleichens, Unterscheidens, Katego-risierens, Generalisierens;

exogene Bedingungen:
– Transparenz des Lerngegen-standes
– Attraktivität der wesensrele-vanten Begriffsmerkmale
– Art der Vermittlung und Si-cherung: monologisch-erklä-rend, dialogisch-erarbeitend, anschaulich-erarbeitend, ge-brauchssituativ-anwendend, integrations-übertragend;

– Art des Begriffes: abstrakt (z.B.Infrastruktur), anschaulich (z.B. Nadel-baum), weit (z.B. Pflanze), eng (z.B. Geysir), konjunktiv (z.B. Klima), disjunktiv (z.B. Schnee), relational (z.B. schnell);

■ Lehrakte:

- **monologisch - erklärend** : L analysiert Wesensmerkmale des Begriffs, leitet ab, veranschaulicht, nennt Beispiele, verweist auf die Integration im Begriffsfeld;

- **dialogisch - erarbeitend** : L organisiert und lenkt das Erarbeitungsgespräch; unter aktiver Mitwirkung der Schüler wird der Begriff nach den relevanten Merkmalen erschlossen;

- **anschaulich - erschließend** : L stellt Lernmaterial (Abb., Modell, audiovisuelles Medium, Raster, Querschnitt, Diagramm, Lexikon u.a.) bereit, anhand dessen, eventuell auch durch selbstentdeckende S-aktivität auf der Grundlage gezielter Arbeitsaufträge der Begriff erarbeitet wird;

■ Lernhilfen:

- Lexika, fachspezifische Nachschlagewerke, Glossars im Anhang von Schulbüchern, Sachtexte, spezifische Gegenstände;
- verbegrifflichte graphische Darstellungen, Fotos, Blockdiagramme, Querschnitte (jeweils durch genau zugeordnete Begriffe erläutert, Bild - Sprache - Begriff); insbesondere bei konkreten, anschaulichen Begriffen;
- verbegrifflichte schematisch-symbolische Anschauungshilfen, insbesondere bei abstrakten Begriffen; zur Erfassung der Vernetzung bzw. des Begriffsfeldes (als semantisches Netzwerk);
- verbale Lehrakte: Erklärung und Erläuterung (Bedingungen: Klarheit, Einfachheit und Anschaulichkeit der Sprache, Zeit zum Durchdenken lassen, Aussage- und Kausalsätze, kurze Sätze);

ZIEL

klare Vorstellung
und
Anwendungssicherheit

Vektor   Kooperation   ?   Prosa   Oligarchie

Plattentektonik

Energie

Illegal   Mythologie   heliozentrisch

■ Strategien der Erarbeitung:

1. Erfassen der thematisch notwendigen Begriffe in der Planungsphase durch ein Lernziel:"Die Schüler sollen die Begriffe...identifizieren, in konkreten Gebrauchssituationen zutreffend anwenden und orthographisch richtig schreiben können";

2. Einbringen des zu bearbeitenden Lerngegenstandes in Form eines realen Objekts, eines (Teil-) Problems, einer mittelbaren Anschauungshilfe, zu dessen Verständnis die Kenntnis bestimmter Begriffe unerläßlich ist;

3. Erkennen der Notwendigkeit, den anstehenden Lerngegenstand bzw. das darin enthaltene Problem erst durch die Kenntnis bestimmter Begriffe zu verstehen und verbalisieren zu können;

4. Auffordern zu Vorkenntnisdarstellung bzw. zum Sammeln zunächst ungelenkter Einzelvorstellungen zum Begriff in mündlicher, gelegentlich auch in schriftlicher Form;

5. Begriffsanalyse in lehrerdominanter oder schülerzentrierter Aktivität durch Entdecken bzw. Elementarisieren der begriffsrelevanten Merkmale; Vorsicht bei der Verwendung direkter Anschauungshilfen, da durch sie häufig eine zu große Menge begriffsirrelevanter Merkmale aufscheint; in der Regel sind indirekte Anschauungshilfen, graphisch vereinfacht, teilweise generalisiert, aufgrund ihrer Reduzierung auf die dominanten Begriffsmerkmale verständniseffektiver;

6. Überführen der ermittelten Begriffsmerkmale in die innere Vorstellung durch die Verwendung bildhaftikonischer Darstellungen (verbegrifflichte Abbildungen, graphische Schemata, Integrationsstrukturen); Erkenntnisgewinnung durch Zusammenfassung der gewonnenen und evtl. auch veranschaulichten Merkmale unter einem Begriff (als semantisches Netzwerk, Merkmalsdiagramm);

7. Erkenntniserweiterung durch die Fähigkeit der richtigen Schreibweise des Begriffs (Demonstration, Hinweis auf Ableitungen, rechtschriftliche Problemstellen, ähnliche Wortbilder, verwandte Begriffe);

8. Integration bzw. logische Zuordnung des erarbeiteten Begriffs in sein Begriffsfeld (begriffsorganisatorische Netzstruktur);

9. Sinnlogische Begriffsanwendung durch übenden Gebrauch in neuen Situationen und Zusammenhängen; Überführen in den aktiven mündlichen und schriftlichen Sprachgebrauch;

10. Kontrolle der Begriffskenntnis in der Regel durch Identifizieren von Definitionsvorgaben mit Hilfe angeführter, plausibler Begriffe, die als Auswahl zur Verfügung stehen; Vorsicht vor Definitionsaufgaben, da Schüler aufgrund noch nicht entwickelter Abstraktionsfähigkeit nur zu einer Begriffsbeschreibung fähig sind.

■ Arten:

• mathematische Regeln:	• naturwissenschaftliche Regeln:	• sprachliche Regeln:
z.B.	z.B.	z.B.
$a^2 - b^2 = (a + b) \times (a - b)$	$R = U : I$ (Widerstand ist Spannung durch Stromstärke)	*Nach alles, etwas, nichts schreibt man Adjektive groß.*
∧	∧	∧
in Gestalt von Formeln (= symbol- bzw. zahlgefaßte Regeln)	in Gestalt von Sätzen oder Formeln (= symbol- bzw. zahl- und/oder sprachgefaßte Regeln)	in Gestalt von Sätzen (= sprachgefaßte Regeln)

■ Ziele:

Regeln als Instrumente der Kognition dienen ...

• zur Bewältigung schulischer Aufgaben
  (z.B. Sprachregeln, mathematische Gesetze)

• zur Bewältigung außerschulischer Aufgaben
  (z.B. Verkehrsregeln, Gesprächsregeln)

■ Integration:

höhere Lernarten ⟶

Begriffslernen
(Basis für Regellernen)

Regellernen
(Basis für Problemlösen)

Problemlösen
(das didaktische Ziel schulischen Lernens)

■ Wesensmerkmale:

− Regeln sind Vorschriften, die sich zur zielführenden Lösung von Aufgaben (Problemen) eignen;

− Regeln sind formal "Ketten von zwei oder mehr Begriffen" (Gagne);

− die die Regeln konstituierenden Begriffe (Elemente) stehen in einer sinnvollen Verknüpfung zueinander (es bestehen Funktionen und Abhängigkeiten);

− Regeln besitzen als Vorschriften eingeschränkte Gültigkeit, da Ausnahmen möglich sind (z.B. Sprachregeln);
  dagegen sind Gesetze uneingeschränkt gültig (z.B. naturwissenschaftliche Gesetze);

− Regeln sind Lernresultate, die im Zusammenhang mit bestimmten Unterrichtsthemen gezielt und geplant erarbeitet und gesichert werden;

■ Bedingungen:

• Identifizieren (Kenntnis der regeldeterminierenden Begriffe [Elemente])

• Transparenz des Lehrinhalts bzw. wirklichkeitsnahe (Ausgangs-) Beispiele, an denen eine Regel erarbeitet werden soll;

• Beachtung des tatsächlichen, einsichtigen Regelverständnisses und einer geplanten und übenden Regelanwendung;

■ die Regel als Lernziel:

die Schüler sollen die **Formel**:

$$a^2 - b^2 = (a + b) \cdot (a - b)$$

verstehen und anwenden können;

die Schüler sollen das **Gesetz**:

$$R = U : I$$

verstehen und anwenden können;

die Schüler sollen die **Regel**:
"Nach alles, etwas, nichts werden Adjektive groß geschrieben!"
verstehen und anwenden können;

■ methodische Strategien:

♦ **generelle Maßnahmen:**

– Regeln stets an konkreten, wirklichkeitsnahen, dem Schüler zugänglichen Fällen und Beispielen demonstrieren und anwenden;

– bei der Regelerarbeitung immer auf gezielte sprachliche Lehrakte und auf transparente mediale Hilfen (Texte, Abbildungen, Experimente) achten;

– Regeln als unterrichtliche Lernresultate visuell erfaßbar und optisch gewichtet hervorheben;

– die Schüler während der Anwendung bzw. des Gebrauchs der Regel zum Verbalisieren der einzelnen Arbeitsschritte unter besonderer Beachtung des jeweiligen Begründens veranlassen;

– die Eignung und Tauglichkeit der erarbeiteten Regel herausstellen;

– durch ständige Kontrolle sich Gewißheit über den augenblicklichen Stand des Regelverständnisses (wesentliche Bedingung: das einsichtige Verständnis der Regel) verschaffen;

– Entscheidung über lehrerzentrierte oder schülerorientierte Regelerarbeitung aufgrund der Schwierigkeit der Regel und anhand der Transparenz des Lehrinhalts, an dem die Regel erarbeitet werden soll/muß treffen;

♦ **Hauptstrategien der Regelerarbeitung**
(nach Mietzel 1979)

☐ aufgebend-entdeckende Strategien
(= die induktive Methode)

Hauptvertreter: Bruner

Schritte:
von konkreten Beispielen zur allgemeinen Erkenntnis (Regel, Gesetz); Einzelfälle werden untersucht und analysiert, insbesondere durch die Schüler selbst; Beziehungen und Abhängigkeiten werden festgestellt und als Regel zusammengefaßt bzw. formuliert; an anderen Beispielen überprüft und verifiziert;

Anmerkungen:
transparente Lehrinhalte (Beispiele) erforderlich; auf Anwendung bzw. Übung der Regel achten; nicht zwangsläufig bessere (das sind zuverlässigere, stabilere) Lernleistungen; aber motivationsintensiver;

☐ darbietend-vorgebende Strategien
(= die deduktive Methode)

Hauptvertreter: Ausubel

Schritte:
zu Beginn allgemein gültige Regel als Aussage, Feststellung, Behauptung mitgeteilt; erläutert, erklärt, demonstriert an konkreten Beispielen, Fällen unter Hinweis auf die konstituierenden Bedingungen; danach Bestätigung und Verifizierung der Regel an weiteren Beispielen;

Anmerkungen:
dominant lenkende Strategien; bisweilen zielstrebiger und ökonomischer, da schneller zum Verständnis kommend (deshalb mehr Zeit zum Anwenden bzw. Üben der Regel);

☐ entwickelnd-erarbeitende Strategien
(= die gelenkt-erarbeitende Methode)

Hauptvertreter: Kersh und Wittrock

Grundlage:
es kommt auf die gegebenen Lernbedingungen an, da empirische Untersuchungen keinen Vorteil für die eine oder andere Methode zeigten;
Entscheidung aufgrund der gegebenen Lernbedingungen:
Interessen, Motivationssensibilität, Lernbereitschaft, Schwierigkeitsgrad der Regel, kognitiver Entwicklungsstand, vorhandene Lerntechniken, geeignete Lerninhalte bzw. Lernmaterialien, Unterrichtsstil, Zeitfaktor;

Unterrichtsorganisation
- das Problemlösen -

■ **Ziele:**

**Erarbeitung und Gewinnung
neuer
Lernresultate**
mit Hilfe

▼

angemessener Lern-(Denk-)akte

▼

das erfordert das

▼

Mobilisieren, Koordinieren, Kombinieren, Umorganisieren von Faktenwissen, Anwenden von Regeln und Fähigkeiten zur Lösung n e u e r Aufgaben bzw. Probleme (durch Versuch und Irrtum, durch einsichtsvolles Vorgehen);

☐ Endogene Bedingungen:

– Problemsensibilität
– Selbsttätigkeit, Phantasie, Kreativität
– angemessenes Faktenwissen
   (lösungsrelevante Begriffe, Regeln) und Lerntechniken
– Sachidentifikation
– zielführende Arbeitshaltung

☐ Exogene Bedingungen:

– altersspezifische Problemstellung
– unmißverständliche Zielsetzung
   bzw. Aufgabenstellung
– geeignete Hilfsmittel
– angemessene Organisation des
   Lernprozesses
– Verständnis für eine entsprechende Arbeitsatmosphäre
   (Werkstattklima)

■ Phasen bzw. Stufen oder Schritte:

nach

Dewey (1930)

1. Feststellen der Schwierigkeit

2. Lokalisieren und definieren der
   Schwierigkeit

3. Suchen nach Lösungswegen

4. Ermitteln der Konsequenzen der
   möglichen Lösungswege

5. Entscheiden für eine Lösung

Duncker (1940)

a) Situationsanalyse:

• Materialanalyse (was ist gegeben,
   was geeignet)

• Konfliktanalyse (wo liegt die
   Schwierigkeit des Problems)

b) Zielanalyse:

Was soll gesucht, ermittelt werden?

Klausmeier (1970)

♦ Beachten und Erkennen von
   Schwierigkeiten
♦ Erkennen und Feststellen der
   allgemeinen   Erfordernisse
   (Methoden, Elemente des Pro-
   blems)
♦ Erinnern bekannten Wissens und
   Aneignung neuer Informationen
♦ Anwenden wesentlicher Kennt-
   nisse und Fähigkeiten; Entwick-
   lung möglicher Lösungen und de-
   ren Konsequenzen
♦ Bewertung der Brauchbarkeit der
   angenommenen Lösung
♦ Übertragung neu erworbener
   Lösungen und Verfahrensweisen

■ **Vertreter:**

Klausmeier, Duncker, Dewey, Popper, Kerschensteiner,
Merrifild, Thorndike, Köhler, Gagne, Judd;

■ **Bewegungen:**

Arbeitsschule, Entdeckendes Lernen, 'learning by doing',
das Lernen-lernen, Projektmethode;

Unterrichtsorganisation
- das Problemlösen -

■ die Lernresultate (LR) als unterrichtliches Ziel:

LR
LR   LR
LR   LR

Ermittle ...   Zerlege ...

Beschreibe ...   Gruppiere ...

Vergleiche ...   Begründe ...

Lernresultate als inhaltliches Ziel	⇦ PROBLEME als AUFGABEN ⇨	**Lernresultate als instrumentales Ziel**

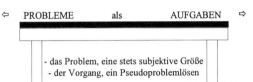

Lösen des Problems, Bewältigen der Aufgabe, Verstehen, Begreifen des neuen Lernresultats;	- das Problem, eine stets subjektive Größe - der Vorgang, ein Pseudoproblemlösen

Anwendung, Gebrauch, Entwicklung von Lösestrategien (Aspekt der Übertragbarkeit!)

■ die Stufenfolge in Gestalt von Problemlösephasen:

◆ Problemstellung:	◆ Problemerhellung:	◆ Problembewältigung:	◆ Lösungsevaluation:
– subjektangemessen – präzise – zielklar – überschaubar – lösbar	– laute Verbalisierung (Analyse) der Aufgabenelemente (Gagne/Smith) – Hypothesenbildung, Lösungsvermutungen (fixieren!) – mögliche Lernhilfen, evtl. differenzierte Aufgabenverteilung	– Flexibilität, Kreativität – Mobilisieren früherer Lernerfahrungen – schrittweise/kreative Lösungsermittlung – Fixierung der Lösung	– Vergleich mit Hypothesen – Bewertung, Verifizierung/Falsifizierung – Anwendung und Gebrauch der Lösung

■ mögliche Problemlösebarrieren:

!

- Gefahr der funktionalen Gebundenheit (Fixierung auf eingeschliffene Lösungswege)
- fehlende kognitive und instrumentale Lerntechniken

- Komplexität der gestellten Aufgabe (des Problems)
- unzureichendes und fehlendes Lernmaterial
- eingeschränkte Phantasie und Kreativität

!

■ spezifische methodische Maßnahmen:

- Beachtung der Problemlösestufen
- Zeit lassen (kein Erfolgszwang)
- mehr Erfolgserlebnisse durch Kurzaufgaben (höhere Trefferquote)
- Berücksichtigung der individuellen Lernleistungsfähigkeit
- Ermöglichen kooperativer Problemlösebemühungen (effektiver; differenziertere Ergebnisse möglich)

- Bereitstellen zielführender Hilfs- bzw. Arbeitsmittel
- dosierte Unterstützung
- soziale Lernformen auf Komplexität des Problems (Allein-, Partner-, Gruppenarbeit) abstimmen
- planvolle, systematische Einschulung der erforderlichen Lerntechniken
- allgemeine tendenzielle Ausrichtung der schulischen Lernprozesse auf das Lernen-lernen

■ der Grundgedanke:

S i c h e r u n g s e f f e k t e   s i n d   a u f   a l l e n   S t u f e n   d e s   L e r n p r o z e s s e s   z u   b e a c h t e n !

■ didaktische Strategien der Eindruckswirkung:

☐ originale Begegnung mit dem Lerngegenstand
☐ Berücksichtigung des Lernprinzips der Anschauung und Veranschaulichung
☐ Berücksichtigung des Lernprinzips der Aktivierung
☐ Berücksichtigung des Lernprinzips der Individualisierung und Kooperation
☐ Berücksichtigung des Lernprinzips des Reinforcements (= Lernen durch Erfolg)
☐ Erarbeitung von Teil- und Gesamtzusammenfassungen
☐ Darstellung des Lernresultats in statischer oder dynamischer Form

Fixierung in der methodischen Verlaufsplanung:
z.B.

... Lehrschritt
(originale Begegnung)

... Lehrschritt
(Teilzusammenfassung)

... Lehrschritt
(Darstellung des Lernresultats)

... Lehrschritt
(Veranschaulichung)

... Lehrschritt
(Gesamtzusammenfassung)

... Lehrschritt
(selbständiger
Problemlösungsversuch)

... Lehrschritt
(Ergebnisfixierung)

■ didaktische Strategien der Ausdrucksgestaltung:

Maßnahmen der Ausdrucks-
gestaltung

bildhafte Erfassung	verbale Formulierung	szenische Darstellung
das Lernresultat wird optisch (bildhaft, bildähnlich) wiedergegeben; z.B. durch Bild, Bildreihe, Aufbaubild, symbolhafte Darstellung, Modelle;	das Lernresultat wird sprachlich wiedergegeben; z.B. durch Bericht, Beschreibung, Zusammenfassung, Merktext, Protokoll, Stichwortreihe, Bearbeiten von Arbeitsblättern;	das Lernresultat wird durch Spiel wiedergegeben (gestaltet); verschiedene Formen sind möglich;

↳ durch mündliche Wiedergabe
→ durch schriftliche Wiedergabe

↳ durch Rollenspiel
→ durch Planspiel
→ durch Entscheidungsspiel
→ durch Lernspiel

Fixierung in der methodischen Verlaufsplanung:
z.B.

♦ pauschale Formulierung: ⟶

... Lehrschritt
(Ausdrucksgestaltung)

o d e r

♦ differenzierende Formulierung: ⟶

... Lehrschritt
(optische Wiedergabe des
Lernresultats)

... Lehrschritt
(schriftliche Wiedergabe des
Lernresultats)

... Lehrschritt
(mündliche Wiedergabe des
Lernresultats)

... Lehrschritt
(szenische Wiedergabe des
Lernresultats)

Unterrichtsorganisation
- die Sicherungsphase -

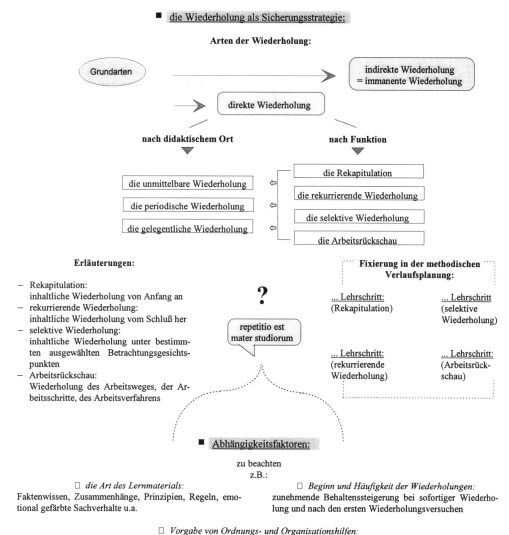

■ die Wiederholung als Sicherungsstrategie:

Arten der Wiederholung:

Grundarten ⟶ indirekte Wiederholung
= immanente Wiederholung

⟶ direkte Wiederholung

nach didaktischem Ort   **nach Funktion**

die unmittelbare Wiederholung   die Rekapitulation

die periodische Wiederholung   ⇦   die rekurrierende Wiederholung

die gelegentliche Wiederholung   ⇦   die selektive Wiederholung

die Arbeitsrückschau

Erläuterungen:

– Rekapitulation:
  inhaltliche Wiederholung von Anfang an
– rekurrierende Wiederholung:
  inhaltliche Wiederholung vom Schluß her
– selektive Wiederholung:
  inhaltliche Wiederholung unter bestimmten ausgewählten Betrachtungsgesichtspunkten
– Arbeitsrückschau:
  Wiederholung des Arbeitsweges, der Arbeitsschritte, des Arbeitsverfahrens

?

repetitio est
mater studiorum

Fixierung in der methodischen
Verlaufsplanung:

... Lehrschritt: ... Lehrschritt
(Rekapitulation)   (selektive
                          Wiederholung)

... Lehrschritt: ... Lehrschritt:
(rekurrierende   (Arbeitsrück-
Wiederholung)   schau)

■ Abhängigkeitsfaktoren:

zu beachten
z.B.:

□ *die Art des Lernmaterials:*
Faktenwissen, Zusammenhänge, Prinzipien, Regeln, emotional gefärbte Sachverhalte u.a.

□ *Beginn und Häufigkeit der Wiederholungen:*
zunehmende Behaltenssteigerung bei sofortiger Wiederholung und nach den ersten Wiederholungsversuchen

□ *Vorgabe von Ordnungs- und Organisationshilfen:*

nach Bower 1970

begriffliche Ordnung
Zufallsordnung
Zahl der Wiederholungen
(erinnerte Menge)

nach Tulving 1974

alphabetische Ordnung
Standard
Zahl der Wiederholungen
(erinnerte Menge)

grundsätzlich:

- die Wiederholung ist eine unter vielen Sicherungsstrategien; sie wird von verschiedenen Faktoren beeinflußt;
- die erste Wiederholung sollte sofort nach dem Erreichen des Lernresultats einsetzen;
- Wiederholungen erscheinen deshalb sinnvoll als in der Erarbeitungsphase integrierte Lehrschritte;
- die Wiederholungsintervalle werden vom Zeitpunkt der Gewinnung des Lernresultats ab schrittweise größer (Vergrößerung der Zeitabstände zwischen den geplanten Wiederholungen);
- die beiden Untersuchungen zeigen, daß bei Wiederholungen der Behaltenseffekt größer ist, wenn das zu behaltende Material geordnet organisiert ist;

Unterrichtsorganisation
- die Sicherungsphase -

■ Definitionsvorschläge:

Transfer

„Der Vorgang der Übertragung wird in der Lernpsychologie als 'Transfer' bezeichnet. Hierunter versteht man die Verwertung des in einer bestimmten Situation Gelernten in anderen ähnlichen Bereichen." (Schröder 1979)

Transfer

„Diesen Vorgang (Beeinflussung späteren Lernens durch vorausgegangene Lernerfahrung) und das Ergebnis (Ausmaß der Lernerleichterung oder -erschwerung) bezeichnet man als Lernübertragung, als Mitübung (älterer, heute nur noch selten gebrauchter Begriff) oder Transfer (auch in der deutschen Literatur häufig verwendete englischsprachige Kurzbezeichnung für transfer of training)." (Weinert u.a. 1981, Bd.2)

■ Anwendung und Transfer als Sicherungsstrategie:

Correll
– positiv-retroaktiver Transfer
– negativ-retroaktiver Transfer

Transfer
=
Lernübertragung

Übertragung von erarbeiteten Lernresultaten

Correll
– positiv-proaktiver Transfer
– negativ-proaktiver Transfer

Gagne
lateraler (oder horizontaler) Transfer

Weinert
unspezifischer Transfer

gleiches oder ähnliches Komplexitätsniveau der Lernsituation, in der das erlernte Lernresultat entfaltet wird;

Ableitung: = Anwendung
Ziel: Festigung des erarbeiteten Lernresultats; jedoch kein neues Lernresultat (LR);

Gagne
vertikaler Transfer

Weinert
spezifischer Transfer

höheres Komplexitätsniveau der neuen Lernsituation;

Ableitung: = Transfer i.e.S.
Ziel: neues komplexes LR; erarbeitetes LR fördert und beeinflußt neues LR; impliziert schon neuen Lernprozeß;

Beherrschung des LR ist das Ziel

Beherrschung des LR ist die Voraussetzung

■ Konsequenzen für die Sicherungsphase:

♦ **allgemeine Aspekte:**
Die Anwendung eines erarbeiteten Lernergebnisses bedeutet nicht gleich Vollzug eines Transfers; Anwendung ist vielmehr die Vorstufe zum eigentlichen Transfer. Die Stufe der Anwendung kann erst nach ausreichender Wiederholung des Lernergebnisses vorgenommen werden. Die Anwendung stellt selbst keine besondere Art der Wiederholung dar. Je souveräner ein Schüler über das Lernergebnis verfügen kann, um so leichter kann er es übertragen (Übungsübertragung).

Nach Correll:
Die Transferleistung wird effektiver, wenn der Schüler nach der Konfrontation der Einzelheiten und Fakten insbesondere das diesen Einzelheiten zugrundeliegende Prinzip einsichtig erfaßt.

♦ **spezielle Empfehlung nach Andrews und Cronbach:**
„ a) Zeige dem Schüler die Möglichkeiten und Situationen auf, in denen Lernübertragbarkeit erreichbar und erwünscht ist!
  b) Verwende im Unterricht möglichst lebensnahe Lerninhalte und Lernmaterialien, um die Möglichkeiten der Lernübertragung auf außerschulische Situationen zu verbessern!
  c) Vermittle in verständlicher Weise allgemeine Regeln und Prinzipien, die eine Übertragung auf breite Anwendungsgebiete zulassen!
  d) Sorge dafür, daß die Anwendung solcher Prinzipien auf verschiedenartige Situationen möglichst intensiv geübt wird!
  e) Unterstütze die Schüler beim Erwerb effektiver Lernmethoden!"

(Weinert u.a.,1981, Bd.2)

■ Überblick über lernprozessuale Sicherungsstrategien:

auf Eindruckswirkung abzielende, primär als Sicherungsstrategien wirkende Lehrschritte:	auf Ausdrucksgestaltung abzielende Lehrschritte im Sinne von Sicherungsstrategien:	Wiederholungsformen als Sicherungsstrategien:	Lehrschritte, die auf Strukturierung des Lernresultats abzielen:
z.B.	z.B.	z.B.	z.B.
... Lehrschritt' (Teilzusammenfassung)	... Lehrschritt (Ausdrucksgestaltung)	... Lehrschritt (Rekapitulation)	... Lehrschritt (Einordnung)
... Lehrschritt (Gesamtzusammenfassung)	oder differenziert:	... Lehrschritt (rekurrierende Wiederholung)	... Lehrschritt (Integration)
... Lehrschritt (Darstellung des Lernresultats)	... Lehrschritt (bildhafte Wiedergabe des Lernresultats)	... Lehrschritt (selektive Wiederholung)	... Lehrschritt (Vergleich)
oder	... Lehrschritt (mündliche Wiedergabe des Lernresultats)	... Lehrschritt (Arbeitsrückschau)	... Lehrschritt (Systematisierung)
... Lehrschritt (Ergebnisfixierung)	... Lehrschritt (schriftliche Wiedergabe des Lernresultats)		
	... Lehrschritt (szenische Wiedergabe des Lernresultats)		

*1 *2

Lehrschritte, die auf Anwendung des Lernresultats abzielen:	Lehrschritte, die auf eine Wertung des Lernresultats abzielen:	Lehrschritte, die auf Kontrolle des Lernresultats abzielen:
z.B.	z.B.	z.B.
... Lehrschritt (Anwendung)	... Lehrschritt (Motiverhellung)	... Lehrschritt (Überprüfung: Inhalt)
... Lehrschritt (Verwertung)	... Lehrschritt (Besinnung)	... Lehrschritt (Überprüfung: Weg)
... Lehrschritt (Verifikation)	... Lehrschritt (Kritik)	... Lehrschritt: (mündl. Kontrolle)
... Lehrschritt (Transfer i.e.S.)	... Lehrschritt (Wertung)	... Lehrschritt: (schriftl. Kontrolle)
	oder	
	... Lehrschritt (Beurteilung)	

*3 *4

*1 Diese Lehrschritte erfassen Schüleraktivitäten, durch die ein Lernresultat, wie aufgeführt, wiedergegeben werden soll; z.B. szenische Wiedergabe durch ein Rollenspiel;

*2 Rekapitulation ist inhaltliche Wiedergabe von Anfang an; - rekurrierende Wiederholung ist inhaltliche Wiederholung vom Schluß her; - selektive Wiederholung ist inhaltliche Wiederholung unter bestimmten Betrachtungsgesichtspunkten;   .r-beitsrückschau ist Wiederholung des Arbeitsweges, des Arbeitsverfahrens;

*3 Anwendung und Transfer dürfen nicht gleichgesetzt werden; Anwendung ist einfacher Gebrauch und/oder Übertragung eines erarbeiteten Lernresultats; Transfer beinhaltet bereits Teileelemente eines neuen Lernresultats;

*4 In der Realsituation handelt es sich immer um eine Verschränkung; z.B. eine mündliche Kontrolle kann sich auf den Inhalt oder den Arbeitsweg beziehen;

Anmerkungen:

– Für die Phase der Ergebnissicherung gibt es grundsätzlich kein Artikulationsschema; die Wahl der dafür vorgesehenen Lehrschritte wird bestimmt durch die Faktoren Lerngegenstand (= Inhaltselement) und Lernleistungsniveau des Schülers;

– Sicherungsstrategien können als selbständige, geschlossene Phase (= dritter unterrichtlicher Grundakt) innerhalb eines Lernprozesses oder als integrierte Lehrschritte innerhalb der Erarbeitungsphase aufscheinen;

■ der didaktische Ort:

☐ **quantitative Anteile der Sicherungsphase als dritter geschlossener unterrichtlicher Grundakt:**

☐ **Sicherungsstrategien als integrierte Lehrschritte innerhalb der Erarbeitungsphase**

◆ empfehlenswert bei komplexen, differenzierten Lernresultaten

Lernprozeß

◆ unangemessen – | Eö | Ea | Si |

Lernprozeß

◆ angemessen – | Eö | Ea | Si |

| Eö | Ea 1 | Si 1 | Ea 2 | Si 2 | Ea 3 | Si 3 | Ea 4 | Si 4 |

Anmerkungen: Eö = Eröffnungsphase;
Ea = Phase der Erarbeitung der Lernresultate;
Si = Phase der Sicherung der Lernresultate;

jedes erarbeitete Teilresultat wird unmittelbar nach seiner Erarbeitung sofort gesichert;

Eö	
Ea	
Si	11. Lehrschritt (Zusammenfassung)
	12. Lehrschritt (Vergleich)
	13. Lehrschritt (Wertung)

Eö	
Ea	
Si	6. Lehrschritt (Teilzusammenfassung)
Ea	
Si	8. Lehrschritt (Rekapitulation)
Ea	
Si	10. Lehrschritt (Lernkontrolle)

■ die Anordnung von Sicherungsstrategien innerhalb der Sicherungsphase:

➢ *zunächst*: einfache Auseinandersetzung (Umgang, Handhabung) mit dem erarbeiteten Lernresultat:
z.B. Zusammenfassungen, Wiederholungen, Darstellungsstrategien;

➢ *dann*: anspruchsvolle Auseinandersetzung (Umgang, Handhabung) mit dem erarbeiteten Lernresultat:
z.B. Anwendung, Übertragung, Verifikation, Strukturierung, Transfer, Wertung, Kritik;

Unterrichtsorganisation
- die Sozialformen -

■ <u>zur Terminologie:</u>

♦ *begrifflicher Ursprung*:

eingeführt in die Fachsprache 1963 durch den Berliner Arbeitskreis für Didaktik (Heimann/Schulz);

♦ *Definition und Arten*:

Alleinarbeit		**Halbkreisformation**

„Unter Sozialformen verstehen wir diejenige Ebene der Unterrichtsmethode, die einerseits das Verhältnis der am Unterricht gestaltenden Personen in das Blickfeld rückt, andererseits die verantwortlichen Träger bestimmter Unterrichtsphasen hervorhebt." (Geppert/Preuß 1980)

Partnerarbeit   **Kreisformation**

Gruppenarbeit   **Team-Teaching**

Hörblock/Frontalunterricht

■ <u>zur Bedeutung:</u>

♦ *als Instrumente zur Erreichung pädagogischer Zielsetzungen*:

♦ Erziehungsziel
Individualisierung
(z.B. durch Alleinarbeit)

♦ Erziehungsziel
rezeptiv-nachvollziehendes Lernen
(z.B. durch Hörblock)

SOZIAL
FORMEN

♦ Erziehungsziel
Interaktionskompetenz
(z.B. durch Gruppenarbeit)

♦ Erziehungsziel
Kommunikationsfähigkeit
(z.B. durch Kreisformation)

Qualifikation   Individuation   Sozialisation

„Sozialformen des Unterrichts sind nicht nur als unterschiedliche Organisationsformen zu begreifen, sondern auch nach den in ihnen liegenden pädagogischen Möglichkeiten einzuschätzen."
(Prior in Lenzen [Hg.], Enzyklopädie Erziehungswissenschaften 1985, Bd.4)

♦ *als methodische Strategien im konkreten Lerngeschehen*:

- sie differenzieren den Unterricht nach gelenkten, lehrerzentrierten und nach mehr durch Schüler selbstgesteuerte, offene Phasen;
- sie sind Ausdruck einer bestimmten methodischen Planungsabsicht und einer bestimmten pädagogischen Einstellung;
- sie berücksichtigen die kindliche Motorik und ermöglichen einen abwechslungsreichen Lernablauf;

- sie kommen dem unterschiedlich ausgeprägten Sozialbedürfnis der Schüler entgegen;
- sie erfassen und quantifizieren die Aktivitätsverteilung der Handlungspartner;
- sie fördern den Blickkontakt, das individuelle Interaktionspotential und sie reduzieren die Kommunikationsfurcht;
- sie tragen zur Vorbereitung, Gewinnung und Sicherung der Lernergebnisse bei;

■ <u>zu den Bedingungen:</u>

als notwendige Voraussetzungen zu beachten:

- Kenntnisse über die beim Schüler vorhandenen Lerntechniken, aber auch über die Konfliktlösefähigkeit und das Niveau des eigenständigen, zielstrebigen Arbeitsverhaltens;
- Bereitstellung lernfördernder Arbeitsmaterialien;
- Eignung des Unterrichtsthemas;

- Einblick in die gegebenen Gruppenstrukturen;
- Flexibilität beim Einsatz bzw. bei der Verwendung der verschiedenen Sozialformen;
- widerspruchsfreie Verknüpfung zwischen der didaktischen Absicht der einzelnen Unterrichtsstufe, dem Lehrakt, der Sozialform und dem Lernmaterial;

- Einplanung auch lehrerzentrierter Phasen (die Hörblockkonstellation erfordern),
  um rezeptiv-aufnehmendes Lernen zu lernen (Aspekt: Lernhören, Hörerziehung)
  und um eine einseitige Handlungsgewichtung im Lernablauf zu vermeiden;

Unterrichtsorganisation
- der Frontalunterricht -

■ **der Begriff:**

„Beim Frontalunterricht als ältester Sozialform des akademischen wie des Schulunterrichts, steht der Lehrende den in Hörer- bzw. Schülerblock vereinigten Lernern als dominanter Informationsträger und Leiter des Unterrichtsgeschehens gegenüber. Alle Aktivitäten der Lernenden sind - wenigstens der Absicht nach - auf seinen Vortrag (Darbietung), die von ihm vorgeführte Demonstration oder das von ihm eingesetzte Lehrmittel ausgerichtet; die Kommunikation verläuft auch dort, wo freiere Gesprächsformen angestrebt werden, zumeist über ihn ... ." (Horney u.a. 1970)

■ **die räumliche Organisation:**

◆ Untersuchung Hage et al.:
(1985)

Frontalunterricht
überwog mit 77 %

Zielbereich: 2 Gesamtschulen,
3 Gymnasien,
5 Hauptschulen
181 Unterrichtsstunden,
7./8.Schj.

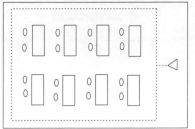

◆ Untersuchung Krapf:
(1992)

Frontalunterricht
überwog mit 73 %

Zielbereich: Gymnasien
344 Unterrichtsstunden

■ **die didaktischen Funktionen:**

▪ zum Erlernen des mitdenkenden Nachvollziehens (Fähigkeit des Zuhörens);

▪ zur zentralen und strafferen Führung des Lernablaufs;

▪ zur rationelleren und schnelleren Informationsvermittlung;

■ **die Bedingungen:**

- Aufmerksamkeit auf den Lehrer gerichtet;
- wenig Kommunikation zwischen den Schülern;

■ **die Lehrakte:**

- monologische Lehrakte (Vortragsformen);
- dialogische Lehrakte (Gesprächsformen unter Lehrerführung);
- Demonstrationsformen;

■ **Probleme und Grenzen:**

● Ausrichtung des Lernablaufs nach den leistungsstärkeren Schülern bzw. unzureichende Beachtung der individuellen Lernfähigkeiten (gleiches Arbeitstempo für alle, Über- und Unterforderungen häufig);

● unzureichende bis fehlende Kommunikation unter den Schülern;

● mangelnde Möglichkeiten zu Eigenaktivitäten aufgrund des geforderten rezeptiven Schülerverhaltens (nicht erwartet: Übernahme von Verantwortung, Eigeninitiative, spontane Reaktionen);

● weitgehendes Unterbinden sozialen Lernens bzw. offener Lernphasen durch die Dominanz des Lehrers;

■ der Begriff:

„Wir verstehen ... unter Alleinarbeit die Formen unmittelbaren Unterrichts, in denen sich der einzelne Schüler ... mit den Unterrichtsgehalten verarbeitend, weiterführend, aber auch erarbeitend auseinandersetzt. ... Die Arbeit selbst kann ... 'gebunden' oder 'frei' sein. Die unterrichtlich fruchtbarste Arbeit ist die gebundene. Sie bezieht ihre Themen und Aufgaben aus dem direkten Unterricht und ist daraufhin ausgerichtet. Insofern stellt die Alleinarbeit ... eine wertvolle Ergänzung des unmittelbaren Unterrichts dar."
(Stöcker 1960)

■ die räumliche Organisation:

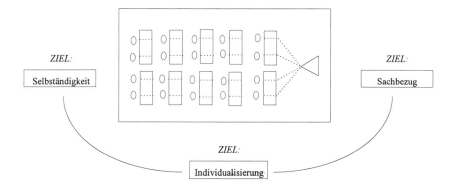

ZIEL:
Selbständigkeit

ZIEL:
Sachbezug

ZIEL:
Individualisierung

■ Formen:

– Die arbeitsgleiche Alleinarbeit (= konkurrierende Aa, alle Schüler bearbeiten die gleiche Aufgabe mit den gleichen Arbeitsmitteln);
– die arbeitsteilige Aa (verschiedene Schüler bearbeiten unterschiedliche Aufgaben);

■ didaktische Funktionen:

➢ zur Vorbereitung, Erarbeitung oder Sicherung kognitiver und instrumentaler Lernresultate;
➢ zur Förderung einer konzentrierten, selbständigen und eigengesteuerten Arbeitshaltung;
➢ zur Verwirklichung des Prinzips der 'optimalen Passung';
➢ zur Kontrolle der individuellen Lernleistung;
➢ zur Auflockerung und Ergänzung des direkten Unterrichts;

■ Lehrakte:

● Arbeitsaufträge;
● Erschließungsfragen;
● verbale, bildhafte und gegenständliche Sachimpulse;

■ Bedingungen:

– geeignete Lerninhalte in Verbindung mit verständlichen Arbeitsmaterialien (Text, Bild etc.);
– Fähigkeit der sicheren Anwendung der erforderlichen Lerntechniken;

– präzise formulierte, unmißverständliche Arbeitsaufgaben;
– unterstützendes Lehrerverhalten, stete Kontrolle und Bestätigung der Lernleistung; ggf. Integration in den stofflichen Zusammenhang;

■ Vorzüge:

● Möglichkeit zur Förderung der Aktivität, der Lernmotivation durch Erfolgsbestätigung, des Vertrauens in die eigene Leistungsfähigkeit;
● näherungsweise Berücksichtigung der individuellen Lerngegebenheiten (Arbeitstempo, Denkvorgänge, Art der Gestaltung der Denkergebnisse, Arbeitshaltung);

■ Probleme:

➢ Gefahr der Isolierung bzw. Beeinträchtigung des sozialen Lernverhaltens;
➢ mangelnde Arbeitshaltung (Konzentration, Ausdauer, Arbeitsdisziplin etc.);
➢ Konkurrenzdruck und Versagensangst;
➢ nicht ausreichende Unterrichtszeit und Stoffdruck;

■ der Begriff:

„Wo der Schülerblock in kleinere Einheiten von jeweils zwei zusammenarbeitenden Schülern aufgebrochen wird,
spricht man von Partnerarbeit: Bei der Partnerarbeit sind jeweils zwei Schüler für kurze Zeit zu einer Arbeitsge-
meinschaft verbunden. Die Partnergruppen erhalten genaue Arbeitsanweisungen durch den Lehrer ... . Die Partnerarbeit erweist sich als ausgezeichnete Hilfe ..., einem im autoritären Geist groß gewordenen Schülerblock
langsam aufzulockern." (Simon in Peterßen 1982)

■ die räumliche Organisation:

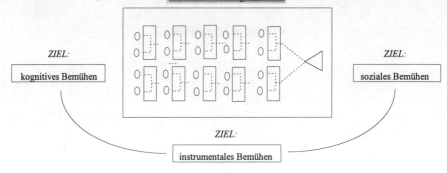

ZIEL:

| kognitives Bemühen |

ZIEL:

| soziales Bemühen |

ZIEL:

| instrumentales Bemühen |

■ didaktische Funktionen:

Partnerarbeit kann beitragen...

– zur Überwindung gegebener Lehrerdominanz bzw. als Möglichkeit zur Auflösung des Klassenverbandes;
– zur Vorbereitung und Verarbeitung (Sicherung) von Unterrichtsergebnissen auf der Basis vorgegebener oder selbstbestimm-
ter Aufgaben;
– zur Steigerung der Lernmotivation und Arbeitsfreude;
– zur Anbahnung und Übung sozialer Verhaltensweisen (Kooperation, Hilfsbereitschaft, Verständnis, Teamgeist, Verantwortungsgefühl, Vorbereitung auf größere Lerngruppen);

■ Arten:

♦ **die koaktive Partnerarbeit:**
Interaktion und Kommunikation treten nur zeitweise und aufgrund eines
spontanen Bedürfnisses auf, meist
verursacht durch eine gegebene
Schwierigkeit; eher eine Alleinarbeit
mit gelegentlichem Hilfeersuchen
beim Mitschüler;

♦ **die arbeitsteilige Partnerarbeit:**
die Bewältigung der Aufgabe teilen
sich die Schüler, z.B. nach subjektiver Fähigkeit oder inhaltlichem Interesse; jeder Partner arbeitet zunächst selbsttätig an seinem Aufga-
benteil, ehe es dann zur gemeinsamen Lösung kommt;

♦ **die interaktive Partnerarbeit:**
die beiden Partner arbeiten gemeinsam und gleichzeitig an der gestellten Aufgabe; ein ständiger Gedankenaustausch, eine zielstrebige Interaktion und intensive Zusammenarbeit zeichnet diese Hochform der
Partnerarbeit aus;

■ Lehrakte:

■ Lernakte:

- Arbeitsaufgaben
- Unterrichtsfragen *aber auch:*
- Partnergespräche

- beobachten
- beraten
- kontrollieren

*üben - vergleichen - wiederholen -
verbessern - sammeln - entwerfen -
helfen - notieren - kontrollieren u.a.*

■ Voraussetzungen:

■ Probleme:

➢ Bereitschaft zur Kontaktaufnahme;
➢ Arbeitsdisziplin und Fähigkeit zur selbständigen Lerntätigkeit;
➢ unmißverständliche, erreichbare Arbeitsaufgaben, ausreichende Arbeitszeit, konsequente Ergebniskontrolle;
➢ Partnergruppe getragen von Sympathie und Freundschaft;
➢ bedachter Wechsel der Partner nach angemessenem Zeitraum;

– wenn sich Partner nicht vertragen;
– wenn sich Partner aufgrund von Leistungsdefiziten nicht
helfen können;
– wenn notwendige soziale Verhaltensformen noch nicht
zureichend entwickelt sind;
– wenn Partnerergebnisse nicht kontrolliert werden
(können);
– wenn Partnergruppen nicht konsequent um die Aufgabenbewältigung bemüht sind;

■ der Begriff:

„Gruppenarbeit ist eine Handlungsform, bei der eine Teilmenge von Personen in solidarischer Anstrengung einen vorgegebenen oder gewählten Sachverhalt erarbeitet und als kooperativ für das Arbeitsergebnis die Verantwortung trägt."
(Apel/Grünfeld 1982)

■ die räumliche Organisation:

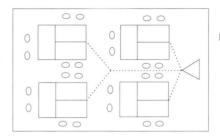

□ **Gruppenarbeit** ist eine Sozialform und dient als relativ
kurzphasiges Montageteil zur
Realisierung einer bestimmten Artikulationsstufe innerhalb eines Lernprozesses;

□ **Gruppenunterricht** ist als Unter-
richtskonzept eine relativ langphasige methodische Großform; er erstreckt sich mindestens über eine
Unterrichtsstunde und wird durch
eine bestimmte stufenmäßige Abfolge gegliedert;

■ didaktische Funktionen:

Gruppenarbeit ermöglicht ...

– die Entwicklung des sozialen Lernens und den Abbau der
Kommunikationsfurcht;
– ein höheres Maß an Einsatzbereitschaft und häufigere
Interaktionen;
– eine größere Wahrscheinlichkeit für die richtige Aufgabenbewältigung;
– ansatzweise die Umsetzung der Leistungs- und Interessendifferenzierung;

– mehr personale Akzeptanz durch die Gruppenmitglieder;
– mehr emotionale Sicherheit und ein freudvolles, angstre-
duziertes Lernen;
– einen größeren Umfang an eingebrachten Ideen, individuellen Kenntnissen und Fertigkeiten;
– die Einschulung und Anwendung von Arbeitsmethoden;
– die Auflockerung des lehrerzentrierten Unterrichts;

■ Voraussetzungen und Bedingungen:

• Gruppengröße: zwischen 4 und max.
6 Schüler;
• ausreichende Arbeitszeit;
• angemessener Wechsel mit anderen
Sozialformen;
• Variation der Gruppenzusammensetzung bei Bedarf (soziale Disso-
nanz, zu starkes Leistungsgefälle);

• positive interpersonale Bezüge
innerhalb der Gruppen;
• Kooperationsbereitschaft und -
fähigkeit der Gruppenmitglieder;
• visuell erfaßbare (vorzeigbare)
Fixierung der Arbeitsergebnisse;
• Beherrschung notwendiger Arbeitstechniken;

• vielfältiges, aber umfangmäßig begrenztes Arbeitsmaterial;
• unmißverständliche und erreichbare
Arbeitsaufträge;
• gelegentliche Lehrinstruktionen und
Organisationshinweise;
• gemeinsame Ergebniszusammenfassung
im Klassenverband;

■ Arten:

➢ **die arbeitsgleiche Gruppenarbeit:**

alle Tischgruppen bearbeiten den gleichen Auftrag mit den
gleichen Arbeitsmitteln;

➢ **die arbeitsteilige Gruppenarbeit:**

die Tischgruppen erhalten unterschiedliche Aufträge, die sie
mit geeigneten Arbeitsmitteln zu bewältigen versuchen;

■ Probleme und Grenzen:

– der Zeitdruck
– zu enge räumliche Verhältnisse
– ungeeignete Arbeitsmaterialien
– Arbeitsunruhe und Geräuschpegel

– höherer Organisationsaufwand für
den Lehrer
– Dominanz einzelner Gruppenmitglieder
– Rivalitäten innerhalb und zwischen
den Gruppen

– der Einfluß des Lehrers bei der
Gruppenbildung
– die Integration von Einzelgängern
– störende soziale Verhaltensweisen
und fehlende Arbeitstechniken

Unterrichtsorganisation
- die Halbkreis- und Kreisformation -

■ der Begriff:

„In der Kreissituation, die von B. Otto, H. Gaudig und P. Petersen pädagogisch begründet wurde und sich als reguläre Sozialform des Unterrichts ... eingebürgert hat, sind dagegen alle Mitglieder einer Lerngruppe ... einschließlich des Lehrenden einander (... Gespräch), einem zentralen Beobachtungsobjekt (Modell, Versuchsanordnung usw.) oder einer gemeinsamen Aufgabe (Singen, Musizieren, Spielen usw.) zugewandt, dadurch aber zu direkter Verständigung und Kooperation gleichermaßen herausgefordert wie instand gesetzt ... ." (Horney 1970)

■ die räumliche Organisation:

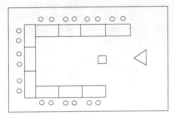

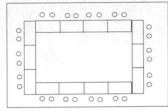

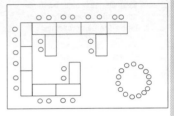

Halbkreisformation   Kreisformation   offene Formation - Stuhlkreis

Ziele:

Entwicklung der Gesprächsfähigkeit - Sacherschließung

■ didaktische Funktionen:

☐ zur Intensivierung der Kommunikation:

freie Meinungsäußerung, Freisetzung vorhandener Urteile, Empfindungen, Kenntnisse; Vergleich, Abwägung und Verknüpfung der eigenen Aussagen mit den Äußerungen der anderen Schüler; Achtung vor anderen Äußerungen; Aktivierung des Frage-(Wissens)begehrens; stärkerer Zwang zur direkten Kontaktaufnahme bzw. Beteiligung;

☐ zur Analyse, Diskussion und Erschließung eines Problems:

mit Hilfe eines Gesprächs, auf der Grundlage eines Objekts (originaler Gegenstand, Bild, Text, Zahl, Modell, Vorführung, Experiment); in der Halbkreisformation bildet das Lernmaterial (stärkere Lenkung), in der Kreisformation in der Regel der Sachfall den zentralen Punkt im Kommunikationsnetz;

■ Lehrakte:

Rundgespräch (Gesprächskette) - Erarbeitungsgespräch - Diskussion - Debatte

■ Voraussetzungen:

– bewegliches Mobiliar;
– ausreichend große räumliche Verhältnisse (insbesondere bei einem zusätzlich stationären Sitzkreis, vgl. offene Formation!);
– konfliktfreie Festlegung der jeweiligen Sitzposition;
– geräuscharme Umstellung von Tischen und Stühlen;

– ungehindertes visuelles Erfassen des Gesprächsobjekts;
– Zurückhaltung des Lehrers;
– positives Arbeits- und Lernklima (Akzeptanz des anderen);
– bei Bedarf: protokollähnliche Fixierung der wichtigsten Gesprächsergebnisse als Basis für die Weiterarbeit;

Unterrichtsorganisation
- die methodische Verlaufsplanung, der Stundenentwurf -

■ allgemeine Planungsaspekte für eine Unterrichtseinheit:

"Die Verlaufsplanung bietet den Abschluß der Unterrichtsvorbereitung in Form des schriftlichen Stundenentwurfs. Sie beinhaltet einen zusammenfassenden Akt aller bislang vorausgegangenen Planungsüberlegungen, indem sie deren wechselseitiges Zusammenwirken in der Regel in Form eines Übersichtsschemas festhält. Eine solche Disposition - die in unterschiedlichsten Formen gehalten sein kann ... - stellt für den Unterrichtenden sozusagen den Leitfaden bei der Durchführung des Unterrichts dar, ..." (Hagmüller, 1980)

■ konzeptionelle Forderungen:

♦ die Form betreffend:

insbesondere ...

– Verzicht auf minutiöse Zeitbegrenzungen
– keine Aufnahme möglicher Gesprächsketten
– keine sprachliche Vorformulierung von Schülerantworten
– die Stufenfolge bzw. die Artikulation aufgrund des Typs des Lernprozesses
– präzise Erfassung des didaktischen Ziels jeder Unterrichtsstufe
– logische Abfolge (das Nacheinander) der Unterrichtsstufen als Sequenz

– widerspruchsfreie Verknüpfung (das Nebeneinander) der methodischen Konkretisierungsinstrumente (Stufenziel, Lehrinhalt, Lehr- und Lernakte, Sozialform und Lernhilfe)
– Fixierung der Lernaktivitäten der Schüler als Denkakte durch Verben
– übersichtliche Gestaltung des Unterrichtsentwurfs als Gedächtnisstütze zur leichten Orientierung

♦ die methodische Gestaltung betreffend:

insbesondere ...

● Berücksichtigung von konkret realisierbaren Erziehungsabsichten
● offene Unterrichtsgestaltung durch Beachtung der Vorkenntnisse, der Schülerinteressen und deren aktive Mitwirkung bereits auf der Stufe der Vorbereitung (z.B. Materialbeschaffung)
● handlungsorientiertes Lernen in Allein- und Gruppenarbeit mit Hilfe dosierter, vielfältiger Lernmaterialien
● Maßnahmen der Anschauung (Lebensnähe) und Veranschaulichung
● Überlegungen, um eine möglichst durchgängige Lernmotivation auf allen Unterrichtsstufen zu erreichen

● Bemühungen um Verbesserungen der Behaltensleistung und Anwendungssicherheit
● visuell erfaßbare Gestaltung des Unterrichtsergebnisses
● dosierter Wechsel zwischen lehrer- und schülerorientierten Phasen
● erreichbare Aufgabenstellungen, um Erfolgserlebnisse zu ermöglichen
● Phasen, in denen die Schüler das Zuhören lernen können
● keine nicht der konkreten Lernsituation angepaßte Übernahme fremder Planungsüberlegungen
● keine starre Umsetzung der geplanten methodischen Maßnahmen
● Ergänzen bzw. Einplanen von Variationsmöglichkeiten

Die Prozeßplanung als Unterrichtsentwurf
ist

Die Prozeßplanung ist immer zu betrachten
als

!

das Ergebnis vorausgehender, umfassender Reflexionen der Lernsituation

"Ein Konstrukt auf Widerruf."
(Peterßen 1982)

Unterrichtsorganisation
- die Prozeßplanung als Implikationszusammenhang -

IMPLIKATIONSZUSAMMENHANG

|
bedeutet

**die Verflechtung bzw. die logische Verknüpfung von sich gegenseitig
bedingenden Elementen, hier lernprozessualer Variablen;**

■ die Grundstruktur:

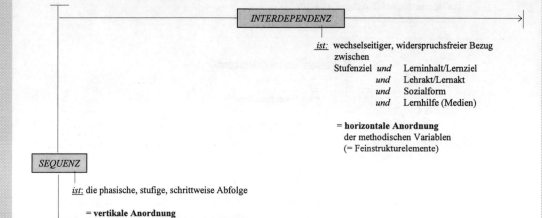

INTERDEPENDENZ

ist: wechselseitiger, widerspruchsfreier Bezug
zwischen
Stufenziel *und* Lerninhalt/Lernziel
und Lehrakt/Lernakt
und Sozialform
und Lernhilfe (Medien)

= horizontale Anordnung
der methodischen Variablen
(= Feinstrukturelemente)

SEQUENZ

ist: die phasische, stufige, schrittweise Abfolge

= vertikale Anordnung
der Unterrichtsstufen (= Grobstrukturelemente)

■ die Verbindung der methodischen Variablen:

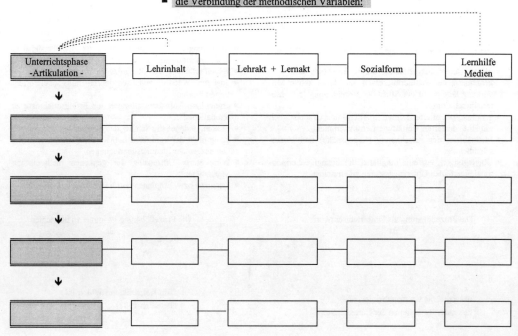

Unterrichtsphase -Artikulation -	Lehrinhalt	Lehrakt + Lernakt	Sozialform	Lernhilfe Medien

■ die wissenschaftstheoretische Grundlage:

"Formale Konstanz des tragenden Strukturgefüges und inhaltliche Varianz der Erscheinungsweise dieses Strukturgefüges ermöglichen es, einen für allen Unterricht gleichen Raster zu erstellen, mit dessen Hilfe Unterricht einerseits analysiert, andererseits konstruiert werden kann."
(Peterßen 1984[3])

d.h.

**erforderlich ist ein formal konstantes Strukturgefüge,
das inhaltlich wie methodisch ein Höchstmaß an Offenheit bietet;**

■ die Umsetzung:

durch

Beachtung der Stufenfolge (Sequenz) in Verbindung mit den methodischen Konkretisierungsvariablen (Interdependenz)

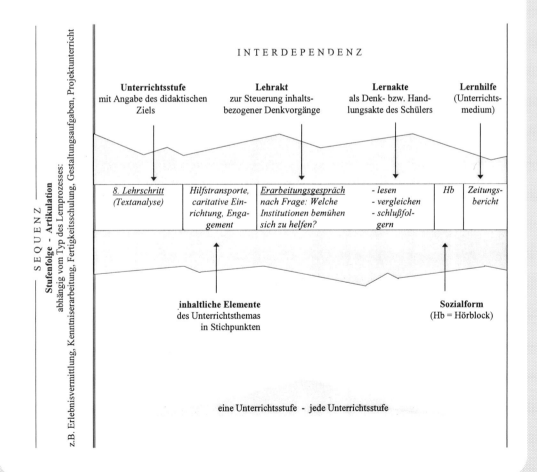

SEQUENZ
Stufenfolge - Artikulation
abhängig vom Typ des Lernprozesses:
z.B. Erlebnisvermittlung, Kenntniserarbeitung, Fertigkeitsschulung, Gestaltungsaufgaben, Projektunterricht

INTERDEPENDENZ

Unterrichtsstufe mit Angabe des didaktischen Ziels	Lehrakt zur Steuerung inhaltsbezogener Denkvorgänge	Lernakte als Denk- bzw. Handlungsakte des Schülers		Lernhilfe (Unterrichtsmedium)
8. Lehrschritt _(Textanalyse)_	_Hilfstransporte, caritative Einrichtung, Engagement_	_Erarbeitungsgespräch_ _nach Frage: Welche Institutionen bemühen sich zu helfen?_	_- lesen_ _- vergleichen_ _- schlußfolgern_	_Hb_ _Zeitungsbericht_

inhaltliche Elemente
des Unterrichtsthemas
in Stichpunkten

Sozialform
(Hb = Hörblock)

eine Unterrichtsstufe - jede Unterrichtsstufe

■ Formen der Planungsfixierung:

♦ beschreibende Darstellungsformen:

☐ Gesprächskettendarstellung:
Fixierung des Kommunikationsablaufes zwischen den Handlungspartnern; weniger eine Form der Unterrichts-vorbereitung als der Protokollierung für eine nachfol-gende Analyse und Evaluation;

☐ beschreibende Verlaufsplanung (Textform):
Akzentuierung ausgewählter methodischer Variablen, in der Regel ohne konsequente Verknüpfung der Faktoren; relativ grobe Erfassung des phasischen Ablaufs;

♦ strukturierende Darstellungsformen:

☐ Verlaufsplanung als Flußdiagramm:
einseitige Betonung des phasischen Ablaufs;

☐ Verlaufsplanung als Handlungsband:
Herausarbeitung der Handlungsverteilung zwischen Lehrer und Schüler unter Beachtung der zeitlichen Pha-senfolge;

☐ die Strukturgitterform:
die präziseste Form; in der Regel angemessene Beach-tung der Stufenfolge und der Verknüpfung der methodi-schen Handlungsvariablen;

■ Vorschläge für die Strukturgitterform:

z.B.
♦ Kober/Rößner:
(Anleitungen zur Unterrichtsvorbereitung, Frankfurt 1971/5)

Zeit Min.	*Stufe*	*Stoff*	*Methoden*	*Begründungen und Anmerkungen*

♦ Schulz, W.:
(Unterrichtsplanung, München/Wien 1980)

Zeit	*erwartetes Schülerverhalten*	*geplantes Lehrerverhalten*	*didaktischer Kommentar*

♦ Dichanz/Mohrmann:
(Unterrichtsvorbereitung, Stuttgart 1978²)

Geplantes Lehrerverhalten	*Erwartetes Schülerverhalten*	*Methodischer Kommentar*

♦ Peterßen, W.:
(Handbuch Unterrichtsplanung, München 1984²)

Zeit	*Ziele*	*Inhalte*	*Verfahren*	*Mittel*	*Sozialformen*

HAUPTPROBLEM

meist fehlende Aussagen zur Frage der Stufenfolge und deren Verknüpfung mit den methodischen Konkretisierungsmaßnahmen

■ das Grundraster als Strukturgefüge:

Die hier eingetragenen Strukturelemente stellen lediglich Beispiele dar. Auswahl, Dimensionierung und phasische Zuordnung (did. Ort) aller Strukturelemente sind das Ergebnis didaktischer Reflexionen. Sie werden beeinflußt bzw. bestimmt von den jeweiligen fachdidaktischen Forderungen und der individuellen dramaturgisch-strategischen Gestaltungsabsicht.

U G	Lehrschritte (Artikulation)	Lehrinhalte/ Lernziele	Lehrakte	Lernakte	Sozial-formen	Lernhilfen
Eröffnungsphase	1. Lehrschritt (Kontrastdarstellung)	....	Sachimpuls:	- betrachten - reflektieren	Hb	Folie 1 Tonbandausschnitt
	2. Lehrschritt (Problemabgrenzung)	....	Erarbeitungsgespräch:	- vergleichen - schlußfolgern	Hb	
	3. Lehrschritt (Zielangabe)	Problemfra-ge:.................. (Lz 1)	Arbeitsaufgabe:	- formulieren	Pa	Notizblock Tafelanschrift a)
...beitungsphase	4. Lehrschritt (Hypothesenbildung)	.... (Lz 4)	Diskussion:	-	Kf	Folie 2
	5. Lehrschritt (erste Teilergebnis-gewinnung)	Begriffe:........ .... (Lz 2)	Schilderung:	- .... -	Hb	Wandbild: ....
	6. Lehrschritt (Ergebnisfixierung)	Lernresultat:.. .... (Lz 5)	Impuls: .... Erarbeitungsgespräch:	- .... - .... -	Hb Hb	Tafelanschrift b) - c)
	7. Lehrschritt (Rekapitulation)	(Lz 1/4)	Arbeitsaufgabe: .... Verarbeitungsgespräch:	- .... -	Ga Hb	Arbeitsblatt, Abschnitt 3 Wortkarten: ..../.........../..............
Erar...	8. Lehrschritt (Problemstellung)	(Lz 5)	Partnergespräch nach Ge-sprächsauftrag:	-	Pa	Notizblock
	9. Lehrschritt (Problemlösung und -fixierung)	Regel:.......... .... (Lz 6)	Verarbeitungsgespräch: .... Frage: .... Erarbeitungsgespräch:	- .... - .... - .... -	Hb Hb Hb	Tafelanschrift d) Tafelanschrift e) Arbeitsblatt, Abschnitt 4
Sicherungsphase	10. Lehrschritt (Ausdrucksgestaltung)	.... (Lz 7)	Rollenspiel:	-	Ga/Hb	
	11. Lehrschritt (Anwendung und mündliche Kontrolle)	.... (Lz 3/4/6)	Arbeitsauftrag: .... Verarbeitungsgespräch:	- .... -	Aa Hb	Arbeitsblatt, Abschnitte 1 und 2
	12 Lehrschritt (Wertung)	.... (Lz 8)	Impuls: .... Erarbeitungsgespräch:	- .... - .... -	Hb Hb	Statistik, Folie 2

Abkürzungen: Lz (=Lernziel), Hb (= Hörblock), Pa (=Partnerarbeit), Kf (= Kreisformation), Ga (= Gruppenarbeit), Aa (= Alleinarbeit)

■ der Grundgedanke:

– die Planungsnotiz ist eine im Rahmen der zeitlichen Gegebenheiten mögliche Form der Unterrichtsplanung für den schulischen Alltag;
– dabei sind zu beachten: Einstieg, Unterrichtsschritte und Zeiteinteilung, Unterrichtsergebnis, wichtige Lehrakte, Medien, organisatorische Notizen (Meyer 1983)

(Meyer 1983)

■ das Beispiel:

■ die Abänderung:

unter Einbeziehung aller Vorgaben

Vorher: Hausaufgaben einsammeln und Onno zu Geburtstag gratulieren;

Zeit	Schritte	Lehr- Lernaktivitäten
5 - 7 Min.	**1. Lehrschritt**: Materialsammlung	Unterrichtsgang zur Molkerei, Reaktivierung der Wahrnehmungen;
5 Min.	**2. Lehrschritt**: Arbeitsvorbereitung	Einteilung in 4 Gruppen; Tische zusammenstellen; Arbeitsauftrag: Jede Gruppe zeichnet einen Teilabschnitt des Milchverarbeitungsprozesses;
20 Min.	**3. Lehrschritt**: Ergebniserarbeitung	Gruppengespräche; Lernakt zeichnen; Grundgliederung: Milcherzeugung Milchverarbeitung Gruppe1 + Gruppe 2 Gruppe 3 + Gruppe 4
5 Min.	**4. Lehrschritt**: Ergebnisgewinnung	Erstellen der geplanten Collage (zusammenkleben und anheften; Tesaband!)
10 Min.	**5. Lehrschritt**: Ergebnissicherung	• Wiederholung: Verarbeitungsgespräch nach Frage Ist der Weg der Milch richtig beschrieben? • Wertung: Verarbeitungsgespräch nach Frage Wie können wir das Bild bei der geplanten Ausstellung verwenden?

■ die Absicht:

deutliche Herausstellung der didaktischen Ziele jeder Unterrichtsstufe und Zuordnung der beabsichtigten methodischen Handlungsstrategien;

■ erforderliche Ergänzungen:

Nennung der Lernziele, Formulierung des Unterrichtsthemas , Entwurf des visuell erfaßbaren Unterrichtsergebnisses (z.B. als Tafelbild);

- **Unterrichtsthema** : Die Gestaltung des "Fränkischen Seenlandes"
- **Hauptlernziel** : Die verschiedenen Ziele, Baumaßnahmen und Auswirkungen der "Fränkischen Seenplatte" erkennen.
- **Teillernziele** : - die "Fränkische Seenplatte" lokalisieren;
  - begründen, in welchem funktionellen Zusammenhang diese Speicherseen stehen;
  - die Aspekte der Wasserwirtschaft, der Landschaftsgestaltung und des Arbeitsmarktes erläutern;
  - Voraussetzungen aufzeigen, die im Zusammenhang mit der Entwicklung dieses Gebietes als Erholungsraum bewältigt werden müssen;
  - Möglichkeiten der Erholung an künstlichen Seen nennen.

Erholung an künstlichen Seen
- Die Gestaltung des „Fränkischen Seenlandes" -

1 **Der Auftrag: Ein Landtagsbeschluß von 1970**

Überleitung von Altmühl- und Donauwasser in das Regnitz-Main-Gebiet

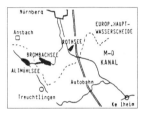

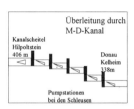

erfordert

2 **... Die Anlage von drei künstlichen Seen:**

Rothsee - Altmühlsee - Brombachsee

... und den Bau von fünf Pumpwerken zur:

Überwindung des Höhenunterschiedes (68 m)

zwischen Kelheim und Hilpoltstein

3 **Hauptziele dieses Wasserbauprojekts:**

Aspekt: *Wasserwirtschaft*	Aspekt: *Arbeitsmarkt*	Aspekt: *Landschaftsgestaltung*
Überregionaler Wasserausgleich zwischen dem wasserreichen Südbayern und dem wasserarmen Franken; Hochwasserschutz, Sicherung der Trinkwasserversorgung, Verbesserung der Wassergüte.	Schaffung von 2500 Arbeitsplätzen insbesondere durch die Entwicklung des Fremdenverkehrs und der Naherholung.	Durch Maßnahmen der Landschaftspflege und des Naturschutzes (ökologische Zonen, vielfältige Bepflanzung) Umgestaltung dieses Raumes in eine abwechslungsreiche Erholungs- und Naturlandschaft.

4 **Fremdenverkehr und Naherholung im Fränkischen Seenland:**

$\boxed{Z \mid W \mid E \mid C \mid K \mid V \mid E \mid R \mid B \mid \ddot{A} \mid N \mid D \mid E}$

schaffen die Voraussetzung:

- *Erstellung von Flächen-nutzungsplänen*
- *Ausbau des Straßen- und Wegenetzes*
- *Abwasserbeseitigung (Ringkanal, Kläranlage)*
- *Planung von Erholungs- und Freizeitanlagen*

für

Möglichkeiten der Erholung:

Baden, Surfen, Segeln, Wandern

Didaktische Aspekte und methodische Überlegungen zum Unterrichtsthema:
Die Gestaltung des Fränkischen Seenlandes

I. Didaktische Aspekte

- Die vorliegenden Anregungen sind stets auf die situativen Lernbedingungen der jeweiligen Klasse abzustimmen bzw. zu dosieren.
- Die erarbeitete Kopiervorlage sollte per Folie als sog. Tafelbild und/oder als sog. Arbeitsblatt im Sinne eines Denkgerüstes die Erschließungsarbeit begleiten, wobei sie der Steuerung der Denkabläufe und der Aufnahme der erarbeiteten Teilresultate dient.
- Vordergründig gesehen verweist das Thema auf den Daseinsbereich 'Menschen müssen sich erholen'. Aufgrund der Behandlung dieses Aspektes in früheren Klassen (Spiralcurriculum!) genügt hier eine andeutungsweise Wiederholung der verschiedenen Erholungsmöglichkeiten am und im Wasser. Wesentlicher dagegen sind im Zusammenhang zwei Schwerpunkte:
  - Planungsziele und Zusammenhänge der Arbeitsabläufe bei diesem Wasserbauprojekt;
  - Eingehende Durchdringung der durch Zweckverbände zu bewältigenden Voraussetzungen für die Entwicklung dieses Raumes zu einer Erholungslandschaft, für einen wahrscheinlichen Massenbetrieb, ohne Beeinträchtigung der Natur.

  Daraus ergibt sich eine Aufgliederung der Erschließungsarbeit in zwei Schwerpunkte. Dies ist unter Beachtung des dramaturgischen Konzepts auch vertretbar.
- Begleitmedium: Kopiervorlage; Ergänzungsmedien: Landkarte, evtl. auch zusätzliche Informationen, erhältlich durch: Seenberatungsstelle, Regierung von Mittelfranken, Hindenburgplatz 3, 91710 Gunzenhausen.
- Mögliche Verständnisprobleme bei folgenden Begriffen: Gewässergüte, Pendler, Nebenerwerbstätigkeit, Entvölkerung, Naherholung, Marketing-Gutachten, Kampagne, Flächenerschließung, Ornithologie, Investition, Finanzträger.
- Arbeitsaufträge:
  a) Versuche, jeweils eine Begründung für die einzelnen Baumaßnahmen zu geben!
  b) Berichte über die Erholungsmöglichkeiten und über die dafür zu bewältigenden Voraussetzungen im Zuge der neu entstehenden 'Fränkischen Seenplatte'!

II. Methodische Anregungen

Zur Eröffnung

■ Erstes Teilproblem: In Mittelfranken entstehen drei noch auf keiner Landkarte verzeichnete künstliche Seen. - Problembegegnung.
  - *Methodische Maßnahmen:* Rundgespräch nach bildhaftem Sachimpuls: Embleme des Brombach- und Altmühlsees in der Kopiervorlage, Brainstorming mit offenem Schluß nach Auftrag: Äußere dich zu dem Begriff 'künstliche Seen'! Er ist dir während deiner Schulzeit schon öfter begegnet.
  - *Lernresultat:* In Mittelfranken entstanden drei künstliche Seen: Altmühl-, Brombach- und Rothsee.

■ Zweites Teilproblem: Die Seen der Fränkischen Seenplatte liegen südlich des Ballungsraumes Nürnberg-Fürth-Erlangen in einem strukturschwachen Gebiet. - Lokalisation, Problempräzisierung, Zielangabe.
  - *Methodische Maßnahmen:* Erarbeitungsgespräch nach Auftrag: Suche und beschreibe mit Hilfe der Kartenskizze in der Kopiervorlage anhand einer Landkarte die genaue Lage dieser künstlichen Seen! Erläuterung der zu erschließenden Teilprobleme unter Vorgabe der vier Blöcke der Kopiervorlage; Vorweginterpretation schwieriger Begriffe (s. Didaktische Aspekte!). Feststellung: In der nun folgenden Unterrichtsarbeit versuchen wir zu klären, warum diese Seen gerade in diesem Gebiet entstehen und welche Bedeutung sie für die Bevölkerung und die Erholungsuchenden haben; anschließend: Vervollständigung der Überschrift im Tafelbild.
  - *Lernresultat:* Die künstlichen Seen der Fränkischen Seenplatte entstehen südlich des Ballungsraumes Nürnberg-Fürth-Erlangen in einem strukturschwachen Gebiet.

Zur Erarbeitung

- Visuell erfaßbare Vor- und Vergabe der Erschließungsfrage a);
- Aushändigung des Arbeitsmaterials;
- Schülerzentrierte Arbeitsphase zur Bewältigung der Erschließungsfrage a);

■ Drittes Teilproblem: Die wichtigsten Baumaßnahmen dieses größten bayerischen Wasserbauprojekts und deren funktionelle Begründung. - Teilergebniserarbeitung, -gewinnung und -fixierung.
  - *Lerninhalte:* Überleitung von Altmühl- und Donauwasser...; in funktionellem Zusammenhang mit dem Main-Donau-Kanal...; werden Talsperren und Speicherseen angelegt...; das Wasser aus der Donau bei Kelheim hochgepumpt...; der Main-Donau-Kanal ist damit der Transportweg für das Wasser...; Speicherseen Rothsee, Altmühlsee und Brombachsee.

- *Methodische Maßnahmen:* Verarbeitungsgespräch nach Vortrag der Gruppenergebnisse zu Erschließungsfrage a). Lokalisation der einzelnen Baumaßnahmen auf der Landkarte mit Hilfe der beiden Kartenskizzen und der Querschnittsdarstellung der Kopiervorlage. Herausstellen des funktionellen Zusammenhangs unter besonderer Beachtung der notwendigen Überwindung der europäischen Wasserscheide. Ergebnisfixierung in den Blöcken 1 und 2.
- *Lernresultat:* Der Bau der künstlichen Seen dient in erster Linie der Überleitung des Donauwassers in das wasserarme Franken und steht in funktionellem Zusammenhang mit dem Bau des Main-Donau-Kanals. Die zu überwindenden Höhenunterschiede, bedingt durch die europäische Wasserscheide, erfordern neben den Speicherseen im Kanalbereich zum Wassertransport Pumpstationen (und einen 3 km langen Stollen zwischen Altmühl- und Brombachsee).

■ <u>Viertes Teilproblem:</u> Die Hauptziele im Zusammenhang mit dem Bau der drei künstlichen Seen. - Teilergebnisgewinnung und -fixierung.
- *Lerninhalte:* Überregionaler Wasserausgleich zwischen Südbayern und Franken..., Hochwasserschutz..., Sicherung der Trinkwasserversorgung..., Verbesserung der Wassergüte..., 2500 Arbeitsplätze..., Fremdenverkehr..., Naherholung..., Landschaftspflege..., Naturschutz...;
- *Methodische Maßnahmen:* Erarbeitungsgespräch nach Frage: Was wollen die verantwortlichen Behörden neben der Wasserüberleitung außerdem erreichen? Analyse und Begründung der drei Bereiche: Wasserwirtschaft, Arbeitsmarkt, Landschaftsgestaltung. Fixierung der Ergebnisse in Block drei.
- *Lernresultat:* Mit der Überleitung von Donauwasser will man noch weitere wasserwirtschaftliche Probleme bewältigen. Außerdem dient dieses Projekt der Schaffung von Arbeitsplätzen und der Landschaftsgestaltung.
  Übergang zum zweiten Schwerpunkt der Erschließungsfrage mit dem Hinweis auf die Bedeutung der drei künstlichen Seen für die Naherholung und den Fremdenverkehr.
  - Visuell erfaßbare Vor- und Vergabe der Erschließungsfrage b);
  - Aushändigung des Arbeitsmaterials;
  - Schülerzentrierte Arbeitsphase zur Bewältigung der Erschließungsfrage b);

■ <u>Fünftes Teilproblem:</u> Zweckverbände schaffen die Voraussetzungen für die Entwicklung dieses Gebietes zu einem Erholungsraum. - Teilergebniserarbeitung, -gewinnung und -fixierung.
- *Lerninhalte:* Zweckverbände schaffen Voraussetzungen..., Flächennutzungspläne..., Straßen- und Wegenetz..., Abwasserbeseitigung..., Erholungs- und Freizeitanlagen...;
- *Methodische Maßnahmen:* Verarbeitungsgespräch nach Vortrag der Gruppenergebnisse zu Erschließungsfrage b). Begriffsinterpretation 'Zweckverband'. Analyse der für die Entwicklung eines Erholungsraumes zu bewältigenden Voraussetzungen. Fixierung der Ergebnisse in Block 4.
- *Lernresultat:* Zweckverbände sorgen für die geordnete und durchdachte Entwicklung dieses Gebietes als Erholungsraum.

Zur Sicherung

■ <u>Sechstes Teilproblem:</u> Gegenüberstellung der Vorzüge und der Schwierigkeiten bzw. Probleme im Zusammenhang mit dem Bau der drei künstlichen Seen. - Problematisierung.
- *Lerninhalte:* Der Landverbrauch..., die Kosten bzw. die Finanzierung..., die Skepsis in der Bevölkerung..., der Aspekt 'Natur- und Umweltschutz'....
- *Methodische Maßnahmen:* Erarbeitungsgespräch nach Frage: Welche Probleme sind beim Bau der künstlichen Seen zu bewältigen? Bei ausreichender Zeit Darstellung der erzielten Ergebnisse im Rollenspiel. Schauplatz: Stammtisch in Absberg, verschiedene betroffene Bürger diskutieren die Probleme; Teilnehmer: ein Mitglied des Gemeinderates, der Gastwirt, ein Naturschützer, ein Landwirt.
- *Lernresultat:* Im Zusammenhang mit dem Bau der drei künstlichen Seen waren und sind eine Reihe schwieriger Probleme zu bewältigen.

■ <u>Siebtes Teilproblem:</u> Vergleich ausgewählter Größen (Flächen) mit Kenntnissen aus dem Umfeld der Schüler. - Übertragung und Raumbezug.
- *Methodische Maßnahmen:* Teil 1 des Verarbeitungsgespräches nach Auftrag in Alleinarbeit: Vergleiche die Flächen der drei künstlichen Seen (Brombachsee 926 ha, Altmühlsee 450 ha, Rothsee 210 ha) mit Flächen aus deiner Umgebung! Lehrerzentrierte Beschreibung unter Einbeziehung der Landkarte: Rothsee etwa Größe Schliersee, Altmühlsee etwa Größe Kochelsee, Brombachsee größer als Tegernsee. Teil 2 des Verarbeitungsgespräches nach Auftrag in Partnerarbeit: Ermittle die Entfernungen von Nürnberg, Regensburg, Ingolstadt, München und Augsburg zu diesem neuen Erholungsraum und beschreibe Anfahrtsmöglichkeiten für die Naherholer.
- *Lernresultat:* Die künstlichen Seen der zukünftigen Erholungslandschaft 'Fränkische Seenplatte' sind bezüglich ihrer Größe durchaus mit den oberbayerischen Seen vergleichbar.

Unterrichtsorganisation
- die Beschreibungsform als Konzept für Unterrichtsentwürfe -

- **Unterrichtsthema** : Milchwirtschaft im Allgäu
- **Hauptlernziel** : Das Allgäu als größtes Erzeugergebiet von Milch- und Molkereiprodukten in der BRD erkennen.
- **Teillernziele** : - das Allgäu als Landschaft abgrenzen, lokalisieren und charakterisieren;
  - die natürlichen Voraussetzungen für diese landwirtschaftliche Spezialisierung erläutern und begründen;
  - Milchviehhaltung, Milchproduktion und Milchverarbeitung kennen und beschreiben;
  - die wirtschaftlichen Probleme infolge der Überproduktion in ihren Zusammenhängen erkennen und beurteilen.

Milchsee und Butterberg: Endstation einer landwirtschaftlichen Spezialisierung?
- Milchwirtschaft im Allgäu -

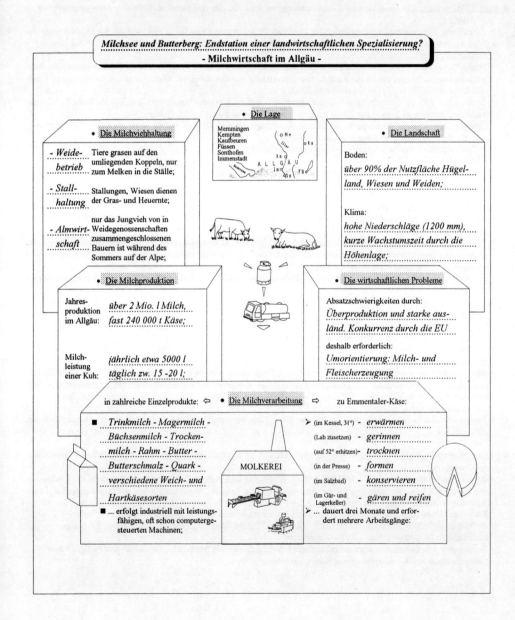

• Die Milchviehhaltung

- *Weide-betrieb* — Tiere grasen auf den umliegenden Koppeln, nur zum Melken in die Ställe;
- *Stall-haltung* — Stallungen, Wiesen dienen der Gras- und Heuernte;
- *Almwirt-schaft* — nur das Jungvieh von in Weidegenossenschaften zusammengeschlossenen Bauern ist während des Sommers auf der Alpe;

• Die Lage

Memmingen
Kempten
Kaufbeuren
Füssen
Sonthofen
Immenstadt

• Die Landschaft

Boden:
über 90% der Nutzfläche Hügelland, Wiesen und Weiden;

Klima:
hohe Niederschläge (1200 mm), kurze Wachstumszeit durch die Höhenlage;

• Die Milchproduktion

Jahres-produktion im Allgäu: *über 2 Mio. l Milch, fast 240 000 t Käse;*

Milch-leistung einer Kuh: *jährlich etwa 5000 l täglich zw. 15 -20 l;*

• Die wirtschaftlichen Probleme

Absatzschwierigkeiten durch:
Überproduktion und starke ausländ. Konkurrenz durch die EU

deshalb erforderlich:
Umorientierung: Milch- und Fleischerzeugung

in zahlreiche Einzelprodukte: ⇐ **• Die Milchverarbeitung** ⇒ zu Emmentaler-Käse:

- *Trinkmilch - Magermilch - Büchsenmilch - Trocken-milch - Rahm - Butter - Butterschmalz - Quark - verschiedene Weich- und Hartkäsesorten*
- ... erfolgt industriell mit leistungs-fähigen, oft schon computerge-steuerten Machinen;

MOLKEREI

➢ (im Kessel, 31°) - *erwärmen*
(Lab zusetzen) - *gerinnen*
(auf 52° erhitzen)- *trocknen*
(in der Presse) - *formen*
(im Salzbad) - *konservieren*
(im Gär- und Lagerkeller) - *gären und reifen*
➢ ... dauert drei Monate und erfor-dert mehrere Arbeitsgänge:

Didaktische Aspekte und methodische Kriterien zum Unterrichtsthema:
Milchwirtschaft im Allgäu!

I. Didaktische Aspekte

- Alle nachfolgenden Ausführungen verstehen sich als Anregungen. Sie sind in jedem Falle auf die situativen Lerngegebenheiten abzustimmen.
- Die Kopiervorlage (im Original A4) dient auf Folie als sog. Tafelbild und/oder als sog. Arbeitsblatt im Sinne eines Wahrnehmungsrasters der Steuerung der Denkabläufe. Sie begleitet die Unterrichtsarbeit und steht zur Aufnahme der erzielten Teilresultate zur Verfügung.
- Begriffe und Bezeichnungen, die u. U. Verständnisprobleme verursachen könnten und abzuklären wären: Kontingentierung, konkurrenzfähig, Existenzminimum, Genossenschaft, computergesteuerte Maschinen, Fließband, Technisierung, Rationalisierung, klassifizieren, exportieren, (Käse-)Börse.
- Das Konzept einer offenen Unterrichtsgestaltung ließe sich bei diesem Thema in erster Linie durch eine vorbereitende Hausaufgabe umsetzen. Die Schüler erhalten den Auftrag, im nahen Supermarkt die verschiedenen Milchprodukte zu registrieren (Butter, verschiedene Milchsorten, Schnitt-, Hart-, Weich- und Frischkäse u.a.).
- Begleitmedium: die Kopiervorlage; Ergänzungsmedien: Landkarte von Süddeutschland, ein Klimadiagramm, originale Objekte (Butter, Käse) bzw. deren Verpackung; nur in seltenen Fällen dürfte die Besichtigung einer Molkerei oder Käserei möglich sein, was wohl ebenso auch für eine Expertenbefragung (Milchbauer) gilt. Statistisches Material, auch für die Auswertung durch Schüler geeignet, findet sich im Fischer-Weltalmanach unter den Stichworten Milch-, Käse-, Butterproduktion.

II. Methodische Anregungen

Zur Eröffnung

♦ Problembegegnung: Der hier abgedruckte bildhafte Sachimpuls fördert aufgrund seines relativ originalen Charakters ein angemessenes sachliches Interesse, gewährleistet aber auch gleichzeitig im Sinne eines linearen Gegenstandsbezuges eine unmittelbare Konfrontation mit dem Problemfeld. Im Rahmen eines Rundgespräches können Aussagen und Vermutungen zum Unterrichtsthema vorgetragen werden. Evtl. wäre bereits hier die mit Hilfe einer Landkarte zu erfassende, schüleraktive Lokalisation des Allgäus vorzunehmen.

♦ Vorkenntnisermittlung: Ein nachfolgendes Erarbeitungsgespräch, eingeleitet mit der Frage nach den im Supermarkt vorgefundenen Milchprodukten, erbringt die Einsicht, daß aus Milch als Ausgangsprodukt eine Vielzahl von Einzelerzeugnissen hergestellt werden kann.
Lernresultat: Milch als Ausgangsprodukt dient zur Herstellung einer Vielzahl von Einzelerzeugnissen   wie...

♦ Problemabgrenzung: Nach der Feststellung, daß sich die Unterrichtsstunde mit der Milchwirtschaft im Allgäu beschäftigen wird, erfolgen die lehrerzentrierte Kurzerläuterung der Erarbeitungsschwerpunkte mit Hilfe der Kopiervorlage und die Klärung der evtl. unbekannten Formulierungen.

Zur Erarbeitung

■ Erster Betrachtungsschwerpunkt: äußere, natürliche Voraussetzungen.
  – Visuell erfaßbare Vorgabe der Erschließungsfrage a): Aufgrund welcher Naturbedingungen konnte sich im Allgäu die Milchwirtschaft so intensiv entwickeln (Vorschlag: Erarbeitung in Alleinarbeit)?
  – Arbeitsmaterialien: Schulbuch S. ..., Atlas Sonderkarten S. ... (Niederschläge, Vegetation).
  – Phase der Bewältigungsversuche.
  – Verarbeitungsgespräch nach Wiederholung der Erschließungsfrage a) unter Einbeziehung des Klimadiagramms und der physikalischen Karte, aus der die Bodenflächenformen und die Höhenangaben zu ermitteln sind; Ergebnisfixierung im Block: die Landschaft.
  Lernresultat: Hohe Jahresniederschläge und die kurze Wachstumszeit bilden wesentliche äußere Voraussetzungen für die Bewirtschaftung der umfangreichen Wiesen- und Weidegebiete im Allgäuer Hügelland.

■ Zweiter Betrachtungsschwerpunkt: Arten der Milchviehhaltung.
  – Visuell erfaßbare Vor- und Vergabe der Erschließungsfrage b): Welche Arten von Milchviehhaltung im Allgäu gibt es? (Vorschlag: Erarbeitung in arbeitsgleicher Gruppenarbeit).
  – Arbeitsmaterialien: Schulbuch S. ... , Nachschlagewerke;
  – Phase der Bewältigungsversuche durch Arbeitsgruppen.
  – Nach dem Vortrag der Gruppenergebnisse zur Erschließungsfrage b) werden durch ein Verarbeitungsgespräch die drei Arten, auch unter Einbeziehung des gegebenen Produktionsumfangs, ermittelt und im Tafelbild in den Blöcken Milchviehhaltung und Milchproduktion fixiert.

Lernresultat: Im Allgäu finden wir vornehmlich zwei Arten der Milchviehhaltung: Weidebetrieb und Stallhaltung. Nur die Jungtiere werden noch vereinzelt während der Sommermonate auf die höheren Almen (Alpe) gebracht.

■ Dritter Betrachtungsschwerpunkt: Milchverarbeitung.

– Visuell erfaßbare Vor- und Vergabe der Erschließungsfrage c): Was weißt du über die Milchverarbeitung und über die wirtschaftlichen Sorgen der Landwirte im Allgäu? (Vorschlag: Erarbeitung in arbeitsteiliger Gruppenarbeit).

– Arbeitsmaterialien: Schulbuch S. ... , eventuell auch einen Ausschnitt aus einer Schulfunksendung oder einem Schulfilm.

– Phase der Bewältigungsversuche durch Arbeitsgruppen.

– Zielführend motivierend könnte diese Unterrichtsphase mit dem bildhaften Sachimpuls der Kopiervorlage Milchkanne, Milchtransporter, Milchtüte, Käselaib und Abfüllanlage in einer Großmolkerei eingeleitet werden. Das in diesem Zusammenhang durchzuführende Erarbeitungsgespräch sollte die Einsicht erbringen, daß die Milchverarbeitung heute durchaus als industrieller, hochtechnisierter Vorgang bis hin zur großräumigen Organisation von An- und Verkauf zu sehen ist. Anschließend daran müßten die Gruppenergebnisse nach ihrem Vortrag durch ein Verarbeitungsgespräch abgeklärt, verdichtet und in den Halbblöcken beim Überbegriff 'Milchverarbeitung' fixiert werden.

Die noch ausstehende Klärung der wirtschaftlichen Problemsituation in Form der nicht kostendeckenden Überproduktion, wohl angestoßen bereits durch die Erschließungsfrage c), sollte im wesentlichen aufgrund der komplexen Zusammenhänge durch eine lehrerzentrierte Beschreibung mit zwischengeschobenen Erklärungen dargelegt werden. Die Fixierung dieses durchaus im Themenzusammenhang relevanten Teilergebnisses ist im Block 'wirtschaftliche Probleme' vorzunehmen.

Zum Schluß dieses Lerninhaltes sei noch darauf verwiesen, daß eine schülerzentrierte Arbeit mit den zahlreichen Einzelprodukten (s. Medien: originale Objekte!) methodisch zwar attraktiv sein kann, hinsichtlich deren Bildungsrelevanz jedoch nicht allzu hoch bewertet werden sollte.

Lernresultat: Milch als Ausgangsprodukt wird durch moderne Anlagen in Großmolkereien zu zahlreichen Einzelerzeugnissen. Von besonderer Problematik für die Allgäuer Milchbauern ist die Überproduktion bzw. der zu erzielende Milchpreis, der aufgrund politischer Maßnahmen in der EU nicht mehr die Erzeugerkosten decken kann.

Zur Sicherung

Zur Einprägung und Stabilisierung der gewonnenen Erkenntnisse bietet sich eine Vielzahl methodischer Strategien an, von denen hier einige zur Realisierung vorgeschlagen werden.

♦ Rekapitulation: Im Sinne einer einfachen Wiederholung können die genannten Themenschwerpunkte von jeder Gruppe auf der Basis des erarbeiteten Tafelbildes als Niederschrift durchformuliert werden.

♦ Gestaltung: Eher als Auftrag für eine Hausaufgabe wäre die farbige Ausgestaltung der komplettierten Kopiervorlage vorzusehen.

♦ Inhaltliche Ergänzung: Durch ein Erarbeitungsgespräch oder eine lehrerzentrierte Beschreibung könnten der ökonomische und ökologische (Trittschäden, natürliche Düngung) Wert der Almbewirtschaftung herausgestellt werden.

♦ Ausdrucksgestaltung: Im Rahmen eines Rollenspiels entwickeln ein Milchbauer und seine Frau ihre Sichtweise und Wertung des Problems der Milchkontingentierung.

♦ Problematisierung: Auf der Grundlage des entsprechenden Datenmaterials (Fundstelle: Fischer Weltalmanach) werden durch ein Erarbeitungsgespräch die Fragen der Überproduktion, der Grad der Selbstversorgung der BRD (mit Milch und Butter) und die Verwendung der Überschüsse (Einlagerung, Gratisabgabe, Viehfutter) freigelegt.

Abzuschließen wäre dieser Lehrschritt und damit die gesamte Unterrichtseinheit mit der Entwicklung und Fixierung der Überschrift im Tafelbild.

Hauptziel: Die Notwendigkeit der Anpassung in klimatisch ungünstigen Räumen erkennen und werten;	**Unterrichtsthema:** Wie passen sich Bantus und Pygmäen ihrem Lebensraum an?	Unterrichtszeit Empfehlung 1-2 UE

Vorbemerkungen: Auch hier ist das Problem dieses Unterrichtsthemas die Motivationsintensität. So dies zeitlich möglich ist, wäre eine Zweiteilung durchaus angebracht: In der ersten Stunde wird die Klimazone der Tropen in globaler und vegetationskundlicher Sicht behandelt, in der Folgestunde steht die Anpassungsproblematik der hier lebenden Menschen im Mittelpunkt.

Teillernziele:

1. die Klimazone der Tropen lokalisieren und beschreiben,
2. die Lebensweise der Bantus und Pygmäen unter dem Aspekt der Anpassung erläutern und begründen,
3. die gegenwärtig sich anbahnende Gefährdung dieses Lebensraumes erkennen,
4. relativ selbständig mit Klimadiagrammen, Sonderkarten, geographischen Sachtexten und Abbildungen arbeiten.

Medien - Literatur:

- Die beiden Fotos aus: Welt und Umwelt, Oldenbourg, München
- Arbeitsstreifen: Pygmäen (Nr. 991269), Klett, Stuttgart
- Leseheft: In den Urwäldern am Äquator (Nr. 28561), Klett, Stuttgart
- Film, FT 659, Regenzeit in Afrika, Landesbildstelle
- Dias, R 772, Rassen Afrikas, Landesbildstelle
- Welt und Umwelt, Schuljahr 7, Oldenbourg, München
- Erdkunde 7, Wolf, Regensburg

Lernmaterialien: a)

Die Bantus, ihre Heimat ist das Gebiet am Rande des Urwalds in Ostafrika, treiben heute noch Wanderfeldbau. Der Boden wird kaum gedüngt. So liefert er bald kaum mehr einen Ertrag. Sie roden Waldflächen (Abbrennen), legen neue Felder an und bauen sich wieder Hütten, die sie mit Stroh decken. Verbesserte hygienische Verhältnisse führen heute zu einer starken Bevölkerungszunahme. Als Folge spielt die Landflucht eine immer größere Rolle. Bantus ziehen in die Städte oder suchen Arbeit auf den Farmen der Weißen. Dem starken Zustrom der arbeitswilligen Schwarzen aus dem ländlichen Umland sind die Behörden kaum gewachsen. Viele der Zuwanderer bleiben arbeitslos. (aus: Erdkunde 7, Wolf Regensburg)

Versteckt im tropischen Regenwald liegen die Gruppensiedlungen der afrikanischen Pygmäen. Die Siedlungen bestehen aus 6-8 Rundhütten einer Sippe, die in einem Halbkreis oder Kreis errichtet werden. Jede Sippe hat ein bestimmtes Schweif- und Jagdgebiet, innerhalb dessen sie ihre Siedlungen immer wieder verlegt. Länger als 14 Tage wird ein Siedlungsplatz nicht beibehalten. Der Hausrat bestand bis in unsere Zeit nur aus wenigen Gegenständen: einigen Kürbisflaschen, einem Holzmörser mit Stößel und dem irdenen Kochtopf. (aus: Welt und Umwelt, Oldenbourg München)

b)

Wie passen sich Bantus und Pygmäen ihrem Lebensraum an?

Die Bantus leben:
am Rande des tropischen Regenwaldes

ihr Lebensraum:
das Kongobecken die Tropen

Treibhausklima (gleichmäßig hohe Temperaturen, zwei Regenzeiten mit hohen Niederschlägen); immergrüner tropischer Regenwald; kleine dörfliche Siedlungen, Giebeldachhütten; Brandrodung, Wanderfeldbau; Rollenverteilung zwischen Mann und Frau;

Die Pygmäen leben:
im Regenwald

ihr Lebensraum:
das Kongobecken, die Tropen

Treibhausklima (gleichmäßig hohe Temperaturen, zwei Regenzeiten mit hohen Niederschlägen); immergrüner tropischer Regenwald; im Sippenverband; einfache runde Laubhütten; Jagd mit einfachen Waffen (Männer), Sammeln von Wurzeln und Früchten (Frauen);

← **Kennzeichen ihres Lebensraumes** →

← **ihre Lebensweise** →

wir vergleichen und stellen fest

Hackbauer

Die beiden Völker passen sich durch ihre besondere Lebensweise (keine Vorratswirtschaft möglich) den Naturbedingungen an als ...

Jäger, Sammler

Unterrichtsorganisation
- die Strukturgitterform als Konzept für Unterrichtsentwürfe -

UG	Lehrschritte (Artikulationsdefinition)	Lehrinhalte und Lernziele (= Lz)	Lehrakte	Lernakte	Sozialformen	Lernhilfen
ERÖFFNUNGSPHASE	1. Lehrschritt: (Problembegegnung – bildhaft)	Bantus, Pygmäen: Informationen aufgrund von Vorwissen	Sachimpuls: Projektion bzw. Darbietung je einer typisierenden Abbildung; Rundgespräch nach Frage: Wo werden diese hier abgebildeten Personen wohl leben?	– betrachten / – reflektieren / – vermuten	Hb / Aa / Hb	Tafelbild: Abb. Bantus und Pygmäen
	2. Lehrschritt: (Vorkenntnisermittlung)		Erarbeitungsgespräch nach Auftrag: Nenne jene Sachverhalte, die du über diese Völker bereits weißt!	– wiedergeben	Hb	
	3. Lehrschritt: (Problempräzisierung – Zielangabe)	Problemfrage	Erarbeitungsgespräch nach Impuls: Über den Lebensraum geben dir beide Abbildungen bereits genauere Hinweise. Erarbeitung der Problemfrage; Fixierung.	– ableiten / – begründen / – präzisieren	Hb	Tafelbild: Überschrift
ERARBEITUNGSPHASE	4. Lehrschritt: (erste Teilergebniserarbeitung)	Lebensraum: Lage (Lz 1/4)	Arbeitsauftrag: Ermittle und beschreibe den Lebensraum dieser Menschen!	– suchen / – lokalisieren / – charakterisieren	Aa	Sonderkarte Schülerbuch Notizblock
	5. Lehrschritt: (erste Teilergebnisgewinnung und -fixierung)		Verarbeitungsgespräch: Darstellung und Auswertung der Arbeitsergebnisse; Fixierung. Erläuterung: Kongo-Becken, Kongo, wasserreichster Fluß Afrikas; Definition: Äquator;	– vortragen / – vergleichen / – verbalisieren / – schlußfolgern / – aufnehmen	Hb / Hb / Hb	Tafelbild: Kartenskizze, ihr Lebensraum...
	6. Lehrschritt: (zweite Teilergebnisgewinnung und -fixierung)	Lebensraum: Klima, Vegetation. (Lz 1/4)	Erarbeitungsgespräch nach Frage: Warum gibt es gerade hier den wasserreichsten Fluß? Klimatische Situation und Bedeutung für Vegetation; Definition: Tropen, Treibhausklima, immergrüner Regenwald;	– schlußfolgern / – vergleichen / – interpretieren / – Vorkenntnisse wiedergeben / präzisieren	Hb / Hb	Sonderkarte: Klima Tafelbild: Klimadiagramm (Vergleich z.B. München)
	7. Lehrschritt: (Teilergebniswiederholung)	Lebensraum: Wesensmerkmale (Lz 1)	Arbeitsauftrag: Fasse die bisherigen Teilergebnisse mit wenigen Stichworten zusammen! Verarbeitungsgespräch: Vortrag, Vergleich, Verdichtung der Ergebnisse, Fixierung;	– rekapitulieren / – notieren / – vortragen / – kontrollieren / – verbalisieren	Pa / Hb	Notizblock / Tafelbild: Kennzeichen ihres Lebensraumes...
PHASE	8. Lehrschritt: (dritte Teilergebnisdarstellung)	Lebensweise: Aspekt unterschiedlicher Entwicklungsstand (Lz 2/4)	Schilderung: Darstellung, Unterschiede zwischen Bantus und Pygmäen; Entwicklungsstand;	– zuhören / – reflektieren	Hb	Tafelbild: Die Batus leben..., die Pygmäen leben...
	9. Lehrschritt: (vierte Teilergebniserarbeitung)	Lebensweise: Hausformen, Existenzgrundlagen etc. Begriffe: Brandrodung, Wanderfeldbau (Lz 2/4)	Sachimpuls: Projektion bzw. Darlegung der unterschiedlichen Hausformen; Erarbeitungsgespräch: Bildanalyse; Begründung, Charakteristik; Arbeitsauftrag: Ermittle mit Hilfe von Bericht und Abbildung Wesensmerkmale ihrer Lebensweise!	– betrachten / – analysieren / – ableiten / – begründen / – analysieren / – notieren	Hb / Hb / Ga	Lernmaterial b) / Lernmaterial b) / Lernmaterial a) und b)
	10. Lehrschritt: (vierte Teilergebnisgewinnung und -fixierung)		Verarbeitungsgespräch: Vortrag und Auswertung der Ergebnisse, Problematisierung; Definition: Wanderfeldbau, Brandrodung;	– vortragen / – vergleichen / – zuhören	Hb / Hb	
	11. Lehrschritt: (Teilergebniswiederholung)		Arbeitsauftrag: Fasse die Teilergebnisse über die Lebensweise stichpunktartig zusammen! Verarbeitungsgespräch: Vortrag, Vergleich der Ergebnisse, sprachliche Verdichtung, Fixierung;	– zusammenfassen / – notieren / – vortragen / – verbalisieren	Aa / Hb	Notizblock / Tafelbild: ihre Lebensweise...
SICHERUNGSPHASE	12. Lehrschritt: (Generalisierung)	Oberbegriffe: Hackbauer, Jäger, Sammler (Lz 2)	Erarbeitungsgespräch nach Frage: Worin zeigt sich der Hauptunterschied? Begriffserarbeitung, Aspekt unterschiedliche Art der Anpassung;	– vergleichen / – erkennen / – formulieren	Hb	
	13. Lehrschritt: (Vergleich)	Lebensweise Aspekt Vorratswirtschaft (Lz 2)	Erarbeitungsgespräch: Problem Klima-Vorratswirtschaft; Vergleich mit arktischem Lebensraum, Fixierung;	– schlußfolgern / – verbalisieren	Hb	Tafelbild: wir vergleichen...
	14. Lehrschritt: (Aktualisierung)	Gefährdung des Lebensraumes; Abwanderung in die Städte; Folgen (Lz 3)	Bericht – Teil eins: Großflächige Abholzung des Regenwaldes, Gefährdung des Lebensraumes der Pygmäen; Bericht – Teil zwei: Drängen der Bantus in die Städte (Arbeitslosigkeit, Slum);	– zuhören / – reflektieren / – werten	Hb / Hb	Wandkarte

Hauptlernziel:
Den Vorgang und die verschiedenartigen Folgen der Erschliessung eines Naturraumes durch einen Verkehrsweg erkennen.

Unterrichtsthema:
Transamazonica – eine Straße erschließt den tropischen Regenwald.

Unterrichtszeit
Empfehlung: 1 UE

Vorbemerkungen:
Ohne Zweifel ließe sich diese interessante Thematik, bei der es vermutlich keine motivationalen Gestaltungsprobleme geben wird, weiter ausdehnen, was insbesondere dann erforderlich sein wird, wenn Kenntnisdefizite zum Teilgegenstand 'Tropischer Regenwald' zu gravierend sind, da sonst das Verständnis der meisten themenbezogenen Fakten beeinträchtigt werden würde.
Gleichwohl, gerade die Beschränkung auf wesentliche Problemfelder erschwerte das hier vorliegende Gestaltungskonzept, wobei versucht wurde, mit Hilfe der ausgewählten Lernmaterialien Karte, Klimadiagramm und Sachtext die operative Auseinandersetzung zu veranlassen, ohne dabei, und dies sollte durch die lehrerzentrierten Phasen, getragen von monologischen Lehrakten, ebenso zielstrebig trainiert werden, dem konzentrativen Zuhören und dem denkenden Nachvollziehen seitens des Schülers zu wenig Beachtung zu schenken.

Teillernziele:
1. Wesensmerkmale des tropischen Regenwaldes als Naturraum wiedergeben,
2. die Großlandschaft Amazonien auf einer Landkarte lokalisieren,
3. Ziele, Verlauf und Probleme des Baus der Transamazonica erläutern,
4. Ziele und Folgen dieses Straßenbaus in Beziehung setzen,
5. anhand von Landkarte, Klimadiagramm und Sachtext Teilergebnisse selbständig erarbeiten.

Klimadiagramme:
von Manaus (Amazonas):

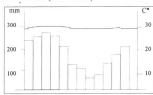

von Berlin:

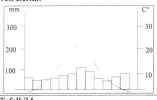

Zeitungsmeldung:
"...15000 Brasilianer, Arbeiter, Soldaten, Abenteurer, schlugen eine schnurgerade Schneise durch Amazonien, parallel zum großen Fluß. Ungezählte Bäume von der Höhe gotischer Kathedralen waren zu fällen, tropisches Unterholz, undurchdringlich und feindlich wie Stacheldraht, mußte mit riesigen Bulldozern beseitigt werden. Nachdem so eine 80 - 100m breite Schneise gerodet war, ebneten Planierraupen die Trasse, ehe mächtige Rüttelwalzen die Straßenoberfläche verdichteten.
Trotz Moskitos, Typhus, Hitze war der Regen der größte Feind für die Straßenarbeiter. Wenn in manchen Monaten mehr als 600 mm Niederschlag fallen, können die Maschinen und Fahrzeuge auf dem sumpfigen, morastigen Boden keinen Halt mehr finden ..."

Medien-Literatur:
- Atlas, Klimadiagramm, Sachtext
- Transparent : Amazonastiefland, Nr. 358980, Klett, Stuttgart
- Dias : R 114 Tropischer Regenwald in Brasilien, R 615 Amazonastiefland
- Film : FT 972 Pflanzen und Tiere am Amazonas
- Verbrannte Erde, in: Der Spiegel, Jan. 1973
- Wildwest Brasil, in: Der Stern, Nr. 28, 1978

Tafelbild

Transamazonica
– eine Straße erschließt den Regenwald –

☐ Wir charakterisieren den Naturraum:

Amazonien etwa so groß wie BRD, nur 3 Mio. Einwohner, Hauptfluß ist der Amazonas (6000 km lang); mit trop. Regenwald bedeckt; Heimat von 150000 Indios; ganzjährig hohe Niederschläge und Temperaturen;

☐ Wir ermitteln die Ziele und den Straßenverlauf:
*Ziele: neues Anbaugebiet, neuer Siedlungsraum; Erschließung vorhandener Bodenschätze; Nutzung der Holzvorräte; politische Anbindung an Brasilien
Verlauf: Recife - Picos - Rio Branco - Cruzeiro - Peru (5420 km)*

Amazonien
Bergland von Brasilien
La-Plata-Tiefland

☐ Wir informieren uns über den Arbeitsvorgang:

Rodung des Urwaldes, 80-100 m breite Schneise; Bau der Trasse mit Bulldozern, Planierraupen, Rüttelwalzen; Probleme durch Regen, Hitze, Moskitos, Krankheiten

☐ Wir fragen nach den Folgen:
*für die Menschen: viele Kleinlandbesitzer fallen durch ihre Armut in die Hände skrupolser Geldverleiher
für die Landschaft: Abschwemmung und Auslaugung der dünnen Humusdecke durch die heftigen Niederschläge*

Unterrichtsorganisation
- die Strukturgitterform als Konzept für Unterrichtsentwürfe -

UG	Lehrschritte (Artikulationsdefinition)	Lehrinhalte und Lernziele (=Lz)	Lehrakte	Lernakte	Sozial-formen	Lernhilfen
E R Ö F F N U N G S P H A S E	1. Lehrschritt (Mobilisierung des themenbezogenen Vorwissens)	Tropischer Regenwald: Verbreitung, Klima, Vegetation, Tierwelt, Besiedlung (Lz 1/5)	Sachimpuls: Anschrift des Fachbegriffs 'Regenwald' als letztes Wort der Überschrift; Rundgespräch: Wiedergabe der erinnerten Einzelheiten zum Lerngegenstand 'tropischer Regenwald';	- lesen - überdenken - erinnern - strukturiert wiedergeben	Hb Aa/Hb	Tafelbild: Überschrift: ... Regenwald Lernmaterial: Klimadiagramm
	2. Lehrschritt (verbale Problembegegnung und Zielangabe)	Begriff: Transamazonica Naturraum: Regenwald Amazoniens	Sachimpuls: Fixierung des Begriffes 'Transamazonica' als erstes Wort der Überschrift; Erarbeitungsgespräch: Erschließung des Begriffes aufgrund seiner Elemente: trans-Amazonas-Amazonien; Feststellung: Ein ehrgeiziges Projekt (Straßenbau soll für Brasilien einen riesigen Naturraum erschließen), Fixierung;	- lesen - überdenken - vermuten - analysieren - übertragen - interpretieren	Hb Hb Hb	Tafelbild: Überschrift: Transamazonica ... Tafelbild: Überschrift vervollständigen
E R A R	3.Lehrschritt (erstes Teilergebnis: Erarbeitung und Gewinnung)	Amazonien: Lokalisation (Lz 2/5)	Auftrag: Ermittle und beschreibe stichpunktartig Lage und Ausdehnung Amazoniens! Verarbeitungsgespräch: Vortrag, Analyse, Korrektur und Verdichtung der Arbeitsergebnisse, Fixierung;	- lokalisieren - verbalisieren - vergleichen - erkennen - formulieren	Pa Hb	Karte: S-Amerika, Erdkundebuch, Block; Kartenskizze im Tafelbild; Tafelbild: Wir charakterisieren...
	4. Lehrschritt (Hypothesenbildung)	Ziele/Gründe dieses Straßenprojekts;	Rundgespräch nach Frage: Was könnten wohl die Ziele bzw. Gründe für den Bau dieser Straße gewesen sein?	- vermuten - ableiten	Aa/Hb	Seitentafel: Vermutungen ...
	5. Lehrschritt (zweites Teilergebnis: Darstellung)	- verteidigungspolitisches Ziel - bevölkerungspolitisches Ziel	Beschreibung: Darlegung der Ziele dieses Straßenbaus;	- aufnehmen - nachvollziehen	Hb	
	6. Lehrschritt (zweites Teilergebnis: Wiederholung und Fixierung)	- wirtschaftspolitisches Ziel Begriff: Entwicklungsachse (Bedeutung für Erschließung) (Lz 3)	Auftrag: Notiere Ziele bzw. Gründe, die du dir gemerkt hast! Verarbeitungsgespräch: Vortrag der Ergebnisse, Zusammenfassung, Fixierung;	- notieren - vortragen - vergleichen - gliedern	Aa Hb	Block Tafelbild: Wir ermitteln: ...Ziele
B E I T U N G S	7. Lehrschritt (drittes Teilergebnis: Erarbeitung und Fixierung) (Transfer)	Verlauf der Transamazonica (Lz 3/5)	Erarbeitungsgespräch: Straßenverlauf; Anfangs-, Endpunkte; Länge; Hauptorte; geplante Anschlüsse; Vergleich: Fernstraßen in BRD und Europa; Längen, Bauzeiten (!), Erschließungsfunktionen.	- Karteninhalte interpretieren - vortragen - übertragen - vergleichen	Hb Hb	Karte: Südamerika Tafelbild: Wir ermitteln: ...Verlauf
	8. Lehrschritt (viertes Teilergebnis: Erarbeitung, Gewinnung, Fixierung)	Bau der Transamazonica, Ablauf, Probleme, etc. (Lz 3/5)	Auftrag: Ermittle wesentliche Vorgänge und Probleme beim Bau der Straße! Verarbeitungsgespräch: Vortrag, Vergleich, Zusammenfassung der Gruppenergebnisse; Fixierung;	- durcharbeiten - notieren - vortragen - zusammenfassen	Ga Hb	Lernmaterial: Zeitungsmeldung Tafelbild: Wir informieren...
	9. Lehrschritt (Transfer)	Zentrale Aspekte: Straßenverlauf, Grundstücksabtretungen, Umweltprobleme, etc. (Lz4)	Erarbeitungsgespräch nach Frage: Welche Probleme sind vergleichsweise bei einem Straßenbau in der BRD zu bewältigen?	- vergleichen - ableiten - aufführen	Hb	
P H A S E	10. Lehrschritt (fünftes Teilergebnis: Darstellung und Fixierung) (kritische Stellungnahme)	Je Kleinsiedler 50 ha Land; in Abständen von 15 km kleinere Dörfer mit den wichtigsten Versorgungseinrichtungen (Läden, Post, etc.); Bereitstellung langfristiger Kredite; bei Nichtbewirtschaftung Landrückgabe an den Staat (Lz4)	Bericht: Trotz der Erschließung von Anbauflächen gab es große Probleme mit der Bewirtschaftung durch die 'Nordestinos': fehlendes Geld für Saatgut, Maschinen, Dünger; deshalb Ankauf des Landes durch kapitalkräftige Großgrundbesitzer und Makler; Sonderproblem: Vertreibung der Indios. Diskussion: Vorschläge, wie die brasilianische Regierung Landvergabe und Bewirtschaftung hätte besser gestalten sollen.	- zuhören - nachvollziehen - identifizieren - vermuten - abwägen - schließen	Hb Hkf	Tafelbild: Wir fragen ... Menschen
	11. Lehrschritt (sechstes Teilergebnis: Erarbeitung und Fixierung)	Folgen für die Landschaft (Lz 4)	Erarbeitungsgespräch nach Feststellung: Die fast täglichen tropischen Gewitter mit ihren heftigen Niederschlägen wirken sich auf gerodete Flächen verheerend aus (Abschwemmung, Auslaugung);	- ableiten - schließen - erkennen	Hb	Tafelbild: Wir fragen ... Landschaft
	12. Lehrschritt (Wertung)	Aspekt: Klima - Unterhalt der Straße	Diskussion nach Auftrag: Überlege, ob und wie das Klima den Unterhalt der Transamazonica beeinflußt. Vergleiche mit Verhältnissen in Mitteleuropa!	- ableiten - schließen - übertragen - vergleichen	Hkf	

UNTERRICHTSMEDIEN
ALLGEMEINE KRITERIEN

Wert und Bedeutung von Medien für Unterricht und Lehre ist an der kaum überschaubaren Zahl von Veröffentlichungen zu Fragen der Mediendidaktik ablesbar; teils handelt es sich um Publikationen, die sich mit allgemeinen Aspekten zum Mediengebrauch beschäftigen, teils sind es Werke, die sich mit speziellen Unterrichtsmedien, wie audiovisuellen Mittlern, auseinandersetzen. Es ist nicht einfach, die für eine zielführende Unterrichtspraxis wesentlichen Überlegungen zu ermitteln; erschwert wird dieses Vorhaben durch die Flut von zu sichtenden Aussagen und durch die häufig in der Alltagspraxis nicht umsetzbaren Vorstellungen.

269 **Medien als Gegenstandsfeld der Erziehungswissenschaft.** Mit Hilfe einer Trennung nach Massenmedien und Unterrichtsmedien werden die drei Fachgebiete, die sich innerhalb der Erziehungswissenschaften mit Medien beschäftigen, evident. Die funktionale Differenzierung ist wie so oft nur theoretisch. Im schulischen Alltag werden zwar die Unterrichtsmedien ihre vergleichsweise dominante Position als 'Lernhelfer' behaupten. Kein Lehrer kann heutzutage aus seiner Erziehungsverantwortung auch die große Bedeutung und den starken Einfluß der Massenmedien auf die geistig-seelische Entwicklung des Schülers in seiner Unterrichtsarbeit unbeachtet lassen.

270 **Grundstruktur.** Die Mediendidaktik als Teilgebiet der Schulpädagogik bzw. der Allgemeinen Didaktik übernahm in ihrem Sprachgebrauch viele der im Medienbereich üblichen Erkenntnisansätze und Begriffe.
Der Terminus 'Information ' ist von zentraler Bedeutung. Von daher lassen sich die beiden großen Bereiche Erfassung bzw. Gestaltung und Transport von Informationen schlüssig und einsichtig offenlegen. Diese Strukturierung eignet sich gut für die Darstellung unterrichtlicher Aufgaben und die daraus im Zusammenhang mit einer beabsichtigten Medienverwendung abzuleitenden Folgerungen.

271 **Begriffserfassung: Medien als Lernhilfen.** Die Begriffsanalyse zeigt wesentliche Attribute des Terminus 'Unterrichtsmedien' auf. Die Abbildung enthält einige Beispiele aus der großen Vielfalt der Unterrichtsmedien, angefangen vom Präparat, dem Modell, dem originalen Gegenstand über das Arbeitsblatt bis hin zu den verschiedenen technischen Medien. Wesentliches Merkmal ist der Informationstransport. Die Abschnitte terminologischer Umfang und terminologische Unterscheidung wollen Klarheit beim Begriffsgebrauch schaffen, die Bereiche Ziele, Wesensmerkmale und Funktionen das Phänomen Unterrichtsmedien charakterisieren.

272 **Rolle und Aufgaben des Lehrers.** Vielfach behindern Mißverständnisse hinsichtlich der zu bewältigenden Aufgaben einen effektiven Mediengebrauch. Die Verwendung von Unterrichtsmedien ist nicht als Sonderleistung eines Spezialisten zu betrachten, sie muß als Chance für jeden Lehrer gesehen werden. Die dabei zu bewältigenden Aufgabenfelder liegen im Bereich der Medienwahl, bei der Medienproduktion und beim Medieneinsatz. Hier sind jeweils bestimmte Leistungen bzw. Qualifikationen als Voraussetzungen zu erbringen. Insgesamt zielen die zu bewältigenden Aufgaben auf die Veranschaulichung von Lerninhalten, auf die Optimierung und Effektivierung von Lernvorgängen (Erkenntnisgewinnung, Speicherleistung) und auf die Ausbildung von Medienkompetenz der Schüler aus pädagogischer Verantwortung.

273 **Vorschläge für eine Medientaxonomie.** Wie auch bei anderen Phänomenen (vgl. z.B. Lernziele), so versucht man hier Ordnung in die Vielfalt der Unterrichtsmedien zu bringen bzw. zu entdecken. Aus der großen Zahl der mehr oder weniger aussagekräftigen Gliederungsvorschläge werden hier zwei vorgestellt. Sie sind für die Unterrichtsarbeit deshalb zielführend, weil sie Unterrichtsmedien hinsichtlich ihrer Repräsentationsebenen (= Ebenen der Repräsentation der Wirklichkeit) erfassen und sie nach ihrer Wirklichkeitsnähe ordnen. Und Wirklichkeitsnähe (=Lebensnähe) stellt bei einschlägigen Entscheidungen in der Regel die Strategie der ersten Wahl dar. Als Beispiele für eine sogenannte 'originale Begegnung' (nach H. Roth) können hier nur stichwortartig genannt werden: Personen (der Experte), konkrete Gegenstände, Tiere, Pflanzen, außerschulische Lernorte (Betriebsbesichtigungen, Museumsbesuche, Exkursionen) u.a.. Nicht unerwähnt darf bleiben, daß das Maß an Konkretion bzw. Abstraktion von medialer Informationserfassung in direkte Beziehung insbesondere mit dem kognitiven Entwicklungsstand der Schüler gesetzt werden muß, deren Lernbemühungen mit dem jeweiligen Unterrichtsmedium unterstützt werden sollen. Beachtenswert ist allerdings auch ein Untersuchungsergebnis (Dwyer 1978, Tversky und Baratz 1985), das besagt, daß abnehmende Wirklichkeitsnähe nicht immer abnehmende Lernförderung bedeuten muß.

274 **Didaktische Funktion.** Unterrichtsmedien werden immer mit bestimmten Absichten verwendet. Diese lassen sich am sichersten erfassen, wenn ihre Leistungen für den Lernvorgang, für den Lerninhalt und für die Lernprozeßgestaltung ermittelt werden. Diese didaktischen Funktionen geben auch die Begründung bzw. Legitimation für jeden Medieneinsatz in der realen Lernsituation ab; an dieser Stelle werden lediglich generelle didaktische Leistungen aufgeführt; so ist es für die effektive Medienverwendung im unterrichtlichen Alltag zielführender, die didaktische Funktion für jedes einzelne konkrete Unterrichtsmedium zu erfassen. Ihre optimale Leistungsfähigkeit können Unterrichtsmedien dann erfüllen, wenn es zu einer aktiven Begegnung (untersuchen, erforschen, entdecken, konstruieren, entwerfen, befragen, verändern u.ä.) zwischen den Schülern und ihnen kommt. Dann kann ein mediengetragener Unterricht einen notwendigen Gegenpol zu dem oft wenig lerneffektiven Gesprächsunterricht bilden. In der Regel erfüllen Unterrichtsmedien in der Anwendungssituation gleichzeitig mehrere didaktische Funktionen (z.B. Anschauung - Motivation - Aktivität - Kooperation).

275 **Zur Frage des didaktischen Ortes.** Die didaktische Funktion eines Unterrichtsmediums bestimmt über den jeweiligen didaktischen Ort, also jener zeitlichen Phase im Lernprozeß, in der das Unterrichtsmedium zum Einsatz kommt. Unterscheidet man nach langphasigen und kurzphasigen Einsatzpositionen, so kann ein Medium Leitfunktion haben und somit den gesamten Lernablauf zentral beeinflussen, oder es stellt ein methodisches Montageteil für die Bewältigung nur eines Lehrschrittes (oder weniger Lehrschritte) dar. Wichtig dabei ist die enge und stimmige Verknüpfung (Interdependenz) der jeweiligen didaktischen Funktion einer Unterrichtsstufe mit dem Unterrichtsmedium; dies gilt natürlich auch für die geplanten methodischen Variablen (Lerninhalte, Lehr- Lernakte, Sozialformen); das Unterrichtsmedium muß auch auf diese widerspruchsfrei bezogen sein.

276 **Medienverbund.** Häufig wird die gleichzeitige Verwendung mehrerer Unterrichtsmedien aus verschiedenen Gründen (vgl. Abschnitt und Schaubild zu 'didaktische Funktionen') geplant. Dabei kommt es darauf an, daß sie in ihrer Aufgabenerfüllung aufeinander abgestimmt sind und nicht das eine oder andere aufgeführte Problem verursachen.
Es gibt verschiedene Formen des Medienverbundes (multi media approach system). Die beiden aufgeführten Beispiele (Medienverbund als Medienpaket und Medienverbund durch Leit- und Ergänzungsmedien) sind für die Unterrichtspraxis wohl am effektivsten. Skepsis ist bei Zahlenwerten der aufgeführten Art häufig angebracht, da diese durch verschiedene Faktoren (wie z.B. die Dauer der Lernzeit, Art des Lerninhalts) entsprechend beeinflußt werden. Die Frage der Effizienz kann aber zutreffend dahingehend beantwortet werden, wenn man als wirksamste Kombination 'hören und sehen und handeln' immer in angemessener Weise umzusetzen versucht.

277 **Lernverhalten bei unterschiedlich gestaltetem Lernmaterial.** Dieses hier vorgestellte Experiment wurde durch eine Untersuchung von Ausubel (1967) angeregt, der sie allerdings mit einem durchformulierten Textmaterial durchführte und eine andere Zielstellung verfolgte. Verschiedene psychologische Richtungen beschäftigten sich mit dem Phänomen der mentalen Modelle, mit Raumkonfiguration, Figur-Grund-Gliederungen oder Vorstellungsbildern.
Das Bemühen um Gliederung, Struktur und Ordnung scheint demnach zu den ganz wesentlichen Bedürfnissen menschlicher Gedächtnisaktivitäten zu gehören. Durch die hier aufgezeigten Experimente ließ sich das ausnahmslos bestätigen.
Für die Unterrichtspraxis muß das bedeuten, daß Lernvorgänge unterstützt und beschleunigt werden können, wenn bestimmte Gestaltungskriterien (z.B. unterschiedliche grafische Akzentuierungen) bei der Erfassung eines Unterrichtsergebnisses beachtet werden.
Sollte der hier beispielhaft verwendete Lerninhalt für die konkrete Unterrichtsarbeit dargestellt werden, müßten noch aussagekräftige figurative Elemente den einzelnen Blöcken zugeordnet werden. Sie besitzen neben einem emotionalen Effekt (höhere Anmutungsqualität) auch einen gedächtnispsychologischen Wert, da sie aufgrund ihrer Stützfunktion die Verankerung der inhaltlichen Teilaspekte im Langzeitspeicher verbessern.

Unterrichtsmedien
- Medien als Gegenstandsfeld der Erziehungswissenschaft -

■ Schwerpunkt: Massenmedien:

◆ Medienerziehung:

„Sie führt didaktische Medien auf ihre kommunikations-
theoretischen Grundlagen zurück, stellt Formen und
Institutionen von Massenmedien dar, erarbeitet Verfahren
zum Erkennen von Manipulation und Fälschung und leitet
zum kritischen Mediengebrauch bei der Informations-
gewinnung ... an." (Schröder 1981)

– *erzieht* zu einer kritisch-distanzierten Haltung;
– *will* den Schüler zu einer verantwortungsvollen Entscheidungsfähigkeit führen;
– *zeigt* die mögliche Meinungsmanipulation durch Medien auf;
– *versucht* darzustellen, daß es sich bei den durch Medien
  aufgezeigten Inhalten immer nur um einen Ausschnitt der
  Wirklichkeit handeln kann (keine isomorphe Abbildung der
  Wirklichkeit durch Medien);
– *übermittelt* Kriterien zur Beurteilung des künstlerischen Wertes der
  Medien;
– *klärt* über den gesellschaftsbedingten, oft auch politischen und/oder
  wirtschaftlichen Charakter der Medienaussagen auf;
– *verweist* auf die Notwendigkeit, Medienaussagen stets hinsichtlich
  der Interessen und Motive der Produzenten zu untersuchen;

◆ Medienkunde:

„1. eine Ausbildungsrichtung, welche sich mit
Massenmedien ... auseinandersetzt. Das analytische Interesse gilt den Medienprodukten, den
Produktionsprozessen, den Institutionen der
Massenmedien... .
2. die Lehre von Bau, Funktion und Wartung
audiovisueller Geräte." (Baeyer/Buck 1979)

– *führt* ein in die technischen Produktionsverfahren;
– *übermittelt* Kenntnisse über die Grundsätze der
  Gestaltung bzw. der Dramaturgie;
– *erläutert* die Wirkung der optischen und
  akustischen Gestaltungsmittel;

■ Schwerpunkt: Unterrichtsmedien:

◆ Mediendidaktik:

„In der Mediendidaktik geht es vor allem um eine sinnvolle Mediennutzung
zur Initiierung oder Unterstützung von Lernprozessen." (Toludziecki 1991)

– *untersucht* die Leistung der Medien für die Gewinnung
  der Lernresultate;
– *zielt* insgesamt ab auf Lernoptimierung bzw. Förderung
  der Lernleistung durch Erleichterung des Verständnis-
  vorganges und Steigerung der Behaltensleistung;
– *betrachtet* technische (audiovisuelle Medien) und nicht-
  technische (Arbeitsblatt, Applikationen) Lernhilfen als
  Montageteile des Lernprozesses;

– *vermittelt* die Qualifikation des Lernsehens und
  Lernhörens;
– *will* den Schüler zur richtigen Handhabung von technischen und nicht-technischen Medien anleiten, damit er
  diese Lernhilfen gegebenenfalls für spätere private und
  berufliche Anlässe sinnvoll verwenden kann.

Informationen
sind
Nachrichten und Mitteilungen, die für den Empfänger
neu und wesentlich sind.

UNTERRICHTSMEDIEN

'software'	*'hardware'*
Informationserfassung	**Informationstransport**

- Repräsentationsmodi -	*- mediale Träger -*

| Präparat - Modell - Abbildung (Foto, Grafik, Diagramm) - Sprache - Zahl - Symbol; | • Papier (das Arbeitsblatt)
• Folie (das Arbeitstransparent, Gerät)
• Magnetband (Schulfunk, Schulfernsehen, Gerät)
• Zelluloid (Dia, Gerät)
• Holz/Metall (Wandtafel)
• Stoff/Kork (Hafttafel)
• Karton (Poster, Lernplakat) |

- Gestaltungsstrategien -	
strukturieren - superieren - figurieren - akzentuieren - integrieren	

haben	*haben*

kognitiv-instrumentale Relevanz	technisch-organisatorische Relevanz
für	*für*
Wahrnehmung - Erkenntnisgewinnung Behalten - Reproduktion	Durchführung des Lernprozesses - zur Archivierung der Lernergebnisse

vgl.: Lernverhalten bei unterschiedlich gestaltetem Lernmaterial !

terminologischer Umfang

Begriffsvielfalt von unterschiedlichem Aussagewert:
Oberbegriffe:
didaktische Medien, Unterrichtsmedien, didaktische Mittler, Lernhilfen; bedingt: Unterrichtshilfen, Lernmaterial, Unterrichtsmaterial;
selektive Bezeichnungen:
Lehrmittel, Lernmittel, Arbeitsmittel, Demonstrationsmittel, Übungsmittel, av-Medien, hardware, software;
sprachlich:
lat. medium = Mittel, Vermittelndes, Mittler, Träger (Bedeutungsträger);
übertragen:
Mittel, Instrument zum Transport und Austausch von Wissen bzw. Information; Träger und/oder Vermittler von Informationen;
nach Dohmen (Medienwahl 1973):
aus der Sicht des Lehrers: Trägerfunktion
aus der Sicht des Schülers: Vermittlerfunktion

terminologische Unterscheidung

Medien:
sind Träger von Informationen verschiedenster Art ohne bestimmte lernprozessuale Funktion.

Unterrichtsmedien:
besitzen bestimmte didaktische Funktionen bzw. Leistungen im lernprozessualen Zusammenhang (z.B. Motivation, Veranschaulichung, Problemsensibilisierung);
fördern die Gewinnung geplanter Lernresultate kognitiver, pragmatisch-instrumentaler, emotionaler Art (Einstellungen, Haltungen);
erfordern in unterschiedlichem Maße die Aktivität des Lehrers (auswählen, zubereiten, integrieren, zuweisen, kontrollieren, korrigieren, verdichten, generalisieren, u.a.);

UNTERRICHTSMEDIEN

sind:

gegenständliche Träger und Vermittler von Informationen im lernprozessualen Funktionszusammenhang.

Informationen

sind:

Nachrichten und Mitteilungen, die für den Empfänger neu und wesentlich sind.
Bei Informationsaufnahme von besonderer Bedeutung:
„Grad der Erwartungshaltung, Ichbeteiligung, spezifische Interessen eines Rezipienten"
(Lanius 1976)
und das sprachliche Dekodierungsvermögen.

Ziele

zielführende, effektive und ökonomische Gestaltung schulischer Lernprozesse:

− schnell und zuverlässig das geplante Lernresultat gewinnen bzw. das Verständnis erleichtern, das einsichtige Lernen unterstützen
und
− Verbessern der Behaltensleistung bzw. Förderung einer langfristigen Abspeicherung der gewonnen Lernresultate;

UNTERRICHTSMEDIEN

Wesensmerkmale

− lernprozeßsteuernd
− informationsübermittelnd
− aktivitätsauslösend
− Wissen vermittelnd
− kommunikationsfördernd
− das Denken stimulierend
− Denkabläufe steuernd
− mehrfunktional
− verschiedengradig lehrobjektivierend (= unterschiedliches Ausmaß an selbständiger Lehrfunktion)

UNTERRICHTSMEDIEN

Funktionen

insbesondere:
− den Schüler motivieren
− das Denken initiieren und steuern
− den Lernprozeß ökonomisieren
− die Erarbeitung von Lernresultaten fördern
− die Verarbeitung (Sicherung) von Lernresultaten unterstützen
− Erscheinungen und Phänomene, Abläufe und Prozesse veranschaulichen
− Sachverhalte problematisieren

UNTERRICHTSMEDIEN

■ Mißverständnisse:

> **...wenn**
der Lehrer nur technische Medien berücksichtigt;

> **...wenn**
der Medieneinsatz als Aufgabe eines Medienspezialisten und nicht als Chance für jeden Lehrer gesehen wird;

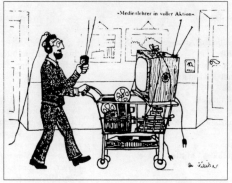

> **...wenn**
die Verwendung zu vieler Medien innerhalb eines Lernprozesses beabsichtigt wird;

> **...wenn**
den Geräten und nicht den didaktisch gestalteten Informationen der höhere Stellenwert zukommt;

Fundstelle unbekannt

> **...wenn**
der Medieneinsatz auf die bloße Präsentation bzw. die Darbietung von (Sekundär-) Anschauungen begrenzt bleibt.

■ Aufgabenfelder:

aus didaktischer Sicht

◆ bei der Medienwahl:	◆ bei der Medienproduktion:	◆ beim Medieneinsatz:
– planvolle Besorgung und Bereitstellung geeigneter Medien;	– vertiefte gedächtnis-, wahrnehmungs-, gestalt-, entwicklungs- und lernpsychologische Kenntnisse als unabdingbare Voraussetzungen zur medialen Erfassung der entsprechenden Lerninhalte;	– die Schüler zur aktiven Medienarbeit veranlassen;
– kritische Beurteilung der gestalteten Informationen unter pädagogischen und didaktischen Aspekten;		– die Fähigkeit zum Umgang mit Medien gezielt entwickeln und kontinuierlich anwenden;
– souveräne Beherrschung der technischen Notwendigkeiten;	– zureichende technische Fertigkeiten bei der Verwendung der Geräte;	– Interaktionsprozesse bei der Arbeit mit Medien beachten;
– Mut zur Beschränkung auf nur wenige Medien und ggf. Reduzierung des Informationsangebotes auf einzelne Ausschnitte;	– Kenntnisse über die Lernleistungsfähigkeit der Schülergruppe in Bezug auf das Unterrichtsmedium (Konzentration, Wahrnehmung, Motivierbarkeit, Problemlöseverhalten, Denkakte, Sprachverständnis);	– Medieninhalte interpretieren, auswerten, ergänzen, einordnen;
– begründete Festlegung des didaktischen Einsatzortes;		– die Denkvollzüge der Schüler am Unterrichtsmedium kontrollieren, unterstützen, korrigieren;
– angemessene Ermittlung der kognitiven und instrumentalen Lernrelevanz der Medien unter gleichzeitiger Beachtung auch möglicher emotionaler Wirkungen;	– Bereitschaft zur Durchführung von Abänderungen bei vorgefertigten Unterrichtsmedien im Hinblick auf die besonderen lernsituativen Gegebenheiten der Zielgruppe;	– die mit Hilfe von Unterrichtsmedien erarbeiteten Einzelergebnisse zusammenfassen, generalisieren, fixieren und durch besondere Maßnahmen sichern;

A B S I C H T E N

● **VERANSCHAULICHUNG**   ● **LERNOPTIMIERUNG**   ● **MEDIENKOMPETENZ**

- M E D I E N T A X O N O M I E -

"Medientaxonomie ist die systematische
Beschreibung und Ordnung der Medien."
(Köck 1974)

„... die Medienmerkmale für die Praxis in einer
übersichtlichen, systematisch geordneten, integrierten
Überblicksform leichter zugänglich und handhabbar zu
machen." (Dohmen 1976)

■ Ordnungsvorschlag Kunert:

Medium	Kategorien	Beispiele
1. Realität	original - präpariert lebendig - leblos	Pflanze, Tier, Mikropräparate
2. Nachbildung	Modell Experiment	Sandkasten, Globus, chemische Versuche
3. Abbildung	auditiv, visuell, audiovisuell	Schallplatte, Dia, Tonbildreihe, Tonband, Zeichnung, Foto, Film, Tonfilm, Transparent, Fernsehen
4. Symbol	grafisches Zeichen Farbe	Schrift, Signaturen, Farben (z.B. bei Landkarten)

(Kunert in Hagmüller 1980)

■ Ordnungsvorschlag Dale:

"Kegel der Erfahrung"

symbolische Erfahrungen
learning by abstractions

ikonische (bildhafte) Erfahrungen
learning by observation

direkte Erfahrungen
learning by doing

ver-
bale
Symbole
visuelle (optische)
Symbole
Rundfunk - Schallplatte
stehende Bilder   AV - Medien
bewegte Bilder (Filme)
Ausstellungen
Lerngänge - Exkursionen
Demonstrationen
dramatisierte Stoffe (mithandeln, teilweise als Rezipient)
zubereitete, mittelbare Erfahrung
direkte, unmittelbare Erfahrung (zielbewußt, zweckvoll)

(Dale 1950)

■ Folgerungen:

- die Ordnungsvorschläge erfassen verschiedene Repräsentationsebenen;

- die einzelnen Repräsentationsebenen sind von unterschiedlicher Wirklichkeitsnähe;

- die Reihung erfolgt nach dem Grad der Konkretion bzw. Abstraktion;

- für die Praxis ist die Wirklichkeits- bzw. Sachnähe bei der Medienentscheidung die Strategie der ersten Wahl (Prinzip der originalen Begegnung);

Unterrichtsmedien
- didaktische Funktionen bzw. Leistungen -

MEDIEN KÖNNEN

vorwiegend unter dem Aspekt des **Lernvorgangs**	*vorwiegend unter dem Aspekt des* **Lerninhalts**	*vorwiegend unter dem Aspekt der* **Lernprozeßgestaltung**

▼   ▼   ▼

Lernvorgangs:

- das zielorientierte Denken steuern
- das aktive Lernen ermöglichen (Handlungslernen)
- Lerntechniken einschulen und anwenden
- das individuelle Lernen unterstützen
- die Lernmotivation fördernd beeinflussen
- die Kommunikation veranlassen und entwickeln
- die Erkenntnisgewinnung bzw. das Verständnis des Lernresultats erleichtern
- die Behaltensleistung steigern
- Wahrnehmung, Aufmerksamkeit und Konzentration zielführend beeinflussen

Lerninhalts:

- den Vorgang der Veranschaulichung als Interpretation der Wirklichkeit ermöglichen
- die originale Begegnung ersetzen
- durch Präsentation Faktenwissen, Einsichten etc. (= sog. Lernresultate) vermitteln
- die Forderung nach Aktualität erfüllen
- den Multiplikationseffekt und die beliebige Reproduzierbarkeit realisieren

Lernprozeßgestaltung:

- die Forderung, Sicherungsakte durchzuführen, unterstützen
- das entdeckend-forschende Lernen fördern
- das Prinzip der Differenzierung realisieren
- das multisensorische Lernen ermöglichen
- die Dynamisierung der Verlaufsgestalt (Artikulation) erleichtern
- die Lehrobjektivierung ermöglichen
- die Lehrbemühungen ökonomisieren

bei Beachtung folgender Aspekte:

☐ die Leistungen sind jeweils von unterschiedlichem Ausprägungsgrad: abhängig vom Medium, den zusätzlichen methodischen Maßnahmen, der Lernleistungsfähigkeit des Schülers;

☐ Unterrichtsmedien dienen der reflektierenden Auseinandersetzung (z.B. wahrnehmen, zerlegen, elementarisieren, registrieren, vergleichen, verbinden, begründen, schlußfolgern, ableiten, generalisieren, einordnen, übertragen, anwenden, versprachlichen);

Unterrichtsmedien
- zur Frage des didaktischen Ortes -

■ die Ausgangslage:

„Bei der Planung eines geschlossenen Lernablaufs, insbesondere bei den Überlegungen hinsichtlich der möglichen lernfördernden Unterrichtsmedien lassen sich langphasige und kurzphasige Einsatzpositionen unterscheiden.

Nimmt ein didaktischer Mittler eine lernprozeßdominante Stellung ein, so hat er insofern als Leitmedium eine zentrale Bedeutung, da sowohl die Eröffnungsphase, als insbesondere die gesamte Auswertungsarbeit, ja teilweise einzelne Sicherungsmaßnahmen davon beeinflußt werden. Andere Medien können dabei der Ergänzung dienen.

Im Sinne kurzphasiger Realisierungsinstrumente für methodisches Bemühen steuern ausgewählte Medien nur den jeweils unmittelbaren Lehrschritt." (W.W. 1994)

■ die langphasige Einsatzposition:

z.B.

Phasen	didaktische Funktionen	method. Variablen	Unterrichtsmedien
1. Stufe: Problemabgrenzung			Bild
2. Stufe: Zielangabe		*LERNINHALTE/*	Tafel
3. Stufe: Wahrnehmungssteuerung (Beobachtungsaspekte)		*LERNZIELE*	Arbeitsblatt
4. Stufe: Informationspräsentation			Schulfernsehfilm
5. Stufe: Spontanreaktion		*LEHR-/LERNAKTE*	
6. Stufe: operative Bewältigungsversuche			
7. Stufe: Ergebnisfindung und Problemlösung		*SOZIALFORMEN*	Lehrbuch
8. Stufe: Ergebnisfixierung			Tafel
9. Stufe: Maßnahmen der Ergebnissicherung			Arbeitsblatt

■ die kurzphasige Einsatzposition:

z.B

Phasen	didaktische Funktionen	method. Variablen	Unterrichtsmedien
1. Stufe: Anknüpfung			
2. Stufe: Problembegegnung		*LERNINHALTE/*	⇐ zwei Dias
3. Stufe: Zielangabe		*LERNZIELE*	⇐ Tafel
4. Stufe: Textanalyse durch Gruppen			⇐ Arbeitsbuch
5. Stufe: Ergebnisvergleich		*LEHR-/LERNAKTE*	
6. Stufe: Ergebnisfindung			⇐ Filmausschnitt
7. Stufe: Versprachlichung der Ergebnisse		*SOZIALFORMEN*	
8. Stufe: Darstellung und Fixierung			⇐ Tafel / Arbeitsblatt
9. Stufe: Maßnahmen der Ergebnissicherung			⇐ zwei Dias / Arbeitsblatt

Unterrichtsmedien
- Aspekte eines Medienverbundes -

■ das Phänomen:

> „Medienverbund ist die Kombination mehrerer in ihrer Vermittlungsart spezifisch verschiedener Informationsträger (Medien) innerhalb eines Lernprozesses... . Der Verbund der funktional spezifizierten Medien kann mehr oder weniger verzahnt und komplex sein." (Esser 1973)

Funktionen	M e d i e n v e r b u n d	**Merkmale**	M e d i e n v e r b u n d	**Probleme**
– fördert die Lernmotivation – intensiviert Interesse und Wahrnehmungsaktivitäten – erbringt häufig höhere Lernleistungen – berücksichtigt verschiedene Eingangskanäle (multisensorisches Lernen) – erlaubt abwechslungsreiche Gestaltung der Lernprozesse		arbeitsteilige Kombinationen, aufeinander abgestimmt, unterschiedliche Vermittlungsarten, Effizienzsteigerung, Bewältigung von Unterrichtsphasen, Entlastung des Lehrers von der Präsentationstätigkeit;		– Überforderung der Aufmerksamkeitsleistung – oberflächliches Konsumieren des Informationsmaterials – unzureichende Rückkoppelung – fehlende soziale Lernphasen – Reizkumulation

■ Formen:

◆ **Medienverbund als Medienpaket** ◆
Lernablauf z.B.

Stufe 1	Stufe 2	Stufe 3	Stufe 4	Stufe 5	Stufe 6
⬀		⬀	⬀		⬀
Tonkassette		Lichtbilder	Film		Arbeitsblatt

◆ **Medienverbund durch Leit- und Ergänzungsmedien** ◆
Lernablauf z.B.

Stufe 1	Stufe 2	Stufe 3	Stufe 4	Stufe 5	Stufe 6
⬀	⬀	⬀	⬀	⬀	⬀
Schulfunk	Landkarte	**Schulfunk**	Folie	**Schulfunk**	Arbeitsblatt

■ Effizienz:

◆ Behaltenswerte (nach Hermes 1980)

"Man behält von dem, was man

... liest	etwa 10 %
... hört	etwa 20 %
... sieht	etwa 30 %
... sieht und hört	etwa 50 %
... selbst vorträgt	etwa 70 %
... selbst ausführt	etwa 90 % "

◆ Behaltenswerte (nach Schröder 1990)

"Gedächtnishaftung (nach 3 Stunden / 3 Tagen)

... durch Hören	70 % / 10 %
... durch Sehen	75 % / 20 %
... durch Hören und Sehen	85 % / 65 %"

──────────── notwendige Überlegungen: ────────────

Die angegebenen Werte werden immer von verschiedenen Abhängigkeitsvariablen beeinflußt (Schwierigkeit des Inhalts, zusätzliche Instruktionsstrategien, individuelle Aufmerksamkeitsleistung u.a.); sie sind lediglich als tendentielle Näherungswerte zu verstehen;
in der Regel ist für das Lernen besonders effektiv die Kombination

h ö r e n **und** s e h e n **und** h a n d e l n (sprechen)

Unterrichtsmedien
- Lernverhalten bei unterschiedlich gestaltetem Lernmaterial -

Die Hypothesen:

* Ohne daß irgendwelche sprachlichen Hinweise erfolgen, werden sich die Untersuchungsgruppen bemühen, das vorgelegte Faktenmaterial zu ordnen.

* Die Untersuchungsgruppen, denen gestaltetes Faktenmaterial vorgelegt wird, werden die Gesamtinformation in kürzerer Zeit geordneter erfassen als jene Untersuchungsgruppen, denen das gleiche, aber nicht gestaltete Faktenmaterial angeboten wird.

Die Untersuchung:

* der Inhalt: ein Unterrichtsthema aus der Geographie, stark reduziert, auf wesentliche Aspekte begrenzt;

* das Material: ein Arbeitsprojektor, mit dem die Vorgehensweise der Untersuchungsgruppen verfolgt und deren Arbeitsergebnis betrachtet werden konnte;

* 19 Minitransparente mit je einem Wort als inhaltlichem Teilelement;

* die Versuchsgruppen: insgesamt 21 A-Partnergruppen und 21 B-Partnergruppen; den A-Partnergruppen wurde gestaltetes Faktenmaterial, den B-Partnergruppen nichtgestaltetes Faktenmaterial kommentarlos vorgelegt;

Das Ergebnis:

♦ sowohl die A-Gruppen als auch die B-Gruppen begannen nach einer kurzen Orientierungsphase spontan das Arbeitsmaterial zu ordnen;

♦ alle 21 A-Gruppen lösen die Aufgabe; schnellste Gruppe: 2 Min. 51 Sek., langsamste Gruppe: 4 Min. 08 Sek.; durchschnittlicher Zeitbedarf: 3 Min. 36 Sek.;

♦ bei den B-Gruppen löste keine Gruppe die Aufgabe, obwohl allen Gruppen 10 Min. zur Verfügung gestellt wurden;

Die Folgerungen:

➤ Es ist offensichtlich ein Grundbedürfnis des Menschen, vorgegebene Sachverhalte zu ordnen bzw. in Phänomenen Ordnungen zu suchen. Vermutlich geschieht dies aus dem Verlangen, Einsicht zu erhalten, einer grundsätzlichen Voraussetzung Neues zu verstehen.
Die Konsequenz für die Unterrichtsarbeit kann deshalb nur sein, dem lernenden Schüler die Ordnung, Gliederung bzw. Struktur neuer Lerninhalte aufzuzeigen, vorzugeben oder, wenn möglich, selbst entdecken zu lassen.

➤ Man kann die Erkenntnisgewinnung (sicher damit auch das Merken) ohne Zweifel fördern, wenn das zu erfassende Lernmaterial sinnlogische Strukturen und ebenso sinnlogische Akzentuierungen aufweist. Dabei helfen schon einfache grafische Formen wie geometrische Elemente, Groß- und Normaldruck, Rasterung, Zusammengehörendes zu kennzeichnen und Sachverhalte zu betonen. Lernunterstützung erfolgt demnach auch durch eine besondere akzentuierende Gestaltung des Lernmaterials.

vgl. dazu: Das Tafelbild als Unterrichtsmedium
               (Blockbildung, Superzeichen, figurative Elemente)

Unterrichtsmedien
- Lernverhalten bei unterschiedlich gestaltetem Lernmaterial -

Ausgangslage:

- das Experimentiermaterial -

- A-Gruppen:

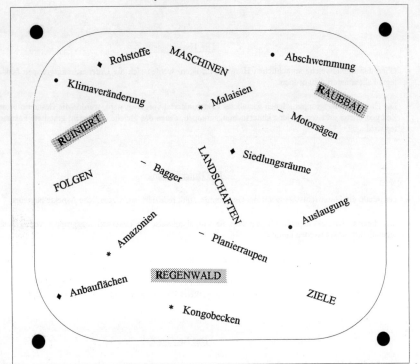

- B-Gruppen:

Zielvorstellung

für

- A-Gruppen:
- B-Gruppen:

RAUBBAU RUINIERT REGENWALD

LANDSCHAFTEN   MASCHINEN

* Amazonien   – Motorsägen
* Kongobecken   – Planierraupen
* Malaisien   – Bagger

ZIELE   FOLGEN

♦ Rohstoffe   • Abschwemmung
♦ Anbauflächen   • Auslaugung
♦ Siedlungsräume   • Klimaveränderung.

RAUBBAU RUINIERT REGENWALD

LANDSCHAFTEN   MASCHINEN

AMAZONIEN   MOTORSÄGEN
KONGOBECKEN   PLANIERRAUPEN
MALAISIEN   BAGGER

ZIELE   FOLGEN

ROHSTOFFE   ABSCHWEMMUNG
ANBAUFLÄCHEN   AUSLAUGUNG
SIEDLUNGSRÄUME   KLIMAVERÄNDERUNG

---

für

- die Unterrichtsarbeit:

RAUBBAU   **RUINIERT**   **REGENWALD**

LANDSCHAFTEN   MASCHINEN

* Amazonien   – Motorsägen

* Kongobecken   – Planierraupen

* Malaisien   – Bagger

ZIELE   FOLGEN

♦ Rohstoffe   • Abschwemmung
♦ Anbauflächen   • Auslaugung
♦ Siedlungsräume   • Klimaveränderung

DIE WIRKLICHKEIT

Die Begeisterung für das Sprachlabor in den sechziger und siebziger Jahren ist abgeflaut und einer sachlicheren und nüchternen Sichtweise gewichen. Man war vielfach der Meinung, daß dieses technische Gerät moderne Fremdsprachen effektiver vermitteln könnte, als dies ein lehrerzentrierter Sprachunterricht vermochte.

Wenn nun in den letzten Jahren in steigender Zahl immer mehr Schüler die Jugendaustauschprogramme mit englisch und französisch sprechenden Ländern in Anspruch nehmen, so geschieht das deshalb, weil man nicht erst seit heute weiß, daß Sprachen am effektivsten Vor-Ort, also in dem natürlichen, lebendigen Sprachumfeld gelernt werden.

Das Aufsuchen der Wirklichkeit als Medium für erfolgreiches Lernen sollte als methodische Strategie immer in Betracht gezogen werden. Die originale Begegnung motiviert stärker, aktiviert die Wahrnehmungsvorgänge gezielter, ermöglicht neue Einsichten häufig leichter und unterstützt das Behalten insbesondere durch den damit verbundenen höheren Erlebniswert. Die enge Verflechtung von Kognition und Emotion wird gerade hier besonders deutlich.

282 Begründung und Legitimation.
Beim Lernen an der Wirklichkeit, ob aufgesucht oder bereitgestellt, geht es um die direkte Begegnung des Schülers mit einem ausgewählten Gegenstand mit Bildungswert bzw. mit 'Lernpotential' (Heimann/Schulz 1973) innerhalb seiner natürlichen Umwelt. Dabei sollte einerseits das Objekt selbst fragenswert sein, um beim Schüler eine nach Beantwortung drängende Fragehaltung zu erzeugen. Andererseits sollte der ausgewählte Gegenstand bei ihm analytische Denkstrategien, begleitet und ergänzt durch instrumentale Qualifikationen im Sinne intellektueller Operationen, initiieren.

In der didaktischen Fachliteratur finden sich weitere Umschreibungen und Bezeichnungen mit gleicher oder ähnlicher Zielstellung. Als überfachliches Unterrichtsprinzip sollte der Terminus 'originale Begegnung' (H. Roth 1969 [11]) verstanden werden. Das Lernen vor Ort meint die direkte Begegnung oder unmittelbare Anschauung. Neuerdings liest man gelegentlich auch den Begriff 'fieldwork'.

Die positiven Wirkungen werden in fünf Bereiche zusammengefaßt und als kognitive, emotionale, soziale, pragmatische und lernpsychologische Effekte überschrieben.

Letztere wirken durch ihren empirischen Charakter zunächst überzeugend. Die Relevanz der Zahlen muß mit Vorsicht betrachtet werden. Einschränkungen durch verschiedene Abhängigkeitsfaktoren wie Art und Komplexität des Lerninhalts, kognitive Leistungsfähigkeit des Schülers, Methodenkompetenz des Lehrers, Einbettung der Wirklichkeitsbegegnung in den gesamten lernprozessualen Ablauf sind unabdingbar. Darüberhinaus werden die durch Hermes (1980) genannten Prozentwerte experimentell nicht bestätigt.

283 Ansatzmöglichkeiten.
Die Wirklichkeit als Unterrichtsmedium besitzt derzeit durch die Forderungen nach handlungsorientiertem Lernen und nach Durchführung von Projekten besondere Aktualität.

Die Möglichkeiten, in denen Lernen vor Ort erfolgen kann, können in vier Gruppen erfaßt werden. Die Bereiche Dienstleistung, Natur, Kultur, Industrie bzw. Handwerk bieten eine Fülle von Themen, die wirklichkeitsnah erarbeitet werden können, wo 'originale Begegnung' in unterschiedlicher Akzentuierung unter Beachtung möglicher Wahrnehmungsbereiche und Betrachtungsperspektiven stattfinden kann.

Zur Realisierung bieten sich mehrere methodische Zugriffsweisen an wie Exkursion, Erkundung, Unterrichtsgang, Besichtigung und Lehrwanderung. Die Wesensmerkmale zeigen, daß diese sich zwar graduell unterscheiden, sie aber doch eine große Ähnlichkeit hinsichtlich ihrer didaktischen Zielsetzungen besitzen.

284 Historische Bezüge.
Die Forderung nach wirklichkeitsbezogenem Lernen ist eine Feststellung, die absolut nicht neu ist. So läßt sich ergänzend zu den zitierten Formulierungen die allseits bekannte Äußerung von Seneca (0 - 65 n.Chr.) auch hier heranziehen, da er auf die Notwendigkeit verweist, den Menschen für das Leben zu bilden. Möglichst häufige Begegnungen mit der Wirklichkeit sind zielführende methodische Maßnahmen dazu.

284 Didaktische Absichten.
Zur Begründung läßt sich eine große Zahl schlüssiger Argumente nennen. Nicht zuletzt sollte auch der hohe Lerneffekt als legitimes Ziel Beachtung finden, denn „dadurch gelingt es, das Interesse der Schüler stärker an die Sache zu binden und damit die Lernbereitschaft zu erhöhen, die Einsicht in einen Zusammenhang vorzubereiten und zu vertiefen und schließlich eine starke Förderung des Behaltens zu erzielen." (Mohr 1966)

284 Das aktive Lernen als Grundsatz.
„Haupterprobungsgebiet der Selbständigkeit ist die der unmittelbaren Wahrnehmung und Beobachtung zugängliche äußere Wirklichkeit." (Kopp 1970) Lernen an der Wirklichkeit erfordert die Anwendung verschiedener pragmatischer Fähigkeiten, bietet aber gleichzeitig die Chance, diese geplant und schrittweise einzuschulen und zu üben. Öfter wird in diesem Zusammenhang die methodische Abfolge 'beobachten -

registrieren - auswerten - deuten' zitiert. Dieses bedarf zweifelsfrei der Ergänzung durch eine ganze Reihe weiterer Qualifikationen. Genannt werden sollte hier wenigstens das Befragen; bei der direkten Begegnung mit Erscheinungen und Vorgängen aus dem Lebensumfeld des Schülers scheinen vielfach handelnde und wirkende Menschen auf, über deren Tätigkeiten und Befindlichkeiten Erkundigungen einzuziehen sind.

Die direkte Begegnung als handelnde Auseinandersetzung mit der Wirklichkeit verlangt natürlich auch den Einsatz und die Verwendung lernunterstützender Geräte und Instrumente. Diese fördern nicht nur die Sacherschließung, in ganz besonderem Maße beeinflussen sie positiv die Lernmotivation der Schüler.

| 284 | **Probleme, Schwierigkeiten, Grenzen.** In einer Umfrage (Burk/Claussen, 1981) kommt zum Ausdruck, daß insbesondere äußere, technisch-organisatorische Gegebenheiten die Durchführung von 'originalen Begegnungen' erschweren. Der pädagogische Wert und die didaktische Bedeutung für den Erwerb neuer Einsichten und Qualifikationen blieb unbestritten.

Würde man der Schule mehr Freiräume und die Möglichkeit zur flexibleren Handhabung der Zeitstruktur einräumen, bliebe Lernen an der Wirklichkeit nicht nur eine Strategie aus dem Fundus der Feiertagsdidaktik.

| 285 | **Aufgesuchte Wirklichkeit. Die Erkundung.** Das durch Klafkis Feststellung zum Ausdruck gebrachte Ziel trifft heute noch genauso zu. Die Erkundung hat nicht die Aufgabe, gelegentlich Abwechslung durch eine unverbindliche direkte Anschauung realer Phänomene in den schulischen Alltag zu bringen. Vielmehr soll der Schüler zu einer begrenzten Fragestellung Informationen einholen, die bisweilen schon am Ort des Geschehens, häufiger jedoch durch die nachfolgende Arbeit im Klassenzimmer ausgelotet und „zu einem Erkenntniszusammenhang weiterentwickelt werden."

| 285 | **Die Wesensmerkmale.** Die Erkundung ist eine methodische Maßnahme, die Wirklichkeit mehrperspektivisch erfaßt. Sie dient einer lebensnahen, kindgemäßen und handlungsorientierten Begegnung mit lernrelevanten Ausschnitten aus dem Umfeld des Schülers. Von daher sind bestimmte Planungs- und Organisationsaufgaben ebenso charakteristisch und logisch wie die Vorbereitung der Schüler auf die zu bewältigenden Aufgaben und eine möglichst eigenaktive, zielstrebige Ergebniserarbeitung.

| 285 | **Der Ablauf.** Der schrittweise Ablauf einer Erkundung gliedert sich in drei Phasen mit jeweils verschiedenen Teilschritten. In der Regel wird die Stufe der Auswertung (der erfaßten Informationen bzw. des gesammelten Rohmaterials) durch die nachfolgende Unterrichtsarbeit mit den didaktischen Absichten Präsentation, Durchdringung und Fixierung verwirklicht. Den Abschluß einer Erkundung bildet das mehr oder weniger differenzierte, gemeinsam erarbeitete Unterrichtsergebnis, das visuell festzuhalten ist und so allen Schülern zur Verfügung steht.

| 286 | **Die Expertenbefragung. Die Absicht.** Der Grundgedanke ist, Leben in die Schule zu holen. Die Originalität, die Überzeugungskraft des Menschlichen in Gestalt von Experten, als Fachleute innerhalb ihres Handlungsraumes, ist für den Lerneffekt von unschätzbarem Wert. Ein Polizist, ein Richter, eine Krankenschwester, eine Bankkauffrau sind für eine partielle Erarbeitung eines Lebensbereiches für die Schüler meist eindrucksvoller und nachhaltiger als dies der einzelne (Fach)-Lehrer oder gar ein technisches Unterrichtsmedium vermag. Hier sind die Unmittelbarkeit, die Fachautorität und die Lebensrealität Faktoren, die über die kognitiven Aspekte hinaus insbesondere die Emotionalität der Schüler aktivieren.

| 286 | **Die Bedingungen.** Es ist nicht immer leicht, für die Unterrichtsarbeit geeignete Fachleute zu finden. Besonders gilt es darauf zu achten, daß der Experte die Schüler nicht mit langatmigen Ausführungen zu seinem Tätigkeitsgebiet verwirrt und demotiviert. Daher muß bereits im Vorfeld die Rollenverteilung geklärt sein. Der Experte übernimmt die Funktion einer Informationsquelle, die von den Schülern in Anspruch genommen werden sollte.

| 286 | **Der Verlauf.** Durch drei Hauptphasen mit insgesamt fünf einzelnen Arbeitsschritten läßt sich die Expertenbefragung themenerschließend bewältigen. Besondere Beachtung verdienen die unverzichtbaren Aktivitäten im Rahmen der Vorarbeit und die Mitwirkung des Experten auch in der Phase der Auswertung.

| 287 | **Strategien des Lernens am originalen Objekt.** Die Erarbeitung von Arbeitsprodukten (Produktorientierung) beim Lernen an der Wirklichkeit sollte nicht das einzige didaktische Ziel sein. Vielmehr ist die Entwicklung und Schulung von (übertragbaren) Arbeitsprozessen (Prozeßorientierung), treffender als Lerntechniken oder Lernakte bezeichnet, mindestens mit der gleichen Wertigkeit zu versehen. Es wird an dieser Stelle versucht, mit Hilfe einer methodischen Reihe mögliche Aktivitäten beim Lernen vor Ort nach Anspruchsniveau hierarchisch zu gliedern. Auf diese Weise wird dieser Komplex transparent und übersichtlich, außerdem lassen sich bei der Aufgabenstellung die zu erbringenden Lernleistungen treffender den spezifischen Gruppenfähigkeiten zuordnen.

■ <u>Begründung und Legitimation:</u>

DER KOGNITIVE EFFEKT

Das reale Wahrnehmungsfeld bzw. das originale Beobachtungsobjekt kann sachbezogene Einsichten in strukturelle Gegebenheiten einer Erscheinung oder eines Prozesses ermöglichen.

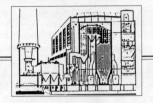

DER EMOTIONALE EFFEKT

Die Realität und Authentizität des Wahrnehmungsfeldes bzw. Beobachtungsobjektes kann nachhaltige Erlebnisse und Gefühlsregungen verschiedener Art vermitteln (Betroffenheit, Erregung, Antriebe, Bedürfnisse, Einstellungen, Anmutungsempfindungen u.a.).

LERNEN

AN DER

aufgesuchten   bereitgestellten

WIRKLICHKEIT

ein Problemaspekt

das 'Lernen vor Ort' so wählen, „daß die Menge der besichtigten Objekte vom Schüler bewältigt werden kann und ihn nicht in der Fülle der Eindrücke ertrinken lassen."
(Aebli 1969)

DER SOZIALE EFFEKT

Lernen an der Wirklichkeit erlaubt die Beobachtung des handelnden und wirkenden Menschen einschließlich der von ihm verursachten Folgen und zeigt sich im individuellen und kooperativen Bemühen um das Erfassen des Wirklichkeitsbereichs.

DER PRAGMATISCHE EFFEKT

Lernen vor Ort ist immer handlungsorientiertes Arbeiten am aufgesuchten oder auch am bereitgestellten originalen Objekt und bedarf des Einsatzes verschiedener Lerntechniken wie das Befragen, das planmäßige Betrachten, das systematische Erfassen, das zielführende Protokollieren, das realitätsgerechte Skizzieren, das Entwerfen von Schautafeln u.a.m..

LERNEN VOR ORT

DER LERNPSYCHOLOGISCHE EFFEKT

Behaltenswerte

● nach Untersuchung Düker/Tausch (1971)

Realer Gegenstand als Unterrichtsmedium	30,7 %
Modell als Unterrichtsmedium	20,0 %
Bild als Unterrichtsmedium	9,5 %
Ton als Unterrichtsmedium	

Steigerung des Behaltens gegenüber akustischer Inhaltsübermittlung (Ton)

● nach Feststellungen Hermes (1980)

Man behält von dem, was man ...

... liest	etwa 10 %	... sieht und hört	etwa 50 %
... hört	etwa 20 %	... selbst vorträgt	etwa 70 %
... sieht	etwa 30 %	... selbst ausführt	etwa 90 %

Unterrichtsmedien
- die Wirklichkeit -

■ Ansatzmöglichkeiten:

L E R N E N   A N   D E R   W I R K L I C H K E I T
A L S
L E R N E N   V O R   O R T

Bereich Dienstleistung	Bereich Natur	Bereich Kultur	Bereich Industrie/Handwerk
z.B. Bank - Polizei - Rathaus - Feuerwehr - Wochenmarkt - Gericht - Klärwerk	z.B. Tiere und Pflanzen - Landschaftsformen (Bach, Fluß, Berg, Tal, Gesteinsaufbau)	z.B. Ausstellungen - Museum - Theater - Verkehrs- und Erholungsanlagen - historische Bauten - technische Anlagen	z.B. Arbeitsplätze und Produktionsabläufe: Ziegelei, Molkerei, Bäckerei, Gärtnerei, Stahlwerk, Raffinerie

mögliche Wahrnehmungsbereiche

FUNKTIONEN - ABLÄUFE - PRODUKTE - FORMEN
FARBEN - GERÄUSCHE - GERÜCHE - ENTWICKLUNGEN
VERHALTENSWEISEN - EINSTELLUNGEN - MEINUNGEN

mögliche Betrachtungsschwerpunkte

• DER SOZIALE ASPEKT   • DER ÖKONOMISCHE ASPEKT
• DER PRAGMATISCHE ASPEKT   • DER EMOTIONALE ASPEKT
• DER ÖKOLOGISCHE ASPEKT   • DER TECHNISCHE ASPEKT

KONTAKTFORMEN - ZUGRIFFSWEISEN

Exkursion	Erkundung	Unterrichtsgang	Besichtigung	Lehrwanderung

Wesensmerkmale:

- ein Lerninhalt wird in seinem natürlichen Umfeld aufgesucht;

- Informationen und Faktenmaterial werden mit Hilfe bestimmter Arbeitstechniken beschafft;

- Aufgaben des Lehrers: direkte Kontaktaufnahme im voraus, Festlegung der pädagogischen und didaktischen Ziele, Planung der zeitlichen und organisatorischen Abläufe, Überwachung der Schüleraktivitäten und abschließende Auswertung mit gemeinsamer Ergebnisfixierung;

- graduelle Unterschiede der verschiedenen Kontaktformen hinsichtlich Aktionsradius, Anspruchsniveau und Zeitbedarf;

- insgesamt bessere Erinnerungseffekte bei der Wiedergabe der erarbeiteten Erkenntnisse und Einsichten aufgrund des in der Regel gegebenen höheren Erlebniswertes;

- Aufgaben des Schülers: intensive Eigenaktivität, auch in Kooperation, Gebrauch und Anwendung verschiedener Arbeitstechniken und -geräte;

- Möglichkeit zur Wirklichkeitserfahrung, Sacherfahrung, Tätigkeitserfahrung, Werteerfahrung, Wirkungserfahrung, Methodenerfahrung;

- Didaktische Aspekte -

■ historische Bezüge:

„Erst das Ding an sich und dann die Weise von dem Ding." (Ratke 1612)

eine immerwährende Forderung

nach
ORIGINALER BEGEGNUNG

„... nicht aus Büchern, sondern aus Himmel und Erde, aus Eichen und Buchen ..."
(Comenius 1657)

„Sachen, Sachen!"
(Rousseau 1762)

im Sinne

außerschulischer und bereitgestellter
WIRKLICHKEIT

„... gegen das Maulbrauchen ..."
(Pestalozzi 1801)

„... gegen den pädagogischen Verbalismus"
(Kerschensteiner 1912)

„Lernen als Denken am Gegenstand"
(Aebli 1978)

■ didaktische Absichten:

L E R N E N   A N   D E R   W I R K L I C H K E I T

deshalb

- um konkrete Wahrnehmungen und intensive Begegnungen multisensorisch zu ermöglichen;
- um elementare und praktische Erfahrungen durch Handeln zu sammeln;
- um Einblicke in ausgewählte und begrenzte Bereiche der Wirklichkeit zu erhalten;
- um Kausalgefüge, funktionale Strukturen, Abhängigkeitsfaktoren, Wirkungen zu erkennen;
- um Methodenkompetenz (z.B. beobachten, befragen, protokollieren) zu erlangen;

- um nachhaltige Erlebnisse zu ermöglichen;
- um vom Beobachten über das Handeln zum Verstehen zu gelangen;
- um einen Lerninhalt und eine Lernaufgabe als reales Phänomen zu erfahren;
- um Informationen und Faktenmaterial zu sammeln als Grundlage für eine vertiefende Arbeit im Klassenzimmer;
- um die Authentizität und Aktualität der Wirklichkeit zu nutzen für mehr Motivation und Aktivität;

- um eine angemessene Affinität und ein gesteigertes Interesse für den Lebensraum zu entwickeln;

■ das aktive Lernen als Grundsatz:

L E R N E N   A N   D E R   W I R K L I C H K E I T

verlangt nach

- HANDLUNGSAKTEN -
z.B.
planmäßiges Betrachten - systematisches Erfassen - zielführendes Protokollieren - realitätsgerechtes Skizzieren - individuelles Beurteilen - sammeln - schätzen - befragen - fotografieren - vermessen u.a.m.

- HANDLUNGSINSTRUMENTEN -
z.B.
Beobachtungsaufträge - Erschließungsfragen - Notizblock - Maßband - Fotoapparat - Kassettenrecorder - Videokamera - Fernglas - Lupe u.a.

■ Probleme, Schwierigkeiten, Grenzen:

- Steuerung der Schüleraktivitäten;
- Organisation des Ablaufs (Vorgespräche, Genehmigungen, Transport, Stundenplan-Einbindung);
- Finanzierung (Kosten);
- Zeit- und Stoffdruck;

- wenig schulnahe Möglichkeiten;
- Durchschaubarkeit und Verständlichkeit komplizierter Sachverhalte bzw. wenig transparenter Gegebenheiten;
- übergroße Zahl von Eindrücken und die Fülle von Details;

Unterrichtsmedien
- die Wirklichkeit -

- Aufgesuchte Wirklichkeit: die Erkundung -

■ das Ziel:

„... unter bestimmten Fragestellungen in methodisch durchdachter Form in einem bestimmten Wirklichkeitsbereich Informationen einzuholen, um anschließend mit Hilfe der so gewonnenen Information jene Ausgangsfrage zu beantworten und die Teilantworten zu einem (kleineren oder größeren) Erkenntniszusammenhang weiterentwickeln zu können." (Klafki 1970)

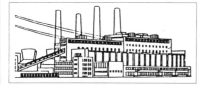

■ die Wesensmerkmale:

D I E   E R K U N D U N G
als
Strategie für das Lernen vor Ort

– ... steht in einem engen inhaltlichen Zusammenhang mit einem Unterrichtsthema;
– ... muß stets gezielt vorbereitet und überlegt organisiert werden;
– ... konzentriert sich auf einen oder wenige Teilaspekte einer konkreten Erscheinung;

– ... basiert auf einer ausgesprochen aktiven Sachbegegnung durch die Schüler auf der Grundlage vorbereiteter Erkundungsaufgaben, Beobachtungsaufträge oder Fragestellungen;
– ... verlangt nach einem kontrollierenden, ordnenden, ergänzenden, verdichtenden Verarbeitungsprozeß durch die nachfolgende Unterrichtsarbeit im Klassenzimmer;

■ der Ablauf:

- V O R B E R E I T U N G -

- Vorerkundung durch den Lehrer zur Gewinnung sachlicher Kenntnisse über den Lernort;
- Einholen von Genehmigungen und Klärung der verkehrstechnischen Erreichbarkeit;
- Planung und Organisation des zeitlichen Ablaufs;
- Abrufen der themenspezifischen Vorkenntnisse der Schüler zur Schaffung einer gemeinsamen Ausgangslage;

- Ausrichtung der Aufmerksamkeit durch die Darlegung der Beobachtungsziele bzw. -schwerpunkte;
- Einbeziehen der Schüler in die Planungsüberlegungen;
- Verweis auf geordnetes Lernverhalten am Objekt unter Einbeziehung aller Sicherheitsfragen;
- Formulierung von Beobachtungsaufgaben und Erkundungsfragen;

- D U R C H F Ü H R U N G -

Das aktive Erkunden des aufgesuchten Wirklichkeitsausschnittes bzw. das Sammeln von Rohmaterial durch die Schüler erfolgt auf der Grundlage der Erkundungsaufträge mit Hilfe verschiedener Instrumente und Geräte, allein oder in Kooperation, mit jeweiliger Fixierung der Wahrnehmungen, Erkenntnisse oder Eindrücke.

- A U S W E R T U N G -

➤ PRÄSENTATION

Die Wahrnehmungen, Informationen, Erkenntnisse, Eindrücke werden vorgetragen, vorgeführt, analysiert, erklärt.

➤ DURCHDRINGUNG

Das präsentierte Informationsangebot wird im Plenum bzw. im Klassenverband gesichtet, verglichen, korrigiert, ergänzt, geordnet, zusammengefaßt.

➤ FIXIERUNG

Die neuen Ergebnisse werden visuell erfaßbar festgehalten durch:
Texte, Bilder (Fotos, Zeichnungen, Diagramme), Collagen, Skizzen, Schautafeln, Wandzeitungen, Modelle, Ausstellungen.

- Bereitgestellte Wirklichkeit: die Expertenbefragung -

■ die Absicht:

„ Bei einem Experten, den man in den Unterricht bittet, handelt es sich um einen Fachmann mit Sachkompetenz und Verständnis für Fragen zu seinem Tätigkeitsgebiet, die besonders Schüler interessieren. Er liefert Informationen aus erster Hand über den Arbeitsplatz, die Arbeitsbedingungen, zu erfüllende Aufgaben u.ä..Die Authentizität seiner sachkundigen Auskünfte fördert in der Regel das themenbezogene Interesse bzw. die allgemeine Lernmotivation." (W.W. 1995)

■ die Bedingungen:

- keine expertenzentrierte, umfassende Informationsdarbietung;

- Vorbereitung der Schüler auf das Gespräch durch Ermittlung des Informationsbedarfs;

- frühzeitige Information des Experten über die interessierenden Fragenkreise;

- Formulierung der subjektiv relevanten Fragen an den Experten;

- Rollenverteilung: der Experte als Informationsquelle, die Schüler als interessierte Fragensteller;

- Ergänzung der sprachlichen Ausführungen durch möglichst wirklichkeitsnahes Anschauungs- und Demonstrationsmaterial;

■ der Verlauf:

├── VORARBEITEN ──┤		├────────── EXPERTENBEFRAGUNG ──────────┤		
Schritt ①	Schritt ②	Schritt ③	Schritt ④	Schritt ⑤
– Kenntnisnahme des anstehenden Themas; – Einbringen vorhandenen Vorwissens und sachbezogener Interessen; – Erfassen einzelner Themenaspekte; – Formulierung zu stellender Fragen durch die einzelnen Gruppen;	– Übereinkunft bezüglich der interessierenden Themenbereiche und der zu stellenden Fragen innerhalb der Klasse; – abstimmende Zuordnung der Fragen zwischen den Gruppen mit abschließender schriftlicher Fixierung;	Experten-Aktivität durch Beantwortung der (in der Regel) vorher übermittelten Fragen, möglichst mit ergänzenden verständnisunterstützenden Anschauungsmaterialien;	• Diskussion der Antworten innerhalb der Gruppen; • Festhalten der nicht verstandenen Informationen und möglicher Einwände;	• Aushändigung der zusammengetragenen Nachfragen an den Experten; • Stellungnahme des Experten mit der Möglichkeit sofortiger Rückfragen; • gemeinsame Zusammenstellung und Fixierung der wichtigsten Ergebnisse;
├── VORBEREITUNGS- PHASE ──┤		├── ERARBEITUNGS- PHASE ──┤		├── AUSWERTUNGS- PHASE ──┤

Unterrichtsmedien
- die Wirklichkeit -

■ <u>Strategien des Lernens am originalen Objekt:</u>

lernpsychologische Intentionen	Stufen	Lernakte	Einzelqualifikationen
Lern-sehen	Orientierung ↓	*orientieren und lokalisieren*	1. Lage und Ausrichtung der „Vor-Ort-Erscheinung" annähernd bestimmen bzw. beschreiben;
	Eruierung ↓	*analysierendes Beobachten und registrierendes Beschreiben*	2. Größe und Erstreckung der „Vor-Ort-Erschei-nung" ungefähr schätzen, falls möglich und sinn-voll mit Hilfe eines Meßgerätes genau ermitteln; 3. die Formenvielfalt der „ Vor-Ort-Erscheinung" erfassen und dominante Strukturen erkennen; 4. die Beschaffenheit der „Vor-Ort-Erscheinung" in multisensorischer Weise feststellen (sehen, hören, tasten, riechen); 5. in der „Vor-Ort-Erscheinung" wirkende Menschen zielgerichtet befragen; 6. Beobachtungsergebnisse sachrichtig skizzieren; 7. Beobachtungsergebnisse durch Stichwortreihen sachrichtig beschreiben bzw. protokollieren; 8. Beobachtungsergebnisse durch einfache Faust-skizzen annähernd lagerichtig kartieren;
Beziehungs-denken	Koordinierung ↓	*erklären und deuten*	9. anhand der Beobachtungsergebnisse Funktionen und Einzelfaktoren der „Vor-Ort-Erscheinung" er-kennen; 10. anhand der Beobachtungsergebnisse mögliche Abhängigkeiten zwischen den Einzelfaktoren der „Vor-Ort-Erscheinung" herausstellen; 11. anhand der Beobachtungsergebnisse Kausalgefüge und/oder Entstehungsursachen der „Vor-Ort-Erscheinung" vermuten; 12. anhand der Beobachtungsergebnisse und mit Hilfe anderer Personen Kausalgefüge und/oder Entste-hungsursachen der „Vor-Ort-Erscheinung" deuten;
	Klassifizierung	*einordnen und übertragen*	13. die erzielten Beobachtungsergebnisse und die dar-aus entwickelten Kenntnisse und Einsichten in den entsprechenden unterrichtsthematischen Ord-nungsrahmen einreihen; 14. die erzielten Beobachtungsergebnisse und die dar-aus entwickelten Kenntnisse und Einsichten in neue, ähnlich strukturierte Situationsbereiche übertragen und sachrichtig anwenden;

DIE LANDKARTE

Als Informationsquelle und Wissensspeicher spielt die Landkarte in vielen Bereichen des täglichen Lebens eine große Rolle. Von daher läßt sich ihre Bildungs- und Lebensrelevanz unschwer begründen.

Man findet sie in Gestalt von Straßen- oder Wanderkarten, man richtet interessiert seinen Blick auf die Wetterkarte am Ende der Nachrichtensendungen des Fernsehens, man wird mit ihr täglich in unterschiedlichen wirtschaftlichen, politischen und kulturellen Zusammenhängen in Zeitungen und Zeitschriften konfrontiert.

Die Arbeit mit der Landkarte als Unterrichtsmedium ist nicht nur der Geographie vorbehalten, obwohl dieses Fach natürlich die primäre didaktische Verantwortung und die dominante unterrichtliche Verfügung besitzt. Hier lernen die Schüler die Darstellung von Natur- und Kulturfaktoren eines geographischen Raumes über den Weg der direkten Begegnung mit der anschließenden Nachbildung im Sandkastenmodell. Sie erfahren dadurch die Landkarte als 'eingeebnete' zweidimensionale Erfassung der Erdoberfläche im Rahmen des Heimat- und Sachkundeunterrichts der Grundschule. Im Laufe der weiteren Schulzeit differenziert sich die Lernleistungsfähigkeit im Umgang mit Landkarten weiter aus.

Doch auch in anderen Unterrichtsfächern ist die Verwendung der Landkarte durchaus sinnvoll, häufig sogar unverzichtbar. Sie erlaubt als Lernhilfe den Schülern die Einordnung von z.B. historischen, biologischen, wirtschaftlichen, religiösen oder literarischen Unterrichtsergebnissen, sie bildet den Bezugsrahmen, der für das Verständnis und insbesondere für das Behalten der neuen Einsichten von besonderem Wert ist. Unter diesem Aspekt besitzen Landkarten für viele Unterrichtsfächer lerneffektivierende Funktion.

| 289 | **Das fachspezifische Ziel.** Die Geographie, in der die Kartenarbeit eine zentrale Rolle spielt, sieht die Landkarte als Instrument, raumtypische Ereignisse, Zustände und Erscheinungen mit Hilfe von bildhaften, geometrischen und symbolischen Kartenzeichen in bestimmter, festgelegter maßstäblicher Verkleinerung zu erfassen. Das Problem der zweidimensionalen Darstellung dreidimensionaler natürlicher Gegebenheiten wird mit verschiedenen graphischen Mitteln (Schraffen, Schummerung, Schattierung, Höhenlinien, Farben) zu bewältigen versucht.

| 289 | **Die lernprozessualen Funktionen.** Die Landkarte hat für die Geographie natürlich vorrangig kognitive, aber auch instrumentale Bedeutung, da mit ihrer Hilfe Kenntnisse erarbeitet und Qualifikationen eingeschult werden. Darüberhinaus ist der unmittelbare lebenspraktische Zweck, der im übrigen die Schüler am stärksten überzeugt, Gegenstand unterrichtlicher Kartenverwendung.

Der gedächtnispsychologische Wert von Landkarten kommt allen anderen Unterrichtsfächern dann zugute, wenn sie Lernergebnisse erarbeiten, die bestimmten Landschaftsausschnitten zugeordnet werden können. Hier hat die Landkarte Einordnungs- und Bezugsfunktion. Einzelfakten werden weniger schnell vergessen, wenn sie in eine Struktur integriert werden. Dies ist eine Erkenntnis, die nicht nur für die unterrichtliche Verwendung von Landkarten gilt.

| 289 | **Unterrichtsrelevante Landkarten.** Man unterscheidet zwei große Kategorien von Landkarten. Besonders die verschiedenen Arten von Sonderkarten können im Sinne von Ergänzungsmedien unterrichtlich sinnvoll sein. Es ist in der Regel durchaus zweckmäßig, wenn z.B. das Arbeitsblatt für eine Deutschstunde den literarischen Schauplatz in Form einer kleinen Skizze enthält, wenn das Tafelbild für ein entwickeltes Geschichtsthema die Lage des Ortes, in dem das historische Ereignis stattfand, durch eine Landkarte zeigt.

| 290 | **Die fachspezifische Bedeutung.** Die Didaktik spricht vom kognitiven Lernbereich, wenn Kenntnisse und Einsichten erarbeitet werden. Der instrumentale Lernbereich umfaßt die Einschulung, Entwicklung und Anwendung von Lernleistungen. Für die Geographie sind, wie die Beispiele für den dargestellten konkreten Raumausschnitt zeigen, verschiedene und unterschiedlich anspruchsvolle Qualifikationen relevant.

| 290 | **Die fachübergreifende Bedeutung.** Die Landkarte als Unterrichtsmedium hat für nichtgeographische Fächer insbesondere gedächtnispsychologischen Wert. Sie bildet als Lernhilfe Orientierungsstruktur und Bezugsrahmen für einzelne Unterrichtsergebnisse. Die Beispiele zum gleichen Landschaftsausschnitt greifen Unterrichtsthemen auf, die sicher nur unvollständig ohne Landkarte als Ergänzungsmedium erarbeitet werden können.

| 290 | **Unterrichtliche Bedingungen.** Die Verwendung der Landkarte in den verschiedenen Unterrichtsfächern setzt voraus, daß neben einem angemessen entfalteten Kartenverständnis ergänzendes Bildmaterial zur Verfügung steht. Zu den notwendigen Vorbereitungsaufgaben des Lehrers gehört die Bereitstellung einer geeigneten Landkarte und der Entwurf einer auf die wesentlichen Elemente reduzierten Raumstruktur.

■ das fachspezifische Ziel:

DIE LANDKARTE
als fachspezifisches Instrument

„ zur verdichteten Erfassung und Abbildung der geographischen Wirklichkeit der Erdoberfläche mit Hilfe eines jeweils gewählten Maßstabs als dem linearen Verkleinerungsverhältnis der zeichnerisch-graphischen Elemente gegenüber der Natur." (W.W. 1995)

■ die lernprozessualen Funktionen:

DIE LANDKARTE
als lernunterstützendes Instrument

♦ **der kognitive Aspekt:**
Erarbeitung von Kenntnissen (Oberflächenformen, Gewässer, Siedlungen, Verkehrswege, Grenzen u.a.); Entwicklung von Qualifikationen (Ermittlung von Entfernungen, Beschreibung topographischer Gegebenheiten, Erstellung von Profilen, Nachbildung durch Modelle, Anstellen von Vergleichen u.a.);

♦ **der pragmatische Aspekt:**
Anwendung in konkreten Gebrauchssituationen als Orientierungsmittel (bei Schulwanderungen, Exkursionen) zusammen mit Kompaß und Schrittzähler; zur Bestimmung des Standortes und für Entscheidungen über die einzuschlagende Richtung;

♦ **der gedächtnispsychologische Aspekt:**
als fachübergreifendes Instrument zur Ein- und Zuordnung von Unterrichtsergebnissen in verschiedenen Unterrichtsfächern (Geschichte, Biologie, Arbeitslehre, Wirtschaftskunde, Politik, Religion);

■ unterrichtsrelevante Landkarten:

☐ *die topographische Karte:*

erfaßt näherungsweise genau und relativ vollständig das Erscheinungsbild der Erdoberfläche.
(Reliefformen, Siedlungsgebiete, Gewässer, Verkehrslinien);
Basiskarten bis 1: 50 000 - Übersichtskarten bis 1: 500 000

☐ *die Sonderkarten:*

- die stumme Karte -
weist wesentliche Landschaftselemente auf, allerdings ohne Beschriftung; diese wird in der Regel im Rahmen der Unterrichtsarbeit ergänzt; häufig zum Zwecke der Kontrolle;

- die thematische Karte -
betont auf der Grundlage eines topographischen Basisbildes (z.B. Flußnetz) einen bestimmten Sachverhalt wie Standortfaktoren, Verbreitungsgebiete, Industrieentwicklung, historische Ereignisse u.a.;

- die Umrißkarte -
enthält nur Grenzen, Gewässer und Küstenlinien zur nachträglichen Ergänzung von Sachverhalten oder zur Entwicklung eines mentalen Modells einer Landschaftsstruktur im Gedächtnis;

- die Kartenskizze -
zeichnet sich aus durch eine relativ allgemeine, einfache und ohne Maßstabstreue dargestellte Erfassung eines Landschaftsausschnittes, meist zur Erinnerung oder Wiederholung; Gefahr verzerrter Lageverhältnisse und Dimensionen groß;

- das Luft- und Satellitenbild -
ist ein photographischer Überblick über einen Teil der Erdoberfläche vom Flugzeug (Naherkundung) oder Satelliten (Fernerkundung) aus; die vollständig abgebildeten großräumigen Formen (z.B. Reliefstrukturen, meteorologische Zustände) wirken bei Schrägaufnahmen plastischer und brauchen im Unterricht zur Ergänzung auch die Landkarte;

- die Panoramakarte -
bietet in freigestalteter zeichnerisch-graphischer Art einen perspektivischen Rundblick auf einen Landschaftsausschnitt von einem erhöhten Standpunkt aus;

■ die fachübergreifende Bedeutung:

- der gedächtnispsychologische Wert -

Die Landkarte ist Hilfsmittel zur Einordnung und Abspeicherung nichtgeographischer Unterrichtsergebnisse, sie bietet Orientierungsstruktur und Bezugsrahmen.

Beispiele:

- *Geschichte:* Volksabstimmung im Saarland, Wormser Edikt, Reichstag zu Speyer;

- *Physik:* Energiegewinnung durch Kernkraftwerke in Philippsburg;

- *Arbeitslehre:* Arbeitsprozesse der Chemischen Industrie in Ludwigshafen-Mannheim;

- *Deutsch:* Goethe in Straßburg, das Nibelungenlied;

- *Kunst:* Stilelemente der Hochgotik im Straßburger Münster;

- *Religion:* das Wormser Konkordat;

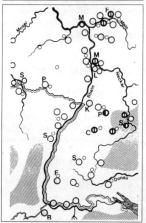

■ die fachspezifische Bedeutung:

- der kognitive und instrumentale Wert -

Die Landkarte dient zur Gewinnung von geographischen Einsichten und zur Entwicklung fachtypischer Qualifikationen.

Beispiele:

1. mit Hilfe der Legende physikalische Karten lesen (z.B. den Verlauf der Hauptverkehrslinien ermitteln, die Randgebirge erkennen und benennen);
2. mit Hilfe der Maßstabsleiste Entfernungen messen (z.B. die Länge der Autobahn zwischen Basel und Frankfurt ermitteln, Länge und Breite des Oberrheingrabens messen);
3. sich mit Hilfe landschaftsgliedernder Elemente, des Gradnetzes und des Registers auf der Karte orientieren (z.B. die Lage der Randgebirge im Flußnetz des Oberrheingrabens auswendig beschreiben, den Großen Belchen als höchste Erhebung der Vogesen mit Hilfe des Registers lokalisieren);
4. in überschaubaren, gut gegliederten Räumen Geo- und Soziofaktoren lagerichtig lokalisieren (z.B. die Namen der Nebenflüsse im Bereich des Oberrheingrabens in eine Kartenskizze einfügen, die Hauptverkehrslinien des Oberrheingrabens in eine stumme Karte einzeichnen);
5. die abstrakten Karteninhalte in Raumvorstellungen übertragen (z.B. das Oberrheintal im Sandkasten nachbilden, einen qualifizierenden Querschnitt des Oberrheintales zwischen Feldberg und Belchen anfertigen);
6. aus thematischen Karten sozioökonomische Aussagegrößen entnehmen (z.B. Industriezentren im Oberrheingraben feststellen, die Verkehrserschließung der Industriezentren ablesen);
7. sozioökonomische Aussagegrößen thematischer Karten in Beziehung setzen mit topographischen Inhalten physischer Karten (z.B. die Bedeutung der Randgebirge für die Verkehrserschließung erkennen, die Bedeutung der Ausrichtung der Randgebirge für die Bodennutzung im Oberrheingraben ableiten);

■ unterrichtliche Bedingungen:

♦ Verwendung von Bildmaterial zur wirklichkeitsnahen Veranschaulichung kartographisch dargestellter, raumbezogener Erscheinungen und Ereignisse;

♦ Vorgabe und Abspeicherung wesentlicher Kartenstrukturen (Flußnetz, Gebirgszug, Küstenverlauf) als mentale Raumvorstellung;

♦ Bewußte Bereitstellung topographischer Orientierungsstrukturen als Bezugsrahmen, um den Schülern das Ein- und Zuordnen nichtgeographischer Lernergebnisse zu erleichtern;

DAS BILD

Wir leben unbestritten in einer Bilderwelt. Die zukünftige Entwicklung unserer 'Multimedia-Gesellschaft' wird diesen Zustand nicht nur stabilisieren. Vielmehr kann erwartet werden, daß die auf die Schüler einwirkende Bilderflut noch zunimmt, was die ohnedies schon oberflächliche Bildwahrnehmung noch weiter verschlimmern wird.

Die Begegnung mit Bildern im Unterricht stellt also auch eine pädagogische Aufgabe und Herausforderung dar. Das eingehende und verweilende Betrachten, das Analysieren von Darstellungselementen und das Erkennen von Funktionszusammenhängen will gelernt sein und braucht ebenso Zeit, wie das Aufnehmen und Verinnerlichen der emotionalen Abstrahlung der bildgefaßten Informationen. Das Bild als Unterrichtsmedium ist stets unter seiner kognitiven, emotionalen, instrumentalen und pädagogischen Relevanz zu sehen.

Schüler greifen eher zum Bild als zum Text, denn bildgefaßte Informationen sind anziehender und binden das Interesse stärker. Doch auch aus Gründen einer attraktiveren Unterrichtsgestaltung stellt das Bild zur Repräsentation von Informationen bzw. zur Darstellung oder Erarbeitung von neuen Kenntnissen ein wertvolles Unterrichtsmedium dar, vorausgesetzt, es besitzt eine entsprechende didaktische Eignung und wird methodisch professionell verwendet.

Die Verwendung von Bildern im Unterricht richtet sich vornehmlich gegen ein oberflächlich-vordergründiges Konsumieren und zielt ab auf die Entwicklung konzentrierter Wahrnehmungsvorgänge und eine kritisch-auslotende Inhaltserarbeitung.

293   **Lernbilder und ihre Funktionen.**   Unmittelbar vor dieser Darstellung ist eine schon zweihundert Jahre alte Feststellung von Basedow wiedergegeben. Bereits damals wurde neben dem kognitiven auch der emotionale Wert der Bilder für die Unterrichtsarbeit geschätzt.

Der Begriff Lernbilder trifft das didaktische Anliegen besser. Ihre Bedeutung läßt sich durch die aufgeführten vier Funktionsgruppen einsichtig machen, ihre unterrichtliche Verwendung aber auch damit begründen: Lernbilder können motivierende, erkenntnisfördernde, gedächtnisstützende und affektive Funktionen haben.

293   **Lernbilder und ihre Hauptkategorien.**   Der Begriff Bild ist eine sehr unzureichende Bezeichnung für die große Vielfalt an Möglichkeiten zur Wiedergabe ikonisch gefaßter Informationskomplexe. Da gibt es Fotos und Grafiken, Schemata, Diagramme oder Piktogramme; dann kennt man Lichtbilder und Folienbilder, Buchbilder und Wandbilder, um nur einige Beispiele anzuführen.

Durch die genannten drei Hauptkategorien lassen sich Lernbilder typisieren. Damit wird deutlich, was man mit der Bildverwendung unterrichtlich beabsichtigt: Präsentation von Wirklichkeitsausschnitten, Freilegung von Zusammenhängen, figurative Organisation themenspezifischer Fakten.

294   **Merkmale lernfördernder Bilder.**   Daß nicht jedes beliebige Bild didaktischen Wert besitzt, ist unschwer nachvollziehbar. Bilder, die für die Lernarbeit geeignet sind, zeichnen sich durch bestimmte Merkmale aus. Die hier aufgeführten können natürlich nicht alle in einem Bild vereint sein. Doch sollte jedes im Unterricht verwendete Bild das eine und andere Qualitätskriterium aufweisen.

294   **Strategien bei der Bildverwendung.**   Es wurde bereits darauf hingewiesen, daß der unterrichtliche Bildeinsatz nicht zum Zwecke einer unverbindlichen Unterhaltung der Schüler erfolgt. So kommt es bedauerlicherweise nicht selten vor, daß z.B. der gesamte Inhalt einer Lichtbildreihe am Stück projiziert wird, ergänzt durch knappe verbale Hinweise des Lehrers. Dieses bedenkliche, weil uneffektive unterrichtliche Handeln läßt sich durchaus korrigieren, wenn die genannten Strategien Berücksichtigung finden, immer unter besonderer Beachtung der drei aufgeführten Zielbereiche.

295   **Das Lichtbild als Lernbild.**   Man kann wohl nicht behaupten, daß gegenwärtig Dias zum Transport bildgefaßter Informationen eine erkennbar wichtige Position im Unterrichtsalltag besitzen. Es scheint, daß ihre Verwendung in der Regel immer seltener wird. Gründe dafür gibt es mehrere.

Zu nennen wären der höhere Beschaffensaufwand durch die Besorgungsbemühungen bei den Bildstellen, vor allem aber auch die Tatsache, daß meist die Voraussetzung für eine Hellraumprojektion fehlt, was eine eigenaktive bzw. kooperative Erschließungsarbeit durch die Schüler verhindert. In diesem unterrichtsorganisatorischen Zusammenhang kann auf zwei interessante Ergänzungen hingewiesen werden. Da gibt es einmal die sog. Tageslichtleinwand, die lediglich mit einer geringen Qualitätseinbuße bezüglich der Leuchtkraft der Lichtbilder eine Hellraumprojektion erlaubt und damit eine direkte Lernarbeit durch die Schüler ermöglicht. Den gleichen Effekt erzielt man, wenn jeder Arbeitsgruppe ein oder zwei Exemplare eines einfachen und preisgünstigen Handbetrachters zur Verfügung gestellt werden.

Schüler sollen sich nicht nur mit Lichtbildern direkt auseinandersetzen, es wäre durchaus sinnvoll, wenn auch selten realisierbar, sie im Rahmen eines Projekts mit der Erstellung einer Lichtbildreihe (mit einer ergänzenden Beschreibung) zu betrauen.

Die im Schaubild genannten didaktischen Aspekte bei der Lichtbildarbeit können dazu beitragen, daß Dias nicht nur ausschließlich zur Illustration themenspezifischer Aspekte durch den Lehrer eingesetzt werden.

Es soll hier noch besonders auf den Vorgang der Veranschaulichung hingewiesen werden, der auch bei sekundären Anschauungshilfen, wie hier beim Dia, beachtet werden muß. Konkret heißt das, daß Einzelelemente und strukturelle Zusammenhänge zu generalisieren sind, was eine Reduzierung der Vielfalt auf das Wesentliche der Information bedeutet.

| 296 | **Visual literacy -Lernsehen. Die didaktische Absicht.** Auch beim Bild als Unterrichtsmedium ist nach Produkt- und Prozeßrelevanz zu unterscheiden. Letztere besitzt wegen ihres hohen Bildungswertes als übertragbare instrumentale Qualifikation (Bilder werden in allen Unterrichtsfächern verwendet) Präferenz. Gemeint ist in diesem Zusammenhang die Fähigkeit, Bilder 'zu lesen' bzw. mit Bildern zu lernen.

| 296 | **Der lernpsychologische Vorgang.** Das 'visuelle Denken' vollzieht sich in zwei Phasen. Die Informationsaufnahme und die Informationsverarbeitung werden durch spezifische Lernakte konkretisiert, die jeweils gezielt eingeschult und konsequent eingeübt werden müssen. Insgesamt geht es darum, den Schüler für eine selbständige Erkenntnisgewinnung durch Lernbilder zu befähigen.

| 297 | **Lernsehen: Einzelqualifikationen.** Bilder sollten innerhalb der Unterrichtsarbeit insbesondere deshalb verwendet werden, damit Schüler lernen können, aus Bildern möglichst eigenaktiv neue Kenntnisse zu gewinnen. Dazu ist eine angemessene Ausstattung mit Qualifikationen erforderlich. Durch sie erhält der Schüler Zugang zum Informationsgehalt eines Bildes.

Die entsprechenden Lernleistungen werden zunächt allgemein-formal aufgeführt, ehe sie dann auf ein praktisches Beispiel (Luftbild Schrägaufnahme des Nildeltas) übertragen werden.

Das Bewußtsein über mögliche Schwierigkeiten und Probleme erleichtert die verantwortungsvolle Beachtung aller notwendigen Bedingungen bei der kognitiven Bewältigung der Bildinformation seitens der Schüler.

| 298 | **Unterrichtsmethodische Überlegungen.** Beabsichtigt man, das Bild als mediale Arbeitsquelle unterrichtlich zu nutzen, so sollte man an die große Vielfalt von Erscheinungsformen denken und sie auch angemessen und flexibel berücksichtigen.

Bei der effektiven Bildarbeit kommt es, unabhängig ob der Inhalt lehrer- oder schülerzentriert erschlossen werden soll, immer auf die bewußte Beachtung von Wahrnehmungsspanne, Wahrnehmungsstimulanz und Wahrnehmungsfokussierung an. Jedes ausgewählte Bild muß diesen Vorgaben entsprechen, nur dann besteht die Chance einer erfolgreichen Inhaltserschließung.

Wie bei allen Unterrichtsmedien ist auch beim Bild auf den widerspruchsfreien Bezug (Interdependenz) der methodischen Variablen (didaktischer Ort, Lernakte, Sozialformen) zu achten. In diesem Zusammenhang sei nochmals darauf hingewiesen, daß Bilder erst dann zu Lernbildern werden können, wenn ihre Zahl begrenzt, die zur Verfügung stehende Zeit großzügig bemessen und die Dimensionierung der bildgefaßten Information so ist, daß eine zureichende Anmutungsqualität erwartet werden kann.

Aufgabe der Bilder ist „Kenntnis der Gegenstände zu vermitteln, das Gedächtnis zu stützen, heilsame Eindrücke in die Herzen der Anschauer zu pflanzen und Vergnügen bei den Kindern auszulösen." (Basedow, 'Elementarwerk' Leipzig 1774)

■ Lernbilder und ihre Funktionen:

(nach Duchastel 1978, Levin 1981, Levie 1982, Issing 1983)

♦ motivierende Funktion:

auch Initiationsfunktion; Erregung der Aufmerksamkeit, Aufbau von Lernmotivation, Wahrnehmungssteuerung; Lernstimulierung aufgrund des 'Neuheits-Effektes', einer relativen Wirklichkeitsnähe, einer scheinbaren kognitiven Inkongruenz (kogn. Konflikt beinhaltend);

♦ erkenntnisfördernde Funktion:

auch Verständnisfunktion; Bereitstellung eines Bezugsrahmens für das zu lernende Material; Freilegung der Zusammenhänge, Herausstellung interner Bezüge, Unterstützung des Problemlösevorgangs; Lernbilder informieren, interpretieren, akzentuieren, fokussieren, verknüpfen;

♦ gedächtnisstützende Funktion:

auch Behaltensfunktion; Steigerung der Behaltensleistung von Lernergebnissen; Erleichterung des Reproduzierens bzw. Reaktivierens von Wissen; Unterstützung von Assoziationen auf der Basis sog. figurativer Ankerelemente und vernetzter Denkgerüste (cognitive map);

♦ affektive Funktion:

auch Emotionsfunktion; Mobilisieren positiver Lerneinstellungen, Steigerung der Lernfreude, Erhöhung der Attraktivität bzw. der Anmutungsqualität des zu erschließenden Lernmaterials;

■ Lernbilder und ihre Hauptkategorien:

☐ **das Situationsbild:**

☐ **das Funktionsbild:**

☐ **das Organisationsbild:**

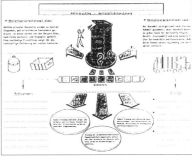

Charakteristik: Darstellung von Lebens- und Handlungssituationen, detailintensive Erfassung mit häufig epischem Charakter; emotionale Abstrahlung;
Absichten: zu spontanen, aktiven, reflektierenden, beschreibenden, entdeckenden Reaktionen veranlassen; zur Wiedergabe von Wirklichkeitsausschnitten, zur Präsentation einer Problembegegnung;

Charakteristik: Es handelt sich hier um " ... logische Bilder, d.h. Grafiken, Schemata ... Diagramme" (Weidenmann 1986), die " ... zum Verständnis von strukturellen Zusammenhängen und übergeordneten Strukturen bestens geeignet sind." (Schröter 1985);
Absicht: Sachverhalte vereinfacht, reduziert, schematisiert erfassen; ein intellektuelles Instrument zur Steuerung des Erkenntnisvorganges;

Charakteristik: ein Wahrnehmungsraster und Denkgerüst, das den Lernenden vor der Erarbeitung des Themas zur Verfügung steht; der Sachverhalt ist vorgeordnet, als Reizfiguration gestaltet; es fungiert als kognitive Organisationshilfe im Sinne einer mind map. Mit Hilfe verschiedener medialer Träger (Arbeitsblatt, Folie) kann es auch in der Art eines peripheren Stimulus (superlearning!) als Lernplakat zur Verfügung stehen;

■ **Merkmale lernfördernder Bilder:**

"Das Bild ist dann gut, wenn die interessantesten Merkmale auch die wichtigsten sind." (Weidenmann 1986)

die Umfrage

"Die Lernwirksamkeit eines Bildes hängt nicht vom Ausmaß 'realistischer Details' ab, sondern davon, ob es relevante Hinweisreize möglichst deutlich vermittelt." (derselbe 1986)

− wirklichkeitsnah
− das Wesentliche akzentuierend
− interagierende Elemente aufweisend
− informationsexterne Hinweisreize (Symbole, grafische Abgrenzungen, Beschriftungen)

− Gliederung und Struktur erschließbar
− transparent und eindeutig
− detailreduziert
− lerninhaltsrelevant
− Aussageschwerpunkt erfassend
− lebhaft und handlungsaktiv

− Person- und/oder Sachidentifikation auslösend
− mitunter leicht überzogene Darstellung
− Elemente zur Auslösung eines kognitiven Konflikts

■ **Strategien bei der Bildverwendung:**

♦ *dosieren: quantitativ und qualitativ auf die altersspezifisch unterschiedliche Wahrnehmungsfähigkeit;*

♦ *verbalisieren der Analyse-, Erarbeitungs- und Sicherungsergebnisse;*

♦ *das Vorwissen einbeziehen;*

♦ *auf das Lernsehen (visual literacy) als Qualifikation achten (einschulen, üben);*

♦ *den Darstellungsmodus auf die Verständnisleistung der Schüler abstimmen;*

♦ *ausreichende Darbietungs- und Erarbeitungszeit gewähren;*

♦ *die Schüler zur selbständigen, aktiven Bildarbeit veranlassen;*

♦ *das Anschauungsmaterial durch Veranschaulichungsformen ergänzen;*

♦ *informationszusammenfassende figurative Elementen im Sinne visueller Superzeichen bereitstellen;*

♦ *Bildanalysen hinsichtlich des Wann, Wo, Wie, Warum, der Struktur, der Kernaussage vornehmen (lassen);*

♦ *auf einen angemessenen Wechsel der verschiedenartigen Abbildungsarten achten;*

ZIELE

Erarbeitung von
Lernergebnissen

Intensivierung der
Verarbeitungstiefe

Entwicklung der Qualifikation
LERNSEHEN

```
┌─────────────────────────────┐
│      Unterrichtsmedien       │
│         - das Bild -         │
└─────────────────────────────┘
```

- Lichtbilder -

■ FUNKTIONEN

- ◆ *zur* Lenkung der Aufmerksamkeit durch hohe Reizwirkung;

- ◆ *zum* verweilenden Betrachten und Durchforsten der Information;

- ◆ *zur* wertenden Stellungnahme bzw. zur Beurteilung;

- ◆ *zur* Illustration und Versprachlichung eines Phänomens;

- ◆ *als* Ersatz für eine nicht mögliche originale Begegnung;

- ◆ *zur* Bereicherung des Lernprozesses (als Initialimpuls, zur Erarbeitung, als Zusammenfassung);

■ DENKAKTE

lokalisieren, registrieren, benennen, ordnen, Beziehungen herstellen, Schlüsse ziehen, Begriffe bilden, Erkenntnisse generalisieren, Erkenntnisse reaktivieren und reproduzieren;

"Der Einsatzbereich von Dias ist äußerst begrenzt; ... Sie werden überwiegend als Hilfsmittel des Lehrervortrages oder des fragend-entwickelnden Unterrichts eingesetzt ... ."
(Boeckmann/Hymen 1990)

■ BEDINGUNGEN

- • Reduzierung der Zahl der Bilder;

- • Einsatz zum Zweck des Lernens, nicht zur unverbindlichen Unterhaltung (Projektion auf Tageslichteinwand);

- • kognitive (intellektuelle) Zugänglichkeit für den Betrachter;

- • ausreichende Motivationskraft (Ästhetik, Inhalte, die Identifikationsmöglichkeit gestatten);

"Die besondere didaktische Funktion des Bildes liegt in seiner statischen Eigenart begründet, mit der es den Betrachter zum aufmerksamen, 'aufschließenden' Sehen auffordert und ihn zur antwortenden sprachlichen Äußerung veranlaßt." (Köck 1977)

der Vorgang

von der
(sekundären)Anschauung

zur
Veranschaulichung

das Ziel

D A S   L E R N S E H E N

■ ERSCHLIESSUNGSAKTE

- ☐ **Lehrer:** beschreiben und erklären der Bildinhalte; Herstellung von Verbindungen; Motivationssteigerung durch Abdecken von Bildteilen;
- ☐ **Schüler:** selbständige Analyse- und Interpretationsversuche (registrieren, beschreiben, verknüpfen, vermuten, vergleichen, zusammenfassen, bewerten, übertragen);
- ☐ **Gruppen:** Partner- und Kleingruppenanalysen (Handbetrachter!) mit visuell erfaßbarer, also schriftlicher Ergebnisfixierung;
- ☐ **Zielfragen:** wo - wann; wer - was; warum - wozu;
- ☐ **Vergleich:** Bildinhalte (= sekundäre Anschauung) wenn möglich mit Originalphänomenen (= primäre Anschauung) in Verbindung bringen;

- ☐ **Beobachtungsaufträge:** präzise Fragen oder Impulse erfassen den Beobachtungsschwerpunkt; sprachlich: das Verb an den Anfang!
- ☐ **Induktives Verfahren:** ein Phänomen wird durch ein Dia vorgestellt; daraus wird eine Einsicht (Begriff, Regel, Sachzusammenhang) gewonnen bzw. abgeleitet;
- ☐ **Inhaltsgeneralisierung:** Bildanalysen werden dann zu neuen Einsichten, wenn nach Weglassung aller Einzelheiten nur das Wesentliche der Erscheinung erfaßt ist (filtern, abstrahieren);
- ☐ **Fixierung:** Erfassen des Wesentlichen durch Nachzeichnen der Projektion (Projektion auf Wandtafel), übertragen auf Papier oder Folie;
- ☐ **Integration:** Zuordnung der Erkenntnisse in den meist gegebenen größeren Zusammenhang;

- Lernsehen -

■ die didaktische Absicht:

VISUAL LITERACY

(Fransecky/Debes 1972, Sless 1981, Weidenmann 1983)

|

- i. e. S. -

|

LESEN VON BILDERN   -   LERNEN DURCH BILDER
FÄHIGKEIT, BILDERN INFORMATIONEN ZU ENTNEHMEN

- i. w. S. -

" ... das beachtende Sehen und das denkende Schauen." (Schnaß-Gerbershagen 1952)

die abstrahierende Wahrnehmung (nach Arnheim 1972)

Anschauen ist Denken am Gegenstand (nach Aebli 1978)

Aufgaben

♦ Entwicklung und Übung des Vorgangs der Bildverarbeitung als Strategie der Kognition;

♦ Lernen mit Bildern im Sinne einer Kulturtechnik als Verarbeitung von ikonisch kodierten Informationen;

■ der lernpsychologische Vorgang:

... als Aktivierung des 'visuellen Denkens' (Arnheim 1980)

| eine Phase der Informationsaufnahme | durch | eine Phase der Informationsverarbeitung |

häufig auch unmittelbar gleichzeitig aufscheinend;

– ruhendes, verweilendes Betrachten;

– aktives Erkundungsverhalten in der Regel aufgrund von Wahrnehmungssteuerung durch gezielte Aufträge oder Impulse;

– registrieren der Inhaltselemente unter Einbeziehung des Vorwissens: aufschließendes Wahrnehmen;

– In-Beziehung-Setzen der Elemente (Herstellen von Sinnbezügen durch Verknüpfen);

– Freilegung der tragenden Struktur, Herausarbeitung gegebener Ordnungskriterien;

– Ermittlung des Kerngedankens, des Aussageschwerpunkts der Bildinformation;

mit Hilfe von Denkakten bzw. Lerntechniken

zerlegen - elementarisieren - analysieren - ordnen - vergleichen mit früheren Erfahrungen - strukturieren - ableiten - verknüpfen - schlußfolgern - einordnen - begründen - generalisieren - werten

Z i e l e

➢ relativ selbständige Gewinnung neuer (Teil-)Lernresultate im Sinne neuer Einsichten und Kenntnisse

➢ angemessener, zielführender Einsatz von Problemlösestrategien im Sinne von Denkakten

➢ sinnlogischer Umgang mit bildhaften Lernmaterialien im Sinne einer Basisqualifikation (instrumentale Lerntechnik)

insgesamt

Erkenntnisgewinnung als Vorgang des Lernens durch Einsicht:
d.h. die Gewinnung von Einsichten erfordert ein (Hinein-)Sehen in die inneren Zusammenhänge einer hier bildhaft erfaßten Information.

■ Einzelqualifikationen an bildhaften Arbeitsquellen:

Methodische Reihe		Zielfragen	Instrumentale Einzelqualifikationen
induktives Erforschen	*lokalisieren*	wo + wann	Falls aufgrund des Informationsangebots möglich und sinnvoll: — den Bildinhalt lokalisieren; — die Himmelsrichtungen auf dem Bild festlegen; — die Tages- bzw. Jahreszeit auf dem Bild ermitteln;
	planmäßiges Betrachten *registrieren* *sinnvolles Ordnen*	was + wie	— die Einzelinhalte des Bildes "lesen"; — die fachspezifischen Aussagen des Bildes heraussuchen; — den Darstellungsschwerpunkt im Bild erkennen; — das Nebeneinander der Bildinhalte verbalisieren; — das Nebeneinander der Bildinhalte gliedern und ordnen;
analytisches Denken	*interpretieren*	warum + wozu	— die fachspezifischen Bildaussagen deuten; — die fachspezifischen Bildaussagen in Beziehung setzen; — anhand fachspezifischer Bildaussagen Zusammenhänge erkennen; — anhand fachspezifischer Bildinhalte mögliche Entwicklungsprozesse ablesen; — anhand verschiedener fachspezifischer Bildinhalte Vergleiche anstellen; — die aufgrund von Bildaussagen ermittelten Erkenntnisse übertragen;

■ Beispiel:

Lokalisieren

— die großräumigen Bildinhalte Nildelta, Rotes Meer und Halbinsel Sinai aufgrund ihrer typischen Formen auf der Landkarte wiedererkennen und lokalisieren;
— die nordwest-südöstliche Aufnahmerichtung durch Vergleich von Bild und Kartendarstellung ermitteln;

Registrieren

— die Geofaktoren Meer, Delta, Wüste, Flußlauf, Strandsee ermitteln;
— die typische Form des Mündungsdeltas unter Zuhilfenahme der Vegetationsgrenze als Darstellungsschwerpunkt der Aufnahme erkennen;
— die verschiedenen Geofaktoren anhand der Aufnahme beschreiben und gegenseitig abgrenzen;

Interpretieren

— die beiden Landvorsprünge (Mündungsnasen) als Hauptmündungsarme des Nils deuten;
— den Entstehungsvorgang dieser Landvorsprünge vermuten;
— die scharf begrenzte Vegetationsfläche als Zeichen für den Einfluß des Stromes interpretieren;

— die Erscheinung Flußoase und Delta als Beobachtungsergebnis erfassen und deren typische Merkmale aufgrund der Aufnahme nennen;
— die Phänomene Flußoase und Delta in anderen Daseinsbereichen wiedererkennen;
— die Phänomene Flußoase und Delta auf andere Daseinsbereiche übertragen;

■ Probleme:

• oberflächliches Betrachten

• ausschließliche Verwendung des ruhenden Bildes

• zu kurzzeitige Bildkonfrontation

• ungenügende Berücksichtigung der Forderung nach Versprachlichung

• Nichtbeachten der notwendigen Dosierung des Bildangebots;

• unzureichende Einschulung (ungeplant, ungezielt, ohne Anleitung) der notwendigen Lerntechniken

- Unterrichtsmethodische Überlegungen -

■ <u>das Bild als mediale Arbeitsquelle:</u>

d a s   B i l d ,   d i e   A b b i l d u n g ...
*als Foto - als Grafik - als Wandbild - als Poster - als Buchbild - als Lichtbild - als Folienbild - als Tafelbild -
aus Tageszeitungen - aus Fachbüchern - aus Illustrierten - aus Fotomagazinen*

*erlaubt
z.B.*

– Sachverhalte zu veranschaulichen
– themenspezifische Interessen zu wecken
– Probleme aufzuzeigen
– die Lernmotivation zu steigern

– Wesensmerkmale darzulegen
– Sachstrukturen herauszustellen
– Fragen zu stellen
– Person- und Sachidentifikation zu ermöglichen

– die Qualifikation Lernsehen einzuschulen und zu entwickeln

für eine
e r f o l g r e i c h e   B i l d v e r a r b e i t u n g
sind zu beachten:

WAHRNEHMUNGSSPANNE	WAHRNEHMUNGSSTIMULANZ	WAHRNEHMUNGSFOKUSSIERUNG
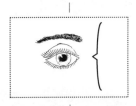		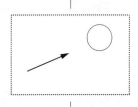
Das Gesamt (nicht alle Einzelteile) der Bildinformation sollte mit einem Blick erfaßt werden können;	dem Menschen (bzw. den menschlichen Aktionen) als interagierendes Bildelement gilt in der Regel die besondere Aufmerksamkeit;	bildexterne Hinweise (grafische Akzentuierung von Bildelementen, Aufträge, Erschließungsfragen) steuern zielführend die Bildanalyse;

■ <u>methodische Maßnahmen bei der Bilderschließung:</u>

mögliche didaktische Orte	mögliche Lernakte	mögliche Sozialformen
z.B.	z.B.	z.B.
– in der Eröffnungsphase zur Darlegung von Ausgangsfragen und Problemen; – in der Erarbeitungsphase zur Veranschaulichung von Tatsachen und Vorgängen; – in der Sicherungsphase zur Verifikation, zur Integration, zur Weiterführung neuer Einsichten;	• Assoziationen hervorrufen; • eigene Erfahrungen einbringen; • Ideen bzw. Alternativen entwickeln; • Inhalte versprachlichen, d.h. beschreiben, erklären; • Vermutungen anstellen; • empfinden; • Charakteristika generalisieren;	* dominant lehrergesteuerte Bilderschließung in Frontalarbeit; * vorwiegend schüleraktive Bilderschließung, individuell in Einzelarbeit, kooperativ durch Partner- oder Gruppenarbeit;

*grundsätzlich
gilt*

d a s   L e r n e n   m i t   B i l d e r n   z i e l t   a u f   I n t e n s i v i e r u n g   d e r   V e r a r b e i t u n g s t i e f e

das bedingt

begrenzte Anzahl   -   ausreichende Lernzeit   -   großformatige Darstellung

DER TEXT

Nach dem gesprochenen Wort zählt der Text sicher zu den am häufigsten verwendeten Unterrichtsmedien. Jedes Lehrbuch enthält neben anderen Gestaltungsmitteln insbesondere Texte, von denen man annimmt, daß sie 'didaktisch effektiv' formuliert sind.

Abgesehen von den diversen literarischen Sprachformen, die von der Sprachdidaktik reflektiert werden, bieten Sachtexte der verschiedenen Art Informationen zu bestimmten Unterrichtsthemen. Sie vermitteln zu erfassende Lernresultate, die die Schüler als Wissen abspeichern sollten; sie zeigen themenspezifische Fragestellungen und Probleme auf, mit der Absicht, das (Nach-)Denken darüber zu stimulieren.

Bei der Arbeit mit Texten ist dem Informationstransport deren Bildungsrelevanz vorgeordnet. Das bedeutet, daß das denkende Durchdringen von Texten Präferenz besitzt, weil diese Qualifikation aufgrund ihrer Übertragbarkeit und der späteren Gebrauchsnotwendigkeit im privaten wie im beruflichen Bereich unverkennbare Lebensrelevanz besitzt. Lebenslanges Lernen ist auf eine angemessene Fertigkeit im Umgang mit Texten angewiesen.

300   **Ausgangsüberlegungen.**   Die eben vorgetragenen Gedanken werden hier weiter konkretisiert. Mit Texten als Lernmaterial lassen sich, abhängig vom jeweiligen Thema, verschiedene inhaltliche Ziele erreichen. Darüber ist im Zuge der Auswahl vorweg zu entscheiden. Es muß für Lehrer und auch für jeden Schüler deutlich sein, was aus dem Text herausgearbeitet werden kann und soll.

Für eine erfolgreiche Textarbeit durch die Schüler bietet sich auch als Analyseansatz die Untersuchung des sprachlich gefaßten Informationsmaterials nach einsichtigen, unverständlichen und Widerspruch hervorrufenden Passagen an.

Schließlich besitzen Texte für die Lernarbeit Produkt- und Prozeßrelevanz. Das gilt einerseits grundsätzlich. Andererseits wird sich jeder Lehrer bei jeder Textarbeit im einzelnen über das zu erschließende Faktenmaterial und über das Niveau der erforderlichen Einzelqualifikationen Klarheit verschaffen.

301   **Didaktisch bedeutsame Darstellungsformen. Qualitätskriterien.**   Nicht jeder Text besitzt per se didaktische Effektivität. Schon der Umfang kann beim Schüler Abwendungsreaktionen hervorrufen. So gilt in der Regel, daß die Motivationsqualität mit der Länge der Texte abnimmt. Ein weiteres für die Lernförderung bedeutsames Kriterium ist die Darstellung von Handlungen, Wirkungen, Folgen und Leistungen des Menschen; aufgrund von Wirklichkeitsnähe und Authentizität weckt es das Interesse der Schüler. Vorausgesetzt es ist inhaltlich logisch und plausibel, sind sprachliche Darstellungen besonders motivierend, wenn als handelnde Personen Gleichaltrige auftreten, weil sich mit ihnen der mit dem Text arbeitende Schüler besonders identifiziert (sog. Personidentifikation).

301   **Sprachliche Darstellungsformen.**   Von den speziellen literarischen Großformen als Inhalte des Deutschunterrichts abgesehen, werden in den meisten Sachfächern zur Erfassung unterrichtsthematischer Phänomene die aufgeführten Darstellungsformen verwendet. Vor allem die Quellentexte sind aufgrund ihrer originalen Wesensart hervorzuheben. So zählen Dokumentationen, schriftlich gefaßte Interviews, Darstellungen von aktuellen Ereignissen in Form von Reportagen, Urkunden, Auszüge aus Gesetzen oder Verträgen zu den lerneffektiven Unterrichtsmedien, nach denen immer Ausschau gehalten werden sollte und die möglichst oft als Arbeitsmaterial zu verwenden sind.

301   **Lernaktivitäten bei Texten.**   Sprachliche Darstellungen als Gegenstand einer kognitiven Auseinandersetzung durch die Schüler können mit oder ohne Anweisungen erschlossen werden. Im Zusammenhang mit den Planungsüberlegungen, bei denen es um die Entscheidung für einen Text als Arbeitsmaterial geht, sind die zu entfaltenden bzw. erforderlichen Lernakte möglichst eindeutig und genau zu erfassen. Das muß und kann damit begründet werden, daß Lernvollzüge Akte des Denkens mit ihrem unbestritten hohen Stellenwert für die Persönlichkeitsentwicklung der Schüler sind.

302   **Mögliche Einzelqualifikationen.**   An einem konkreten Textbeispiel werden zunächst allgemein formal und dann inhaltsbezogen Einzelqualifikationen aufgezeigt. Es handelt sich dem Charakter nach um Lernziele mit einer Inhaltskomponente und der Erfassung der Lernleistung, die für die Textarbeit erforderlich ist. In dieser Deutlichkeit sollte jede Begegnung mit Texten dezidiert erfaßt werden, sinnvoller Weise im Rahmen der Lernzielanalyse.

303   **Unterrichtsmethodische Maßnahmen.**   Wird ein Text als Unterrichtsmedium verwendet, dann muß er mit den erforderlichen lernprozessualen Variablen verknüpft sein. Er wird bezogen auf die einzelnen Phasen des Lernablaufs, er wird ergänzt durch Erschließungsaufträge oder Leitfragen, die die Auseinandersetzung initiieren und steuern. Es werden aber auch alle Lernakte präzise erfaßt, die bei der Textarbeit erforderlich sind.

Schließlich gilt es noch zu beachten, daß sowohl Erschließungsaufträge wie Leitfragen als auch die Ergebnisse der Textarbeit visuell erfaßbar (auf Tafel, Arbeitstransparent, Arbeitsblatt, Wortkarte) und in möglichst räumlich enger Plazierung zum Text vorliegen.

- Ausgangsüberlegungen -

■ Textarbeit bedeutet:

„Schon immer werden Texte als zentrales Lerninstrument zur Gewinnung von Unterrichtsergebnissen verwendet.

Die aktuelle Erkenntnis liegt darin, daß sie im Gegensatz zu früher als Informationsquelle verstanden werden, mit deren Hilfe die Schüler mehr oder weniger eigenständig, mit oder ohne gezielte Arbeitsimpulse zur aktiven Auseinandersetzung veranlaßt werden. Dies basiert auf dem Hintergrund gegenwärtiger Bildungsvorstellungen.

Texte zur Informationsweitergabe finden sich in Zeitungen und Zeitschriften, in Lehrbüchern, Gebrauchsanweisungen oder Beipackzetteln von Arzneimitteln. Mit ihnen umgehen zu können, d.h. Informationen zu entnehmen, sie denkend zu durchdringen, gehört mit zu den unverzichtbaren Aufgaben der Schule, wenn sie den Grundsatz der Lebens- und Wirklichkeitsnähe auch unter dem Aspekt des lebenslangen Lernens ernst nimmt." (W.W. 1995)

■ Texte als Lernmaterial bieten:

z.B.
speziell

◆ einen Aussageschwerpunkt

◆ eine Entwicklung

◆ eine Problemlösung

◆ eine offene Frage

◆ eine Problemstellung

◆ eine Konfliktsituation

◆ einen Widerspruch

◆ ein bemerkenswertes Verhalten

◆ eine besondere Leistung

allgemein

P a s s a g e n ...

● die der Schüler versteht	● die der Schüler nicht versteht	● die beim Schüler Widerspruch hervorrufen
im Text durch ⊕ angemerkt	im Text durch ? angemerkt	im Text durch ! angemerkt
die Schüler reagieren ... *sie formulieren Erklärungen*	die Schüler reagieren ... *sie stellen Fragen*	die Schüler reagieren *sie bringen Einwände vor*

■ Texte als Lernmaterial besitzen:

Produktrelevanz	und	Prozeßrelevanz

sie vermitteln themenspezifische Informationen, Einsichten und Erkenntnisse, wie z.B. Größen, Werte, Zusammenhänge, Entwicklungen;

sie ermöglichen die Entwicklung und Schulung themenübergreifender Schlüsselqualifikationen, wie z.B. zerlegen, ordnen, filtern, verdichten, akzentuieren, ableiten, zusammenfassen;

- Didaktisch bedeutsame Darstellungsformen -

■ lernfördernde Qualitätskriterien:

Texte müssen sein ...

- *kindgemäß*

- *übersichtlich*

- *verständlich*

- *anschaulich*

- *gegliedert*

- *einfach im Satzbau*

- *altersangemessen in der Wortwahl*

- *lebensnah*

- *motivierend*

- *kompakt*

- *detailreduziert*

- *aktuell*

- *dosiert im Umfang*

■ sprachliche Darstellungsformen:

als
bereitgestelltes Lernmaterial

der Bericht

z.B.
eine sachlich nüchterne Erfassung von Tatsachen und Vorgängen; Wiedergabe von Ursachen, Funktionszusammenhängen, Begründungen, Lösungen;

die Beschreibung

z.B.
Darstellung von Versuchsergebnissen, lokalen Merkmalen eines Lebensbereiches, eines Zustandes; primär: das räumliche Nebeneinander;

der Quellentext

z.B.
das Dokument, das Interview, der Auszug, die Reportage;
als originales Objekt oder Objektersatz werden die Schüler durch die Wirklichkeitsnähe motiviert; hohes Maß an Authentizität;

die Schilderung

z.B.
eine erlebnisstarke, gefühlsbetonte Darstellung von Tatsachen oder Vorgängen;
Erfassen von kausalen und emotionalen Aspekten;

die Erzählung

z.B.
Ereignisse, die Einstellungen, Problembewußtsein hervorrufen, die Spannungen erzeugen; emotional gefärbt, lebendig, farbig;

■ Lernaktivitäten bei Texten:

mit oder ohne Anweisungen
z.B.

- Fakten entnehmen
- neue Einsichten gewinnen
- Probleme erkennen
- Fragen beantworten
- Strukturen offenlegen
- Entwicklungen erfassen
- Hintergründe aufdecken
- Aussagen analysieren
- Folgerungen antizipieren

- Gedankengänge nachvollziehen
- Aussagen wiedergeben
- Schlußfolgerungen ziehen
- unbekannte Begriffe nachschlagen
- Darstellungsaspekte filtern
- Gedankenkomplexe verdichten
- Kernaussagen akzentuieren
- Stellungnahmen abgeben
- Aussagen bebildern

- Mögliche Einzelqualifikationen -

Sachtext

„Die Ostfriesischen Inseln liegen wie auf einer Kette aufgereiht vor der Küste. Sie sind den vorherrschenden Westwinden und der starken Gezeitenströmung ausgesetzt. Diese beiden Naturkräfte 'verschieben' die Sandinseln in west-östlicher Richtung; das heißt, Wind und Wasser nehmen an der Westseite der Inseln Sand weg und lagern ihn an der Ostseite wieder ab.

Diese 'Wanderung' versuchen natürlich die Inselbewohner aufzuhalten. Sie bepflanzen die Dünen mit Strandhafer, der die unzähligen feinen Sandkörner mit seinen Wurzeln zusammenhält. Die westlichen Küstenteile werden zudem durch Strandmauern geschützt. Außerdem baut man auch noch zusätzlich Buhnen (= Steindämme) mehrere hundert Meter weit ins Meer hinaus, um die Kraft des Flutstromes zu brechen."

Einzelqualifikationen

formal		inhaltsbezogen
einen fachspezifischen Sachtext in seiner Ganzheit *erlesen;*	← **Motivationsaspekt** →	die Zielsetzung des vorliegenden Sachtextes nach dem Erlesen durch Erfassen der beiden Darstellungsschwerpunkte, Bedrohung und Inselbefestigung, *erkennen;*
die Informationsaussagen eines fachspezifischen Sachtextes richtig *lokalisieren;*	← **Lokalisierungsaspekt** →	die Ostfriesischen Sandinseln auf der Landkarte mit Hilfe des Registers selbständig *finden* und die Namen der zu dieser Gruppe zählenden Inseln *ermitteln;*
in fachspezifischen Sachtexten aufscheinende unbekannte Begriffe und nicht verstandene Zusammenhänge unter Verwendung anderer Hilfsmittel *erläutern;*	← **Klärungsaspekt** →	die Begriffe Westwinde, Gezeitenströmung, Flußstrom, Düne auf der Grundlage der vor dieser Unterrichtseinheit erarbeiteten Unterrichtsergebnisse *erläutern*, den Vorgang der Ost-West-Verschiebung *erklären*, zwei Maßnahmen zur Sandbefestigung *nennen;*
einen fachspezifischen Sachtext durch Formulierung von Teilüberschriften oder durch Einzelskizzen *gliedern;*	← **Gliederungsaspekt** →	Ursachen und Gefahren einerseits und Maßnahmen zur Inselbefestigung andererseits mittels einer Tabelle detailliert *erfassen;*
den Kerngedanken eines fachspezifischen Sachtextes *erfassen* und *verbalisieren;*	← **Akzentuierungsaspekt** →	die Aktivitäten der Menschen bei der Auseinandersetzung mit Naturfaktoren als notwendige und sinnvolle Arbeitsleistung zur Sicherung dieses Lebensraumes *erkennen* und *verbalisieren;*
den Informationsgehalt eines fachspezifischen Sachtextes durch eine Stichwortreihe oder eine durchformulierte Zusammenfassung oder in Form einer Skizze *festhalten;*	← **Verdichtungsaspekt** →	den vorliegenden Sachtext durch eine Stichwortreihe, in der die wesentlichen Kriterien enthalten sind, *fixieren;*

LERN- bzw. DENKAKTE

Unterrichtsmedien
- der Text -

- Unterrichtsmethodische Maßnahmen -

L E R N V E R L A U F

Lernschritte	Lernmaterial	Lernakte

☐ **Planungsphase:**

allgemeine formale Leitfragen - inhaltlich ausgerichtete Erschließungsaufträge
(visuell erfaßbar, einzeln oder als Fragebogen)

z.B.

lesen,
erläutern,
verteilen;

veranlassen
zur
Auseinandersetzung
mit dem

☐ **Analysephase**

Arbeitsauftrag !	→		←	Erschließungsfrage ?
Arbeitsauftrag !	→	TEXT ALS LEITMEDIUM	←	Erschließungsfrage ?
Arbeitsauftrag !	→		←	Erschließungsfrage ?

z.B.

lesen,
untersuchen,
entdecken,
nachfragen,
gliedern,
freilegen,
erklären,
Fragen stellen,
ableiten,
schlußfolgern,
verknüpfen,
versprachlichen,
fixieren;

- individuelle oder kooperative Erschließung in Alleinarbeit, Partnerarbeit, Gruppenarbeit, Frontalarbeit;
- eventuell erforderlich können noch zusätzliche Hilfsmittel wie Lexikon, Atlas, Abbildungen etc. sein;
- Analyseergebnisse auf Wortkarten, Minitransparenten, Zeichenkarton;

☐ **Auswertungsphase**

- Visuell erfaßbare Präsentation der Analyseergebnisse;
- Auswertung durch ein Verarbeitungsgespräch im Plenum:
  Vergleich - Begründung - Ergänzung - Korrektur - Zusammenfassung - Projektion bzw. Verknüpfung des Ergebnisses mit dem Unterrichtsthema;

z.B.

vortragen,
erläutern,
vergleichen,
ergänzen,
belegen;

DIE ZAHL

Zahlengläubigkeit und Ziffernfetischismus scheinen zu den charakteristischen und herausragenden Merkmalen einer Industriegesellschaft zu gehören. Die meisten Bereiche ihres Erscheinungsbildes lassen sich zahlgefaßt beschreiben. Produktivität und Wachstum, Export und Umweltbelastung, der Arbeitsmarkt, Wissenschaft und Kultur, Verkehrswesen und die Massenkommunikation, ja selbst alle Individuen werden durch bezifferbare Größen dargestellt. Die Zahl als Instrument der Information ist allgegenwärtig. Weder Nachrichtensendungen noch Tageszeitungen können auf die Vermittlung von Zahlen in Form von Tabellen, Statistiken und Diagrammen verzichten.

So wäre es denn nicht zu verantworten, wenn nicht auch im Unterricht im Sinne einer zu entschlüsselnden Nachricht dieses Medium Gegenstand von Lernaktivitäten geworden wäre. In den Fächern Sozialkunde und Wirtschaftslehre, in der Biologie, Physik und Chemie, in Arbeitslehre, Geographie und im Politikunterricht sind immer wieder Unterrichtsthemen zu bewältigen, bei denen, zumindest als Teilaspekt, Zahlenmaterial einbezogen werden muß. Unter diesem Gesichtspunkt hat die Zahl als Unterrichtsmedium fachübergreifende Bedeutung und eine unverkennbare Lebens- und Bildungsrelevanz.

Zahlen im Unterricht dienen zur Erläuterung fachspezifischer Erscheinungen und Sachverhalte, sie können darüberhinaus oft auch selbst zu neuen Erkenntnisquellen werden. Das setzt voraus, daß ihre Aussagen freigelegt werden, was bedeutet, daß sie untersucht, befragt, relativiert, interpretiert, bewertet und in Zusammenhänge gebracht werden.

Wenn hier von Zahlen gesprochen wird, so sind in erster Linie die sogenannten 'Denkzahlen' gemeint, da sie lernwirksamer sind als die leicht nachschlagbaren 'Merkzahlen', die häufig nach kurzer Zeit sowieso wieder vergessen werden.

---

305 | **Didaktische Grundlagen. Das Rohmaterial.** 'Merkzahlen' geben die Höhe eines Berges, die Länge eines Flusses, das Jahr eines historischen Ereignisses, die molare Masse von Ethansäure an. 'Denkzahlen' stehen in oft mehrfacher Verknüpfung mit unterschiedlichen Sachverhalten. Sie erlauben Einblick in Beziehungsverhältnisse, sie zeigen Anteile oder Entwicklungen an, sie geben Relationen wieder.

---

305 | **Die Tabelle.** Sie besitzt in zweifacher Weise unterrichtlichen Nutzungswert. Schüler können aus ihr Informationen entnehmen. Sie untersuchen eine vorgegebene Tabelle nach verschiedenen Gesichtspunkten, sie bemühen sich 'hinter' die Zahlen zu blicken. Schüler sollten aber auch lernen, vorgegebenes oder (z.B. im Rahmen eines Projekts oder einer Erkundung) selbstgesammeltes Zahlenmaterial nach bestimmten sinnlogischen Kriterien zu ordnen. Dazu bietet sich zunächst die Form einer einfachen Tabelle an, in einem weiteren Schritt lernen sie dann auch gegebene Verknüpfungen mit Hilfe einer Matrix zu erfassen.

---

305 | **Das Diagramm.** Der unterrichtliche Wert der verschiedenen Diagramme läßt sich zunächst durch ihre Anschaulichkeit begründen. Sehr viele Schüler finden diese grafisch-zeichnerische Umsetzung und Gestaltung von Zahlenmaterial attraktiver und lernmotivierender.

Auch hier geht es in der ersten Konfrontationsphase zunächst darum, das eine oder andere Diagramm gemeinsam oder selbständig zu untersuchen, zu beschreiben bzw. auszuwerten. Später dann werden die Schüler auch lernen, vorgegebene oder selbstermittelte Zahlen grafisch durch das eine oder andere Diagramm auszudrücken.

---

306 | **Mögliche Lernakte.** Anhand eines konkreten Beispiels werden formal und direkt auf den tabellarisch dargestellten Inhalt bezogen mögliche medienspezifische Lernleistungen aufgezeigt. Lernen als Denken am Gegenstand, hier als zahlgefaßte Information, bedingt immer auch aktives Bemühen und zureichende Fähigkeiten im Sinne von Qualifikationen im Umgang mit diesem Unterrichtsmedium.

- Didaktische Grundlagen -

■ das Rohmaterial:

17,9 Mio.t / Jahr ...

92,3 ha Anbaufläche ...

13,3° C Durchschnittstemperatur ...

225 Einw./ km² ...

ZAHLEN

2,4 Mio. Arbeitslose ...

64 % Abgeordnete ...

erfassen bezifferbare Mengen, Größen, Werte, Zustände, Ordnungen, Ereignisse zum Zwecke des Vergleichs, der Gegenüberstellung, einer Entwicklung, der Darstellung von Anteilen;

14,6 km/h Fließgeschwindigkeit ...

■ die Tabelle:

- WESENSMERKMALE -

systematisch organisierte, geordnete Übersicht von zahlenmäßig gefaßten Informationen - zur Darstellung von Anteilen, Vergleichen, Tendenzen, von Mittel-, Minimal- und Maximalwerten - Zeilen (horizontal) und Spalten (vertikal);

Zahlenmaterial:
linear erfaßt
(einfache Tabelle)

A	B	C	D

- FORMEN -

	A	B	C	D
a				
b				
c				

Zahlenmaterial:
vernetzt erfaßt
(Matrix)

⌐ LERNAKTE ⌐

allgemein: *lesen - auswerten - erstellen;*
treffender: *beschreiben - analysieren - verbinden - fragen - vergleichen - ableiten - kombinieren - interpretieren - erstellen nach oder ohne Vorgabe von Ordnungskriterien;*

■ das Diagramm:

- WESENSMERKMALE -

grafisch-zeichnerische, übersichtliche und anschauliche Umsetzung von Größenverhältnissen mit Hilfe von Punkten, Linien, Flächen:

- ARTEN -

♦ Stab-, Säulen- oder Balkendiagramm:
senkrecht nebeneinanderstehende oder waagrecht übereinanderliegende Flächen;

♦ Kreis-, Prozent- oder Tortendiagramm:
Anteile durch Sektoren erfaßt innerhalb eines Prozentkreises;

♦ das Kurvendiagramm:
funktionale Abhängigkeiten zwischen zwei Gegebenheiten auf der Grundlage eines Koordinatensystems;

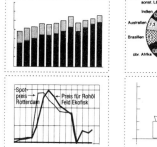

♦ das figurative Diagramm:
figürliche Formen für unterschiedlich große Mengen; nur näherungsweise genau;

⌐ LERNAKTE ⌐

z.B.: *beschreiben - interpretieren - zuordnen - untersuchen - vergleichen - überprüfen - nach Vorgabe erstellen;*

- Mögliche Lernakte -

Tabellarisch gefaßtes Zahlenmaterial

▷ **zu beachtendes Problem:**

schnell überholtes Zahlenmaterial bzw. kurzlebige Aktualität

▷ **zu beachtendes Problem:**

fehlende medienspezifische Qualifikationen beim Schüler

1985	Eisenförderung	Rohstahl-produktion
BRD	1 Mio t	41 Mio t
Rußland	254 Mio t	160 Mio t
USA	49 Mio t	79 Mio t
Japan	1 Mio t	105 Mio t
Schweden	20 Mio t	2 Mio t
Frankreich	15 Mio t	19 Mio t

▷ **zu beachtendes Problem:**

unzureichende Transparenz eines komplexen Zahlenmaterials

▷ **zu beachtendes Problem:**

fehlendes Anschauungsmaterial (Bilder, Texte zur Ergänzung)

Einzelqualifikationen

formal:

– vorgegebenes Zahlenmaterial sinnvoll tabellarisch ordnen;

– vorgegebenes Zahlenmaterial in Diagramme umsetzen;

• in Tabellen oder Diagrammform vorgegebenes Zahlenmaterial lokalisieren bzw. lagerichtig zuordnen;

• aus Tabellen oder Diagrammen Minimal-, Maximal- und Durchschnittswerte ermitteln;

• aus Tabellen und Diagrammen Entwicklungsprozesse ablesen und verbalisieren;

• aus Tabellen oder Diagrammen Funktionszusammenhänge ablesen oder verbalisieren;

• in Tabellen oder Diagrammen dargestelltes Zahlenmaterial dem aktuellen situativen Umfeld zuordnen und daraus Schlußfolgerungen ableiten;

• in Tabellen oder Diagrammen dargestelltes Zahlenmaterial mit möglichen Größen und Werten des näheren Lebensbereichs vergleichen;

inhaltsbezogen:

➤ unter Zuhilfenahme einer Landkarte die Lage der in der Tabelle (oder im Diagramm) aufgeführten eisenerzfördernden und rohstahlerzeugenden Länder bestimmen und beschreiben;

➤ anhand des in der Tabelle (oder im Diagramm) erfaßten Zahlenmaterials je eine Rangfolge für die eisenerzfördernden und rohstahlerzeugenden Länder erstellen;

➤ das in der Tabelle vorgegebene Zahlenmaterial durch ein einfaches Säulendiagramm darstellen (1 Mio.t = 1 mm Säulenhöhe);

➤ die Anteile der in der Tabelle aufgeführten Länder an der Weltförderung von Eisenerz und an der Welterzeugung von Rohstahl ermitteln und in einem Prozentkreis eintragen;

➤ für drei aufgeführte Länder jeweils nach Vergleich ihrer Anteile bei der Eisenerzförderung und der Rohstahlproduktion die Notwendigkeit für zum Teil recht hohe Rohstoffimporte ableiten;

➤ aus den angeführten Zahlen die Bedeutung und Stellung der rohstoffreichen Länder erkennen und in Beziehung setzen zu den Schwierigkeiten der rohstoffabhängigen stahlproduzierenden Staaten;

Lern- bzw. Denkakte

Geht es wirklich nicht mehr ohne Arbeitsblatt? Diesen Eindruck wird man nicht los, trifft man hektisch kopierende Lehrer vor Unterrichtsbeginn, sieht man austeilende, ausfüllende (!), mühsam ordnende Schüler, unterstützt man als Mutter oder Vater arbeitsblattgestaltende Kinder bei der Hausaufgabe. Gerade deshalb gilt es zu bedenken:

Notwendig und berechtigt: eine kritische Grundhaltung. In den Chor der Kritiker einzustimmen, ist ebenso leicht wie geboten. Kein anderes Medium wird so häufig, oft aber auch so unreflektiert verwendet, wie das Arbeitsblatt. Dabei drängt sich hier der Verdacht auf, daß diese Lernhilfe, bewußt oder unbewußt, vornehmlich als Legitimationsinstrument den Vorgesetzten, den Eltern, den Schülern, vielleicht sogar sich selbst gegenüber interpretiert wird. Diese durchaus unschöne Feststellung läßt sich begründen mit einer unzureichenden mediendidaktischen Reflexion der einzelnen Arbeitseinheiten, einer mitunter wenig sinnvollen lernprozessualen Integration, einer häufig oberflächlichen äußeren Durcharbeitung der sprachlichen, figurativen und graphischen Elemente. So wundert es auch nicht, wenn selbst die durchaus gebotenen kritischen Ansätze zum Teil recht pauschal vorgetragen werden, zum Teil recht gedankenlos davon gesprochen wird, daß Arbeitsblätter die Schüler zu Durch- und Ausstreichern, zu Kreuzeschreibern und Einsatztechnikern erziehen würden. Da muß an dieser Stelle den zuletzt angeführten und recht beliebten Feststellungen sofort mit folgenden Fragen entgegengetreten werden: Bedarf es nicht vorausgehender Denkakte, wenn Schüler durch Ankreuzen, Ergänzen, Verknüpfen und Bewerten ihre Denkergebnisse zum Ausdruck bringen müssen? Und wird damit zwangsläufig die Möglichkeit ausgeschlossen, größere Gedankenabläufe durch eine entsprechende Aufgabenstellung auch zusammenhängend durchformulieren zu lassen?
Trotz aller in vielen Fällen berechtigten, weil begründeten Einwände, hat das Arbeitsblatt als Lernhilfe, wie andere Medien auch, seine Berechtigung im Unterrichtsalltag, wenngleich seine vielzitierte Effizienz nicht durch empirische Untersuchungen in der Fachliteratur belegt wird.

| 310 | **Definition.** Durch die aufgeführte Begriffsfassung werden mehrere charakteristische Merkmale akzentuiert. Das Arbeitsblatt ist ein Instrument, das Lernen bewirkt, letztlich zum Denken anregt, das Denken entwickelt und das Denken schult. In diesem Zusammenhang wäre es wünschenswert, wenn es (mit seinen Aufgabenstellungen) weitestgehend dem momentanen Lernstand des Schülers angepaßt wäre, weil nur so eine relativ optimale Lernförderung wahrscheinlich sein kann. Ein weiteres Wesenselement ist seine widerspruchsfreie Verknüpfung mit allen anderen methodischen Maßnahmen, die zur Bewältigung jedes schulischen Lernprozesses bzw. jeder Unterrichtsstufe geplant und durchgeführt werden.

| 310 | **Kategorien und Arten.** Von der jeweiligen didaktischen Absicht her lassen sich vier verschiedene Kategorien mit jeweils für sie typischen Arten von Arbeitsblättern unterscheiden. Die Funktion bzw. die Zielvorstellung bestimmt den Arbeitsblatt-Typ. Die Entscheidung darüber steht in jedem Falle immer an, unabhängig davon, ob es sich um Verlagsprodukte oder um selbsterstellte Arbeitsblätter handelt.

| 311 | **Didaktische Funktionen.** Die erste Überlegung bei der Konzeption von Arbeitsblättern gilt der oder den unterrichtlichen Funktionen. Wichtig dabei ist, daß stets der lernende, also denkende Schüler im Mittelpunkt der Entscheidung steht und nicht etwa die Absicht, möglichst viele Teilinhalte eines Themas zu erfassen. Die aufgeführten didaktischen Funktionen geben spezifische Leistungen dieses Unterrichtsmediums an. Sie stellen Legitimationsansätze dar und erlauben, den unterrichtlichen Einsatz von verschiedenen Positionen aus zu begründen. Überflüssig zu erwähnen ist, daß Arbeitsblätter natürlich nur jeweils eine begrenzte Zahl der aufgeführten didaktischen Funktionen erfüllen und das mit der Einschränkung, daß sie reflektiert ermittelt wurden, und daß die Aufgabenstellungen entsprechend ausgerichtet und alle Elemente professionell gestaltet sind.

| 312 | **Der didaktische Ort.** Ausgehend von den didaktischen Funktionen wird dem Arbeitsblatt bzw. seinen Teilen der entsprechende didaktische Ort zugewiesen, also jene Stufe oder Phase im Lernprozeß, wo sie ihren Einsatz finden. Drei Planungsaspekte oder -konzeptionen sind möglich, die beiden genannten Planungsschritte immer zu beachten.
Zur Veranschaulichung des didaktischen Ortes wurde die Strukturgitterform gewählt. Diese Form der Planungsfixierung zeigt sehr übersichtlich die Vernetzung (Interdependenz) der verschiedenen, unverzichtbaren methodischen

Variablen auf. Die Positionen des Arbeitsblattes oder seiner Teile in der prozessualen Abfolge (s. unterrichtliche Grundakte = UG und Lehrschritte) wird ebenso transparent wie seine enge Verknüpfung mit den anderen methodischen Variablen innerhalb jeder Unterrichtsphase.

313 **Aufbau und Gestaltung des Erarbeitungsblattes. Die Arbeitseinheit.** Eingangs wurde bereits auf die verschiedenen Arten von Arbeitsblättern hingewiesen. Das Erarbeitungsblatt wird sicher am häufigsten im Unterricht verwendet. Man beabsichtigt damit, meist schülerzentriert, also durch selbsttätige Lernaktivitäten, in Alleinarbeit oder in Gruppen, neue Lernergebnisse zu erarbeiten. Das setzt, um effektive Lernabläufe zu ermöglichen, eine entsprechende Gestaltung voraus. Organisationskerne sind die sog. Arbeitseinheiten, sie geben den Erarbeitungsblättern ihre Struktur, wobei jede Arbeitseinheit in der Regel immer aus vier Montageteilen aufgebaut ist. Allenfalls die Informationsquelle kann z.B. aus Gründen des Umfanges nicht in der Arbeitseinheit aufscheinen. Dann allerdings muß sie dem Schüler auf andere Weise zur Verfügung gestellt werden, z.B. durch Angabe der Fundstelle, in Gestalt eines originalen Gegenstandes, als Filmausschnitt etc..

313 **Aufbau und Gestaltung des Erarbeitungsblattes. Aufgabenarten.** Oft werden Erarbeitungsblätter recht eintönig konzipiert. Neben leeren Zeilen ('Freie-Antwort-Aufgaben') finden sich oft noch Lückentexte ('Lückenaufgaben') als Gestaltungsformen. Damit will der Arbeitsblatt-Verfasser den Schülern 'Hilfestellung' beim Bearbeiten (= lernen = denken!) bieten. Zur Gestaltung des Lösungsraumes stehen aber eine ganze Zahl leistungsfähiger Aufgabentypen zur Verfügung. Sie sollten flexibel, angemessen und dosiert aufscheinen. Eine Fülle von Anwendungsbeispielen hierzu finden sich in der Publikation 'Grundlagen einer modernen Arbeitsblatt-Praxis', München 1991.

313 **Aufbau und Gestaltung des Erarbeitungsblattes. Generelle Gestaltungskriterien.** Außer den bereits erwähnten Detailaspekten sind tendenziell die aufgeführten Kriterien immer zu beachten. Hauptaufgabe von Erarbeitungsblättern ist die bewußte Entwicklung und Schulung des Denkens.

313 **Aufbau und Gestaltung des Erarbeitungsblattes. Der Arbeitsauftrag.** Steuerndes Element einer Arbeitseinheit ist die Aufgabenstellung in Form eines Auftrages oder einer Erschließungsfrage. Sie aktiviert das Denken - genauer - bestimmte Denkakte. Sie ist überlegt, möglichst präzise und unmißverständlich zu formulieren. Dabei kommt den jeweils verwendeten Verben besondere Bedeutung zu, weil damit der Denkakt am Lerninhalt (in der Regel ein Ausschnitt davon) erfaßt wird.

314 **Gestaltungsbeispiel: das Erarbeitungsblatt.** Arbeitsblätter, mit denen die Erarbeitung von Unterrichtsergebnissen möglich ist, werden mit Ausnahme der naturwissenschaftlichen Fächer, in deren Mittelpunkt ein Experiment steht (s. Versuchsbegleitblatt!), als Erarbeitungsblätter bezeichnet. Ihre Organisationsstruktur besteht aus Arbeitseinheiten, die, vom Schwierigkeitsgrad der Aufgabenstellung abhängig, im Hörblock unter Führung des Lehrers bzw. in Allein-, Partner- oder Gruppenarbeit bewältigt werden.
Alle Aufträge werden durch eine Spitzmarke zur Steuerung der Wahrnehmung und zur Akzentuierung ihrer Bedeutung gekennzeichnet. Bei der ersten Einheit handelt es sich um eine Tabellenaufgabe. Das bedeutet, daß eine Tabelle als Lösungshilfe vorgegeben ist. Im Gegensatz dazu ist die fünfte Aufgabe eine Freie-Antwort-Aufgabe. Die Tabelle hier hat die Funktion einer Informationsquelle. Arbeitseinheit zwei ist eine Zuordnungsaufgabe, Arbeitseinheit drei eine Ergänzungsaufgabe, hier eine Beschreibungsaufgabe. Da, wie das in der Praxis häufig der Fall ist, die Informationsquelle bei der zuletzt genannten Arbeitseinheit nicht aufgenommen werden kann, erfolgt ein Hinweis auf die Fundstelle.
Bei der vierten Aufgabenstellung handelt es sich um eine Diagrammaufgabe. Schließlich sei noch auf die Überschrift verwiesen. Sie tritt graphisch deutlich hervor, besteht im günstigsten Falle aus einer lehrplanentsprechenden sachlichen und einer schülernahen, lernmotivierenden Formulierung.

315 **Gestaltungsbeispiel: das Präsentationsblatt.** Zur Erfassung von Informationen in Gestalt von Texten, Bildern, Zahlen, also durch unterschiedliche Repräsentationsmodi dargestellt, können Darbietungsblätter konzipiert werden. In der Regel werden sie mit Aufgabenstellungen ausgestattet, die je nach didaktischer Zielvorstellung in oder außerhalb der Unterrichtsarbeit, mit oder ohne Lehrer, mit oder ohne ergänzende Unterrichtshilfen (Ergänzungsmedien) zu bearbeiten sind.

Zu beachten ist eine dosiert begrenzte sprachliche Formulierung aufgrund der geringeren motivationalen Anmutungsqualität. Weiterhin sind als Gestaltungskriterien von Bedeutung: das Beachten der Wahrnehmungsspanne (Ausmaß des mit einem Blick erfaßbaren Informationsumfanges), die Wahrnehmungsfokussierung (Blicksteuerung auf wesentliche Elemente) und die Wahrnehmungsstimulanz (die motivierende Qualität der Konzeption).

| 316 | **Gestaltungsbeispiel: das Versuchsbegleitblatt.** Es handelt sich hier um ein Ergebniserarbeitungsblatt für naturwissenschaftliche Unterrichtsthemen, in deren Mittelpunkt ein Experiment steht. Die Überschrift weist eine zweifache Formulierung auf und wird wie immer deutlich hervorgehoben. Die Grundstruktur entspricht den Phasen des 'Problemlösenden Lernens' (Problemstellung, Problemerhellung, Problembewältigung, Lösungsevaluation). Demnach werden die einzelnen Blöcke (Abschnitte) durch entsprechende kognitive Erschließungsakte etikettiert. Die Experimentiervorrichtungen müssen durch eine abstrakt-lineare Darstellung figurativ erfaßt sein. Die didaktische Grundfunktion als Begleitmedium besagt, daß das Versuchsbegleitblatt wesentlichen Phasen des Lernprozesses folgt und diese unterstützend mitträgt.

| 317 | **Gestaltungsbeispiel: das Prüfungsblatt.** Diese Arbeitsblatt-Art wird zur Bewertung der Schülerleistung im Zusammenhang mit einem bestimmten thematischen Bereich konzipiert. Prinzipiell ist bei der Erstellung darauf zu achten, daß Arbeitsblätter mit der vorliegenden Zielsetzung neben gebundenen, mit Lösungshilfen ausgestatteten Aufgaben, auch offene enthalten, daß alle Aufgabenarten in Frage kommen und daß mit Bedacht Aufgaben aufgenommen werden, die das Denken (nicht nur das Erinnern von Faktenwissen!) erforderlich machen.

Das Prüfungsblatt weist eine horizontale Gliederung nach einzelnen Aufgaben und eine vertikale Aufteilung nach Aufgabenstellung und Lösungsraum auf. Die punktemäßige Erfassung der Einzelergebnisse wendet sich bewußt gegen Schätzurteile, die Vorgabe des Bewertungsschlüssels signalisiert dem Schüler redliches Bemühen um gerechte Bewertung seiner Leistung. Umstritten ist die Zuordnung der Noten zu den Punktemengen. Die Gauß'sche Normalverteilung (Mattl 1978) wird immer noch praktiziert, die Binomial-Verteilung nach Klauer (1987) wird mit Ausnahmen nur im Bereich der Diagnostik akzeptiert.

| 319 | **Gestaltungsbeispiel: das Merkblatt.** Zu den unverzichtbaren Bedingungen für ein langfristiges Abspeichern neuer Erkenntnisse gehört eine entsprechende Erfassung und Fixierung der erarbeiteten Unterrichtsergebnisse. Entscheidend dabei ist die Art der Gestaltung des zu behaltenden Materials, von technisch-organisatorischer Bedeutung ist der mediale Träger.

Verschiedene Forschungsrichtungen der Psychologie (Denk-, Wahrnehmungs-, Gedächtnis-, Motivationspsychologie) erzielten durch zahlreiche Untersuchungen Ergebnisse, die die Didaktik nicht mehr außer acht lassen darf. So wird das Merken unterstützt, wenn insbesondere das zu behaltende Material blockig gegliedert ist, die einzelnen Organisationskerne entsprechend etikettiert sind (durch Oberbegriffe, Superzeichen, kognitive Erschließungsakte) und dosierte aussagekräftige figurative Elemente den Wahrnehmungsvorgang und die Lernmotivation verbessern. Entscheidend ist also eine mediendidaktisch effektive Gestaltung (der 'soft-ware'), erst dann richten sich die Überlegungen auf die möglichen medialen Träger (der 'hard-ware'), wie Papier (als Arbeitsblatt), Folie (als Arbeitstransparent), beschichtetes Holz oder Metall (als Tafelbild), Zeichenkarton (als Lernplakat oder Poster).

Die beiden vorliegenden Beispiele sind auf die Verbesserung der Behaltensleistung hin konzipiert und sollten als Arbeitsblatt im Sinne eines Merkblattes verstanden werden. Sie können auch auf die Wandtafel fixiert oder auf Folie kopiert sein, was allerdings dann hinsichtlich einer notwendigen Übernahme durch Schüler einen erhöhten Arbeitsaufwand erfordert.

Detaillierte Aussagen und zahlreiche Beispiele zur Gestaltung derartiger Konzepte sind im Kapitel 'Das Tafelbild als Unterrichtsmedium' aufgeführt.

| 320 | **Gestaltungs- und Bewertungskriterien.** Eine ganze Reihe von Kriterien, die einerseits bei der Erstellung Orientierungshilfe geben können, andererseits für die Beurteilung vorliegender Arbeitsblätter geeignet sind, wird hier vorgelegt. Sie sind nach sachlogischen und situationsabhängigen Gegebenheiten zu reflektieren. Mit jeweils einer Erschließungsfrage und einer anschließenden Erläuterung werden sie dargestellt und zur Gestaltung von Arbeitsblättern angeboten.

■ Definition:

"Als Sammelbezeichnung und Oberbegriff dient der Terminus Arbeitsblatt zur Benennung eines Lerninstruments, das in erster Linie die eigenaktive Auseinandersetzung des Schülers im Sinne eines gezielten selbständigen Denkens mit einem mehr oder weniger kleinen Ausschnitt eines bestimmten Unterrichtsthemas ermöglichen soll.

Als Lernhilfe zählt es zu den sogenannten nichttechnischen Medien und ist als solche eine methodische Variable, deren Berücksichtigung eine Unterrichtsphase effektivieren kann; dabei ist es unerläßlich, das Arbeitsblatt oder einen bestimmten Ausschnitt davon mit den anderen methodischen Elementen einer Unterrichtsphase (dem didaktischen Ziel, den Lehr- und Lernakten, den Sozialformen, dem Lerninhalt bzw. dem Lernziel) widerspruchsfrei zu verknüpfen.

Ein besonderer Vorzug dieses Printmediums liegt in der Möglichkeit der relativen Anpassung der Aufgabenstellungen an die momentan gegebene themenspezifische Lernleistungsfähigkeit der jeweiligen Zielgruppe."

■ Kategorien und Arten:

● das Informations- oder Materialblatt	● das Ergebniserarbeitungsblatt	● das Ergebnissicherungsblatt	● das Leistungsbewertungsblatt

Arten:	*Arten:*	*Arten:*	*Arten:*
– das Präsentationsblatt	– das Erarbeitungsblatt – das Versuchsbegleitblatt	– das Übungsblatt – das Merkblatt – das Lernzielkontrollblatt	– das informelle Testblatt – das Aufsatzblatt – das didaktisch gestaltete Prüfungsblatt
Hauptfunktion:	*Hauptfunktion:*	*Hauptfunktion:*	*Hauptfunktion:*
Darbietung einer begrenzten Problemsituation; Aufbau einer gezielten Lernleistungsmotivation;	Relativ selbständige Erarbeitung neuer Teilresultate durch Verwendung kognitiver und instrumentaler Lernakte;	Sicherung gewonnener inhaltlicher Teilresultate oder übender Gebrauch von kognitiven und instrumentalen Lerntechniken zur Steigerung der Behaltens- und Anwendungsleistung;	Bewertung von nach Lehrplanvorgabe zu erbringenden Lernleistungen;

Unterrichtsmedien
- das Arbeitsblatt -

DIDAKTISCHE FUNKTIONEN

zu begründen

- *aus pädagogischer Sicht*

- *aus didaktischer Sicht*

- *aus kognitionspsychologischer Sicht*

- *aus methodischer Sicht*

- *aus arbeitsökonomischer Sicht*

- *aus prozeßorganisatorischer Sicht*

◆ **Konzeptionsfunktion**
wenn damit Unterrichtskonzepte bzw. Lehrverfahren unterstützt werden;

◆ **Präsentationsfunktion**
wenn ein Sachverhalt dargeboten wird;

◆ **Erarbeitungsfunktion**
wenn neue Lernresultate gewonnen werden;

◆ **Motivationsfunktion**
wenn damit die Motivation zum Lernen gesteigert wird;

◆ **Sicherungsfunktion**
wenn erarbeitete Ergebnisse wiederholt und/oder angewendet werden;

◆ **Kontrollfunktion**
wenn Kenntnisse und/oder Fähigkeiten überprüft werden;

◆ **Bewertungsfunktion**
wenn damit Leistungen bewertet werden;

◆ **Erfassungsfunktion**
wenn einzelne Ausschnitte des Unterrichtsthemas abgedeckt werden;

◆ **Strukturierungsfunktion**
wenn Aufbau und Gliederung des Lerninhalts wiedergegeben werden;

◆ **Unterstützungsfunktion**
wenn andere Medien auf das Arbeitsblatt bezogen sind;

◆ **Rhythmisierungsfunktion**
wenn damit besonders auf die Handlungsgewichtung zwischen Lehrer und Schüler eingewirkt wird;

◆ **Entlastungsfunktion**
wenn damit mechanische Abläufe zugunsten gezielter Denkleistungen reduziert werden;

◆ **Archivierungsfunktion**
wenn aufgrund entsprechender Organisation die neuen Lernergebnisse zum Zwecke der Wiederholung schnell und zuverlässig aufgefunden werden können;

◆ **Belegfunktion**
wenn damit erfüllte Lehrplanverpflichtungen nachgewiesen werden;

◆ **Konzentrationsfunktion**
wenn die Konzentration verbessert und damit die kognitiven Fehlleistungen verringert werden;

◆ **Individualisierungsfunktion**
wenn besonders die individuelle Lernleistung beachtet wird;

◆ **Aktivierungsfunktion**
wenn das aktive und selbständige Lernen unterstützt wird;

◆ **Differenzierungsfunktion**
wenn Lernarbeit für leistungshomogene Gruppen möglich ist;

◆ **Kooperationsfunktion**
wenn die Forderung nach sozialem Lernen unterstützt wird;

◆ **Instrumentalfunktion**
wenn fachspezifische und fachübergreifende Lerntechniken angewendet werden;

◆ **Operationsfunktion**
wenn Tätigkeitsdrang und motorisches Handlungsbedürfnis berücksichtigt werden;

EINSCHRÄNKUNG

Arbeitsblätter können nur vorbehaltlich didaktische Funktionen erfüllen!

deshalb

➢ reflektierte Ermittlung der didaktischen Funktion(en)

➢ begründete Ausrichtung der Aufgabenstellungen

➢ professionelle Gestaltung aller Elemente

- Der didaktische Ort -

■ Planungsapekte:

□ **Möglichkeit eins:**
Das Arbeitsblatt trägt einen lern-prozessualen Grundakt: die Eröffnungs-, die Erarbeitungs- oder die Sicherungsphase,

□ **Möglichkeit zwei:**
Das Arbeitsblatt trägt eine begrenzte Unterrichtsstufe: z.B. einen Vergleich, eine Regelanwendung, eine Ergebnisfixierung;

□ **Möglichkeit drei:**
Das Arbeitsblatt erfaßt häufig mehrere Lehrschritte bzw. Artikulationsstufen aus allen drei unterrichtlichen Grundakten;

■ Planungsschritte:

• **erster Schritt:**
Entscheidungen über die beabsichtigte didaktische Funktion des Arbeitsblattes bzw. seiner Abschnitte.

• **zweiter Schritt:**
Bestimmung des Einsatzzeitpunktes (= didaktischer Ort bzw. Artikulationsstufe) des Arbeitsblattes aufgrund der didaktischen Funktion(en).

■ Planungsfixierung:

UG	Lehrschritte (Artikulation)	Lehrinhalte Lernziele	Lehrakte	Lernakte	Sozial-formen	Lern-hilfen
Eröffnungsphase	1. Lehrschritt (Kontrastdarstellung)	....	Sachimpuls:	- betrachten - reflektieren	Hb	?
	2. Lehrschritt (Problemabgrenzung)	....	Erarbeitungsgespräch:	- vergleichen - schlußfolgern	Hb	?
	3. Lehrschritt (Zielangabe)	.... (Lz 1)	Arbeitsaufgabe:	- formulieren	Pa	?
-phase	4. Lehrschritt (Hypothesenbildung)	.... (Lz 4)	Diskussion:	-	Kf	?
	5. Lehrschritt (erste Teilergebnis-gewinnung)	.... (Lz 2)	Schilderung:	- .... -	Hb	?
	6. Lehrschritt (Ergebnisfixierung)	.... (Lz 5)	Impuls: .... Erarbeitungsgespräch:	- .... - .... -	Hb Hb	?
Erarbeitungs-	7. Lehrschritt (Rekapitulation)	(Lz 1/4)	Arbeitsaufgabe: .... Verarbeitungsgespräch:	- .... -	Ga Hb	?
	8. Lehrschritt (Problemstellung)	(Lz 5)	Partnergespräch (Gesprächsauftrag):	-	Pa	?
	9. Lehrschritt (Problemlösung und -fixierung)	.... (Lz 6)	Verarbeitungsgespräch: .... Frage: .... Erarbeitungsgespräch:	- 	Hb Hb Hb	?
Sicherungsphase	10. Lehrschritt (Ausdrucksgestaltung)	.... (Lz 7)	Rollenspiel:	-	Ga/Hb	?
	11. Lehrschritt (Anwendung und mündliche Kontrolle)	.... (Lz 3/4/6)	Arbeitsauftrag: .... Verarbeitungsgespräch:	- .... -	Aa Hb	?
	12 Lehrschritt (Wertung)	.... (Lz 8)	Impuls: .... Erarbeitungsgespräch:	- .... - .... -	Hb Hb	?

(eine imaginäre Verlaufsplanung zur beispielhaften Veranschaulichung)

- Aufbau und Gestaltung des Erarbeitungsblattes -

■ Die Arbeitseinheit:

... als Gestaltungskern von Erarbeitungsblättern dient ...

- durch ihre relativ geschlossene Form als Gliederungselement dem strukturierten Aufbau,
- der geplanten Auslösung und Steuerung zielführender Denkakte bzw. Lerntechniken,
- der Erschließung eines ausgewählten, begrenzten stofflichen Inhalts.

Montageteile

das Statement	die Aufgabenstellung	die Informationsquelle	der Lösungsraum
didaktische Absicht:	*didaktische Absicht:*	*didaktische Absicht:*	*didaktische Absicht:*
Be- bzw. Abgrenzung des inhaltlichen Denkbereichs;	Mobilisierung und Steuerung der Denkakte des Schülers am Lerngegenstand;	Bereitstellung materieller Grundlagen (Text, Bild, Grafik, Tabelle u.a.) als lerngegenständliche Ausgangsbasis zur denkenden Durchdringung;	Unterstützung der selbständigen Lösungsversuche; Reduzierung inhaltlicher Lerndefizite; als positiver Verstärker Steigerung der Lernfreude und Förderung der Lernerfolge;

■ Aufgabenarten:

... zur Gestaltung des Lösungsraumes ...

- Freie-Antwort-Aufgaben
- Lücken-Aufgaben
- Zweifachwahl-Aufgaben:
  - Richtig-Falsch-Aufgaben
  - Alternativ-Aufgaben

- Tabellen-Aufgaben
- Diagramm-Aufgaben
- Zuordnungs-Aufgaben
- Ergänzungs-Aufgaben:
  - Benennungs-Aufgaben
  - Beschreibungs-Aufgaben

- Mehrfachwahl-Aufgaben
- Rätsel-Aufgaben
- Rang-Reihen-Aufgaben:
  - Rang-Aufgaben
  - Reihen-Aufgaben

■ generelle Gestaltungskriterien:

☐ der Aspekt der minimalen, aber zielführenden Hilfe;
☐ der Aspekt möglichst häufiger aktiver Versprachlichung der Denkergebnisse;
☐ der Aspekt der abwechslungsreichen und flexiblen Verwendung;
☐ der Aspekt der primären Gewichtung der impliziten Denkakte;

☐ der Aspekt einer lernstimulierenden hohen Anmutungsqualität;
☐ der Aspekt eines angemessenen ökonomischen Zeitaufwandes bei der Erstellung, der Bearbeitung und der Korrektur;
☐ der Aspekt der organischen Verflechtung mit den anderen methodischen Variablen des Lernprozesses.

ABSICHT
DENKENTWICKLUNG - DENKSCHULUNG

■ der Arbeitsauftrag:

seine didaktischen Funktionen	seine Wesensmerkmale	seine sprachliche Formulierung
der Arbeitsauftrag ...	*der Arbeitsauftrag ...*	*der Arbeitsauftrag ...*
– *veranlaßt* die Beschaffung von Arbeitsunterlagen und Lernmaterialien	– *stellt* einen Sachverhalt heraus	– *allgemein:*
– *unterstützt* die Erarbeitung und Gewinnung von unterrichtlichen Teilresultaten	– *grenzt* Wahrnehmungs- und Denkfeld ein	knapp, einfach, überschaubar, für den Schüler ohne ergänzende Lehrerinterpretation dechiffrierbar;
– *aktualisiert* Maßnahmen der Sicherung, der Kontrolle und Bewertung von Lernergebnissen	– *mobilisiert* und orientiert Denk- und Handlungsaktivitäten	– *das Verb als Qualitätsmerkmal*: aussagekräftig, unmißverständlich, kognitive Denkakte und instrumentale Qualifikationen geplant und leistungsangemessen erfassend;
	– *zielt* auf ein zu erreichendes Lernergebnis	

■ das Erarbeitungsblatt:

Reiche Vorkommen im rohstoffarmen Deutschland
- Braunkohlenabbau in der Bundesrepublik -

1. Braunkohle gehört wie Steinkohle zu den Bodenschätzen. Die Bundesrepublik Deutschland besitzt reiche Vorkommen.
➤ Verwende die Sonderkarte 'Bodenschätze in Mitteleuropa' in deinem Atlas und ermittle die größten Vorkommen!

Großraum	'alte Bundesländer'	U N I O N	'neue Bundesländer'
Nordrhein-Westfalen ⇨	....	....	⇦ Leipziger Tieflandsbucht
Niedersachsen ⇨	....	....	⇦ Niederlausitz

2. Braunkohle liegt fast überall unmittelbar unter der Erdoberfläche.
➤ Ergänze die Beschreibung über die Art der Gewinnung durch den richtigen Begriff!
Wähle aus: Bohrung, Schürfung, Tagebau, Untertagebau!

.... bedeutet Abbau der Braunkohle nach Entfernung einer nur wenig mächtigen Deckschicht aus Mutterboden und Abraum mit Hilfe von Kübelbaggern und Schaufelradbaggern; keine Stollen und Schächte erforderlich; Weitertransport der abgebauten Kohle auf kilometerlangen Bandstraßen;

3. Zur Förderung von Braunkohle werden verschiedene Einrichtungen und Maschinen gebraucht.
➤ Verwende den Bericht in deinem Erdkundebuch S. 93!

• Kübelbagger dienen zur : ....

• Schaufelradbagger dienen zur : ....

• Bandstraßen dienen zur : ....

4. Obwohl die Braunkohle einen viel geringeren Heizwert als die Steinkohle hat, zählt sie zu den begehrten Energie-Rohstoffen.
➤ Übertrage die Angaben, die über ihre Verwendung Auskunft geben, in den Prozentstreifen!

70 % der Fördermenge für Stromerzeugung, 20 %
für die Brikettherstellung und 10 % in der chemischen Industrie:

5. Durch die Angaben in der nebenstehenden Tabelle kommt der geringe Heizwert der Braunkohle im Vergleich zur Steinkohle zum Ausdruck.
➤ Versuche dies zu begründen!

	Braunkohle	Steinkohle
Wasser in kg	600 g	50 g
Kohlenstoff in kg	300 g	800 g

■ das Präsentationsblatt:

Thomas Alva Edison
- Der grauhaarige Zeitungsjunge -

Der Expreßzug donnerte in einen der New Yorker Bahnhöfe. Am Zug entlang liefen junge Zeitungsverkäufer: „News - Hello - News"! Ein alter Mann in einem Luxusabteil des Zuges fuhr aus tiefem Schlaf empor. Er lauschte den Stimmen der Zeitungsjungen, sein Gesicht schien sich zu verklären, und seine Augen strahlten, er öffnete das Fenster und als der Zug wieder abfuhr, stapelten sich auf seinem Sitz die Zeitungen. Einer Dame im Abteil erzählte er: „Ich muß die Jungen ja schließlich lieben, denn ich war in diesem Amerika der erste, der Zeitungen auf Bahnsteigen und in Zügen verkauft hat. Ich habe das überhaupt erst erfunden." Er blickte aus dem Fenster und sah die vielen Drähte der Telegrafen an der Strecke. Er deutete auf das Drahtgewirr, an dem der Zug vorbeiraste: „An diesem Wirrwarr von Drähten trifft mich ebenfalls Schuld. Ich hätte die Finger von diesen Telegrafendrähten lassen sollen.

Thomas Alva Edison
Foto: Dt. Museum, München

Mir scheint, ich habe die ganze Landschaft verunziert. Die Dame lächelte über den merkwürdigen alten Herrn. Doch er fuhr fort: „Und diese riesigen Zementbauten dort drüben verdanken mir ebenfalls zum Teil ihr Dasein. Nein - sie sind nicht schön. Die Menschen machen das doch nicht so richtig, wie ich es mir eigentlich vorstellte." Die Dame fand den alten Herrn einfach köstlich: „Ich meine, sie seien der erste Zeitungsjunge auf Bahnhöfen gewesen. Und nun fühlen sie sich für die Telegrafendrähte und für die Zementbauten verantwortlich. Sie sind wirklich herrlich. Vielleicht haben sie auch das Licht in den Häusern erfunden und was nicht sonst noch alles!" Der alte Mann blickte auf die Lichter der Stadt: "Ja, all das ist mein Werk! Aber die Zeitungsjungen - die waren vielleicht das Schönste, was ich erfand, die Zeitungsjungen auf den Bahnhöfen ..."

(nach Georg Popp: Die Großen der Welt)

► Lies den Text und sprich anschließend in der Gruppe über diesen Inhalt!

► Vergleiche und bewerte in der Überschrift das Eigenschaftswort und das Hauptwort!

Brauchen wir in Neuses am Berg die Weinbergbereinigung?

Den Neuseser Winzern verschlägt's den Atem

Neuseser Winzer: Jetzt sind wir so schlau, wie zuvor

Traurig aber wahr: Jetzt sprechen die Fäuste in Neuses

Werden die kleinen Winzer von Neuses am Berg zum Spielball der Interessen?

Die Problematik von Sonderkulturen

Berichte aus der Flurbereinigung

Flurbereinigung – eine Hilfe für den ländlichen Raum

Weinbergsbereinigung in Bayern

■ das Versuchsbegleitblatt:

Warum rät der ADAC: Tank im Sommer nicht ganz füllen?
- Wärmeausdehnung bei Flüssigkeiten -

● wir sehen:

Benzin läuft aus dem Tank des
Autos

● wir vermuten:

Tank ist nicht richtig geschlossen,
der Wagen steht schief, zu viel ge-
tankt. Benzin dehnt sich aus

● wir experimentieren mit:

Glaswannen, Erlenmeyerkolben, Gummistopfen mit Lochung, Steigrohren

20°   60°

Benzin   Benzin

Stand bei
20°

Benzin   Glycerin   Wasser   Spiritus

● wir beobachten:

Benzin dehnt sich bei Erwärmung
stark aus

● wir beobachten:

Verschiedene flüssige Körper dehnen sich
beim Erwärmen unterschiedlich aus

● wir erkennen:

➤ bei ...*Erhöhung*... der Temperatur — *erfolgt:* ➜ *Volumenvergrößerung*

➤ bei ...*Abnahme*... der Temperatur — *erfolgt:* ➜ *Volumenverkleinerung*

● wir vergleichen:

☐ B e i s p i e l :

Reservekanister im Auto-
Kofferraum

☐ B e i s p i e l :

Ausdehnungsgefäß in der
Zentralheizung

☐ B e i s p i e l :

Flüssigkeitsthermometer zur
Temperaturmessung

■ das Prüfungsblatt:

Unterrichtsfach : Erdkunde	Name ....
Unterrichtsinhalt : Die Naturlandschaft	Datum .... Klasse ....

	Pkte
1. Im Gebiet der heutigen Alpen lagerte vor Jahrmillionen ein Meer Kalk-, Sand- und Tonschichten ab, die durch gewaltige Kräfte aus dem Erdinnern zu einem mächtigen Gebirge ausgebildet wurden. Die beiden wichtigsten Vorgänge werden durch Abbildungen dargestellt. ➤ Trage für das, was hier passiert, jeweils die richtige Bezeichnung ein!	2
2. Die Alpen hast du als den höchsten Gebirgszug Europas kennengelernt. ➤ Ergänze die Lücken des Satzes durch folgende Begriffe: Faltengebirge, Hochgebirge, Kettengebirge! *Aufgrund ihrer Höhe bezeichnet man die Alpen als* ...., *dem Entstehungsvorgang nach als* ...., *der Form der Gebirgszüge nach als*... .	3
3. Außer den Alpen gibt es auf der Erde noch andere Hochgebirge, deren Gipfel über 2000 m Höhe aufragen. ➤ Kreuze in der nebenstehenden Aufzählung nur die Hochgebirge an, es sind insgesamt drei! ○ *Bayer. Wald* ○ *Fichtelgebirge* ○ *Alpen* ○ *Himalaja* ○ *Rheinisches Schiefergebirge* ○ *Anden*	3
4. Gletscher gleichen einem mächtigen Eispanzer, der infolge von Druck und Hobelwirkung die natürliche Oberfläche eines Berges durch Abtragung von Gesteinsmaterial verändert. ➤ Benenne durch Zuordnung der beigegebenen Ziffern einzelne Teile eines Gletschers! *1 Gletscherbach* *2 Gletscherzunge* *3 Gletscherspalten* *4 Seitenmoränen* *5 Stirnmoränen*	6
5. Die heutigen Oberflächenformen des Alpenvorlandes werden von zwei Naturkräften gestaltet: durch die Gletscher und durch das Schmelzwasser der Bergflüsse. ➤ Trage in die freien Kästchen jeweils die richtige Bezeichnung ein! Verwende die Begriffe Ablagerung und Abtragung! *Gletscher und Frostsprengung durch gefrorenes Wasser in Gesteinsritzen verändern unentwegt die Oberflächenformen eines Hochgebirges, das durch die Wirkung dieser Naturkräfte im Laufe von Jahrmillionen immer niedriger wird. Diesen Vorgang bezeichnet man als* ☐ *Durch die Schubwirkung der Gletscher wird größeres, durch das fließende Wasser kleineres Gesteinsmaterial oft über weite Strecken verfrachtet (z.B. Findlinge, Schotterfelder im Alpenvorland, Moränenhügel). Diesen Vorgang bezeichnet man als* ☐	2
6. Die Einwirkung von Naturkräften auf die Erdoberfläche sieht man besonders deutlich in der Alb. Durch das fließende und durch Ritzen sickernde Wasser wird Kalkgestein allmählich aufgelöst. Es bilden sich dabei verschiedene Karstformen. ➤ Benenne durch die beigefügten Ziffern die abgebildeten Karstformen: Trockental = 1, Doline = 2, Tropfsteinhöhle mit Tropfsteinen = 3, Karstquelle = 4!	4

7. Das Oberrheintal zwischen Mainz und Basel ist infolge seiner Oberflächenform ein besonders klimabegünstigtes Gebiet.
   ➤ Ordne die angegebenen Entstehungs-phasen durch die Ziffern 1, 2, 3, 4!

Entstehungsgeschichte des Oberrheintals:

○ *Ablagerungen von Gesteinsschichten*

○ *Ausbildung des Grabenbruchs*

○ *Absinken eines langgestreckten Teils der Erd-kruste mit gleichzeitigem Aufsteigen der heuti-gen Randgebirge*

○ *Aufwölben der Erdoberfläche und Ausbildung von Rissen in der Erdkruste*

4

8. Nur jeweils eine Aussage ist richtig und paßt zum an-geführten Satz.
   Erster Satz: Hochgebirge - Mittelgebirge
   Zweiter Satz: wenig fruchtbar - sehr fruchtbar
   Dritter Satz: verkehrsgünstig - verkehrsfeindlich
   Vierter Satz: Kartoffeln - Weintrauben
   ➤ Wähle aus! Setze das richtige Wort ein!

• *Begrenzt wird das Oberrheintal im Westen und Osten von:* ....

• *Durch den langgestreckten Grabenbruch ist das Ober-rheintal:* ....

• *Das Gebiet des Oberrhein-tals ist:* ....

• *Durch die warme, windgeschützte Lage gedeihen im Oberrheintal besonders:* ....

4

9. Die Zeichnung zeigt einen Vulkan im Querschnitt.
   ➤ Bezeichne die angegebenen Teile, in-dem du die beigefügten Ziffern in die Kreise einträgst!

1 Hauptkrater
2 Schlot
3 Magmaherd
4 Lava- und Ascheschichten

4

10. In Deutschland gibt es ehemals tätige, aber heute er-loschene Vulkane und Vulkangebiete.
    ➤ Wähle aus der Liste nur die Vulkange-biete aus!

a) Eifel   *d) Bayer.Wald*
b) Rhön   *e) Fichtelgebirge*
c) Siebengebirge   *f) Kaiserstuhl*

4

11. Vulkangebiete sind auch durch Erdbeben gefährdete Gegenden.
    ➤ Entscheide und kreuze an, ob die Fest-stellung richtig oder falsch ist!

In Gegenden, in denen es Vulkane gibt, treten meist auch mehr oder weniger starke Erdbeben auf.

richtig ○   *falsch* ○

1

12. Im Vergleich zur Naturlandschaft zeigt die Kultur-landschaft andere Erscheinungsformen.
    ➤ Charakterisiere sie! Gib Beispiele an!

....
....
....
....
....
....

4

Bewertungsschlüssel: Punkte	41 - 39	38 - 32	31 - 22	21 - 12	11 - 5	4 - 0
Note	1	2	3	4	5	6

Auswertung: Mögliche Punkte: 41   Erreichte Punkte: ....   NOTE: ....

....
Stempel oder Unterschrift des Lehrers

Kenntnis genommen: ....
Unterschrift des Erziehungsberechtigten

Unterrichtsmedien
- das Arbeitsblatt -

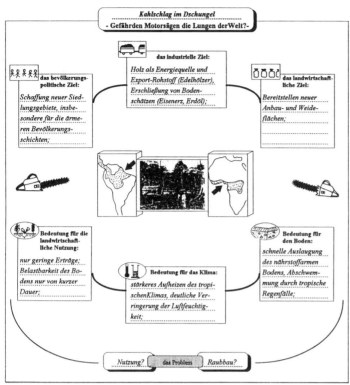

Kahlschlag im Dschungel
- Gefährden Motorsägen die Lungen der Welt?-

das bevölkerungs-politische Ziel:
Schaffung neuer Sied-lungsgebiete, insbe-sondere für die ärme-ren Bevölkerungs-schichten;

das industrielle Ziel:
Holz als Energiequelle und Export-Rohstoff (Edelhölzer), Erschließung von Boden-schätzen (Eisenerz, Erdöl);

das landwirtschaft-liche Ziel:
Bereitstellen neuer Anbau- und Weide-flächen;

Bedeutung für die landwirtschaft-liche Nutzung:
nur geringe Erträge; Belastbarkeit des Bo-dens nur von kurzer Dauer;

Bedeutung für das Klima:
stärkeres Aufheizen des tropi-schen Klimas, deutliche Ver-ringerung der Luftfeuchtig-keit;

Bedeutung für den Boden:
schnelle Auslaugung des nährstoffarmen Bodens, Abschwem-mung durch tropische Regenfälle;

Nutzung? das Problem Raubbau?

■ das Merkblatt:

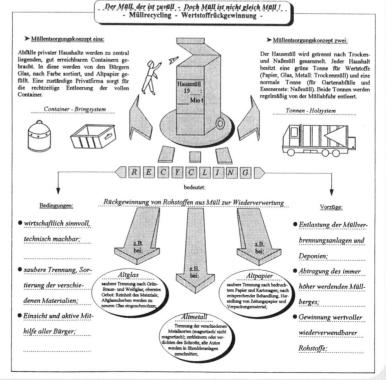

Der Müll, der ist zuviel - Doch Müll ist nicht gleich Müll !
- Müllrecycling - Wertstoffrückgewinnung -

➤ **Müllentsorgungskonzept eins:**
Abfälle privater Haushalte werden zu zentral liegenden, gut erreichbaren Containern ge-bracht. In diese werden von den Bürgern Glas, nach Farbe sortiert, und Altpapier ge-füllt. Eine zuständige Privatfirma sorgt für die rechtzeitige Entleerung der vollen Container.

Container - Bringsystem

➤ **Müllentsorgungskonzept zwei:**
Der Hausmüll wird getrennt nach Trocken- und Naßmüll gesammelt. Jeder Haushalt besitzt eine grüne Tonne für Wertstoffe (Papier, Glas, Metall: Trockenmüll) und eine normale Tonne (für Gartenabfälle und Essensreste: Naßmüll). Beide Tonnen werden regelmäßig von der Müllabfuhr entleert.

Tonnen - Holsystem

Hausmüll 19 Mio t

R E C Y C L I N G

bedeutet:

Bedingungen:
● wirtschaftlich sinnvoll, technisch machbar;
● saubere Trennung, Sor-tierung der verschie-denen Materialien;
● Einsicht und aktive Mit-hilfe aller Bürger;

Rückgewinnung von Rohstoffen aus Müll zur Wiederverwertung

z.B. bei:
Altglas
saubere Trennung nach Grün- Braun- und Weißglas; oberstes Gebot: Reinheit des Materials; Altglasscherben werden zu neuem Glas eingeschmolzen;

z.B. bei:
Altmetall
Trennung der verschiedenen Metallsorten (magnetisch/ nicht magnetisch); zerkleinern oder ver-dichten des Schrotts; alte Autos werden in Shredderanlagen zerschnitten;

z.B. bei:
Altpapier
saubere Trennung nach bedruck-tem Papier und Kartonagen; nach entsprechender Behandlung, Her-stellung von Zeitungspapier und Verpackungsmaterial;

Vorzüge:
● Entlastung der Müllver-brennungsanlagen und Deponien;
● Abtragung des immer höher werdenden Müll-berges;
● Gewinnung wertvoller wiederverwendbarer Rohstoffe;

vgl..
Unterrichtsmedien - das Tafelbild

■ <u>Gestaltungs- und Bewertungskriterien:</u>

Orientierungshilfe für die Erstellung - Bewertungskriterien für die Beurteilung

aus der Sicht der

♦ Mediendidaktik   ♦ Lernpsychologie   ♦ Arbeitsökonomie   ♦ Drucktechnik

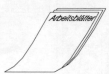

Lehrplanbezug

Erschließungsfrage:
Ist bei allen Arbeitseinheiten des Arbeitsblattes Lehrplanbezug gegeben?

Erläuterung:
Das Arbeitsblatt muß hinsichtlich seiner Lernziel- und Lerninhaltserfassung den Forderungen des aktuellen Lehrplans in allen Teilen entsprechen. In Bezug auf die dort enthaltenen Beispiele und Gegenstandsfelder bedeutet dies jedoch nicht eine lückenlose Abdeckung.

Überschrift

Erschließungsfrage:
Wie altersangemessen und lernmotivierend erfaßt die Überschrift des Arbeitsblattes das aufgegriffene Unterrichtsthema?

Erläuterung:
Zur Förderung der Motivation bzw. um die Schüler besser an das Thema heranzuführen, sollte die Überschrift dynamisch, etwa im Sinne einer sogenannten Problemfrage, formuliert sein. Eine statische Erfassung in Form einer bloßen Feststellung sollte möglichst vermieden werden. Entscheidendes Formulierungskriterium ist eine lineare, schülerbezogene Gegenstandsproblematisierung.

Strukturierung

Erschließungsfrage:
Erlaubt der Aufbau bzw. die Gliederung des Arbeitsblattes dem Schüler die schnelle Orientierung?

Erläuterung:
Das Arbeitsblatt muß durch eine angemessene übersichtliche Gestaltung ohne räumliche Orientierungsschwierigkeiten problemlos 'lesbar' sein und die Wahrnehmungsaktivitäten zielführend unterstützen. Dies kann durch unterschiedliche Gliederungs- und Formelemente gewährleistet sein: Strukturierung durch Arbeitseinheiten, Abtrennung durch Linien, Gebrauch von Spitzmarken, Spiegelstrichen, Ziffernsymbolen, signifikante Herausstellung von Merkwissen. Der Gebrauch zu vielfältiger Elemente kann jedoch mehr verwirren als strukturieren.

"sachstruktureller Entwicklungsstand"

Erschließungsfrage:
Ist der Lernleistungsanspruch der verschiedenen Arbeitseinheiten des Arbeitsblattes dem sachstrukturellen (kognitiven) Entwicklungsstand der Klasse angemessen?

Erläuterung:
Die Komplexität der Arbeitseinheiten muß dem durchschnittlichen Leistungsvermögen der Zielgruppe, für die das Arbeitsblatt bestimmt ist, angepaßt sein. Die Gefahr von Lernhemmungen droht insbesondere bei der Verwendung bestimmter Elemente, wie Fremdwörter, umständliche bis gestelzte Diktion, unübersichtliches Zahlenmaterial, unzureichend intelligible bildliche Darstellungen.

Arbeitsaufträge

Erschließungsfrage:
Sind Formulierungspräzision und Anspruchsniveau der Arbeitsaufträge der alterspezifischen Leistungsfähigkeit und den pädagogischen und didaktischen Zielvorstellungen angemessen?

Erläuterung:
Die zur Initiierung und Steuerung der Denkvorgänge erforderlichen Aufträge (oder Fragen) müssen präzise, unmißverständlich und aussagekräftig formuliert sein. Die dabei zu verwendenden Verben umfassen immer Handlungsaktivitäten an einem konkreten Lerninhalt. Zur Begrenzung des Denkfeldes und für den Aufbau einer kurzfristigen Spannungslage sollte jeder Auftrag als vorangestelltes Montageteil noch ein sogenanntes Statement besitzen, das auf den anstehenden Lerninhalt mit einem Satz kurz verweist.

Informationsquellen

Erschließungsfrage:
Werden bei jenen Arbeitseinheiten, deren didaktische Funktion die Erarbeitung neuer Teilresultate ist, zur Bewältigung des Auftrages geeignete Informationsquellen angeboten?

Erläuterung:
Schüler brauchen zur zuverlässigen Bewältigung der Arbeitsaufträge dosiert ausgewählte Informationsgrundlagen, die sie denkend zu durchdringen haben. Dazu zählen Texte und Bilder verschiedener Art, Zahlenmaterial, Diagramme, Kartenskizzen, aber auch Modelle und originale Objekte. Wenn diese aus berechtigten Gründen nicht in die Arbeitseinheit als Montageteil aufgenommen werden können, ist ein präziser Hinweis auf geeignete Fundstellen unerläßlich.

Arbeitsräume

Erschließungsfrage:
Unterstützt die Bemessung und Plazierung der Arbeitsräume die Bewältigung der einzelnen Arbeitseinheit?

Erläuterung:
Bei der Gestaltung der Arbeitsräume, die zur Aufnahme der vom Schüler erzielten Denkergebnisse dienen, sind drei Aspekte von besonderer Bedeutung: einmal müssen sie sofort, ohne weitere Nachfragen, als solche erkennbar sein, dann sind sie dem Ergebnis entsprechend umfangmäßig ausreichend zu dimensionieren, schließlich sind sie in unmittelbarer räumlicher Nachbarschaft zu den jeweiligen Arbeitsaufgaben zu lokalisieren.

Lösungshilfen

Erschließungsfrage:
Fördern gebundene Aufgaben mit ihren Lösungshilfen das Gewinnen der Arbeitsergebnisse, und kann das Verhältnis zwischen den gebundenen und freien Aufgaben die didaktischen Zielvorstellungen unterstützen?

Erläuterung:
Um die Wahrscheinlichkeit zu erhöhen, daß der Schüler das zutreffende Lernergebnis erreicht, sollen den Aufträgen dosiert Lösungshilfen beigegeben sein. Entscheidend ist die Vermeidung jeder Einseitigkeit. Lösungshilfen sind z.B. Lücken-, Ergänzungs-, Diagramm-, Tabellenaufgaben u.a.. Diese sind optimal erstellt, wenn sie das Erreichen des Arbeitsergebnisses fördern, die Lernleistung nicht simplifizieren, die mechanische Schreibleistung zugunsten der Denkleistung reduzieren, zur sprachlichen Formulierung der Lernresultate ausreichend Gelegenheit bieten.

Kontrollmöglichkeit der Lernergebnisse

Erschließungsfrage:
Sind die Arbeitseinheiten so konzipiert, daß die Kontrolle der Lernergebnisse ohne zu großen zeitlichen Aufwand erfolgen kann?

Erläuterung:
Da aus gutem Grunde alle vom Schüler zu erbringenden Arbeitsergebnisse zu überprüfen sind, müssen aus zeitlichen Gründen die Kontrollmaßnahmen zuverlässig und schnell durchgeführt werden können. Dabei ist die Eigenkontrolle aus pädagogischen Überlegungen der Fremdkontrolle, insbesondere durch den Lehrer, vorzuziehen.

Problemlösendes Lernen

Erschließungsfrage:
Sind einzelne Arbeitseinheiten des Arbeitsblattes so angelegt, daß der Schüler relativ selbständig neue Lernresultate erarbeiten und gewinnen kann?

Erläuterung:
Die Ausrichtung des Arbeitsblattes in Richtung "Problemlösendes Lernen", das vom Schüler selbständige Denkleistung verlangt, erfordert die Beachtung entsprechender Montageteile wie: didaktisch zubereitete Informationsgrundlage, präzise Arbeitsaufträge, die produktive Denkakte erfordern, aber auch dosierte Lösungshilfen.

Denkakte

Erschließungsfrage:
In welchem Verhältnis werden reproduktive und produktive (problemlösende) Denkakte, die aufgrund der Arbeitsaufträge oder der Erschließungsfragen vom Schüler zu erbringen sind, berücksichtigt?

Erläuterung:
Da Arbeitsblätter dominant der Mobilisierung, Entwicklung und Schulung des Denkens dienen, müssen neben den reproduktiven Denkakten (Erinnern und Reaktivieren bereits vorhandenen Wissens) insbesondere auch produktive bzw. problemlösende Denkakte (sog. kognitive und instrumentale Qualifikationen) erfaßt werden.

Lerntechniken

Erschließungsfrage:
Gibt das Arbeitsblatt dem Schüler in ausreichendem Maße Gelegenheit, Lerntechniken (sogenannte instrumentale Qualifikationen) anzuwenden?

Erläuterung:
Wie wiederholt erwähnt, liegt die primäre Bildungswirkung und damit der pädagogische Wert des Arbeitsblattes in der Entwicklung und Schulung kognitiver und instrumentaler Qualifikationen. Die innerhalb einer Arbeitseinheit als Informationsquelle erforderlichen unterschiedlichen Abbildungsarten, Text- und Zahlenmaterialien, Kartenskizzen und Diagramme sind im Zusammenhang mit der erschließenden Auseinandersetzung für die genannte Zielsetzung die angemessenen Aktions- und Übungsfelder.

eigenaktive Versprachlichung

Erschließungsfrage:
Räumt das Arbeitsblatt durch die Art seiner Aufgaben dem Schüler ausreichend Möglichkeiten ein, seine Denkresultate in einem angemessenen und ausgewogenen Verhältnis eigenaktiv zu versprachlichen?

Erläuterung:
Auch die durch Eigenaktivität erzielten Teilergebnisse sollten in gebotenem Umfang versprachlicht werden (Verbegrifflichung, Formulierung geschlossener Spracheinheiten). Die zureichende Beachtung der Sprache als "Vehikel des Denkens" kann durch entsprechende Aufgabenkonzeption sichergestellt sein. Einzubeziehen sind bei der Beurteilung allerdings auch Trefferquote und Erfolgserlebnisse, Aufwand für Bearbeitungs- und Korrekturzeit.

Sicherung von Lernergebnissen

Erschließungsfrage:
Enthält das Arbeitsblatt einzelne Arbeitseinheiten oder ist es als Ganzes so ausgelegt, daß bereits vorliegende Lernergebnisse abwechslungsreich und zuverlässig gesichert werden können?

Erläuterung:
Unterrichtsarbeit ohne ausreichende Sicherung der Ergebnisse kann nicht als effektiv bezeichnet werden. Entsprechend formulierte Arbeitsaufträge in Verbindung mit verschiedenen dafür geeigneten Aufgabenarten können gestaltende, verdichtende, systematisierende, bewertende, rekapitulative Aktivitäten der Sicherung auslösen.

Behaltensaspekt

Erschließungsfrage:

Kann das Arbeitsblatt durch entsprechende Gestaltungsmerkmale das Behalten der erarbeiteten Lernergebnisse unterstützen?

Erläuterung:

Arbeitsblätter können partiell oder überhaupt didaktisch so ausgerichtet sein, daß sie das Merken bzw. Abspeichern eines neuen Lernresultats (Gesetz, Regel, Begriff, Faktenwissen) fördern. In diesem Sinne kann das Arbeitsblatt zum Nachschlagen oder Re-aktivieren einmal gewonnener Erkenntnisse dienen; einerseits läßt sich so dem natürlichen Vergessensprozeß entgegenwirken, andererseits erhält der Schüler damit ein Instrument, die geordnete Archivierung vorausgesetzt, für eine gelegentliche und/oder periodische Wiederholung.

Psychohygiene

Erschließungsfrage:

Findet die Forderung nach Psychohygiene durch die Art der äußeren Gestaltung des Arbeitsblattes zureichend Beachtung?

Erläuterung:

Das Arbeitsblatt soll Abwendungsreaktionen und Schwellenängste verhindern. Durch verschiedene Konzeptionselemente läßt sich das verwirklichen: unterschiedlich konkretes Bildmaterial (Fotos, Grafiken, Diagramme) stimuliert die Lernfreude, freie Räume erleichtern die Orientierung und schaffen Lernpausen, die Verwendung der verschiedenen Aufgabenarten bietet Abwechslung und fördert eine positive lernatmosphärische Grundstimmung.

fachspezifische Anforderungen

Erschließungsfrage:

Werden die spezifischen Forderungen und Anliegen des jeweiligen Unterrichtsfaches, für das das Arbeitsblatt erstellt ist, zureichend beachtet?

Erläuterung:

Neben allgemein gültigen unterrichtsmethodischen und didaktischen Aspekten müssen besondere fachspezifische Bedingungen wie Karten- und Quellenarbeit, typische Beobachtungs-, Untersuchungs- und Arbeitstechniken, aber auch die Fachsprache in für Schüler verständlicher Form berücksichtigt werden.

Selbsttätigkeit

Erschließungsfrage:

In welchem Ausmaß erlaubt das Arbeitsblatt das selbständige Bewältigen der Aufgaben durch die Schüler?

Erläuterung:

Arbeitsblätter müssen das aktive Lernen, das ein weites Spektrum unterschiedlicher Tätigkeiten umfaßt, ermöglichen. Das erstreckt sich vom bloßen Ausgestalten über die Wiedergabe von Einzelfakten bis hin zum Gebrauch angemessener Problemlösestrategien. Allerdings werden fallweise auch Arbeitseinheiten aufscheinen müssen, die bei bestimmten kognitiven Entwicklungsständen lehrerzentriert bearbeitet werden müssen.

Veranschaulichung

Erschließungsfrage:

Wie wurde insbesondere qualitativ im Arbeitsblatt der lernpsychologischen und didaktischen Forderung nach Anschauung und Veranschaulichung Rechnung getragen?

Erläuterung:

Die Gestaltungselemente (Informationsquellen, Arbeitsaufträge, Lösungshilfen) des Arbeitsblattes sollen sowohl bei ihrer ikonischen Darstellung als auch bei der semantischen Erfassung "anschaulich" und damit für die jeweilige Altersstufe problemlos begreifbar erfaßt sein. Maßstab dafür kann das Ausmaß der erforderlichen interpretierenden Lehreraktivität während seiner Verwendung sein. Außerdem erhöht eine "anschauliche" Darstellung die Anmutungsqualität, fördert so die Lernmotivation und unterstützt die Behaltensleistung.

Unterrichtsmedien
- das Arbeitsblatt -

Differenzierung

Erschließungsfrage:

Bietet das Arbeitsblatt unterschiedlich schwierige Arbeitseinheiten an, um damit der Notwendigkeit nach innerer Differenzierung aufgrund der immer gegebenen Leistungsunterschiede in der Klasse besser entsprechen zu können?

Erläuterung:

Durch mit Bedacht abgefaßte Arbeitseinheiten kann das Prinzip der inneren Differenzierung zureichend Berücksichtigung finden. Dies hat eine direkte Konsequenz bei der Verwendung des Arbeitsblattes in Verbindung mit den verschiedenen Sozialformen (Hörblock, Allein-, Partner-, Gruppenarbeit). Die Frage nach der "optimalen Passung" der einzelnen Arbeitseinheiten wird beim gleichen Arbeitsblatt von Klasse zu Klasse natürlich verschieden zu beantworten sein. Dazu ist nur der unterrichtende Lehrer aufgrund seiner genauen Kenntnisse des Lernstandes und des Leistungsvermögens seiner Klasse in der Lage.

Papierqualität

Erschließungsfrage:

Kann die Papierqualität das Bearbeiten des Arbeitsblattes behindernd beeinflussen?

Erläuterung:

Folgenden Aspekten sollte im Zusammenhang mit der Papierqualität als medialem Träger Aufmerksamkeit geschenkt werden: dem holzfreien Papier, um das problemlose Gleiten der Schreibgeräte zu gewährleisten, dem Nichtdurchscheinen, was den Wahrnehmungsvorgang ebenso beeinflussen kann wie eine leichte Tönung, die aufgrund der geringeren Helligkeit das Auge physiologisch weniger belastet.

Farbgebung

Erschließungsfrage:

Werden Farben und/oder unterschiedliche Grautöne (Raster) im Arbeitsblatt lernpsychologisch und didaktisch zielführend verwendet?

Erläuterung:

Die Bedeutung von Farbe und/oder Rasterung im Lernzusammenhang ist unbestritten. Sie dienen als Gliederungselement und erleichtern die Orientierung, sie verdeutlichen und gewichten Aussagen, sie verleihen dem Arbeitsblatt eine größere Attraktivität und steigern somit dessen Anmutungsqualität, was wiederum die Lernbereitschaft fördern kann. Häufig sollte aber auch dem Schüler die Möglichkeit gegeben werden, das Arbeitsblatt stellenweise selbst farbig zu gestalten.

drucktechnische Aspekte

Erschließungsfrage:

Wie sind die drucktechnischen Aspekte hinsichtlich ihrer lernfördernden Wirkung zu bewerten?

Erläuterung:

Die Druckgröße muß so sein, daß mittellange Wörter mit einem Blick erfaßbar sind. Dafür eignet sich die 9-Punkt-Schrift, die Perl- oder Sparschrift. Weitere Gesichtspunkte: Zeilen sollten nicht länger als maximal 50 bis 60 Anschläge sein, einschließlich aller Satzzeichen und Leeranschläge; der Raum zwischen den Zeilen (= Durchschuß) sollte so groß sein, daß der Schüler ohne Schwierigkeiten die Zeilenanfänge findet; die Zeilenabstände sollen immer größer sein, als die Abstände zwischen den Wörtern.

Der Wert der Tafel als Lernhilfe wurde bereits in der Antike erkannt. Wenn heute von Tafelbild oder Tafelanschrift gesprochen wird, meint man gänzlich unterschiedliche Vorhaben; diese reichen von der Fixierung einzelner Stichpunkte, der Erstellung von mathematischen Operationen, der Skizzierung einfachster Zeichnungen bis zur Darstellung differenzierter naturwissenschaftlicher Zusammenhänge. Es wird dabei weder etwas über qualitative Kriterien derartiger Notationen, noch über ihre möglichen didaktischen Funktionen ausgesagt.

Wenn wir einmal davon absehen, daß das gelegentliche Anschreiben eines Wortes oder mehrerer Sätze keine profunde mediendidaktische Fachkenntnis voraussetzt, so muß man sich dagegen bei der Erfassung komplexer Phänomene in jedem Einzelfall darüber bewußt sein, daß damit, unabhängig von Thema, Schulstufe und Lernverhalten, gezielte Wahrnehmungsabläufe ausgelöst, Erkenntnisvorgänge, Merk- und Wiedergabeleistung beeinflußt werden - fördernd oder behindernd.

Aus diesen Überlegungen wird deutlich, daß für die Entwicklung von Unterrichtsergebnissen und deren Fixierung als Tafelbild vertiefte wahrnehmungs-, gestalt- und gedächtnispsychologische Kenntnisse erforderlich sind. Weiterhin ist die Frage zu beantworten, ob für entsprechend didaktisch gestaltete, lernfördernd verpackte Unterrichtsergebnisse die Wandtafel als medialer Träger geeignet ist oder durch andere ersetzt werden sollte oder müßte. Zu denken ist dabei an das Arbeitsblatt, das Arbeitstransparent, das Lernplakat (Poster), gelegentlich auch an die Hafttafel.

Wenn im folgenden vom Tafelbild gesprochen wird, so deshalb, weil sich dieser Begriff über Jahrhunderte eingebürgert hat und heute noch üblich und in Gebrauch ist. Gemeint wird dabei in den weiteren Darstellungen aber immer das nach wahrnehmungs-, gestalt- und gedächtnispsychologischen Kriterien erfaßte Unterrichtsergebnis. Das mediale Trägermaterial (Papier, Folie, Zeichenkarton, Stoff, Holz) ist lediglich von organisatorisch-technischer Relevanz, dem didaktischen Anliegen nachgeordnet. Will man das durch einen modernen Begriff ausdrücken, so handelt es sich bei Tafelbildern im vorliegenden Sinne um eine das Lernen unterstützende Software.

329 **Arten der Fixierung.** Ganz entscheidend für eine lange Verweildauer von Lernergebnissen im Gedächtnis ist die entsprechende Gestaltung dessen, was sich Schüler einprägen und merken sollen. Drei Hauptarten können unterschieden werden, bei denen es sich um relativ häufig vorkommende Formen handelt. Der Lerninhalt ist immer gleich, die „Verpackung" jeweils anders. Die Stichpunktdarstellung weist bereits eine Gliederungsstruktur auf, der Merktext erfaßt die Aussage mit einer Wortfülle, die Diagrammdarstellung stellt als Verlaufsdiagramm einen Ablauf heraus. Aus der Vielzahl von Forderungen, die an eine Ergebnisfixierung zu stellen sind, sind zunächst vier genannt; später werden noch weitere Ansprüche aufgeführt.

329 **Didaktische Grundfunktionen.** Ergebnisfixierungen sollten so gestaltet sein, daß sie Interesse wachrufen, Neugierde wecken, die Wahrnehmung steuern und fokussieren. Bedenklich wäre, wenn sie Abwendungsreaktionen hervorrufen und Verwirrung stiften würden. Neben der Motivationsqualität müssen sie das Verstehen des Lernergebnisses erleichtern. Durch eine entsprechende Gestaltung des Lerninhalts werden Aufbau, Funktionen, Abhängigkeiten, Zusammenhänge oder Folgen für den Schüler einsehbar. Aufgrund der geordneten, erkennbar strukturierten Beschaffenheit, seiner sog.'Figur-Grund-Gliederung', werden Abspeicherungsvorgänge unterstützt, die Behaltensleistung verbessert. Schließlich stellen Ergebnisfixierungen die Grundlage für erforderliche Wiederholungen dar. Sie müssen aus arbeitsökonomischen Gründen mit den anderen bei der Themenerarbeitung verwendeten Lernhilfen inhaltlich und methodisch verknüpft sein.

330 **Organisatorische Aspekte.** Von den zur Verfügung stehenden medialen Trägern für die Darlegung und Fixierung von Lernergebnissen ist die herkömmliche Schultafel wohl weniger geeignet. Das läßt sich nicht von der kognitiven Relevanz her, vielmehr vom technisch-organisatorischen Aufwand aufgrund der aufwendigeren Erstellung der Ergebnisse und deren in der Regel immer kurzzeitigen Verbleib an der Wandtafel begründen. Tafelbilder im Sinne organisierter Wahrnehmungsraster und Denkgerüste (der moderne Begriff dafür ist 'Organizer') sind meist

arbeitseffektiver auf Folie, als Applikationen auf Hafttafeln, als Arbeitsblatt für die Hand der Schüler oder als Lernplakat konzipiert.

330 **Qualitative Zielvorstellungen.** Sie dienen einerseits für die Konzeption, andererseits können sie zur Beurteilung von vorliegenden Ergebnisfixierungen herangezogen werden. Die als Bewertungsinstrument dargestellten und durch eine Ratingskala ergänzten Kriterien greifen die notwendigen Entwurfs- und Gestaltungsaspekte auf. Die Plus-Minus-Symbolik im Sinne einer Wertausdruckshilfe vermag die Beurteilung gestalteter Unterrichtsergebnisse zu erleichtern. Erläutert sei an dieser Stelle das Kriterium der Kodierung der Einzelelemente, bei dem diese durch Ordnungsgesichtspunkte (Oberbegriffe, Etikette, Superzeichen) verschlüsselt werden (kodieren = eine Nachricht verschlüsseln). Außerdem sind gestaltete Unterrichtsergebnisse, um noch ein weiteres angeführtes Kriterium aufzugreifen, im lernprozessualen Zusammenhang auch nachzuarbeiten, d.h. aktiv zu versprachlichen. Dafür bieten sich verschiedene Wiederholungsformen, Gruppengespräche, Rundgespräche, Diskussionen, aber auch die szenische Gestaltung durch Rollen- und Lernspiele an.

331 **Bildung von Blöcken: Feststellungen in der Fachliteratur.** Zu den unumstrittenen Tatsachen gehört die Erkenntnis, daß strukturierte, also geordnete Phänomene zuverlässiger aufgenommen und auch länger behalten werden. In der Fachliteratur finden sich dazu zahlreiche Feststellungen. Es ist daher für die Konzeption von Tafelbildern unerläßlich, Fakten zusammenzugruppieren, Informationseinheiten zu schaffen, dem denkend zu durchdringenden Lerninhalt eine problemlos erkennbare Struktur mit Hilfe von Haupt-, Teil- und Nebenblöcken zu geben.

331 **Bildung von Blöcken: Didaktische Funktionen.** Mit der Blockbildung bei der Erfassung von Unterrichtsergebnissen werden mehrere Funktionen und Absichten verfolgt. Neben der Optimierung der Behaltensleistung beeinflußt man damit den Wahrnehmungsvorgang, die Erkenntnisgewinnung, aber auch das gesamte Lernklima, weil man ja so auch dem Schüler Lernunterstützung signalisiert.

331 **Bildung von Blöcken: Lernpsychologische Begründung.** Man geht in der einschlägigen Literatur von zwei Theorieansätzen aus. Das Wissen, das im Gedächtnis abgelegt wird, läßt sich als kognitive Struktur auffassen, in die dann die neuen Erkenntnisse eingeordnet werden; das bedingt, daß durch Lernen neue Strukturen gebildet werden müssen, damit eine Integration in den sich so immer weiter ausdifferenzierenden Wissensspeicher möglich wird. Das Strukturieren von Sachverhalten und der Wissensspeicher als kognitive Struktur bedingen also einander.

332 **Bildung von Blöcken: Gestalterische und methodische Aspekte.** Die aufgeführten Strategien und Empfehlungen werden ausschließlich beeinflußt durch den Lerninhalt (seine Komplexität) und die kognitive Leistungsfähigkeit der Schüler. Die Anordnung der Blöcke wird bestimmt durch die innere Ordnung des Unterrichtsthemas. Dabei gilt die oft zitierte Formel prinzipiell: „form follows function" (Sullivan).

332 **Bildung von Blöcken: Wissenschaftliche Befunde.** Nicht wenige Lern- und Gedächtnispsychologen erforschten dieses Phänomen auf der Suche nach Möglichkeiten zur Verbesserung der Lernleistung. Verschiedene Termini werden für den gleichen Vorgang verwendet. Interessant ist in diesem Zusammenhang die Forderung nach Beachtung der eigentlich schon längst bekannten Gestaltgesetze für die räumliche Organisation von Lerninhalten. Bei der Konzeption von Tafelbildern sind demnach insbesondere das Gesetz der geschlossenen Gestalt, der Einfachheit, der Zusammengehörigkeit, der Symmetrie und Regelmäßigkeit (= Gesetz der guten Gestalt) zu beachten.

333 **Etikettieren - Superieren: Der Vorgang im Gedächtnis.** Nach der raumsituativen Erfassung von zusammengehörendem Faktenmaterial durch Blöcke ist eine weitere Bedingung zu erfüllen, damit aus der neuen Einsicht zuverlässig verfügbares Wissen werden kann. Inhaltliche Blöcke müssen durch sog. Superzeichen (im weitesten Sinne verstanden) etikettiert, bezeichnet bzw. überschrieben werden. Sie kodieren das zu behaltende Informationen, ökonomisieren das Denken und Behalten, weil sie im Gedächtnis weniger Speicherplätze belegen. Als Instrument der Kognition sind sie gleichzeitig Ankerelemente (unter denen die neuen Erkenntnisse im Gedächtnis haften) und Abrufzeichen (von denen aus die Wiedergabe des Wissens erfolgt).

333 **Etikettieren - Superieren: Die Wesensmerkmale.** Zur Charakterisierung der Superzeichen werden einige Wesensmerkmale aufgeführt. Nicht unerheblich ist auch, daß sie aufgrund ihrer inhaltlichen Dichte weniger Speicherplätze im Vergleich zu Einzeldaten bzw. -informationen benötigen. Sie sind i. w. S. gleichsam Überschriften für die einzelnen Teilblöcke, die das Unterrichtsergebnis strukturieren.

334 **Etikettieren - Superieren: Die gedächtnispsychologische Relevanz.** Als Zeichen höherer Ordnung im Sinne hochinklusiver Phänomene haben sie eine vielschichtige Bedeutung für den gesamten Lernvorgang. Sie beeinflussen die Aufmerksamkeit, die Vorgänge des Denkens bei der Gewinnung neuer Einsichten und die Aufbewahrung der neuen Erkenntnisse im Langzeitspeicher. Der some-or-none-Effekt besagt, daß nichts im Gedächtnis behalten werden kann, wenn das gegliederte Faktenmaterial nicht durch derartige Superzeichen als Ordnungsinstrumente etikettiert wird.

334 **Etikettieren - Superieren: Sprachliche und bildhafte Formen.** Superzeichen i.e.S. sind in der Regel nur für ältere Schüler sinnvoll verwendbar. Meist sollte man zur Bezeichnung der Blöcke an Oberbegriffe denken, gelegentlich bieten sich auch ikonische Elemente als einfache, aber aussagestarke Abbildungen an. Besonders wertvoll ist die Verwendung sog. kognitiver Erschließungsakte. Sie erfassen am konkreten Lerninhalt zu aktualisierende Denkakte. Wenn es sich aufgrund des Unterrichtsthemas ermöglichen läßt, ist die Kombinationsform die beste Möglichkeit zur Bezeichnung von Blöcken. Denkakte werden hier in direkter Verbindung mit dem durch sie zu erschließenden Inhalt zur Bezeichnung der einzelnen Organisationskerne verwendet.

335 **Berücksichtigung figurativer Elemente: Mögliche Formen.** Figurative Formen, also verschiedene Arten von Abbildungen, bereichern in besonderem Maße das raumsituativ gestaltete Lernergebnis. Der Kreativität sind hier kaum Grenzen gesetzt. Wichtig dabei ist, daß sie sowohl eine Sachaussage enthalten, als auch einen motivierenden Stimulus ausüben. Darüberhinaus erlauben sie, sofern sie 'offen' gestaltet sind, ergänzende Aktivitäten seitens der Schüler (Schaffung von Erfolgserlebnis, Identifikation mit dem Lernergebnis).

335 **Berücksichtigung figurativer Elemente: Die Wesensmerkmale.** Die Kenntnis der sie typisierenden Charakteristika ist eine Grundvoraussetzung bei der Gestaltung von Tafelbildern. Sie können einerseits die planerischen Überlegungen erleichtern, andererseits liefern sie Aussagen für deren Gestaltung.

335 **Berücksichtigung figurativer Elemente: Die Funktionen.** Die Einarbeitung figurativer Elemente in das sog. Tafelbild geschieht immer aus bestimmten Absichten heraus. Diese werden durch die Nennung der didaktischen Funktionen zum Ausdruck gebracht.

336 **Berücksichtigung figurativer Elemente: Darstellungskriterien.** Die hier aufgeführten Empfehlungen können von jedem Lehrer geleistet werden. Ausgesprochen zeichnerische Fähigkeiten müssen in keinem Falle erbracht werden, wenn es um die Gestaltung figurativer Elemente für Tafelbilder geht. Besonders zu beachten ist der Hinweis, den Menschen bzw. seine Aktivitäten aufzunehmen, sofern es von der Sachlogik her vertretbar ist. Dies verlebendigt die Darstellung und kommt der Forderung nach Lebens- und Wirklichkeitsnähe entgegen. Sollte es doch einmal zu fehlenden Formvorstellungen kommen, gibt es immer noch die Möglichkeit, den Bilder-Duden (Duden-Verlag) oder ein Grafik-Programm im PC zu Rate zu ziehen.

336 **Berücksichtigung figurativer Elemente: Die unterrichtliche Verwendung.** Zwei Beispielansätze sind aufgezeigt, in denen figurative Elemente im Zusammenhang mit fixierten Unterrichtsergebnissen enthalten sind. Begrenzte Unterrichtsergebnisse, in der Regel handelt es sich um die bildhafte Ergänzung oder Akzentuierung kurzer Lernresultate, können durch die vorliegenden Formen an Bedeutsamkeit für den Schüler gewinnen. Das gleiche Ergebnis, hier eine imaginäre Formel, wird unterschiedlich und durch verschiedene grafische Formen figurativ erfaßt. Die stärkste Wahrnehmungssteuerung, viele Versuche bewiesen das, übt die Hand aus (vgl. Darstellungstendenz 'der Mensch'). Im Vergleich dazu verschwindet die nicht gestaltete Formel, obwohl zentral positioniert, fast völlig aus dem Blickfeld. Derartige singuläre figurative Elemente lassen sich durchaus als Tafelbild im herkömmlichen Verständnis interpretieren, im Gegensatz zum nachfolgend dargestellten differenzierten Unterrichtsergebnis. Hier werden vier Ausgangsfälle, blockig gegliedert und durch figurative Elemente ergänzt, zum denkenden Durchdringen angeboten, um daraus Kernaussagen abzuleiten. Es handelt sich um ein stimmig konzipiertes Wahrnehmungsraster oder Denkgerüst bzw. um einen lernunterstützenden Organizer. Auch hier war es möglich und angebracht, das Phänomen Mensch, die menschliche Bedeutsamkeit, die menschliche Aktivität figurativ zu erfassen und einzuarbeiten.

337   **Beispielthemen.** Zusammen mit der Ermittlung der geplanten Teillernziele (Erfassung der beabsichtigten Lernleistung der Schüler durch ein möglichst präzises Verb) gehört das strukturierte Lernergebnis, hier als Tafelbild bezeichnet, zu den unverzichtbaren Vorleistungen für eine zielstrebige Unterrichtsführung. Die aufgeführten Beispiele (im Original A 4) wurden alle mehrfach in der Alltagspraxis, meist in Doppelstunden, verwendet. Es wurden alle medialen Träger eingesetzt, wobei wie zu erwarten war, die Wandtafel den meisten Arbeitsaufwand erforderte. Überlegt werden sollte bei der unterrichtlichen Verwendung derartiger Denkgerüste die häufig geäußerte Empfehlung, diese Organizer im Zusammenhang mit der Zielangabe den Schülern vorzugeben und die Grundstruktur kurz zu beschreiben. So erfahren die Schüler vorab genau die Schwerpunkte der folgenden Lernarbeit. Die kognitive Ein- und Zuordnung der erarbeiteten Teilergebnisse fällt so dann leichter. Das mentale Vorstellungsbild des Unterrichtsergebnisses entwickelt sich genauer und auch nachhaltiger.
Die aus der Unterrichtsarbeit ermittelten Teilresultate wurden jeweils auf den Punktezeilen fixiert. Mitunter ist eine Aktualisierung angeführter Daten erforderlich.

■ Arten der Fixierung:

... die Stichpunktdarstellung   **... die Merktextdarstellung**   **... die Diagrammdarstellung**

Das Meer als Nahrungsquelle

1. Das Meer - wertvolle Nahrungsquelle
      moderne Fangmethoden
      bessere Geräte
      höhere Fangerträge
   Gefahr der Überfischung

2. Gefährdung der Meere als Nahrungsquelle
      Schonzeit
      Aquakultur

Das Meer, Nahrungsquelle der Zukunft?
Neue technische Geräte wie Radioteleskop, Funkpeiler, Fischlupen erleichtern die Fangarbeit und erhöhen die Fangquoten erheblich. So konnten sich die Fangerträge innerhalb von zwei Jahrzehnten verdreifachen. Doch die immer raffinierteren Fangmethoden gefährden diese Nahrungsquelle! Das Schlagwort dafür heißt Überfischung.
Der Raubbau in den Fischgründen zwingt dazu, weltweit Schonzeiten für gefährdete Fischarten (Wal, Hering, Kabeljau) einzuführen, damit sich die Bestände wieder erholen können. Andererseits müssen die Menschen wegen der steigenden Nachfrage nach tierischem Eiweiß neue Formen der Sicherung der Fischversorgung finden. Die Züchtung von Meerestieren wie Plankton, Tintenfisch, Austern und Garnelen an dafür geeigneten Küstenstrichen wird bereits schon erfolgreich betrieben wie z.B. die Austernzucht in Japan und Frankreich. Man bezeichnet diese Art der Fischzucht als Aquakultur.

Das Meer, Nahrungsquelle der Zukunft?

Das Meer als Nahrungsquelle ▷ Verbesserung der Fangmethoden ▷ höhere Fangerträge

Gefährdung des Meeres als Nahrungsquelle   ▽ Überfischung

deshalb

Schonzeiten   Aquakultur

?

——— HAUPTFORDERUNGEN ———

Aufbau von   Eindringen in die   Steigerung der   Archivierung der
Lernmotivation   Sachstruktur   Behaltensleistung   Lernergebnisse

■ didaktische Grundfunktionen:

!

——— GRUNDFUNKTIONEN ———

☐ **Motivationsqualität**
Die Darstellung der erarbeiteten Lernresultate, insbesondere bei Mitgestaltung durch Schüler (Hafttafel, Folien) und bei besonderer Berücksichtigung der figurativen Gestaltungselemente, steigert das sachbezogene Interesse am Lerngegenstand und steuert die Lernaktivitäten auf das geplante Ziel hin; Aspekt der Anmutungsqualität!

↓

das lernintensivierende und -steuernde Ziel

☐ **Transparenz**
Die strukturierenden, akzentuierenden und integrierenden Gestaltungsmaßnahmen veranschaulichen und erhellen dem Schüler die internen Bezüge und die innere Dynamik des Lerngegenstandes; Verständnisschwierigkeiten werden weniger häufig aufscheinen.

↓

das gegenstandserhellende Ziel

☐ **Behaltensleistung**
Durch die besondere Art der Gestaltung des 'Tafelbildes' als gegliederte Organisationsstruktur können Lernresultate als Speicherinhalte im Langzeitgedächtnis langfristig behalten werden.

↓

das bildungsökonomische Ziel

☐ **Arbeitsökonomie**
Die entsprechende organisatorische Integration des 'Tafelbildes' in das mediale Gesamtgefüge des Lernprozesses (z.B. Vorderseite von selbsterstellten Arbeitsblättern nur für die Fixierung des 'Tafelbildes') erlaubt dem Schüler eine schnelle und zuverlässige Rückblende im Zusammenhang mit erforderlichen periodischen Wiederholungen der erarbeiteten Lernresultate.

↓

das arbeitsökonomische Ziel

■ organisatorische Aspekte:

mediale Träger für Unterrichtsergebnisse

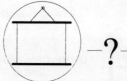  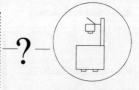

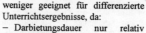

◆ **Hafttafel**	◆ **Wandtafel**	◆ **Arbeitsprojektor**
geeignet für differenzierte Unterrichtsergebnisse, da: – hohes Maß an Plastizität und Eindruckswirkung, – kurzfristige und beliebig häufige Einsatzmöglichkeit, – für Schüler spielend-handelnder Umgang möglich, – relativ einfache Erstellung, – für Lehrer archivierbar;	weniger geeignet für differenzierte Unterrichtsergebnisse, da: – Darbietungsdauer nur relativ kurzzeitig, – aufwendige Erstellung der Ergebnisse durch das größere Format, – nur im Klassenraum zur Verfügung, – Querformat im Vergleich zum üblichen Hochformat (Arbeitsblätter, Hefte, Blöcke der Schüler), – fixierte Ergebnisse nicht ablegbar, – unmittelbar nachfolgende Verwendung in anderen Klassen nicht möglich;	geeigneter für differenzierte Unterrichtsergebnisse, da: – hohes Maß an Plastizität und Eindruckswirkung, – kurzfristige und beliebig häufige Einsatzmöglichkeit, – für Schüler spielend-handelnder Umgang möglich, – relativ einfache Erstellung, – für Lehrer archivierbar;

?

und/oder
◆ **Arbeitsblatt**

?

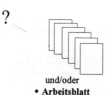

und/oder
◆ **Arbeitsblatt**

■ qualitative Zielvorstellungen:

KRITERIEN	BEURTEILUNG					
● **Aspekt:** Aufbau und Steuerung der Lernmotivation	+ +	+	+ –	– +	–	– –
● **Aspekt:** Eindringen in die Sachstruktur	+ +	+	+ –	– +	–	– –
● **Aspekt:** Steigerung der Behaltensleistung	+ +	+	+ –	– +	–	– –
● **Aspekt:** Strukturierung bzw. Blockbildung	+ +	+	+ –	– +	–	– –
● **Aspekt:** Kodierung der Einzelelemente	+ +	+	+ –	– +	–	– –
● **Aspekt:** Berücksichtigung figurativer Elemente	+ +	+	+ –	– +	–	– –
● **Aspekt:** Gewichtung bzw. Akzentuierung	+ +	+	+ –	– +	–	– –
● **Aspekt:** Integration der Einzelelemente in den Gesamtzusammenhang	+ +	+	+ –	– +	–	– –
● **Aspekt:** Relation von Denk- und Schreibleistung für den Schüler	+ +	+	+ –	– +	–	– –
● **Aspekt:** Mediale Integration mit anderen Lernhilfen	+ +	+	+ –	– +	–	– –
● **Aspekt:** Nacharbeit innerhalb des Lernprozesses	+ +	+	+ –	– +	–	– –
● **Aspekt:** Äußere Gestaltungsform durch den Lehrer	+ +	+	+ –	– +	–	– –
● **Aspekt:** Archivierbarkeit	+ +	+	+ –	– +	–	– –

- Bildung von Blöcken -

■ Feststellungen in der Fachliteratur:

"Es gehört zu den am besten gesicherten Ergebnissen der Lernpsychologie, daß strukturiertes Wissen (= solches Wissen, bei dem Einzelheiten in einem System von Begriffen, Prinzipien und Regeln oder innerhalb des Grundgerüstes einer Theorie einen Halt gefunden haben) mehr Verstehen erfordert und erzeugt, als Einzelfakten und auch länger behalten wird und leichter reproduzierbar ist." (Strukturplan des Deutschen Bildungsrates 1971, S.79)

"Daher kommt es sehr darauf an, mit dem vorhandenen Speicher und Arbeitsplatz sparsam umzugehen. Die wichtigste Methode ist dabei die Zusammengruppierung von Einzeldaten zu einer umfangreicheren Informationseinheit." (Oerter/Montada, Entwicklungspsychologie, München 1982, S. 487)

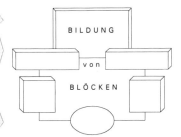

"Wo eine Struktur aufgebaut ist, bedeutet die Aktualisierung eines Elements wegen dessen Zusammenhang mit dem Ganzen, von dem es ein Teil ist, auch die Aktualisierung des Ganzen." (Potthoff,W., Erfolgssicherung im Unterricht, 1981, S.87)

"Hier ergeben sich spezielle Aufgaben für den Lehrenden. Er sollte auf die Herausbildung von Wissensgerüsten Wert legen, was nichts anderes heißt, als daß er um eine Vernetzung der Kenntnisse bemüht ist." (Steindorf, K., Lernen und Wissen, Bad Heilbrunn 1985, S. 151)

■ didaktische Funktionen:

– Erfassen und Offenlegen der Lerngegenstandsschwerpunkte (Sachstruktur)

– Erkennen der internen Bezüge eines Sachverhalts bzw. des Unterrichtsthemas (Transparenz ermöglicht Einblick)

– Orientierung und Leseerleichterung innerhalb differenzierter Sachgegenstände (Überblick)

– aufgrund des strukturierten Charakters schnellere und zuverlässigere Überführung der neuen Lerninhalte in die kognitive Struktur (Verständniserleichterung)

– Unterstützung und Verbesserung der Behaltens- und Reproduktionsleistung

■ lernpsychologische Begründung:

• Theorie der kognitiven Struktur:
Eingliederung (Subsumption) neuer Erkenntnisse in die kognitive Struktur (= das verstandene, gespeicherte, organisierte Wissen, z.B. Einsichten, Fakten, Begriffe etc.); Blockbildung ist demnach ein Instrument, das als Organisationshilfe die Einordnung eines neuen Materials in die kognitive Struktur erleichtert;

• Theorie des Strukturierens:
Strukturen erfassen die Beziehung von Sachverhalten untereinander; Lernen heißt Strukturen bilden zur Eingliederung von Einzelheiten (Vester: Skelett vor Detail); Blöcke erfassen gliedernd das essentiell Notwendige eines Unterrichtsthemas (Aebli: Denken als Ordnen des Tuns);

Unterrichtsmedien
- das Tafelbild -

■ gestalterische und methodische Aspekte:

– das Unterrichtsthema ist durch Haupt- und Nebenblöcke zu strukturieren (eine zu starke Differenzierung bzw. Aufgliederung beeinträchtigt die Transparenz);

– Anordnung der Blöcke bzw. Organisationskerne: linear - horizontale, linear - vertikale, axial - symmetrische Blockstruktur, Stern-, Kreisstruktur, figurative Blockstruktur;

– Blöcke deutlich voneinander absetzen; Abtrennung durch Linien (Kreise, Rechtecke, Dreiecke etc.), Freiräume, unterschiedliche Schriftarten u.a.;

– Beachtung der unterschiedlichen Wertigkeit der Blöcke durch Gewichtung z.B. durch zwei- und/oder dreidimensionale (perspektivische) Erfassung;

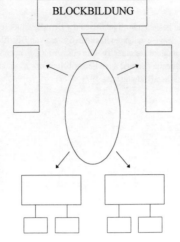

BLOCKBILDUNG

– die Blöcke geben auch dem Lernprozeß seine phasisch-sequentielle Struktur; sie beeinflussen die Artikulation des Unterrichtsverlaufs hinsichtlich der Lerninhaltskomponente;

– die mit den Arbeitsergebnissen vervollständigten Blöcke stellen jeweils das Produkt einer Lernphase dar und bestimmen somit auch die dazu erforderlichen Lehr- und Lernstrategien (Lehrakte, Lernakte, Sozialformen);

– die einzelnen Blöcke machen die Einbeziehung zielführender Medien für deren optimale lernprozessuale Bewältigung erforderlich;

– zur Sicherstellung der Wahrnehmungs- und Organisationsfunktion ist ein lerngegenstandserschließender Blockraster zu Beginn der lernprozessualen Arbeit darzubieten;

■ wissenschaftliche Befunde:

z.B. durch:

Tulving (1974)   Mandler (1968)   Lesgold/Winzenz (1969)   Thomson (1972)   Pearlstone (1966)   Long und Allen (1973)

Miller (1956)	Bower u.a. (1969)	Bousfield (1969)
keine isolierte Einspeicherung von Informationen, sondern Zusammenfassung und Bündelung zu Gruppen (chunk = Gedächtniseinheiten);	um 40 % verbesserte Gedächtnisleistungen, wenn das Material nach einem hierarchischen Schema geordnet ist;	ein räumliches Zusammenfassen einzelner Elemente zu einer sinnvollen Einheit reduziert die Zahl der zu speichernden Elemente;

RÄUMLICHE ORGANISATION DES LERNMATERIALS

durch

BLÖCKE ● CHUNKS ● GEDÄCHTNISEINHEITEN ● ORGANISATIONSKERNE ● MAKROSTRUKTUREN

Gestaltungsgesetze der räumlichen Organisation:

Geschlossenheit   Symmetrie   Einfachheit   Nähe (Zusammengehörigkeit)   Regelmäßigkeit

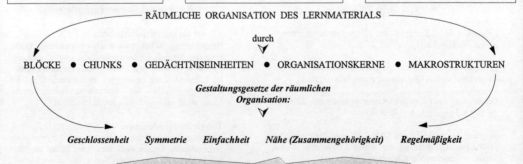

"Die sachliche Beschaffenheit des Gegebenen selbst entscheidet über die Bildung von umfassenderen Einheiten irgendwelcher Art, über Grenzverlauf, Gliederung und Gruppierung." (Metzger 1954)

- Etikettieren - Superieren -

■ der Vorgang im Gedächtnis:

"In jedem Falle aber muß es Etikette geben, mit dem das (zu behaltende A.d.V.) Material gekennzeichnet ist. Die wichtigsten sind ... offenbar lautsprachliche und semantische ... Kodierungen." (Oerter/Montada 1982)

" ... durch Zusammenfassen und Kombinieren werden 'Superzeichen' gebildet, die eine beachtliche Ökonomisierung des Denkens und Lernens gestatten." (Kozdon 1978)

S U P E R I E R E N

Bilden von Superzeichen

"Zusammengruppierung von Einzeldaten zu einer umfangreichen Informationseinheit." (Oerter/Montada 1982)

"Zusammenfassen oder Kürzen der Informationen." (Jüchter 1978)

höhere Zeicheneinheit (Baeyer/Buck 1979)

Informationseinheit höherer Ebene (Odenbach 1976)

Zeichen mit außerordentlich angereicherter Aussage (Vogel 1977)

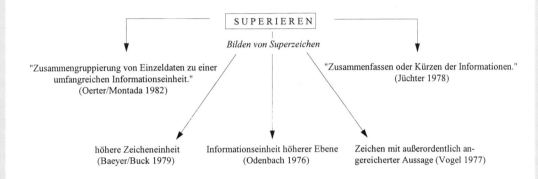

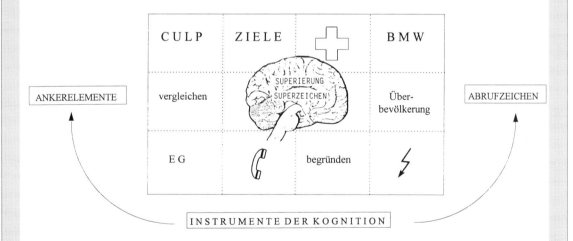

ANKERELEMENTE

C U L P   Z I E L E

vergleichen

SUPERIERUNG
SUPERZEICHEN

Über-
bevölkerung

ABRUFZEICHEN

E G   begründen

I N S T R U M E N T E D E R K O G N I T I O N

■ die Wesensmerkmale:

' S U P E R Z E I C H E N '

– *sie reduzieren* als Zeichen höherer Ordnung eine Informationsmenge;

– *sie kodieren* bzw. verschlüsseln themenspezifische Einzelheiten differenzierter Erscheinungen, Sachverhalte oder Vorgänge;

– *sie erschließen* als Ordnungsinstrument einen begrenzten inhaltsbezogenen Themenbereich;

– *sie erfassen* als relativ abstrakte, generalisierte Kognitionsinstrumente das Wesenhafte differenzierter Sachverhalte oder Vorgänge;

■ die gedächtnispsychologische Relevanz:

| higher - order - units (Tulving 1968); | Grundbedingung für das Denken und Lernen | some - or - none - Effekt (Cohen 1966) |

Erfassen von 'Superzeichen'

.... **Bedeutung** ....

◆ **... für das Wahrnehmen durch Beeinflussung der Aufmerksamkeit:**

– *sie filtern* und wählen Wahrnehmungsaspekte aus,

– *sie ordnen* und strukturieren Einzelinformationen,

– *sie erleichtern* die Zuordnung und Gruppierung von Einzelinformationen;

◆ **... für die Erkenntnisgewinnung durch Beeinflussung der Denkvorgänge:**

– *sie bündeln* die themenspezifische Informationsfülle (knappe Bezeichnung komplexer Sachverhalte),

– *sie beschreiben* thematische Teilbereiche (Aussageverdichtung/Zusammenfassung zusammengehörender Informationen);

◆ **... für das Behalten durch Beeinflussung des Langzeitspeichers:**

– *sie stiften* Ordnung in der kognitiven Struktur,

– *sie wirken* als Ankerelemente für umfangreiche Informationseinheiten,

– *sie bilden* Abrufsignale für die Reaktivierung von Informationsketten,

– *sie ökonomisieren* und entlasten das Behalten durch Inanspruchnahme deutlich weniger Speicherplätze;

■ sprachliche und bildhafte Formen:

... zur 'Etikettierung' von Informationseinheiten:

● **als Ober- und Leitbegriffe, z.B.:**

- das Ziel
- die Grenzen
- die Voraussetzung
- das Problem
- die Folgen
- die Bedeutung

● **als ikonische Elemente, z.B.:**

● **als kognitive Erschließungsakte, z.B.:**

- *wir fragen*
- *wir untersuchen*
- *wir vergleichen*
- *wir beobachten*
- *wir begründen*
- *wir werten*

● **als Kombinationsformulierung, z.B.:**

- *wir vergleichen* verschiedene Metalle
- *wir untersuchen* den Leistungsaufwand
- *wir charakterisieren* den Naturraum
- *wir fragen* nach den Ursachen der Infektion

- Berücksichtigung figurativer Elemente -

■ <u>mögliche Formen:</u>

z.B.

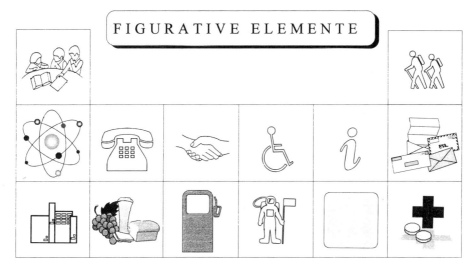

■ <u>die Wesensmerkmale:</u>

- sie erfassen das Wesentliche bzw. reduzieren die Vielfalt einer Erscheinung;

- sie betonen dominante Elemente bzw. die Wertigkeit einer Erscheinung, sie akzentuieren;

- sie sind einfach in der Darstellung (abstrakt - linear, nach Dwyer 1967);

- sie sind visuelle 'Superzeichen';

- sie sind dechiffrierbar (lesbar); auf den kognitiven Entwicklungsstand abgestimmt;

- sie können unterschiedlich konkret sein;

- sie haben Bezug zur Textinformation; Text und Bild stützen sich gegenseitig; besser redundant (wiederholend) als komplementär (ergänzend);

- sie sind gelegentlich bizarr - überzogen (nach Metzig-Schuster); ähnlich Karikatur (erregt Aufmerksamkeit, Emotionen, Zweifel);

- sie sind lebhaft - aktiv; im Mittelpunkt: der Mensch und seine Aktivität;

- sie können generalisiert sein bis zur Stufe der Piktogramme;

■ <u>die Funktionen:</u>

- sie erhöhen die Anmutungsqualität des Unterrichtsergebnisses;

- sie geben den Schülern Gestaltungsmöglichkeiten (offene Umrißdarstellung);

- sie dienen der bildhaften (ikonischen) Repräsentation von Informationen;

- sie erregen die Aufmerksamkeit und motivieren;

- sie unterstützen das visuelle Gedächtnis;

- sie unterstützen das Textverständnis;

- sie dienen der 'Etikettierung' (ebenso wie semantische 'Superzeichen') von inhaltlichen Darstellungsblöcken;

- sie steuern den Wahrnehmungsvorgang;

- sie steigern die Verarbeitungsleistung einer Textinformation, wenn sie als vorangestellte Hilfen präsentiert werden (Dean und Enemott 1983);

- sie verbessern Behaltens- und Reproduktionsleistung (Bock 1983), da sie als Ankerelemente im Gedächtnis gespeichert werden können;

■ **Darstellungskriterien:**

- angemessene Dosierung (Gefahr der Überladenheit);
- Erfassungstendenz: der Mensch bzw. seine Aktivität;

- Abstimmung von Bild und Text (Paivio);
- einfache, lineare Strichzeichnung; wenn nicht sachlich erforderlich: keine fotographische Genauigkeit, Perspektive, Schattierung, Schummerung;

- als eine für Schüler noch gestaltungsfähige Form;
- kindgemäß bzw. altersadäquat (inhaltlich wie formal);

■ **die unterrichtliche Verwendung ...**

... *bei begrenzten Unterrichtsergebnissen, z.B.:*

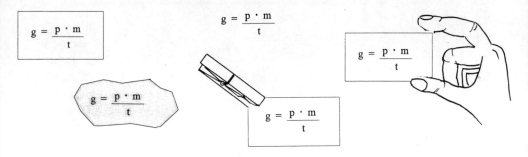

$$g = \frac{p \cdot m}{t}$$

$$g = \frac{p \cdot m}{t}$$

$$g = \frac{p \cdot m}{t}$$

$$g = \frac{p \cdot m}{t}$$

$$g = \frac{p \cdot m}{t}$$

... *bei differenzierteren Unterrichtsergebnissen, z.B.:*

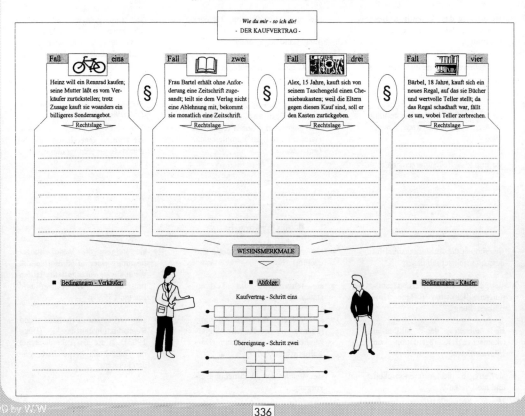

Wie du mir - so ich dir!
- DER KAUFVERTRAG -

Fall eins
Heinz will ein Rennrad kaufen; seine Mutter läßt es vom Verkäufer zurückstellen; trotz Zusage kauft sie woanders ein billigeres Sonderangebot.
§
Rechtslage

Fall zwei
Frau Bartel erhält ohne Anforderung eine Zeitschrift zugesandt; teilt sie dem Verlag nicht eine Ablehnung mit, bekommt sie monatlich eine Zeitschrift.
§
Rechtslage

Fall drei
Alex, 15 Jahre, kauft sich von seinem Taschengeld einen Chemiebaukasten; weil die Eltern gegen diesen Kauf sind, soll er den Kasten zurückgeben.
§
Rechtslage

Fall vier
Bärbel, 18 Jahre, kauft sich ein neues Regal, auf das sie Bücher und wertvolle Teller stellt; da das Regal schadhaft war, fällt es um, wobei Teller zerbrechen.
§
Rechtslage

WESENSMERKMALE

■ Bedingungen - Verkäufer:

■ Abfolge:
Kaufvertrag - Schritt eins

Übereignung - Schritt zwei

■ Bedingungen - Käufer:

■ Beispielthema - Regierung und Opposition:

- **Hauptlernziel:** Einblick gewinnen in die vielfältigen Aufgabenbereiche der Regierung und Opposition unter besonderer Beachtung der unterschiedlichen Mehrheitsverhältnisse.

- **Teillernziele:**
  - das vom Volk gewählte Parlament als die eigentliche Macht im Staate erkennen;
  - die unterschiedlichen Machtanteile als Ergebnis der Mehrheitsverhältnisse im Parlament ableiten;
  - die Kontrolle der Macht als eine Hauptaufgabe der Opposition und seitens der Regierung die zeitlich begrenzte Macht erläutern;
  - verschiedene Formen und Möglichkeiten beschreiben, durch die die Arbeit der Regierung kontrolliert werden kann;
  - nachempfinden, daß sich die Abgeordneten der verschiedenen Parteien als politische Gegner und nicht als Feinde verstehen.

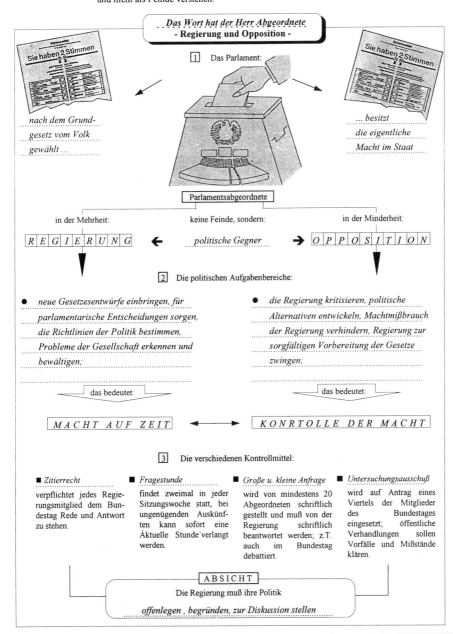

Das Wort hat der Herr Abgeordnete
- Regierung und Opposition -

[1] Das Parlament:

nach dem Grund-
gesetz vom Volk
gewählt ...

... besitzt
die eigentliche
Macht im Staat

Parlamentsabgeordnete

in der Mehrheit: keine Feinde, sondern: in der Minderheit:

R E G I E R U N G   ←   *politische Gegner*   →   O P P O S I T I O N

[2] Die politischen Aufgabenbereiche:

- *neue Gesetzesentwürfe einbringen, für parlamentarische Entscheidungen sorgen, die Richtlinien der Politik bestimmen, Probleme der Gesellschaft erkennen und bewältigen;*

- *die Regierung kritisieren, politische Alternativen entwickeln, Machtmißbrauch der Regierung verhindern, Regierung zur sorgfältigen Vorbereitung der Gesetze zwingen;*

das bedeutet: das bedeutet:

M A C H T A U F Z E I T   ← →   *K O N R T O L L E D E R M A C H T*

[3] Die verschiedenen Kontrollmittel:

■ *Zitierrecht*
verpflichtet jedes Regierungsmitglied dem Bundestag Rede und Antwort zu stehen.

■ *Fragestunde*
findet zweimal in jeder Sitzungswoche statt, bei ungenügenden Auskünften kann sofort eine Aktuelle Stunde verlangt werden.

■ *Große u. kleine Anfrage*
wird von mindestens 20 Abgeordneten schriftlich gestellt und muß von der Regierung schriftlich beantwortet werden; z.T. auch im Bundestag debattiert.

■ *Untersuchungsausschuß*
wird auf Antrag eines Viertels der Mitglieder des Bundestages eingesetzt; öffentliche Verhandlungen sollen Vorfälle und Mißstände klären.

A B S I C H T
Die Regierung muß ihre Politik
offenlegen, begründen, zur Diskussion stellen

■ Beispielthema: Steuerverteilung durch den Bund

- **Hauptlernziel:**   Einsicht in die Problematik der Verteilung des Steueraufkommens zwischen Bund und Länder.
- **Teillernziele:**   - die staatspolitische Ordnung der BRD als Grundlage und Bedingung für die Notwendigkeit der
                         Verteilung des jährlichen Steueraufkommens erkennen;
  - die im GG festgelegten Systeme der Steuerverteilung unterscheiden und interpretieren;
  - die vier wesentlichen Ursachen für mögliche Auseinandersetzungen um die Höhe der Steuer-
    anteile charakterisieren und begründen;
  - das staatspolitische Problem um mehr Föderalismus bzw. mehr Zentralismus im Zusammen-
    hang mit der Verteilung der Steuern zwischen Bund und Ländern erkennen und beurteilen;

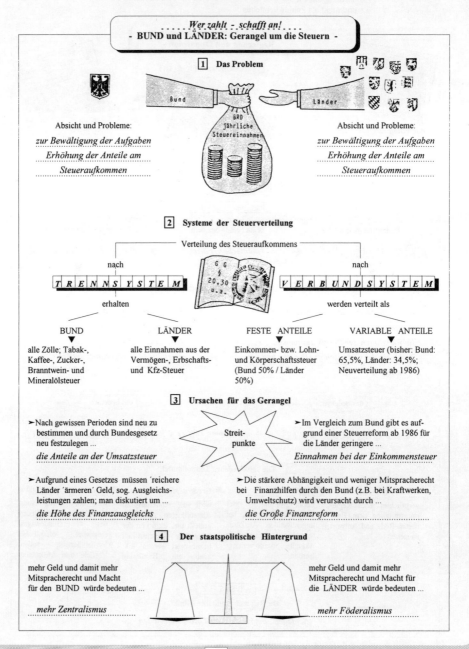

. . . . . *Wer zahlt - schafft an!* . . . .
- BUND und LÄNDER: Gerangel um die Steuern -

1   **Das Problem**

Absicht und Probleme:

zur Bewältigung der Aufgaben

Erhöhung der Anteile am

Steueraufkommen

Absicht und Probleme:

zur Bewältigung der Aufgaben

Erhöhung der Anteile am

Steueraufkommen

2   **Systeme der Steuerverteilung**

Verteilung des Steueraufkommens

nach   nach

T R E N N S Y S T E M   G G § 20,30 u. a.   *V E R B U N D S Y S T E M*

erhalten   werden verteilt als

BUND   **LÄNDER**   **FESTE ANTEILE**   **VARIABLE ANTEILE**

alle Zölle; Tabak-,   alle Einnahmen aus der   Einkommen- bzw. Lohn-   Umsatzsteuer (bisher: Bund:
Kaffee-, Zucker-,   Vermögen-, Erbschafts-   und Körperschaftssteuer   65,5%, Länder: 34,5%;
Branntwein- und   und Kfz-Steuer   (Bund 50% / Länder   Neuverteilung ab 1986)
Mineralölsteuer   50%)

3   **Ursachen für das Gerangel**

➤Nach gewissen Perioden sind neu zu   Streit-   ➤Im Vergleich zum Bund gibt es auf-
 bestimmen und durch Bundesgesetz   punkte   grund einer Steuerreform ab 1986 für
 neu festzulegen ...   die Länder geringere ...

 die Anteile an der Umsatzsteuer   *Einnahmen bei der Einkommensteuer*

➤Aufgrund eines Gesetzes müssen ´reichere   ➤Die stärkere Abhängigkeit und weniger Mitspracherecht
 Länder ´ärmeren´ Geld, sog. Ausgleichs-   bei Finanzhilfen durch den Bund (z.B. bei Kraftwerken,
 leistungen zahlen; man diskutiert um ...   Umweltschutz) wird verursacht durch ...

 die Höhe des Finanzausgleichs   *die Große Finanzreform*

4   **Der staatspolitische Hintergrund**

mehr Geld und damit mehr   mehr Geld und damit mehr
Mitspracherecht und Macht   Mitspracherecht und Macht für
für den BUND würde bedeuten ...   die LÄNDER würde bedeuten ...

mehr Zentralismus   *mehr Föderalismus*

■ Beispielthema - der Petitionsausschuß:

- **Hauptlernziel:** Einblick gewinnen in die Arbeit des Petitionsausschusses als Einrichtung des Bayerischen Landtags.
- **Teillernziele:** - Aufgabe, Zusammensetzung und verfassungsrechtliche Verankerung des Petitionsausschusses beschreiben;
  - jene Bedingungen kennen, die Bürger bei einer Eingabe an den Petitionsausschuß beachten müssen;
  - die zwei Hauptphasen bei der Bearbeitung einer Eingabe erläutern;
  - die Kriterien bei der abschließenden Bewertung einer Eingabe unterscheiden;
  - den Petitionsausschuß als bürgernahe Einrichtung und als Kontrollorgan des Parlaments werten;

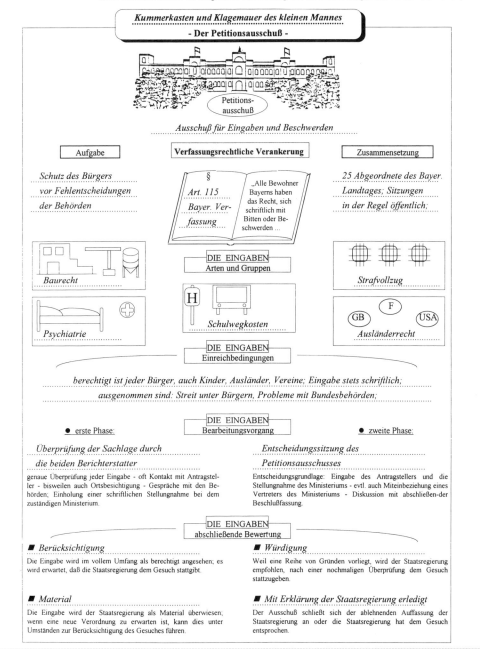

Kummerkasten und Klagemauer des kleinen Mannes
- Der Petitionsausschuß -

Petitions-
ausschuß

Ausschuß für Eingaben und Beschwerden

Aufgabe	Verfassungsrechtliche Verankerung	Zusammensetzung

Schutz des Bürgers
vor Fehlentscheidungen
der Behörden

§
Art. 115
Bayer. Ver-
fassung

„Alle Bewohner Bayerns haben das Recht, sich schriftlich mit Bitten oder Beschwerden ...

25 Abgeordnete des Bayer.
Landtages; Sitzungen
in der Regel öffentlich;

Baurecht

DIE EINGABEN
Arten und Gruppen

Strafvollzug

Psychiatrie

H
Schulwegkosten

GB F USA
Ausländerrecht

DIE EINGABEN
Einreichbedingungen

berechtigt ist jeder Bürger, auch Kinder, Ausländer, Vereine; Eingabe stets schriftlich;

ausgenommen sind: Streit unter Bürgern, Probleme mit Bundesbehörden;

DIE EINGABEN
Bearbeitungsvorgang

● erste Phase:

Überprüfung der Sachlage durch
die beiden Berichterstatter

genaue Überprüfung jeder Eingabe - oft Kontakt mit Antragsteller - bisweilen auch Ortsbesichtigung - Gespräche mit den Behörden; Einholung einer schriftlichen Stellungnahme bei dem zuständigen Ministerium.

● zweite Phase:

Entscheidungssitzung des
Petitionsausschusses

Entscheidungsgrundlage: Eingabe des Antragstellers und die Stellungnahme des Ministeriums - evtl. auch Miteinbeziehung eines Vertreters des Ministeriums - Diskussion mit abschließen-der Beschlußfassung.

DIE EINGABEN
abschließende Bewertung

■ _Berücksichtigung_

Die Eingabe wird im vollem Umfang als berechtigt angesehen; es wird erwartet, daß die Staatsregierung dem Gesuch stattgibt.

■ _Würdigung_

Weil eine Reihe von Gründen vorliegt, wird der Staatsregierung empfohlen, nach einer nochmaligen Überprüfung dem Gesuch stattzugeben.

■ _Material_

Die Eingabe wird der Staatsregierung als Material überwiesen; wenn eine neue Verordnung zu erwarten ist, kann dies unter Umständen zur Berücksichtigung des Gesuches führen.

■ _Mit Erklärung der Staatsregierung erledigt_

Der Ausschuß schließt sich der ablehnenden Auffassung der Staatsregierung an oder die Staatsregierung hat dem Gesuch entsprochen.

■ Beispielthema: Folgekosten bei öffentlichen Einrichtungen:

● **Hauptlernziel**: Das Problem der Folgekosten bei öffentlichen Einrichtungen am Beispiel der Schwimmbäder erkennen und beurteilen.
● **Teillernziele**: - die Begriffe kostendeckend, nicht kostendeckend, Investitionskosten und Folgekosten erläutern;
- die Folgekosten bei Schwimmbädern nach den größeren Ausgabeposten aufschließen;
- die Notwendigkeit von Zuschüssen und Nachlässen begründen und rechtfertigen,
insbesondere auch im Vergleich zur Privatwirtschaft;
- akustisch dargebotenes Informationsmaterial nach vorgegebenen Aufträgen und mit Hilfe eines sog.
Wahrnehmungsrasters selektiv aufschließen.

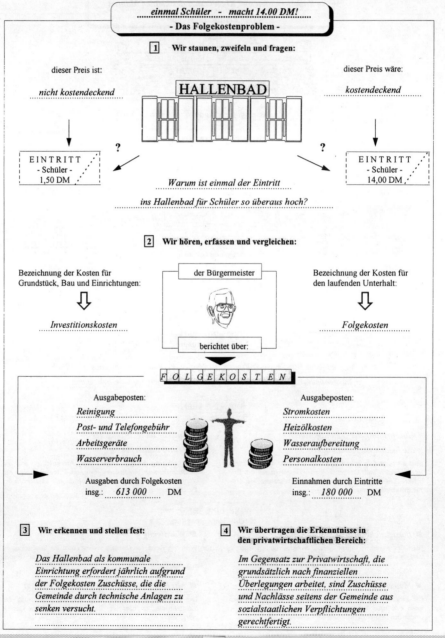

einmal Schüler - macht 14.00 DM!
- Das Folgekostenproblem -

1 Wir staunen, zweifeln und fragen:

dieser Preis ist:

nicht kostendeckend

HALLENBAD

dieser Preis wäre:

kostendeckend

EINTRITT
- Schüler -
1,50 DM

?

?

EINTRITT
- Schüler -
14,00 DM

Warum ist einmal der Eintritt

ins Hallenbad für Schüler so überaus hoch?

2 Wir hören, erfassen und vergleichen:

Bezeichnung der Kosten für
Grundstück, Bau und Einrichtungen:

der Bürgermeister

Bezeichnung der Kosten für
den laufenden Unterhalt:

Investitionskosten

Folgekosten

berichtet über:

F O L G E K O S T E N

Ausgabeposten:

Reinigung
Post- und Telefongebühr
Arbeitsgeräte
Wasserverbrauch

Ausgaben durch Folgekosten
insg.: *613 000* DM

Ausgabeposten:

Stromkosten
Heizölkosten
Wasseraufbereitung
Personalkosten

Einnahmen durch Eintritte
insg.: *180 000* DM

3 Wir erkennen und stellen fest:

Das Hallenbad als kommunale
Einrichtung erfordert jährlich aufgrund
der Folgekosten Zuschüsse, die die
Gemeinde durch technische Anlagen zu
senken versucht.

4 Wir übertragen die Erkenntnisse in
den privatwirtschaftlichen Bereich:

Im Gegensatz zur Privatwirtschaft, die
grundsätzlich nach finanziellen
Überlegungen arbeitet, sind Zuschüsse
und Nachlässe seitens der Gemeinde aus
sozialstaatlichen Verpflichtungen
gerechtfertigt.

- **Beispielthema - Der Berufsausbildungsvertrag:**

- **Hauptlernziel:** Den Berufsausbildungsvertrag als rechtliche Grundlage für eine berufliche Ausbildung kennenlernen.

- **Teillernziele:**
  - die beiden Vertragspartner benennen;
  - Absichten und Sinn eines Berufsausbildungsvertrages erfassen;
  - die besonderen Inhalte, insbesondere die Pflichten der Vertragspartner beschreiben;
  - die Kündigungsproblematik unter besonderer Beachtung und Abwägung der einzelnen Bedingungen analysieren;
  - wissen, daß vor einer Kündigung durch ein persönliches Gespräch oder die Empfehlung eines Ausbildungsberaters ein anstehendes Problem u.U. bewältigt werden kann;

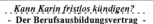

Kann Karin fristlos kündigen?
- Der Berufsausbildungsvertrag -

1️⃣ Die Vertragspartner:

  Berufs-ausbildungs-vertrag **§**

der Ausbilder/Ausbildende   *der Auszubildende*

2️⃣ Der Vertrag:

■ <u>Absichten und Sinn:</u>

Rechtssicherheit schaffen,
Schutz vor willkürlichen Ver-
einbarungen, Rechte und
Pflichten abklären, die Ausbil-
dungsordnung beachten;

■ <u>Allgemeine Rechte und Pflichten:</u>

für den Ausbilder

notwendige Kenntnisse und Fertigkeiten vermitteln, Ausbildung planmäßig durchführen, Ausbildungsmittel kostenlos bereitstellen, u.a.

für den Auszubildenden

Arbeitsanweisungen befolgen, Geräte und Werkzeuge sorgfältig behandeln, Berufsschule regelmäßig besuchen, u.a.

■ <u>Besondere Inhalte:</u>

Personalangaben, Dauer der
Probezeit, Beginn und Dauer
der Ausbildung, Urlaubsrege-
lung, Ausbildungsvergütung,
Kündigungsbedingungen;

3️⃣ Die Kündigung des Vertrages:

Fallbeispiele

| K | A | R | I | N |

... kommt erst nach der Probezeit durch Erfahrung zur Einsicht, daß der gewählte Beruf doch nichts für sie ist; weil sie eine neue Ausbildung beginnen möchte, will sie kündigen ...

Kündigung möglich?   *ja*
Begründung:*Sie will sich in*
einem anderen Beruf ausbil-
den lassen;
Vorgang: *schriftliche Kündi-*
gung, Frist 4 Wochen, Angabe
des Kündigungsgrundes;

... bekommt nach etwa einem Jahr Ausbildung durch die im Friseursalon verwendeteten Chemikalien eine Allergie; sie entschließt sich deshalb zu kündigen ...

Kündigung möglich?   *ja*
Begründung:*Es liegt eine*
berufsbezogene Erkrankung
vor;
Vorgang: *schriftliche Kündi-*
gung, keine Frist, da
´wichtiger Grund´;
(§7, 1a);

... obwohl schon im zweiten Lehrjahr, wird sie immer nur zu den gleichen Hilfsarbeiten (Haare waschen) herangezogen; schließlich will sie aus diesem Grund kündigen ...

Kündigung möglich?   *ja*
Begründung: *Pflichtverletzung,*
da Ausbildung nicht planmä-
ßig erfolgt;
Vorgang: *persönliches-*
Gespräch, auch durch Eltern,
Aufsuchen des Ausbildungs-
beraters; evtl. Kündigung;

■ Beispielthema - Problem Gartenzaun:

- **Hauptlernziel:** Den Gartenzaun als Grundstücksgrenze erkennen, innerhalb der Eigentumsrechte ohne Beeinträchtigung der Nachbarn ausgeübt werden können.
- **Teillernziele:** - Wesensmerkmale des Gartenzauns als Grundstücksgrenze nennen;
  - die drei häufigsten Arten von Eigentumsverletzungen am Nachbargrundstück aufzeigen und erläutern;
  - zu beurteilen versuchen, ob es sich bei bestimmten Handlungsweisen eines Nachbarn um eine echte Verletzung der Grundstücksgrenze oder um eine unwesentliche Störung handelt;
  - Möglichkeiten von Konfliktlösungen, insbesondere der des nachbarschaftlichen Einvernehmens, kennenlernen und verinnerlichen.

...eine Unverschämtheit, was sich die alles erlauben!

- Problem Gartenzaun -

1 Wir ermitteln verschiedene Arten von Eigentumsverletzungen am Nachbargrundstück:

Lärmeinwirkung
▼
z.B. durch Trompetenblasen und laute Rockmusik bei offenem Fenster, Teppichklopfen und Rasenmähen während der Mittagszeit;

Geruchseinwirkung
▼
z.B. durch Verbrennen von Altpapier und Gartenabfällen;

pflanzliche Einwirkung
▼
z.B. durch Laub, Blütenteile, abfallende Früchte, Unkrautsamen in grö-ßeren Mengen; grenzüberragende Zweige;

2 Wir sammeln Merkmale des Gartenzauns als Grundstücksgrenze:

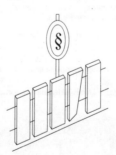

- **allgemein:**

  Grenzlinie, innerhalb der die Eigentumsrechte (Nutzung) ohne Beeinträchtigung des Nachbarn ausgeübt werden können; Kosten über Errichtung und Pflege anteilig bei den Nachbarn bzw. beim Grundstückseigner;

- **zwischen zwei Nachbarn:**

  keine Pflicht für Zaun, keine rechtlichen Bestimmungen, nur Vorschriften für Hecken;

- **zwischen Grundstücksgrenze und öffentlicher Straße:**

  Zaun (Einfriedung) ist Pflicht, Art und Höhe von Gemeinde vorgeschrieben;

3 Wir unterscheiden gundsätzlich zwei Lösungswege bei Konflikten am Gartenzaun:

◆ verursacht die Handlungsweise eines Nachbarn eine echte Verletzung der Grundstücksgrenze:
dann: *objektive Beweise sammeln, Anzeige bei Polizei, Klage vor Zivilgericht auf Unterlassung;*

Beispiele: eigenmächtiges Eindringen, überlaute und ständige Geräusche;

◆ verursacht die Handlungsweise eines Nachbarn eine unwesentliche Störung:
dann: *nachbarschaftliches Gespräch (Gesprächston!); einlenken, Kompromiß schließen, Toleranz zeigen;*

Beispiele: der Hase in Nachbars Garten, Herbstlaub in geringen Mengen;

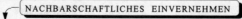

NACHBARSCHAFTLICHES EINVERNEHMEN

einerseits durch: andererseits durch:

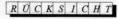 *RÜCKSICHT* *VERSTÄNDNIS*

■ Beispielthema - Industrieansiedlung:

- **Hauptlernziel:** Aus der Sicht der Landesentwicklung und des Landschaftsschutzes die besonderen Probleme bei einer Neuansiedlung eines größeren Industrieunternehmens erkennen.

- **Teillernziele:** - über den Vorgang einer Ausweisung eines Industriegebietes und seiner Fixierung im Flächennutzungsplan Kenntnis erhalten;
  - die Standortfaktoren für die dargestellte Industrieansiedlung charakterisieren;
  - Gründe ermitteln, warum sich die Stadt um die Errichtung eines großen Industriebetriebes bemühte;
  - die besonderen Bedingungen des Grundstücksverkaufs beschreiben;
  - die angebotenen Argumente für und gegen eine Industrieansiedlung kritisch beurteilen.

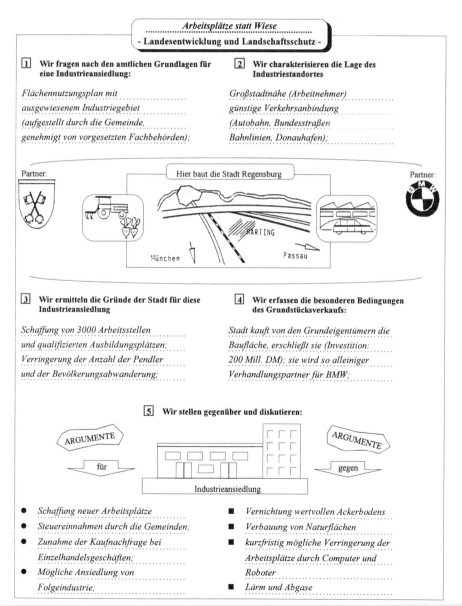

Arbeitsplätze statt Wiese
- Landesentwicklung und Landschaftsschutz -

1 Wir fragen nach den amtlichen Grundlagen für eine Industrieansiedlung:

Flächennutzungsplan mit
ausgewiesenem Industriegebiet
(aufgestellt durch die Gemeinde,
genehmigt von vorgesetzten Fachbehörden);

2 Wir charakterisieren die Lage des Industriestandortes

Großstadtnähe (Arbeitnehmer)
günstige Verkehrsanbindung
(Autobahn, Bundesstraßen
Bahnlinien, Donauhafen);

Partner:

Hier baut die Stadt Regensburg

HARTING

München   Passau

Partner: BMW

3 Wir ermitteln die Gründe der Stadt für diese Industrieansiedlung

Schaffung von 3000 Arbeitsstellen
und qualifizierten Ausbildungsplätzen;
Verringerung der Anzahl der Pendler
und der Bevölkerungsabwanderung;

4 Wir erfassen die besonderen Bedingungen des Grundstücksverkaufs:

Stadt kauft von den Grundeigentümern die
Baufläche, erschließt sie (Investition:
200 Mill. DM); sie wird so alleiniger
Verhandlungspartner für BMW;

5 Wir stellen gegenüber und diskutieren:

ARGUMENTE   ARGUMENTE

für   gegen

Industrieansiedlung

- *Schaffung neuer Arbeitsplätze*
- *Steuereinnahmen durch die Gemeinden;*
- *Zunahme der Kaufnachfrage bei Einzelhandelsgeschäften;*
- *Mögliche Ansiedlung von Folgeindustrie;*

- ■ *Vernichtung wertvollen Ackerbodens*
- ■ *Verbauung von Naturflächen*
- ■ *kurzfristig mögliche Verringerung der Arbeitsplätze durch Computer und Roboter*
- ■ *Lärm und Abgase*

■ Beispielthema - Straßenbau:

- **Hauptlernziel:** Aus der Sicht einer notwendigen Landesentwicklung und eines dringend gebotenen Landschaftsschutzes neue Straßenbauprojekte als Problem erkennen.

- **Teillernziele:**
  - die Bedeutung und Funktion von Straßen versprachlichen;
  - verschiedene Arten von Straßenbau unterscheiden;
  - die Nutzung der Straßen in der Bundesrepublik erkennen und daraus Schlußfolgerungen
    ableiten;
  - Vorzüge und Nachteile des Straßenbaus kritisch gegenüberstellen;
  - die Initiative von Privatgruppen gegen Straßenbauprojekte beurteilen;
  - über das Problem der Verlagerung der Transporte von der Straße auf die Schiene reflektieren;
  - Vergleiche anstellen mit Straßenbauprojekten in Entwicklungsländern.

Wieviel Straße braucht der Mensch?
Landesentwicklung und Landschaftsschutz

1 Wir fragen : Warum brauchen
Menschen Straßen?

für den Güteraustausch;

zum Personentransport;

zur Verbindung von Orten;

für den Tourismus;

2 Wir erkennen: Es gibt verschiedene
Arten von Straßenbau:

- geradlinige Führung = *Straßenausbau*
- mehrspuriger Ausbau = *Straßenverbreiterung*
- Neutrassierung = *Straßenneubau*

3 Wir vergleichen ...:

Personenbeförderung
in der Bundesrepublik

80%

7%
12%

... und leiten ab:
Die Personenbeförderung
findet überwiegend
auf Straßen statt.

4 Wir vergleichen ...:

Gütertransport in
der Bundesrepublik

80%

11%
8%

... und leiten ab:
Der Gütertransport
findet überwiegend
auf Straßen statt.

5 Wir stellen gegenüber und bewerten:

Vorzüge —— ... die Förderung des Straßenbaus bringt ... —— Nachteile

- *kürzere Transportzeiten*
  durch Straßenausbau;
- *geringere Transportkosten bei*
  Entfernungen unter 400 km;
- *direkte Zulieferung*
  an den Abnehmer;
- *Verkehrsberuhigung (durch*
  Umgehungsstraßen) und
  erhöhte Verkehrssicherheit
  (durch Straßenausbau);

- *hoher Landverbrauch (je*
  km: 7-8 ha);
- *vermehrte Belastung durch*
  Lärm und Abgase;
- *Zerstörung von Wald, Anbau-*
  flächen und Biotopen;
- *Zerschneidung der Lebens-*
  räume von Tieren;
- *Zerstückelung der Landschaft;*
- *hohe Kosten;*

Nutzen für den Menschen

Schaden für die Umwelt

■ Beispielthema - Brandschutz:

- **Hauptlernziel:** Kennenlernen des Brandschutzes als vielschichtiges Problem, insbesondere aus sozialer und pädagogischer Sicht.

- **Teillernziele:**
  - das angemessene Verhalten und die richtige Notfallmeldung bei Brandgefahr lernen;
  - menschliches Fehlverhalten als Primärursache für Brandgefahren im Haushalt und Betrieb erkennen;
  - den Brandschutz aus der Sicht der vorbeugenden und abwehrenden Maßnahmen erläutern;
  - über die gesetzlichen Verpflichtungen der Gemeinden zum Brandschutz Kenntnis haben;
  - erkennen, daß die Feuerwehr neben der Brandbekämpfung noch eine Vielzahl weiterer Aufgaben erfüllt;
  - motiviert werden für ein mögliches Engagement bei der Jungfeuerwehr.

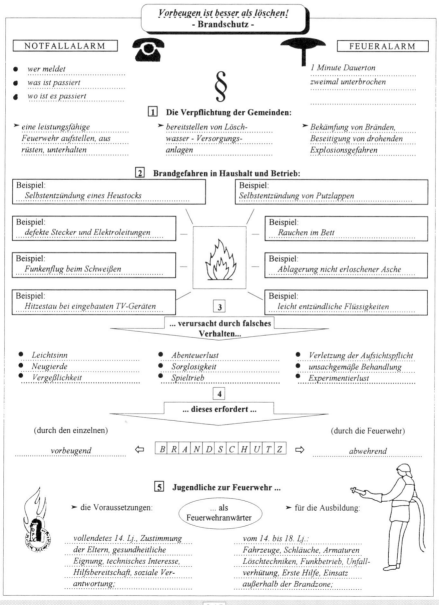

Vorbeugen ist besser als löschen!
- Brandschutz -

NOTFALLALARM   FEUERALARM

- wer meldet   *1 Minute Dauerton*
- was ist passiert   *zweimal unterbrochen*
- wo ist es passiert

§

1   **Die Verpflichtung der Gemeinden:**

➤ *eine leistungsfähige*   ➤ *bereitstellen von Lösch-*   ➤ *Bekämfung von Bränden,*
Feuerwehr aufstellen, aus   *wasser - Versorgungs-*   *Beseitigung von drohenden*
rüsten, unterhalten   *anlagen*   *Explosionsgefahren*

2   **Brandgefahren in Haushalt und Betrieb:**

Beispiel: Beispiel:
Selbstentzündung eines Heustocks   *Selbstentzündung von Putzlappen*

Beispiel: Beispiel:
defekte Stecker und Elektroleitungen   *Rauchen im Bett*

Beispiel: Beispiel:
Funkenflug beim Schweißen   *Ablagerung nicht erloschener Asche*

Beispiel: Beispiel:
Hitzestau bei eingebauten TV-Geräten   *leicht entzündliche Flüssigkeiten*

3

... verursacht durch falsches Verhalten...

- *Leichtsinn*   - *Abenteuerlust*   - *Verletzung der Aufsichtspflicht*
- *Neugierde*   - *Sorglosigkeit*   - *unsachgemäße Behandlung*
- *Vergeßlichkeit*   - *Spieltrieb*   - *Experimentierlust*

4

... dieses erfordert ...

(durch den einzelnen)   (durch die Feuerwehr)

vorbeugend   ⇐   B R A N D S C H U T Z   ⇒   *abwehrend*

5   **Jugendliche zur Feuerwehr ...**

➤ die Voraussetzungen: ... als   ➤ für die Ausbildung:
                        Feuerwehranwärter

vollendetes 14. Lj., Zustimmung   *vom 14. bis 18. Lj.:*
der Eltern, gesundheitliche   *Fahrzeuge, Schläuche, Armaturen*
Eignung, technisches Interesse,   *Löschtechniken, Funkbetrieb, Unfall-*
Hilfsbereitschaft, soziale Ver-   *verhütung, Erste Hilfe, Einsatz*
antwortung;   *außerhalb der Brandzone;*

■ Beispielthema - Das Krankenhaus als Dienstleistungsbetrieb:

- **Hauptlernziel:** Das Krankenhaus als kostenintensive Einrichtung kennenlernen.
- **Teillernziele:**
  - die verschiedenen Anlagen und Einrichtungen eines Krankenhauses beschreiben;
  - die Notwendigkeit des reibungslosen Zusammenwirkens aller im Krankenhaus arbeitenden Menschen erkennen und begründen;
  - die finanzpolitischen Lösungsvorschläge zur Verringerung des Finanzierungsaufwandes kritisch bewerten;
  - drei aktuelle Probleme, die derzeit Betrieb und Unterhalt eines Krankenhauses erschweren, unterscheiden und erläutern;

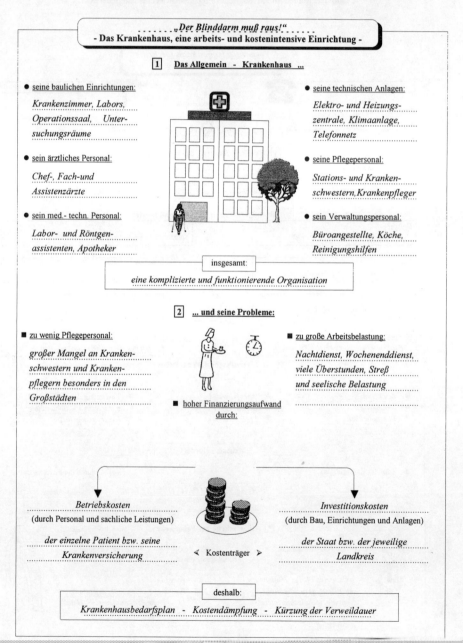

„Der Blinddarm muß raus!"
- Das Krankenhaus, eine arbeits- und kostenintensive Einrichtung -

1 Das Allgemein - Krankenhaus ...

● seine baulichen Einrichtungen:

Krankenzimmer, Labors,
Operationssaal, Unter-
suchungsräume

● sein ärztliches Personal:

Chef-, Fach-und
Assistenzärzte

● sein med.- techn. Personal:

Labor- und Röntgen-
assistenten, Apotheker

● seine technischen Anlagen:

Elektro- und Heizungs-
zentrale, Klimaanlage,
Telefonnetz

● seine Pflegepersonal:

Stations- und Kranken-
schwestern, Krankenpfleger

● sein Verwaltungspersonal:

Büroangestellte, Köche,
Reinigungshilfen

insgesamt:

eine komplizierte und funktionierende Organisation

2 ... und seine Probleme:

■ zu wenig Pflegepersonal:

großer Mangel an Kranken-
schwestern und Kranken-
pflegern besonders in den
Großstädten

■ zu große Arbeitsbelastung:

Nachtdienst, Wochenenddienst,
viele Überstunden, Streß
und seelische Belastung

■ hoher Finanzierungsaufwand
durch:

Betriebskosten
(durch Personal und sachliche Leistungen)

der einzelne Patient bzw. seine
Krankenversicherung

◄ Kostenträger ►

Investitionskosten
(durch Bau, Einrichtungen und Anlagen)

der Staat bzw. der jeweilige
Landkreis

deshalb:

Krankenhausbedarfsplan - Kostendämpfung - Kürzung der Verweildauer

■ Beispielthema - Der Zivildienst:

- **Hauptlernziel:** Einblick gewinnen in die Arbeit der Zivildienstleistenden
- **Teillernziele:** - erfahren, daß laut Grundgesetz Wehrpflichtige die Möglichkeit haben, aus Gewissensgründen den Kriegsdienst mit der Waffe zu verweigern;
  - den Zivildienst als Ersatzdienst kennenlernen;
  - Kenntnisse gewinnen über den Vorgang der Antragstellung, der Entscheidung und der Stellensuche;
  - die Tätigkeiten und Aufgaben beim Zivildienst unter emotional-moralischem Aspekt bewerten.

Muß es wirklich was für den erlernten Job bringen?
- Alltag beim Zivildienst -

1 **Gesetzliche Verankerung:**   D E R   **2** **Charakteristik:**

- *Grundgesetz, Artikel 4,*   Z I V I L D I E N S T   *Art: Ersatzdienst außerhalb*
  Abs.3, Satz 1   *der Bundeswehr*
- *Grundgesetz, Artikel 4,*   *Grund: aus Gewissensgrün-*
  Abs.3, Satz 1   *den, Kriegsdienstverweige-*
    rung mit der Waffe

3 **Der Vorgang der Antragstellung ...**

a) *spätestens 14 Tage vor der Musterung*   **d)** *mit Bgründung der Wehrdienstverweigerung*

b) *Antrag an das zuständige Kreiswehrersatzamt*   **b)** *mit Lebenslauf*

c) *schriftlich mit Berufung auf Grundgesetz*   **c)** *mit polizeilichem Führungszeugnis*

4 **Der Vorgang der Entscheidung ...**

wo?	**wer?**	**wie?**
beim Bundesamt für	*durch einen Beamten auf-*	*in Form eines Unanfecht-*
Zivildienst in Köln	*grund der Aktenlage*	*baren Bescheides*

5 **Der Vorgang der Stellensuche ...**

wann	**wie**	**wo**
sofort nach Erhalt der	*durch Telefonate, persön-*	*Gemeinde, Krankenhaus*
Anerkennung	*liche Vorsprachen*	*Rot-Kreuz, Caritas,*
		Jugendheim u.a.

6 **... und die Tätigkeiten und Aufgaben:**

Pflegedienst - Betreuungsdienst - Rettungswesen - Krankentransporte - handwerkliche Tätigkeiten -
individuelle Schwerstbehindertenbetreuung: zur Einführung ein mehrwöchiger Lehrgang in einer Zivil-
dienstschule: Information über Rechte und Pflichten, Art der Diensterfüllung über Umgang mit Menschen,
Erst Hilfe Ausbildung, staatsbürgerlicher Unterricht;

insgesamt

helfen   *pflegen*   *unterstützen*

■ Beispielthema: Einberufung zur Bundeswehr:

- **Hauptlernziel:**   Einsicht gewinnen in den Vorgang der Einberufung zur Bundeswehr.
- **Teillernziele:**   - die verschiedenen Stufen der Einberufung zum Wehrdienst kennen und erläutern;
  - über die Tätigkeit der Rekruten während der ersten beiden Tage in der Kaserne Kenntnis gewinnen;
  - die Aufgaben der Bundeswehr nennen und zu begründen versuchen.

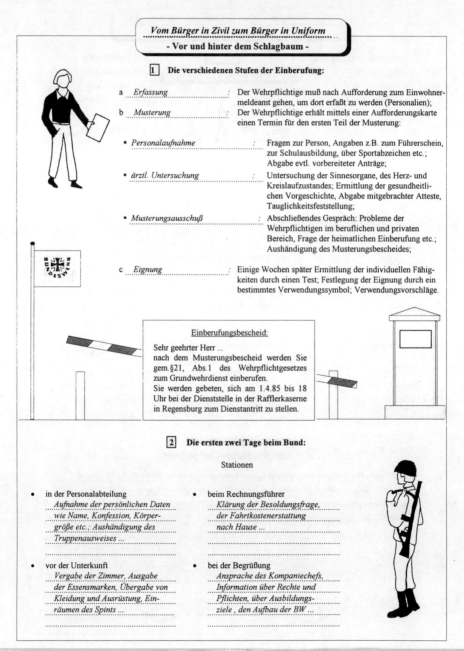

Vom Bürger in Zivil zum Bürger in Uniform
- Vor und hinter dem Schlagbaum -

1   **Die verschiedenen Stufen der Einberufung:**

a   *Erfassung*   :   Der Wehrpflichtige muß nach Aufforderung zum Einwohnermeldeamt gehen, um dort erfaßt zu werden (Personalien);

b   *Musterung*   :   Der Wehrpflichtige erhält mittels einer Aufforderungskarte einen Termin für den ersten Teil der Musterung:

   ▪ *Personalaufnahme*   :   Fragen zur Person, Angaben z.B. zum Führerschein, zur Schulausbildung, über Sportabzeichen etc.; Abgabe evtl. vorbereiteter Anträge;

   ▪ *ärztl. Untersuchung*   :   Untersuchung der Sinnesorgane, des Herz- und Kreislaufzustandes; Ermittlung der gesundheitlichen Vorgeschichte, Abgabe mitgebrachter Atteste, Tauglichkeitsfeststellung;

   ▪ *Musterungsausschuß*   :   Abschließendes Gespräch: Probleme der Wehrpflichtigen im beruflichen und privaten Bereich, Frage der heimatlichen Einberufung etc.; Aushändigung des Musterungsbescheides;

c   *Eignung*   :   Einige Wochen später Ermittlung der individuellen Fähigkeiten durch einen Test; Festlegung der Eignung durch ein bestimmtes Verwendungssymbol; Verwendungsvorschläge.

Einberufungsbescheid:

Sehr geehrter Herr ...
nach dem Musterungsbescheid werden Sie gem.§21, Abs.1 des Wehrpflichtgesetzes zum Grundwehrdienst einberufen.
Sie werden gebeten, sich am 1.4.85 bis 18 Uhr bei der Dienststelle in der Rafflerkaserne in Regensburg zum Dienstantritt zu stellen.

2   **Die ersten zwei Tage beim Bund:**

Stationen

- in der Personalabteilung
  Aufnahme der persönlichen Daten wie Name, Konfession, Körpergröße etc.; Aushändigung des Truppenausweises ...

- vor der Unterkunft
  Vergabe der Zimmer, Ausgabe der Essensmarken, Übergabe von Kleidung und Ausrüstung, Einräumen des Spints ...

- beim Rechnungsführer
  Klärung der Besoldungsfrage, der Fahrtkostenerstattung nach Hause ...

- bei der Begrüßung
  Ansprache des Kompaniechefs, Information über Rechte und Pflichten, über Ausbildungsziele, den Aufbau der BW ...

■ Beispielthema - Ringkanalisation für den Chiemsee:

- **Hauptlernziel:** Die Sanierung des Chiemsees als Notwendigkeit und die Anlage einer Ringkanalisation als technische Möglichkeit zur Rettung eines Naturraumes erkennen.

- **Teillernziele:**
  - die Ursachen der Chiemseeverunreinigung nennen und die Zusammenhänge beschreiben;
  - Konsequenzen und Folgen einer weiteren Verschmutzung aufzeigen und begründen;
  - die Notwendigkeit des Baus eines Ringkanals und einer zentralen Kläranlage erläutern und die Streckenführung und Lage mit Hilfe einer Landkarte beschreiben;
  - Probleme beim Bau der beiden Kanalspangen und der Kläranlage nennen;
  - zwei Hauptziele der Reinhaltung des Chiemsees aufzeigen;
  - Zusatzmaßnahmen als unerläßliche Bedingungen für eine erfolgreiche Sanierung des Sees nennen und begründen;
  - Verständnis zeigen und Einsicht haben für die Notwendigkeit derartiger Großprojekte zur Rettung wertvoller Naturräume;

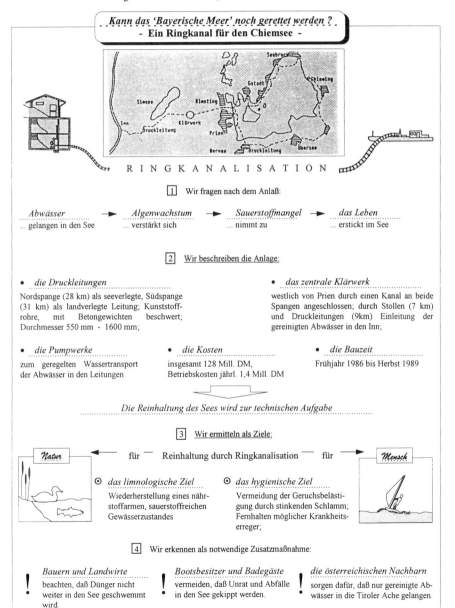

Kann das 'Bayerische Meer' noch gerettet werden ?
- Ein Ringkanal für den Chiemsee -

RINGKANALISATION

1 Wir fragen nach dem Anlaß:

Abwässer → Algenwachstum → Sauerstoffmangel → das Leben

... gelangen in den See ... verstärkt sich ... nimmt zu ... erstickt im See

2 Wir beschreiben die Anlage:

- **die Druckleitungen**
Nordspange (28 km) als seeverlegte, Südspange (31 km) als landverlegte Leitung; Kunststoffrohre, mit Betongewichten beschwert; Durchmesser 550 mm - 1600 mm;

- **das zentrale Klärwerk**
westlich von Prien durch einen Kanal an beide Spangen angeschlossen; durch Stollen (7 km) und Druckleitungen (9km) Einleitung der gereinigten Abwässer in den Inn;

- **die Pumpwerke**
zum geregelten Wassertransport der Abwässer in den Leitungen

- **die Kosten**
insgesamt 128 Mill. DM, Betriebskosten jährl. 1,4 Mill. DM

- **die Bauzeit**
Frühjahr 1986 bis Herbst 1989

Die Reinhaltung des Sees wird zur technischen Aufgabe

3 Wir ermitteln als Ziele:

Natur ← für — Reinhaltung durch Ringkanalisation — für → Mensch

- **das limnologische Ziel**
Wiederherstellung eines nährstoffarmen, sauerstoffreichen Gewässerzustandes

- **das hygienische Ziel**
Vermeidung der Geruchsbelästigung durch stinkenden Schlamm; Fernhalten möglicher Krankheitserreger;

4 Wir erkennen als notwendige Zusatzmaßnahme:

Bauern und Landwirte
! beachten, daß Dünger nicht weiter in den See geschwemmt wird.

Bootsbesitzer und Badegäste
! vermeiden, daß Unrat und Abfälle in den See gekippt werden.

die österreichischen Nachbarn
! sorgen dafür, daß nur gereinigte Abwässer in die Tiroler Ache gelangen.

Unterrichtsmedien
- das Tafelbild -

■ Beispielthema - Luftverschmutzung:

- **Hauptlernziel:** Die Luftverschmutzung als Teilgebiet der Umweltgefährdung erkennen.
- **Teillernziele:** - für das Umweltproblem „weltweite Luftverschmutzung" sensibilisiert werden und dessen globale Bedeutung begründen;
  - die größten Ursachen der Luftverschmutzung kennen und daraus mögliche Folgen ableiten;
  - die Konsequenzen folgern und Maßnahmen nennen, die das notwendig zu erreichende Ziel „saubere Luft - gesunde Umwelt" verwirklichen helfen.

Blauer Planet mit Dreckwolke
- Luftverschmutzung -

1 Das Problem:

L U F T
- die wir atmen

W E L T W E I T E
L U F T V E R S C H M U T Z U N G

W E L T
- in der wir leben

2 Die Ursachen:

Luftverschmutzung ...

durch den Straßenverkehr:

Abgase: Kohlenmonoxid, Stickoxide, Kohlenwasserstoff, Blei

durch Industrie:

Abgase: Schwefel- und Kohlendioxid, Staub

durch Treibgas:

in Spraydosen; baut den vor UV - Strahlen schützenden Ozongürtel ab;

3 Die Folgen

... für den Menschen:

Erkrankungen: Herz, Kreislauf, Atmungsorgane, Haut, Augen;

... für das Klima:

globale Erwärmung; weltweite Überschwemmungen durch Abschmelzen des Polareises;

... für die Pflanzen:

Waldsterben; Anreicherung der Nahrungspflanzen mit Giftstoffen;

4 Die Konsequenzen:

für den einzelnen Bürger:

Einsicht in die notwendige Beschränkung; Verringerung des Konsums;

für die nationale und internationale Politik:

Senkung der Abgaswerte; schärfere Kontrollen und Strafen; Luft kennt keine Grenzen;

für die Industrie:

leistungsfähigere Filter, Verwendung schadstoffarmer Stoffe;

5 Das Ziel:

z.B. durch

S A U B E R E   L U F T

z.B. durch

Entschwefelung der Feuerungsanlagen

chromatarme Rostschutzmittel

Spraydosen ohne Treibgas

asbestfreie Bremsbeläge

Auto - Katalysator

Für umweltfreundliche Produkte, die z.B. zur Lufteinhaltung beitragen, wird auf Antrag dieses Zeichen verliehen.

bleifreies Benzin

G E S U N D E   U M W E L T

■ Beispielthema: Wettervorhersage und Klimaforschung

- **Hauptlernziel:** Erkennen der Aufgabenbereiche und der Bedeutung der Wetterstationen und Wetterämter für eine zuverlässige Wetterprognose, auch im Rahmen einer weltweiten Klimaforschung.

- **Teillernziele:** - Instrumente und Anlagen von Wetterstationen und Wetterämtern kennen und deren Funktion beschreiben;
  - die Bedeutung der Wettervorhersage für den Menschen bewerten;
  - mit thematischen Karten (Klima- und Wetterkarten) selbständig Lernergebnisse erarbeiten;
  - die Notwendigkeit weltweiter Klimaforschung bewerten.

Kräht der Hahn auf dem Mist ...
....
- Wettervorhersage und Klimaforschung -

1 **Wir benennen die erforderlichen Einrichtungen:**

als Grundlage für eine

Wetterstationen ▶ W E T T E R V O R H E R S A G E ◀ *Wetterämter*

beobachten zu festgelegten Zeiten Temperatur, Luftfeuchtigkeit, Niederschlagsmengen, Richtung und Geschwindigkeit des Windes und der Wolken, Sichtweite etc.;

überwachen das Wetter rund um die Uhr und koordinieren die Daten der Wetterstationen; frühzeitige Warnungen über Sturm, Hagel, Straßenglätte; Erstellen von Wetterkarten;

2 **Wir definieren und ergänzen:**

K L I M A

... beschreibt für einen Ort oder ein Gebiet den durchschnittlichen Verlauf der Witterung als Abbild des mittleren Zustandes der Atmosphäre. Die Werte hängen ab von der ...

- *geographischen Breite*
- *Höhe über dem Meer*
- *Lage und Entfernung vom Meer*

Klimafaktoren:

Sonne - Erdrotation - Land-Meer-Verteilung - Meeresströme

3 **Wir erfahren über die ...**

K L I M A F O R S C H U N G

Forschungsziele

Klima vorhersagbar machen; das Ausmaß der Klimagefährdung und mögliche Gegenmaßnahmen aufzeigen;

weltweite Klimaveränderung

durch Erdbahnänderung, kosmischen Staub, Änderung der Sonnenstrahlung; Vulkanausbrüche, Verschmutzung der Atmosphäre durch Kohlendioxid; Kahlschlag tropischer Waldgebiete;

Beobachtungsziele

Atmosphäre, Ozeane, die Eis-schilder von Nord- und Süd-pol; die Vegetation;

4 **Wir bewerten die Erkenntnisse der ...**

W E T T E R V O R H E R S A G E

für: *Landwirtschaft*   für: *Verkehr*   für: *Tourismus / Freizeit*

Dauer von Trocken- und Kälteperioden, Menge der Niederschläge, Frost, Hagel;

Straße (Schnee, Nebel, Glatteis); Meer (Orkane, Wirbelstürme); Luft (Nebel, Gewitter, Stürme);

Luft- und Wassertemperaturen; Lawinengefahr, Schneehöhen; Regenzeiten; Wirbelstürme;

■ <u>Beispielthema - Lawinen bedrohen Mensch und Landschaft:</u>

- **Hauptlernziel:**   Am Beispiel der Gefahr durch Lawinen sollen die Schüler das Ausmaß der Gefährdung durch Naturgewalten beurteilen und Schutzmaßnahmen nennen.
- **Teillernziele:**   - die Ursachen für Lawinenabgänge nennen und begründen;
  - die Merkmale verschiedener Lawinenarten kennen;
  - wirksame Schutzeinrichtungen beschreiben;
  - mit Hilfe von Sachtexten relativ selbständig Lernresultate gewinnen.

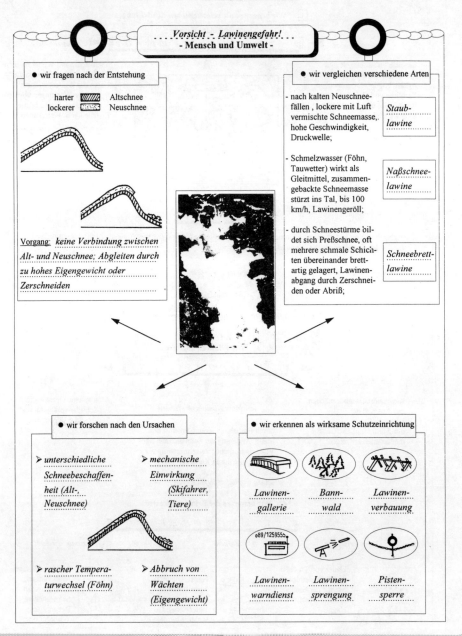

Vorsicht - Lawinengefahr!
- Mensch und Umwelt -

● wir fragen nach der Entstehung

harter ▨ Altschnee
lockerer ▨ Neuschnee

<u>Vorgang</u>: *keine Verbindung zwischen Alt- und Neuschnee; Abgleiten durch zu hohes Eigengewicht oder Zerschneiden*

● wir vergleichen verschiedene Arten

- nach kalten Neuschnee-fällen , lockere mit Luft vermischte Schneemasse, hohe Geschwindigkeit, Druckwelle;   *Staub-lawine*

- Schmelzwasser (Föhn, Tauwetter) wirkt als Gleitmittel, zusammen-gebackte Schneemasse stürzt ins Tal, bis 100 km/h, Lawinengeröll;   *Naßschnee-lawine*

- durch Schneestürme bil-det sich Preßschnee, oft mehrere schmale Schich-ten übereinander brett-artig gelagert, Lawinen-abgang durch Zerschnei-den oder Abriß;   *Schneebrett-lawine*

● wir forschen nach den Ursachen

➢ *unterschiedliche Schneebeschaffen-heit (Alt-, Neuschnee)*

➢ *mechanische Einwirkung (Skifahrer, Tiere)*

➢ *rascher Tempera-turwechsel (Föhn)*

➢ *Abbruch von Wächten (Eigengewicht)*

● wir erkennen als wirksame Schutzeinrichtung

Lawinen-gallerie   *Bann-wald*   *Lawinen-verbauung*

Lawinen-warndienst   *Lawinen-sprengung*   *Pisten-sperre*

■ Beispielthema: Eine Untergrundbahn wird gebaut

- **Hauptlernziel:** Einblick gewinnen und einen Eindruck erhalten von einem gigantischen Bauprojekt, durch das eine Millionenstadt versucht, bestehende Verkehrsprobleme zu bewältigen.

- **Teillernziele:** - Über Zahlen und Daten staunen und sie mit solchen aus dem Erfahrungsraum der Schüler vergleichen (z.B. Busnetz, Fahrgastzahlen, Baukosten eines öffentlichen Gebäudes);
  - Probleme beim U-Bahnbau beschreiben und begründen;
  - die verschiedenen Bautechniken kennen und erläutern;
  - informiert sein über ein angemessenes Verhalten als Fahrgast.

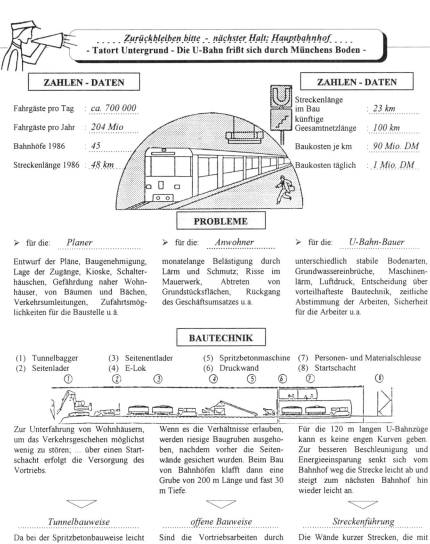

..... Zurückbleiben bitte - nächster Halt: Hauptbahnhof .....
- Tatort Untergrund - Die U-Bahn frißt sich durch Münchens Boden -

ZAHLEN - DATEN

Fahrgäste pro Tag : *ca. 700 000*

Fahrgäste pro Jahr : *204 Mio*

Bahnhöfe 1986 : *45*

Streckenlänge 1986 : *48 km*

ZAHLEN - DATEN

Streckenlänge im Bau : *23 km*

künftige Geesamtnetzlänge : *100 km*

Baukosten je km : *90 Mio. DM*

Baukosten täglich : *1 Mio. DM*

PROBLEME

➤ für die: *Planer*

Entwurf der Pläne, Baugenehmigung, Lage der Zugänge, Kioske, Schalterhäuschen, Gefährdung naher Wohnhäuser, von Bäumen und Bächen, Verkehrsumleitungen, Zufahrtsmöglichkeiten für die Baustelle u.ä.

➤ für die: *Anwohner*

monatelange Belästigung durch Lärm und Schmutz; Risse im Mauerwerk, Abtreten von Grundstücksflächen, Rückgang des Geschäftsumsatzes u.a.

➤ für die: *U-Bahn-Bauer*

unterschiedlich stabile Bodenarten, Grundwassereinbrüche, Maschinenlärm, Luftdruck, Entscheidung über vorteilhafteste Bautechnik, zeitliche Abstimmung der Arbeiten, Sicherheit für die Arbeiter u.a.

BAUTECHNIK

(1) Tunnelbagger (3) Seitenentlader (5) Spritzbetonmaschine (7) Personen- und Materialschleuse
(2) Seitenlader (4) E-Lok (6) Druckwand (8) Startschacht

Zur Unterfahrung von Wohnhäusern, um das Verkehrsgeschehen möglichst wenig zu stören; ... über einen Startschacht erfolgt die Versorgung des Vortriebs.

Wenn es die Verhältnisse erlauben, werden riesige Baugruben ausgehoben, nachdem vorher die Seitenwände gesichert wurden. Beim Bau von Bahnhöfen klafft dann eine Grube von 200 m Länge und fast 30 m Tiefe.

Für die 120 m langen U-Bahnzüge kann es keine engen Kurven geben. Zur besseren Beschleunigung und Energieeinsparung senkt sich vom Bahnhof weg die Strecke leicht ab und steigt zum nächsten Bahnhof hin wieder leicht an.

▽

Tunnelbauweise

Da bei der Spritzbetonbauweise leicht Wasser eindringen kann, wird in den Tunnel Luft hineingedrückt, damit man das Wasser dort wegdrücken kann, wo gearbeitet wird. Dies erfordert die zusätzliche Errichtung von Schleusen im Tunnel.

▽

offene Bauweise

Sind die Vortriebsarbeiten durch Wassereinbrüche besonders gefährdet, müssen Dichtungswände eingezogen und der Boden mit Wasserstoff vereist werden.

▽

Streckenführung

Die Wände kurzer Strecken, die mit dem Tunnelbagger freigelegt werden, werden sofort mit Beton zugespritzt, damit der Erdboden darüber nicht in Bewegung gerät und nachbrechen kann.

▽

Luftdruckerhöhung

▽

Bodenvereisung

▽

Spritzbetonbauweise

■ Beispielthema - Schiffahrt auf dem Main:

- **Hauptlernziel:** Einblick erhalten in das Leben und die Arbeit eines Binnenschiffers.
- **Teillernziele:**
  - das Binnenschiff als Arbeitsplatz und Lebensraum beschreiben;
  - die Hauptstrecken der auf dem Main stationierten Binnenschiffahrt nennen und lokalisieren;
  - die Transportgüter charakterisieren und dafür einige Beispiele anführen;
  - Schwierigkeiten und Probleme des Lebens und der Arbeit eines Binnenschiffers erkennen und bewerten;
  - begründen, warum die Besatzung vieler Binnenschiffe häufig aus Familienmitgliedern besteht;
  - nachempfinden, daß für diese Menschen das Schiff und der Main Existenzgrundlage und Heimat ist.

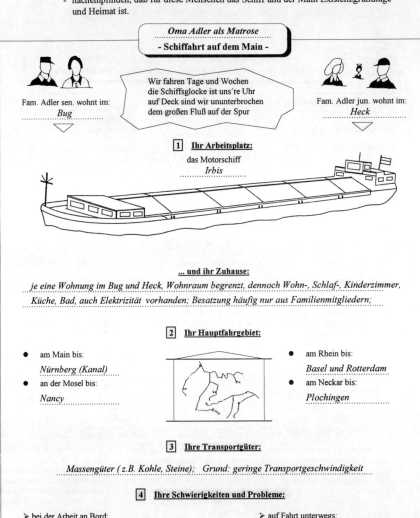

Oma Adler als Matrose

- Schiffahrt auf dem Main -

Fam. Adler sen. wohnt im: *Bug*

Wir fahren Tage und Wochen die Schiffsglocke ist uns're Uhr auf Deck sind wir ununterbrochen dem großen Fluß auf der Spur

Fam. Adler jun. wohnt im: *Heck*

1 Ihr Arbeitsplatz:

das Motorschiff *Irbis*

... und ihr Zuhause:

je eine Wohnung im Bug und Heck, Wohnraum begrenzt, dennoch Wohn-, Schlaf-, Kinderzimmer, Küche, Bad, auch Elektrizität vorhanden; Besatzung häufig nur aus Familienmitgliedern;

2 Ihr Hauptfahrgebiet:

- am Main bis: *Nürnberg (Kanal)*
- an der Mosel bis: *Nancy*

- am Rhein bis: *Basel und Rotterdam*
- am Neckar bis: *Plochingen*

3 Ihre Transportgüter:

Massengüter (z.B. Kohle, Steine); Grund: geringe Transportgeschwindigkeit

4 Ihre Schwierigkeiten und Probleme:

➤ bei der Arbeit an Bord:
Tagesarbeit ca 14 - 16 Stunden, Wochenarbeitszeit ca 70 Stunden, kaum Urlaub;

➤ auf Fahrt unterwegs:
durch Hoch- oder Niedrigwasser, Nebel, Dunkelheit, Vereisung; ausreichende Bevorratung mit Lebensmitteln, Wasser und Treib-; stoff; Schulpflicht der Kinder;

für diese Menschen ist das Schiff und der Main ...

Existenzgrundlage und Heimat

■ Beispielthema - Flußbegradigung:

- **Hauptlernziel:** Eingriffe des Menschen in Naturgegebenheiten werten.
- **Teillernziele:** - Gründe für eine Flußkorrektur kennenlernen;
  - die Folgen einer Flußkorrektur beurteilen können bzw. die Zusammenhänge erkennen;
  - die Probleme um den Rheinseitenkanal abwägen;
  - einen Sachtext und ein Luftbild auswerten.

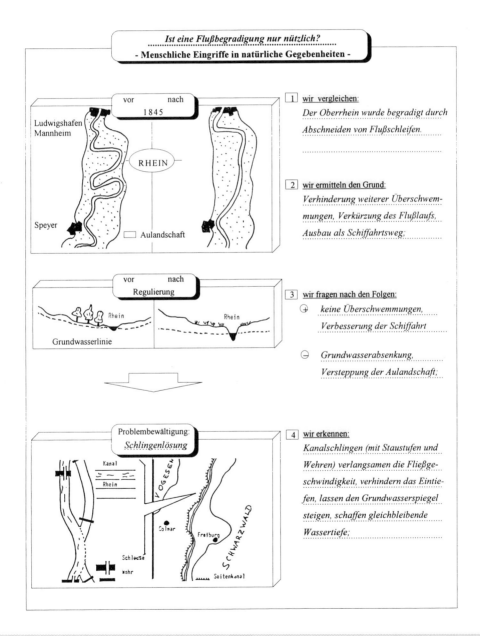

Ist eine Flußbegradigung nur nützlich?
- Menschliche Eingriffe in natürliche Gegebenheiten -

vor   nach
1845

Ludwigshafen
Mannheim

RHEIN

Speyer   Aulandschaft

1 wir vergleichen:
Der Oberrhein wurde begradigt durch Abschneiden von Flußschleifen.

2 wir ermitteln den Grund:
Verhinderung weiterer Überschwemmungen, Verkürzung des Flußlaufs, Ausbau als Schiffahrtsweg;

vor   nach
Regulierung

Rhein   Rhein

Grundwasserlinie

3 wir fragen nach den Folgen:
⊕ *keine Überschwemmungen, Verbesserung der Schiffahrt*

⊖ *Grundwasserabsenkung, Versteppung der Aulandschaft;*

Problembewältigung:
Schlingenlösung

Kanal
Rhein
VOGESEN
Colmar   Freiburg
SCHWARZWALD
Schleuse
Wehr
Seitenkanal

4 wir erkennen:
Kanalschlingen (mit Staustufen und Wehren) verlangsamen die Fließgeschwindigkeit, verhindern das Eintiefen, lassen den Grundwasserspiegel steigen, schaffen gleichbleibende Wassertiefe;

■ Beispielthema - Insektizide:

- **Hauptlernziel:** Den Einsatz von chemischen Schädlingsbekämpfungsmitteln als vielschichtiges Problem von globaler Tragweite erkennen.

- **Teillernziele:** - die Ernährungssituation in den Ländern der Dritten Welt erkennen und daraus die Notwendig-keit des Kampfes gegen Schadinsekten ableiten;
  - die möglichen, vielfältigen Folgen einer intensiven Verwendung von Schädlingsbekämpfungs-mitteln verstehen;
  - sinnvolle Maßnahmen der Problembewältigung aufzeigen und begründen;

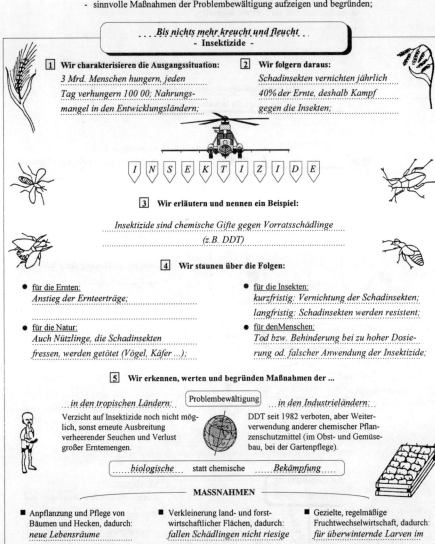

... *Bis nichts mehr kreucht und fleucht* ...
- Insektizide -

1 **Wir charakterisieren die Ausgangssituation:**

3 Mrd. Menschen hungern, jeden
Tag verhungern 100 00; Nahrungs-
mangel in den Entwicklungsländern;

2 **Wir folgern daraus:**

Schadinsekten vernichten jährlich
40% der Ernte, deshalb Kampf
gegen die Insekten;

I N S E K T I Z I D E

3 **Wir erläutern und nennen ein Beispiel:**

Insektizide sind chemische Gifte gegen Vorratsschädlinge
(z.B. DDT)

4 **Wir staunen über die Folgen:**

- **für die Ernten:**
  Anstieg der Ernteerträge;

- **für die Natur:**
  Auch Nützlinge, die Schadinsekten
  fressen, werden getötet (Vögel, Käfer ...);

- **für die Insekten:**
  kurzfristig: Vernichtung der Schadinsekten;
  langfristig: Schadinsekten werden resistent;

- **für denMenschen:**
  Tod bzw. Behinderung bei zu hoher Dosie-
  rung od. falscher Anwendung der Insektizide;

5 **Wir erkennen, werten und begründen Maßnahmen der ...**

in den tropischen Ländern: Problembewältigung   *in den Industrieländern:*

Verzicht auf Insektizide noch nicht mög-lich, sonst erneute Ausbreitung verheerender Seuchen und Verlust großer Erntemengen.

DDT seit 1982 verboten, aber Weiter-verwendung anderer chemischer Pflan-zenschutzmittel (im Obst- und Gemüse-bau, bei der Gartenpflege).

..... *biologische* statt chemische ..... *Bekämpfung*

MASSNAHMEN

- ■ Anpflanzung und Pflege von Bäumen und Hecken, dadurch:
  neue Lebensräume
  für Nützlinge

- ■ Verkleinerung land- und forst-wirtschaftlicher Flächen, dadurch:
  fallen Schädlingen nicht riesige
  Erntemengen zum Opfer

- ■ Gezielte, regelmäßige Fruchtwechselwirtschaft, dadurch:
  für überwinternde Larven im
  nächsten Jahr keine Nahrung

- ■ Anbau und Züchtung widerstandsfähiger Nahrungspflanzen, dadurch:
  geringere Ernteverluste
  durch Schadinsekten

- ■ Bereitschaft zum Kauf von Obst und Gemüse mit Schorfflecken u.ä., dadurch:
  Reduzierung der chemischen Insek-
  tengifte im Obst- und Gartenbau

ZIEL

..... *natürliches Gleichgewicht zwischen Schädlingen und Nützlingen.*

■ Beispielthema:Australiens Bodenschätze:

- **Hauptlernziel:**   Australien als rohstoffreichen Kontinent kennenlernen.
- **Teillernziele:**
  - einige geographische Daten über Klima, Vegetation, Bodenbeschaffenheit und Größe des australischen Kontinents erfahren und kartografisch lokalisieren;
  - Kenntnisse erhalten über die Lagerstätten und den Abbau ausgewählter Bodenschätze unter besonderer Berücksichtigung des Einflusses von Großkonzernen;
  - die Förderung der Bodenschätze unter wirtschaftlichen Gesichtspunkten für Australien und die Industrieländer bewerten;
  - die verschiedenartigen Folgen eines wenig verantwortungsbewußten Rohstoffabbaus ableiten;
  - in einem Rollenspiel die Argumente der Befürworter und Gegner einer extensiven Rohstoffausbeutung gegenüberstellen.

Entwicklung ja! - Ausbeutung nein!
- Kampf um die Bodenschätze Australiens -

Bodenschätze: *in Hülle*

A N T E I L E

	Bauxit	Blei	Eisenerz	Nickel	Silber	Uran	Zink
Weltförderung	92,5 Mill t	3,4 Mill t	632 Mill t	752,3 Tsd t	12 789,1 t	36 813 t	6.7 Mill t
davon Australien:	32,2 Mill t	440,3 Tsd t	79,8 Mill t	76,9 Mill t	1 062,9 t	3 218 t	658,7 Tsd t
%-Anteil:	*35%*	*13%*	*13%*	*10%*	*8%*	*9%*	*10%*

Australien, ein rohstoffreiches Land

F U N D O R T E

Bauxit   :   *Gove, Weipa (NO - Australien)*

Blei   :   *Mount Isa (N - Australien), Broken Hill (SO - Australien)*

Eisenerz   :   *Yampi Sound, Mt. Goldsvarthy (W), Mount Isa (N)*

Nickel   :   *Mt. Windarra (W -Australien), Kambala (SO - Australien)*

Silber   :   *Mt. Isa (N -Australien), Brocken Hill, Cobar (SO - Australien)*

Uran   :   *Jabiluk (N - Australien)*

Zink   :   *Mt. Isa (N -Australien), Brocken Hill (SO - Australien)*

Stoppt die Plünderung unseres Kontinents

Probleme: *in Fülle*

◆ für die Eingeborenen   :   *Vertreibung aus den Stammesgebieten mit Rohstofflagerstätten*

◆ für die Natur   :   *großflächige Zerstörung typischer Naturräume*

◆ für die Wirtschaft des Landes   :   *rücksichtslose Industrialisierung Ausbeutung der Rohstoffe durch wenige Großfirmen*

◆ für die Bergarbeiter   :   *ungenügende soziale Bedingungen (Kranken- u. Altenversorgung), Zuzug von Abenteuerern*

DAS ARBEITSTRANSPARENT

Die Tatsache, daß in der Regel der Arbeitsprojektor seinen festen Platz in den meisten Klassenzimmern hat, begründet sich einerseits in der recht einfachen Technik, die ein problemloses Bedienen erlaubt, andererseits in der großen Vielfalt sich bietender methodischer Möglichkeiten. Die immer wieder zu lesenden Hinweise zur technischen Funktionalität, zur Höhe der Buchstaben und Größe der Projektionsflächen sind nachvollziehbar, verstehen sich aber eigentlich von selbst.

Entscheidend für ein effektives Lernen mit Arbeitstransparenten ist die Art der Gestaltung der erfaßten Information. Ob bei selbst- oder fremderstellten Arbeitstransparenten, jeder Lehrer wird die auf Folie (= der mediale Träger) wiedergegebene Information (Abbildungen, Texte, Zahlen, Symbole) aus der Sicht ihrer Bedeutung für die Wahrnehmungsabläufe, die Erkenntnisgewinnung und Abspeicherungsvorgänge bewerten. Hinzu kommt natürlich noch ein notwendiges Maß an Ästhetik, das neben den vorher erwähnten kognitiven Effekten die immer zu beachtende emotionale Relevanz darstellt. Gerade durch die großflächige Projektionsmöglichkeit ist die ästhetische Komponente von besonderer Bedeutung.

In der Unterrichtspraxis finden fremd- und selbsterstellte Arbeitstransparente Verwendung. Die Verlagserzeugnisse müssen unabhängig von einem bestimmten Lehrbuch eingesetzt werden können und hinsichtlich ihrer Informationserfassung dem endogenen Lernreifestand (= Maß der Lernbereitschaft und Entwicklungsstand der Lernfähigkeit) angepaßt sein. Bei den selbsterstellten Arbeitstransparenten, so sie nicht nur eine kopierte Darstellung aus einem anderen Printmedium enthalten, muß der Arbeitsaufwand, der ohne Zweifel bei einem didaktisch professionell gestalteten Arbeitstransparent nicht gering ist, bedacht werden.

Außerdem sei noch auf die beiden generell möglichen methodischen Vorgehensweisen hingewiesen. Bei der statischen Strategie wird die komplette Information als Problemstellung und/oder Problemlösung zur Analyse und Interpretation angeboten. Von einem dynamischen Einsatz des Arbeitstransparentes spricht man, wenn die Informationspräsentation oder -erarbeitung schrittweise aufbauend oder ergänzend erfolgt. Schließlich wird man darüber zu befinden haben, ob das Arbeitstransparent lehrer- oder schülerzentriert erschlossen werden soll. Im ersten Fall wird es sich in der Regel um relativ komplexe Lerninhalte handeln, die eine starke Steuerung der Lernabläufe seitens des Lehrers erfordern. Seine Handlungsaktivitäten sind dann die des Analysierens und Interpretierens. Im zweiten Fall dient das Arbeitstransparent als Arbeitsquelle für eine direkte Schülerarbeit. Aufgrund des Vorteils der Hellraumprojektion können die Schüler durch eigenaktive Lernbemühungen die Darstellungen des Arbeitstransparentes, z.B. untersuchen, beschreiben, abzeichnen, weiterentwickeln, ergänzen.

$\boxed{360}$ **Kriterien der Foliengestaltung. Theoretische Forderungen.** Die aufgeführten Kriterien dienen zur Beurteilung fremderstellter und als Gestaltungsaspekte selbsterstellter Arbeitstransparente. Die Lerneffektivität wird damit unterstützt, was bedeutet, daß alle kognitiven Bedingungen des Lernens, wie die Vorgänge des Wahrnehmens, Erkennens, Behaltens und Reproduzierens, aber auch emotionale Faktoren angemessene Beachtung finden.

$\boxed{360}$ **Kriterien der Foliengestaltung. Pragmatische Umsetzung.** Beim didaktisch angemessen gestalteten Arbeitstransparent achtet man auf die Lernzielausrichtung der Darstellungsinhalte, auf den transparenten Aufbau und die logische Struktur, auf die begrenzte Inhaltsmenge, auf die sich gegenseitig stützenden Bild- und Wortinformationen, auf die Akzentuierung der einzelnen Aussagen und auf ein besonderes Maß an Anmutungsqualität zur Sicherstellung einer notwendigen Lernmotivation. Die Aufgaben des Erstellens von Arbeitstransparenten sind demnach das Gliedern, das Reduzieren und Entflechten, das Trennen von Bild- und Wortinformation unter dem Aspekt der redundanten Erfassung und das Ausstatten der erfaßten Organisationskerne mit kennzeichnenden Oberbegriffen.

361 **Aspekte des unterrichtlichen Einsatzes.** Aus der Vielzahl der möglichen und zu beachtenden Aspekte werden hier wesentliche didaktische und methodische Überlegungen aufgezeigt. Zunächst sei festgestellt, daß die Möglichkeiten des Arbeitsprojektors nicht zureichend ausgeschöpft werden, wenn man dieses Unterrichtsmedium lediglich als Tafelersatz verwendet. Die 'begrenzte Dynamik', also der Vorzug des Entwickelns, Ergänzens der projizierten Information ist das hervorstechendste Wesensmerkmal. Alle aufgeführten Aspekte stellen Überlegungen dar, die für jede Unterrichtsstunde, in der ein Arbeitstransparent verwendet werden soll, zu treffen und worüber zu entscheiden ist. Von den didaktischen Zielen bzw. Funktionen her erfolgt dann die Zuordnung des Arbeitstransparentes oder einzelner Aufbauteile zu entsprechenden Unterrichtsphasen (z.B. Stufe der Problembegegnung, der selbständigen Ergebniserarbeitung, der Ergebnisfixierung).

362 **Medienspezifische Techniken.** In den einschlägigen Veröffentlichungen wird wiederholt darauf aufmerksam gemacht, daß das Hinweisen besser auf dem Arbeitstransparent vorzunehmen sei als auf der Projektionsfläche. Die Spitze eines Bleistiftes oder ein schlanker Pfeil aus Zeichenkarton leisten dafür gute Dienste. Das Ergänzen kann durch wasserlösliche oder permanente Stifte erfolgen. Beim Abdecken erweist es sich als günstig, wenn das Arbeitstransparent mit einem dünnen Papier (wegen der trotzdem vorhandenen Transparenz für den Lehrer) schrittweise freigegeben wird. Das Motivieren ist der sog. Maskentechnik nachempfunden. Das Arbeitstransparent wird bis auf die schlüssellochähnliche Aussparung abgedeckt, was Neugierde seitens des Schülers wachrufen sollte. Das Zeichnen erfolgt mit transparenten Zeichengeräten. Beim Konturieren wird insbesondere die äußere Gestaltform wiedergegeben. Mit Hilfe von transparenten Funktionsmodellen für naturwissenschaftliche und technische Unterrichtsthemen können verschiedene Vorgänge mit Hilfe des Arbeitsprojektors großflächig projiziert werden. Steht außerdem noch eine Zusatzeinrichtung zur Verfügung, so lassen sich mit Hilfe eines rotierenden Polarisationsfilters auch Abläufe demonstrieren bzw. Bewegungen simulieren. Das Aufbauen erfolgt mit paßgenauen Einzelfolien, die eine Basisfolie mit einer Grundinformation schrittweise vervollständigen (sog. Overlaytechnik). Die üblichen Folien lassen sich in vier gleich große Minitransparente teilen, auf die die Schülergruppen ihre Arbeitsergebnisse fixieren können. Das Komplettieren erfolgt sodann vor der Klasse und bildet die Grundlage für das notwendige Verarbeitungsgespräch, das dem Vergleichen, Ergänzen, der Korrektur und der Zusammenfassung dient. Für die Silhouettenprojektion von Bewegungsformen (z.B. im Fach Sport und Kunst) läßt sich eine Gliederpuppe, wie abgebildet, mit Hilfe von Zeichenkarton und Musterbeutelklammern selbst anfertigen.

- Kriterien der Foliengestaltung -

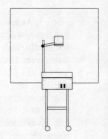

„ Der Arbeitsprojektor ist heute das weitverbreitetste technische Hilfsmittel im visuellen Bereich der Unterrichtsmedien. Mit ihm lassen sich viele Forderungen zeitgemäßer technikunterstützter Unterrichtsgestaltung verwirklichen ... . Er sollte daher in jedem Klassenzimmer vorhanden sein."
(Schröder 1990)

■ theoretische Forderungen:

QUANTITÄT
Wahrnehmungsbelastung als Folge von Informationsüberflutung; deshalb: Reduzierung der Informationsmenge;

STRUKTUR
Gliederung der Darstellungsinhalte in deutlich voneinander abgetrennten Blöcken;

LERNZIELE
Die zu erreichenden Lernziele bzw. die zu erarbeitenden Lernresultate müssen unmißverständlich erkennbar sein.

RICHTIGKEIT
Nach dem gegenwärtigen Kenntnisstand muß der dargestellte Sachverhalt oder Prozeß in Bild und Wort sachlich zutreffend sein.

BILDINFOS
anschauliche und veranschaulichende (= generalisierte) Bildwiedergaben; angemessene Versprachlichung bzw. Begriffsausstattung erforderlich;

WORTINFOS
dosiert und sparsam; treffend; differenziert nach Superzeichen (Oberbegriffe) und Teilinformationen;

GEWICHTUNG
Unterscheidung von wesentlichen und weniger wesentlichen Aussagen durch entsprechende Akzentuierung (zahlreiche grafische Möglichkeiten);

LESBARKEIT
visuell erfaßbar, dem Sprachverständnis (Fremdwörter) angepaßt; angemessen reduzierte Verbalinformation;

MOTIVATION
Gestaltung muß das Interesse der Betrachter wecken (Gliederung, Art der Bildgestaltung, Farbe, Gewichtung, wirklichkeitsnah und generalisiert);

■ pragmatische Umsetzung:

gliedern - reduzieren und entflechten - trennen von Wort- und Bildinformation - ergänzen der erfaßten Blöcke durch Oberbegriffe (Superzeichen)

Gelenkarten

Kugelgelenk

Bewegungen um beliebig viele Achsen; im allgemeinen 3 Hauptachsen mit 6 Hauptbewegungen: z.B. Hüft- und Schultergelenk.

Scharniergelenk

Bewegungen um eine Achse mit zwei Hauptbewegungen (Beugen und Strecken): z.B. Oberarm, Ellen-Gelenk, sowie Mittel- und Endgelenk der Finger.

Zapfengelenk

Bewegungen um eine Achse mit zwei Hauptbewegungsrichtungen: z.B. Gelenk zwischen 1. und 2. Halswirbel.

Sattelgelenk

Bewegungen um zwei Achsen mit vier Hauptbewegungsrichtungen, wobei keine Rotation um die Längsachse möglich ist: z.B. Daumengrundgelenk.

◆ Lernziele
◆ Bild- und Wortinformation
◆ Struktur
◆ Inhaltsmenge

?

?

◆ Gewichtung
◆ Oberbegriffe
◆ Lesbarkeit
◆ Motivation

- Aspekte des unterrichtlichen Einsatzes -

■ der Grundgedanke:

„ Im Gegensatz zu anderen Projektionen kann man im projizierten Bild arbeiten, die Darstellungen selbst während der Projektion entwickeln, ergänzend verändern ... . „ (Schröder 1990)

„ ... die besonderen didaktischen Vorzüge des Transparenteinsatzes ergeben sich aus der schrittweisen, also dynamischen Projektion." (Loeser/Königs 1982)

„ Eine begrenzte Dynamik - eines der wichtigsten Gestaltungsprinzipien des Arbeitstransparents - entsteht durch lernschrittweisen Auf- und Abbau von Einzeltransparenten oder Transparentteilen bzw. durch Aufdecken einzelner Teile des Transparents." (Armbruster/Hertkorn 1977)

■ die didaktischen Ziele:
z.B.
ein Phänomen wiedergeben, ein Problem abgrenzen, das Verstehen fördern, die Lernaktivität mobilisieren, das Merken (Behalten) unterstützen;

■ die Denkvorgänge:

wichtigste Funktion des Folieneinsatzes ist die Auslösung von Denkvorgängen (Wahrnehmungssteuerung) z.B.:
elementarisieren, verknüpfen, ableiten, schlußfolgern, vermuten, bewerten, zusammenfassen, versprachlichen;

■ die Lehrakte:

• monologische Lehrakte: Beschreibung, Erklärung, Interpretation, Demonstration;
• dialogische Lehrakte: Erarbeitungs-, Verarbeitungsgespräch;
• schülerdominante Akte: Arbeitsaufträge und Erschließungsfragen;

■ die Eigenaktivität:

möglichst Betrachter selbst Stellung nehmen lassen bei zurückhaltender Lehreraktivität; bei komplexen Inhalten Partner- oder Gruppenarbeit aufgrund höherer Trefferquote;

■ die Gruppenaktivität:

neben Einzel- und Partnerarbeit; sie erfordert wie diese gezielte Arbeitsaufträge und die Fixierung der erzielten Ergebnisse (Beschreibung, Kritik, Änderungsvorschläge); Minitransparente als mediale Träger;

■ die Verbalisierung:

durch das Benennen, Beschreiben, Verknüpfen, Vergleichen, Zusammenfassen, Werten erfolgt die Verinnerlichung eines Phänomens (Überführung in den aktiven Sprachgebrauch);

■ die Integration:

Folieninhalte möglichst konkretisieren (Bezug zur originalen Erscheinung herstellen); gewonnene Einsichten anwenden bzw. in die Gebrauchssituation überführen oder einem größeren Zusammenhang zuordnen;

■ die Verfügbarkeit:

Bewältigung des Problems der Flüchtigkeit durch Übertragung der Folieninhalte auf Arbeitsblock bzw. Arbeitsblatt;

- Medienspezifische Techniken -

ENTWICKELN   AKZENTUIEREN   ABÄNDERN

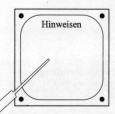

Hinweisen

mit Bleistiftspitze oder
Papierpfeil, mit Zeigestab
oder Laserpointer zur
Steuerung der Wahrneh-
mung;

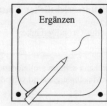

Ergänzen

mit wasserlöslichen Fo-
lienstiften zur Vervoll-
ständigung einer Infor-
mation;

Abdecken

mit verschiedenformati-
gem dünnem Papier zur
schrittweisen Offenlegung
des Arbeitstransparents;

Experimentieren

mit transparenten Ex-
perimentier-   bzw.
Funktionsmodellen;

Zeichnen

mit transparenten
Zeichengeräten und
Schablonen;

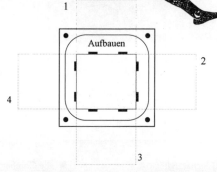

Aufbauen

mit Hilfe von paßgenauen Einzelfolien für den schrittweisen Aufbau einer Gesamtinformation;

Komplettieren

mit sog. Minitranspa-
renten, die Teilinforma-
tionen für Vergleiche
oder Vervollständigun-
gen enthalten;

Konturieren

mit nicht durchscheinen-
den Vorlagen und Gegen-
ständen zur Projektion
von typisierenden Umris-
sen (Silhouetten);

Motivieren

mit Hilfe einer 'Schlüs-
sellochmaske', die nur
einen Teil der Informati-
on sichtbar macht, zur
Weckung der Neugierde;

PRÄSENTIEREN   INTERPRETIEREN   ANALYSIEREN

REDUZIEREN   SKIZZIEREN   VERVOLLSTÄNDIGEN

DEMONSTRIEREN   ENTWERFEN   EINFÜGEN   BESCHRIFTEN

DER SCHULFUNK

Die Gerätetechnik wurde vereinfacht, die Handhabung der Tonkassetten stellt bereits für Schulanfänger kein Problem mehr dar, sehr viele Sendungen sind hinsichtlich ihrer lernfördernden Gestaltung von hoher Qualität. Und trotzdem, Schulfunk als Unterrichtsmedium besitzt in der Alltagspraxis nicht den Stellenwert, der ihm von seiner pädagogischen und didaktischen Wirksamkeit her eigentlich zukommen müßte. Denkbare Gründe dafür gibt es mehrere. Vielleicht sollte man an dieser Stelle die zumindest für die Unterrichtsarbeit sinnwidrige Löschpflicht für die aufgenommenen Sendungen anführen.

| 365 | **Die Ausgangsposition.** Die momentan aktuellen methodischen Großformen (wie Projektunterricht und Freiarbeit) sind besonders aufgrund ihres ausgeprägten Erlebnischarakters so beliebt. Diese Eigenschaft besitzt auch der Schulfunk. Doch darüberhinaus sollte man nicht seine Bedeutung für das kognitive Lernen übersehen.

| 365 | **Die Zielorientierung.** Die Aufgabe der Schule ist aber nicht, dieses Medium aufgrund seines Unterhaltungswertes zu verwenden. Vielmehr kommt es darauf an, daß das Lernverhalten damit gefördert wird und themenspezifische Lernergebnisse erarbeitet werden können. Durch den Einsatz von Unterrichtsmedien will und kann man das mediale Konsumverhalten der Schüler hin zu einem reflektierenden, konzentrierten und kritischen Mediengebrauch verändern.

| 365 | **Medienspezifische Schwerpunktbereiche.** Zur Typisierung dieses wertvollen Unterrichtsmediums werden charakteristische Teilaspekte herausgegriffen. Deren Kenntnis erleichtert dem Lehrer den Zugang zur unterrichtlichen Schulfunkarbeit, wobei besonders die notwendigen Qualitätsanforderungen an Sendungen und die zu erreichenden didaktischen Ziele als Entscheidungskriterien immer bedacht werden müssen.

| 367 | **Kognitive Aspekte bei der Erschließung.** In den einschlägigen Fachveröffentlichungen wird nur gelegentlich auf die kognitiven Vorgänge bei der Wahrnehmung und dem Verstehen von akustisch gestalteten Informationen verwiesen. Bei der Verwendung von Schulfunk im Unterricht muß der Lehrer diese Erscheinungen kennen und durch entsprechende unterrichtspragmatische Maßnahmen berücksichtigen. Geschieht das bewußt, wird die Arbeit mit Sendungen über den Erlebniswert hinaus auch Lernresultate in Form von neuen Einsichten und Fähigkeiten (Erschließungsstrategien für akustisches Material) erbringen.

| 369 | **Methodische Erschließungsfragen.** Die hier aufgeführten als Erschließungsfragen bezeichneten Hinweise, wie mit Schulfunksendungen gearbeitet werden kann, werden in vier große Bereiche gefaßt.
Zunächst geht es um grundsätzliche Überlegungen im Zusammenhang mit dem ersten Kontakt einer für die unterrichtliche Verwendung ins Auge gefaßten Sendung.
Die zweite Gruppe von Fragen wendet sich an die funkische Gestaltung der Thematik, wobei die unmittelbar anstehende Unterrichtsarbeit die Analyse und die Überlegungen bestimmt.
Jedes Unterrichtsmedium, ob selbst- oder fremderstellt, muß dem augenblicklichen Lernstand (Entwicklungsstand) angepaßt sein, wenn eine Chance zur Lernförderung bestehen soll. Die dritte Fragengruppe beschäftigt sich deshalb mit der schulfunkspezifischen Leistungsfähigkeit der Schüler, für die der Einsatz einer Sendung gedacht ist.
Die häufig anzutreffende methodische Arbeit mit Schulfunksendungen läßt sich als Gesprächsunterricht bezeichnen. Die Sendung wird angeboten, die Schüler hören zu; im Anschluß daran erfolgt ein Verarbeitungsgespräch mit dem Ziel, wesentliche Inhalte verdichtet zu erfassen. Über dieses methodische Grundmuster hinaus stehen dem Lehrer aber noch eine ganze Zahl von weiteren Erschließungsstrategien zur Verfügung, durch deren dosierten Einsatz das Lernen mit Schulfunk abwechslungsreicher, kurzweiliger, lebendiger und auch effektiver wird und damit weit über den bloßen Unterhaltungswert hinausreicht.

378 **Kernprobleme und Ansätze der Bewältigung.** Zur Lösung von Problemen gehört als Voraussetzung die Kenntnis dieser. Wie bei allen anderen Unterrichtsmedien gibt es solche auch bei der Schulfunkverwendung. Sie sind durchaus nicht so gravierend, daß sie den unterrichtlichen Einsatz dieses akustischen Mediums verhindern könnten.

Da kann zunächst die unscharfe Zweckbestimmung genannt werden. Man muß in diesem Zusammenhang wissen, daß die Rundfunkanstalten aufgrund des Drucks der Einschaltquote ein breiteres Publikum zu bedienen haben als nur Schüler und Lehrer.

Die durch die Reizkumulation verursachte oberflächliche Wahrnehmungsleistung ist ein Phänomen unserer Zeit, wird aber natürlich auch vom Entwicklungsalter der Schüler bestimmt.

Die fehlende optische Dimension ist ein Kennzeichen dieses Unterrichtsmediums. Neben den bekannten Nachteilen hat dies aber auch Vorzüge, weil dadurch der Schüler veranlaßt wird, verstärkt die Kräfte seiner Phantasie zu mobilisieren.

Die akustisch gestaltete Informationsmenge und das Problem der Flüchtigkeit des Informationsangebots lassen sich unschwer miteinander verbinden. Für eine analysierende Erschließung ist diesen beiden Erscheinungen besondere Aufmerksamkeit zu widmen, wobei durch mehr Lernzeit und durch eine deutlich reduzierte Faktenmenge die Verarbeitungstiefe von Schulfunksendungen verbessert werden kann.

Der gleichzeitigen Aufzeichnung von Wahrnehmungen hat das spezifische Interesse des Lehrers zu gelten, weil gerade die Schüler damit allergrößte Mühe haben. Allerdings könnten die Produzenten von Sendungen hier wertvolle Vorleistungen erbringen, wenn sie das inhaltliche Angebot reduzieren, deutlich erkennbare Strukturen setzen und die Forderung nach redundanter Erfassung im Blick behalten.

Die Arbeit mit Schulfunk muß genauso methodisch professionell erfolgen, wie dies für die Umsetzung aller lernfördernder Unterrichtsmaßnahmen erwartet werden muß. Der Lehrer kann aus dem gesamten Angebot des Methodenbereichs auswählen. Es stehen Lehrformen und Lehrakte, Sozialformen und Ergänzungsmedien, die vielfältigen Möglichkeiten lernprozessualer Sequenzen, lehrerzentrierte und schülerdominante Handlungsakte zur Verfügung.

Der sog. Beschaffensaufwand stellt nicht nur für die Verwendung von Schulfunksendungen ein Problem dar. Hier können nur eine langfristig angelegte Planung und eventuelle Aufträge an die Schüler zur Aufzeichnung von Sendungen helfen.

Die mediale Schwellenangst, ein wenig nachvollziehbarer Hinderungsgrund für den Einsatz von Schulfunk , wird gelegentlich zitiert. Fast immer aber wird die sinnwidrige Löschpflicht beklagt, die ein Zurückgreifen auf gemachte Erfahrungen wenn nicht unmöglich macht, so doch erheblich beeinträchtigt.

Zu allen hier genannten Problemen werden jeweils Überlegungen zu deren Bewältigung angestellt.

384 **Beispiel einer methodischen Aufbereitung.** An einer konkreten Schulfunksendung werden didaktische Überlegungen dargestellt und ein Vorschlag für eine methodische Verlaufsplanung gegeben. Die lernprozessuale Grundstruktur ist leicht erkennbar, der jeweilige didaktische Ort der einzelnen Abschnitte der Sendung wird deutlich herausgestellt. Die für jede Unterrichtsstunde unverzichtbaren Planungsbereiche, die beabsichtigten Lernziele mit den akzentuierten Denkakten (vgl. Verben) und das zu erarbeitende Gesamtergebnis, müssen auch für Schulfunkeinsatz gelten. Das strukturiert gestaltete Lernergebnis kann als Merkblatt, als Arbeitstransparent oder als Tafelbild verstanden werden. Bei den kursiv fixierten Formulierungen handelt es sich um Einzelergebnisse, die durch die direkte Unterrichtsarbeit gewonnen werden. Die im Normaldruck gesetzten Wörter und Begriffe sind im Sinne eines Denkgerüstes bereits vorgegeben (vgl. dazu: Das Tafelbild!).

- Grundbedingungen -

Die Ausgangsposition

Als prinzipielle Grundeinstellung zur Bedeutung und zum Wert von Sendungen des Schulfunks für die Arbeit im Unterricht sei vorweg folgende Feststellung getroffen:

Schulfunk im Unterricht bedeutet nicht die unterhaltsame, unverbindliche Begegnung mit akustisch aufbereiteten Informationen; Schulfunk kann und muß zielstrebig und effektiv zum Erarbeiten von Lernresultaten (Faktenwissen, Einsichten, Problemsensibilität, Einstellungen, Grundhaltungen u.a.m.) in das Unterrichtsgeschehen nach Maßgabe der Lehrplanvorgaben, der medienspezifischen Leistungsfähigkeit der Schülergruppe, der lernpsychologischen Bedingungen und der professionell methodischen Möglichkeiten integriert werden; denn die Unterrichtszeit ist zu wertvoll, die pädagogische Verantwortung für den Schüler zu groß und die Sendungen aus gestaltqualitativen Überlegungen überwiegend zu schade, Schulfunk nicht zureichend reflektierend als Lernhilfe mit seiner breiten didaktischen Funktionalität zu nutzen.

Die Zielorientierung

Die Situation um den Schulfunk hinsichtlich seiner Verwendung im Unterricht läßt sich mit der nachfolgend dargelegten Formulierung charakterisieren. Die Unterschrift zu einer Karikatur, die ein beschwingtes, radiohörendes Seniorenpaar zeigt, lautet: „ ... Seine Sendungen werden von vielen Hörern eingeschaltet, meist aber von den falschen - von Hausfrauen und Rentnern...“ (Zs. Stern 1976, S. 159). Dies findet man offensichtlich auch durch die Schulpraxis bestätigt, selbst wenn die eine oder andere empirische Untersuchung die Verwendung des Schulfunks in einem günstigeren Licht erscheinen läßt (z.B. Schill 1979, Steinforth 1980, Schmidbauer/Löhr/Riedler 1976, Armbruster/Hertkorn 1979).

Die nicht zufriedenstellende Nutzung ist deshalb beklagenswert, weil dieses Unterrichtsmedium auf der emotionalen Ebene tragende Erlebnisse und tiefe Eindrücke vermitteln kann (vgl. z.B. die sog. Hörbilder). Im kognitiven Bereich werden neben der Darbietung lehrplanadäquater Einsichten und Erkenntnisse vor allem auch die Qualifikationen des konzentrierten Wahrnehmens, des Mit- und Nachdenkens stimuliert. Nicht zuletzt ist dieses auf die Entwicklung innerer Vorstellungsbilder, sog. mentaler Modelle, abzielende Medium geeignet, einen dringend notwendigen Gegenpol zu der auf die Kinder einstürmenden Bilderflut zu bilden.

Medienspezifische Schwerpunktbereiche

Tatsache ist, daß das Unterrichtsmedium Schulfunk an den Universitäten innerhalb der verschiedenen Lehramtsstudiengänge so gut wie nie durch spezifische Lehrveranstaltungen aufgegriffen und reflektiert wird. Auch im Rahmen erziehungswissenschaftlicher Weiterbildungsveranstaltungen (dazu ist auch der Medienbereich zu zählen) wird dieser Lernhilfe vergleichsweise wenig Bedeutung beigemessen. Es sollen nun an dieser Stelle in Gestalt eines hochverdichteten Überblicks und mit der Absicht einer ersten oder wiederholenden Orientierungshilfe einige wesentliche didaktische Aspekte aufgeführt werden.

Die in der gebotenen Kürze dargestellten Aussagen des Schaubildes auf S. 366 greifen durch mehrere Blöcke

- lernfördernde und lernbehindernde Wesensmerkmale auf,
- zeigen eine Auswahl relevanter didaktischer Funktionen bzw. Leistungen des Schulfunks,
- geben einen Überblick über Sendeformen und die an sie zu stellenden Qualitätsforderungen aus lernprozessualer Sicht,
- stellen zentral die vier Hauptfunktionen des Gedächtnisses heraus, die im Zusammenhang mit der Erschließung von Sendungen immer aktiviert werden,
- verweisen auf die intellektuellen Operationen bzw. Problemlösestrategien des 'Lernhörens' (Lernen als kognitive Erschließung und Verarbeitung akustisch dargestellter und aufbereiteter Informationen) und
- greifen schlagwortartig verkürzt vier Hauptursachen verminderter Schulfunkverwendung auf.

Unterrichtsmedien
- der Schulfunk -

- Medienspezifische Schwerpunktbereiche -

■ Wesensmerkmale:

+		–	
+ aktuell (bei Zeiterscheinungen)	+ erlebnisnah	- begrenzte Anschaulichkeit wegen	- in der Regel
+ anpassungsfähig (bei evtl.	+ multiplikationsfähig	fehlender optischer Dimension	nur Einweg-
Lehrplanänderungen)	+ motivationsstark	- in der Regel Second-hand-Realität,	Kommunikation
+ problemintensiv	+ dramaturgisch	da inszenierte Wirklichkeit	möglich

■ didaktische Funktionen und pädagogische Absichten:

Schulfunkeinsatz z.B. zur...

- Problemstellung, Problemaufriß, Einführung in
das Thema, Aufbau einer Sachmotivation;
- Infovermittlung, Präsentation von Sachgebieten,
Darlegung von Argumenten, Problemen, konflikt-
haltigen Sachverhalten;
- Interaktionale Problemanalyse, -diskussion, -wertung;

- Sachergänzung der unterrichtlichen Thematik,
Weiterführung, Abrundung, Sicherung (Übung in Sprachen);
- Mobilisierung des menschlichen Emotionalbereichs;
- Initiierung von Meinungsbildung, Kritikfähigkeit;
- Trainingsfeld für die Qualifikation des Lernhörens (Hörer-
ziehung);

■ Sendeformen: ■ Qualitätsforderungen:

... Darstellungselemente:

☐ Wort

☐ Musik

☐ Geräusch

☐ Stille

- Dokumentardarstellung
(Tondokument)
- Interview
- Reportage
- Sprecherkommentar
- Feature
- Vortrag
- szenische Dichtung
- Hörspiel - Hörbild
- direct-teaching

... aus lernprozessualer Sicht:
• aktuell und repräsentativ
• motivationsintensiv unter dem Aspekt
der Sach- und/oder Personidentifikation
• transparent strukturiert
• "anschaulich"
• dem altersspezifischen Konzentrationsvermögen angemessen
• lernzielorientiert
• keine Informationsüberfrachtung (Infodichte)
• dem sprachl. Verständnis angepaßt (verwendete Begriffe, Syntax, Sprachtempo)

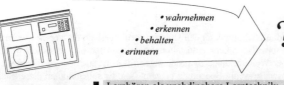

• wahrnehmen
• erkennen
• behalten
• erinnern

?

■ Lernhören als unabdingbare Lerntechnik:

... *unterliegt* der willentlichen Steuerung der
Wahrnehmungsaktivität;

... *wird* positiv oder negativ beeinflußt durch
das Maß der akustisch-inhaltlichen Infodichte;

... *bedarf* der Vorgabe strukturierter, figurativ
gestalteter Denkgerüste (Wahrnehmungshilfen);

... *ist* aufgrund der individuell unterschiedlichen
Erwartungsvorstellungen bzw. des spezifischen Sachinteresses in der Regel ein Filte-
rungsvorgang (selektive, differenzierende,
unterscheidende Strategien);

... *muß* eingeschult und immer wieder angewendet werden;

... *ist* hinsichtlich seiner qualitativen Ausentfaltung stets abhängig von der Art
der akustischen Infodarbietung;

■ Ursachen verminderter Schulfunkverwendung:

! mediale Schwellenangst	! zu hohe Infodichte	! didaktische und methodische Defizite	! aufwendige Zugriffsmöglichkeiten

Kognitive Aspekte bei der Erschließung

Die nach Qualität und Komplexität recht unterschiedlichen Informationen werden - wie das nachfolgende Schaubild zeigt - zunächst durch selektive Wahrnehmungsvorgänge mit Hilfe der entsprechenden sensorischen Rezeptoren durch besondere Maßnahmen und Vermittlungsstrategien im Kurzzeitspeicher zu Einsichten und Erkenntnissen (Lernresultaten). Dabei werden beim Schüler verschiedene Denkakte mobilisiert, wie registrieren, verbinden, ableiten, vergleichen, werten, schließen etc., in der Regel beeinflußt durch lernfördernde oder lernhemmende Empfindungen. Bei der Auswertungsarbeit unter Einbeziehung der Wahrnehmungsvorgänge muß sich der Lehrer der erforderlichen Denk- bzw. Kognitionsstrategien, die zur Erkenntnisgewinnung notwendig sind, voll bewußt sein.

Kognitives Lernen mit Schulfunk heißt also nicht nur sich um das Verstehen im Augenblick, sondern auch um das Behalten über die Unterrichtsstunde hinaus zu bemühen. Dabei, und dies sei bereits hier mit Nachdruck betont, ist der sprachlichen Verfügbarkeit des Erarbeiteten (Überführung in den aktiven Wortschatz) die besondere methodische Beachtung zu schenken.

Das Schaubild auf S. 368 versucht, die wesentlichen kognitiven Faktoren zu erfassen, die im Zusammenhang mit der unterrichtlichen Bewältigung von Schulfunksendungen von tragender Bedeutung sind.

Zunächst sind figurativ die *drei Hauptphasen* dargestellt: Informationsaufnahme, Informationserschließung und Informationsspeicherung. Die im Kurzzeitspeicher (KZS) zur Einsicht und Erkenntnis gewordenen Lernresultate (LR) müssen, um im Langzeitspeicher (LZS) schließlich als Wissen aufbewahrt werden zu können, durch methodische Maßnahmen der Sicherung aufgegriffen und aufbereitet werden.

Betrachtet man die *kognitionspsychologische Ebene*, so sieht man, daß in jeder Hauptphase der eine Sendung hörende Schüler zu bestimmten Gedächtnisleistungen fähig sein muß. Damit er die dafür notwendigen Denkstrategien aktivieren kann, sind von seiten des Lehrers wieder jeweils besondere methodische Maßnahmen zu ergreifen.

Auf welche dabei geachtet werden soll, zeigt der Block *unterrichtspragmatische Ebene.* Grundsätzlich kommt es darauf an, gleich auf welcher Schulstufe, gleich um welches Schulfunkthema es sich handelt, daß die *didaktischen Ziele* der drei Hauptphasen in jeder Unterrichtsstunde mit Schulfunk das gesamte lernprozessuale Bemühen ausrichten.

Unterrichtsmedien
- der Schulfunk -

■ <u>Phasen des kognitiven Lernens:</u>

Info - Aufnahme	Info - Erschließung	Info - Speicherung

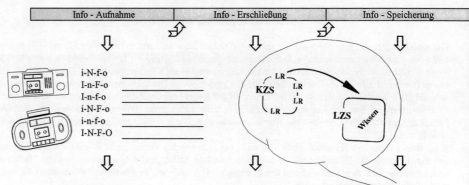

kognitions-psychologische Ebene	mit Hilfe eines intakten sensorischen Apparates Aufnahme bzw. Wahrnehmung gestalteter, zubereiteter Infos, in der Regel durch Reizdiskriminierung; Ausmaß der Wahrnehmungsleistungsfähigkeit abhängig von verschiedenen Variablen: z. B. Lebensalter, Intelligenzalter, Motivationsqualtität der Darstellung (Inhaltsaspekte), Dekodierungsfähigkeit;	Verarbeitung der Wahrnehmungen zu inneren Vorstellungsbildern (= ein Konstrukt aus figurativen und semantischen Elementen); 'Lernen durch Einsicht' durch Mobilisieren angemessener, d. h. inhaltserschließender Denkstrategien (z. B. elementarisieren, ordnen, schließen, strukturieren, generalisieren); Erarbeiten von Einsichten, Kenntnissen, insgesamt von Lernresultaten;	Umformung der Einsichten, Erkenntnisse, der Lernresultate in speicherbares Material; Überführung in den LZS (= Langzeitspeicher)durch Bilden von strukturierten, kodierten und generalisierten Phänomenen; geplante und angemessene Rekapitulation der Lernresultate;
unterrichtspragmatische Ebene	Ausschaltung möglicher Störquellen; motivationale und zielführende Problembegegnung und -begrenzung; wenn möglich, Erarbeitung einer Problemfrage zur Steuerung der Denkaktivitäten; präselektive Erläuterung möglicher semantischer Probleme;	- Verbalisieren des Wahrgenommenen - Herstellen von Bezügen zum individuellen Erfahrungsraum - Formulierung von Fragen zum Darstellungsgegenstand - Elementarisieren von Bestandteilen - Analysieren von Zuständen - Herstellen von Ordnungen und Strukturen - Ermöglichen von Assoziationen - Herausarbeiten eines gegebenen Bedingungsgefüges - Erkennen von Ursache-Wirkungszusammenhängen - Bilden von Alternativen - Erarbeiten von Begriffen - Gewinnen von Regeln - Entwickeln einer kognitiven Organisationsstruktur	Sicherungsstrategien wie: Teil- und Gesamtzusammenfassungen, verschiedene Wiederholungsformen, Wertung, Anwendung und Transfer; Bereitstellen von Organisationshilfen (sog.Organizer);
didaktisches Ziel:	*motivieren und wahrnehmen*	*erschließen und erkennen*	*behalten und reproduzieren*

- Methodische Erschließungsfragen -

■ Grundsätzliche Überlegungen:

Die hier vorzutragenden Überlegungen sind von relativ allgemeiner medienspezifischer Relevanz. Das bedeutet zunächst, daß sie sich weder den Bereichen Sach- oder Zielgruppenanalyse, noch der Kategorie methodische Analyse zuordnen lassen.
Absicht der nun folgenden Gruppe von Erschließungsfragen ist ein erster Zugang, eine erste direkte Auseinandersetzung mit einer für den unterrichtlichen Einsatz ins Auge gefaßten Schulfunksendung.

Erschließungsfrage 1:

Welchem Lernziel, welchem Lerninhaltsbereich des Lehrplans läßt sich die Schulfunksendung zuordnen?

LEHRPLANENTSPRECHUNG ?

Selbst unter Einbeziehung eines noch so liberalen Verständnisses von Unterricht ist es schon aus Zeitgründen nicht vertretbar, neben den verpflichtenden Vorstellungen der Lehrpläne noch zusätzlich weitere Lerninhalte durch Schulfunksendungen einbringen zu wollen. Schulfunksendungen müssen den Lehrplanforderungen entsprechen! In der Regel dürfte dies zutreffen, da die Rundfunkredaktionen das bei Planung und Produktion überwiegend beachten.

Erschließungsfrage 2:

Welche Teillernziele bzw. Feinziele sind mit der Schulfunksendung zu erreichen?

TEILLERNZIELE ?

Bei der Ermittlung der unterrichtlichen Teillernziele dürfen neben den sich immer aufdrängenden kognitiven Zielen die des instrumental-pragmatischen und des emotional-affektiven Lernbereichs nicht übersehen werden. Als Beispiele seien angeführt für:
- den kognitiven Bereich: erkennen, verstehen, analysieren, begründen, bewerten (u.a.) bestimmter Einzelinhalte bzw. Teilresultate;
- den pragmatisch-instrumentalen Bereich: entwickeln der Fähigkeiten des Lernhörens, veranlassen zum systematischen, bewußten, kritischen Gebrauch angemessener Lerntechniken;
- den emotional-affektiven Bereich: schaffen von Hörerlebnissen, mobilisieren von Gefühlen und Stimmungen, erfahren von Eindrücken.
Die Frage nach der Anzahl der anhand einer Schulfunksendung zu erarbeitenden Lernziele sollte sich eigentlich nie stellen. Zwei Teillernziele können ebenso begründet werden wie deren sieben oder neun. Man denke dabei nur daran, daß der unterrichtsbezogene themenspezifische Lernzielkanon durch die legitime Einbeziehung sog. übergreifender Lernziele (z.B. in Kooperation Aufgaben bewältigen, ein Arbeitsblatt selbständig bearbeiten) ebenso sinnvoll wie problemlos vergrößert werden kann.

Zusammenfassend wäre anzumerken,
- daß alle Teillernziele möglichst präzise und konkret zu formulieren sind;
- daß die Lernziele, sowohl von den erfaßten Inhalten her, wie von den zu aktivierenden Qualifikationen (= Lerntechniken, ausgedrückt durch die Verben), dosiert auf das situative Leistungsvermögen der Schüler ausgerichtet sind.

Erschließungsfrage 3:

Welche Hinweise bietet der das Thema der Sendung behandelnde Beitrag im Schulfunkheft?

INFOS IM SCHULFUNKHEFT ?

Sendung und Begleitheft sollten zusammen einen sinnvollen Medienverbund bilden. Was Lehrer dabei erwarten sind nicht noch weitere sachinhaltliche Details zur Sendung (die bei Interesse ja ohnehin in jedem einschlägigen Lehrerhandbuch nachgelesen werden können). Lehrer sind dankbar für alles, was der effektiven (= zielstrebig und freudvoll, verständnis- und behaltensunterstützend) methodischen Bewältigung dienen kann, also insgesamt für Hinweise, Vorschläge und Empfehlungen didaktischer und methodischer Art, eng gebunden an die jeweilige Schulfunksendung.
Die gelegentlich vernehmbaren Befürchtungen hinsichtlich Lektionismus oder schablonenhafter, schematisierender Übernahme werden nur jene äußern, die der Meinung sind, daß es dem professionell arbeitenden Lehrer an der lerninhalts- und zielgruppenbezogenen Relativierungs- und Abstimmungsfähigkeit fehle.

Erschließungsfrage 4:

Um welche Art von Schulfunksendung handelt es sich?

ART DER SCHULFUNKSENDUNG ?

Gemeint sind hier die beiden Grundtypen: Sendungen von der Art des Enrichment- und des Direct-teaching-Modells. Die Sendungen vom Typ Enrichment (= Bereicherung, Ergänzung), wozu die meisten zählen, verlangen zwangsläufig nach gezielten methodischen Maßnahmen. Bei Direct-teaching-Sendungen

(= Unterricht zum Mitmachen, in gewissem Maße selbstlehrend), in denen in verschiedenen Verpackungen 'Steuerungsstrategien', die unmittelbar auf die Hörer wirken, eingearbeitet
wurden, könnte sich die Meinung einer totalen methodischen
Enthaltsamkeit seitens des Lehrers entwickeln.

Die stets unterschiedlichen endogenen und exogenen Lernbedingungen einer Klasse veranlassen, daß auch Schulfunk zum
Mitmachen zusätzliche geplante methodische Maßnahmen
erfordert: z.B. stützende Lehrakte wie Beschreibung, Erklärung,
Demonstration, Entscheidungen über Sozialformen, ergänzende
mediale Hilfen, besondere Strategien zum Aufbau der Lernmotivation und zur Sicherung der Lernresultate.

Erschließungsfrage 5:

Welche didaktische(n) Funktion(en) kann die Schulfunksendung erfüllen?

DIDAKTISCHE FUNKTIONEN ?

An dieser Stelle kann nur knapp, aber nicht minder nachdrücklich, auf diese relevante Entscheidungskategorie eingegangen
werden. Unter den didaktischen Funktionen wird die spezifische Leistungsfähigkeit, die besondere Eignung eines Phänomens, aufgegriffen. Untersucht man Schulfunksendungen unter
dieser Vorgabe, so können sie, natürlich nicht umfassend, so
verschiedenartige Funktionen erfüllen wie: Präsentation von
Sachverhalten und Vorgängen, Darlegung aktueller Gegebenheiten, Aufriß eines Problems (durch Tondokumente), Anbahnung des kritischen Lernhörens und einer konzentrierten Hörbereitschaft, Entwicklung einer themenspezifischen Wertungs-
und Transferfähigkeit, Analyse von Fallstudien, Mobilisieren
von Einstellungen (durch Hörbilder) etc..

Bei dem Bemühen, die didaktischen Funktionen einer Schulfunksendung zu ermitteln, ist (sind) immer deren jeweils unterschiedliche Gewichtung zu bedenken: mal dominant, mal peri-
pher, mal ausschließlich, mal partiell. Der unterrichtliche Einsatz einer Schulfunksendung begründet sich durch die spezifi-
sche(n) Funktion(en). Sie rechtfertigt mithin die lernprozessuale
Aufschließung und die unterrichtliche Integration der jeweiligen Sendung.

■ <u>Reflexionen im Zusammenhang mit der Gestaltung des Themas:</u>

Bei einem sehr weiten Begriffsverständnis könnte man auch von einer Sachanalyse sprechen. Die in der Schulfunksendung aufgegriffenen Informationen zu einem Gegenstandsfeld sind in der Regel nach bestimmten dramaturgischen Kriterien gestaltet. Dies hat Konsequenzen für die Art der unterrichtlichen Erschließung. Es ist ja immer davon auszugehen, daß dem Schüler das Eindringen in die Thematik möglich sein muß. Und das verlangt vom Lehrer, jede Schulfunksendung vor deren Verwendung im Hinblick auf den bearbeiteten Lerninhalt zu untersuchen.

<u>Erschließungsfrage 1:</u>

Welche strukturellen Abschnitte sind aufgrund der formalen Gliederung der Sendung erkennbar?

GLIEDERUNGSSTRUKTUR FREILEGEN ?

Die Frage nach der Struktur und dem gegliederten Aufbau der Sendung ist für die methodische Arbeit von ganz entscheidender Bedeutung. Zeigt die Sendung eine gut erkennbare Gliederung, so.ist sie für den unterrichtlichen Gebrauch aus mehreren Gründen wertvoll. Dem Schüler wird das Eindringen in den Gegenstand erleichtert. Es lassen sich weiterhin Schwerpunkte der Thematik deutlich herausarbeiten. Nicht zuletzt wird damit die Erschließung effektiver, da sich derartig konzipierte Sendungen abschnittweise bewältigen lassen. Die Konzentrationsfähigkeit in den dann kürzeren Wahrnehmungsphasen, aber auch die Reaktivierung der aufgenommenen Informationen werden dadurch günstig beeinflußt. Nicht zuletzt sei noch darauf hingewiesen, daß man bei gut strukturierten Sendungen leichter den einen oder anderen Abschnitt außer acht lassen kann.

<u>Erschließungsfrage 2:</u>

Ist das Stoffangebot aus gegenständlichen Gründen und/oder aufgrund der altersspezifischen Wahrnehmungsleistungsfähigkeit zu reichhaltig?

STOFFANGEBOT REDUZIEREN ?

Die in Schulfunksendungen angebotene Informationsmenge ist in der Regel immer zu umfangreich. Das liegt einmal am Thema selbst, an seiner häufig differenzierten Problematik. Weiterhin ist bei der Beurteilung des Informationsumfanges insbesondere auch die altersspezifisch unterschiedlich ausgeprägte Wahrnehmungsfähigkeit miteinzubeziehen (Ausdauer bei der Rezeption, Ausmaß der Hörbereitschaft, Speicher- und Reproduktionsleistung).

<u>Erschließungsfrage 3:</u>

Ist das Stoffangebot aus lerngegenständlichen Gründen an einer oder an mehreren Stellen zu ergänzen?

STOFFANGEBOT ERGÄNZEN ?

Nicht immer sind die Sendungen so gestaltet, daß sie alle nach dem Lehrplan notwendigen Teilaspekte eines Themas beinhalten. Gelegentlich sind eine räumliche Zuordnung, eine zeitliche Einordnung eines Problembereichs, mancher Begriff, die eine

oder andere Bezugsgröße aus dem engeren Umfeld des Schülers, eine kritische Perspektive u.a. zu ergänzen.

<u>Erschließungsfrage 4:</u>

Kann die gesamte Sendung ausgewertet werden oder lediglich einzelne Teile bzw. bestimmte Abschnitte davon?

KOMPLETT- ODER TEILAUSWERTUNG ?

Schulfunksendungen weisen häufig eine relativ geschlossene Formgestalt auf. Das verlangt meist nach einer vollständigen Darbietung, verbunden mit einer möglichst kompletten Auswertung des Informationsangebotes. Dies ist aber bei einer 20 Minuten dauernden Sendung innerhalb der normalen Unterrichtszeit nicht durchführbar. Ehe nun unter diesem Aspekt auf eine inhaltlich brauchbare und motivationsintensive Sendung verzichtet wird, wäre durchaus einer Teilauswertung der Vorzug zu geben. Die Schulfunksendung würde dann im Sinne eines Ergänzungsmediums im Unterricht Verwendung finden.

<u>Erschließungsfrage 5:</u>

Kann die Sendung geschlossen zur Rezeption angeboten werden oder ist es aufgrund der gegebenen Leistungsfähigkeit der Schüler angebracht, die Sendung in Teilen vorzugeben und aufzuschließen?

BLOCK- ODER TEIL-FÜR-TEIL ERARBEITUNG ?

Wenn Manuskripthersteller und Redakteure ein für den Unterricht relevantes Thema mit funktechnischen Mitteln gestalten, haben sie verständlicherweise die Absicht, eine 15, 17 oder 20 Min. umfassende, lebendige und abgerundete Aufarbeitung eines bestimmten Themas zu bewerkstelligen. Sicher besteht gelegentlich die Möglichkeit, Sendungen schon des ganzheitlichen Eindrucks wegen als geschlossene Gestalt zur Rezeption anzubieten. Häufiger aber wird man die abschnittweise Darbietung mit einer sich jeweils anschließenden Auswertungsphase vorziehen. Dies hat insbesondere lernpsychologische Gründe, wobei v.a. die Faktoren Wahrnehmungsfähigkeit, unterschiedliche Filterung der Eindrücke, emotionale Steuerung, Umsetzung in innere Vorstellungsbilder, Sprachverständnis, Beeinträchtigung der Speicherleistung durch Überlagerung in Form neuer punktueller Wahrnehmungen eine ganz entscheidende Rolle spielen. Aufgrund dieser Überlegungen wird wohl häufiger der abschnittweisen Darbietung und Erschließung der Vorzug gegeben werden.

Erschließungsfrage 6:

Kann vorweg bereits beurteilt werden, ob die Sendung bzw.
bestimmte Abschnitte wiederholt werden müssen?

GESAMT- ODER TEILWIEDERHOLUNG ?

Nicht selten wäre es wünschenswert, wenn die gerade aussage-
kräftigsten Passagen während des Verarbeitungsgespräches, in
dem die erarbeiteten Ergebnisse vorgetragen (ergänzt, korrigiert,
zusammengefaßt) werden, wiederholt werden könnten. Hierdurch könnte es zu einer weiteren Stabilisierung und Intensivierung des erarbeiteten Ergebnisses kommen (Behaltenssteigerung
von 9,8%, nach Mieth 1974). Auch i. S. der Hörerziehung wäre
die Einsicht in die Notwendigkeit des genauen Hinhörens und
Aufnehmens von akustischem Material anzubahnen und zu
entwickeln. Deshalb gilt: Aussagekräftige, zielerschließende
Passagen, Abschnitte, bei denen es Wahrnehmungsschwierig-
keiten geben wird, sollten wiederholt werden.

Erschließungsfrage 7:

Können oder müssen Teilaussagen der Sendung mit Bezugsgrößen bzw. Erfahrungswerten aus dem Umfeld und dem Lebensraum der Schüler verglichen werden?

VERGLEICH EINZELNER INHALTE ?

Die selektive und altersspezifische Sichtweise der Schüler erfordert häufig eine Projektion der bisher unbekannten Sendungsinhalte auf Bezugsgrößen aus dem Umfeld der Schüler. Gemeint
sind hier insbesondere Längen, Größen, Werte. Der in einer
Sendung erwähnte Urwaldbaum z.B. wird mit der bekannten
Höhe eines heimatlichen Fernsehturms, die Geschwindigkeit
eines flussaufwärtsfahrenden Binnenschiffes mit der Geschwindigkeit eines Radfahrers verglichen. Durch diese Projektionen
werden so einzelne Aussagen einer Sendung transparenter und
eher zu einer den wirklichen Tatsachen entsprechenden inneren
Vorstellung.

Erschließungsfrage 8:

Ist es möglich und/oder notwendig, die Kernaussagen der Sendung in einen größeren Zusammenhang zu integrieren?

INTEGRATION DER KERNAUSSAGEN ?

Die Integration von Aussagen bzw. Informationen einer Sendung
in einen jeweils größeren Zusammenhang ist von prinzipieller
Bedeutung. Die inhaltliche Integration sollte sich durch den
Bezug zum Groblernziel im Fachlehrplan problemlos vornehmen
lassen. Die Vernetzung historischer Ereignisse ist durch die
zeitliche Zuordnung mit Hilfe eines Geschichtsfrieses möglich.
Zusammenhänge und Abhängigkeiten lassen sich durch ein
Struktur-, Funktions- oder Flußdiagramm veranschaulichen. Die
Landkarte erfüllt im Zusammenhang mit einer gebotenen Raum-
zuordnung die gleiche Aufgabe. Aus der Sicht der Lernpsycho-

logie dient das Bemühen um Integration dem notwendigen Aufbau und der Erweiterung der sog. kognitiven Struktur (dem im
Gedächtnis geordneten Wissen).

Erschließungsfrage 9:

Ist die Sendung mit Hilfe einer oder mehrerer Leitfiguren bzw.
mit einem 'roten Faden' gestaltet?

LEITFIGUR - ROTER FADEN ?

Der Wunsch nach Intensivierung der Hörbereitschaft bzw. nach
Steigerung der Wahrnehmungsmotivation veranlaßt die Produzenten von Schulfunksendungen zurecht, diese so zu gestalten,
daß die Möglichkeit der Identifikation mit den handelnden Personen und/oder den dargelegten Problemen für die Schüler
gegeben ist. Der dadurch stärkere Bezug zu diesen Personen
bzw. zum anstehenden Problem intensiviert Wahrnehmung,
Erschließung und Speicherung der inhaltlichen Elemente. Dazu
ist es erforderlich, derartige Leitfiguren methodisch zu nutzen,
ihnen Gestalt zu geben und diese auch zentral in das Unterrichtsgeschehen zu integrieren (z.B. auf Folie, auf Plakatkarton
möglichst groß dargestellt). Gedächtnispsychologisch stellen
diese so erfaßten Leitfiguren sog. Ankerelemente dar, mit deren
Hilfe der Schüler Einzelheiten zuverlässig verknüpfen kann.
Eine ähnliche Leistungsfähigkeit besitzt auch ein 'roter Faden',
der sich als Gestaltungselement durch eine Sendung zieht (z.B.
eine immer wiederkehrende gleiche Melodie, eine häufig ge-
brauchte sprachliche Formulierung). Deren besondere Wertigkeit
liegt in der Rhythmik und Symmetrie der Erscheinung, die als
Gedächtnisstütze sich schneller und nachhaltiger einprägt. So
stellt dies für den Schüler gleichsam ein 'Denkgeländer' dar, das
für ihn kognitive Leitschiene ist, wenn es um die erschließende
Durchdringung des Faktenmaterials geht.

Erschließungsfrage 10:

Welche in der Sendung dargelegten Motive, Anlässe, Beweggründe, Ursachen und Verhaltensweisen der handelnden Personen sind in jedem Falle freizulegen?

BEWEGGRÜNDE HANDELNDER PERSONEN ?

Viele Themen, insbesondere aus der sozio-kulturellen Fächer-
gruppe, erfordern aufgrund der Lehrplanbestimmungen die
Analyse menschlicher Verhaltensweisen, um damit auch eventuell mögliche inhaltliche Problemzusammenhänge verständlich zu
machen. Aber auch aus lernprozessualen Überlegungen heraus
kann eine Freilegung der Verhaltensweisen handelnder Menschen angezeigt sein. Es ist eine bekannte Tatsache, daß das
Menschliche allgemein bzw. der handelnde, problemlösende
Mensch im Mittelpunkt eines Lerngegenstandes in besonders
starker Weise das Interesse der Schüler an sich bindet. Vielfach
ist dazu in der Sicherungsphase innerhalb der Artikulationsstufe
mit der didaktischen Funktion Bewertung ein angemessener
lernprozessualer Ort.

Erschließungsfrage 11:

Welche Elemente, Aussagen, Eindrücke bedürfen in jedem Falle der gezielten Versprachlichung bzw. der bewußten Überführung in den aktiven Wortschatz?

ZU VERSPRACHLICHENDE ELEMENTE ?

Die Fassung menschlicher Denkprozesse und deren Produkte in Sprache ist ein großes Forschungsgebiet der Denkpsychologie und ein ständiger Auftrag für Unterricht und Bildung. Formulierungen wie 'das Denken als das nach innen verlegte Sprechen' oder 'die Sprache als Vehikel des Denkens' verweisen darauf. Auch die Arbeit mit Schulfunk hat in konsequenter Weise diesen Forderungen Rechnung zu tragen. Man beachte deshalb die bewußte Versprachlichung der Lernresultate, der dominanten Wahrnehmungen und der vorherrschenden Empfindungen. Außerdem sei in diesem Zusammenhang auf die Erläuterung unbekannter Formulierungen und Begriffe verwiesen, auf die spontane Wiedergabe von Eindrücken und Eigenerfahrungen zum anstehenden Sachverhalt.

Erschließungsfrage 12:

Welche sprachlichen Formulierungen und Begriffe müssen vor der Darbietung der Sendung aufgezeigt und geklärt werden?

VORWEGERLÄUTERUNG SCHWERVERSTÄNDLICHER FORMULIERUNGEN ?

Das kognitive Eindringen in die Problemzusammenhänge wird mit großer Wahrscheinlichkeit behindert, wenn Schüler mit dem einen oder anderen Begriff nichts anfangen können, wenn hochgestelzte Formulierungen oder solche aus der Amtssprache von ihnen nicht verstanden werden. Es ist erforderlich, daß der Lehrer schon beim ersten vorbereitenden Anhören jene neuralgischen Formulierungen heraussucht, die das sprachliche Leistungsvermögen der Schüler überfordern. Unverzichtbar dabei ist, daß die entsprechenden Formulierungen zu Beginn des Lernprozesses auf einer Seitentafel als ständig zur Verfügung stehende Erinnerungshilfe fixiert und durch unmittelbare schriftliche Ergänzungen und Hinweise erläutert werden. In jedem Falle sollten aber die Schüler zunächst einmal zu eigenständigen Erläuterungsversuchen veranlaßt werden, entweder innerhalb der Unterrichtsstunde oder evtl. auch im Sinne einer vorbereitenden Hausaufgabe.

Erschließungsfrage 13:

Welche Teilergebnisse, die aus der Sendung herausgearbeitet werden können, sollten in jedem Falle festgehalten werden?

FIXIERUNG WELCHER LERNRESULTATE ?

Schulfunkarbeit dient nicht der unverbindlichen Unterhaltung! Mit Schulfunk kann und soll gelernt werden, wobei das Ergebnis des gemeinsamen Bemühens die Lernresultate sind.

Unter Lernresultaten sind jene Einsichten, Kenntnisse und Erkenntnisse zu verstehen, die nicht nur verstanden werden sollen, sondern auch als langfristiges zur Verfügung stehendes Wissen angesehen werden müssen (von den instrumentalen Qualifikationen hier einmal abgesehen). Diese Lernergebnisse dürfen nicht nur als bloß akustisches Phänomen am Ende einer schulfunkgetragenen Unterrichtsstunde im Raume stehen. Sie sind grundsätzlich schriftlich, damit visuell erfaßbar, archivier- und nachschlagbar, zu fixieren. Hierzu gibt es verschiedene Formen und Möglichkeiten: der weniger sinnvolle Merktext, Arbeitsblätter, gegliederte Stichwortdarstellungen, verbegrifflichte Schemaskizzen, Diagrammstrukturen. Die wohl geeignetste Form der Erfassung und Fixierung schulfunkinitiierter Lernresultate ist deren Fixierung durch blockstrukturierte und ikonisch gestaltete Denkgerüste (sog. advance organizer).

Erschließungsfrage 14:

Können aufgrund der Inhaltsverarbeitung durch Aussagen, Verhaltensformen in moralischen, ethischen, religiösen, ideologisch-gesellschaftlichen Bereichen sog. 'Nebeneffekte' auftreten?

NEBENEFFEKTE MÖGLICH ?

Bei der kognitiven Erschließung von Schulfunksendungen können auch sog. 'Nebeneffekte' aufscheinen. Diese sind nach Abwägung ihrer Bildungsrelevanz auch unterrichtlich freizulegen und zu diskutieren. Es handelt sich hier um moralische Grundtugenden, Elemente demokratischen Verständnisses, Kriterien menschlichen Zusammenlebens u.a.. Als Beispiele seien hier genannt: Zivilcourage, Umweltbewußtsein, freie Religionsausübung, Akzeptanz der freien Meinungsäußerung, Nächstenliebe und Hilfsbereitschaft, aber auch der Aspekt der Rollenfestschreibung.

Erschließungsfrage 15:

Eignen sich Abschnitte der Sendung zur differenziellen Erarbeitung?

ABSCHNITTE FÜR BINNENDIFFERENZIERUNG ?

Für die Arbeit mit Schulfunk bedeutet dies, daß unter dem Aspekt der personalen Handlungsgewichtung das Thema insbesondere nach Passagen untersucht wird, die sich für das denkende, selbständige Durchdringen durch Schüler in Allein-, Partner- oder Gruppenarbeit eignen. Die Zuordnung entsprechender Abschnitte erfolgt aufgrund ihrer Komplexität, ihrer Transparenz und Struktur: je schwieriger, komplexer, umso erfolgreicher wird dann die gleichzeitige Bewältigung durch mehrere Schüler. Die Trefferquote wird in der Regel höher sein, wenn bei schwierigen Lernaufgaben mehrere Schüler engagiert sind. Auch für die Arbeit mit Schulfunk gilt das Gesetz der Lernverstärkung durch möglichst häufige Erfolgserlebnisse.

■ Fragen zur medienspezifischen Leistungsfähigkeit des Schülers:

Im Mittelpunkt dieser Fragengruppe steht der Schüler mit seiner auf die Schulfunkrezeption bezogenen Leistungsfähigkeit bzw. seinem auf den Inhalt bezogenen Kenntnisstand. Der besondere Blick gilt dem Vorgang der registrierenden Wahrnehmung und den Akten des denkenden Durchdringens. Die Erschließungsfragen dienen dazu, das einsichtige Lernen mit Schulfunk von der subjektiven Bedingungskomponente her sicherzustellen.

Erschließungsfrage 1:

Welches Vorwissen besitzen die Schüler bereits zum Inhalt der Schulfunksendung?

VORWISSEN ZUM THEMA ?

Es gilt auch in diesem Zusammenhang die vielzitierte Formel, daß der Schüler 'da abgeholt werden sollte, wo er sich momentan befindet'. Lernpsychologisch und didaktisch begründet kann dies mit der Theorie der kognitiven Struktur des Gedächtnisses werden; dazu sei nur ganz generell soviel festgestellt, daß Neues mit bereits Bekanntem verknüpft werden muß, nämlich mit dem Erfahrungshintergrund bzw. dem Vorwissen des Schülers zum Inhalt. Dies hat neben dem inhaltlich-ökonomischen Wert i.S.d. Ersparnismethode auch eine motivationale Relevanz; Spannung und Aufmerksamkeit für die folgende Arbeit mit dem Neuen wird erhöht, das Interesse des Schülers stärker an das Thema gebunden. Die Ermittlung des Vorwissens kann im Sinne einer vorbereitenden Hausaufgabe (z.B. Stelle stichwortartig deine Kenntnisse über die Wettervorhersage zusammen! Was sagt dir der Begriff Föderalismus?) insbesondere bei größeren Komplexen angezeigt sein; sie ist aber auch in direktem Zusammenhang mit der schulfunkgetragenen Unterrichtsstunde möglich und zwar als jene Stufe innerhalb der Eröffnungsphase, die allgemein mit der didaktischen Funktion der Vorkenntnisermittlung umschrieben wird. In beiden Fällen ist eine kurze übersichtliche Fixierung dieser Ergebnisse an einer Seitentafel angebracht, damit sie am Ende des Lernprozesses mit den neu erarbeiteten Lernresultaten verglichen werden können.

Erschließungsfrage 2

Haben die Schüler die erforderlichen medienspezifischen Lerntechniken zur Verfügung und können sie diese anwenden?

ANGEMESSENE LERNTECHNIKEN?

Diese Frage greift sicherlich einen der wichtigsten Aspekte im Zusammenhang mit der methodischen Arbeit mit Schulfunk auf. Wichtig ist das deshalb, weil Lerntechniken als übertragbare Qualifikationen im echten Sinne bildungsrelevant sind. Die mit dem Oberbegriff 'Lernhören' bezeichnete Qualifikation erfordert bei der Einschulung und Anwendung die Beachtung der verschiedenen Variablen:

Endogene Variablen: altersspezifisch und individuell unterschiedliche Wahrnehmungsleistung und kognitive Teilnahmefähigkeit (= Erfassen des Gedankenablaufs, Dekodierung der sprachlichen Formulierungen und aller anderen akustischen Elemente, Vorgänge der selektiven Informationsfilterung aufgrund der Vorkenntnisse und der Erwartungshaltung, Fähigkeit der Umsetzung der akustisch angebotenen Informationen in innere Vorstellungsbilder, Fähigkeit der synchron und zeitversetzten Notation der Wahrnehmungen unter dem Aspekt relativer Generalisierung, Ausmaß der motorischen Selbststeuerungsfähigkeit).

Exogene Variablen: transparente Gliederungsstruktur der Schulfunksendung, die Dichte der Informationsreihung bzw. das Faktenangebot, die kindgemäße und redundante Sprache, Möglichkeit der Sach- und/oder Personidentifikation, geeignete sprachliche und figurative Ankerelemente, die die Reaktivierung der Wahrnehmung fördern, das Maß der emotionalen Abstrahlung der Sendung, die methodische Zielstrebigkeit bei der Einschulung von Lerntechniken und ihre konsequente Anwendung.

Erschließungsfrage 3:

Sind aufgrund der Inhalte und/oder der dramaturgischen Gestaltung der Sendung beim Schüler bestimmte Wirkungen zu erwarten?

MÖGLICHE WIRKUNGEN ?

Es geht in diesem Zusammenhang um Wirkungen, die voraussichtlich das Lernen fördern, aber auch behindern können. So kann auf der kognitiven Ebene durch eine entsprechende Inhaltsverarbeitung das gezielte Wahrnehmen, das Erkennen von Zusammenhängen durch Ableiten, Schlußfolgern, Vergleichen, Kombinieren, das Werten und distanzierte Beurteilen unterstützt oder aber auch beeinträchtigt werden. Auf dem Gebiet des sozialen Verhaltens können Sendungen Toleranz, Loyalität, Solidarität, Verantwortungsbereitschaft, insgesamt das Wertebewußtsein ansprechen und stimulieren. Im emotionalen Bereich kann durch angemessene dramaturgische Darstellungsmittel das Interesse der zuhörenden Schüler mobilisiert , aber ebenso auch durch überzogene Emotionalisierung die Sachinformation überlagert werden. In diesem Zusammenhang gelte auch die besondere Aufmerksamkeit einem allzu häufig eingeblendeten und damit geschwätzig wirkenden Moderator, Erzähler, Kommentator.

Erschließungsfrage 4:

Können Schüler das akustische Informationsangebot durch stichwortartige Notizen synchron oder zeitversetzt festhalten?

SYNCHRONE ODER ZEITVERSETZTE NOTATION ?

Die gleichzeitige Notation akustischer, in der Regel dramaturgisch gestalteter, also auch emotionalisierend wirkender Wahrnehmungen gelingt selbst Erwachsenen oft nur wenig zufriedenstellend. Es ist unschwer nachvollziehbar, daß eine gleichzeitige Mitschrift, ob durch einen gezielten Arbeitsauftrag oder eine Erschließungsfrage veranlaßt, in aller Regel wenig effizient ist, da während dieses Vorganges das akustische Angebot weiterläuft, in dem neue Informationen auf die Schüler einfließen. Dies verursacht bisweilen eine Streßsituation, die durchaus kulminieren kann, was schließlich häufig zu Denkblockaden führt. Diese Feststellungen gelten umso mehr, je weniger die sprachliche Abstraktionsfähigkeit (das Erfassen eines Gedankens durch ein möglichst hochverdichtetes sprachliches Produkt, wie Stichwort, Satzteil, Begriff) bereits entwickelt ist. Für die lernprozessuale Integration einer Schulfunksendung bedeutet dies, daß in der Regel die Sendung unterbrochen werden muß, um den Schülern - ungestört - die Möglichkeit zu geben, ihre Wahrnehmungen alleine, in Partner- oder Gruppenarbeit zu fixieren. Erst nach Abschluß dieser Tätigkeit ist dann die Fortsetzung der Darbietung der Sendung angebracht.

Auch durch dieses Problem wird der Wunsch, ja die Forderung aus der Praxis deutlich, Schulfunksendungen gut strukturiert zu konzipieren, um die Möglichkeiten für Zäsuren zur Verfügung zu haben.

Erschließungsfrage 5:

Sind mediale Hilfen möglich, durch die das Anfertigen von Notizen unterstützt werden kann?

HILFEN ZUR UNTERSTÜTZUNG DER NOTATION ?

Zu umfangreiche Sendungen bzw. zu lange Teilabschnitte erschweren das Behalten des akustischen Materials. Mit vorweg vergebenen Arbeitsaufträgen oder Erschließungsfragen will man Wahrnehmungsschwerpunkte bilden, um damit die Rekapitulation bestimmter Sendungsinhalte zu erleichtern. Weder praktisch zu verwirklichen noch grundsätzlich didaktisch wünschenswert, allerdings maximal effektiv, wäre das gleichzeitige Mitlesen des Manuskripts durch die Schüler. Dabei könnten durch Markieren oder Unterstreichen dominante Aussagen als Grundlage für die spätere Verarbeitung durch ein Gespräch gekennzeichnet werden. Sinnvoll erweist sich die Ergänzung der Arbeitsaufgaben durch sog. Lösungshilfen. Diese begrenzen das jeweilige Lösungs- bzw. Denkfeld. Sie erfassen es z.B. durch Lückentexte, Zweifach- oder Mehrfachwahlantworten, durch Tabellen- oder Diagrammstrukturen, durch Vorgaben eng themenbezogener Text- bzw. Bildmaterialien. Sie signalisieren dem Schüler, daß er die der Schulfunksendung zu entnehmenden Inhalte innerhalb des durch die Lösungshilfe begrenzten Bereiches finden kann. Die Umsetzung dieser Gedanken führt zur Konzeption einzelner Arbeitseinheiten eines Arbeitsblattes, das die Erschließung der Schulfunksendung unterstützend begleiten kann.

Allerdings darf dabei nicht übersehen werden, daß die erzielten Ergebnisse in der Regel kein langfristig speicherbares Wissen darstellen können. Sie sind zu punktuell, zu wenig verdichtet, meist unzureichend figurativ gestaltet und lassen zwangsläufig auch eine zureichend durchstrukturierte Formgestalt vermissen.

■ Fragen zur methodischen Gestaltung des Unterrichts:

Zunächst ist darauf zu verweisen, daß es sich bei der Verwendung von Schulfunksendungen im Unterricht um Lernprozesse handelt, bei denen diese Lernhilfe in der Regel als Leitmedium fungiert, im übrigen aber die prinzipiellen methodischen Gestaltungskriterien die reflektierte Umsetzung erfahren müssen (z.B. Zielorientierung, Motivierung, Aktivierung, Artikulation u.a.m.). Im besonderen sind dabei die zur Verfügung stehenden zeitlichen Gegebenheiten zu beachten, was häufig zu Problemen führt. In jedem Falle sollte als Gestaltungsziel das aktive Lernen mit Schulfunk die Planungsüberlegungen bestimmen, wobei das Augenmerk stets auf die Vorgänge des Wahrnehmens, des einsichtigen Durchdringens (Erkennen), des Sicherns und Reaktivierens des Lernergebnisses (= der Erkenntnisse) zu richten ist.

Erschließungsfrage 1:

Welche Artikulationsstufen können mit der Schulfunksendung bewältigt werden?

ARTIKULATION DER METHODISCHEN VERLAUFSPLANUNG ?

Jede Unterrichtsstunde besitzt eine phasisch gegliederte Verlaufsgestalt. Mit den einzelnen Stufen oder Schritten verfolgt man jeweils ein bestimmtes didaktisches Ziel (Problembegegnung, Teilergebniserarbeitung, Informationsdarlegung u.a.). Es ist zu überprüfen, welche didaktischen Ziele mit der Schulfunksendung in welchen Phasen des Lernprozesses erreicht werden können. In der Regel werden aufgrund des Umfangs der einzelnen Schulfunksendungen meist mehrere Unterrichtsstufen damit bewältigt. Für die lernprozessuale Gliederung (=Artikulation) der Unterrichtsstunde ist eine gut strukturierte Schulfunksendung besonders wertvoll.

Erschließungsfrage 2:

Bietet die Schulfunksendung ein Gestaltungselement an, das aufgrund seiner motivationalen Ausstrahlung zur Bewältigung der Eröffnungsphase (Einstieg oder Einstimmung) geeignet ist?

GESTALTUNG ERÖFFNUNGSPHASE ?

Auf der Basis der bekannten didaktischen Empfehlung, bei der Eröffnungsphase auf einen motivationalen linearen Gegenstandsbezug zu achten, sollte bei Möglichkeit dafür ein Inhaltselement aus der Schulfunksendung verwendet werden. Hierfür eignen sich z.B. eine besonders auffallende Formulierung, die einen kognitiven Konflikt (Berleyne) auslösen kann, eine originelle Äußerung, eine Frage, ein Geräusch, ein Liedausschnitt, die eine oder andere Spiel- (Leit-) figur, die sich für die sog. Personidentifikation eignet.

Erschließungsfrage 3:

Nach welchen Abschnitten der Sendung ist es aufgrund stark affektiv geprägter Inhalte erforderlich, eine Phase für Spontanäußerungen zur Verbalisierung der unmittelbaren Eindrücke einzuplanen?

SPONTANÄUSSERUNGEN ?

Unter dem Aspekt der Psychohygiene kann es nach bestimmten Abschnitten unabdingbar sein, den Schülern die Möglichkeit für Spontanreaktionen zu geben. Im Sinne einer Ventilfunktion können sie in diesen Phasen vor der Klasse oder in der Gruppe ihre Gefühle, Eindrücke oder Meinungen ungesteuert wiedergeben.

Erschließungsfrage 4:

Kann als methodische Erschließungsmaßnahme das 'quaestive Lernen' angewendet werden?

QUAESTIVES LERNEN ?

Das natürliche Fragebedürfnis der Schüler kann auch für die Arbeit mit Schulfunk genutzt werden. Fragen der Schüler zum Inhalt (mündlich, noch besser schriftlich) können gesammelt und gemeinsam oder in Gruppen zu beantworten versucht werden. Das steigert das Interesse und führt mehr an das Thema heran. Es aktiviert die Schüler allgemein, intensiviert die Wahrnehmung und erlaubt mitunter auch das eine oder andere Erfolgserlebnis.

Erschließungsfrage 5:

Gibt es visuell erfaßbare Hilfen, die während der Darbietung der Sendung die Konzentration der Schüler auf die inhaltlichen Aussagen unterstützen?

VISUELLE HILFEN ?

Im Prinzip geht es auch hier um Maßnahmen zur Steigerung der Hörbereitschaft. Da eine lediglich akustisch dargebotene Information ein höheres Maß an kognitiver Leistung (Wahrnehmungskonzentration, Dauer der Aufmerksamkeit, semantische Dekodierungsleistung, affektive Überlagerung) abverlangt, sollten vor, während oder nach der Rezeption dosiert ausgewählte visuelle Hilfen zur Unterstützung angeboten werden. Dabei kann gedacht werden an: eine Bildkarte, einfache Abbildung einer handelnden Person, Strukturierung des Inhalts durch Einzelbilder bzw. auch durch Symbole, einfache Diagramme, vielleicht sogar an einen Wahrnehmungsraster im Sinne eines advance organizers.

Erschließungsfrage 6:

Ist die Vorgabe eines Wahrnehmungsrasters bzw. Denkgerüsts (sog. advance organizer) notwendig, um insbesondere der Flüchtigkeit des Informationsangebots entgegenzuwirken?

WAHRNEHMUNGSRASTER ? DENKGERÜST ?

Die wohl effektivste Strategie, den Schülern das Lernen mit Schulfunk zu erleichtern, ist die Vorgabe eines Organizers. Es handelt sich hier um eine blockstrukturierte Erfassung der wesentlichen Sendungsinhalte. Alle Blöcke bzw. Organisationskerne werden dabei durch Oberbegriffe etikettiert, wesentliche Aussagen durch figurative Ankerelemente besonders hervorgehoben. Derartige Organizer (von Ausubel zuerst in die Diskussion gebracht, inzwischen weiterentwickelt, vgl. Zeitschrift Pädagogische Welt, Donauwörth 12/1991) werden den Schülern vor der Konfrontation mit der Schulfunksendung angeboten. Sie können, da sie dann bereits im Besitze der Grundstruktur der

Thematik sind, die Sendungsinhalte effektiver erfassen, besser verstehen und leichter durchdringen. Die Wahrnehmung wird gezielt gesteuert, Behaltens- und Reproduktionsleistung werden verbessert.

Erschließungsfrage 7:

Sind für das einsichtige Erfassen der Schulfunksendung bestimmte Ergänzungsmedien erforderlich?

ERGÄNZUNGSMEDIEN ?

Vielfach sind für die unterrichtliche Arbeit mit Schulfunk, vor allem wenn diese nicht lediglich als Gesprächsunterricht organisiert wird, noch andere Lernhilfen im Sinne von Ergänzungsmedien angezeigt. Erforderlich sein kann z.B. eine Landkarte, ein originaler Gegenstand, ein Bild, eine Tabelle, ein Prozentdiagramm, ein Text aus dem Schulbuch, eine Grafik u.a.m..

Erschließungsfrage 8:

Für welche Aussagen der Sendung sind Anschauungsmittel bzw. Veranschaulichungshilfen erforderlich?

ANSCHAUUNGSHILFEN ?

Spätestens seit den Untersuchungsergebnissen von Paivio kennt man die Notwendigkeit der dualen Codierung von Informationen für die verschiedenen Vorgänge des Lernens. Die fehlende optische Dimension bei Schulfunksendungen kann das Lernen beeinträchtigen. Deshalb sind immer bei geplantem Einsatz entsprechende Maßnahmen zu ergreifen. Mit einem aussagekräftigen Foto einer Burg, einem Lichtbild mit einem typischen Landschaftsausschnitt, der Wiedergabe eines Portraits des im Mittelpunkt stehenden Dichters, einer alten Urkunde über den Friedensvertrag u.a. wird die Ausbildung zutreffender Vorstellungen im Kontext der akustischen Informationen gefördert.

Erschließungsfrage 9:

Welche Abschnitte der Sendung müssen vorwiegend lehrerdominant, welche können schülerzentriert aufgeschlossen werden?

HANDLUNGSGEWICHTUNG ?

Die Grundidee vom Wechsel der Tätigkeiten während des Unterrichts wird getragen von den Absichten, die allgemeine Lernbereitschaft sicherzustellen und insbesondere die Schüler durch aktives Bemühen bei der Auseinandersetzung mit dem Lerninhalt langfristig lernfähig zu machen. Unter diesem Aspekt sollten bei einer schulfunkgetragenen Unterrichtsstunde, abhängig von der Schwierigkeit des Inhalts und der Leistungsfähigkeit der Schüler, auch Arbeitsphasen organisiert werden, in denen der Lehrer Arrangeur und die Schüler Akteure des Lernens sind. Dies zeigt sich durch Lehrschritte, in denen das Lernen in Allein-, Partner- oder Gruppenarbeit als Sozialform stattfindet.

Erschließungsfrage 10:

Welche Wahrnehmungs- bzw. Arbeitsaufträge sind für die zur schülerzentrierten Erschließung geplanten Abschnitte

erforderlich und in welchen Sozialformen sollten sie bewältigt werden?

ARBEITSAUFTRAG ? SOZIALFORM ?

Die genannten Lehrakte steuern das Denken am akustisch gestalteten Lerninhalt. Sie sind als Frage oder als Auftrag möglichst präzise zu formulieren und für den Schüler visuell erfaßbar (Tafel, Folie, Satzstreifen, Arbeitsblatt, Arbeitsblock) zu fixieren. Wichtig sind auch hier wieder das Maß der Dosierung und die Wahrscheinlichkeit, durch zutreffende Ergebnisse Erfolgserlebnisse zu erfahren. Die Entscheidung über die Sozialform, in der der Arbeitsauftrag oder die Erschließungsfrage zu bewältigen ist, erfolgt aufgrund der Komplexität der gestellten Aufgaben. Sind sie sehr differenziert und anspruchsvoll, ist an den lehrerzentrierten Frontalunterricht und an die Gruppenarbeit zu denken; ansonsten können sie in Allein- oder Partnerarbeit bewältigt werden. Absicht ist in jedem Falle, eine möglichst hohe Trefferquote zu erreichen.

Erschließungsfrage 11:

Welche Denkakte sind für die Bewältigung der Schulfunksendung erforderlich?

DENKAKTE ?

Lernen heißt 'Denken am Gegenstand'. Das läßt sich durch die bewußte Reflexion und Beachtung der erforderlichen intellektuellen Operationen, einfacher ausgedrückt, durch die entsprechenden Denkakte am Lerninhalt verwirklichen. Diese kommen insbesondere durch die Verben des Arbeitsauftrages oder durch die Erschließungsfragen zum Ausdruck. Neben den inhaltlichen Ergebnissen, die mit der Schulfunksendung als zentrale Lernhilfe in einer Unterrichtsstunde erzielt werden (Kenntnisse und Erkenntnisse), sind ganz besonders kognitive Strategien zu beachten: ordnen, zerlegen, ableiten, verknüpfen, schlußfolgern, zusammenfassen u.a.m.. Diese Qualifikationen sind fach- und themenübergreifend, also übertragbar; sie sollten als basale didaktische Zielperspektiven bei jedem schulfunkgetragenen Lernprozeß von zentraler Bedeutung sein. Lernen ist nicht nur ein Produkt-, es ist ganz entscheidend ein Prozeßphänomen.

Erschließungsfrage 12:

Welche methodischen Maßnahmen bzw. Möglichkeiten eignen sich zur Sicherung für die aus der Sendung herausgearbeiteten Unterrichtsergebnisse?

ERGEBNISSICHERUNG ?

Die Effektivität der Unterrichtsarbeit hängt auch ab vom Bemühen um eine angemessene Behaltensleistung bzw. Anwendungssicherheit der Lernergebnisse. Dabei sind methodische Strategien bewußt einzuplanen: schriftliche und mündliche Wiederholungen, Zeichnen eines Bildes, Erarbeiten eines Rollenspiels, Anfertigen eines Rätsels, Diskussion eines Inhaltsausschnittes u.a.. Weiterhin sind Überlegungen anzustellen, welche Arbeitsergebnisse in welcher Form zu fixieren sind. Als Möglichkeiten bieten sich an: Merktext, Stichwortreihe, Struktur-, Funktions- und Flußdiagramm, ein Organizer, auf Tafel, auf Folie, ins Arbeitsblatt, ins Schulheft, als Lernplakat.

- Kernprobleme und Ansätze der Bewältigung -

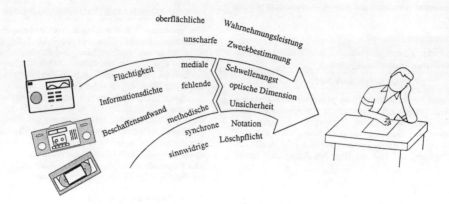

- oberflächliche Wahrnehmungsleistung
- unscharfe Zweckbestimmung
- Flüchtigkeit
- mediale Schwellenangst
- Informationsdichte
- fehlende optische Dimension
- Beschaffensaufwand
- methodische Unsicherheit
- synchrone Notation
- sinnwidrige Löschpflicht

■ die unscharfe Verfolgung der generellen Zweckbestimmung

- das Problem:

Durch zwei Aussagen läßt sich die generelle Zweckbestimmung des Schulfunks zweifelsfrei darlegen. Das Handlexikon der Erziehungswissenschaft definiert dieses Medium "als ein Hörfunkprogramm der öffentlichen Rundfunkanstalten zum Themenbereich Schule, vornehmlich zu Unterrichtszwecken" (Esser 1975), was im übrigen auch Riedler zum Ausdruck bringt, wenn er feststellt, daß der Schulfunk "auf eine bestimmte, fest umrissene Gruppe zielt" (Riedler 1976). Noch deutlicher verweist darauf Henri Dieuzeide, ein international geschätzter Fachmann der UNESCO, als er bei der Europäischen Schulfunk - Konferenz mit Nachdruck forderte, daß es weit weniger auf die Sendungen selbst ankomme, als vielmehr auf den damit verbundenen "Lehr- und Lernprozeß" bzw. "auf den Kontext seines Gebrauchs".

- die unterrichtliche Konsequenz:

Aus den eben dargelegten Äußerungen läßt sich unschwer die generelle Zweckbestimmung dieses Mediums erkennen. Schulfunk ist für den Unterricht da. Er hat nicht nur durch seine lernzielorientierten Themen, nicht nur durch die Dramaturgie der Gestaltung dem Lernenden zu dienen. Auch wenn die sog. 'Zaungäste', Rentner, Hausfrauen, Autofahrer, gerne und oft auch begeistert Sendungen hören, Schulfunk hat seine Aufgabe darin, Lernvorgänge nach Maßgabe der jeweiligen altersspezifischen Lernfähigkeiten auszulösen, steuernd zu beeinflussen, das Erreichen von Lernresultaten zu erleichtern, das Lernen in der Schule zu unterstützen. Dies ist zunächst eine Verpflichtung der jeweiligen Redaktionen, die Schulfunksendungen produzieren; das ist aber auch in ganz besonderem Maße als Auftrag an die Lehrer zu interpretieren, professionell, d.h. unter Beachtung aller notwendigen Erkenntnisse der Lern- und Gedächtnispsychologie, in methodisch souveräner Weise zielführend dieses Medium in den Lernprozeß zu integrieren.

■ oberflächliche Wahrnehmungsleistung durch Reizkumulation

- das Problem:

In einer Veröffentlichung (Schill 1979) findet sich eine Karikatur; sie ist ebenso lustig wie natürlich überzogen, erfaßt aber genau das Problem wie es sich in der Unterrichtspraxis mit Einschränkungen tagtäglich zeigen kann. Der Vorgang: Eine Schulfunksendung zum Thema 'Karl der Große' wird angeboten, die Schüler erhalten anschließend den Auftrag, als Hausaufgabe eine Nacherzählung anzufertigen.
So berichten Schüler über das Gehörte u.a. am nächsten Tag, daß "vor 800 Jahren alle Kaiser, die Karl hießen und eine bestimmte Größe hätten, zum gekrönten Papst Jesus nach Rom kommen mußten."
Ohne Zweifel wurde die Wahrnehmungsleistungsfähigkeit der Schüler mißachtet. Wenngleich es für diese endogene Lernbedingung etliche auf empirischer Basis ermittelte Forschungsergebnisse gibt (vgl. Katzenberger, L. (Hrsg.): Hygiene der Schule, Ansbach 1976), können diese nur Näherungswerte vorgeben, die von verschiedenen Variablen abhängig sind bzw. beeinflußt werden.
Zunächst läßt sich jedoch ganz allgemein sagen: Die akustisch angebotenen Informationen erfordern insbesondere durch die Dichte des Angebots, durch die fehlende optische Dimension und durch ihre Flüchtigkeit ein erhöhtes Maß an konzentrativer Hinwendung seitens der Schüler. Dieser Tatsache wird häufig viel zuwenig Bedeutung beigemessen!

- die unterrichtliche Konsequenz:

Die Wahrnehmungsfähigkeit der Schüler ist eine individuelle Größe, die man grundsätzlich, obwohl dies oft geschieht, nicht mit Zeitangaben begrenzen kann. Sie hängt von so verschiedenartigen Variablen ab wie Strukturiertheit der Sendung, Möglichkeit der Person- und/oder Sachidentifikation, positive Lerngestimmtheit, Vorgabe von Organisationshilfen, sekundäre Motivationsmaßnahmen, aber natürlich auch von der zeitlichen Dauer der Sendung. Wenn dürftige Ergebnisse aufscheinen, so liegt das sicher daran, daß:

➢ die Zeit zwischen Darbietung der Sendung und der Wiedergabe der erfaßten und gespeicherten Informationen zu lang ist (Überlagerung und Verdrängung durch andersartige Wahrnehmungen bis zum Zeitpunkt der Wiedergabe);

➢ die Schüler ohne Vorgabe von Wahrnehmungsschwerpunkten natürlich gemäß ihrer altersspezifisch bedingten selektiven Wahrnehmung nur jene Informationen herausfiltern, die sie interessant finden (der körperlich kleine Kaiser und trotzdem heißt er Karl der Große, die runde Jahreszahl 800, der mächtige Papst in Rom).

Diese Überlegungen sollten dazu veranlassen, Schüler durch zu lange Schulfunksendungen nicht zu überfordern. Für den Praktiker kann dies mitunter bedeuten, selbst wenn dadurch ein geschlossener Eindruck ge- oder zerstört wird, gelegentlich mutig einzelne Passagen der Sendung wegzulassen. Nicht zuletzt sei darauf verwiesen, daß vor und nach der Darbietung einer Sendung ja stringente methodische Maßnahmen durchzuführen sind, die ihrerseits ebenfalls Zeit erfordern. Für die Praxis heißt das, höchstens 1/3 der Unterrichtseinheit für die Darbietung der Schulfunksendung, mindestens 2/3 der Unterrichtseinheit für die methodische Erschließung (Eröffnung des Lernprozesses, Problemabgrenzung, Zielangabe, Erarbeitungsstrategien, Generalisierung und Fixierung der Lernergebnisse, Sicherungsbemühungen und ähnliche) vorzusehen. Nur so besteht die Chance, zielführend die möglichen Lernergebnisse zu erarbeiten, d.h. sie dem Verständnis, der Einsicht der Schüler zuzuführen und eine möglichst dauerhafte Behaltensleistung zu erreichen. Mit Schulfunksendungen will man als verantwortlicher Pädagoge ja nicht unverbindlich unterhalten, sondern in zielstrebiger und fachkundiger Weise Lernergebnisse erarbeiten.

■ die fehlende optische Dimension

- das Problem:

Untersuchungen der Gedächtnispsychologie, aber auch die persönlichen Erfahrungen jedes einzelnen zeigen, daß das menschliche Gedächtnis akustische Wahrnehmungen stets in bildhafte Konfigurationen zu formen versucht. Wenn ein Erwachsener im Konzertsaal eine Beethoven-Symphonie hört, zeigt sich dieses Bemühen der Umsetzung in innere Vorstellungsbilder. Gleiches geschieht auch bei Schülern, wenn eine Schulfunksendung zur Erarbeitung ansteht. Werden nun bei diesem Umsetzungsvorgang, der natürlich insbesondere durch vorhandene themenbezogene Vorkenntnisse und der individuell ausgeprägten Phantasie beeinflußt wird, dem aufnehmenden Schüler keinerlei Hilfen von veranschaulichenden Ergänzungsmedien (Fotos, Skizzen, Querschnitte, Diagramme, Zahlen, kartographische Lagebeziehungen etc.) vorgegeben, können schnell 'falsche Eindrücke' im Sinne von fehlerhaften, den tatsächlichen Gegebenheiten nicht entsprechenden Vorstellungen entstehen. Aus diesem Grunde kann einer mehrfach wiederholten Aussage nicht gefolgt werden, bei der festgestellt wird, daß "der zwangsläufige Verzicht auf das Augenfällige zwar den Aufnahmeprozeß für den Schüler vielleicht mühsamer macht, aber das mühsam Erworbene tiefer dringt und länger haften bleibt" (Riedler 1973).

Dieser Meinung sei folgendes entgegengesetzt. Lernen, gerade auch wenn dies mit dem akustischen Medium Schulfunk geschieht, ist immer an Anschauungen und veranschaulichende Elemente gebunden. Das menschliche Gedächtnis braucht stets figurative, den Sachverhalt, die Aussage zutreffend erfassende Ankerelemente. Von diesen aus können dann zuverlässig notwendige Einzelfakten und Details eines Sachverhaltes erschlossen werden. Außerdem sei in diesem Zusammenhang noch angemerkt, daß eine "Umarbeitung in bildliche Informationen" (Trunsky 1973) ohne Unterstützung durch den Lehrer durchaus zu falschen inneren Vorstellungsbildern führen kann, deren Korrektur mühsam ist und deren Verbleib im Langzeitspeicher (..."länger haften bleibt", Riedler!) nicht ernsthaft gewünscht werden kann.

Dieser Notwendigkeit, die Arbeit mit Schulfunksendungen durch visuelle Hilfen zu unterstützen, versucht der Bayerische Rundfunk in seiner Zeitschrift Schulfunk - Schulfernsehen zu entsprechen. Es werden in der Regel relativ großformatige, meist aussagekräftige Fotos von Gebäuden, Landschaftsausschnitten, Personen, alten Urkunden, Arbeitsplätzen und dgl. jeweils zum beschriebenen Thema der Sendung beigegeben. Dieses durchaus positiv zu bewertende Bemühen hat aber seine Grenze in der schwer möglichen lernprozessualen Integration dieses Bildmaterials.

- die unterrichtliche Konsequenz:

Wenn wir davon ausgehen, daß Abbildungen, zunächst gleich welcher Art, für die Erschließungsarbeit im Zusammenhang mit dem Einsatz von Sendungen des Schulfunks als notwendige Lernhilfe dringend erforderlich sind, sollte auch die Frage nach ihrer praktischen Verwendbarkeit geklärt sein. Das in der erwähnten Zeitschrift angebotene Bildmaterial läßt sich nur dann innerhalb des jeweiligen Lernprozesses denkend durchdringen, wenn es mit Hilfe eines Episkops, das natürlich zunächst beschafft werden muß, vor der gesamten Klasse zur Auslotung projiziert wird; denn es hat ja für die Erschließung der Sendung einen hohen Aussagewert und erleichtert dadurch dem Schüler über den Weg der inneren Vorstellung die Erkenntnis und deren langfristiges Behalten.

Diese beiden Ziele unterrichtlichen Lernens erfordern aber auch, daß die ergänzenden bildhaften Lernhilfen von ihrer Wesensart her einen Sachverhalt nicht nur im Sinne einer photographischen Wiedergabe erfassen. Amerikanische Untersuchungen (z.B. Dwyer jun., 1971) ergaben, daß Fotos, da sie alle Details meist auch ohne Gewichtung wiedergeben, weniger lernfördernd sind als sog. linear - abstrakte Abbildungen, die unter Weglassung aller Einzelheiten nur den Kern eines Phänomens erfassen (z.B. Querschnitte, Diagramme u.ä.).

Daraus ergibt sich für die Arbeit in der Praxis: Die kognitive Erschließung von Schulfunksendungen kann ohne entsprechendes, die optische Dimension erfassendes Bildmaterial in der Regel nicht effektiv vorgenommen werden. Es ist dabei darauf zu achten, daß es allen Schülern zur Auslotung zur Verfügung steht und daß linear - abstrakte Abbildungen lernfördernder sind als eine bloße photographische Erfassung eines Sachverhalts.

■ die Informationsmenge bzw. die Faktenfülle

- das Problem:

Wie bereits aufgezeigt, wird die Wahrnehmungsleistungsfähigkeit u.a. auch durch die Menge der akustisch angebotenen Informationen beeinflußt, selbst dann, wenn diese Informationen dramaturgisch gestaltet sind. Mit dem Umfang der gestalteten Fakten zum Thema reduziert sich die Qualität der konzentrativen Hinwendung. Daß in einer Sendung, die über 20 Minuten einen Lerngegenstand aufbereitet, erheblich mehr an Inhalten angeboten wird, als letztlich verarbeitet (genauer: kognitiv erschlossen, dem Verständnis der Schüler zugeführt, zur Einsicht gebracht) werden kann, stellt zumindest ein Problem für die Auswahl dar. Wenn dann noch zusätzlich weiteres Faktenmaterial, das ja in jedem Lehrerhandbuch nachgelesen werden kann, in Begleitheften, Monatsheften u.a. angeboten wird, suggeriert dies dem Lehrer, daß die in der Sendung enthaltenen Informationen immer noch ergänzungsbedürfig sind.

- die unterrichtliche Konsequenz:

In der zur Verfügung stehenden Zeit sind Sendungen im erwähnten Umfange in der Regel nicht stringent kognitiv zu erschließen, es sei denn, man begnügt sich mit einem notgedrungenermaßen oberflächlichen 'Darüberreden'! Eine weitere Möglichkeit, der Faktenfülle in den Schulfunksendungen zu begegnen, wäre, Sendungen nur ausschnittweise darzubieten und zu erarbeiten. Dies ist von den didaktischen Forderungen, ausgehend von lernpsychologischen und gedächtnispsychologischen Erkenntnissen, die durchaus sinnvollste Art, das Problem im Sinne der Leistungsfähigkeit der Schüler und der Effizienz des Lernbemühens zu bewältigen. Allerdings sei darauf verwiesen, daß die Informationsselektion nicht immer einfach ist (Aspekt der Selektionskriterien), weiterhin, daß damit oft überaus ansprechend gestaltete Sendungen in ihrer ganzheitlichen Ausstrahlung bzw. Eindruckswirkung erheblich beeinträchtigt werden können. Letztlich könnte es schließlich, durch die Dichte des Informationsangebotes bedingt, auch, was niemand wünscht, zur gänzlichen Verbannung des Schulfunks aus dem Unterricht kommen.

■ die Flüchtigkeit des akustischen Informationsangebotes

- das Problem:

Zu den charakteristischen Merkmalen von Schulfunksendungen zählt, wie dies bei allen anderen akustischen Phänomenen auch der Fall ist, die Flüchtigkeit des Informationsangebots. Unmittelbar nach dem Augenblick der Ausstrahlung stehen die einzelnen sprachlichen (Aussagen, Gedanken) bzw. akustischen Gestaltphänomene (Geräusche, Töne) dem Rezipienten schon nicht mehr zur Verfügung, werden wenige Sekunden später bereits wieder von neuen Informationen abgelöst und oft auch überlagert. Diese Flüchtigkeit erschwert den Wahrnehmungs- und Speichervorgang, selbst dann, wenn (z.B. Leitfiguren, ein roter Faden, der sich durch die Sendung zieht) Gliederungsstrukturen oder sog. Ankerelemente eingearbeitet sind. Die fehlende optische Dimension beeinflußt das Erfassen darüberhinaus noch.

- die unterrichtliche Konsequenz:

Zu den für eine kognitive Erschließung der Sendungsinhalte unerläßlichen Bedingungen zählen methodische Maßnahmen, der Flüchtigkeit des Dargebotenen entgegenzuwirken. Für die zuhörenden Schüler ist es wichtig und wertvoll, wenn sie bereits vor der Sendung Organisationshilfen, etwa im Sinne von Wahrnehmungsrastern, welche die Strukturen, die Schwerpunkte der Sendung aufgreifen, erhalten. Auch einfache, immer ohne Aufwand realisierbare Stichwortketten können die konzentrative Hinwendung bzw. die Steigerung der Hörbereitschaft ebenso fördernd unterstützen wie - ohne Zweifel noch besser - eine aussagekräftige Bildreihe, in der, ähnlich wie bei einem sog. story-board, dem Drehmanuskript für Filme, für die einzelnen Sendungsschwerpunkte einfache Abbildungen enthalten sind. Zur weiteren Begründung dieser Forderung sei noch auf den Imperativ 'Skelett vor Detail' verwiesen (Vester 1976). Auch hier wird zum Ausdruck gebracht, daß vorgegebene Denkstrukturen beim Verarbeitungsvorgang von Wahrnehmungen den zu reflektierenden Sachverhalt erfassen, gewichten, ihn durchschaubar und transparent machen und insbesondere auch dem Lernenden die Reaktivierung und Integration der Details und Einzelfakten erleichtern.

- **die sog. synchrone Notation, die gleichzeitige Mitschrift**

- das Problem:

Selbst in akademischen Veranstaltungen läßt sich die Beobachtung machen, daß Studenten beim Versuch, Notizen während einer Vorlesung anzufertigen, dabei nicht unerhebliche Schwierigkeiten haben. Um wieviel größer müssen dann diese sein, wenn Schüler, selbst im Grundschulbereich aufgefordert werden, sich während der Darbietung einer Schulfunksendung einiges zu notieren, um für das nachfolgende Erarbeitungsgespräch die notwendigen Grundlagen zu schaffen. Dieses Vorhaben wird wohl deshalb in den meisten Fällen keine befriedigenden Ergebnisse erbringen, weil es sich bei einer synchronen Notation um einen recht differenzierten Vorgang handelt.
Zuerst wird mit Hilfe des sensorischen Apparats über die akustischen Rezeptoren die Information, eine Aussage, ein gestalteter, in Sprache gefaßter Gedanke, aufgenommen. Um ihn kognitiv zu verstehen, wird er dechiffriert, also entschlüsselt, damit er in die subjektive Sprache umgesetzt werden kann, die, weil ja eine Zeit drängt (Aspekt der Flüchtigkeit) möglichst knapp, aber mit dem gleichen Aussagewert zu erfassen ist. Zum Schluß bedarf es noch des feinmotorischen Vorgangs, die innere subjektive Versprachlichung der Information in Schriftsprache umzusetzen, um sie auf einen medialen Träger (z.B. Arbeitsblatt, Notizblatt, Minitransparent) zu fixieren. Da während dieses Vorganges das akustische Angebot weiterläuft, indem neue Informationen auf die Schüler einfließen, verursacht dies bisweilen eine Streßsituation, die durchaus kulminieren kann, was schließlich häufig zu Denkblockaden führt.

- die unterrichtliche Konsequenz:

Aus dem eben Gesagten ist unschwer abzuleiten, daß eine gleichzeitige Mitschrift, ob durch einen gezielten Arbeitsauftrag oder eine Erschließungsfrage veranlaßt, in aller Regel wenig effizient ist. Diese Feststellung gilt umso mehr, je weniger die sprachliche Abstraktionsfähigkeit (das Erfassen eines Gedankens durch ein möglichst hoch verdichtetes sprachliches Produkt, wie Stichwort, Satzteil, Begriff) bereits entwickelt ist. Für die lernprozessuale Integration einer Schulfunksendung bedeutet dies, daß in der Regel die Sendung unterbrochen werden muß, um den Schülern - ungestört - die Möglichkeit zu geben, ihre Wahrnehmungen allein, in Partnerarbeit oder in Gruppen zu fixieren. Erst nach Abschluß dieser Tätigkeit ist die Fortsetzung der Darbietung der Sendung angebracht.
Auch durch dieses Problem wird der Wunsch, ja die Forderung aus der Praxis deutlich, Schulfunksendungen gut strukturiert zu konzipieren, um Möglichkeiten für Zäsuren zur Verfügung zu haben.

- **die methodische Unsicherheit**

- das Problem:

Nicht selten, wenn auch nicht offen zugestanden, ist die methodische Unsicherheit des Unterrichtspraktikers im Umgang mit dem Schulfunk die Ursache, dieses wertvolle Medium sehr selten oder überhaupt nicht für die Erarbeitung von Lernresultaten oder für die Entwicklung der Qualifikation, die man als Lernhören bezeichnet, zu verwenden. Ein unverbindliches, ungezieltes Gespräch im Anschluß an die Darbietung einer Sendung zeigt wenig Professionalität, ebenso die methodischen Empfehlungen wie: "Eingehen auf..., Probleme vor Augen führen..., mit... bekannt machen, die Position aufzeigen..., die Meinung von ... darstellen". Diese Reihe sog. methodischer Nebelstrategien ließe sich fortsetzen, wenn man als Fundquellen so manche Analysegespräche von Lernprozessen oder auch den einen oder anderen Begleitartikel zu Sendungen heranziehen würde.

- die unterrichtliche Konsequenz:

Die Didaktik und die Unterrichtsmethodik erbrachten in den letzten zwei Jahrzehnten, fußend auf Forschungsergebnissen der Lern- und Gedächtnispsychologie, nicht nur aus dem amerikanischen Raum, Erkenntnisse, die sich zur Reflexion im Zusammenhang mit dem Einsatz von Schulfunksendungen stets anbieten. Daß diese Empfehlungen natürlich immer auf die situativen Lernbedingungen abgestimmt und dosiert werden müssen, ist selbstredend und bedarf keiner Kritiker, die dies als gängelnde Handlungsanweisungen mißinterpretieren.
Unter der kognitiven Perspektive dienen Schulfunksendungen der Erarbeitung von Lernergebnissen. Diese stellen generalisierte Aussagen der Erkenntnisse und Einsichten dar und sind nach bestimmten Vorgaben als materialisierte Phänomene visuell erfaßbar den Schülern vor Augen zu führen.
Dazu bedarf es der Berücksichtigung verschiedener methodischer Variablen. In der Eingangsphase z.B. ist auf eine zielführende Motivation zu achten, wobei insbesondere der Eingrenzung des Problembereichs und der Ausrichtung der Denkstrategien auf die geplanten Ziele hin besondere Beachtung zu schenken ist. In der Phase der Erschließung der Inhalte wird die didaktische Funktion jeder geplanten Unterrichtsstufe erfaßt (z.B. Hypothesenbildung, Veranschaulichung, Ergebniserarbeitung, Generalisierung, Fixierung, Teilzusammenfassung), ehe ihr dann stimmig zur Umsetzung methodische Variablen zugeordnet werden. Zu ihnen zählen neben den inhaltlichen Teilelementen einer Sendung insbesondere die Lehrakte (z.B. monologische, dialogische), mit denen das Denken der Schüler am Gegenstand gesteuert wird, um zielführend Lernakte auszulösen. Da Unterricht nicht nur aus dramaturgischen Gesichtspunkten flexibel gestaltet werden muß, werden die einzelnen Sozialformen (z.B. Hörblock, Einzelarbeit, Partnerarbeit, Kreisformation) mit der didaktischen Funktion der Unterrichtsstufe, den stofflichen Teilausschnitten und den

Lehrakten in Verbindung gebracht. Nicht zuletzt ist weiterhin die Frage nach notwendigen Lernhilfen zu beantworten, gleich ob eine Schulfunksendung als Leit- oder Ergänzungsmedium in den Lernprozeß integriert wird.

In der Sicherungsphase, wenn nicht schon innerhalb der Erschließung bestimmte methodische Strategien zur Intensivierung des Speichervorganges durchgeführt wurden, werden die erarbeiteten Lernergebnisse wiederholt. Darüberhinaus haben auch andere didaktische Absichten Sicherungsfunktion, wie Vergleiche, Integration, Beurteilung, Anwendung, Übertragung, Gestaltung.

Unter Einbeziehung dieser methodischen Ebenen, die für den Unterrichtsfachmann bestimmt kein kompliziertes, aber ein hoch verantwortliches, professionelles Handeln darstellt, wird die Arbeit mit dem Schulfunk gewinnbringend sein.

■ der sog. Beschaffungsaufwand

- das Problem:

Die Notwendigkeit, Schulfunksendungen aufzuzeichnen, stellt einen gewissen Zwang dar, mittelfristig zu planen, selbst wenn bei den modernen Geräten viele Tage im voraus durch einfache Programmierungstechnik die Übernahme von Sendungen auf Kassette vorgenommen werden kann. Auch die Ausleihe von Schulfunkaufnahmen durch die Bildstellen erfordert Aufwand, den mitunter nicht jeder bereit ist auf sich zu nehmen. Erfahrungen vieler Schulleiter zeigen, daß im Medienraum der Schule archivierte Tonbandkassetten nicht in wünschenswertem Maße zur unterrichtlichen Aufschließung angefordert werden. Diese drei Feststellungen ergeben, daß die Chance, Sendungen des Schulfunks für die Unterrichtsarbeit zu nutzen, irgendwie mit der Frage des Beschaffungsaufwandes zusammenhängt. Wie läßt sich nun dieser Zusammenhang im Sinne eines häufigeren Schulfunkeinsatzes bewältigen?

- die unterrichtliche Konsequenz:

Da es sich ja überwiegend nicht um klanglich hochwertige Beiträge handelt, genügen für die Übernahme von Schulfunksendungen durchaus die qualitativ einfacheren Tonkassetten. Ihr niedriger Preis erlaubt nun auch, daß sich jeder Lehrer sein persönliches Schulfunkarchiv anlegen kann. Die einzelnen Sendungen stehen dann jeweils bei Bedarf griffbereit zur Verfügung. Durch Engagement der Schüler, die gelegentlich im Sinne einer vorbereitenden Hausaufgabe zur Aufnahme von Sendungen herangezogen werden können, aber auch durch Kooperation und Teamwork mit Kollegen der Schule, wird sich in relativ kurzer Zeit ein fachbezogener Bestand in der Hand des einzelnen Lehrers ergeben. Dieses stellt eine ganz wesentliche Voraussetzung für einen häufigeren Einsatz von Schulfunksendungen dar und zieht im übrigen auch noch einen weiteren Effekt nach sich. Werden einzelne Sendungen mehrmals aufbereitet, können hinsichtlich der Effizienz der jeweils gewählten methodischen Konzepte bzw. der Strategien die gesammelten Erfahrungen verglichen werden, was ohne Zweifel zur Optimierung der Lernabläufe bei den einzelnen Sendungen beiträgt.

■ die mediale Schwellenangst

- das Problem:

Tatsache ist, auch wenn nur schwer nachvollziehbar, daß es mitunter Kollegen gibt, die, aus Angst vor dem technischen Gerät mit den nun einmal notwendigen Schaltern, Knöpfen, Zeigern, aber auch wohl auf Grund der Möglichkeit eines Defektes während der Phase seines Gebrauchs, den 'Wort- und Gesprächsunterricht' grundsätzlich und stets pflegen. In diesen Fällen hat nun der Schulfunk, der ohne Gebrauch eines Gerätes im Unterricht nicht verwendet werden kann, keine Chance! Oder doch?

- die unterrichtliche Konsequenz:

Die Angst, die so einfach konstruierten Kassettengeräte zu handhaben, läßt sich überwinden durch wohlmeinende kollegiale Unterstützung, aber auch durch das Engagement von Schülern, die in aller Regel häufig schon im Grundschulalter souverän die Technik beherrschen. Gelegentlich könnte der einzelne, wenn er Ursachenforschung bezüglich seiner medialen Schwellenangst betreibt, entdecken, daß der eigentliche Grund vielleicht doch eher anderswo liegt (z.B. bei Zeitproblemen, bei methodischen Defiziten, beim Beschaffungsaufwand).

■ die sinnwidrige Löschpflicht

- das Problem:

Da gibt es einen Paragraphen aus dem Urheberrechtsgesetz, der besagt, daß Schulfunksendungen nicht beliebig lange gespeichert werden dürfen. Dieses Gesetz wird jedoch nicht in allen Bundesländern gleich interpretiert. In Bayern z.B. dürfen Sendungen 2 Jahre lang gespeichert werden. Macht dies nun überhaupt einen Sinn?

Der Grund für dieses Urheberrechtsgesetz, das in erster Linie wohl nicht für Schulfunksendungen erlassen wurde, liegt in der Sicherung von Einkünften für Manuskripthersteller bei Wiederholungen. Die Mechanik ist einfach: Wenn es in bestimmten Zeitabständen keine Wiederholungen der gleichen Sendung gibt - wenn sie Lehrer zu Hause oder in Schulen gespeichert haben, braucht es solche ja nicht - fließen auch keine weiteren Honorare. Andersherum: Lehrer und Schulen würden, wenn sie - natürlich bei Bewährung - die eine oder andere Schulfunksendung aus dem eigenen Archiv über mehrere Jahre unterrichtlich verwenden, einem bestimmten Personenkreis finanziellen Schaden zufügen.

- die unterrichtliche Konsequenz:

Eine Forderung und ein Gedanke seien hier zur Reflexion angeführt.
Erstens: Das Urheberrechtsgesetz muß für Schulfunksendungen fallen! Nur so ist eine kontinuierliche Entwicklung von Erfahrungen bezüglich der Effektivität der bei bestimmten Schulfunksendungen angewandten methodischen Maßnahmen (Lehrakte, Ergänzungsmedien, Motivations- und Sicherungsstrategien, personale Handlungsverteilung etc.) erst möglich.
Zweitens: Lehrer wollen, wenn sie Schulfunksendungen im Unterricht verwenden, ausschließlich ihren Schülern das Lernen erleichtern und zwar so, daß es den Kindern mehr Freude macht, daß sie zu kritischen Hörern werden, daß sie neue Einsichten gewinnen und diese möglichst lange behalten können. Schulfunksendungen werden nicht aus wirtschaftlichen Überlegungen lernprozessual aufbereitet!
Wann wird das moralische Argument gegenüber den wirtschaftlichen Überlegungen die Oberhand gewinnen?

- Beispiel einer methodischen Aufbereitung -

'LOKALREDAKTION - EIN ORT DER MEINUNGSBILDUNG'

I. INHALTLICHE SCHWERPUNKTE

Diese Schulfunksendung gestattet einen Blick in die Alltagsaktivitäten einer Lokalredaktion. Dabei werden durch recht lebendige Originaleinblendungen Aufgaben, Arbeitsbedingungen und Absichten der Redakteure aufgezeigt, die sich um die Herstellung einer Lokalzeitung bemühen. Beispielhaft stehen zwei Zeitungen im Mittelpunkt, der Donaukurier in Ingolstadt und das Weilheimer Tagblatt.

II. DIDAKTISCHE ASPEKTE

- Die nachfolgenden Ausführungen verstehen sich als Anregungen. Sie müssen in jedem Falle auf die situativen Lerngegebenheiten abgestimmt werden.

- Die zur Sendung erarbeitete Kopiervorlage dient auf Folie als sog. Tafelbild und / oder als sog. Arbeitsblatt im Sinne eines Wahrnehmungsrasters der Steuerung der Denkabläufe. Sie begleitet die Unterrichtsarbeit und dient der Aufnahme der erarbeiteten Teilresultate.

- Das Informationsangebot ist gut strukturiert. Mit Hilfe transparenter Beispiele werden Aussagen in wünschenswerter Weise redundant gestaltet.

- Eventuell vorher abzuklärende Begriffe und Formulierungen: Redaktion, Redakteur, Volontär, Journalist - agieren, Interview, Manuskript, Termine wahrnehmen, Trend, kultureller Beitrag, Kulturveranstaltungen, Feuilleton, Historiker - lokal, kommunal, Kommunalpolitik - Bürgerinitiative, engagieren, integrieren, generell.

- Leitmedium: die Schulfunksendung; Begleitmedium: die Kopiervorlage; Ergänzungsmedien: einige Exemplare der örtlichen Lokalzeitung, evtl. auch im Sinne einer Expertenbefragung, so dies möglich ist, die unterrichtliche Begegnung mit einem Lokalredakteur oder auch der Besuch einer Lokalredaktion.

- Die Konzeption der Sendung erlaubt über weite Strecken selbsttätig - aktives Lernbemühen. Die Darbietung der Sendung geschieht wie folgt: Der Streit um eine geplante Disco - vorgezogen - innerhalb der Eröffnungsphase (s. dort!), dann die Sendung von Beginn an als Block, schließlich innerhalb der Sicherungsphase das letzte Beispiel mit den Auseinandersetzungen um ein Krankenhaus.

- Lernziele: siehe verkleinerte Kopiervorlage (S. 386)!

III. METHODISCHER VERLAUF

1. Zur Eröffnung

- <u>Problembegegnung</u> (sachlich - inhaltlich): Nach den didaktischen Empfehlungen, Herstellen eines linearen Gegenstandsbezuges und Freilegung möglicher Ansätze zur Sachidentifikation, könnte ein Rundgespräch nach der Frage 'Kann der Bau einer Disco Ärger verursachen?' die Schüler zunächst inhaltlich an den Lerngegenstand heranführen. Nach dem Sammeln einiger Argumente (Anwohner beschweren sich über lärmende Besucher und das erhöhte Verkehrsaufkommen) bringt der nächste Schritt die

- <u>Problembegegnung</u> (formal - medial): Mit der Ankündigung 'Hört zu, was über dieses Problem in einer Schulfunksendung berichtet wird!', erfolgt aus der Sendung die vorgezogene Darbietung dieses Beispiels (von: "der Streit um eine geplante Disco... " bis: "der Leser kann sich seine Meinung bilden"). Durch ein Verarbeitungsgespräch werden die entsprechenden Aussagen der Sendung aufgegriffen, wobei zu unterscheiden wäre zwischen Darstellungen zum Inhalt und der Form (Leserbrief in einer Zeitung!).
  Erstes Lernresultat: Die Lokalzeitung greift ein problemhaltiges Thema auf, das bei Bürgern und im Stadtrat gegensätzlich diskutiert wird. Sie setzt damit einen Prozeß der Meinungsbildung in Gang, der insbesondere auch durch Leserbriefe zum Ausdruck kommt.

- <u>Problemabgrenzung</u>: Nach der Feststellung, daß sich die Schulfunksendung mit der Lokalzeitung und der dafür verantwortlichen Redaktion beschäftigt, erfolgen die Fixierung der Überschrift (Sehr geehrte Zeitung ...) im Tafelbild und eine Kurzerläuterung der dort erfaßten Betrachtungsschwerpunkte.

2. Zur Erarbeitung

Vor der weiteren Erschließung der Sendung sind folgende Maßnahmen und Aktivitäten angebracht:

▫ Visuell erfaßbare Vor- und Vergabe der beiden Erschließungsfragen:

a) Was berichtet die Sendung über das Arbeitsfeld und die einzelnen Tätigkeiten eines Lokalredakteurs? (Vorschlag: in Partnerarbeit)

b) Was hörst du über die Mitarbeiter, die zweifache Verpflichtung und die Hauptaufgaben einer Lokalredaktion? (Vorschlag: in arbeitsgleicher Gruppenarbeit)

▫ Darbietung der Sendung von Beginn bis Ende des ersten Beispiels (Wieskirche):

"...konnte er ebenfalls mit einem Leserbrief an die Öffentlichkeit treten".

▫ Phase der schülerzentrierten Bearbeitung der Erschließungsfragen.

Erster Betrachtungsschwerpunkt: der Lokalredakteur; Verarbeitungsgespräch auf der Grundlage der Erschließungsfrage a) und der Ergebnisse der Partnerarbeit; dabei werden die Schulfunkaussagen unterschieden nach Arbeitsfeld und den Tätigkeiten eines Lokalredakteurs. Nach einem evtl. anschließenden, lehrerzentrierten Kurzbericht über den Berufsweg eines Redakteurs erfolgt die Fixierung des Teilresultats im mittleren Block des Tafelbildes.

Zweites Lernresultat: Zum Aufgabenfeld eines Lokalredakteurs gehören alle Lebensbereiche eines Ortes und dessen Umland. Seine Tätigkeiten sind vielfältig und umfassend.

Zweiter Betrachtungsschwerpunkt: die Lokalredaktion; nach dem Vortrag der Gruppenergebnisse zur Erschließungsfrage b) erbringt das folgende Verarbeitungsgespräch die Ermittlung der Mitarbeiter einer Redaktion. Im Anschluß daran sollten zunächst einzelne Aufgaben den beiden Tätigkeitskategorien zugeordnet werden; erst dann erscheint es angebracht, die Formulierung der beiden Ordnungsgesichtspunkte (Terminjournalismus und agierender Journalismus) herauszuarbeiten und ebenfalls im Tafelbild (gerasterte Ellipsen) festzuhalten. Nicht übersehen werden sollte in diesem inhaltlichen Zusammenhang die in der Sendung betont zum Ausdruck gebrachte Wertung bzw. die Tendenz. Die zum Abschluß dieser Phase freigelegten Hauptaufgaben stellen gleichsam eine Verdichtung und Zusammenfassung der Aktivitäten einer Lokalredaktion dar.

Drittes Lernresultat: Die verschiedenen Mitarbeiter einer Lokalredaktion versuchen ihre Hauptaufgabe unter einer zweifachen Verpflichtung, Terminjournalismus und agierender Journalismus, zu bewältigen, wobei ihr besonderes Augenmerk der letzteren gilt.

3. Zur Sicherung

– Generalisierung; Mit Hilfe eines Erarbeitungsgespräches erfolgt die Ermittlung des Kriteriums der Begrenzung einer Lokalzeitung auf einen relativ engen Verbreitungsraum. Fixierung dieser Erkenntnisse im ersten Block der Kopiervorlage.

– Veranschaulichung:

▫ Visuell erfaßbare Vor- und Vergabe der Erschließungsfrage: Welche Wirkungen hat die Lokalzeitung bei der Auseinandersetzung um ein Krankenhaus? (Vorschlag: in Einzelarbeit)

▫ Darbietung des dritten Beispiels ab; "die Auseinandersetzung um das Weilheimer Krankenhaus..." bis zum Schluß der Sendung

▫ Phase der Notation der Wahrnehmungen (Vorschlag: in Einzelarbeit)

Als methodische Maßnahme wird eine Diskussion des dargelegten Problems unter besonderer Beachtung der Funktion der Lokalzeitung vorgeschlagen.

Viertes Lernresultat: Die Redaktion einer Lokalzeitung greift ein Thema auf, das jeden Bürger interessieren sollte. Sie gibt Beteiligten Gelegenheit, ihre persönlichen Meinungen wiederzugeben. Das Problem wird so für jeden offen und durchschaubar.

– Originale Begegnung: Die bisher erarbeiteten Einsichten werden in Verbindung gebracht mit Analyse- und Untersuchungsergebnissen der örtlichen Lokalzeitung. Dies könnte in Gruppenarbeit wohl am günstigsten zu bewältigen sein. Bei genügender Unterrichtszeit wäre noch an ein im Unterricht stattfindendes Gespräch mit einem Lokalredakteur und/oder an den Besuch einer Lokalredaktion zu denken.

– Anwendung: Mit Hilfe von Gruppenversuchen vorbereitet, könnte die Klasse einen Leserbrief für die örtliche Lokalzeitung verfassen, der ein aktuelles, Schüler tangierendes Problem (z.B. Schulwegsicherung) zum Inhalt hat.

„DIE LOKALREDAKTION - ORT DER MEINUNGSBILDUNG"

I. Inhaltliche Schwerpunkte:

Diese Schulfunksendung gestattet einen Blick in die Alltagsaktivitäten einer Lokalredaktion. Dabei werden durch recht lebendige Originaleinblendungen Aufgaben, Arbeitsbedingungen und Absichten der Redakteure aufgezeigt, die sich um die Herstellung einer Lokalzeitung bemühen. Beispielhaft stehen zwei Zeitungen im Mittelpunkt, der Donaukurier in Ingolstadt und das Weilheimer Tagblatt.

II. Lernziele:

- das Aufgabenfeld einer Lokalzeitung auf den geographischen Raum abgrenzen;

- die Tätigkeiten eines Lokalredakteurs nennen und beschreiben;

- die zweifache Verpflichtung einer Lokalredaktion unterscheiden und werten;

- interessiert werden für eine kritische, engagierte Zeitungslektüre;

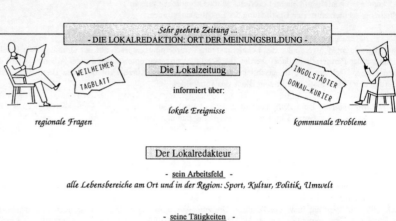

Sehr geehrte Zeitung ...
- DIE LOKALREDAKTION: ORT DER MEINUNGSBILDUNG -

Die Lokalzeitung

informiert über:

lokale Ereignisse

regionale Fragen   *kommunale Probleme*

Der Lokalredakteur

- sein Arbeitsfeld -
alle Lebensbereiche am Ort und in der Region: Sport, Kultur, Politik, Umwelt

- seine Tätigkeiten -

- *plant Termine*
- *macht Interviews*
- *führt Gespräche*
- *überarbeitet Beiträge*

- *schreibt Berichte*
- *fängt Stimmungen ein*
- *kennt einflußreiche Personen*
- *hat genaue Ortskenntnisse*

Die Lokalredaktion

- ihre Mitarbeiter -
Redakteure - Volontäre - freie Mitarbeiter

Terminjournalismus   - ihre zweifache Verpflichtung -   *agierender Journalismus*

- *über Veranstaltungen berichten*
- *über Ereignisse schreiben*
- *über Jubiläen informieren*
- *kleiner Interessentenkreis*

Beispiele:
Sportveranstaltungen,
Ausstellungen, Vereinsfeiern;

- *Themen entwickeln*
- *Mißverständnisse aufzeigen*
- *Trends erkennen*
- *großer Interessentenkreis*

Beispiele:
Benzinpreise im Ort, Straßenneubau,
Probleme um
Disco;

- ihre Hauptaufgaben -

über lokale Ereignisse berichten - Informationen weitergeben - Diskussionen anregen - Themen an die Öffentlichkeit bringen - Meinungen bilden - eine Plattform für Meinungsdarstellungen anbieten;

SCHULFERNSEHEN und SCHULFILM

Die Euphorie der siebziger und achtziger Jahre hinsichtlich der Bedeutung des Schulfernsehens für die unterrichtliche Alltagspraxis wurde abgelöst von einer durchaus nüchternen Betrachtungsweise und einem nach Maßgabe der Möglichkeiten reduzierten Umgang. Zur Unterstützung des Unterrichts wurden zunächst Enrichment-Modelle (Ergänzung, Bereicherung) produziert, ehe man dann auch gelegentlich Direct-Teaching-Modelle (selbstlehrend) konzipierte, die strecken- und phasenweise auch Lehrfunktionen übernahmen. Von einer nennenswerten Bedeutung des letztgenannten Konzepts für die Unterrichtsarbeit kann nicht gesprochen werden, zu selten fanden diese Modelle Eingang in die Praxis.

In einer ganzen Reihe von Untersuchungen wurden Akzeptanz und lernprozessuale Effekte freigelegt (Schramm 1968, Ruprecht 1970, Heinrichs 1972, Issing 1977, Toludziecki 1977, Beneke u.a. 1981, Sacher 1994). Diese Erhebungen gaben Einblick in die Ausstattungssituation mit Geräten, über Absichten und Ziele der Mediennutzung, über emotionale und kognitive Wirkungen von Sendungen, über Lerneffekte zwischen traditionellen Arbeitsformen (Gesprächsunterricht) und dem Einsatz des Schulfernsehens.

Bei der Verwendung von Sendungen des Schulfernsehens und von Schulfilmen lassen sich hinsichtlich möglicher didaktischer Zielsetzungen und bei den methodischen Strategien wenig Unterschiede erkennen.

Relativ selten können Sendezeiten und die mittel- und kurzfristige Planung der Unterrichtsarbeit in direkte Übereinstimmung gebracht werden. Für die Praxis sind deshalb Schulfernsehsendungen in der Regel nur als Aufnahmen auf Videokassetten hinsichtlich einer zielstrebigen Lernorganisation von Wert. Ein weiteres Problem für die Unterrichtsarbeit stellt die Länge der Sendungen dar, wenn sie die Fünfzehn-Minutengrenze überschreiten.

Hauptstilmittel der Sendungen sind die dramatisierte Darbietung, Spielhandlungen und die dokumentarische Erfassung von Ereignissen und Gegebenheiten. Die inhaltliche Erschließung szenisch gefaßter Informationen berücksichtigt die intellektuelle Inanspruchnahme und die affektive und motivationale Einwirkung. Nicht zuletzt muß bei einer geplanten unterrichtlichen Verwendung von Beiträgen des Schulfernsehens und von Filmen die Wahrnehmungsbelastung angemessene Beachtung finden, um den Lernerfolg nicht zu beeinträchtigen.

Diese audiovisuellen Unterrichtsmedien besitzen im Vergleich zu anderen didaktischen Mittlern keine Präferenz. Sie werden wie diese auch als lernprozessuale Montageteile dosiert genutzt, wenn sie für die Erschließung konkreter Themen lernunterstützend wirken können. Daneben kann man durch ihre unterrichtliche Verwendung der Verpflichtung zum richtigen und angemessenen Mediengebrauch im Sinne der spezifischen Medienkompetenz als Erziehungsziel nachkommen.

389 **Didaktische Funktionen. Mögliche lernfördernde Funktionen.** Sie legitimieren den Einsatz eines Films oder einer Schulfernsehsendung, weil durch sie die didaktische Leistung erfaßt und zum Ausdruck gebracht wird. Als solche werden zunächst die das Lernen in der Regel fördernden Funktionen dargestellt. Mit der Verwendung eines audiovisuellen Mediums, aber nicht nur bei diesen, wird natürlich nur die eine oder andere Funktion akzentuiert, obwohl realiter gleichzeitig mehrere tangiert und aktualisiert werden.

In diesem Zusammenhang wurde durch empirische Untersuchungen nachgewiesen (zuletzt Sacher 1994), daß die beiden erstgenannten didaktischen Funktionen mit signifikantem Abstand am häufigsten genannt werden.

390 **Didaktische Funktionen. Mögliche lernbehindernde Effekte.** Bei der Nutzung von Schulfernsehen und Filmen ist auch auf mögliche beeinträchtigende Effekte zu achten. Der erste und unverzichtbare Schritt zur Problembewältigung ist die Kenntnis dieser bzw. das Bewußtsein ihrer Wirkung auf den lernenden Schüler. Sie sind aber durchaus auch positiv zu sehen, wenn man aus seiner pädagogischen Verantwortung diese als Anlaß zur Medienerziehung thematisiert.

391 **Unterschiedliche Wahrnehmungs- und Auffassungsvorgänge. Psychische Einwirkungsbereiche.** Die zurecht bei jeder methodischen Entscheidung zu beachtende Lernleistungsfähigkeit ist auch beim Einsatz von Schulfernsehsendungen und Schulfilmen für ein erfolgreiches Lernen eine wesentliche Bestimmungsgröße. Bei den hier aufgeführten Kriterien handelt es sich meist um sich gegenseitig beeinflussende Faktoren. So kann z.B. die Lernmotivation beeinträchtigt werden, wenn die Wahrnehmungsvorgänge durch die den filmischen Beitrag begleitende Sprache Verständnisprobleme verursachen.

391 **Unterschiedliche Wahrnehmungs- und Auffassungsvorgänge. Vorgänge bei der Rezeption.** Die bei einer Informationskonfrontation ablaufenden intrapersonalen Vorgänge lassen sich den Kernphasen Rezeption und Reflexion zuordnen. In diesen treten verschiedene, je nach Lernsituation unterschiedlich ausgeprägte Teilphänomene auf, die nur wissenschaftstheoretisch getrennt werden können. In der Realsituation handelt es sich um interagierende psychische Faktoren. Ihre Beachtung erhöht die Chance für eine effektive Aufnahme und Verarbeitung filmischer Beiträge.

392 **Unterschiedliche Wahrnehmungs- und Auffassungsvorgänge. Altersabhängige Vorgänge.** In der Literatur werden gelegentlich für einzelne Entwicklungsphasen typisierende Begegnungscharakteristika beschrieben, wodurch mögliche emotionale und kognitive Vorgänge bei der Aufnahme von und der Reaktion auf audiovisuelle Unterrichtsmedien aufgezeigt werden. Das Problem liegt in der Angabe von Altersgrenzen, was gegebenenfalls nur im Sinne von groben Näherungswerten vertreten werden kann.

393 **Die aktiv-produktive Rezeption. Strategien des aktiven Lernsehens.** Um dem im Alltag üblichen passiven Medienkonsum zu begegnen, gehört es zu den dringenden Aufgaben, die Schüler gezielt zur aktiven Auseinandersetzung zu veranlassen und sie darin zu schulen. Es gibt eine ganze Reihe von Aktivitätsformen, die neben dem beabsichtigten pädagogischen Effekt eine erhöhte Lernmotivation und eine verbesserte Behaltensleistung mit sich bringen können.

393 **Die aktiv-produktive Rezeption. Forderungen an die filmische Gestaltung.** Eine engagierte und zielführende Lernaktivität ist nur dann wahrscheinlich, wenn das audiovisuelle Material aufgrund besonderer Gestaltungselemente das Interesse der Schüler mobilisiert. In diesem Zusammenhang kann neben der Art der dramaturgischen Aufbereitung die zur Verfügung stehende Zeit das zielerreichende Lernen be- oder verhindern.

394 **Überblick über Aspekte des Einsatzes.** Auf das bereits mehrfach wiederholte Grundprinzip ist immer wieder hinzuweisen. Im wesentlichen lassen sich relevante didaktische Überlegungen und mögliche methodische Aktivitäten in drei Phasen ordnend erfassen. Die hier aufgeführten Hinweise erlauben einen relativ schnellen Zugriff im Zusammenhang mit einem geplanten Einsatz einer Sendung oder eines Films.

395 **Methodische Aspekte und Strategien.** In der Literatur zur Mediendidaktik finden sich Anregungen, Empfehlungen und Hinweise für die konkrete Mediennutzung bzw. die methodische Bewältigung des Medieneinsatzes nur recht verstreut. Mit Hilfe von Erschließungsfragen soll auf die verschiedenen Auswertungsmöglichkeiten aufmerksam gemacht werden.
Beabsichtigt man die Verwendung einer Schulfernsehsendung oder eines Schulfilms, so steht als erstes die kritische Analyse des Inhalts an. Sie wird unter bewußter Einbeziehung des Lernleistungsstandes der Klasse vorgenommen.
Häufig gibt es zu den entsprechenden Unterrichtsmedien Begleitmaterialien in Form von Zeitschriftenbeiträgen oder Broschüren. Sie leisten dann gute Dienste, wenn themenbezogene methodische Überlegungen und Anregungen angeboten werden.
Für einen erfolgreichen Einsatz ist eine effektive Informationsaufnahme und konzentrierte Wahrnehmung eine unverzichtbare Bedingung. Das umfaßt z.B. die Voraussetzung für einen störungsfreien Wahrnehmungsvorgang ebenso wie Überlegungen zur Intensivierung des Wahrnehmungsablaufs.
Für die Auswertungsarbeit steht eine große Zahl von methodischen Strategien zur Verfügung. Es gilt, sie flexibel und variativ zu aktualisieren. Für eine spezifische Verhaltensanalyse von Personen der Handlung eignet sich ein sog. Polaritätsprofil, mit dem diese mit Hilfe vorgegebener Assoziationspaare (z.B. unsachlich - sachlich, nutzlos - brauchbar, langweilig - interessant) charakterisiert werden können. Meinungen, Urteile, Einstellungen können so gezielter abgerufen werden.

399 **Storyboard zur strukturellen Inhaltserfassung.** Der vorliegende Entwurf wurde zu einem Unterrichtsfilm erstellt. Die zu berücksichtigenden Gestaltungskriterien sind das Strukturieren nach Phasen, die duale Codierung (nach Paivio) der wichtigsten Abschnitte mit Hilfe von bildhaften und sprachlichen Formen der Informationserfassung. Die Etikettierung der einzelnen Abschnitte erfolgt durch Oberbegriffe. Die genannten medienspezifischen Ziele und die aufgeführte unterrichtspragmatische Relevanz weisen auf lernprozessuale Möglichkeiten der Verwirklichung hin.
Die Komplexität der filmisch gestalteten Information und die Leistungsfähigkeit der Schüler bestimmen darüber, in welchem Maße die Schüler ein Storyboard als Ergänzungsmedium selbst vervollständigen (durch Zeichnungen und/oder Stichworte) oder sogar konzipieren können.

- Didaktische Funktionen -

■ mögliche lernfördernde Funktionen:

Beiträge des Schulfernsehens bzw. Schulfilme
können leisten:

♦ **die Präsentationsfunktion:**

... zur Darbietung von Informationen, Phänomenen, Zuständen; zur Vergegenwärtigung von Problemen, z.B. durch Vergleiche, unterschiedliche Ursachen und Folgen, das Für und Wider; zur multisensorischen Darlegung bzw. Wiedergabe von Wirklichkeitsausschnitten; zur Vorgabe von Lernresultaten;

♦ **die Veranschaulichungsfunktion:**

... zur Veranschaulichung abstrakter oder schwer zugänglicher Sachverhalte oder Prozesse; zur Offenlegung komplexer Erscheinungen und Zusammenhänge mit Hilfe verschiedenartiger Veranschaulichungsformen (Interview, Experiment, Trick, Dokumentation, Inserts, Makro- und Mikroaufnahmen u.a.); durch bildsprachliche Umsetzung sekundärer Anschauungsphänomene zur Erkenntnis führen;

♦ **die Pädagogische Funktion:**

... zur Entwicklung einer kritischen Medienrezeption durch das Bewußtmachen der ausschnitthaften, nicht objektiven, also selektiv gefilterten Wirklichkeitswiedergabe; als Gegenwirkung zum passiven außerschulischen Fernsehkonsumverhalten; zur Erläuterung möglicher Manipulation durch gesteuerte Wort- und Musikunterlegungen;

♦ **die Motivationsfunktion:**

... durch den Anreizcharakter des bewegten Bildes, des Bildausschnittes, der Farbe; durch die stark affektive Wirkung des Bildes (Magie, Hypnose der Bildsprache); durch den multisensorischen Infoeffekt; durch das relativ unmittelbare Teilnahmempfinden in Gestalt der Sach- und Personidentifikation (Übernahme und/oder Erwartung von Vorbildern, Urteilen, Meinungen, Handlungen);

♦ **die Gestaltungsfunktion:**

... zur abwechslungsreichen, lebendigen Gestaltung des Lernprozesses; zur mono- und polykulminativen (Wahrnehmungs- bzw. Motivationsakzente) Realisierung einer lernklimafördernden Unterrichtsdramaturgie;

♦ **die Lehrobjektivierungsfunktion:**

... zur medialen Bewältigung bestimmter Phasen (z.B. Problemaufriß, Infopräsentation) des Lernprozesses; zur Entsubjektivierung des persongebundenen Lehrbemühens: das Medium tritt an die Stelle des Lehrers;

♦ **die Lernoptimierungsfunktion:**

... zur Förderung des Verständnis- und Erkenntnisvorganges und der Behaltensleistung; verschiedene Abhängigkeitsfaktoren; zur Förderung der aktiven Bildbetrachtung (Lernsehen!), der Kommunikation, der Interaktion; zur Gewinnung von Lernresultaten;

♦ **die Prozeßfunktion:**

... zur Auflösung und Elementarisierung statischer Phänomene, Gegebenheiten, Zustände in Prozesse und Entwicklungsabläufe (sog. genetische Methode); die Entstehung bzw. Entwicklung eines Ergebnisses wird aufgezeigt;

♦ **die Multiplikationsfunktion:**

... zur beliebig häufigen Wiederholung; für eine theoretisch unbegrenzte Zahl von Rezipienten; Voraussetzung und Bedingung: Speicherung bzw. Archivierung der Software (= der filmisch gestalteten Information);

♦ **die Aktualitätsfunktion:**

... zur Verwirklichung aktueller Informationsdarbietung, wenn ein relativ geringer Abstand zwischen Aufnahme und Ausstrahlung besteht; Aktualität oft auch aufgrund der Sachinhalte und des sog. Live-Effektes gegeben;

- Didaktische Funktionen -

■ <u>mögliche lernbehindernde Effekte:</u>

*Beiträge des Schulfernsehens bzw. Schulfilme
können verursachen:*

◆ **den Kumulationseffekt:**

... Gefahr der Überfrachtung der Lernprozesse durch eine Fülle von Infos und Reizen, die zu schnell hintereinander und nur einmal aufscheinen;
deshalb: Beachtung der Einordnung der zahlreichen Einzelinfos in den Kontext der Gesamtaussage;

◆ **den Manipulationseffekt:**

... Gefahr der Verfälschung durch die Meinung und Sichtweise von Produzent und Kamera (Bildausschnitt, Bildmontage, Bildart wie z.B. Suggestivcharakter des Vollbildes, aber auch durch die Art der Tonunterlegung);
in der Regel: gewollte Manipulation zur Förderung des Lernens;

◆ **den Ein-Weg-Effekt:**

... Ein-Weg-Kommunikation infolge der Wesensart des Mediums (Sender - Empfänger); Rückkoppelung in Form von Gesprächen, Erklärungen, Begleitmaterialien unabdingbar;

◆ **den Interferenzeffekt:**

... Gefahr einer mangelnden logischen Bezogenheit zwischen optischen (Bild) und akustischen (Sprache, Ton) Aussagen;

◆ **den Emotionalisierungseffekt:**

... Gefahr der Überlagerung der kognitiven Aussagen bzw. Informationen durch zu intensive, überzogene Text-, Musik-, Geräuschunterlegung; Beeinträchtigung der Konzentration und der gezielten Wahrnehmung möglich;

◆ **den Isolationseffekt:**

... Gefahr der Reduzierung der Schüleraktivität auf das bloße Aufnehmen; Förderung des rezeptiven Lernverhaltens zu Lasten aktiver Kommunikation und Interaktion;

Unterrichtsmedien
- Schulfernsehen und Schulfilm -

- Unterschiedliche Wahrnehmungs- und Auffassungsvorgänge -

■ <u>unterrichtsrelevante psychische Einwirkungsbereiche:</u>

Sendungen und Filme beeinflussen endogene Lerndispositionen:

insbesondere

- die Lernmotivation
- den Wahrnehmungsvorgang
- die Lerneffizienz (Verständnis und Dauerhaftigkeit der Lernresultate)
- die Sprache und das Symbolverständnis

- die Strukturierungsfähigkeit
- den Generalisierungsvorgang
- die selektive Sichtweise (Filtern der Wahrnehmungsinhalte nach bestimmten Beobachtungsgesichtspunkten)

■ <u>allgemeine Vorgänge bei der Rezeption:</u>

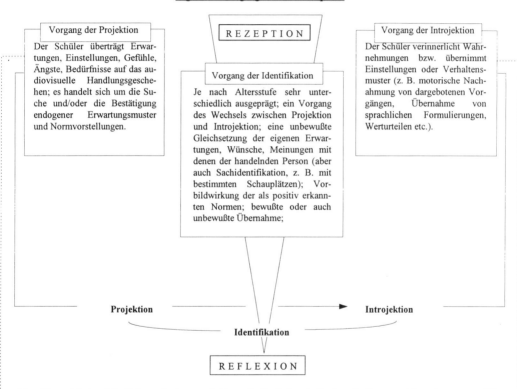

Vorgang der Projektion

Der Schüler überträgt Erwartungen, Einstellungen, Gefühle, Ängste, Bedürfnisse auf das audiovisuelle Handlungsgeschehen; es handelt sich um die Suche und/oder die Bestätigung endogener Erwartungsmuster und Normvorstellungen.

R E Z E P T I O N

Vorgang der Identifikation

Je nach Altersstufe sehr unterschiedlich ausgeprägt; ein Vorgang des Wechsels zwischen Projektion und Introjektion; eine unbewußte Gleichsetzung der eigenen Erwartungen, Wünsche, Meinungen mit denen der handelnden Person (aber auch Sachidentifikation, z. B. mit bestimmten Schauplätzen); Vorbildwirkung der als positiv erkannten Normen; bewußte oder auch unbewußte Übernahme;

Vorgang der Introjektion

Der Schüler verinnerlicht Wahrnehmungen bzw. übernimmt Einstellungen oder Verhaltensmuster (z. B. motorische Nachahmung von dargebotenen Vorgängen, Übernahme von sprachlichen Formulierungen, Werturteilen etc.).

Projektion ⟶ Introjektion

Identifikation

R E F L E X I O N

Diese Phase zielt ab auf das Erfassen der Aussageabsichten, das Entdecken der Bezüge, der Zusammenhänge, insgesamt auf die kognitive Auseinandersetzung mit dem Bemühen um ein generalisiertes Lernresultat als Produkt; größtes Problem: Loslösung bei zu stark emotional geprägten Sendungen; günstig: offener Schluß, fehlende Problemlösung, evtl. auch durch vorzeitige Beendigung der Sendung; Absicht: Schüler sollen zum Weiterdenken veranlaßt werden, Mobilisierung der Gedächtnisleistung zur Ermittlung von Problemlösungen, zur Vollendung nicht bewältigter Handlungen.

■ <u>altersabhängige Vorgänge:</u>

◆ **nach Gerharts - Frank:**
(1974)

- Phase der Und - Summen - Auffassung:

Aufgenommen wird die Szene mit der stärksten Erlebnisintensität; deshalb wird meist bei der Wiedergabe das für das Kind bedeutsamste Ereignis an den Anfang gestellt; egozentrisches Interesse; keine geordnete Reihung der dargebotenen Informationen;

- Phase der undifferenzierten Reihenstruktur:

Der zeitliche Ablauf des Geschehens wird erfaßt und behalten; Sinndeutung ist jedoch noch nicht möglich;

- Phase der differenzierten Reihengliederung:

Der Schüler kann die zeitliche Reihenfolge des Geschehens (einschließlich besonderer Einzelheiten) sprachlich prägnant wiedergeben;

- Phase der adäquaten Geschehensgestaltung:

Der Schüler erfaßt die zentrale Aussage, kann darüber reflektieren und Beziehungen zur Realität herstellen; Vergleiche und Wertungen sind möglich;

◆ **nach M. Keilhacker:**
(1956)

• *das szenenmäßige Erfassen:*
(bis zum 8. Lebensjahr)

Schüler erfassen nur Einzelszenen, nicht aber die Gesamtheit der Handlung und die Kernaussage; sie bleiben an der äußeren Erscheinung hängen;

• *das handlungsgemäße Erfassen:*
(vom 8.-12. Lebensjahr)

Schüler können den Handlungsablauf in seiner Gesamtheit erfassen; ausgeprägtes Identifikationsvermögen; Erkennen der Beweggründe; Gefühle zum filmischen Geschehen sind differenzierter;

◆ **generell:**

Rezeption und Reflexion audiovisuellen Materials - ein komplexer psychischer Vorgang:

➢ Situationserfassung   ⟶ registrieren
➢ Handlungserfassung   ⟶ verbinden
➢ Bedeutungserfassung   ⟶ erkennen
➢ Urteilsbildung   ⟶ werten

- Die aktiv-produktive Rezeption -

■ Strategien des aktiven Lernsehens:

*anhand von Sendungen bzw. Filmen
können Schüler in aktiver Weise...*

– die technische Bewältigung der Geräte und Apparate (Filmprojektion, TV, Videorecorder) erlernen;

– Wahrnehmungsprotokolle (synchrone und/oder zeitversetzte Notationen) anfertigen;

– strukturierte und generalisierte Bildreihen in kreativ-produktiver Weise entwerfen und evtl. mit Hilfe von Bildkarten oder Minitransparenten projizieren;

– wesentliche Aussagen (Kernaussagen) bzw. Tendenzen erfassen und evtl. in Form von Collagen auf Wortkarten oder Satzstreifen wiedergeben;

– Wahrnehmungsinhalte in Gruppen diskutieren;

– motiviert werden, selbst Filme (Videoaufnahmen) herzustellen, z. B. von Sportfesten und Schulfeiern, bei Projekten und Unterrichtsgängen (außerschulische Lernorte);

– situationsbezogene Alternativen selbständig oder kooperativ entwickeln;

– zu Fragen und Stellungnahmen veranlaßt werden;

– Problemlösungsstrategien entwickeln bzw. anwenden;

– Gefühle, Ängste, Meinungen, Befürchtungen artikulieren;

– sensibilisiert werden für Erscheinungsformen medialer Manipulation;

– gegebenenfalls Eindrücke, Änderungsvorschläge, Themenwünsche an die regional zuständige Schulfernsehredaktion senden;

– eine fachbezogene Sammlung von Rezensionsversuchen (Inhaltsangabe, erarbeitete Lernresultate, positive und negative Eindrücke) erstellen bzw. anlegen;

audiovisuell gesteuerte Handlungsakte

■ Forderungen an die filmische Gestaltung aus Schülersicht:

Schüler brauchen zur Rezeption und Reflexion ...

• ein reduziertes Informationsangebot, das durch deutliche Zäsuren erkennbar strukturiert ist;

• gezielt eingeblendete Darstellungen (wie Lageskizzen, Zeitleisten, Struktur-, Funktions- und Verlaufsdiagramme), um die filmischen Informationen ihrem Bezugsrahmen zuordnen zu können;

• die Möglichkeit für Spontanreaktionen und ausreichend Zeit für die auslotende kognitive Auseinandersetzung;

Schüler erwarten von Sendungen und Filmen ...

– eine ausgesprochen handlungsgeprägte Themenaufbereitung;

– die Möglichkeit zur Identifikation mit den handelnden Personen und den Schauplätzen und Inhalten der Handlungen;

– eine mitunter durch Zeichentrickelemente und lustige Spielfiguren aufgelockerte Filmdramaturgie;

- Überblick über Aspekte des Einsatzes -

■ Grundprinzip:

auch hier gilt:
Film- und Videoeinsatz in Lehre und Unterricht ...

! nicht: unverbindlich unterhalten - sondern: gezielt Lernergebnisse erarbeiten **!**

■ Hauptprobleme:

- Flüchtigkeit
- Interferenz zwischen Wort- und Bildinformation

- Informationsdichte
- mangelnde Redundanz (fehlende Beispiele, Inserts, Veranschaulichungshilfen)

- nicht erkennbare Struktur
- unzureichende Aktivitätsmöglichkeiten während des Aufschließens

■ mögliche Maßnahmen:

VOR DEM EINSATZ
∨

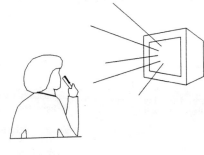

BEI DER AUSWERTUNG
∨

♦ **Funktionen?**
Was kann der Film leisten (z.B. Problemaufriß, Lösungsvorschläge, Zusammenfassung, Argumentationsangebot)?

♦ **Erkenntnisse?**
Was können die Betrachter lernen (Fixierung möglicher Lernresultate)?

♦ **Struktur?**
Wie überschaubar ist die Gliederung (erkennbare innere Ordnung, sequentieller Ablauf)?

♦ **Vorkenntnisse?**
Können vom Betrachter zum Thema Vorkenntnisse erwartet oder nicht erwartet werden (brainstorming)?

♦ **Hauptpersonen?**
Lassen sich Hauptpersonen (zum Zwecke der Personidentifikation) herauslösen?

♦ **Schauplätze?**
Kann die Analyse der Schauplätze die Erkenntnisgewinnung unterstützen?

♦ **Verständnisprobleme?**
Bei welchen Passagen, bei welchen Aussagen kann es Verständnisprobleme geben (Sprache, Interferenz)?

♦ **Originalbezug?**
Können filmische Informationen auch durch direkte Anschauung ergänzt werden (direkter Nachvollzug eines Inhalts)?

♦ **Ergänzungen?**
Sind eventuell zum Film noch zusätzliche inhaltliche Ergänzungen erforderlich?

WÄHREND DER DARBIETUNG
∨

♦ **Beobachtungsaufträge?**
präzise, treffend, visuell erfaßbar, erfüll- bzw. lösbar;

♦ **Begleitunterlagen?**
ergänzende mediale Hilfen, z.B. Arbeitsblätter, story-board, Lehrbücher, Arbeitstransparent oder Lichtbild (ruhendes Medium!);

♦ **Notation?**
synchron oder zeitversetzt, je nach Umfang und Länge; abhängig auch von der altersbedingten Leistungsfähigkeit;

♦ **Störungen?**
zu kleiner Bildschirm, optische Reizquellen aus dem Umfeld, Störlichteinfall, Spiegelungseffekte;

♦ **Organisation?**
Gerätebereitstellung; Minimalabstand: 3,3 x Diagonale, Maximalabstand: 9 x Diagonale;

♦ **Spontanreaktion?**
insbesondere bei stark affektivemotionalen Filminhalten erforderlich (Psychohygiene);

♦ **Allgemein oder gezielt?**
mehr allgemeine Hinweise (was gefiel, was gefiel nicht) oder gezielte Fragen (Beobachtungsaufträge);

♦ **Komplett oder selektiv?**
Analyse aller oder nur ausgewählter Inhalte (Eignung, Zeit, Umfang);

♦ **Lehreraktivität?**
berichtende oder beschreibende Kurzwiederholung; Führung des Erarbeitungsgespräches; Teil- oder Gesamtzusammenfassung;

♦ **Schüleraktivität?**
nacherzählen und berichten zur Überprüfung der aufgenommenen Inhalte (richtige Abfolge, Vollständigkeit, Erfassung des Aussagekerns);

♦ **Gruppenaktivität?**
Gemeinsame Erarbeitung ausgewählter Abschnitte: Vorschläge für die Erfassung der Lernresultate;

♦ **Wiederholungen?**
notwendig, möglich, nicht erforderlich; Ausschnittswiederholungen, Standbilder;

♦ **Ergänzungsmedien?**
originales Material, Modelle, Buch, Bilder;

♦ **Versprachlichung?**
Wahrnehmungen und erarbeitete Lernresultate; genaue Wiedergabe von Formulierungen, auf die es ankommt (Begriffe);

- Methodische Aspekte und Strategien -

■ Erschließungsfragen zum Bereich didaktische Inhaltsanalyse:

Art der Sendung?

Von welcher Art ist die für den unterrichtlichen Einsatz geplante Sendung: Typ-enrichment, Typ-Kontext, Typ-direct-teaching?

Didaktische Funktionen?

Welche didaktischen Funktionen können mit Hilfe der Sendung aktualisiert werden: Präsentation von Zuständen oder Prozessen, Veranschaulichung, Problemaufriß, Zusammenfassung etc.?

Mögliche inhaltliche Lernresultate?

Was können die Schüler durch die Sendung lernen: Faktenwissen, Verständnis für größere Zusammenhänge und Abhängigkeiten, Schlußfolgerungen, reflektorisches Erfassen emotionaler Komponenten wie Sympathie, Vorurteile, Freude, Betroffenheit, aber auch soziale Verhaltensweisen etc.?

Erwägenswerte Qualifikationen?

Welche kognitiven, instrumental-pragmatischen, affektiven und sozialen Lernziele lassen sich im Sinne von Qualifikationen anhand der Inhalte erarbeiten?

Kernaussage(n)?

Welche Aussagetendenz hat die zur Aufschließung anstehende Sendung? Was wollen Buchautor, Regie und Redaktion, didaktischer Berater als Kernaussage übermitteln?

Darstellungsschwerpunkte?

Enthält die Sendung nur einen oder mehrere Aussageschwerpunkte: Konflikterfassung, Problemdarstellung, Problemlösung, Urteile, Meinungen, Wertungen, Vergleiche, Entwicklungsprozesse, situationsspezifische Verhaltensweisen etc.?

Verhalten der Hauptpersonen?

Welche Bedeutung hat das Verhalten der Hauptpersonen für die Bewältigung des Themas? Ist dieses Verhalten logisch, widersprüchlich, zielführend, konfliktgeladen, bewundernswert, problemlösend, ausgleichend etc.?

Zeit und Ort der Handlung?

Ist die Frage nach der Darstellungszeit und der Art des Schauplatzes für die Erarbeitung der geplanten Lernresultate von Bedeutung?

Aufbau und Grundgliederung?

In welche Teilabschnitte läßt sich die Sendung aufgrund ihrer dramaturgischen Handlungsgliederung sinnvoll zerlegen?

Zu erfassende Abschnitte?

Welche Abschnitte davon sollen gezielt erfaßt werden, welche müssen z.B. aufgrund mangelnder Zielführung, peripherer Aussagen, zu hoher Informationsdichte, nicht ausreichender Unterrichtszeit unberücksichtigt bleiben?

Teil- oder Gesamtdarbietung?

Muß die Sendung, da sie z.B. eine geschlossene Spielhandlung darstellt, als Block angeboten werden, oder ist es z.B. aufgrund der zu langen und/oder zu komplexen Darstellung geboten, die Sendung in Abschnitten darzubieten?

Einfluß auf Lernmotivation?

Bei welchen (Teil-) Inhalten wird durch die mögliche Person- und/oder Sachidentifikation die Lernmotivation voraussichtlich günstig beeinflußt? Läßt sich daran die Aufschließungsarbeit ausrichten?

Einfluß auf Wahrnehmungsvorgänge?

Sind die Sendung bzw. alle Teilabschnitte der altersspezifischen Auffassungs- und Verständnisfähigkeit angepaßt, insbesondere in den Bereichen Darbietungstempo, Redundanz, dynamisch-genetische Erfassung, Sach- und Personenidentifikation, Sprachverständnis, Aussagegeneralisierung, Blockbildung?

Mögliche Verständnisprobleme?

An welchen Stellen, bei welchen Aussagen wird es vermutlich z.B. aufgrund der Informationsfülle, der abstrakten Sprache, der zu geringen Strukturierung, der emotionalen Überlagerung kognitiver Aussagen Verständnisprobleme geben? Wie lassen sie sich wohl am besten bewältigen: z.B. durch vorweggenommene Erklärungen mündlicher oder schriftlicher Art, durch Vorgabe transparent gegliederter Wahrnehmungsraster (Tafelbild), durch Einbeziehung anderer Medien wie Bilder, Nachschlagewerke, in Allein-, Partner-, Gruppen- oder Hörblockarbeit?

Kann es an bestimmten Stellen der Sendung durch filmische Darstellungstechniken, z.B. Einstellgrößen, zu kurzzeitiger, zu häufiger Bildwechsel, Kamerabewegungen, Kontrastmontage u.a. zu Wahrnehmungs- und/oder Verständnisproblemen kommen?

Bedeutung der Kommentare?

Wie ist die Funktion eines evtl. die Sendung führenden Kommentators bzw. Moderators hinsichtlich der erforderlichen Wahrnehmungs- und Verständnisprozesse zu beurteilen (unterstützend, verwirrend, ablenkend, zielführend, sachlich, emotionalisierend, langweilig etc.)?

Mögliche falsche Eindrücke?

Können bei bestimmten Aussagen durch zu hohe Suggestivwirkung bzw. durch das hohe Maß an Bildimagination (z.B. Großbildwirkung) Wahrnehmungsverfälschungen, emotionale Überlagerungen, subjektive Bildergänzungen aufscheinen?

Ansätze für eine originale Begegnung?

Bietet sich bei der zur Aufschließung geplanten Sendung bzw. bei einzelnen Abschnitten die Möglichkeit zur direkten, primären Anschauung im Sinne einer originalen Begegnung (durch aufgesuchte oder bereitgestellte Wirklichkeit) ?

Notwendige zusätzliche Ergänzungen?

Müssen zur Erleichterung der Wahrnehmung und des Verständnisses einige Aussagen der Sendung durch zusätzliche Informationen ergänzt werden, damit z.B. ein aktueller Bezug hergestellt werden kann, die Einordnung in die kognitive Struktur gewährleistet ist, die Anknüpfung an bereits vorhandene Vorkenntnisse besser gelingt?

Denkbare Nebeneffekte?

Sind u.U. aufgrund der Sendung bzw. einzelner Teile sog. Nebeneffekte, Nebenwirkungen wie z.B. einseitige Sichtweisen, Vorurteile, Pauschalurteile, politische, konfessionelle Indoktrination zu vermuten?

■ Erschließungsfragen zum Bereich Begleitmaterialien:

Methodische Handlungsempfehlungen?

Werden in mündlicher (z.B. vor oder nach der Direktsendung) oder schriftlicher Art (z.B. in besonderen Zeitschriften) geeignete methodische Handlungsanweisungen zur Verarbeitung der Sendung als Empfehlung angeboten?

Mediales Angebot?

Stellt die verantwortliche Schulfernsehredaktion eventuell Arbeitsmaterialien (Abbildungen, Diagramme, Zahlenmaterial, Quellentexte, Arbeitsblätter) zur effektiven Auswertungsarbeit zur Verfügung?

Zusätzliche Lernmaterialien?

Sind zur Aufschließung der Aussagen zusätzliche Medien erforderlich, z.B. Nachschlagewerke, Landkarten, Tondokumente, Tafelbilder etc.?

Eignung des Begleitmaterials?

Erlaubt das angebotene Begleitmaterial (z.B. Arbeitsblatt als Kopiervorlage) die aktive und selbständige Auseinandersetzung der Schüler bei der Gewinnung und/oder Sicherung der Lernresultate?

Möglichkeit zur Differenzierung?

Ist aufgrund des unterschiedlichen Lernleistungsniveaus der vorgegebenen Arbeitsaufgaben eine differenzierende Bewältigung angebracht oder möglich?

Lernen durch Erfolg?

Werden bei den Arbeitseinheiten des Arbeitsblattes auch Lösungshilfen, z.B. Mehrfachwahlantworten, Zuordnungsaufgaben, Begründungsaufgaben, Lösungsdiagramme, Rätselformen, Alternativaufgaben u.a. zum Zwecke einer höheren Trefferquote und um damit die Lernmotivation zu unterstützen, angeboten?

Art der Lernanforderung?

Wird bei den vorgegebenen Arbeitsblättern die Gewichtung Denkleistung vor Schreibleistung beachtet?

Qualität des Leistungsanspruches?

Werden bei den vorgegebenen Arbeitsblättern von den Schülern aufgrund der erforderlichen komplexen kognitiven Strategien des Generalisierens und Codierens nicht zu erbringende Denkleistungen gefordert?
Wie ist das Verhältnis von Arbeitsaufträgen mit integrierten Lösungshilfen zu solchen, bei denen nur eine gewisse Anzahl von Leerzeilen vorgegeben ist?

Art der Lernkontrolle?

Bieten die Aufgaben eines vorgegebenen Arbeitsblattes die Möglichkeit zur Selbstkontrolle der Arbeitsergebnisse?

Verzichtbare Arbeitsaufgaben?

Welche Abschnitte des vorgegebenen Arbeitsblattes können unberücksichtigt bleiben, da sie unzureichend auf die Erschließung einzelner Aussagen abgestimmt sind?

Selbsterstellte Medien erforderlich?

Ist die Erstellung eigener Arbeitsblätter oder Tafelbilder zur Auswertung der Sendung erforderlich, weil vorgegebene Arbeitshilfen fehlen, mangelhaft gestaltet oder zu wenig auf das altersspezifische Leistungsvermögen projiziert sind?

■ Erschließungsfragen zum Bereich Informationsaufnahme:

Allgemeine Wahrnehmungsvoraussetzungen?
Welche endogenen Lernbedingungen (z.B. Wahrnehmungsleistungsfähigkeit nach Dauer und Präzision, Motivationsfähigkeit, Verständnisniveau, themenbezogene Vorkenntnisse, Motivationssensibilität, Identifikationsfähigkeit, Distanzfähigkeit, Ausmaß der hypnoiden Inanspruchnahme, Generalisierungs- und Abstraktionsfähigkeit, sprachliches Dekodierungsvermögen) müssen unter besonderer Projektion auf die konkrete Sendung als Voraussetzung gegeben sein?

Beobachtungsaufträge?
Ist die Rezeption ohne besondere Wahrnehmungsimpulse zielführend möglich oder sollten zumindest mündlich vorgetragene, besser noch schriftlich fixierte Beobachtungs-(Arbeits-)aufträge gegeben werden?

Beeinträchtigung der Wahrnehmung?
Wird die Wahrnehmung an der einen oder anderen Stelle durch Interferenzen (Nicht-Übereinstimmung von optischen und akustischen Aussagen), durch eine zu hohe Informationsdichte, durch eine ausgeprägte emotionale Überlagerung, durch überzogene oder ablenkende Moderation behindert?

Maßnahmen zur Wahrnehmungsintensivierung?
Sind besondere Maßnahmen angebracht (schriftlich fixierte Beobachtungsaufträge, Tafelbildvorgaben, Stichpunkte als Superzeichen, Wahrnehmungsdiagramme bzw. -raster), um eine oberflächliche Informationsaufnahme zu verhindern?

Aussagekern erfaßbar?
Sind die Schüler in der Lage, neben den zahlreichen Einzelfakten die zentrale Idee, den Aussageschwerpunkt zu erkennen?

Abschnittweise Darbietung erforderlich?
Nach welchen Teilabschnitten sind während der Rezeptionsphase Pausen zur Meditation, zur zeitversetzten Notation, zur Spontanreaktion aus Gründen der Lernhygiene möglich oder angebracht?

Fähigkeit zur synchronen Notation?
Sind die Schüler aufgrund der inhaltlichen Darstellung, aber auch aufgrund der erforderlichen Lerntechniken (registrierendes Wahrnehmen, Beziehungsdenken) zur sog. synchronen Notation (Mitschrift) in der Lage?

Hilfsmittel zur Notation?
Ist dafür gesorgt, daß bei geplanter Mitschrift das entsprechende Arbeitsmaterial und nur (!) dieses allen Schülern zur Verfügung steht?

Eventuelle Sichtprobleme?
Ist der Bildschirm so positioniert (Mindestabstand: 3,3 mal Bildschirmdiagonale, Maximalabstand: 9 mal Bildschirmdiagonale, horizontaler Sichtwinkel: 45°, vertikaler Sichtwinkel: 30°), daß alle Schüler ohne Sichtprobleme der Darbietung der Sendung folgen können?

Mögliche Störquellen?
Sind mögliche Störquellen (Blendeffekte durch Störlichteinfall, optische Reizquellen aus dem Umfeld, wie auffallender Zimmerschmuck, Beobachtungsmodelle, Tafelzeichnungen u.a.) ausgeschaltet?

■ Erschließungsfragen zum Bereich Auswertungsarbeit:

Lehrerzentrierte Erschließung?
Welche Teilabschnitte der Sendung müssen in lehrerzentrierter Form aufgeschlossen werden?

Schülerzentrierte Erschließung?
Welche Teilabschnitte der Sendung können schülerzentriert in Form von Allein-, Partner- bzw. Gruppenarbeit bewältigt, zumindest aber erarbeitet werden?

Wiederholung von Teilabschnitten?
Welche Teilabschnitte müssen voraussichtlich zur Sicherstellung des Lerngewinns (Verständniserleichterung, Behaltenssteigerung) wiederholt dargeboten werden?

Berücksichtigung einer Reflexionsphase?
Muß aufgrund einer hohen Informationsdichte und/oder einer ausgeprägten affektiven Ausstrahlung in direktem Anschluß an die Stufe(n) der Rezeption eine Phase des Bewußtwerdens und Ordnens der unmittelbar aufgenommenen Inhalte (= Phase der ' intrapersonalen Kommunikation) als lernprozessuale Artikulationsstufe integriert werden?

Spontanreaktionen wahrscheinlich?
Ist es aufgrund der Eigenart der Sendung angebracht, im Anschluß an die Stufe(n) der Rezeption zur Bewältigung einer möglichen emotionalen Aufladung durch die audiovisuellen Wahrnehmungsinhalte eine Phase der Spontanreaktion als lernprozessuale Artikulationsstufe einzuplanen?

Problem der Flüchtigkeit?

Welche Maßnahmen können ergriffen werden, um das ursächlicherweise vorhandene Phänomen der Flüchtigkeit audiovisuell gebotener Information sowohl in der Phase der Rezeption als insbesondere bei dem Bemühen der Überführung der gewonnenen Lernresultate in das Langzeitgedächtnis zu bewältigen?

Überprüfung der Infoaufnahme?

Empfiehlt es sich, unmittelbar vor der eigentlichen Aufschließungsarbeit die Wahrnehmungsinhalte nach relativer Vollständigkeit und Richtigkeit der Abfolge durch bloßes Nacherzählen zu überprüfen (vgl. altersspezifische Filmauffassung!)?

Allgemeine oder spezifische Aufschließung?

Soll die Auswertungsarbeit sofort auf der Grundlage vorgegebener spezifischer Beobachtungsaufgaben, Arbeitsaufträgen, Fragen, Impulse gezielt erfolgen, oder wäre es zuerst angebracht, die Sendung durch mehr allgemein umschriebene Denkakte aufzuschließen (was gefiel, was gefiel nicht, jeweils mit ergänzenden Begründungen, Verhaltensweisen der Hauptperson(en), Beschreibung der Schauplätze, was war neu, was war bereits bekannt, passen Thema und Aussagen zusammen, hättest du in dieser oder jener Situation ebenso gehandelt etc.)?

Qualität der Beobachtungsaufgaben?

Sind die Beobachtungsaufgaben bzw. Arbeitsaufträge so visuell erfaßbar (auf Folie, Arbeitsblatt, als Tafelanschrift, auf Plakatkarton) und unmißverständlich (das präzise Verbum drückt die zu mobilisierende Denkstrategie aus, z.B. vergleiche, begründe, fasse zusammen, ...) fixiert, daß es weder Orientierungs- noch Interpretationsprobleme gibt?

Bearbeitung der Beobachtungsaufgaben?

Sollen und können die Beobachtungsaufgaben bzw. die Arbeitsaufträge in Allein-, Partner-, arbeitsgleicher oder konkurrierender Gruppenarbeit bewältigt werden, oder ist deren Bearbeitung aus sachinhaltlichen (Aspekt der Komplexität, der zur Verfügung stehenden Unterrichtszeit) oder aus didaktischen Gründen (z.B. Entwicklung der Gesprächsfähigkeit) in frontalunterrichtlicher Arbeitsweise notwendig?

Spezifische Verhaltensanalyse?

Ist es für ein tieferes Verständnis der Verhaltensweisen der Hauptpersonen sinnvoll bzw. erforderlich, ein sog. personales Polaritätsprofil gemeinsam oder nach mehrfach geübter Einschulung in selbsttätiger Erarbeitung zu erstellen?

Aspekt kritische Fernsehkompetenz?

Gibt es innerhalb der Sendung Abschnitte, wo man den Schülern den Aspekt der sog. 'manipulierten Informationsdarbietung' im Sinne subjektiv-selektiver Wirklichkeitsausschnitte und -interpretationen aufzeigen kann? An welchen Beispielen läßt sich die pädagogische Absicht 'Führung zur kritischen Fernsehkompetenz' schrittweise realisieren?

Eignung für Problembegegnung?

Kann ein Element der Sendung zur sachinhaltlichen Bewältigung der Eröffnungsphase verwendet werden (z.B. eine strittige Aussage, ein zweifelhaftes Verhalten, ein aussagekräftiger Bildausschnitt)?

Lehrakte für zielführende Erschließung?

Welche Lehrakte sind für die Auswertungsarbeit aufgrund der Inhalte der Sendung und der Lernleistungsfähigkeit der Schüler zielführend (z.B. Erarbeitungsgespräch, wiederholende Beschreibungen, Erklärungen, Erläuterungen, Vergleiche, Beispiele, Verarbeitungsgespräche mit Fragen und Impulsen, Arbeitsaufträge, skizzenhafte Darstellungen, Sachimpulse, Definitionen, ein Zusatzexperiment)?

Lernaktivitäten der Schüler?

Welche Lernakte sind für die Erschließung der Sendung unter besonderer Beachtung der Komplexität bzw. Intelligibilität (Einsehbarkeit, Transparenz) der Aussagen möglich (z.B. Formulierung von Schülerfragen, Fixierung von Aussageschwerpunkten durch Stichworte, Diskussion im Klassenverband, Partnergespräch, Gruppengespräch, Anfertigung oder Ergänzung einer Zeichnung, eines Bildes, eines Diagramms, eines Rasters, Bearbeiten von Arbeitsaufgaben in individueller oder kooperativer Aktivität)? Eignet sich auch eine der folgenden Strategien für die Auswertung? Vergleich von Titel und Sendung; Wortkarten bzw. Bildkarten mit Eindrücken, Meinungen, Urteilen; Vermutungen über den weiteren Verlauf nach Unterbrechung der Darbietung; Durchführung eines Rollenspiels; Entwurf einer Bildgeschichte, eines Werbeplakats; Textvorschläge für ohne Ton vorgeführte Abschnitte; Leserbrief bzw. kritische Stellungnahme durch die Schüler an die Redaktion.

Fixierung der Arbeitsergebnisse?

Wo haben die Schüler ihre mündlich zu ermittelnden oder schriftlich zu fixierenden Denkergebnisse niederzulegen (Block, Arbeitsblatt, Folie, Wortkarte, Satzstreifen, Bildkarte)?

Sicherung der Lernresultate?

Welche der erarbeiteten Lernresultate sind durch besondere methodische Strategien (z.B. Teilzusammenfassungen, Wiederholungen, Wertungen, Transfer, Vergleich, Kategorisierung, Rollenspiel, Lernspiel) zu sichern?

Versprachlichung der Lernresultate?

Welche der erarbeiteten Lernresultate müssen als Erkenntnisse und Einsichten in den aktiven Wortschatz (Anwendungsfähigkeit bzw. Gebrauch von Begriffen, Ausdrücken, sprachlichen Formulierungen) überführt werden, um deren relatives Behalten zu gewährleisten?

Umfang von Lernkontrollen?

Welche der erarbeiteten Lernresultate (Fakten, Begriffe, Einsichten u.a.) sind mit Hilfe von Lernzielkontrollen mündlicher oder schriftlicher Art nach Quantität und Qualität zu überprüfen?

- Storyboard zur strukturellen Inhaltserfassung -

■ medienspezifisches Ziel:

– *zur* Offenlegung der Handlungsabfolge
– *zum* leichteren Eindringen in die filmischen Aussagen

■ unterrichtspragmatische Relevanz:

– *als* Denkgerüst vor der Sendung
– *als* Begleitmedium während der Darbietung
– *als* Lernhilfe zur Ergebnisgewinnung

■ Gestaltungselemente:

♦ die Generalisierung des szenischen Ablaufs durch Oberbegriffe

♦ die ikonische Erfassung durch einfache, lineare Abbildungen

♦ die semantische Erfassung durch inhaltsreiche Stichwörter

1. Eindrücke - Übersicht ⇨ ⇔ Gesichtsmalerei, Seifenrutsche, Riesenball, Minitram; gestalten, erleben, probieren, dabei sein;

2. Werbung ⇨ ⇔ in Straßen der Stadt, Clown (auffällig), Riesenball, Plakate; eigentliches Ziel: Spielfest zur Nachahmung;

3. Organisation - Planung ⇨  ⇔ wo (Parkanlagen, Sportplätze); zentrale Regie; sorgfältige Planung, Verpflegung (!), Spielleiter, Helfer, Orientierungstafeln;

4. Geräte - Ausstattung ⇨  ⇔ Großgeräte (Riesenball, Luftschlange, Klettergerüst, Fallschirm, laufendes - A -); Kleingeräte (Flaschen, Papierrollen, Reifen); vielfältige und attraktive Geräte;

5. Spielformen ⇨ ⇔ musizieren, Figuren zeichnen, tanzen (Ententanz), Pantomime, Gruppenski, Luftkissen, Mohrenkopfschleuder;

6. Ziele - Absichten ⇨  ⇔ Spielfreude, soziale Ziele, gemeinsame Bewegung, Kreativität, Abbau von Bewegungsstau, totale Integration aller, Abbau von Berührungsängsten, Koordinationsübungen;

Storyboard zum: Das Spielfest (Heidelberger Sportfilm, 23 Min.)

- LITERATURAUSWAHL -

Adl-Amini, B.	*Medien und Methoden des Unterrichts*	*Donauwörth 1994*
Aebli, H.	*Denken, das Ordnen des Tuns*	*Stuttgart 1980, Bd.1*
Aebli, H.	*Denken, das Ordnen des Tuns*	*Stuttgart 1981, Bd.2*
Aebli, H.	*Grundformen des Lehrens*	*Stuttgart 1976[9] / 1977[10]*
Aebli, H.	*Psychologische Didaktik*	*Stuttgart 1973[5]*
Anderson, S.	*On educational testing*	*San Francisco 1983*
Antenbrink, H.	*Planen und Durchführen von Unterricht*	*Freiburg-Basel-Wien 1979*
Apel, H.J.	*Schulpädagogik: eine Grundlegung*	*Köln-Wien 1990*
Apel/Grünfeld	*Unterrichtsformen, Unterrichtsverfahren*	*Kulmbach 1982*
Aries, P.	*Geschichte der Kindheit*	*München/Wien 1975*
Armbruster, B.	*Lernplätze zur Mediendidaktik*	*Paderborn 1979*
Armbruster, B. (Hg.)	*Allgemeine Mediendidaktik*	*Köln 1978*
Armbruster, B./ Adler, F.	*Schulfunk im Unterricht*	*Köln 1979*
Arnheim, R.	*Anschauliches Denken*	*Köln 1972*
Aschersleben, K.	*Einführung in die Unterrichtsmethodik*	*Stuttgart 1974*
Aschersleben, K.	*Welche Bildung brauchen Schüler?*	*Bad Heilbrunn 1993*
Ashauer, G. (Hg.)	*Audiovisuelle Medien*	*Bonn 1980*
Atkinson, J. W.	*Einführung in die Motivationsforschung*	*Stuttgart 1975*
Ausubel, D.	*Das Jugendalter: Fakten, Probleme, Theorie*	*München 1974[4] / 1976[5]*
Ausubel, D.	*Das Kindesalter: Fakten, Probleme, Theorie*	*München 1974*
Ausubel/Novak/Hanesion	*Psychologie des Unterrichts*	*Weinheim 1980[2]*
Bachmair, B.	*Medienverwendung in der Schule*	*Berlin 1979*
Baddeley, A.	*Working Memory*	*Oxford 1986*
Baeyer, A. von	*Medienplanung für Unterricht und Ausbildung*	*Grafenau 1983*
Bailey, R.H.	*Das Gehirn*	*New York-Stuttgart 1976*
Barsig/Berkmüller	*Die Unterrichtsvorbereitung für die Schule von heute*	*Donauwörth 1975[5] / 1984[10]*
Bartels, M.	*Sinnvoller Umgang mit Medien*	*Soest 1986*
Becker, G.E.	*Durchführung von Unterricht. Handlungsorientierte Didaktik*	*Weinheim 1984 / 1990[4], Bd.2*
Becker, G.E.	*Planung von Unterricht. Handlungsorientierte Didaktik*	*Weinheim-Basel 1987[2]/91[4], Bd.1*
Becker, G.E.	*Unterrichtssituationen I - Gespräch und Diskussion*	*München-Berlin-Wien 1978[2]*
Becker, G.E.	*Unterrichtssituationen II - Motivieren und Präsentieren*	*München-Berlin-Wien 1976*
Becker, G.E.	*Unterrichtssituationen III - Üben und Experimentieren*	*München 1976*
Beckmann/Biller (Hg.)	*Unterrichtsvorbereitung: Probleme und Materialien*	*Braunschweig 1978*
Beckstein, M.	*Leistungssicherung*	*Regensburg 1979*
Beneke, K.-M.	*Schulfernsehen als Kommunikationsmodell*	*Berlin 1984*
Beneke/Wagner, Wieczerkowski (Hg.)	*Schulfernsehen in Theorie und Praxis*	*Opladen 1981*
Bergius, R.	*Psychologie des Lernens*	*Stuttgart 1973[3]*
Bertelsmann-Stiftung	*Medienkompetenz als Herausforderung an Schule und Bildung*	*Gütersloh 1992*
Berthold, M.	*Darbieten und Veranschaulichen*	*Bad Heilbrunn 1983*
Bielefeldt, H./Scholz, G.	*Kooperation in der Schule. Erfahrungen von Lehrern an einer Hauptschule*	*München 1979*
Biere, K.	*Ton + Dia*	*Wuppertal 1983*
Blankertz, H.	*Theorien und Modelle der Didaktik*	*München 1974[8]*

Boeckmann, K.	*Medien im Unterricht: Grundbaustein: Unterrichtstheorie und Mediendidaktik*	*Tübingen 1981*
Boeckmann, K./Heymen, N.	*Unterrichtsmedien selbst gestalten*	*Neuwied 1990*
Bönsch, M.	*Anschauung im Unterricht*	*Ratingen 1965*
Bönsch, M.	*Differenzierung des Unterrichts. Methodische Aspekte*	*München 1976³*
Bönsch, M.	*Einprägen, Üben und Anwenden im Unterricht*	*München 1966*
Bönsch, M.	*Offener Unterricht in der Primar- und Sekundarstufe I*	*Hannover 1993*
Bönsch, M.	*Zum pädagogischen Sinn des Projektunterrichts in der Grundschule* *In: Grundschulzeitschrift, 29 / 1989*	
Bower/Hilgard	*Theorien des Lernens 1*	*Stuttgart 1970 / 1983⁵*
Brandt, P.	*Medienerziehung in der Schule 1/2*	*Donauwörth 1990/1991*
Braun/Buckenmaier/Kalbreyer	*Lernzielorientierter Unterricht*	*Heidelberg 1976*
Bredenkamp/Wippich	*Lern- und Gedächtnispsychologie*	*Stuttgart 1971, 2 Bde.*
Brenner, G. (Hg.)	*Handlungsorientierte Medienarbeit*	*Weinheim 1993*
Breslauer, K.	*Grundsätze in der Unterrichtsplanung* *In: Hacker/Poschardt (Hg.) Zur Frage der Lernplanung und Unterrichtsgestaltung*	*Hannover 1977*
Bronnmann/Kochansky/ Schmid	*Lernen lehren: Training von Lernmethoden und Arbeitstechniken*	*Bad Heilbrunn 1981*
Bruner, J.	*Der Prozeß der Erziehung*	*Berlin 1970 / 1973³*
Bruner/Olver/Greenfield	*Studien zur kognitiven Entwicklung*	*Stuttgart 1971*
Burgmer, M.	*Optimierung methodengerechten Einsatzes von Medien im technischen Unterricht*	*Wuppertal 1985*
Burk/Claussen	*Lernorte außerhalb des Klassenzimmers*	*Frankfurt 1981*
Chott, P.	*Das Prinzip der Lebensnähe in der Schule*	*Frankfurt 1988*
Correll, W.	*Unterrichtsdifferenzierung und Schulorganisation*	*Hannover 1969 / 1971²*
Correll, W.	*Einführung in die Pädagogische Psychologie*	*Donauwörth 1973⁶*
Correll, W.	*Lernen und Verhalten*	*Frankfurt 1971*
Cronbach, L.	*Einführung in die Pädagogische Psychologie*	*Weinheim 1974²*
Cube, F. von	*Kybernetische Grundlagen des Lernens und Lehrens*	*Stuttgart 1968² / 1982⁴*
Deutsche Gesellschaft für Kinderheilkunde	*Kinderseelen sind zerbrechlich*	*Frankfurt 1988*
Deutscher Bildungsrat	*Differenzierung (Dokumentation)* *In: Zs. Pädagogische Welt, S.124 - 127, 26 / 1972*	
Deutscher Bildungsrat	*Strukturplan für das Bildungswesen*	*Stuttgart 1973⁴*
Dewey, J.	*Wie wir denken*	*Zürich 1951*
Dichanz/Mohrmann	*Unterrichtsvorbereitung: Probleme, Beispiele, Vorbereitungshilfen*	*Stuttgart 1980⁴*
Dichanz/Schwittmann	*Methoden im Schulalltag* *In Zs.: Die Deutsche Schule, 3 / 1986*	
Diener/Füller/Lemke	*Lernzieldiskussion und Unterrichtspraxis*	*Stuttgart 1978*
Dienes/Jeeves	*Denken in Strukturen*	*Freiburg 1968 / 1970²*
Dietrich, G.	*Bildungswirkungen des Gruppenunterrichts*	*München 1974³*
Dietrich, G.	*Effektivitätsanalyse und Lehrstrategie des entdeckenden Lernens* *In Zs.:Pädagogische Welt, 10 / 1973*	
Dietrich, G.	*Kooperatives Lernen in der Schule*	*Donauwörth 1974*
Dietrich, G.	*Pädagogische Psychologie*	*Bad Heilbrunn 1984*

Doelker, C.	Kulturtechnik Fernsehen	Stuttgart 1989
Doelker/Franzmann u.a.	Immer dieses Fernsehen. Handbuch für den Umgang mit Medien	Wien 1983
Döring, K./Ziep, K.	Mediendidaktik in der Weiterbildung	Weinheim 1989
Dörner, D.	Die kognitive Organisation beim Problemlösen	Bern 1974
Dörner, D.	Problemlösen als Informationsverarbeitung	Stuttgart 1979²
Dreesmann, H.	Unterrichtsklima	Weinheim 1982
Edelmann, W.	Einführung in die Lernpsychologie	München 1978/79, Bd. 1 u. 2
Edelmann, W.	Lernpsychologie	Weinheim 1993³ / 1996⁵
Ehrhardt, K.J.	Leitsymptom: Konzentrationsstörungen bei Schulkindern In: Rapp, G., Aufmerksamkeit und Konzentration	
Einsiedler, W.	Faktoren des Unterrichts	Donauwörth 1978 / 1982²
Einsiedler, W.	Lehrmethoden	München 1981
Einsiedler, W.	Lehrstrategien und Lernerfolg	Weinheim 1976
Englbrecht/Weigert	Lernbehinderungen verhindern	Frankfurt 1991
Eßer, A. (Hg.)	Handbuch Schulfernsehen	Weinheim 1977
Faulstich, W.	Grundwissen Medien	München 1994
Fauser, P.	Praktisches Lernen	Dillingen 1993
Fauser/Fintelmann/Flitner	Lernen mit Kopf und Hand	Weinheim-Basel 1983 / 1991
Fichten, W.	Unterricht aus Schülersicht	Frankfurt 1993
Fickert, T.	Multimediales Lernen	Wiesbaden 1992
Fischer, M.	Die innere Differenzierung des Unterrichts in der Volksschule	Weinheim 1975¹¹
Flechtner, H.-J.	Gedächtnis und Lernen in psychologischer Sicht	Stuttgart 1974 / 1976²
Flitner, W.	Verwissenschaftlichung der Schule? In: Zs. für Pädagogik, S. 947 - 955, 1977	
Foppa, K.	Lernen, Gedächtnis, Verhalten	Köln 1975⁹
Franke, P.	Unterricht planen - Unterricht vorbereiten	Donauwörth 1977
Frey, K.	Die Projektmethode	Weinheim-Basel 1990³ / 1995⁶
Fuchs, R.	Audiovisuelle Lehrmittel	Leipzig 1982
Fuchs, R.	Einführung in die Lernpsychologie	Darmstadt 1980
Fülgraff, A.	Medienerziehung als Bildungsaufgabe	Mainz 1985
Gage/Berliner	Pädagogische Psychologie	Weinheim-München 1986⁴
Gagne, R.M.	Die Bedingungen des menschlichen Lernens	Hannover 1969 / 1980⁵
Gasser/Singer	Angewandte Lernpsychologie	Basel 1979
Gaudig, H.	Die Schule der Selbsttätigkeit	Bad Heilbrunn 1963 / 1969²
Geißler, E.	Analyse des Unterrichts	Bochum 1976³ / 1982⁵
Geißler, E.	Die Schule: Theorien, Modelle, Kritik	Stuttgart 1984
Geppert/Preuß (Hg.)	Selbständiges Lernen. Zur Methode des Schülers im Unterricht	Bad Heilbrunn. 1980
Geppert/Preuß u.a.	Differenzierender Unterricht - konkret	Bad Heilbrunn 1981²
Gibson, J.J.	Wahrnehmung und Umwelt	München 1982
Glöckel, H.	Unterricht in der Spannung zwischen Sachanspruch und Schülergemäßheit In: Zs. Pädagogische Welt, 8 / 1985	
Glöckel, H.	Vom Unterricht: Lehrbuch der Allgemeinen Didaktik	Bad Heilbrunn 1990 / 1996³
Glöckel/Bauer (Hg.)	Vorbereitung des Unterrichts	Bad Heilbrunn 1989 / 1992²
Glogauer, W. (Hg.)	Neue Konzeptionen für individualisierendes Lehren und Lernen	Bad Heilbrunn 1976

Gombrich, E.H.	Bild und Auge. Neue Studien zur Psychologie der bildlichen Darstellung	Stuttgart 1984
Graü/Stuke/Zimmermann	Lernen mit Medien	Braunschweig 1977
Graumann, C.F. (Hg.)	Denken	Köln-Berlin 1971⁵
Grell, J.	Techniken des Lehrerverhaltens	Weinheim 1975⁵ / 1978⁸
Grell/Grell	Unterrichtsrezepte	München-Wien 1979 / 1991²
Gröschel, H. (Hg.)	Die erzieherische Wirksamkeit kooperativen Arbeitens	München 1973
Gründer/Bettelhäuser	Unterrichten lernen	Paderborn-München 1980
Gudjons, H.	Handlungsorientiert lehren und lernen	Bad Heilbrunn 1992³ / 1997³
Gudjons/Reinert (Hg.)	Schulleben	Königstein/Ts 1980
Günther, H.	Freie Arbeit in der Grundschule	Bonn 1988
Hacker, H.	Elemente des Curriculums	Donauwörth 1979
Hacker/Poschardt	Zur Frage der Lernplanung und Unterrichtsgestaltung	Hannover 1977
Hage et al.	Das Methodenrepertoire von Lehrern	Opladen 1985
Hagemann/Tulodziecki	Einführung in die Mediendidaktik	Köln 1980³
Hagmüller, P.	Einführung in die Unterrichtsvorbereitung	Düsseldorf 1980
Haußer, K.	Die Einteilung von Schülern. Theorie und Praxis schulischer Differenzierung	Weinheim/Basel 1980
Heckhausen, H.	Motivationsanalysen	Berlin 1974
Heimann/Otto/Schulz	Unterricht: Analyse und Planung	Hannover 1970⁵ / 1979¹⁰
Heller/Nickel (Hg.)	Psychologie in der Erziehungswissenschaft	Stuttgart 1976
Helmke, A.	Die Entwicklung der Lernfreude vom Kindergarten bis zur 5. Klassenstufe In: Zs. Für Pädagogische Psychologie, 7/ 1993	
Hermes, E.	Basiswissen Schulpädagogik	Stuttgart 1980
Hoffmann/Loch/Persch	Unterrichtsvorbereitung. Inhalt und Aufbau, Theorie und Praxis	Limburg 1977²
Holstein, H.	Schüler lernen selbständig. Situationen selbständigen Lernens im Schulunterricht	München 1984
Holstein, H.	Schulfunk im Schulunterrricht	Frankfurt 1979
Höltershinken/Kasüschke/ Sobiech	Praxis der Medienerziehung	Bad Heilbrunn 1991
Hopf, D.	Differenzierung in der Schule	Stuttgart 1974
Horney/Wolff (Hg.)	Handbuch für Lehrer	Gütersloh 1966, Bd. 1
Huelsewede, M./Boeck, K. (Hg.)	Schulpraxis mit AV-Medien	Weinheim 1980
Hunziker, H.	Audiovision im Unterricht	Zürich 1981
Issing, L.J. (Hg.)	Lernen mit Bildern	Grünwald 1983
Issing, L.J. (Hg.)	Unterrichtstechnologie und Mediendidaktik	Weinheim 1976
Jahnke, J.	Motivation in der Schulpraxis	Freiburg 1977
Jörg, H.	Unterrichtspraxis	Oberursel/Ts. 1970
Jost, G.	Zum Umgang mit Dias	Gelnhausen 1979
Jost, G.	Zum Umgang mit Folien	Gelnhausen 1983
Kaiser/Kaminski	Methodik des Ökonomie-Unterrichts	Bad Heilbrunn 1994
Kath, F.M.	Ein Modell zur Unterrichtsvorbereitung	Konstanz 1978
Katzenberger, L. F. (Hg.)	Hygiene in der Schule	Ansbach 1976
Kebeck, G.	Wahrnehmung	Weinheim-München 1994
Keck, R.W.	Zielorientierte Unterrichtsplanung	Bochum 1975
Keil, W.	Psychologie des Unterrichts	München 1977

Keim, W.	Schulische Differenzierung	Königstein/Ts. 1979[2]
Kittelberger, R./ Freisleben, I.	Lernen mit Video und Film	Weinheim 1994
Klafki, W.	Das pädagogische Problem des Elementaren und die Theorie der kategorialen Bildung	Weinheim 1964[4]
Klafki, W.	Studien zur Bildungstheorie und Didaktik	Weinheim-Basel 1965[7]
Klausmeier/Ripple	Moderne Unterrichtspsychologie	München-Basel 1973, 4 Bde.
Klink, J.G.	Ort und Inhalt der Schulpädagogik In Zs.: Lebendige Schule, 1966	
Klippert, H.	Handlungsorientiertes Lehren und Lernen in der Schule In Zs.: Schulmagazin, 1 / 1991	
Knerr, G./Ludwig, J.	Lernen mit Bildern	München 1979
Knörzer, W.	Lernmotivation	Weinheim-Basel 1976
Kober/Rössner	Anleitungen zur Unterrichtsvorbereitung	Frankfurt 1971[5]
Kochansky/Schmid	Lehrbuch zur Unterrichtsplanung	Baltmannsweiler 1981
Köck, P.	Didaktik der Medien	Donauwörth 1977[2]
Köck, P.	Praktische Schulpädagogik	Donauwörth 1987 / 1992[2]
König/Beckmann (Hg.)	Diskussion Unterrichtsvorbereitung	München 1980
Kopp, F.	Didaktik in Leitgedanken	Donauwörth 1974[5]
Krämer, J.	Zum methodischen Prinzip der 'originalen Begegnung' In Zs.: Pädagogische Rundschau, S. 687 - 696, 1962	
Kramp, W.	Das Prinzip der Lebensnähe als pädagogisches Problem In Zs.: Die Deutsche Schule, S. 487 - 498, 1961	
Kramp, W.	Studien zur Theorie der Schule	München 1973
Krauß, H. (Hg.)	Aktuelle Fragen der Mediendidaktik	Donauwörth 1977
Krieger, C.	Mut zur Freiarbeit	Baltmannsweiler 1994
Kron, F.W.	Grundwissen Didaktik	München 1993 / 1994[2]
Kronen, H.	Mediendidaktik	Frechen 1980
Kuhn, M.	Hinter den Augen ein eigenes Bild, Film und Spiritualität	Zürich 1991
Kunert, K.	Lernorganisation: Planung, Integration, Öffnung des Unterrichts	München 1977
Lefrancois, G.	Psychologie des Lernens	Berlin 1976 / 1986[2]
Lenzen, D. (Hg.)	Enzyklopädie Erziehungswissenschaft	Stuttgart 1985, Bd.4
Liermann, L./Müller, K.	Kooperationslernen (II). Training und Kooperation In: Zs.: Betrifft: Erziehung., S. 33-38, 6 / 1971	
Loeser, O./Könings, W.	Tafelbild, Arbeitstransparent, Arbeitsblatt im Unterricht	Darmstadt 1982
Lückert, H.R.	Beitrag zur schulischen Psychohygiene In: Katzenberger/Bähr, Hygiene in der Schule	
Mann, I.	Lernen durch Handeln	München 1977[2]
Mauermann/Weber	Der Erziehungsauftrag der Schule	Donauwörth 1981[2]
May, H./Täubl, A.	Praxis AV-Medien	München 1981
Melezinek, A. (Hg.)	Bildungsfernsehen	Konstanz 1978
Messer/Schneider/Spiering	Planungsaufgabe Unterricht	Ravensburg 1975[2] / 1978[5]
Messer/Schneider/Spiering	Planungsaufgabe Unterricht. Sekundarstufe	Ravensburg 1978[5]
Metz, H.	Unterrichtsmethoden und Emotionen der Schüler In Zs.: Lehren und Lernen, 13 / 1987	
Meyer, H.	Leitfaden zur Unterrichtsvorbereitung	Königstein 1980 / 1993[12]
Meyer, H.	Unterrichtsmethoden	Frankfurt 1988, 2 Bde.
Meyer-Drawe, K.	Der Begriff der Lebensnähe und seine Bedeutung für eine pädagogische Theorie des Lernens und Lehrens	Bielefeld 1978

Meyer-Willner, G.	*Differenzieren und Individualisieren. Begründung und Darstellung des Differenzierungsproblems*	*Bad Heilbrunn 1979*
Meyer/Friedrichs/Pilz	*Unterrichtsmethoden*	*Oldenburg 1982*
Mierke, K.	*Konzentrationsfähigkeit und Konzentrationsschwäche*	*Stuttgart 1957 / 1966³*
Mietzel, G.	*Pädagogische Psychologie*	*Göttingen 1975²*
Möller, Chr.	*Technik der Lernplanung. Methoden und Probleme der Lernzielerstellung*	*Weinheim-Basel 1976⁵*
Muckenhaupt, M.	*Text und Bild*	*Tübingen 1986*
Neber, H.	*Entdeckendes Lernen*	*Weinheim 1981³*
Neber, H.	*Selbstgesteuertes Lernen*	*Weinheim 1978*
Nitsche, S.	*Einsatz von Medien*	*Frankfurt 1988²*
Oblinger/Kotzian/Waldmann	*Grundlegende Unterrichtskonzeptionen*	*Donauwörth 1985*
Odenbach, K.	*Die Motivation im Unterricht*	*Frankfurt 1971*
Oerter, R.	*Moderne Entwicklungspsychologie*	*Donauwörth 1975¹⁵ / 1987²¹*
Oerter, R.	*Psychologie des Denkens*	*Donauwörth 1972³ / 1980⁶*
ʹOrtner, G./Boeckmann, K.	*Mit Medien lernen - mit Medien leben*	*Alsbach 1981*
Otto, G. (Hg.)	*Unterrichtsmedien*	*Seelze 1993*
Parreren, C. van	*Lernen in der Schule*	*Weinheim 1974⁵ / 1977⁶*
Peez, H.	*Entwicklungsgemäßheit* *In: Maier, K.E. (Hg.), Pädagogisches Taschenlexikon*	*Regensburg 1978*
Peterßen, W.	*Grundlagen und Praxis des lernzielorientierten Unterrichts*	*Ravensburg 1974*
Peterßen, W.	*Handbuch Unterrichtsplanung*	*München 1992⁴ / 1996⁷*
Piaget, J.	*Psychologie der Intelligenz*	*Stuttgart 1970⁴ / 1974⁶*
Piaget, J.	*Sprechen und Denken des Kindes*	*Düsseldorf 1972*
Pirker, H.	*Mediendidaktik in der Lehrerausbildung*	*Frankfurt 1985*
Potthoff, W.	*Curriculum - Entwicklung. Workshop Schulpädagogik*	*Ravensburg 1978⁴*
Potthoff/Achtenhagen	*Schulpädagogik*	*Freiburg 1975*
Prange, K.	*Bauformen des Unterrichts*	*Bad Heilbrunn 1983 / 1986²*
Preuß, E. (Hg.)	*Zum Problem der inneren Differenzierung*	*Bad Heilbrunn 1976*
Pütt, H.	*Lehrerrolle und Lehrerhandeln im Projektunterricht* *In: Maiwald, R., Erziehen - Unterrichten - Ausbilden*	*Frankfurt 1992*
Pütt, H.	*Projektunterricht und Vorhabengestaltung*	*Essen 1982*
Ramseger, J.	*Pädagogische Innovationen im Handlungsfeld Schule*	*Bremen 1981*
Ramseger, J.	*Was heißt „durch Unterricht erziehen"?*	*Weinheim-Basel 1991*
Ramseger/Skedzuhn	*Offener Unterricht in der Praxis* *In Zs.: Grundschule, 1 / 1978*	
Rapp, G.	*Aufmerksamkeit und Konzentration*	*Bad Heilbrunn 1982*
Reble, A. (Hg.)	*Die Arbeitsschule*	*Bad Heilbrunn 1979⁴*
Riedel, K.	*Lehrhilfen zum entdeckenden Lernen*	*Hannover 1973*
Riedler, R.	*Schulfunk und Schulpraxis*	*München 1976*
Ritz-Fröhlich, G.	*Verbale Interaktionsstrategien im Unterricht*	*Ravensburg 1979⁶*
Rohracher, H.	*Einführung in die Psychologie*	*Wien-München 1971¹⁰ / 1988¹³*
Roth, A.	*Die Elemente der Unterrichtsmethode*	*München 1973³*
Roth, H.	*Pädagogische Psychologie des Lehrens und Lernens*	*Hannover 1973¹⁴ / 1983¹⁶*
Roth, L. (Hg.)	*Pädagogik, Handbuch für Studium und Praxis*	*München 1991*
Roth/Blumenthal (Hg.)	*Zum Problem der Lernziele (Auswahl Reihe A)*	*Hannover 1973*
Röttel, K.	*Medien im Unterricht*	*Alsbach 1986*

Ruprecht, H.	*Medienwahl und Medienverwendung*	*Bonn 1981²*
Salzmann, Chr.	*Elementarisierung und Vereinfachung als Kern des Lehr-Lernprozesses* *In: Zs. Pädagogische Rundschau, S. 535 ff., 1982*	
Schiefele, H.	*Lernmotivation und Motivlernen*	*München 1978²*
Schiefele, H.	*Motivation im Unterricht*	*München 1970⁴*
Schier/Loddenkemper	*Auf dem Weg zum kooperativen Unterricht. Der Wandel vom traditionellen zum offenen Klassenzimmer* *In: Zs. für Gruppenpädagogik, 1 / 1980*	
Schill, W.	*Auditive Medien im Unterricht*	*Köln 1979*
Schittko/Posern/Borsum	*Einführung in die Didaktik*	*München 1982*
Schludermann, W.	*Schulfernsehen aus mediendidaktischer Sicht*	*Alsbach 1981*
Schmitz, K.	*Wissenschaftsorientierter Unterricht*	*München 1977*
Schröder, H.	*Kommunikation und Information im Unterricht*	*München 1975*
Schröder, H.	*Lernen und Lehren im Unterricht*	*München 1989 / 1993⁴*
Schröder, H.	*Lernwirksamer Unterricht*	*München 1977*
Schröder, H./Schröder, R.	*Theorie und Praxis der AV-Medien im Unterricht*	*München 1990²*
Schröter, G.	*Medien im Unterricht*	*Donauwörth 1981*
Schulz, W.	*Unterrichtsplanung*	*München 1981³*
Schulze, H.	*„... und morgen fangen wir an!"*	*Soltau 1992*
Schümer, G.	*Medieneinsatz im Unterricht*	*Berlin 1991*
Seibert/Serve/Zöpfl	*Schulpädagogik*	*München 1990*
Steindorf, G.	*Einführung in die Schulpädagogik*	*Bad Heilbrunn 1976³*
Steindorf, G.	*Grundbegriffe des Lehrens und Lernens*	*Bad Heilbrunn 1981 / 1985²*
Stöcker, K.	*Neuzeitliche Unterrichtsgestaltung*	*München 1978¹⁷*
Stotz, G.	*Kommunikations- und Medienpädagogik*	*Alsbach 1986*
Süßenbacher, G.	*Motivation im Unterricht*	*München 1979*
Tausch/Tausch	*Erziehungspsychologie*	*Göttingen 1970⁵ / 1991¹⁰*
Teschner, W.-P. (Hg.)	*Differenzierung und Individualisierung des Unterrichts*	*Göttingen 1971*
Thiel, S.	*Lehr- und Lernziele. Workshop Schulpädagogik Materialien 2*	*Ravensburg 1978⁶*
Thiele, H.	*Lehren und Lernen im Gespräch*	*Bad Heilbrunn 1981*
Tulodziecki, G.	*Einführung in die Medienforschung*	*Köln 1981*
Tulodziecki, G.	*Medienerziehung in Schule und Unterricht*	*Bad Heilbrunn 1989 / 1992²*
Tulodziecki, G. (Hg.)	*Schulfernsehen in der Bundesrepublik Deutschland*	*Köln 1977*
Twellmann, W. (Hg.)	*Handbuch Schule und Unterricht*	*Düsseldorf 1981, Bd. 1, 2, 4.1*
Ulshöfer, R. (Hg.)	*Theorie und Praxis des kooperativen Unterrichts. Untersuchungen und Versuche des Tübinger Seminars für Studienreferendare*	*Stuttgart 1971, Bd. I*
Vester, F.	*Denken, Lernen, Vergessen*	*Stuttgart 1975*
Vester/Beyer/Hirschfeld	*Aufmerksamkeitstraining in der Schule*	*Heidelberg 1983²*
Vettiger/Kobel/Kummer	*Lernziel: Selbständigkeit. Arbeitstechniken für Schüler*	*Düsseldorf 1979*
Vohland, U.	*Praxis der Unterrichtsplanung*	*Düsseldorf 1982*
Wasna, M.	*Leistungsmotivation*	*München 1973*
Weber, E.	*Das Schulleben und seine erzieherische Bedeutung*	*Donauwörth 1981²*
Weber, E.	*Grundfragen und Grundbegriffe: Für Sekundarstufe II und Grundstudium*	*Donauwörth 1974⁴ / 1994⁷*

Weber, E.	*Kritische Überlegungen zum pädagogischen Prinzip der Entwicklungsgemäßheit* *In: Zs. Schule und Psychologie, S. 196 ff., 1963*	
Weidenmann, B.	*Lernen mit Bildmedien*	*Weinheim 1994*
Weidenmann/Krapp	*Pädagogische Psychologie*	*München 1986 / 1994[3]*
Weinert/Graumann u.a.	*Pädagogische Psychologie*	*Frankfurt 1974[8], 2 Bde.*
Wellenhofer, W.	*Grundlagen einer modernen Arbeitsblattpraxis*	*München 1991*
Wellenhofer, W.	*Theorie und Praxis psychomotorisch-instrumentaler Lernziele*	*Donauwörth 1975*
Wellenhofer, W.	*Unterricht heute, Grundfragen des Lehrens und Lernens*	*Ainring 1996*
Wellenhofer, W.	*Unterricht heute, Grundsätze der Unterrichtsgestaltung*	*Ainring 1995*
Wellenhofer, W.	*Unterricht heute, Unterrichtsmedien - Praxis*	*Ainring 1996*
Wellenhofer, W. (Hg.)	*Handbuch der Unterrichtsgestaltung*	*München 1978 - 1985, 9 Bde.*
Weniger, E.	*Didaktik als Bildungslehre*	*Weinheim 1960 / 1965[6], Bd. 2*
Westphalen, K.	*Praxisnahe Curriculumentwicklung*	*Donauwörth 1980 [8]*
Wiederhold, K.A. (Hg.)	*Differenzierung in Schule und Unterricht*	*Ratingen 1975*
Will, H.	*Arbeitsprojektor und Folien*	*Weinheim 1991*
Winkeler, R.	*Differenzierung: Funktionen, Formen und Probleme*	*Ravensburg 1978[4]*
Winkeler, R.	*Innere Differenzierung: Begriff, Formen und Probleme*	*Ravensburg 1979*
Wippich, W./ Bredenkamp, J.	*Bildhaftigkeit und Lernen. Wissenschaftliche For-schungsberichte. Reihe I: Grundlagenforschung und grundlegende Methodik.* *Hrsg. v. W. Brügel u.a., Band 78*	*Darmstadt 1979*
Witzenbacher, K.	*Die Unterrichtsplanung*	*Ansbach 1980[2]*
Wolf, A.	*Prinzipien des Unterrichts* *In: Twellmann, W. (Hg.), Handbuch Schule und Unterricht*	*Düsseldorf 1981, Bd. 4.1*
Wygotski, L.S.	*Denken und Sprechen*	*Frankfurt 1969 / 1972[4]*
Zöpfl/Schofnegger	*Erziehen durch Unterrichten*	*München 1977*
Zöpfl/Seitz (Hg.)	*Schulpädagogik: Grundlagen - Probleme - Tendenzen*	*München 1971*

FÜR DAS ARBEITSGEBIET 'UNTERRICHT' RELEVANTE NACHSCHLAGEWERKE

Autorenteam	*Lexikon der Pädagogik*	*Freiburg 1970, 4 Bde.*
Autorenteam	*Wörterbuch der Pädagogischen Psychologie*	*Freiburg 1976[3]*
Autorenteam	*Wörterbuch der Schulpädagogik*	*Freiburg 1994*
Arnold, u.a.	*Lexikon der Psychologie*	*Freiburg 1980, 3 Bde.*
Aschersleben/Hohmann	*Handlexikon der Schulpädagogik*	*Stuttgart 1979*
Baeyer/Buck	*Wörterbuch Kommunikation und Medienpraxis für Erziehung und Ausbildung*	*München 1979*
Böhm, W.	*Wörterbuch der Pädagogik*	*Stuttgart 1994 [14]*
Bauch/Krankenhagen	*Kleines AV-Lexikon*	*Stuttgart 1976*
Brunner/Zeltner	*Lexikon zur Pädagogischen Psychologie und Schulpädagogik*	*München 1980*
Burg, U. von der	*Lexikon zur Pädagogik*	*Düsseldorf 1986[2]*
Burgstaller/Leitner	*Hundert Stichwörter zur neuen Hauptschule*	*Wien 1985*
Dietrich, G. (Hg.)	*Grundbegriffe der psychologischen Fachsprache*	*München 1972[2]*
Dolch, J.	*Grundbegriffe der pädagogischen Fachsprache*	*München 1971 [8]*
Eberle, G. (Hg.)	*Meyers kleines Lexikon Pädagogik*	*Mannheim 1988*
Groothoff/Stallmann	*Neues Pädagogisches Lexikon*	*Stuttgart 1971 [5]*
Hintz/Pöppel/Rekus	*Neues schulpädagogisches Wörterbuch*	*Weinheim 1995[2]*
Horney, u.a.	*Pädagogisches Lexikon*	*Gütersloh 1970, 2 Bde.*
Ipfling, H. J. (Hg.)	*Grundbegriffe der pädagogischen Fachsprache*	*München 1975[2]*
Kaluza, B. (Hg.)	*Herder-Lexikon Pädagogik*	*Freiburg 1976*
Keck/Sandfuchs	*Wörterbuch Schulpädagogik*	*Bad Heilbrunn 1994*
Keller/Novak	*Kleines Pädagogisches Wörterbuch*	*Freiburg 1994[2]*
Köck/Ott	*Wörterbuch für Erziehung und Unterricht*	*Donauwörth 1994 [5]*
Kozdon, B.	*Grundbegriffe der Schulpädagogik*	*Bad Heilbrunn 1978*
Maier, K. E. (Hg.)	*Pädagogisches Taschenlexikon*	*Regensburg 1978*
Meißner/Zöpfl (Hg.)	*Handbuch der Unterrichtspraxis*	*München 1976[3], 3 Bde.*
Memmert, W.	*Didaktik in Grafiken und Tabellen*	*Bad Heilbrunn 1983[3]*
Nicklis, W. (Hg.)	*Handwörterbuch der Schulpädagogik*	*Bad Heilbrunn 1975[2]*
Odenbach, K.	*Lexikon der Schulpädagogik*	*Braunschweig 1974*
Potthoff/Wolf	*Einführung in Strukturbegriffe der Erziehungswissenschaft*	*Freiburg 1977*
Roth, L. (Hg.)	*Handlexikon zur Erziehungswissenschaft*	*Hamburg 1980, 2 Bde.*
Roth, L. (Hg.)	*Handlexikon zur Erziehungswissenschaft*	*München 1976*
Schorb, A. O.	*Pädagogisches Taschenlexikon A - Z*	*Bochum 1975 [8]*
Schorb, A. O.	*160 Stichworte zum Unterricht*	*Bochum 1972 [11]*
Schröder, H.	*Grundbegriffe der Schulpädagogik und Allgemeinen Didaktik*	*München 1990*
Schröder, H.	*Grundwortschatz Erziehungswissenschaft*	*München 1992[2]*
Speck/Wehle	*Handbuch pädagogischer Grundbegriffe*	*München 1970, 2 Bde.*
Speichert, H. (Hg.)	*Kritisches Lexikon der Erziehungswissenschaft und Bildungspolitik*	*Reinbek 1977[2]*
Wehle, G.	*Pädagogik aktuell, Bd. 3: Unterricht, Curriculum*	*München 1973*
Zöpfl, H.	*Kleines Lexikon der Pädagogik und Didaktik*	*Donauwörth 1976 [7]*

Z

Vom selben Autor sind in dieser Reihe erhältlich: